U0934874

国务院发展研究中心
壳牌国际有限公司 著

中国天然气发展战略研究

图书在版编目（CIP）数据

中国天然气发展战略研究 / 国务院发展研究中心，壳牌国际有限公司著. 北京：中国发展出版社，2015.12（2021.6 重印）

ISBN 978-7-5177-0378-5

Ⅰ. ①中… Ⅱ. ①国… ②壳… Ⅲ. ①天然气工业—工业发展战略—研究—中国 Ⅳ. ①F426.22

中国版本图书馆 CIP 数据核字(2015)第 185911 号

书　　名：中国天然气发展战略研究
著作责任者：国务院发展研究中心壳牌国际有限公司
出 版 发 行：中国发展出版社
（北京市西城区百万庄大街 16 号 8 层　100037）
标 准 书 号：ISBN 978-7-5177-0378-5
经　销　者：各地新华书店
印　刷　者：三河市东方印刷有限公司
开　　本：787mm × 1092mm　1/16
印　　张：32.5
字　　数：625 千字
版　　次：2015 年 12 月第 1 版
印　　次：2021 年 6 月第 6 次印刷
定　　价：150.00 元

联 系 电 话：（010）88919581　68990692
购 书 热 线：（010）68990682　68990686
网 络 订 购：http://zgfzcbs. tmall. com//
网 购 电 话：（010）88333349　68990639
本 社 网 址：http://www.develpress. com. cn
电 子 邮 件：370118561@qq. com

中国天然气发展战略研究

课题研究团队

总负责人

李　伟　国务院发展研究中心主任、研究员

本・范伯登　壳牌集团首席执行官

执行负责人

刘世锦　国务院发展研究中心原副主任、研究员

海　博　壳牌中国集团主席

课题顾问

徐匡迪　第十届全国政协副主席、中国工程院原院长、院士

王玉普　中国石油化工集团公司董事长

吴新雄　第十二届全国政协经济委员会副主任

陈清泰　国务院发展研究中心原党组书记、副主任

张国宝　第十一届全国政协常委、经济委员会副主任

周吉平　中国石油天然气集团原董事长

傅成玉　中国石油化工集团公司原董事长

翟光明　中国石油咨询中心原主任、院士

核心专家

张大伟　国土资源部矿产资源储量评审中心主任

周大地　中国能源研究会常务副理事长兼秘书长

孙贤胜　中国石油经济技术研究院院长

课题组组长

赵昌文　国务院发展研究中心产业部部长、研究员

吉米·本森　壳牌全球商业环境副总裁

课题协调人

王金照　国务院发展研究中心外经部副部长、研究员

威廉姆·金　壳牌集团战略顾问

宋紫峰　国务院发展研究中心产业部研究室副主任、副研究员

王　岭　壳牌中国公共事务高级经理

中方课题组成员

石耀东　国务院发展研究中心产业部副部长、研究员

王晓明　国务院发展研究中心产业部研究室主任、研究员

王忠宏　国务院发展研究中心中国经济时报社党委书记、副社长、研究员

魏际刚　国务院发展研究中心产业部调研员、研究员

高世楫　国务院发展研究中心资环所所长、研究员

张永伟　国务院发展研究中心企业所副所长、研究员

邓郁松　国务院发展研究中心市场经济研究所副所长、研究员

梁仰椿　国务院发展研究中心中国经济年鉴社副总编辑、研究员

郭焦锋　国务院发展研究中心资环所所长助理、研究员

陶平生　国务院发展研究中心办公厅副主任、副研究员

刘小丽　国家发展和改革委员会能源研究所研究员

李玉喜　国土资源部油气资源战略研究中心研究员

赵连增　中国石油规划总院副总经济师

张　抗　中国石化石油勘探开发研究院咨询委员会副主任

张宝生　中国石油大学教授

陈守海　中国石油大学副教授

杨建红　中国石油规划总院管道研究所副所长

宣晓伟　国务院发展研究中心发展部处长、研究员

洪　涛　国务院发展研究中心资环所研究室主任

李维明　国务院发展研究中心资环所副研究员

武　旭　国务院发展研究中心资环所助理研究员

苗　韧　国家发展和改革委员会能源研究所副研究员

杨　光　国家发展和改革委员会能源研究所助理研究员

史宝峰　华润公司天然气集团副总经理

杨颖霞　美国Brattle咨询公司专家

车晓波　中国能源研究会油气研究中心专家

杨远哲　清华大学博士

刘　洋　北京师范大学博士

孙　珊　北京工商大学博士

国际课题组成员

西蒙·亨利　壳牌集团首席财务官

王　威　壳牌中国政府事务与业务支持副总裁

玛丽卡·伊诗瓦然　壳牌国际战略部高级经济师

聂上游　壳牌国际战略部高级顾问

马丁·海　壳牌国际战略部高级能源顾问

李道亮　东方蚬壳贸易私人有限公司商务经理

寒　娟　壳牌中国下游LNG新业务发展总监

吴丽薇　壳牌中国下游LNG新业务发展副总监

谢保权　壳牌中国下游战略及新业务发展主管

乔纳森·斯特恩　牛津大学能源研究学院教授

海华德·罗杰斯　牛津大学能源研究学院研究员

袁　苑　壳牌中国一体化天然气业务高级业务顾问

吴庆乐　壳牌中国下游新业务发展总经理

姚贝菁　壳牌天然气大中国区市场部总经理

卡梅隆·荷本　牛津大学生动经济学研究所主任

菲利普·歌德　牛津大学生动经济学研究所项目主管

本·艾恩　Aurora 能源研究公司主任

将天然气培育成中国的主力能源

大力发展天然气是发达国家以及新兴经济体能源系统优化升级过程中的典型做法，也是各方公认的向未来可再生能源体系过渡的关键途径。对于中国而言，是否要遵循这个普遍规律以及发展天然气的挑战、机遇和应对之策是政策制定者、学术界和产业界普遍关心的问题。为了回答上述问题，继上一期中国中长期能源发展战略联合研究之后，国务院发展研究中心和壳牌公司组织国际国内多家机构联合开展中国天然气发展战略研究。这一研究得到了中英两国政府的高度重视，2013年12月2日，在李克强总理和卡梅伦首相亲自见证下，双方签署合作协议。通过了一年半的合作研究，完成了计划的研究内容，形成以下主要观点和判断。

一、页岩油气革命背景下的全球天然气发展趋势

（1）全球天然气资源充足，将在未来能源体系中扮演更重要角色。全球天然气资源可开采200多年，常规天然气与非常规气大体各占一半。已探明天然气可开采50多年，每年新增探明储量大于消费量。过去十年全球天然气消费增速为2.7%，是增长最快的化石能源品种。2014年天然气占全球能源消耗的23.8%，预计到2035年天然气将成为全球第一大能源。

（2）天然气贸易和定价方式发生重大变化，全球天然气市场的联结性增强。液化天然气比重的提高以及液化天然气出口国和进口国数量的快速增长，增强了全球天然气市场的流动性。天然气定价方式也悄然变化，目前全球天然气43%的批发量是通过市场竞价形成，而不与油价直接挂钩。随着贸易方式和定价方式的变化，美洲、欧洲和亚洲三个区域性市场的相互作用会加强，价差缩小，朝着一体化的方向发展。

（3）近期天然气价格大幅下跌，但从长期来看中国进口天然气价格不会太低。近期天然气供应宽松，天然气价格大幅下降，日本液化天然气价格从2014年每百万英热

单位20美元下降到现在的7美元左右。但从长期来看，新增液化天然气主要供应国澳大利亚、美国和加拿大的天然气开发、液化和运输成本较高，到达中国沿海的价格不会长期低于每百万英热单位10美元的水平。

（4）中国占全球天然气市场份额逐步上升，应更加积极地参与国际天然气市场。2014年中国天然气消费占全球的比重不到5%，2030年将增长到9%～12%。全球天然气资源充足，中国也有比较丰富的天然气资源，中国天然气消费增长不会显著抬高全球市场价格。另外，中国不应是国际天然气价格的被动接受者，可以通过贸易和投资的方式更积极地参与国际天然气市场。

二、中国天然气未来供求形势的变化及主要矛盾

（1）中国经济发展进入新常态，能源需求进入中速增长阶段。中国经济增速已从高速增长过渡到中高速增长。经济结构将发生重大变化，三产比重上升，二产比重下降，钢铁、水泥等重化工业需求峰值将在"十三五"前后集中出现。能源需求将从高速增长回归到中速增长，预计到2020年能源消费总量可能达到50亿吨标煤，2016～2020年间年均增长3%左右，2030年能源消耗可能达到57亿吨标煤。

（2）如果相关政策到位，中国天然气需求仍将较快增长。服务业发展、城市化推进以及大气污染治理将带动天然气消费持续增长。定量分析表明，在当前政策环境下， 2020年天然气消费量将达到3000亿方，2030年为4500亿方，占能源消费的比重分别为8.0%和11.0%；在加强环境监管和征收碳税的情况下，2020年天然气消费将达到3500亿方，2030年达到5800亿方，占能源消费的比重分别为10.4%和15.0%，与2014年5.8%的占比有明显提升。居民用气、天然气供暖、交通用气、工业用气和发电用气是增长速度较快的领域。

（3）国内天然气供应有很大潜力，天然气进口能力将大幅提升。中国天然气资源实际上比较丰富，据国土资源部统计数据，中国常规气可采资源量40万亿方（全国油气资源2013年动态评价），页岩气25万亿方，煤层气10万亿方。每年新增探明储量快速上升，2014年达到1.1万亿方。但开采难度大、开采成本高，需要技术创新和体制创新，把资源潜力转化为现实产量。在现有体制下，2020年和2030年天然气产量分别为2300亿方和3800亿方，其中页岩气分别为400亿方和800亿方。如果对体制进行改革，2020年和2030年天然气产量分别为2700亿方和4700亿方，其中页岩气分别为600亿方和1500亿方。从国外进口来看，2020年前后管道气进口能力可达1350亿～1650亿方，

LNG的进口量可达650亿方左右。如果再加上正在规划建设的煤制气产能，2020年，将形成4150亿～4950亿方的供应能力；到2030年，将形成6650亿～8000亿方的供应能力。

（4）天然气供求关系发生显著变化，需要准确把握天然气发展面临的突出问题。从上述供需分析来看，未来五到十年天然气供求总体上将进入宽平衡状态，供应量不再是制约天然气发展的关键因素。效率低、销价高、输运难、体制僵等问题逐渐显现，天然气行业发展的主要矛盾发生了转换，如果不及时调整相关政策，天然气高速增长的势头将大幅放缓，影响天然气行业的持续发展。

三、未来十五年中国天然气发展战略

（1）大力发展天然气，将天然气发展成为主力能源。天然气清洁、高效和便于使用，无论是当前治理大气污染、提高能源系统效率的需要，还是应对未来可再生能源大发展带来的调峰需求，都需要大力发展天然气。天然气还是一个成长空间大、不存在产能过剩的有效投资领域，如果放开市场准入，每年投资额度可达到4000亿元，将拉动GDP增长0.6个百分点。可以说，大力发展天然气，将其发展成为主力能源，契合世界能源系统演进升级的普遍规律和中国经济社会发展的迫切需要。

（2）以安全、高效和可持续方式发展天然气。安全就是要实现天然气资源保障和生产运行两个层面的安全，这是天然气发展的前提所在。增加国内供应，实现天然气进口来源和进口方式的多元化二者缺一不可，同时，要加强全国的天然气联网以及构建多层次的天然气储备来保障平稳运行。高效就是要实现天然气的勘探开发、输送和利用各个环节的高效率，这是中国天然气发展的基础所在。可持续就是要处理好天然气发展与生态环境的关系，这是天然气发展的目的所在。在开采、传输和使用中要注意环境保护以及资源供应的可持续性，同时在整个能源体系的设计和规划时要有可持续发展的理念，把对环境污染的外部成本充分反映出来，以扩大天然气的使用。

（3）明确天然气发展的战略目标和途径。力争2020年天然气占中国一次能源消费的比重达到10%，消费量增长至3500亿方；2030年天然气占一次能源消费的比重超过15%，消费量达到5800亿方。主要途径有：引导和培育天然气消费市场，促进上游天然气供应多元化，构建安全、公平、透明的天然气管输和储备网络，依靠科技创新提升行业技术水平，积极推进天然气价格改革，构建起现代天然气市场体系和政府监管体系。

四、引导和培育天然气消费市场，扩大天然气使用

（1）扩大天然气使用的关键在于提高其经济竞争力。集中采暖、天然气发电、工业燃料等对天然气价格的承受能力较低，在当前的价格体系下，是没有经济竞争力的。提高天然气的竞争力，一是通过外部成本内部化，将能源使用对环境和健康的影响反映出来，从而体现出天然气环保的优势；二是提高天然气的利用效率，通过效率的提升来抑制用能成本的上升。

（2）加强环境监管，提高能源利用效率，替代分散煤炭使用。替代分散使用的煤炭是天然气发展的优先领域。一是加强环境监管，建立燃煤锅炉污染减排在线检测系统，实时监控废气排放。二是加强节能改造力度，提高能源使用效率，政府给予一定的财政支持。三是在东中部空气治理压力大的区域，不再新上燃煤锅炉，强制使用天然气。预计到2030年分散用煤需要2800亿方天然气。

（3）完善规划和技术标准，促进交通用气快速发展。交通用气可以替代石油，减少尾气排放，对能源安全和环境保护具有重大意义，并且经济可行。要促进加气站基础设施建设。尽早制定全产业链的行业标准，采用合适的安全监管标准。发挥好政府采购的引导作用，增大天然气公交车使用。预计2030年交通用气达到750亿方。

（4）完善价格形成机制，促进天然气发电合理发展。作为基荷发电，天然气与煤炭相比不占优势。但天然气适合调峰发电和热电冷综合利用，是电力系统中不可或缺的部分。一是制定峰谷电价和峰谷气价，充分发挥调峰效益，用低价气发高价电。二是实现核心设备国产化，降低设备成本和检修维护费用。三是出台环境税，进行碳交易，发挥天然气发电的清洁环保优势。预计到2030年，调峰和基荷天然气发电用气达到600亿～700亿方，热电联产和分布式能源发电用气在1000亿方左右。

（5）调整居民和化工用气价格，减少不同用户的交叉补贴。居民用气、化工用气长期低于供气成本，补贴由其他用户承担。居民用气应该提高到供气成本之上，一般居民能够承受价格上涨，特困群体可以通过补贴来加以解决。对于化工用户，可以通过制定峰谷气价和可中断气价等市场化方法给予一定的价格优惠，但长期低于成本的价格水平不可持续，要明确化工用气并轨的时间表。

五、引入新的市场主体，大幅增加天然气供应

（1）在常规油气领域，引入新的开发模式。中国天然气资源比较丰富，供应的关

键问题是体制机制。要在常规油气领域引入新的开发模式。一是放宽市场准入，对已经取得页岩气矿权的国有能源企业，或在海外已经进入油气领域的能源企业开放常规油气矿业权。二是调整最低勘查投入，将最低投入标准提高3-5倍，改变目前圈而不探的现状。三是建立天然气探明储量交易机制与交易平台，通过矿权流转来开发长期未动用资源。

（2）在非常规油气领域，通过建立试验示范区来进行更大胆的体制革新。非常规气不仅需要新的技术，更需要新的体制。可以在四川盆地及周缘建立试验示范区，探索以下内容：一是在矿权管理上，对于三大石油公司开始生产、探明和正在开展勘探工作之外的资源，拿出来统一招标。二是市场准入上，不仅引入其他的国有企业，而且允许民营企业、外资企业进入。在外资准入上，只要满足技术环境标准并通过国家安全审查，外资企业可以以独资方式进入。另外，在资源受益分配、混合所有制改革和环境监管上也尝试新的突破。

（3）实现进口气源和进口方式的多元化。总体来看，我国天然气进口安全有保障，关键是要通过进口来源、参与主体、合同期限和定价方式的多样化来分散风险。一是增加来自印尼、澳大利亚、北美、东非的LNG进口，进一步实现进口气源的多样化。二是形成长期、中期、短期和现货的合同组合，定价上要采用石油指数和典型天然气中心价格指数相结合的方法。三是增加新的购买主体，鼓励大型终端用户从国际市场上购买天然气。

（4）以商业化原则推进天然气贸易和对外投资。鼓励天然气对外投资，尤其是在一带一路沿线和重点天然气进口来源国的投资。投资时既要符合国家的战略导向，又要尽最大努力争取商业利益，把经济性作为项目合作的基础。当然，要实事求是地看待以往签署的高气价合同，探索企业和国家共担历史成本的方式。

六、加强管网和储气设施的规划建设，实现互联互通和公平接入

（1）加快基础设施建设，打破储运瓶颈。力争到2020年管网长度达到15万公里，输气能力超过4000亿立方米；2030年达到25万公里，输气能力超过6900亿立方米，形成“西气东输、北气南下、海气登陆、就近供应”的供应格局。储气设施工作气量2020年达到350亿～400亿方，2030年达到650亿方。建设满足季节调峰需求的大型储气库和LNG储罐以及城市日调峰需求的小型LNG储罐、CNG球罐及配套储气设施。

（2）加强规划，实现互联互通。基础设施互联互通是保障天然气安全平稳运行的

关键。国家长输基干管道要通过枢纽站和联络线形成互联互通，省级干线管道通过分输枢纽实现灵活调配，地下储气库和LNG接收站要连接国家长输基干管道，相邻省市市场形成区域性网络。在规划阶段就要实现有效协调和互联互通，政府部门要对基础设施建设进行全面统筹，对项目的实施情况及进度后续跟踪。

（3）引入社会资本，推动投资主体的多元化。在统一规划前提下，鼓励、支持各类资本参与投资天然气基础设施。三大石油公司应放开国家基干管道投资建设，引进社会资本；规划中的西四线、西五线、新粤浙等国家天然气基干管道应与社会资本进行合资建设。打破省天然气公司对省内基础设施建设的垄断，彻底放开省内支线管道的建设权，在符合规划的情况下允许具有资格的企业进行建设运营。

（4）通过明确功能定位和加强监管，实现管输服务和销售业务分离及第三方准入。推进管输服务和销售业务分离，包括业务、会计和法律分离。规定输气公司的业务范围、成本规则、运营方式和信息公开方式。尽快实施第三方接入服务，加强对接入条款、服务价格和服务质量的监管，以确保运营主体提供非歧视性服务。

（5）明确储气责任，完善价格机制，确保供气安全。实施分级储备管理制度。国家负责天然气战略储备；天然气上游企业承担季节调峰和应急储备的责任及义务，各省城市燃气企业承担日、小时调峰的责任和义务。对各类用户实施峰谷差价，引导合理消费，达到削峰填谷的作用。建立及时灵敏的预警应急响应体系。

七、加快价格机制和政府管理体制改革，构建现代天然气市场体系

（1）完善现有定价方式，化解价格矛盾。一是尽快完善净回值法。要调整参考的油价水平和折价系数，尽量反映替代能源的价格成本变化，而不是去消化三大公司前期购买高价进口气的成本；同时，调整调价频率，力争能够实现季度调节。二是科学合理地确定长输管道、分支管道、省内管道、市内管道、配气管道的运输成本和价格，并加强监管，合理调整管道的投资回报率。三是修订计量标准和计价方式，由流量或质量计价改为热值计价，加快清理地方政府乱收费行为。

（2）推进天然气的市场化定价，加快天然气交易中心建设。在天然气来源多元、供应比较充分的上海、广东、浙江和江苏地区，放开各省市门站价格，由上下游用户直接决定价格。推动区域性交易中心的建设，加快上海、北京、广东、湖北、新疆等天然气交易中心建设，力争把上海建设成为国际交易和价格中心。天然气交易中心的建设应从现货交易起步，再发展期货交易。

（3）加强能源综合管理，建立统一、独立、专业化的监管体系。加强能源综合管理机构建设，制定能源战略、规划和政策，调控能源总量平衡，保障能源安全，调整能源结构，推行节能和能效管理，加强信息收集和分析、能源科技创新以及能源国际合作。建立统一能源监管机构，除环境、国土资源监管职能外，逐步赋予其能源全产业链的经济性、社会性等监管职能，建立起独立、统一、专业化的能源监管机构以及自上而下的监管组织体系。

（4）深化天然气领域法律法规体系建设，建立完备的法治体系。建立健全以“石油天然气法”为核心，以天然气专项法为支撑的完整法律框架体系。重点完善资源产权、勘探开发合同、基础设施建设和运营管理、储备、销售和利用、安全预警与应急、安全生产和生态效益补偿、跨国投资和进出口贸易等法律制度。通过司法解释处理好《石油天然气管道保护法》与其他法律之间的协调。

以上是课题听取多方面意见反复研讨形成的基本观点。可以说，本课题是一个开放式、参与式、包容式的研究，课题组的外方成员来自多家机构，中方成员也是来自政府、科研院所、国有能源企业以及民营企业等多个方面，课题的研究本身就是一个汇聚各方智慧和不断形成共识的过程。另外，课题组在设计课题研究内容和形成主要结论时多次听取课题顾问和业内专家的意见，并先后到上海、浙江、四川、重庆等地对产业链的多个环节进行了实地调研。在项目研究过程中，课题组先后就中俄天然气东线项目谈判、天然气价格改革、石油天然气储备、页岩气开发等方面撰写了多篇研究报告，推动了相关改革和政策的出台。当然，作为开放性的研究，难免有不妥和疏漏之处，请专家朋友批评指正。

国务院发展研究中心主任、研究员 李伟

2015年6月29日

携手应对能源和气候挑战

荷兰皇家壳牌很荣幸能与国务院发展研究中心就中国的能源发展进行联合研究。双方之前的一期联合研究涵盖中国广泛的能源体系，而本次二期研究则是着眼于天然气的开发利用。

本次研究旨在为中国"十三五"规划提供参考，因此研究工作的时间表十分紧迫。然而，来自国务院发展研究中心和壳牌的联合研究团队同心协力完成了任务。这是一项高水平的工作，不仅体现在紧迫、严谨的工作环节中，更体现在丰富的研究成果中。

双方研究团队各展所长，密切配合：国务院发展研究中心展现了对中国能源体系及发展所面临挑战的深刻理解，壳牌团队则提供了在全球天然气市场丰富的国际经验及对各国能源法规机制和天然气需求驱动力的深入理解。

为何着重关注天然气？整个世界目前面临的最严峻的挑战之一就是全球长期能源需求。根据国际能源署的预测，全球能源需求到2040年将增加37%或更多。人口的不断增长、经济的发展以及为更多人提供便利的现代能源是需求增加的重要因素。中国也面临着同样的挑战。

中国需要包括天然气在内的各种能源资源来应对需求。然而，这仅仅是中国能源蓝图的一方面。另一方面是能源领域在构建可持续发展蓝图中可扮演的角色，暨是否可以减少能源生产和使用对环境的影响。当天然气用于发电，它所产生的二氧化碳和空气污染物分别是煤电的二分之一和十分之一。因此，使用更多的天然气有助于帮助中国应对环境的严峻挑战。

并且，天然气的利用也更灵活。天然气发电厂的启动和停车需要花费的时间比火力发电厂短，因此，相对于间歇性可再生能源(风能，太阳能)来说，天然气是一个更理想的能源搭配。而且可再生能源对于中国未来的能源体系也会变得越来越至关重要。

十二五规划提出了中国能源一个明晰的发展方向：致力于能源资源的多元化发展，构建更清洁，更可持续发展的能源体系。推动天然气的利用则是其核心的元素之一。

十三五规划（2016～2020年）也将继续把天然气作为中国能源规划的重点。

这次联合研究就如何更好地增加天然气在一次能源中的比重，而同时兼顾能源安全、能源可获得性、及环境等因素方面提供了深入的分析和建议。国务院发展研究中心和壳牌的研究团队经过辛苦的工作,说明了天然气在全球能源系统中，在一次能源比重获得增加的不同的影响因素，并指出如何把双方的研究成果付诸于中国的实践,暨培育天然气作为中国未来主力能源实践的发展潜力。从全球的角度来说, 各个国家不断变化的发展水平和经济活动的多样性, 例如从工业到服务业的转变, 是一个重要的驱动因素，另一个重要的影响因素则是从目前一次能源占比较多的煤炭和石油向天然气的转变。

这份研究报告还有一项重要的内容是综合分析当前复杂的经济和技术因素的影响,从而得到一个可信的中国天然气生产展望。研究过程中，双方研究团队考虑了多种天然气资源,包括常规气,非常规页岩气,煤层气,以及煤制合成气。

此次联合研究也同时旨在构建在预期的天然气进口水平下（包括进口管道气和液化天然气）对能源安全的信心, 因为天然气的供应将足够多元化, 不会引发中国能源安全方面的问题。最后, 联合研究着眼于天然气市场化的国际经验, 构建多元的天然气基础设施, 以及如何契合中国的具体情况。所以, 这份报告的成果不仅会有助于中国天然气行业的发展,还考虑了中国自身重要的政治原则和价值取向。

联合研究的成果为中国提供了强有力和实用的政策建议, 其中包括在供应侧如何加速国内天然气生产, 在需求侧如何促进天然气在中国的应用, 并且还包括了对天然气中游行业改革的建议。

国务院发展研究中心和壳牌关于天然气的联合研究展现了政府和企业是如何有效合作，携手应对能源和气候的挑战。我相信其他国家肯定可以从中有所借鉴。

国务院发展研究中心和壳牌已经建立了良好的合作基础, 展现了良好的合作能力。我由衷希望结合国务院发展研究中心对中国未来的发展战略的深刻理解和国务院首席智库的优势地位, 及壳牌所擅长的能源国际市场经验，双方可以在相关领域继续深化合作。

荷兰皇家壳牌公司首席执行官　范伯登

2015年7月3日

目录

Contents

总报告

专题一 天然气需求分析

专题二　中国天然气供给分析

专题三　天然气市场机制建设与管理体制改革

总报告

清洁、高效和便于使用的自然特质，储量丰富的资源禀赋，技术革命带来供给增加和效率提升，使得天然气发展进入黄金时代，在未来全球能源体系中将扮演更重要的角色。对中国而言，无论是优化能源结构、治理大气污染和促进经济增长的需要，还是所具备的国内资源基础和进口条件，都应该大力发展天然气，将其培育成为主力能源之一。要理顺体制机制，扩大需求，增加供给，保障安全，提高效率，构建现代天然气产业体系和政府管理体系，实现天然气高效、安全和可持续发展。

---

* 总报告由王金照、赵昌文执笔，国务院发展研究中心李伟、刘世锦、张军扩、张来明、隆国强、余斌等领导给予重要指导并最后把关，课题组顾问和核心专家提出了重要修改意见，国际团队成员和中方团队成员对报告的起草也作出重要贡献。

一、页岩油气革命背景下的全球天然气发展趋势

（一）天然气资源充足，将在未来全球能源体系中扮演更重要角色

根据国际能源署（IEA）统计，当前全球天然气资源量751万亿方，按照目前的消耗水平，可持续开采200多年。其中常规天然气420万亿方，非常规气331万亿方，非常规气中页岩气206万亿方，致密气76万亿方，煤层气47万亿方。如果以现有经济和技术条件下已探明可开采的资源量（Proved reserves）标准衡量，剩余可采储量为185.7万亿方，储采比为55.1，也就是说已有的探明储量可以再开采50多年，并且每年的新增探明储量大于天然气消费量，天然气储采比处于稳中有升的态势。总体来看，全球天然气资源的未来供应是充足的。

在全球能源格局中，天然气的角色日益重要。在过去的十年中（2005年~2014年），全球天然气消费增速在2.7%左右，是增长最快的化石能源品种[①]。预计天然气消费在未来仍会保持较为强劲的增长，2030年前其平均增速在2%左右[②]。预计到2035年，天然气将成为全球第一大能源。天然气的供求总量将从2010年的3.1万亿立方米增长到2030年的约5万亿立方米。

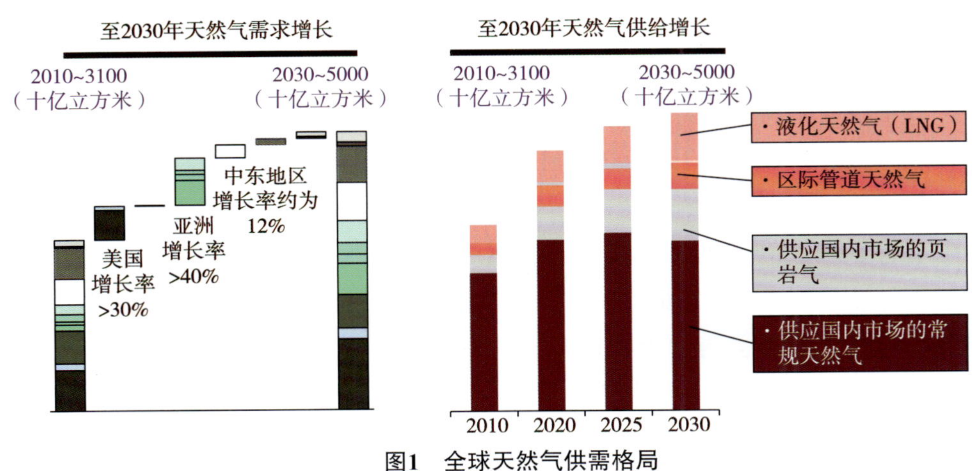

图1 全球天然气供需格局

其中，在欧美日等发达国家，近期由于经济复苏缓慢、廉价煤炭替代、获得大量补贴的可再生能源发展等因素，其天然气消费的总量增长有限。相比之下，经合组织

① 参见“BP Statistical Review of world energy 2014”。

② 参见“IEA Current Policies outlook”。

之外（Non-OECD）的新兴国家对天然气需求增长则更为强劲，至2030年，全球天然气消费量增量的80%来自非经合组织国家。其中，除中东以外的亚洲地区非经合组织国家的需求占全球新增需求量的40%以上，中国将贡献该地区消费增量的56%。

（二）全球天然气贸易方式和定价方式发生重大变化，全球天然气市场的联结性增强

随着液化天然气技术的发展，天然气贸易方式发生了重大变化。液化天然气占总贸易的比重逐渐提高，2013年国际天然气贸易总量的1万亿方中有3200亿方是通过液化天然气的形式运输，占到总贸易量的32%[①]。液化天然气相比管道天然气更具有灵活性，可以根据市场的变化改变出口目的地。并且，随着液化天然气规模的增加，液化天然气市场本身也在发生重大变化。在1990年，全球液化天然气的出口国和进口国分别只有8个和9个，目前已经增加到30个和20个。预计未来十年，液化天然气的出口国将增加到50个，进口国增加到25个，全球天然气市场的流动性更强。从目前液化气的出口结构来看，也会发生重大的变化。澳大利亚的生产能力正在迅速增加，正在投资建设的7个液化天然气项目生产能力共计约850亿方，加上其邻国巴布亚新几内亚的在建项目，共计950亿方。美国由于页岩气的成功开发成为潜在的天然气出口国，仅在建项目就达到250亿方。全球各地区目前在建项目共计约1300亿方，如果都能按预期完成的话，总的液化天然气生产能力将从2012年的大约3900亿方增长到2017年的5200亿方左右。其中，澳大利亚、美国和加拿大的出口对全球未来天然气贸易格局有着重要的影响，进而会影响中国进口天然气的利益和风险[②]。

天然气的定价方式也悄然变化。与油价挂钩的长期合同曾一度占据支配地位，但如今各市场中的定价形式多种多样，各地区的价格也不一样。国际天然气联盟（IGU）2014年报告显示，全球批发量中43%是基于竞争性天然气定价，不与油价挂钩[③]，19%是与油价挂钩。跟过去与油价挂钩合同的期限较长相比，如今的合同期也趋向多样化。目前定价更多的是基于天然气供应方之间的竞争以及基于枢纽或现货市场。

---

① 参见“IGU World Gas Price Survey-2014 Edition”。

② 对于澳大利亚、美国、加拿大液化天然气发展对中国进口的影响，将在以下的“中国未来LNG进口形势”的部分做更为详细的分析。

③ 与油价挂钩的合同也可以是竞争性的，但是气对气定价的合同往往更富竞争性，对市场基本面的变化反应更快。

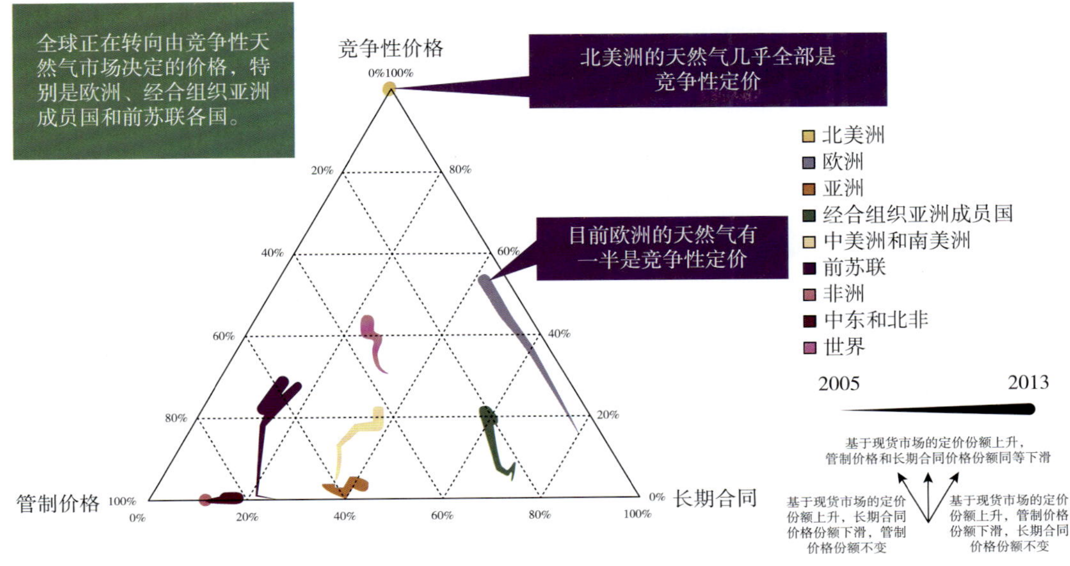

图2　全球天然气定价机制的演化

注：各国在矩阵中的迹线随时间向后推移而变宽；迹线向三角形顶点移动，说明向这个方向发展

天然气贸易方式和定价方式的变化使得天然气市场的联结性增强。以往，天然气是区域性市场，欧洲、亚洲、北美是三大区域性市场，由于气源、运输方式和定价方式的不同，三个市场价格差异性很大，北美的价格最低，其次是欧洲，最后是亚洲，极端的时候亚洲的价格是欧洲的2倍和美洲的4倍。随着贸易方式和定价方式的变化，三个市场的相互作用会加强，价差也会缩小，全球市场将朝着一体化的方向发展。

（三）国际油价下跌对天然气市场格局产生深刻影响，但从中长期来看中国进口天然气价格不会太低

由于美国非常规油气革命带来原油产量大幅上升，以及国际原油市场需求下降等其他种种因素，国际原油价格从2014年6月超过每桶100美元开始下跌，到目前每桶只有50美元左右。许多天然气合同的价格和油价挂钩，原油价格的巨幅下跌也引发了国际天然气市场的剧烈变化，日本液化天然气（JKP）价格从2014年每百万英热单位20美元下降到现在的7美元左右。对于进口国而言，如果现货和中短期合同占比例较大，进口成本降低；如果中长期合约较多，则要承受天然气价格相对较高的压力。对于供应国，影响最大的是现有项目和在建项目，由于许多项目的投建是建立在高油价的预期之上，油价大幅下跌将使这些项目的预期收益大幅下降，有些甚至可能导致亏损。

从长期来看，油价的大幅下跌影响尚在规划中的天然气项目。已经做出最后投资决定（FID）的项目共计大约300亿方，处于前段工程设计（FEED）的共计3700亿方，已被提议但处于更初步阶段的项目共计5000亿方①。有些项目因为油价下跌而影响了投资的进程，如澳大利亚的Browse项目和加拿大的Pacific Northwest项目，目前都推迟“做出最终投资决定”的时间。国际油价的下跌对天然气贸易市场来说是一个重新洗牌的过程，市场开始进入新的平衡过程。持续低油价导致天然气的未来供应低于以前的预期，这在一定程度上会使得天然气价格不至于太低。

专栏1

本轮油价下跌的原因及下一步走势

美国页岩油气革命改变世界的油气供应格局和国际油气价格的控制权。美国的水力压裂技术首先从页岩气实现突破，2011年出现了天然气供大于求、价格大幅下降的局面。之后，页岩革命从天然气转向了石油，从2011年中期开始美国页岩油的产量大幅增加，石油供应也从550万桶/天快速上升到2014年底的930万桶/天，在短短的三年时间内增加了380万桶/天的石油供应。这一供应增量超过伊朗、伊拉克在OPEC中排名第二、第三位的国家石油产量，相当于三年增加了一个OPEC的产油大国。如果再考虑上美国页岩气每年生产3000亿立方米，折合600万桶/天油当量的供应能力，影响更大。更重要的是，页岩油气革命改变了国际石油价格的控制权，以前国际石油供求紧张，沙特拥有200万～300万桶/天剩余产能来调节国际石油市场的平衡，沙特在很大程度上决定了油价走势的基本面。目前美国页岩油产量已达到420万桶/天，超过沙特剩余产能。并且，页岩油由大量的中小企业进行生产，背后有风险投资和金融机构的支持，对市场反应很快，一旦有利可图，就会蜂拥而入，产量快速增加，使得全球石油供给曲线在超过页岩气成本以后变得非常平坦，美国的页岩油替代了沙特的剩余产能，开始决定国际油价的基础走势。

中国需求放缓对国际石油需求也产生重要影响。2004～2013年，中国石油需求年均增速为6.5%，年均增量为50万桶/天，占同期国际石油需求年均增量110万桶/天的45%，个别年份中国石油需求增量曾超过100万桶/天，过去十年国际石油大牛市一定程度上归因于中国需求的快速增加。但是近两年来，中国石油需求增速和增量

① 2014 年全球液化天然气报告，国际液化天然气联盟，http://www.igu.org/sites/default/files/node-page-field_file/IGU%20-%20World%20LNG%20Report%20-%202014%20Edition.pdf

均显著放慢，2013年中国的石油需求增速为3.7%，增量为39万桶/天，而2014年更是下降到2.3%和22万桶/天的水平上，显著低于过去十年的平均水平。中国经济增速和石油需求放缓很可能成为一个常态，过去十年中国快速增长带动全球石油供不应求的局面也被打破了。

从中长期来看，油价将恢复到70～80美元/桶的水平上。美国页岩油平均成本在60～70美元/桶左右。加拿大油砂、巴西深海石油、委内瑞拉的重油的成本都在60美元/桶以上。国际石油需求在温和增长，随着需求增长吸收完目前的过剩产能，国际石油的价格将回到页岩油以及其他非常规石油供应成本之上。另外，从欧佩克国家来讲，很多国家的财政预算也是基于80美元/桶来考虑，如果油价持续处于低位，相关国家的稳定性会受到考验。因此，从中长期看，石油价格将回升到70～80美元的水平上。

因此，从中短期来看，由于油价下跌，天然气也供过于求，亚洲天然气现货价格下滑每百万英热单位7～8美元的水平。如果能够及时放开进口，这是我国扩大天然气使用的有利时机。当然，从中长期来看，扩大天然气使用还有要立足于提高天然气使用效率和理顺价格体系。因为从中长期来看，澳大利亚、美国和东非的天然气开发、液化和运输成本较高，到达中国沿海的价格不会长期低于每百万英热单位10美元的水平。

（四）中国占全球天然气市场份额逐步上升，中国应更加积极地参与国际天然气市场

2014年中国天然气消费为1830亿方，不到全球消费总量的5%。未来中国的天然气需求将会快速增长。根据不同的发展战略，到2030年，中国天然气消费将增长到4500亿～5700亿方，占全球消费总量的9%～12%，天然气消费增量占到全球市场增量的15%～25%。

中国天然气消费增长并不会显著抬高全球市场价格。首先，由于中国拥有比较丰富的天然气资源，国内可以增加部分供给。其次，全球天然气资源充足，并且市场格局出现多元化的趋势，如果能够给予全球市场明确的需求信号，预计上游天然气领域投资将提前布局，从而扩大未来供应能力，全球是有资源来满足中国的需求。三是从能源替代的角度来看，中国天然气消费增长将引发连锁反应，替代国内煤炭消费将导

致中国煤炭价格下降。中国的煤炭消费占全球的50%以上，对国际煤炭市场价格会产生决定性影响，使全球煤炭价格处于低位。对经济成本更加敏感的发展中国家，将考虑增加煤炭并减少天然气消费，从而引发全球天然气需求的“挤出效应”，一定程度上也对冲了中国需求增长导致的价格上升。定量模型分析表明，与情景照常相比，采取积极扩大天然气需求将带动国际气价上升4%左右。

中国不仅是天然气消费国和天然气市场价格的被动接受者，而且可以通过贸易和投资的方式更积极地参与国际天然气市场。中国企业和资本可以通过股权投资、联合开发、技术服务等方式参与全球天然气市场。依托“一带一路”战略的实施，中国将有机会与俄罗斯、土库曼斯坦、卡塔尔、伊朗等天然气资源丰富国家开展深度合作，这无疑是布局全球天然气产业链的绝佳机会。另外，中国可以积极推进天然气中心建设，在中国市场乃至东亚地区天然气市场方面拥有更多话语权。待到2030年，印度等其他发展中国家天然气需求也处于爆发增长期时，中国可以更加从容和主动地面对全球市场竞争。

二、中国天然气供求形势及主要矛盾

（一）中国经济进入新常态，能源需求进入中速增长阶段

中国经济社会发展将进入一个新常态，呈现出几个明显的特征。首先，经济增速将从高速增长过渡到中高速增长。根据模型预测，“十三五”期间GDP增长速度为6.66%左右，2021～2025年约5.56%左右，到2026～2030年期间，经济增长速度预期在4.64%左右。2020年人均GDP有望达到1万美元（2013年不变价，并考虑年均0.5%的人民币升值），2030年人均GDP有望达到2万美元。第二个明显的特征是经济结构将发生重大变化。目前，中国已进入工业化的后期阶段，2020年将基本完成工业化。从产业结构的角度来看，2020年和2030年，第三产业的比重会上升到53.1%和61.2%；第二产业的比重会下降到39.8%和33.4%。在工业内部，重化工业的比重会明显下降，钢铁、水泥等重化工业需求峰值将在“十三五”前后集中出现。从能源消耗的角度来看，我国能源需求将从高速增长回归到中速增长。根据模型预测，2020年能源消费总量将达到50亿吨，2010～2020年间年均增长3.4%，2030年能源消耗将达到57亿吨。

（二）中国天然气需求仍将较快增长，如果相关政策到位，天然气占能源消费的比重会大幅上升

虽然经济增速和能源需求增速放缓，但未来一段时期，天然气需求仍将保持较快增长，其原因在于：一是天然气消费占比低。2014年中国天然气消费量为1830亿方，按照最新的能源统计表明，2014年天然气占能源总消费比重为5.8%。从全球来看，天然气占能源消费的比例为23.8%，半数以上的国家在20%～40%之间。在1982～2012年的30年间，美国、日本、德国、英国的天然气占能源消费的比重分别从23%、9%、12%和27%上升到2012年的40%、33%、29%和45%；新兴国家土耳其、马来西亚、埃及的天然气比重从不到1%、2%和9%上升到41%、48%和63%。无论是发达国家还是发展中国家，都有实现天然气比重大幅上升的案例。二是服务业发展和城市化进程以及治理大气污染将带动天然气消费持续增长。发达国家的经验数据表明，服务业比重每提高1个百分点，天然气占能源消耗的比重提高0.84个百分点。天然气比重与服务业的比重高度关联，一方面是因为随着经济的发展特别是服务业的发展，对高品质能源的需求增加。另一方面与服务业比重上升相伴的城镇化进程以及对更清洁空气的需求也是推动天然气比重提升的重要原因。从发达国家发展历程来看，天然气占能源消费的比重与微细颗粒浓度高度关联的，天然气比重上升，颗粒物的浓度就大幅下降。

对未来天然气需求我们进行了定量的情景分析，分析表明：在基准情景下，2015年天然气需求有望接近2000亿立方米，2020年突破3000亿立方米，2030年超过4500亿立方米。从天然气消费的主要增长领域看，居民用气、天然气供暖、交通运输、发电用气是增长速度较快的领域。在基准情景下，虽然天然气消费量有快速的增长，但仍然没有完成“十二五”和“中长期能源发展战略”的天然气发展目标。这说明要完成预定目标，还需要采取更有效的政策措施，以推动天然气需求的进一步发展。

通过模型测试，我们发现在各种经济手段当中，最有效的是加强环境监管和通过碳交易或碳税等方式进行碳定价政策。在加强环境监管和碳定价的情况下，中国对天然气的需求有望实现“十二五”天然气规划所制定2020年天然气消费达到3500亿立方米的目标，到2030年天然气消费量有望达到5800亿立方米。在政策情景下，天然气占能源消费的比重分别为10.4%和15.0%，与2014年的5.8%相比，有大幅提升。

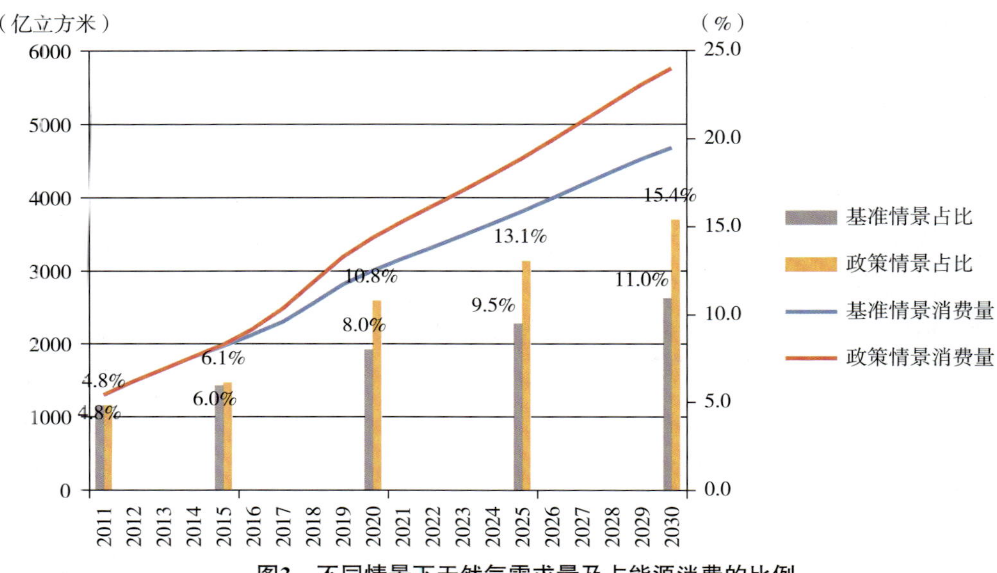

图3 不同情景下天然气需求量及占能源消费的比例

政策情景下，增长较快的领域是对碳价格和环境成本比较敏感的领域，天然气制热、天然气发电和交通运输。政策情景与基准情景相比较，2030年天然气发电用气消费量提高450亿立方米，天然气采暖（制热）同样是一个潜力巨大而且对成本非常敏感的需求领域，在政策情景下，到2030年有望增加300亿立方米的消费量。其余行业包括居民生活，对天然气的消费需求变化相对较小。

表1 不同情景下的分行业天然气消费

	基准情景				政策情景			
	2015	2020	2025	2030	2015	2020	2025	2030
采掘业	151	169	138	115	150	188	161	141
石油加工和炼焦业	143	216	286	356	144	228	304	384
非金属矿物制品业	132	179	179	180	137	236	251	265
金属冶炼业	79	101	97	98	82	138	140	148
天然气发电	249	499	766	1120	257	673	1057	1574
天然气制热	57	252	415	589	59	349	601	887
交通运输	269	435	623	787	268	446	652	842
化工	316	402	420	456	314	396	415	454
其他产业	168	177	205	233	176	246	287	326
居民	405	576	683	742	397	548	662	734
合计	1968	3005	3811	4678	1985	3447	4531	5756

（三）国内天然气供应有很大增长潜力，天然气进口能力大幅提升

传统观点认为中国富煤、缺油、少气，但实际上中国的天然气资源还比较丰富。据国土资源部2013年全国油气资源动态评价数据，中国常规气资源为68万亿方，可采资源量40万亿方。除了常规气资源外，我国还有大量的非常规气资源，比如说页岩气可采资源量达到25万亿方，煤层气可采资源量接近11万亿方，非常规气和常规气资源大体上相当。从新增探明储量上看，1986～1990年间，常规天然气探明地质储量不到400亿方，1991～1995年间增长幅度接近1000亿方，1996～2000年间增长幅度达到了1500亿方，2001～2005年间增长幅度大幅提高到了3000亿方左右，2006～2010年间增长幅度在3200亿方以上。2011～2013年，天然气探明地质储量连续3年超过6000亿方，2014年新增探明地质储量更是达到1.1万亿方，新增探明可采储量超过5000亿方。根据已掌握的数据来看，未来几年新增探明储量还会保持在高位。天然气探明储量增长幅度不断加大，为不断提升天然气产量打下了储量基础。从产量来看，1995年以前，中国天然气产量不高，年均增长不到4亿方。1995到2005年10年间，天然气产量增长加快，年均增长32亿方。之后，年均增幅在80亿方左右，2014年常规天然气产量达到1280亿方，另外还有煤层气36亿方，页岩气13亿方。

在看到我国天然气资源总量丰富的同时，也要看到我国天然气资源开采难度大、开采成本高的一面。在常规天然气可采资源量中，大体上有1/3是致密气。致密气在国外被称谓非常规气，开采难度和成本比一般的天然气要高。即使一般的常规气，大多埋藏深、含硫量高，开采成本也比较高。另外，中国的页岩气资源非常丰富，但除重庆涪陵等少部分地区外，大部分的页岩气埋藏深，地面开采条件差，勘探开发的成本较美国的页岩气成本高。需要技术创新和体制创新，把资源潜力转化为现实产量。

根据分析，现有体制下，2020年常规气可以达到1800亿立方米，页岩气产量为400亿立方米，地面抽采的煤层气产量100亿立方米，天然气产量合计为2300亿立方米。2030年，常规天然气产量2600亿立方米，川南、川东龙马溪组页岩气产量上升，其他页岩气层系产量取得突破，页岩气产量达到800亿立方米，煤层气产量达到200亿立方米，煤系地层致密气、页岩气产量200立方米，大口径统计的煤层气产量400亿立方米，合计3800亿立方米。如果对体制进行改革，引入更多开发主体并且实现技术上的进一步突破，2020年页岩气产量600亿立方米，煤层气产量为150亿立方米，煤层气井的致密气和页岩气产量150亿立方米；合计2700亿立方米。2030年，常规气达到2800亿立方米，川南、川东页岩气新体制示范取得明显效果，并加以推广，其他页岩气层系

开发取得商业突破，页岩气产量实现1500亿立方米。大口径统计的煤层气产量400亿立方米，天然气产量合计为4700亿立方米。另外，煤制气也会得到一定程度的发展，预计到2020年有望具备300亿方的产能，2030年具备500亿方的产能。可燃冰在2030年总体上还处于技术研发和试验示范阶段，大规模商业化的难度较大。

从国外进口来看，进口能力快速增长。在管道气方面，中亚线A、B、C已开通，总输气能力为550亿方/年，D线的运输能力是300亿方/年，预计将于2016年开通运营。缅甸线在2013年开通运营，运输能力是120亿方/年。俄罗斯东线已经签署合同，预计在2018年左右开通运营，运输能力达到380亿方/年，西线2014年11月刚刚达成谅解备忘录，规模在300～600亿方/年，预计2020年前后开通。总体来看，2020年我国管道气进口能力将达到950亿方左右，2030年增长至1350亿～1650亿方左右。在LNG进口方面，根据已签署的LNG长期合同，包括购销合同、合作意向书以及谅解备忘录，进口量将从目前的250亿方增加到2020年的700亿方左右。从LNG接收站的建设来看，到2020年中国液化天然气接收站能力可达850亿～2250亿方/年的接收能力，由此将大大超过未来LNG进口的规模。综合以上对于中国目前已签长期液化天然气和管道合同，中国在今后几年天然气进口能力会迅速增加，从2013年530亿方增长到2020年的1600亿方以上，2030年有望达到2100亿～2400亿方。

将天然气的国内供应和国际进口归总，可以预计到2020年，将形成4250亿～4950亿方的供应能力，到2030年，将形成6400亿～8000亿方的供应能力。需要说明的是，上述供应能力是建立在国内天然气资源特别是非常规资源开发得到突破，国际签约合同得到落实的基础上。至于具体到每年的产量和进口量，则取决于需求的增长、国内资源开发和国际项目建设进度、国内国外供应相对价格的变化。

（四）天然气供求关系发生显著变化，需要准确把握天然气发展面临的突出问题

与过去十年天然气需求快速增长、供不应求的状况不同，未来五到十年，随着国内产量的增加和进口能力的增长，天然气供求总体上将进入宽平衡状态。根据模型分析，即使在加强环境监管和征收碳税的情景下，2020年和2030年的天然气需求分别为3500亿方和5800亿方左右，而供应能力则分别会超过4000亿方和6000亿方，供应量不再是制约天然气发展的关键因素。天然气行业发展的主要矛盾发生了重大变化，前几年天然气消费高速增长的势头已经大幅放缓，效率低、销价高、输运难、体制僵等逐渐显现，需要系统性地把握资源获取、输配、销售、使用各环节的关键问题。

一是如何体现天然气环境效益和经济价值，扩大天然气消费。天然气具有清洁、环保、高效、易调节的特点，是理想的替代能源。但与煤炭相比，天然气价格明显“偏贵”，出现了“叫好不叫座”的局面。其原因在于目前能源比价关系中，天然气价值尚未完全体现。天然气燃烧基本不排放SO_2和烟尘，但其环保效益无法体现；天然气发电具有极优的调节和响应能力，但其电网调峰备用价值无法体现；天然气冷热电三联供的热效率较燃煤发电高近一倍，但其节能和减排温室气体的效益难以体现。如果不能将环境和经济效益外部化，天然气将难以维持之前的高速增长态势。特别是在我国能源消费总量进入3%～4%的中速增长区间后，天然气消费增长不仅来自于新增能源需求，很大程度也是来自对煤炭和石油的替代。在当前煤炭产能严重过剩，价格处于历史地位的情况下，如果不能体现环境和经济效益，天然气将难以与煤炭和石油竞争，增长速度将持续放缓。

二是如何以合理的价格获得充足稳定的天然气供应。根据模型研究，2020年和2030年我国天然气消费量将分别达到当前消费量的2倍和3倍多。如果国内产量跟不上，天然气对外依存度将快速上升到50%以上，届时凸显的供应安全问题将反向制约中国天然气的可持续发展。除了资源保障之外，价格水平和市场效率也至关重要。目前我国上游勘探开发和天然气进口仍缺乏竞争，导致资源配置不合理，上游天然气成本上涨很快。近年来签署的天然气进口合同价格较高，这既有当时国际天然气市场供求偏紧的客观因素，也与三大油企误认为凭借优势的市场地位可以将价格向下游传导有关。如果任由上游天然气成本进一步上涨，超过终端用户的承受能力，可能存在高价气滞销的风险。

三是如何安全、公平、透明地实现天然气输配的互联互通。近年来我国天然气管网建设取得了较大进展，全国统一性管网框架已初步建成，2014年管网长度已达到8万公里，是2004年的3倍多。但与中长期天然气消费需求相比，管网输配能力仍远远不足，急需调动各方力量开展投资建设。从市场格局看，天然气骨干网络的建设和运营由三大油垄断，支线管道和区域性管网则为地方政府主导的燃气公司垄断。不同管网间无法实现互联互通，规划建设无序，管输服务和销售服务捆绑，市场垄断严重。此外也存在支线管网和储气调峰设施建设不足、管网运营安全等一系列问题。

四是如何建立规范市场化的价格机制。价格生成机制是协调天然气上、中、下游各方利益的核心，直接关系天然气在我国的健康可持续发展。目前我国天然气定价政府干预过多，存在价格管理“越位”和“缺位”共存的局面。目前“净回值法”正逐步取代“成本加成法”，但仍存在较大局限，仅能确定上游城市门站价，且不能解决油价和气价脱钩问题。中游天然气管输服务与终端销售服务捆绑，管输费缺乏统一标准，部分省网和城市管网定价虚高缺乏监管。下游销售市场受地方燃气公司垄断，同时工商业用户对居民的交叉补贴，形成工商业用气价格高于居民的倒挂格局，既与“大用户享受低价”的国际通行原则相悖，也不利于天然气替代煤炭和保护环境。

五是如何形成现代天然气产业体系和政府监管体制。为了支撑日益扩大的天然气市场规模，中国天然气产业体系和市场管理体制需要进行重构。从市场格局来看，目前天然气产业明显是国企主导、一家独大的格局。无论是从资源占有，还是管道建设运营来看，三大石油公司的累积市场份额都超过90%，仅中石油一家就超过70%。目前的产业组织结构极度缺乏实质性的市场竞争和效率提升，更难以支撑未来5800亿方的产业规模。在政府定位方面，过去政府主要是基于行政指令进行产业管理，这与未来多元、竞争、有活力的产业体系需求并不适应，需要逐步探索从“全面控制”到“规范监管”的过渡方式，包括明确监管内容和方式、评估监管成本和可行性等。

三、未来十五年中国天然气发展战略

（一）中国天然气未来发展前景是可以塑造的，关键取决于自身的战略和政策

通过前述分析，中国未来天然气发展可能会呈现出两种情景。一种情景就是趋势照常情景。在此情景下，从需求侧来看，受天然气价格较高和煤炭石油价格处于低位的影响，在环境政策不到位的情况下，天然气的需求增长放缓，天然气仍然是小众能源。从供给侧来看，页岩气、煤层气等非常规气难以得到突破，天然气供应增长缓慢，在当前国际天然气供应比较宽松的时期，天然气进口快速上升，国际市场一旦出现波动，天然气供应就安全就开始凸现。天然气的产业体系和管理体系不做大幅度调整，行业缺乏活力，运行效率较低，无论是进口天然气还是国产气，价格较高，制约着天然气市场的发展。整个天然气行业发展进入瓶颈期。

另一个情景是变革情景或者是革命情景。在此情景下，从需求侧来看，通过加强环境监管，出台制定环境税、碳交易或碳税等政策反映环境的外部成本。同时通过增加竞争，成本明显下降，市场得到迅速扩大，天然气逐步成为主力能源。从供应侧来看，通过开放引入新的市场参与者，页岩气、煤层气的产量大幅上升，天然气供应以国内为主，并通过国际市场来优化和调节。天然气产业也因为新的市场参与者的加入

而形成了多元竞争的局面，天然气供应成本明显下降，发展进入良性循环。一个市场主体多元、竞争充分、结构合理的现代产业体系开始出现。与产业体系转变相适应，政府的管理也从以往以计划与指令为主转向以市场为基础，现代监管体系开始形成，政府的作用更侧重于环境、安全和市场公平竞争的维护。

需要强调的是，上述两种情景不是外生的，而是自我选择的结果。因为天然气的发展还处于初期阶段，未来发展的可塑性还很强。国内资源还比较丰富，通过创新特别是体制改革，还是有很大的发展潜力，这也使得在扩大天然气使用以及利用国际天然气资源时有足够的辗转腾挪空间。因此，要把天然气发展成为一个主力能源，关键还是在于自身，关键还是在于战略和政策的选择。

采取不同的发展战略不仅对我国未来的天然气产业和能源系统产生深刻的影响，而且大力发展天然气也是当前增加有效投资、促进经济增长的一个重要手段。

专栏2

大力发展天然气经济增长带动和保护环境作用

未来我国天然气增长空间巨大。目前我国天然气年消费量不到2000亿方，到2020年可能上涨至3500亿方，2030年进一步增长至5800亿方。仅终端市场一项，规模就将上涨两倍。如果再考虑天然气产业链上、中、下游各环节的增长潜力，将创造非常可观的投资需求。预计从2015年到2030年，将创造累计新增投资接近6万亿元，折算至每年新增投资4000亿元，每年可拉动GDP增长0.6个百分点。

在上游开采方面，到2030年我国天然气生产潜力可能达到4700亿方，包括常规气2800亿方，页岩气煤层气1900亿方。如果上述产能全部建成，累计新增投资将超过1.6万亿，其中在四川盆地建成年产规模1000亿方以上的页岩气田，即需要0.8万亿至1万亿投资。在中游管道投资方面，2030年我国需要增建管网里程超过15万公里，按照每公里1000万至1500万元投资计算，即可拉动投资约2万亿。天然气调峰和储备设施、LNG接收站等累计投资需求也将超过0.5万亿。，从城市管网来看，按照历史上新增1方供气能力需要3～4元的投资强度来看，需要增加的投资在1.2万～1.6万亿元。

在资金来源方面，由于中国天然气产业尚处于快速发展初期，投资风险低，回报稳定，各类资本投资热情很大。近年来，沿海LNG接收站放开后，短时间内即有超过500亿方的投资到位，市场反应十分踊跃。如果相关领域管制放开，即使不动用财政资金就可以带动大量的社会资本进入。

大力发展天然气的环境效益和社会效益也非常明显。到2030年，预计天然气将替代3-4亿吨的分散煤炭使用，粗略估算，可以将PM2.5的浓度降低10%以上，这对国民健康和幸福感提升具有重要价值。

（二）确立高效、安全和可持续的战略取向

中国天然气发展应建立在高效、安全和可持续的基本取向上，具体的含义是：

——所谓“高效”，就是要实现天然气的勘探开发、输送和利用各个环节的高效率，这是中国天然气发展的基础所在。因为，中国有天然气资源，但资源的品质不能同中东、中亚和俄罗斯比，甚至不能同美国的资源条件比，要把资源开采出来并具有经济性，必须提高开采和输送环节的效率。另外，在消费环节，由于资源禀赋的原因以及还需要远距离进口，中国的天然气价格不会太低，要使得天然气有竞争力，必须提高天然气的利用效率，充分发挥天然气高效、清洁的特性。

——所谓“安全”，就是实现天然气资源保障和生产运行两个层面的安全，这是天然气发展的前提所在。对于大国而言，能源安全的重要性毋庸置疑，大国的能源安全必须立足国内，并且有很强的调节手段，在此基础上全球配置资源，实现开放条件下的能源安全。要保障安全就必须在增加国内供应、实现天然气进口来源和进口方式的多元化。在生产运行层面，天然气需求的峰谷差很大，必须加强全国的天然气联网以及多层次的天然气储备来保障安全。另外，由于千家万户都在使用天然气，天然气的安全使用也是非常重要的内容。

——所谓“可持续”，就是天然气发展要处理好与生态环境的关系，这是天然气发展的目的所在。一是在天然气行业本身，在开采、传输和使用中要注意环境保护以及资源供应的可持续性，天然气的发展要改善环境而不是恶化环境。二是在能源系统中，要有可持续发展的理念，要保护环境，把对环境污染的外部成本充分反映出来，扩大天然气的使用，提高能源系统的效率，减少能源使用的环境污染。

（三）明确天然气发展的战略目标和途径

未来十五年，中国天然气发展的战略目标是：以高效、安全、经济的方式大力发展天然气，将其培养成为主力能源之一，支撑中国经济社会发展和环境保护。力争2020年天然气达到我国一次能源消费比重的10%，消费量增长至3500亿方；2030年天然气占一次能源比重超过15%，消费量达到5800亿方。主要的途径包括以下几方面。

一是引导和培育天然气终端消费市场。要将天然气发展成为主力能源，必须多措并举扩大天然气消费。首先是加强环境监管，强势推进天然气替代分散用煤，包括城乡商业、居民采暖、炊事用煤和纺织、造纸等轻工业热力用煤等领域，这将对减少雾霾和改善环境起到至关重要的作用。其次是发展天然气燃料交通，重点是在公路客运和水路货运方面，通过加大基础设施建设，完善相关技术标准等方式，推进天然气对石油的替代。第三是在发电和重工业领域，依托能源市场化和绿色财税制度改革，将天然气节能减排、调峰备用等环境和经济效益外部化，提高天然气发电调峰、冷热电三联供、天然气化工等经济效益和竞争力。

二是促进上游天然气供应多元化。国内增产和国际贸易应双管齐下，通过动态互补和加强竞争的方式提高资源配置效率，推动天然气上游供应的多元化和市场化。加大国内天然气开发力度，推进常规气、致密气、页岩/煤层气的三步走战略：近期常规气和致密气是增长重点，做好页岩/煤层气的技术储备，从中期来看，要形成常规气、致密气、页岩气/煤层气齐头并进的局面。积极参与并融入国际天然气市场，以商业化原则推进天然气贸易和投资，加大对进口资源的掌控和议价能力。推进俄罗斯、中亚、东南亚（缅甸）、海上天然气贸易可持续发展，并与上合组织、东盟、加拿大进一步广泛联系，逐步推行进口方式和价格机制的多元化。结合“一带一路”战略，积极实施天然气“走出去”战略，通过长期协议、股权投资、联合开发、管网建设、远洋运输等方式参与国际市场。

三是构建安全、公平、透明的天然气管输和储备网络。首先要统一规划，互联互通，结合我国天然气生产、进口、消费的整体格局，科学开展管网体系顶层设计，确保不同气源地、不同区域市场互联互通。其次是多元化管网投资建设主体，鼓励非国有企业和资本进入。管网安全风险可以通过划定管网层级并差异化投资主体来规避。长输管道由国家统一规划建设；省级干线建设由地方政府主导，国企和社会资本协同建设；城市和区域管网建设向市场逐步放开。第三是管网的公平准入，建立统一的国家天然气入网标准。确保不同来源的天然气，只要手续齐备、符合品质安全标准，就能够顺利接入管网并输送至终端用户。第四是加强储备设施建设，通过立法等方式明确储备义务，制定天然气储备价格，动员各方力量加强我国天然气储备调峰和应急能力。

四是依靠科技创新提升行业技术水平。大力推进天然气勘探开发、传输配送、转化利用等各环节的科技创新与新技术应用，通过技术革命引领天然气产业链各环节的技术效率和经济效率。首先是提早开展天然气生产和转化领域重大技术的战略布局，对页岩气、深海气、煤层气、可燃冰开发，燃气发动机、联合循环发电设备等进行重点攻关，加大资金和人才资源投入，激活技术创新的体制机制。二是探索成套技术体系和解决方案的研发和应用，关注装备系统集成化、成本节约化、环境友好和绿色化发展。力争到2020年，行业技术装备水平明显提升，在页岩气勘探开发、海上天然气开发等领域的技术自主化和国产化上实现重大突破；行业运行生产经营效率明显提升。到2030年，行业技术水平和生产运行效率达到国际先进水平，自主创新能力得到大幅提升。

五是积极推进天然气价格改革。根据不同地区天然气市场和基础设施成熟度，分批次推进天然气定价市场化改革，逐步减少政府对价格的直接干预，积极完善价格机制和市场环境，最终实现天然气价格市场化并轨。对上海、广东、浙江等东南沿海地区，充分发挥多元化进口渠道和成熟的天然气基础设施优势，率先推进上游天然气市场多元化，取消天然气门站价格管制，推行上游市场自主定价。在此基础上，推进中下游管输和销售业务分离，实施天然气管网输配的第三方准入，放开大用户直供模式，逐步推进终端天然气市场的自主化。对条件尚不成熟的中西部省份，门站价实行价格上限管制，进一步完善天然气输配和终端市场价格机制，增大调价频率。合理制定管网输配价格和储气价格，并完善季节性差价、峰谷差价、可终端气价等实施办法。待2020年时机成熟后，通过管网第三方准入等方式，逐步推进跨区域价格并轨，并最终实现天然气价格市场化。

六是构建起天然气产业体系和政府监管体系。健康可持续的现代天然气产业体系，需要充分发挥市场在资源配置中的决定性作用，同时更好地发挥政府的作用。在制度设计方面，应把握好当前能源体制改革契机，推进天然气市场化改革，系统设计产业链上、中、下游的组织形式和运作模式，引入多元化资源和主体，营造规范、正当的竞争合作方式，努力形成高效、开放、有序的市场格局。在监管方面，要尽快开展天然气市场监管的顶层设计与责任分工，重点针对资源开发的环境保护、管网公平准入、下游网输销售分离等进行监管，并制定统一的管输价格管理办法。力争到2020年，我国天然气多元市场竞争格局初步形成，在勘探开发和进口开放上取得突破，部分地区实行市场定价，政府监管体系运作有效，行业发展活力和效率得到明显提升。到2030年，主体多元、公平竞争、体系健全的市场体系得以形成，市场在资源配置中起到决定性作用。统一、独立、专业化的监管体系得以形成。行业活力和效率得到显著提升，产业的国际竞争力和影响力大幅提高。

四、提高利用效率并完善配套政策，扩大天然气使用

要将天然气发展成为主力能源，必须扩大天然气使用，其关键在于提高经济竞争力。居民生活、商业服务、车船运输以及天然气制氢对天然气价格的承受能力较高，而集中采暖、天然气发电、工业燃料、合成氨和甲醇对天然气价格的承受能力较低，在现在的价格体系下，是没有经济竞争力的。提高天然气的竞争力，一是通过外部成本内部化，将能源使用对环境和健康的影响反映出来，从而将天然气作为清洁能源的优势体现出来。二是提高天然气的利用效率，通过效率的提升使得使用较高价格天然气的同时，终端用能的成本没有显著上升，具体的领域和政策如下。

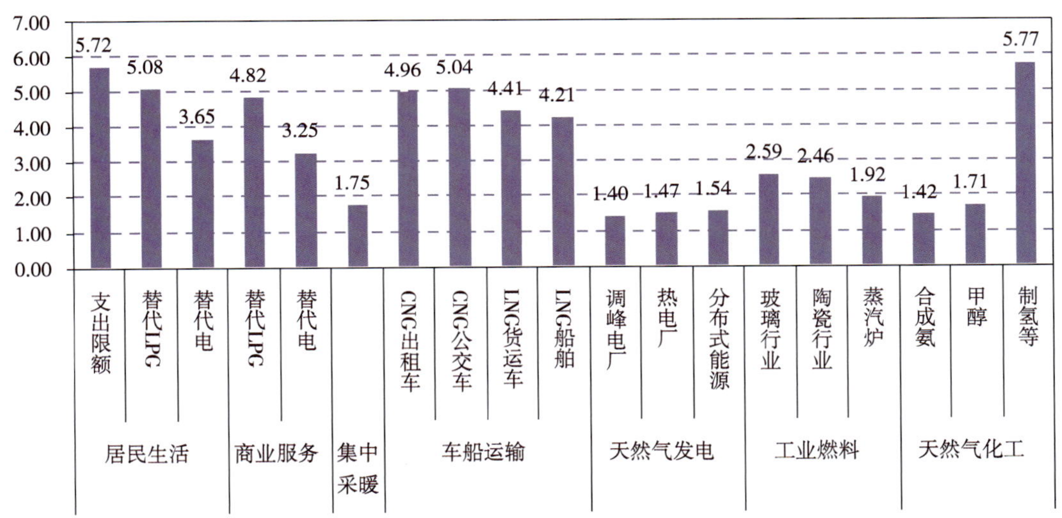

图4　天然气各类利用领域用户在终端可承受价格（单位：元/立方米）

注：上述用户承受能力是建立在国际原油价格80美元/桶、标煤价600元/吨时的价格体系下。

（一）加强环境监管，提高能源利用效率，替代分散煤炭使用

无论是从控制大气污染，还是提高能源效率的角度，替代分散使用的煤炭是天然气发展的优先领域，发展潜力很大。分散使用的煤炭能源利用效率低，污染物排放大，污染排放控制的成本高。中国的煤炭目前大体上一半用于集中发电，一半用于分散使用。在分散使用的煤炭中，一半是用于金属冶炼、烧制水泥等必须使用煤炭的领域，另一半是用于供热以及纺织、陶瓷、玻璃、造纸等可以替代的领域。从发达国家来看，OECD国家煤炭用于发电的比例平均为78%，美国则超过90%，分散使用的煤炭很少。

替代分散使用的煤炭，有以下三条途径：一是对于北方中小城市的采暖用户以及集中在工业园区的部分工业用户，要通过发展燃煤热电联产来替代分散使用的燃煤锅炉，这是一条经济环保的替代路径。二是对于北方大型和特大型城市，由于环境容量有限以及煤电厂用地和煤炭运输存在一定的限制，用燃煤热电联产替代分散的煤炭供暖的难度较大。另外，对于分散布局的工业用户以及对用热温度有很高要求的工业用户也很难靠燃煤热电联产来满足用能需求。对于这些用户，就要通过使用天然气或发展天然气热电联产满足其能源需求。三是对于城乡接合部和农村的分散采暖和烹饪用煤，除了用LPG和LNG来替代外，利用农村的废弃物发展生物质天然气也是一条可行的道路。预计通过上述替代，到2030年，工业用气可以达到1600亿方，而城市采暖、居民用气和商业用气可以达到1200亿方左右，这是天然气最大的利用领域。

从政策的角度来看，一个是加强环境监管，提高分散使用煤炭的使用成本。比如说，建立燃煤锅炉污染减排在线检测系统，实施监控废气排放系统。二是加大节能改造的力度，提高能源利用效率，比如说加强建筑节能改造，优化工业流程和用能方式，在使用优质高价能源的同时不给下游用户造成经济上过大的负担，政府可以在用能设施替换以及节能改造上给予财政支持。三是对于新增的锅炉，在东、中部空气治理压力大的区域，可以考虑强制使用天然气，不再新上燃煤锅炉。

（二）完善规划和技术标准，促进交通用气快速发展

扩大交通天然气使用意义重大。扩大交通用气可以替代石油，由于天然气的安全形势要好于石油，发展交通用气对保障国家能源安全有重要意义。天然气作为交通替代燃料，还具有清洁、高效、技术成熟和经济性的特征。天然气汽车的一般污染和二氧化碳排放均低于传统内燃汽车，CNG比汽油车的碳排放显著低，而LNG与柴油车相比也略有优势。从经济性上看，过去几年较大的油气差价和未征收消费税带来的经济性，推动了天然气汽车快速发展，尤其是城市CNG出租车和公交车领域。

交通天然气发展空间也很大。2013年全国天然气汽车用气量约120亿立方米，其中CNG车辆用气约为100亿立方米，LNG车辆用气量为20亿立方米。车用CNG市场将逐步进入低速增长期，预计到2020年年消费量达到200亿方，到2025年达到250亿方，之后增长滞缓。LNG车市场未来十年将保持高速增长，预计2020年，车用LNG市场有望超到200亿立方，到2030年，有望达到400亿方。船用LNG也是重要的潜在市场，但有赖于严格环保政策的实施强度，因此预计前期发展缓慢，后期示环保政策的变化而定。乐观预计船用LNG市场，到2020年有望超过20亿方，2030年超过100亿方。

但是，交通用气发展也存在一些特殊的障碍，与电力、居民、工商业等固定源用户不同，交通是移动源用户，具有显著的网络外部性。如果说气电对煤电的替代是“点”的替代，天然气对油品的替代，则是网络化、系统性的替代，其规模化发展，不仅仅取决于某一环节或某一产业链的技术经济性，更依赖整体系统所具备的网络化效应。要求有足够多的加气站、维修点等服务设施进入网络，才能更好地满足客户的网络化的移动需求，从而达到网络引爆点，解决“先有鸡还是先有蛋”的问题。这个网络化过程，光靠市场“无形的手”需要较长的周期，且有时市场还会失灵，而政府恰恰能发挥积极作用。为了推动气代油，建议如下。

一是促进加注站基础设施建设。首先是制定全国尤其是重要货运通道、水运航道和重点区域的加注站网络规划，在提升交通工具用户预期的同时，防止各自为战、条块分割、重复建设、违规建设和不良竞争。其次，制定相应的税收减免政策，鼓励社会资本加大投资加注站，从而推动加注网络尽快达到引爆点，在达到引爆点后，可考虑逐步退出激励措施。另外，梳理完善滞后的管理规定，如修订基于油品制定的相关管理规定、简化燃气加注站审批流程、解禁LNG火车槽运等。

二是尽早制定全产业链的行业标准，如燃料质量、热值计量、加注设施、燃气汽车零部件等，促进全产业链的标准化发展，以利于规模经济的实现。

三是发挥政府引导作用和协会的协调作用。要发挥好政府采购的引导作用，对财政支出或补贴的市政、公交、政府等部门的交通工具，设定明确的天然气车的占比。另外，发挥行业协会的协调作用，天然气交通的网络化进程非常需要统筹协调，但交通已充分市场化，政府不宜直接干预市场，协会居中协调非常重要。

（三）完善价格形成机制，促进天然气发电合理发展

天然气发电具有清洁、调峰能力强、占地面积少的优势，非常适合作为调峰发电和热电冷综合利用，可以说是电力系统中不可或缺的部分。从国际经验上看，天然气发电在电力系统中占有相当的比例，2010年全球化石能源发电中30%是来自天然气，预计2030年提高到37%。发电也是天然气的主要用气领域，发达国家发电用气占整个用气量的30%～40%。

中国煤炭资源丰富，煤炭发电容易实现清洁高效利用，作为基荷发电，煤炭更有竞争力和更有比较优势。中国的天然气发电应该是以调峰发电以及热电联产发电和电、热、冷分布式能源系统发电为主。其中，在分布式发电领域，考虑到规模经济和资产利用率，优先顺序为区域式、楼宇式和家庭式。电力市场化特别是售电侧放开为

分布式能源的发展提供了重要机遇。预计到2030年，调峰和基荷天然气发电用气达到600亿~700亿方，热电联产和分布式能源发电用气在1000亿方左右。提高天然气发电的竞争力有以下几个关键的措施。

一是制定峰谷电价、峰谷气价。从电力系统的角度来看，天然气发电能够灵活启动，具有很高的调峰、备用等价值，在可再生等间歇性能源比例提高的背景下，调峰的价值更加显著。从天然气系统来看，由于用电和用气峰谷时间有差异，比如说冬季用热多，用电相对较少；而夏季用电制冷多，而用热少，天然气发电可以降低天然气需求的峰谷差。利用低价气发高价电是天然气发电的竞争力所在。目前，天然气发电上网电价高于一般火电，在一定程度了反映调峰备用的价值，下一步可以制定峰谷电价进一步体现调峰的效益。在天然气方面，也要出台制定峰谷气价，以充分反映出气电的竞争力。

二是将发电的环境外部成本反映出来。发电的外部成本可细分为两个部分，一是一般的污染物排放成本，如粉尘、硫化物和氮氧化物，通过增加投资，煤电的排放可以接近于气电排放水平，新建燃煤发电机组大气污染物排放浓度基本达到燃气轮机组排放限值（即在基准氧含量6%条件下，烟尘、二氧化硫、氮氧化物排放浓度分别不高于10、35、50毫克/立方米）。增加环保设施投资和运营折算下来后，大型机组成本增加度电成本大约增加0.01~0.02元/kwh，老旧小、煤质较差的机组成本略高一些。总体来说，一般污染物控制对气电、煤电成本差异有影响，但影响不大。另外一部分是碳排放成本，这一部分是关键。煤电碳排放为0.8kg/kwh，气电碳排放为0.37kg/kwh，随着碳价提高，煤电相对碳排放呈成本线性上升趋势。按照深圳碳交所2013年6月18日上线交易的开盘价30元/吨为例，煤电增加相对成本约0.013元/kwh，以2013年10月18日最高价143.99元/吨为例，则影响相对成本约0.06元/kwh。

三是核心设备国产化。对于核心设备，目前由于国外对燃机设备、燃机程控等核心技术垄断，长期以来导致设备投资成本高，长期维护检修（LTP）等运维费用高。这一问题的改善，将有助降低气电度电的固定成本。若能使单位投资下降15%，则可以使度电成本下降约0.014元/kwh。同时，通过国产化降低LTP费用，若能使总修理费降低50%，还可以带来度电成本约0.01元/kwh的下降。通过核心设备国产化，度电成本下降大约在0.024元/kwh水平。

（四）调整居民和化工用气价格，减少不同用户的交叉补贴

居民用气、化工用气长期低于供气成本，存在大量的补贴。比如说，2013年全国

平均城市居民终端用气价格2.15元/方，居民用气省门站价格平均1.37元/方，比全国平均增量气价格低1.50元/方。按居民用气量180亿方计算，供气企业向城市居民用户进行价格补贴约270亿元。化肥用气价格小幅上调后平均价格在1.80元/方左右，比全国平均增量气价格低1.10元/方。按化肥用气量200亿立方米计算，供气企业向化肥用户进行价格补贴约220亿元。表面上看是供气企业提供了大量的补贴，实际上是其他用户在承担着这些补贴，造成了其他用户的用气成本高，不利于这些领域的用气的增长。

对于居民用气，价格应该逐步提高到供气成本以上，一是因为居民用气（包括供暖）还要有较大的增长，要从2012年的288亿方，增加到2020年548亿方和2030年的734亿方，随着用气量的上升，补贴的难度要加大。二是居民用气的承受能力是较高的，可以说是下游市场的优质用户。从经济上的竞争力来看，无论是替代石油、LPG以及电力，天然气价格只要在4元/方以下，都有竞争力；从居民的承受能力来看，平均每人每年的用气量在60方左右，假设每方气提高1元，每年增加的支出在60元，2013年城镇低收入户（最低的20%）的人均可支配收入为11434元，仅相当于其人均可支配收入的0.5%。另外，供热的价格也要调整，否则天然气供热的状况难以维持下去。当然，烹饪用气和供暖用气是生活的必需品，对于特困群体，在调整价格的同时可以给予一定的补贴来加以解决。提高居民价格的关键是对调价时机、调价方式的把握以及公众的沟通，可以考虑将居民气价的调整下放给地方政府，由地方政府自行决策价格调整幅度。

对于化工用户，可以通过制定峰谷气价和可中断气价等市场化方法给予一定的价格优惠，但长期低于成本的价格水平不可持续。化工行业一方面要优化工艺流程，加强生产管理来充分利用峰谷气价和可中断气价的价格优势，另一方面要不断实现产业升级，发展高附加值产业，不能再依靠低成本的气价生存。从政策上看，要明确居民用气和化工用气与一般用户用气并轨的时间安排，以给予地方政府和化工企业一定的调整空间。

五、多措并举，保障天然气安全高效供应

扩大天然气使用的同时，要大力提升天然气的供应能力，确保天然气安全高效供应。实现安全高效供应的关键在于引入新的开发主体，大幅增加国内天然气产量；进一步推进进口来源和进口方式多元化，保障天然气进口安全；适度超前建设天然气管网设施，促进天然气管网的互通互联；加快天然气储备设施建设和相关体制机制改

革，确保天然气平稳运行；提高技术装备水平和产业创新能力，夯实长远发展基础。

（一）引入新的开发主体，大幅增加国内天然气产量

中国的天然气资源丰富，技术也基本具备，开发路径也比较清晰，优先次序是常规气、致密气、页岩气和煤层气，适度发展煤制气。天然气的供应关键是体制机制问题。通过前文的分析可以看出，在现行体制下，2020年天然气产量合计为2300亿立方米，2030可以达到 3800亿立方米。如果对体制进行改革，2020天然气产量可以达到2700亿立方米，2030年则可以达到4700亿立方米。

一是要引入新的开发模式。沿用国务院关于石油天然气专营的规定，天然气的勘探开发和管道运输均由现有的国有石油公司经营。这种经营方式的优点是可以实现天然气的集约化发展，便于进行大规模开发，但也面临着成本高的问题。另一条发展路径是改变现有专营的体制，加强市场机制的作用，引入多种所有制企业开展天然气勘探开发，实现多元化发展。通过市场竞争，优胜劣汰，形成新的天然气勘探开发和供应格局。建议适度调整现有体制机制，对常规油气经营权适度放开，首先对大中型国有能源企业开放常规油气矿业权，如对已经取得页岩气矿权的国有能源企业，或在海外已经进入油气领域的能源企业开放常规油气矿业权，引导这些企业进入国内常规勘探开发领域。

二是调整最低勘查投入。我国1996年矿法及后续配套法规规定，油气探矿权的最低勘查投入在第一年为5000元/km^2，第二年为7000元/km^2，第三年开始为10000/km^2。最低勘查投入没有考虑通货膨胀等因素。由于成本的大幅度上涨，这种最低勘查投入一成不变的规定实质上导致单位面积的实物工作量的投入按不变价格计算在逐年下降，过去1亿元的勘查投入可以完成3口探井，现在只能完成1口，单位面积的实物性勘探投入仅相当于15年前的1/3到1/5。大量天然气有利区的实物性勘查工作量投入严重不足。可以参照页岩气招标区块投入标准和管理要求，将常规油气区块的最低勘查投入在目前水平上提高3～5倍，每平方公里最低勘查投入达到3万～5万。通过提高最低勘查投入，提高区块勘探效率，推动区块退出，减少区块占用面积，改变目前的圈而不探现状。同时，改变目前的区块申请在先的授予制，参照页岩气区块出让方式，采取竞争性方式出让已退出的常规油气区块，并参照国际惯例制定有效的区块退出机制。建立监管队伍，监督各项法规和制度的落实。

三是建立天然气探明储量交易机制与交易平台。近几年，我国年均探明天然气地质储量均超过了6000亿立方米，预计今后几年还会保持较快的增长势头。但探明储

量并没有及时投入开发，其中有部分储量可能长期得不到开发。其原因在于这部分探明储量难以经济有效动用。建议建立已探明难动用储量交易机制，允许这部分储量进入市场，进行转让，使其流转到可以经济有效开发这种资源的企业手中，并得到及时开发，勘探企业通过转让探明储量收回勘探成本，开发企业通过购买储量得到开发机会。为保证这些储量的及时开发，要避免储量仅流转、不开发。

四是通过建立开发综合示范区来推动非常规气体制革新和开发突破。致密气、页岩气和煤层气是未来天然气供应增量的主要来源。非常规气开发成本高，资源的特点和开发方式也有别于常规气。靠三大石油公司来开发非常规气资源是不够的。因为三大石油公司的资源会优先投入常规油气领域，特别在油价下跌资金困难的情况下；另外，三大石油公司开发成本控制能力差，难以实现做到低成本开发。可以考虑建立综合示范区，在这个示范区内，进行更大胆的体制革新，一是在矿权管理上，对于三大石油公司开始生产、探明和正在开展勘探工作之外的资源，拿出来统一招标；二是市场准入上，不仅要引入其他的国有企业，而且民营企业、外资企业均可以进入。在外资企业的进入上不仅要引入大型跨国企业，也要引入具有经验丰富、创新能力强的中小油气企业，这些企业在美国的页岩油气革命中起到非常关键的作用。在外资准入上，只要满足技术环境标准，并通过国家的安全审查，外资企业可以以独资方式进入。另外，在资源受益分配、混合所有制改革和环境监管上也要尝试新的突破。

专栏3

在四川盆地建立年产千亿方页岩气综合试验区的建议

综合考虑页岩气开发所涉及的资源条件、技术、装备、工程、投资、应用、环境承载等因素，我们认为，如果体制和政策得当，四川盆地会成为我国页岩气开发的集中区和先导区，到2025年在这个区域实现1000亿方页岩气产量是可行的。其理由如下。

1. 资源条件有保障。根据中石油的数据，综合评价全盆地龙马溪组、筇竹寺组两套页岩气总资源量近40万亿方。其中，已经取得开发突破的龙马溪组海相页岩气有利区面积7.5万平方公里，页岩气地质资源量25万亿立方米，可采资源量3.7万亿立方米。这7.5万平方公里中，有3.5万平方公里的页岩气资源条件更为优越，地质资源量近14万亿立方米，可采资源量2.8万亿立方米。如果仅动用龙马溪组优质页岩气面积2万平方公里，以2015年作为开发元年，完成勘探和布井计划，

2015～2025年在此范围内完成钻井约1万口，2025年可达年产1000亿立方米。以后每年钻井800口左右，可实现稳产20年。

2. 开采技术和装备有保障。目前，我国已初步掌握了页岩气地球物理、钻井、完井、压裂改造等技术，具备了3500米以浅水平井钻井及分段压裂能力。非震物探识别与预测技术、整体可移动轨道钻机、大型压裂车（3000型、3500型）、施工环境保护技术等处于国际先进水平，桥塞国产化也已取得突破。目前我国仅在钻井地质导向、随钻测量、微米-纳米结构与成分分析等方面与国外成熟技术仍有差距，但国外有名的油服公司多数已进入中国并开始参与页岩气开发，能提供关键环节的技术。中石化重庆涪陵页岩气田进入商业开发，证明我国页岩气开发技术是过关的。

3. 开采效果较好，经济性有保障。截至2014年11月30日（调研组实地调研的时间），中石化涪陵地区完成压裂试气的69口井均获中高产页岩气流，平均单井测试产量32万方/天。按照无阻流量的1/3、1/4和1/5配产定产生产，平均单井年产量约2160万立方米以上，平均单井成本为8000万元（含勘探、采输等），加上脱水等简单处理，井口成本不到1.5元/立方米，而目前页岩气井口价为2.78元/立方米，若加上0.4元/立方米国家财政补贴，实际气价为3.18元/立方米，单井稳产后一年收入可达6868.8万元。除了涪陵地区的页岩气开采实现商业化外，川南长宁、威远地区的页岩气埋藏较深，但页岩气和常规气重叠分布，也具备综合开采的经济价值；渝东鄂西地区页岩气伴生轻油，开采的经济价值也较高。四川盆地页岩气开发经济性是有保障的。

4. 环境控制有经验可借鉴，开采用水有保障。目前美国有10多万口页岩气井，在政府有效监管和公众参与监督下，并没有发生有社会影响的环境事故。四川盆地大部分页岩气产层超过2000米深，只要套管作业适当或者增加保障措施（如加装一圈套管），压裂水没有机会渗透到地表水系。在用水方面，1000亿方气的耗水量约为4亿方水，是目前四川省耗水量的1.6%，对于水资源丰富的四川盆地而言，水资源也是完全有保障的。

如果按年产1000亿方计算，建产期间需资金投入约8000亿元（2015至2025年钻完井1万口左右）。按照目前的体制，也就是仅靠中石油西南分公司和中石化西南分公司的投资，力度非常有限，特别是中石油西南分公司在四川中部遂宁县发现了储量超过4000亿方的龙王庙特大气田，常规气田的建设也需要大量的勘探开发投入。因此，在页岩气开发上需要有新的思路，建议在四川盆地及周缘设立页岩气开发综合试验区。在管住环境、安全的情况下，先行先试，重构页岩气开发新模式、新机制、新规则。既推动页岩气开发，又为我国油气改革开路试点，以形成可复制、可推广的经验。重要举措有：

1. 创新矿权管理和市场准入管理。一是在矿权管理上，对于三大石油公司开始生产、探明和正在开展勘探工作之外的资源，拿出来统一招标。二是市场准入上，不仅要引入其他的国有企业，而且民营企业、外资企业均可以进入。在外资企业的进入上不仅要引入大型跨国企业，也要引入具有经验丰富、创新能力强的中小油气企业，这些企业在美国的页岩油气革命中起到非常关键的作用。在外资准入上，只要满足技术环境标准，并通过国家的安全审查，外资企业可以以独资方式进入。

2. 发挥混合所有制经济优势。中石油和中石化都已经进行了相应的实践，比如中石油在长宁区块成立了四川长宁天然气开发有限责任公司，中石化在重庆成立了重庆页岩气勘探开发有限责任公司，均为混合所有制公司。混合所有制为地方国资、民资、外资进入页岩气开发投供了机会，也有利于中央企业更多地利用社会资本加快开发进程。有了地方国有资本的参与，更有利于拆迁、修路和天然气就近利用；有了民企和外资的参与，有利于改善公司治理、提高开采效率和服务水平。下一步在页岩气开发领域深化混合所有制改革，需要在公司治理、战略协同、分工合作上下功夫，要提高各个方面的积极性，不能只为圈钱而忽视机制转换，也不能只图资本层面的混合而实质上拒绝让外部投资者参与相应的管理和运营。

3. 探索页岩气有效监管模式。可争取用2～3年时间在示范区形成有关页岩气勘探开发及储运利用的政策体系、管理规范、监管细则和监管体系，以及信息搜集共享平台。在环境监管方面，中央定标准和政策，地方组织实施环境监管。环保部正在研究制定页岩气开发有关的环评导则，可在这个地区先行先试，在土地使用、植被恢复、水资源利用、废水处理、废物处理、气体排放、钻探和完井等方面，先行推出和实施国家规范和标准。在地质资料信息共享方面，可参照美国以行政立法形式强制收集页岩气地质资料的办法，搭建地质工程信息管理平台，政府掌握资源信息，实现信息共享，促进高效开发。

五是完善资源开采的财税政策。对于常规气田，在价格放开以后，项目利润很高，就应该提高资源税税率，而对于致密气、页岩气和煤层气，则要考虑推进财税体制改革，调整中央和地方分税关系，降低资源税税率，调动地方政府积极性，以鼓励非常规天然气发展。对于页岩气，在2012至2015年中央财政对符合相关条件的页岩气开采企业按0.4元/m3的标准给予补贴。“十三五”期间是我国页岩气产业发展从投入期步入成长期的关键时期，在国际油价大幅下跌并将在未来3至5年内保持60～80美元/桶左右、全球对页岩气投资缩减的背景下仍然激励企业勘探开发页岩气的积极性就显得尤为重要，因此需要延长并继续落实页岩气补贴政策。目前财政部和能源局已经决定，2016～2018年的补贴标准为0.3元/立方米；2019～2020年补贴标准为0.2元/立方米。另外，要分类进行煤层气开发支持。一是对于煤矿区内煤层气开发，要以安全、环保目标为导向，紧密结合矿井开发规划，超前5年部署地面抽采，适度超前井下抽排，积极部署老塘抽排等煤层气（瓦斯）。鼓励独立企业采购多个矿井所采出的煤层气（瓦斯），进行规模化利用，对直接利用这部分煤层气（瓦斯）的企业进行补贴。二是对于不涉及煤矿开采的煤层气开发，属于商业行为，按鼓励类产业政策加以推动。部分煤层气开采区不在煤炭规划区、或者近十至二十年不进行开采的煤炭矿，这些地区的煤层气开采属于商业煤层气开发，不涉及煤炭开采的安全及环境问题，不应与前者享受同等优惠政策。按目前的优先发展类政策就可。

（二）实现进口多元化，保障天然气进口安全

对于天然气进口采取支持和鼓励的总体取向。在天然气进口政策取向上，中国需要平衡“应对环境污染”“随着经济发展水平和居民收入水平提高所导致的国内天然气消费不断增长”和“保证天然气供应安全”三者之间的矛盾。无论是从占能源消费的比重（5.8%）、居民普及率（16%），国内天然气消费都有大幅提高的需要。防治环境污染大幅提高国内的天然气消费已经成为其中必不可少的一项紧迫措施。综上所述，由“如何迅速增加天然气的国内消费”这个中国天然气发展所面临的根本矛盾所决定，在天然气领域的国内所有相关政策的制定、出台都应该服从如何有效解决这个根本矛盾的需要。中国未来一段时间（当前至2020、2030年）在天然气进口应采取的政策取向是：审慎鼓励，在鼓励进口的同时，要努力实现进口来源、进口主体以及合同和定价方式的多样化，保障天然气安全是总体可控的。

专栏4

中国天然气供应安全状况分析

中国天然气对外依存度快速上升，2013年对外依存度已达到32%，因此，有观点认为需要对天然气进口比例进行限制。我们分析认为，中国的天然气供应安全风险总体可控，近期不需要对天然气进口比例进行限制。其理由如下：一是天然气是个替代能源，很容易通过石油、煤炭和可再生能源进行替代，其安全问题相对容易解决。二是中国的天然气安全状况要显著好于石油，一方面天然气来源多元，西北有中亚气，东北有俄罗斯气，西南有缅甸气，东部沿海有来自多个国家的LNG，这与石油进口过度依赖中东、过度依赖马六甲海峡是显著不同的。另一方面，与其他国家相比，相对于如今能源结构中天然气的比例以及进口天然气的比例而言，中国的供应来源多样化。如今，中国天然气进口多样化可与欧盟相较，未来可以和日韩相比。三是国内的常规气、页岩气、煤层气有很大发展潜力，只要理顺体制机制，给予一定的时间，天然气产量会大幅度增长，也就是说中国天然气安全的主动权是掌握在我们自己手中的。因此，在全球天然气供应比较宽松以及在治理大气污染非常紧迫的情况下，可以通过进口调节来促进天然气使用，以缓解污染治理的压力。当然，在鼓励进口的同时，要增加运行储备和管网的互联互通，以应对短期的市场波动。

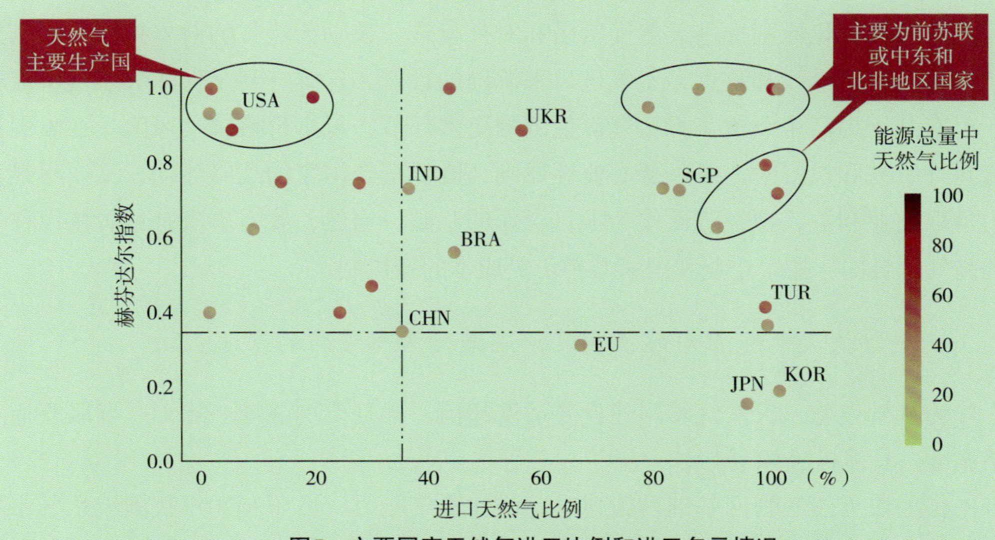

图5 主要国家天然气进口比例和进口多元情况

注：赫芬达尔指数是用来定量描述多样化的指数，值越低，表示多样化程度越高。

一是实现进口气源的多样化。根据中国目前已签长期液化天然气和管道合同，中国在今后几年天然气进口会迅速增加，从2013年530亿方增长到2020年的1920亿～2300亿方左右。总体上说，中国天然气进口的多样化程度有所扩大。土库曼斯坦和俄罗斯将成为中国进口天然气的主要国家，各占30%左右。其次，澳大利亚的天然气进口占12%。另外的30%左右由缅甸、卡塔尔、乌兹别克斯坦、巴布内亚新几内亚等8个国家以及天然气集中采购商。这与2013年天然气进口来源国的比例有很大的变化：我国从中东地区进口天然气的比例下降最多，从2013年的17.7%到只有3%，土库曼斯坦的份额从接近47%到30%，而俄罗斯从没有0%增加到32%，澳大利亚略有增加。

二是实现进口方式的多样化。从合同和定价方式上看，首先应包括长期、中期、短期和现货的组合，以便提高灵活性，应对并驾驭市场变化；其次是要结合石油指数和典型多元化定价指数。再次，在评估价格竞争力时，要全面考虑项目风险、商业结构和其他因素，通过适合自身供应/需求平衡的滚动合同来采购液化天然气以化解风险，实现天然气供应组合要有多元的地理来源。从进口主体上看，要增加新的购买主体，鼓励更多大型终端用户从国际液化天然气市场上购买天然气，无论是电力公司或者大型城市燃气企业，都将会给市场带来利益。因为这将有助于减少中间环节，提高天然气价值链效率。加强监管和规则制定，有效推进接收站、管道和网络等相关设施的第三方准入，确保进口天然气能够畅通高效的进入境内。

三是以商业化原则推进天然气贸易和对外投资。鼓励天然气的对外投资，尤其是在“一带一路”沿线和重点天然气进口来源国的投资，这既有利于保障天然气供应安全，也有利于提高企业覆盖天然气价值链的更多环节，抵御价格波动风险。在发展天然气对外贸易和投资时，要坚持商业性原则，既要符合国家的战略导向，又要尽最大努力争取商业利益，把经济性作为项目合作的基础。当然，要实事求是地看待以往签署的高气价合同，探索企业和国家共担历史成本的新机制。

（三）加快天然气管网设施建设，促进天然气管网的互通互联

作为基础设施，天然气管网建设要适度超前，并且要加强统一规划、互联互通和灵活调度。具体措施如下。

一是加快天然气管网基础设施建设，增加输气能力。按照2020年我国天然气市场需求为3500亿立方米左右，2030年达到5800亿立方米，按照需求量1.1倍的资源保供市场，需求量1.15倍的输送能力保障市场输配，到2020年管网输气能力应该达到4000亿立方米/年，2030年需要达到6700亿立方米。截至2014年年底，我国资源输送管网能力

为2400亿立方米，只能满足2020年输配需要的60%、2030年的36%，需要加快推进基础设施建设，以满足市场发展的需要。力争到管网长度2020年达到15万公里，输气能力超过4000亿立方米；2030年达到25万公里，输气能力超过6900亿立方米，实现“西气东输、北气南下、海气登陆、就近供应”四大格局。建成以西北中亚进口气、西南中缅进口气、北部中俄进口气、东部进口LNG四大进口通道，2020～2030年期间中亚A、B、C、D线实现850亿立方米能力的输送，中缅气实现国内至少100亿立方米的能力输送，中俄气680亿～980亿立方米的输气能力，进口LNG实现1亿吨的接收能力。

二是形成布局优化、互联互通的管网建构。其基本含义是国家长输基干管道通过枢纽站和联络线形成互联互通，省级干线管道通过分输枢纽形成灵活调配，地下储气库和LNG接收站连接国家长输基干管道，相邻省市市场形成区域性网络。具体措施如下。

——实现国家长输基干管道互联互通。国家长输基干管道的互联互通一是依靠管道路由交汇点形成中心枢纽，在宁夏中卫、河北永清、湖北、上海、广东形成中心枢纽。其中宁夏中卫是西部资源东送的交汇点，把西气东输系统、新疆煤制甲烷管道与陕京线系统、中卫-靖边管道、中贵线等管道连接，实现进口中亚气、新疆气田气、长庆气田气和新疆煤制甲烷的连接。河北永清是华北地区中心枢纽，将陕京线系统、中俄天然气管道、华北储气库群和津冀资源管道连接，在华北地区调节天然气供给，优化天然气资源配置，缓解高峰用气需求。湖北境内有多条国家长输基干管道途经，是中南部地区的中心枢纽，形成新疆常规气、新疆煤制甲烷、进口中亚气、进口中俄气、川渝常规气、川渝页岩气的交汇中心。上海是我国天然气市场中心，从供应结构看，上海既是西气东输一线、二线、川气东送等重要管道天然气的交汇中心，又接收东海气，还大量进口液化天然气（LNG）；从性质上说，上海是天然气交易中心，同时又是全国天然气计价基准点，将来成为我国重要的天然气枢纽中心。广东作为重要的资源枢纽，未来形成多种气源的集结地，从供应结构看，有管道气、海洋气、LNG，供应管道有西气东输二线、新粤浙、西气东输三线，海洋气和多座LNG接收站；从气质上看，供应的资源有常规天然气、煤制甲烷、海洋气和LNG，不同气质的资源汇集，是全国气源最多元的省份。二是通过联络线连接。联络线是国家长输基干管道之间资源互补的重要桥梁，目前已建成中贵线、淮武线、冀宁线，其中中贵线连接了西气东输、长庆气田、川渝气区和中缅管道资源，淮武线连接了西一线、西二线和忠武线，冀宁线连接了陕京线系统、西一线和如东LNG资源。我国沿海LNG接收站基本按照点对点供应，供应区域和调峰能力有限，未来联络线重点建设沿海大动脉，管道由辽宁大连LNG接收站建设到广西北海LNG接收站，中间连接各LNG接收站、海气上岸管道及所经国家基干管道。

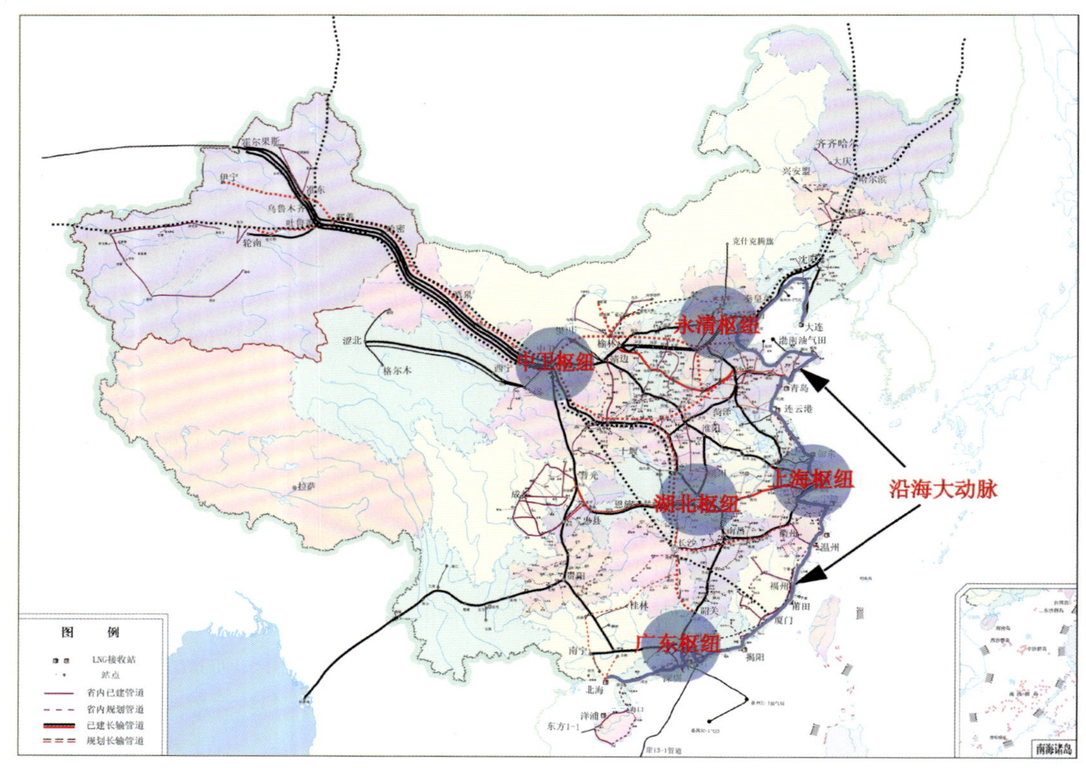

图6　全国天然气管网框架构想

——省级干线的统一规划、相互连接、资源灵活调配。为避免基础设施建设的重复和效率的低下，对全省天然气基础设施进行统一规划，根据市场发展的程度进行分步实施。省级干线和调峰、调配设施由省天然气公司负责建设和运营，省公司不进行资源采购与销售，由下游用户直接与上游供气方进行洽谈。

——区域管网的形成和发展。由于行政区划和审批手续等原因，除长输管道和联络线跨省之外，区域性管网主要集中在省份之内，造成相邻省份或经济相近省份天然气消费相差较大，未来通过政府的主导和支持建设省份之间省级干线的联络线，进行资源互补，带动区域性天然气市场发展，完善区域性管网系统。

三是统筹规划基础设施建设，加强规划项目进度监管。目前我国天然气基础设施主要由三大石油公司建设运营，尚未形成有效的联通，随着基础设施的建设不断完善，互联互通的基础实施布局将成为保障我国天然气安全平稳运行的关键，未来随着新粤浙、西四线、西五线、中俄东西线的建设、沿海接收站、地下储气库的，基础设施的有效互通意义重大，只有在规划阶段实行有效协调，形成一个完整的产业链，才能有效的达到基础设施的互联互通。政府部门应介入建设主体，对基础设施建设进行全面统筹，加强基础设施立项工程的监管和调控；为落实规划，还要对项目的实施情况及进度后续跟踪。

四是推动投资主体多元化。国家鼓励、支持各类资本参与投资建设纳入统一规划的天然气基础设施。三大石油公司应放开国家基干管道投资建设权，引进民间资本；打破一些省天然气公司对省内基础设施建设的垄断。通过引进民间资本参与基础设施的建设，可以增强建设的积极性，提高建设能力。中石油西三线的建设引入了全国社会保障基金理事会、城市基础设施产业投资基金和宝钢集团有限公司等作为股东，打破以往管道项目投资全部由中石油自有资本出资模式，开创了民间资本首次进入天然气长输管道的建设范畴。规划中的西四线、西五线、新粤浙等国家天然气基干管道应按照西三线模式与民间资本进行合资建设。国家长输管道的建设主体单一化并未被打破，应引入三大石油公司以外的主体进行建设，使得国家长输管道的投资主体多元化。拥有省天然气公司的省份应该与具有投资积极性和投资资格的民间资本进行合作，加快推进省内基础设施的建设。彻底放开省内支线管道的建设权，在符合国家和当地政府规划的情况下，允许具有资格的企业进行基础设施的建设运营。

（四）加快天然气储备设施建设和相关体制机制改革，确保天然气平稳运行

天然气储备调峰对于天然气平稳运行极为重要。我国目前的储气能力和相关制度严重滞后。目前，我国天然气有效库容约40亿立方米，仅占消费量的2.2%，与发达国家储气量占消费气量15%～20%的比例有很大差距，相关制度也不到位，要加快建设。具体措施如下

一是明确天然气储气设施的建设目标。根据我国未来天然气消费规模、当前天然气储备调峰能力、地下储气库资源条件和LNG接收站建设进展，并借鉴国外主要天然气消费国的经验，应该形成以下天然气储备设施。2020年，建成地下储气库和LNG储备相结合的储备调峰系统，其中地下储气库约300亿方，LNG储备50亿～100亿方，储气设施工作气量达到350亿～400亿方，占需求量的比重达到10%～11%，改变现有压减用户需求为主的调峰方式。同时，尽快建立我国天然气应急响应机制，完善专项应急预案，构建预警应急响应体系，保障重点地区的供气安全。2030年，进一步扩大储备调峰系统的规模和能力，储气设施工作气量达到650亿方，占需求量的比重达到12%，

与世界平均水平接轨。围绕2030年天然气进口规模，战略储备规模应达到进口量的5%左右。适应大规模、全覆盖的全国性天然气市场需要，形成有效应对天然气供需波动的应急储备体系。

二是加快天然气调峰应急储备设施建设，并优化布局。一是加快建设满足季节调峰需求的大型储气库和LNG储罐。在华北、东北、西北等季节用气峰谷差大，储气库库址资源相对充足的地区，建立以地下储气库为主，辅以LNG中小液化装置和LNG接收站储罐的季节调峰系统。在华中和西南等具备一定的地质条件且靠近油气产地的地区，利用枯竭油气藏建设地下储气库，同时利用上游气田，辅之以中小型液化装置调峰。在华东、华南等地下储气库建设条件较差的地区，应建立以LNG储罐为主，地下储气库和中小储罐为辅的调峰系统。二是重点建设满足日调峰小型调峰储气设施。在用气负荷中心城市，充分发挥城市燃气公司的作用，加快建设小型LNG储罐、CNG球罐及配套储气设施，解决重点城市的日调峰需求。另外，可以考虑新发现调节能力强的大型气田作为储气库，研究相关技术方案和政策激励措施。

三是重视储气设施法律法规建设，明确天然气经营企业储备义务。尽快完善国家相应的政策法规，从制度和体制上保障天然气储备有良好的外部政策环境，鼓励企业建设储备设施、开展储备运营模式创新机制研究。借鉴国外经验，制定我国的天然气储备管理条例或储备法，明确储备的组织和管理机构及其责任和义务。以国家法规的形式明确规定各级政府，上游企业和燃气企业在国家天然气储备体系中各自承担的责任和义务，实施分级储备管理制度。国家负责天然气战略储备；天然气上游企业承担季节调峰和应急储备的责任及义务，储备设施由其投资建设和运营；各省城市燃气企业承担日、小时调峰的责任和义务，所需调峰储气设施由其投资建设和运营。

四是完善储备的价格财税政策。出台峰谷差价，体现天然气调峰价值。建议我国对各类用户实施峰谷差价，引导合理消费，达到削峰填谷的作用，提高系统运行效率。美国和法国的峰谷差价一般在1.2 ~ 1.5倍。将每年的1 ~ 2月和11 ~ 12月确定为高峰用气季节，实行高峰用气价格，价格水平在现行气价的基础上上浮。构建合理的储气价格形成机制。根据储气库/储气设施运营成本，基于政府核定的内部收益率测算费率，由政府核定价格水平，并每隔一段时间对储气库价格进行一次评估和调整。制定优惠政策和措施，鼓励企业建设储备设施。建议政府在调峰储备设施建设费用方面给予一定的优惠政策，如，参照商业性成品油储备的做法，上游供应商用于LNG调峰应急储备设施建设的全部建设资金和购买用于储备的LNG成本的30%可从上游供应商所上交的所得税中返回，以鼓励上游供应商建立适量的LNG储备，以应对暂时性供应中断或超量的调峰需求。

五是加快储气管理制度改革。考虑到中国天然气产业的特点，未来的储气库运营可以先采取不完全市场化的独立运营模式，在集团公司内部成立储气库运营公司，与管输业务在财务上独立，成为产业链中的独立环节。储气库作为一个单独的盈利主体，既有利于储气业务的专业化和市场化运营，也有利于储气环节的单独定价。随着中国储气业务的快速发展，储气业务从管输业务中分离，成为产业链中的一个环节进行独立运营是一种发展趋势。鼓励储气调峰设施建设运行的多元化。建立一个由国有石油公司、城市燃气公司和独立运营的储气公司等多元化主体组成的储气调峰体系，有利于保障天然气供应安全和储气能力的快速增长。

六是建立及时灵敏的预警应急响应体系。一是建立天然气预测预警体系。尽快建立统计数据的监测评估和信息发布机制，全面整合能源信息渠道，不断完善能源统计和信息采集制度。二是建立覆盖天然气生产、运输、销售各个环节的应急响应体系。按照用气行业和区域特点，确定不同级别的应急预案。建立上游和中游以中央政府和央企为主、下游以地方政府和地方燃气公司为主的预警应急体系。发挥国家能源委员会统筹协调作用，建立能源重大事件处理、反馈和信息公布的审查制度和决策机制，确保应急响应的及时性、严肃性和权威性。

七是研究建立规模适宜的天然气战略储备。世界范围来看，天然气尚未出现过类似于石油危机的国际性的大规模的供应危机，天然气安全问题尚不突出。然而，相比于石油而言，天然气具有上中下游高度一体化的特点，其中任何一个环节出现问题，都会影响天然气供应安全，潜在风险很大，2009年发生的“俄乌斗气”就是例证之一。因此，我国应在做好商业储备的基础上，及早开展天然气战略储备相关问题研究，研判中长期天然气安全面临的国内外形势，提早规划，建立适合我国国情的天然气战略储备规模和模式。

（五）提高产业装备水平和技术创新能力，夯实长远发展基础

一是掌握关键技术，形成装备和开发体系。通过加大科技联合攻关和对外合作，引进、消化、吸收、创新先进技术，掌握适应我国地面和地下地质特点的页岩气勘探开发生产技术，加快形成具有中国特色、环境友好、经济高效的关键技术与装备体系，并实现规模化应用。在装备上，一是实现装备的大功率化，减少设备数量，减小井场范围，便于山地应用；二是实现装备的模块化、小型化、便携化，便于复杂地表作业施工。在降低成本上，要积极开展工艺优化设计及低成本压裂液选配攻关，大规

模降低成本。在环保问题上，要确保添加剂的环保、安全，实现资源开发与环境保护协调发展。未来3至5年内，在引进消化、吸收与创新基础上，页岩气工程技术形成具有中国特色、环境友好、经济高效的关键技术与装备体系，实现规模化应用；2020年以后，力争实现页岩气自主开发技术与装备基本成熟、配套。加强页岩气地质调查研究，加快“工厂化”“成套化”技术研发和应用，探索形成先进适用的页岩气勘探开发技术模式和商业模式。

二是加大技术创新的力度。着眼于关键技术突破，加大对非常规天然气开采、深海天然气开发、LNG储运设施等领域关键共性技术研发的投入力度。尽快对页岩气开采、深海天然气开发、煤层气开采、可燃冰开采、煤制甲烷、燃气汽车（船舶）发动机制造、联合循环燃气轮机发电机组、碳捕获与存储等八大领域关键技术的研究开发进行战略规划布局，在着眼于关键技术突破的同时，对相关领域的基础研究提早部署。

三是创新能源技术创新的管理机制。由国家能源主管部门牵头，组织协调科技、国土资源、工信、财政、环保、标准等主管部门，明确各部门对天然气技术创新支持的任务和权责，由国务院按照共性技术的特点制定统一的扶持政策。健全天然气技术创新的支撑体系。建立非常规天然气国家实验室，集中人力、物力、财力对关键重大技术进行重点攻关突破。

六、构建现代天然气市场机制和管理体制

无论是增加供应、扩大使用，还是提高行业效率和保障安全供应，都需要进行体制机制改革。改革的方向与十八届三中全会的改革精神和方向一致，就是发挥市场在资源配置中的决定性作用，同时更好发挥政府作用。要理顺天然气与可替代能源比价关系，建立反映资源稀缺程度、市场供求关系、环境外部性的价格体系和绿色财税体系。在天然气产业链全面引入多元竞争、扩大对外开放，同时加强公平接入和普遍服务的监管，建立起多元、竞争、开放、有序的现代市场体系。具体措施如下。

（一）通过上游放开和真正落实进口，开放培养多元的市场主体

一个有竞争力的天然气市场需要有一定规模的参与者。美国和欧洲地区是典型的竞争性天然气市场，在天然气勘探开发、储存运输、批发零售、交易中心等各个环节都体现了多主体参与、充分竞争的特点。获取资源是天然气利用的前提，对于天然气

行业而言，上游生产部门往往控制着整个产业链的运行和利益分配。因此，上游勘探开发的准入放开，对于天然气市场的发育至关重要。

专栏5

主要国家的市场特征

一个有竞争力的、反应灵敏、流动性强的天然气市场应具有以下特点：

——市场主体数量超过临界规模：数量众多的市场主体参与上游和中游业务竞争，为消费者提供多元化服务；

——在批发及零售层面形成有竞争力的价格；

——非歧视性的开放准入，包括管道、储气库、LNG接收站等基础设施。

表2 主要国家和地区天然气市场特征

天然气指标	类型	美国	欧盟	英国	日本	韩国	中国
供应(10亿方/年)	国产	689	269	38	3	0.5	115
	净进口	37	231	39	123	53	49
消费(占总量的百分比%)	电力	40	30	30	65	50	15
	工业	20	20	10	5	20	45
运输管道(km)		500k	200k	8k	5k	4k	50k
批发市场竞争		√	受限（寡头垄断）	√√	受限（寡头垄断）	X	X
开放获取	上游	√	√	√	√	X	X
	运输	√	√	√	√	X	X
	分配	多样	多样	√	X	X	X
运输和销售的所有权分拆		√	多样	√	X	X	X
独立(联邦)市场权利		√	√	√	X	X	X
流动性市场中心		√	√	√	X	X	X

注：数据为2013年数据，但是中国电力和工业部门的天然气消费份额是2011年数据。

来源：Vivid Economics，基于IEA，EIA，中国政府和ENTSOG数据。

目前我国石油天然气矿业权几乎全部集中于大型石油公司。全国已经登记的油气探矿权面积共400万平方公里，属于中石油、中石化、中海油三大石油公司的探矿权面积有390万平方公里，占97%以上；已经登记的油气采矿权面积约11.8万平方公里，属于三大石油公司的采矿权面积有11.7万平方公里，占全部已登记采矿权面积的99%。尽管页岩气、煤层气等非常规天然气勘查开采已经对其他类型的企业开放，但投入的区块有限，而且三大石油公司即使在非常规天然气开采中也仍然占主导地位，因为在很多情况下，非常规天然气（主要是页岩气）和常规天然气区块是高度重合的。另外，从进口环节，尽管从政策上允许更多的企业参与天然气进口贸易，然而目前在接收站限制等约束因素下，国内从事天然气贸易的市场主体数目仍很有限，只是三大石油公司、华电、九峰、新奥等少数几家企业。

解决矿业权多度集中、“圈地而不勘探”“控制而不开采”问题是上游领域全面深化改革的关键环节。因此，应从现行法律法规和管理方式入手，着力推进投资主体多元化，建立负面清单、完善市场准入，天然气矿业权全面实行招投标，有序、有效地推进探矿权和采矿权一级市场和二级市场建设，同时实现天然气资源基础资料公益化。

在进口方面，一方面要加大新建接收站等设施审批过程的规范性、公开性和透明性；另一方面要应充分借鉴国际经验，出台“第三方准入”的细则，并有效加强相应的监管，使得具备资质条件的企业自行进口天然气（管道气和液化天然气）以及自主选择进口商。

（二）分阶段稳步推进天然气价格改革，加快推进天然气交易中心建设

天然气价格改革是化解当前天然气领域内诸多矛盾的关键。天然气价格改革不仅仅着眼于价格水平的调整，更要关注价格形成机制的改革。具体的内容有：

第一，进一步尽快完善净回值法。一是调整调价频率，力争能够尽快实现季度调节；二是调整参考的油价水平和折价系数，要尽量反映替代能源的价格成本变化，而不是去消化三大公司前期购买高价进口气的成本。

第二，科学合理确定长输管道、分支管道、省内管道、市内管道、配气管道的运输成本和价格，并加强监管，对于管道的投资回报率，可以由以往的12%调整到8%～10%。改变当前输配价格虚高的情况，为价格改革和天然气行业发展营造良好的环境。

第三，完善季节性差价、峰谷差价、可中断气价以及储气价实施办法。修订计量标准和计价方式（由流量或质量计价改为热值计价），同时应从技术、管理两方面加强对计价违法行为的监督检查。加快清理地方政府乱收费问题，如目前存在的天然气价格调节基金，地方政府按销售每立方米0.3元至1.0元不等收取，加重了消费者负担，应加以取消。逐步理顺居民生活用气价格。

第四，在符合条件的地区推动市场定价。在天然气来源多元、供应比较充分的东部地区特别是上海、广东、浙江和江苏地区，通过落实基础设施第三方准入监管来实现天然气进口业务的放开，放开各省市门站价格，由上下游用户直接决定价格。

第五，推动区域性交易中心的建设。近期，可以启动上海和广东天然气交易中心建设。从中长期来看，可以在北京、四川、湖北、宁夏、新疆建设新的区域性交易中心，并力争把上海天然气交易中心的建设亚洲乃至国际性的天然气交易中心，最终形成一个上海作为国际价格中心和多个区域价格中心相互作用的交易中心体系，以充分把国内国际的供需关系充分连接起来。天然气交易中心的建设，应从现货交易起步，不断扩大交易量和交易的范围，然后再发展期货交易，增加市场的深度。

专栏6

天然气交易中心的作用、先决条件和实施步骤

相对于长期合同，现货贸易具有更好的灵活性和流动性，正在天然气贸易中发挥着越来越重要的作用。交易中心有两个主要作用，一是实体上连接买家和卖家，二是由市场竞争决定价格。由此，以市场为导向的价格信号提高了贸易和投资决策中的经济效率，并相应降低交易成本，市场参与者将从中获益。此外，天然气交易中心还能通过价格机制解决供需平衡问题，保障天然气供应安全。其潜在缺点是价格由各方竞争决定，而非政府或某个市场主导力量的影响，可能会使短期价格出现剧烈波动，数据表明，通过交易中心定价方式往往比以油价为基准的天然气价格波动性更大。

天然气交易中心的成功取决三方面的先决条件：一是完善且开放的天然气输气网络，市场参与者能在非歧视性的条件下使用。开放管道是市场定价成功的关键，没有这个条件，天然气供应，无论是国产气还是进口气，管道气还是LNG，都无法与本地需求相挂钩。二是大量的独立买家和卖家积极参与套利交易，且均不具备强大的市场支配能力。这样，交易中心会受到竞争价格引导，从而避免市场力量影响和扭曲价格与贸易量。三是政府对天然气批发市场定价市场化的支持，以及稳定、透明、可靠的规章制度。交易中心需要企业以套利为主的贸易活动，这将提高市场的运行效率，而套利活动依赖的是对天然气价格准确和高透明度的报告。

中国具备建成亚洲地区天然气交易中心的多方面条件。中国国内天然气产量、输气管道发展程度、LNG进口规模，及其在亚洲能源市场的体量，都是其他亚洲

国家难以媲美的，但中国市场依然较为集中，管道第三方准入机制尚不到位，价格仍然实行政府管制，这些因素将成为建设交易中心的障碍。中国的天然气贸易中心发展应制定一个5～10年的路线图。首先，开展交易中心试点。可以在上海等区域建立有第三方准入的天然气管网和透明的天然气价格形成机制，形成可竞争的天然气需求和供应。其次，可以扩大试点区域的地理面积，增加买家和卖家的类型，同时加强市场监管。再次，试点效果逐渐显现，吸引更多的生产和消费者参与市场交易。随着越来越多和日趋多样的机构进入天然气枢纽贸易，贸易的优势会因网络效应而增加，枢纽中心定价的用途和范围将不断增长，直到达到地理的极限。

在推动市场定价的基础上，也要发挥财税政策调节作用，建立和完善环境税和碳交易政策体系。通过环境税和碳税的建立为天然气扩大使用提供激励机制，也向各类市场投资者发出积极的信号，“十三五”期间应制定出台环境税，并推动碳交易的扩展，建立一个强制性、覆盖经济整体、一二级市场健全、与国际市场渐进接轨的全国性市场。

（三）通过明确功能定位和加强监管，实现管输服务和销售业务分离及第三方准入

要保障市场公平交易，必须按照十八届三中全会的要求，推进基础设施的网运分离，具体的做法是：

一是推进管输服务和销售业务分离。国际经验和中国已有的实践都表明，仅靠服务分离、会计分离和法律分离是不够的，最为关键的是要做到功能分离和结构分离，如果能够实现功能分离和结构分离并辅之以强有力的监管，所有权拆分并不是必需方案。具体而言，要做以下三个工作。首先是尽快推动业务、会计和法律分离，对于已建管线，可仍由三大石油公司持有，但要从分公司改制为子公司；对于新建管线，可由三大石油公司牵头，但要引入多个投资主体，鼓励三大石油公司联合上下游企业，特别是从事天然气业务的其他企业组成联合体进行投资、建设和运营。更重要的是规定输气公司的业务范围、成本规则、运营方式和信息公开方式。输气公司要有独立的管理权和决策权，在信息公开上，要实现对母公司、关联公司和其他公司同步公开信息。

专栏7

天然气网运分离的若干认识

一是服务拆解本身没有多大作用。在英国实施服务拆解的早期，老牌市场参与者英国天然气公司在市场上运用其主导地位阻碍竞争。日本早期在没有增强会计和功能拆解的情况下进行的服务拆解工作也没有多大价值。欧洲的经验也表明，法律拆解本身没有多大作用，应辅以功能拆解措施进入更深层次的结构拆解。

二是功能拆解是所有拆解过程中的关键要素。功能拆解通常涉及一系列对中游业务（无论是否为独立的法人实体）的运作产生影响的限制条件和要求。功能拆解覆盖范围内的事项包括：单独的商标和品牌；单独的实体位置；数据处理限制；法律、会计和IT等辅助服务的拆解；管理的拆解，合规和报告计划。

表3　网运分离的五种模式

模式	变化	目的	与以前变化的关系
服务拆解	中游服务（主要是管道服务）必须与天然气零售购买业务拆解，作为单独的服务提供	如果运输服务未单独提供给天然气零售购买业务，由于除管道公司外，供应商无法将天然气销售给使用该管道的用户，竞争被扭曲	不适用
会计拆解	中游业务的运作必须单独考虑收入和成本，与上游或下游业务拆解	防止中游业务交叉补贴或为上游或下游相关业务创造有利条件	中游服务如果未作为单独的服务收取单独的资费，则无法单独记账
法律拆解	中游业务变成单独的法人实体，仍保留在纵向一体化企业中，如全资子公司	将子公司作为法人规定法律义务。在独立的法人实体中可以进行更强的管理拆解	单独的法人实体必须管理单独的账户，并提供单独的服务
结构拆解	在很大程度上规定将中游业务经营决策的激励机制有效地从上游或下游企业的激励机制分开	将中游业务的激励机制与相关实体分开，通过消除从事反竞争行为的动机，有助于产生有效的市场结果	中游业务必须是明确规定了行为和义务的法人实体
所有权拆解	将中游业务从纵向一体化的企业中拆解，并转移给拥有独立所有权的实体	所有权全面拆解为中游业务与上游和下游参与者的利益最彻底的拆解形式	对于单独所有的公司，必须是独立的法人实体，具有独立的账户和服务

三是如果监管机构有足够强大的权力，无需进行所有权全面拆解。只有英国和荷兰进行了所有权拆解。法国和德国的政策制定者主张在不进行所有权全面拆解的情况下，实施结构拆解模式，并且最新的欧盟天然气指令为这一方案提供了强有力的监管措施，以加强发展健全的结构拆解模式。根据新的改革方案，大型电力

和天然气企业需在以下三种改革方案中任选其一：1）实行所有权拆分，即要求企业出售输送网络，做到彻底的厂网分离；2）实行经营权拆分，即仍可以保留输气网络的所有权，但需设立一个独立的公司（称为“独立系统运营商”）负责输气网络的运营；3）实行管理权拆分，即仍可以拥有并经营输气网络，但输气网络的管理必须交给拥有独立的管理权和决策权的下属子公司（称为“独立输气商”）。改革方案还要求各国建立独立的监管机构，以确保大型能源企业实现有效的“产供分离”，使有关能源市场自由竞争的法则得到真正落实。美国的经验也表明，如果对输送公司的业务进行了严格规定，有竞争力的天然气市场可以在没有强制性所有权拆解的情况下获得支持。一般情况下，只要监管机构有力，结构拆解就会有效。

其次，应尽快实施第三方提供接入服务，加强对接入条款、服务价格和服务质量的监管，以确保运营主体提供非歧视性服务，为培育竞争性市场创造条件。要建立第三方准入的实施细则，通过推动信息公开和监管能力的建设来确保第三方的实施。需建立公开透明的油气管理运行发布平台，该平台应涵盖所有存在富余能力的基础设施，第三方准入的条件和费用，运营业主的相关联系信息。

另外，与管输业务和销售业务分离及第三方准入改革相配套，放开下游用户的自主选择权。尽快推行分级别（以年度天然气消费量为依据）放开大用户直接选择自己的天然气供应商，大用户主要包括：城市燃气企业、20万千瓦级电站和冷热电联供能源站、大型工业企业（包括作为原料和燃料）、LNG/CNG燃料供应商。储气和城市配气环节，逐步引入对不同消费规模用户的第三方准入机制，先从年消费量较大的非居民用户做起，列出时间表并设定年消费规模，按照时间表和执行情况，规定不同年消费规模的非居民用户可自主选择供气商，或者完全绕开城市配气管网，或者城市配气管网仅承担政府监管价格下的配气服务。

（四）加强能源综合管理，建立统一、独立、专业化的监管体系，加强监管能力建设

在推进天然气市场导向改革的同时，要加强能源综合管理和能源专业监管。加强能源综合管理机构建设，制定能源战略、规划和政策，调控能源总量平衡，保障能源安全，调整能源结构，推行节能和能效管理，加强信息收集和分析、能源科技创新以及能源国际合作，同时负责与相关部门进行协调。

加强能源监管机构以维护能源市场秩序，推进产业的市场竞争，解决市场争端。监管者的权力和地位应当具有独立性，以确保其作出正确的决策，平等对待市场各类参与者。具体可以分步推进。

近期，要应进一步完善监管协调机制。在制定相关监管法规、条例和标准、国家能源发展规划和战略以及能源产业政策时，各部门间应加强沟通、协调和配合；在监管执行过程中，各部门应加强信息共享、相互协作。在地方层面，地方只设立省一级的能源监管机构，并直接向各地派出专业的监管队伍。而且，中央监管部门要强化对地方监管机构的检查和督导。

从中长期，要建立统一能源监管机构，除环境、国土资源监管职能外，逐步赋予其能源全产业链的经济性、社会性等监管职能，明确与相关各部门的协作机制，详细划分各自职责，逐步形成独立的监管机构，最终建立起独立、统一、专业化的能源监管机构以及自上而下的监管组织体系。按照中国行政体制改革的传统，2018年前后是行政体制进行调整的时期，可以考虑在此时机构建统一的能源综合管理机构和能源监管机构。

（五）支持专业性服务和技术类公司的发展，通过市场机制推进专业分工体系的社会化

美国页岩油气革命的经验表明，多元投资主体与专业化分工服务相结合的开发体制调动了包括风险投资、技术研发、上游开采、基础设施、市场开发、终端应用等各方面的积极性。在开放的竞争环境下，一大批专业化程度很高、技术优势明显的技术服务公司，可向矿业权人提供水平钻井、完井、固井和多段压裂等工程以及测井、实验测试等专业技术服务。某公司在完成某环节相应服务后即可退出，由下一环节的专业公司接替。高度分工使得页岩气开采的单个环节投入小、作业周期短、资金回收快，吸引了大量风险投资和民间资本进入页岩气开采领域。应充分发挥市场机制的作用，大力鼓励石油天然气专业性服务和技术类公司的发展，按照“生产需求、技术先进、信誉良好”原则，运用市场机制、资质约束等手段规范服务企业、服务行为，组织专业化施工队伍，同时围绕“勘探、生产、现场、成本、安全、环保”等环节建章立制，实现生产过程有章可循、规范运转，以保证勘探开采规范有序。

促进专业化公司发展的政策措施，一是可以给予一定的税收优惠，另一个办法是结合国有企业改革推进国有大型企业的主辅分离。可以将风险勘探、油田服业和工程技术等辅业独立出来，组成专业化公司，独立经营并推进上市。其好处在于，一是减

轻主营业务负担，提高运行效率，以作强主业。二是促进服务公司的发展。有人担心辅业公司分离后的生存问题，实践证明，不少辅业公司通过专业化经营实现很好的发展。比如，东方地球物理勘探公司从中石油各个石油管理局分离出来组成专业化公司后，得到快速发展，也形成了较强的国际竞争力，目前公司综合实力位居全球第三，陆上业务稳居全球第一。中海油主辅分离也很成功，中海油服、海洋工程等专业性公司得到很好的发展。第三，形成科学合理的石油工业体系，主辅分离以后，主业公司可以选择多家专业化公司进行服务，辅业公司也可以和更多的主业公司合作，还可以开拓国际市场。更为重要的是，专业性服务公司能够为新进入的市场竞争者提供技术服务，可以打破现有企业的技术垄断。

（六）深化天然气领域法律法规体系建设，建立完备的法治体系

尽管目前我国已初步形成了天然气领域的法律法规框架体系，但现有法律体系中不协调、不一致、体系性不强等问题依然突出。例如，我国尚缺乏专业性、综合性的涵盖上中下游整个产业链各个环节的“石油天然气法”。在天然气勘探开发方面，现有的矿产资源法以固体矿为立法基础，规范的是矿产资源权属关系的共性问题，无法解决天然气作为气体矿种的特殊性问题；现行的多数立法具有较多计划经济的色彩和限制矿业权取得、流转的规定，已不能完全适应天然气自身特点和市场化改革的需要。在天然气管网、终端消费环节以及环境保护等方面，运输、储气、配气等各环节的监管法律、法规不健全，地方政府和相关企业的责任和义务不够明确。现代化的天然气行业技术规范与标准仍不够完整和规范，应尽快完善天然气领域的法律框架。

建立健全以“石油天然气法”为核心，以天然气专项法为支撑的完整法律框架体系。提高法律法规的可操作性，使其更适应天然气勘探、生产、输送、储配和利用的特点，并完善相关的实施细则和配套规定。尽快制订天然气专项法规。制订或修订“石油天然气矿业权管理条例”“天然气中下游管理条例”“天然气开采环境保护条例”“海洋石油天然气管道保护条例”“天然气储备条例”等行政法规，重点完善资源产权、勘探开发合同、基础设施建设和运营管理、储备、销售和利用、安全预警与应急、安全生产和生态效益补偿、跨国投资和进出口贸易等法律制度。

通过司法解释处理好《石油天然气管道保护法》与其他法律之间的冲突，亟须明确管道发展规划与其他专项规划间的协调、管道建设规划与城乡规划的衔接、管道地下通过权的法律界定、管道安全对土地使用的限制以及管道安全与公路、铁路安全要求的冲突等。

专题一
天然气需求分析

内容摘要

天然气作为重要的清洁能源，在世界许多国家都出现了快速的消费增长趋势，研究发现，与经济增长相比，从其他燃料向天然气的转变是导致天然气需求增长的更为重要因素。而推动这种从煤和油向天然气转变的因素（驱动力）包括服务业比重提升、天然气产量增长、城市化率提高以及空气污染控制等。

随着中国经济增长进入新常态和能源利用效率提高，中国能源消费总量将进入缓慢增长阶段，未来天然气消费的增长很大程度上取决于天然气对煤和石油等燃料的替代。针对主要应用领域的测算发现，当国际原油价格80美元/桶、原煤价600元/吨时，天然气利用领域各类用户终端可承受的天然气价格在1.4～5.77元/立方米之间，其中居民生活、商业服务、车船运输以及天然气制氢对天然气价格的承受能力较高，而集中采暖、天然气发电、工业燃料、合成氨和甲醇对天然气价格的承受能力较低。与其他替代燃料相比，天然气仍然是目前最现实的交通替代燃料，天然气汽车目前是最便宜的替代燃料解决方案，但短期内天然气在运输业的应用仍存在不少瓶颈约束。

电力市场被认为是未来中国天然气需求增长的重要市场，但量化研究表明，不仅在当前的气价水平和市场环境下，气电与煤电相比没有竞争力，而且在国际LNG到岸价为10美元左右时，气电仍需要一系列组合措施，才会具有市场竞争力。考虑到中国的煤炭禀赋优势以及煤电技术的快速发展，中国的天然气发电将难以像其他国家一样达到很高的比重。

研究发现天然气与煤炭相比，还具有巨大的环境价值和社会价值。天然气作为清洁能源，可以减少煤炭生产、运输和利用中带来严重的环境污染，产生巨大的外部性。天然气替代煤炭可以减少煤炭带来的环境污染损失，形成天然气的环境价值，另外，还可以减少煤炭生产和利用中对相关社会群体产生非经济性损失，形成天然气的社会价值。

在中长期我国经济将继续较快增长，产业结构也将出现明显优化，能源利用效率将显著提升，但未来我国能源消费总量仍将有大的增长。预计我国2020年能源消费总量将达到50亿吨，2030年达到56.8亿吨左右。其中包括水电、核电、可再生能源发电以及天然气等清洁能源的比重将显著提升。天然气的需求将快速增长，2015年有望接近2000亿立方米，2020年突破3000亿立方米，2030年超过4500亿立方米，2050年突破6000亿立方米。但要实现中国清洁能源发展目标，需要采取进一步的政策措施，例如在加强污染物排放收费和通过碳交易或碳税方式实现碳定价的政策情景下，中国对天然气的需求有望在2020年达到到3447亿立方米，正好达到“十二五”规划所制定的3500亿立方米的目标。到2030年天然气消费量有望接近6000亿立方米。其中，主要增长点在于天然气发电、车船运输和城市燃气三个领域（城市燃气包括居民用气和城市采暖）。由于天然气需求有较大幅度增长，并替代了一部分煤的使用，因此对由于燃煤使用带来的许多污染物排放具有明显的控制效果。即使仅考虑天然气直接替代煤的效应，在政策情景下2020年可减少排放二氧化碳1.72亿吨，减少二氧化硫和氮氧化物排放各179.4万吨和96.4万吨，而2030年共可减少排放二氧化碳4.18亿吨，减少二氧化硫和氮氧化物排放各435.4万吨和233.9万吨。

中长期中国天然气需求的主要增长领域包括替代分散用煤（包括城市采暖）、部分发电用煤，以及替代车船运输用油等。由于中国煤气价格差异较大，天然气需求很难单纯依靠市场力量取得快速发展，需要采取多种政策组合措施，包括征收碳税、普遍开展碳交易，更好地执行新的“环境保护法”，加大对污染物排放的处理力度等。

---

* 该专题由国务院发展研究中心许召元和壳牌石油公司马丁·海负责。中国石油大学张宝生、陈守海，中国石油规划研究院赵连增，新奥公司乔林基共同完成。课题组其他成员参加了讨论和修改。

第一章　天然气消费的国际经验

中国是一个富煤贫油的国家，长期以来煤炭在能源结构中占据主导地位，而石油和天然气的消费比重偏低。近年来，随着经济规模扩大和能源消费总量攀升，大量使用煤炭带来的环境压力日益增加，国家也前所未有地高度重视发展清洁能源。从供给方面看，随着页岩气、煤层气等新兴气源的开发，常规气源开展也取得重要进展，另外天然气进口量也有望大幅度增长，今后中国天然气的供给能力有望保持快速增长，供给可能不再是制约天然气发展的主要矛盾。在这种情况下，研究天然气的应用领域及其发展潜力，从而有针对性地采取措施支持天然气消费增长，对于促进天然气使用，具有重要意义。

一、其他国家天然气消费增长的主要因素

近年来，不少国家的天然气消费都出现了快速增长，占能源的比重有显著提高。分析这些国家天然气消费增长的经验对分析中国未来天然气的消费具有重要的借鉴意义。

（一）各国能源消费中天然气的比重

图1.1.1中的横坐标表示天然气需求在能源消费结构中的比重（将0～100%分为十等份），纵轴表示各国天然气消费占世界天然气消费的比重。从图1.1.1可以看出，在103个主要国家（或地区）中，有29个国家的能源消费结构中天然气占在0～10%之间，这29个国家天然气总消费占全球的8.34%，有14个国家的天然气比重在20%～30%之间，这14个国家天然气总消费占全球的32.7%，另外有19个国家的天然气比重在30%～40%之间，共占全球天然气总消费的19.64%。而天然气消费在本国能源中占比超过40%的国家数量较少，这些国家通常拥有大量的天然气储备，但除了伊朗和俄罗斯以外，这些国家都不是主要的天然气消费国。由此可见，全球大部分的天然气需求来自天然气在能源结构中占比为20%～30%或30%～40%的国家。

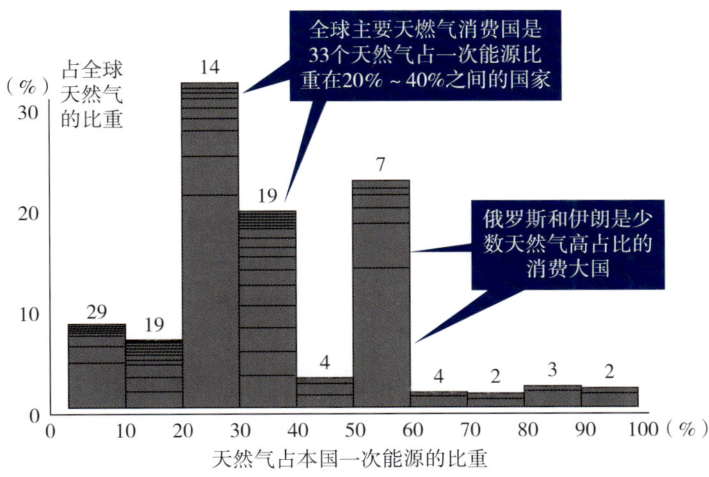

图1.1.1：各国天然气占本国能源的比重及其占世界天然气总消费的比重

资料来源：Vivid Economics，根据IEA和EIA数据绘制。

为分析中国天然气消费增长的前景，我们选择了七个国家作为中国的“对标国家”，以对这七个国家的天然气消费增长情况进行详细分析。这七个国家都是天然气的主要消费国，而且天然气比重都以较快的速度上升至较高水平。其中，四个为发达

国家，即美国、日本、德国和英国。三个为新兴国家，即马来西亚、土耳其和埃及。一些其他天然气主要消费国，其天然气在能源中的比重也较高，但其拥有大量的天然气储备，与中国储备较少的情况不符，另外一部分国家近几十年来天然气需求增长较慢，因此也不作为分析中国未来天然气需求的“对标国”。

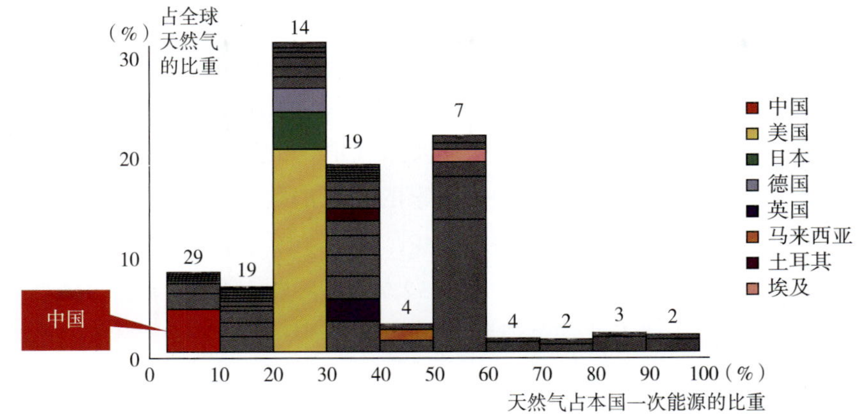

图1.1.2：七个对标国家的天然气消费情况

资料来源：Vivid Economics，根据IEA和EIA数据绘制。

自1982年以来，这些对标国家的天然气消费比重出现了大幅提升，特别是三个新兴国家土耳其、马来西亚和埃及的天然气比重在三十年内从极低的水平攀升至极高水平。同期内，中国天然气在能源中的比重从1982年的2%上升至2012年的4%（图1.1.3）。这说明，提高天然气在能源中的比重是有可能实现的。

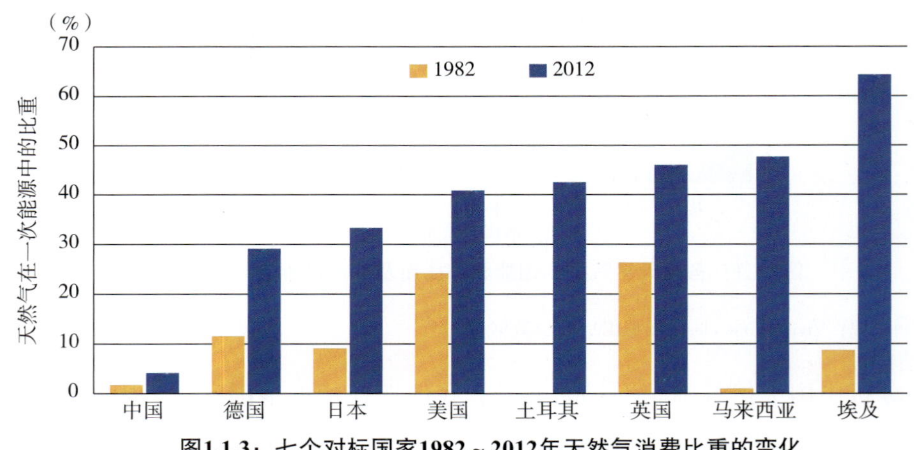

图1.1.3：七个对标国家1982～2012年天然气消费比重的变化

资料来源：Vivid Economics，根据IEA数据绘制。

（二）七个对标国家天然气消费增长的因素分解

为对促进七个对标国家天然气消费增长的原因进行分析，我们采用指标分解的分析方法，对相对重要的天然气需求拉动因素进行量化分析，计算各种因素对天然气需求增长的贡献度。主要因素包括经济活动、能源密集度以及燃料转换三个方面。

1.分析方法

在不同的经济部门中，天然气需求的变化与经济活动、能源密集度及天然气比重的变化相关。各经济部门的天然气需求可以用包含一系列驱动力（即经济活动、能源密集度、天然气在能源中的占比等）的函数来表示：，如下式所示：

$$\begin{matrix} Gas \\ demand \end{matrix} = \sum_{i}^{sectors} \begin{matrix} economic \\ activity_i \end{matrix} \times \begin{matrix} energy \\ intensity_i \end{matrix} \times \begin{matrix} siare\ of\ energy \\ form\ gas_i \end{matrix}$$

在上式中，天然气总需求量G被分解为各个部门的天然气需求Gi（i=1，……，n）之和，而各部门的天然气需求被分解成三个部分，即各部门经济总量GVA_i、能源强度$\frac{E_i}{GVA_i}$，以及天然气在部门总能源消费中的占比$\frac{G_i}{E_i}$。按照天然气需求函数，可以对各拉动力设定指标，再将指标分解，对一段时期内天然气需求因每个拉动力变化而发生的变化进行量化。这种指标分解的方法被称作对数平均迪氏指数（LMDI）。LMDI是能源类文献中一种常见的分析方法，它按照拉动每个影响因素变量的相对变化，将天然气总需求变化分解为三个因素的影响，这样便于从各因素发展趋势的角度去分析天然气的增长前景。由于数据限制，本次分析中使用的LMDI没有去除燃料价格变化的影响。

$$G = \sum_{i=1}^{n} GVA_i \times \frac{E_i}{GVA_i} \times \frac{G_i}{E_i} \to \sum_{i=1}^{n} GVA_i \times \frac{E_i}{GVA_i} \times \frac{G_i}{E_i} \to \sum_{i=1}^{n} G_i$$

从理论上分析，上述三个驱动因素会对天然气需求产生不同的影响，即：

经济活动的影响：随着经济活动的增长，需投入经济活动的能源需求随之增加，在其他条件不变的情况下，天然气需求也会相应增加。

能源强度的影响：在经济活动水平不变时，随着能源消费强度的降低，创造等量经济活动所需要的能源将减少，因此能源需求量会下降，其他条件不变时天然气需求量会相应降低。

燃料向天然气转换影响：若某经济部门从煤等其他燃料转向天然气，则天然气需求会增加。

2.对标国家天然气需求的因素分解

根据LMDI方法，本部分对七个对标国家1982～2012年、以及中国2005～2012年的天然气需求变化进行了分解①。

（1）经济增长对天然气消费的影响

随着经济活动的增加，各部门天然气需求都在增加。图1.1.4显示了七个对标国家在1982～2012年由于经济增长导致的天然气需求增加，占实际需求增长量的比重（以实际总天然气消费增长为100%）。由图1.1.4可见，这七个对标国家中，所有经济部门的经济活动都有所增长，各部门的天然气需求也有所上升，但表现最为突出的是住户和公用事业部门。其可能的原因是随着收入增长，家庭供暖支出增加，电力系统提高天然气使用量来满足更高的电力需求。另外各国制造业的天然气需求也出现了增长，这表明随着经济活动增加，需要更多的天然气来满足日益增加的能源需求。

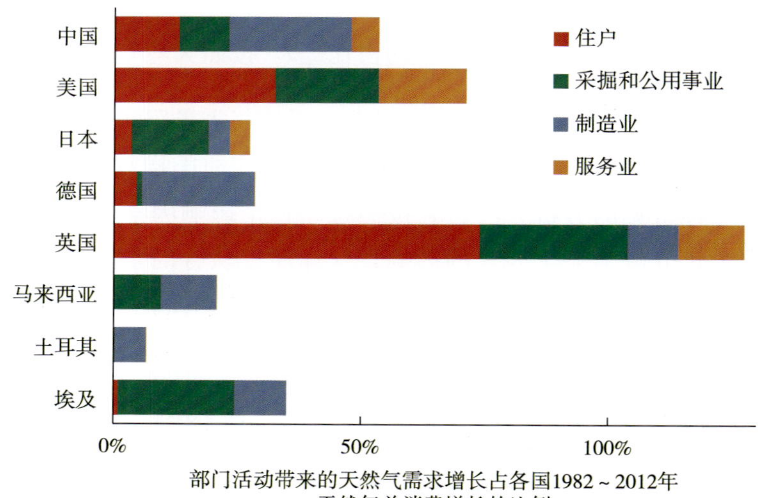

图1.1.4：经济活动增加对天然气需求增长的贡献

资料来源：Vivid Economics，根据UN和IEA数据整理。

（2）能源强度对天然气消费的影响

经济部门的能源强度降低，意味着创造同样产出所需的天然气减少。中国、美国、德国和英国的天然气需求出现了净减少，这主要是因为其居住和制造业的能源强

① 中国的分析时期较短，主要是由于2005年以前难以获得分解所需的全部数据。

度有所降低（图1.1.5）。也有一些国家如美国、日本和埃及，采矿业和公用事业部门的能源强度都出现增长。但是，由于采矿业和公用事业以及供暖设施的数据无法分解，这一增长的进一步原因难以分析。此外，同一期内，各国非天然气消费的经济部门（如使用电力的经济活动）的能源强度也可能有所减少，从而导致这些国家的总能源强度有可能大幅改善，比如日本的情况。根据分解结果，中国、美国、德国和英国能源强度的下降都降低了天然气需求。

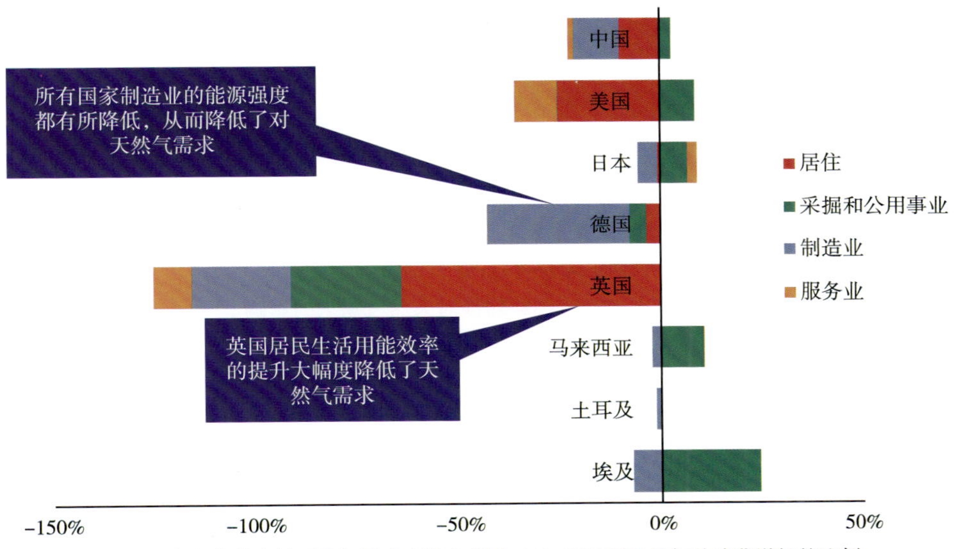

图1.1.5：能源强度变化对天然气需求的影响

资料来源：Vivid Economics，根据UN和IEA数据整理。

（3）燃料转换对天然气消费的影响

在七个对标国家中，几乎所有经济部门都选择了减少其他燃料的使用，而增加天然气的比重，也就是发生了燃料转换，这是使天然气需求增加的重要原因（图1.1.6）。其中，采矿业和公用事业部门表现尤为突出，其因燃料转换而导致天然气需求上升占总消费增长的很大比重。另外，中国、德国、英国和土耳其等国居民生活也因燃料转换而增加了对天然气的需求。而在美国和马来西亚，制造业出现了大规模向天然气的转变。日本、德国和英国的服务业也出现了同样的趋势。

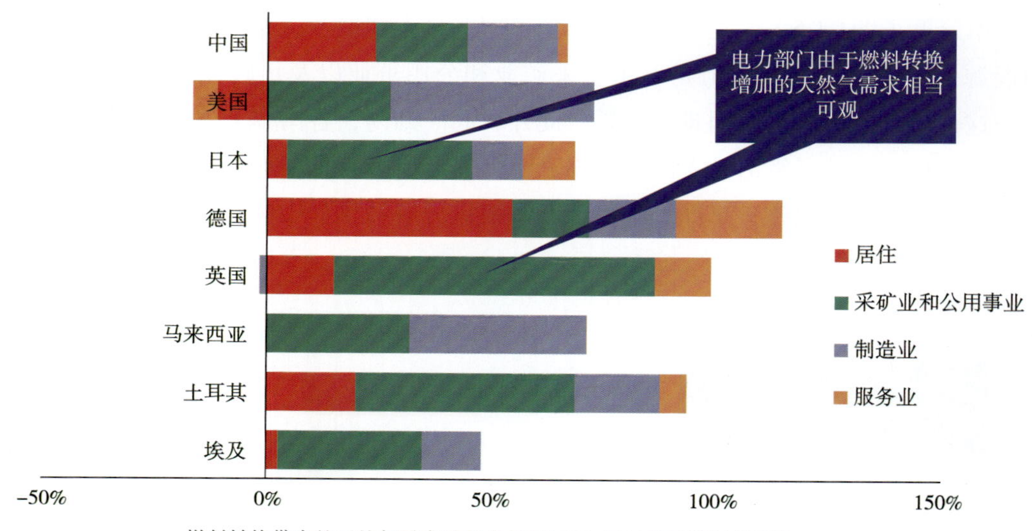

图1.1.6：燃料转换对天然气需求的影响

资料来源：Vivid Economics，根据UN和IEA数据整理。

（三）燃料转换是促进七个对标国家天然气需求增长的主导因素

图1.1.7显示了1982～2012（中国是2005～2012年）年各国天然气消费增长的因素分解总结果（每个国家天然气需求的总变化设为100%），也就是每个影响因素的相对重要性。由图1.1.7可见，对除美国以外的所有国家而言，从其他燃料向天然气转换对天然气需求增长的影响大于或至少等于经济活动的影响。这表明天然气需求增加的主要拉动力是能源使用者选择使用天然气替代其他燃料。

分解的结果发现，英国的天然气需求情况与其他国家有所差异，英国受三种拉动力的影响都很大。事实上，1982～2012年英国主要受到三大发展趋势的影响："天然气追逐热潮"，在这场热潮下，很多人从煤转向了天然气，带来了巨大的燃料转换影响；GDP的大幅增长使经济活动产生了强烈影响；去工业化以及旨在提高住房能源效率的计划，大幅提升了能源效率，从而对天然气需求产生了反方向的影响。虽然能源强度的影响会使天然气需求下降，其他两种因素会使天然气需求增加，但每种影响造成的结果都是巨大的，等同于同期内天然气需求的总变化量。英国的经验证明，鉴于中国即将面临的情形，比如国内天然气资源的迅速开发、经济高速增长以及经济开始向服务业的转变，天然气需求的拉动力将会产生巨大影响。

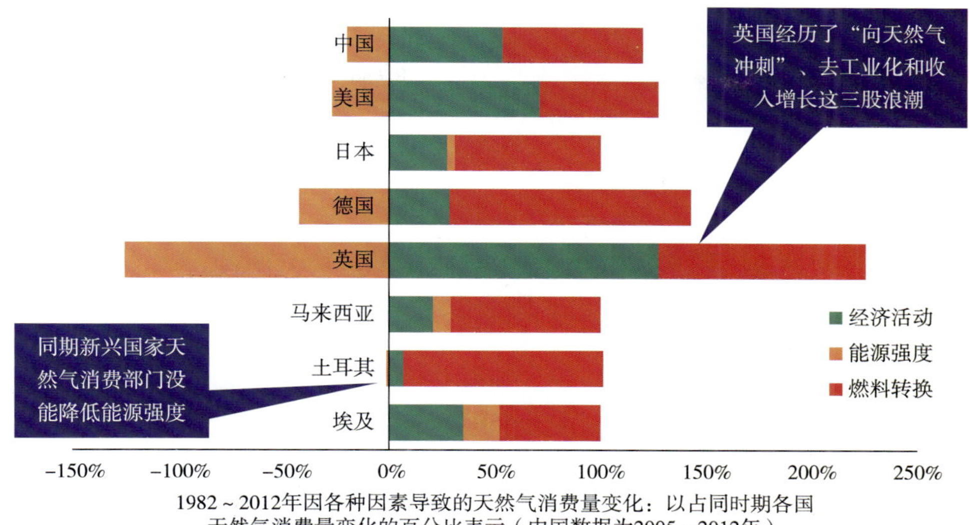

1982～2012年因各种因素导致的天然气消费量变化：以占同时期各国天然气消费量变化的百分比表示（中国数据为2005～2012年）

图1.1.7：对标国家天然气需求增长的因素分解：综合结果

资料来源：Vivid Economics，按照UN和IEA数据整理。

总体来看，本次分析的七个对标国家都经历了天然气需求的大幅增长，按照经济部门的详细分析结果显示，每种影响因素对天然气需求的拉动作用如下：

—— 经济活动的增加会使所有经济部门的天然气需求出现增加，尤其是需要发电和供暖的住房与“采矿业及公用事业”部门。

——居民住房及制造业能源强度的降低会导致天然气需求下降。

——燃料转换是重要拉动力之一，其中电力及供暖设施向天然气的转变是天然气需求上升的主要动力，居民住房及制造业部门的燃料转换在大多数国家也是重要的影响因素。

二、从其他燃料向天然气转换的主要驱动因素

从国际经验看天然气与其他燃料相比往往不具备直接的价格竞争力，因此从其他燃料向天然气的转变背后可能有一系列其他原因，需要进一步探讨燃料转换背后的深层次驱动因素。

本研究采用两种方法来探讨燃料转换的驱动因素。第一，利用2012年OECD国家的数据进行截面回归分析，所关注的因素包括服务业在经济中所占比重，是否拥有天然

气储备，天然气储备量（按GDP调整）以及贸易开放程度。第二，对世界大部分国家在1980～2013年间天然气占比与天然气驱动因素的数据进行描述性分析，所关注的变量包括：服务业比重、制造业比重以及城市化与空气污染（包括PM10和二氧化硫）。

（一）天然气替代的不同路径

1.七个对标国家中大多数是从石油转向使用天然气

各国每年使用一定比例的石油、天然气和煤来满足其化石燃料能源的需求，随着时间推移不断进行能源结构逐渐调整，图1.1.8显示了中国和对标国家的化石燃料能源结构变化情况。在图1.1.8中，每个国家的能源结构变化用一条曲线的位置表示，最细的点表示1980年的能源结构，最粗的点表示2012年的能源结构，从曲线最细端到最粗端表示能源结构的变化路径。

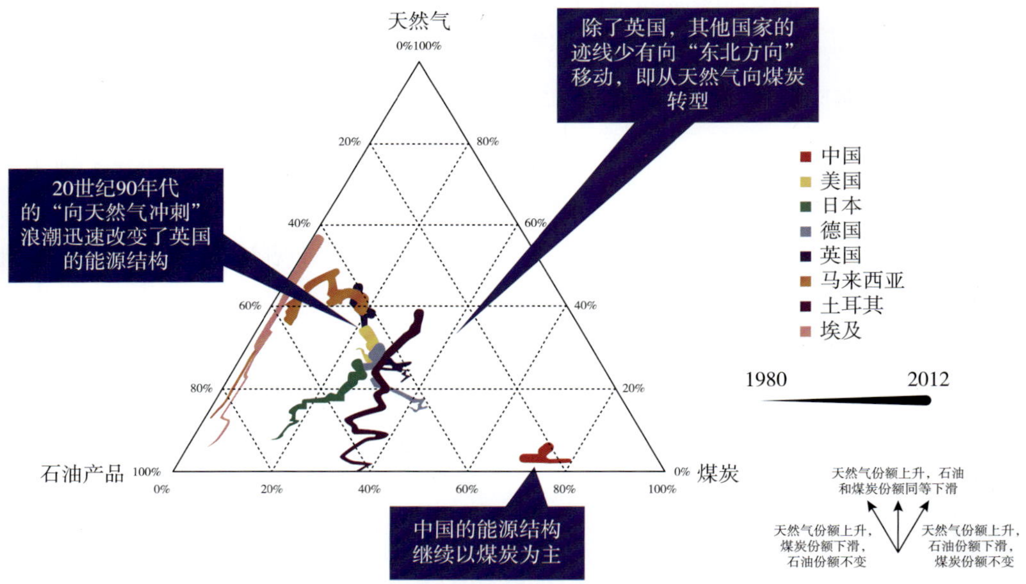

图1.1.8：中国和对标国家的天然气替代路径（1980～2012）

资料来源：Vivid Economics，根据EIA数据整理。

在图1.1.8中，如某国的曲线移向三角框顶部，代表该国天然气占比增加。如某国别曲线由左下"石油"角移至三角框顶部，代表该国以天然气取代石油产品，如：埃及（粉色曲线）、土耳其（紫色曲线）和日本（绿色曲线）。若某国的曲线从右下"煤炭"角移至三角框顶部，代表该国以天然气取代煤炭，如：美国（黄色曲线）和英国（蓝色曲线）。如某国曲线直升至三角框顶部，则代表该国以天然气取代石油产品和煤炭，如：近年来的德国（灰色曲线）。中国（红色曲线）的能源结构一直以煤炭为主，只在近期进行了微调。从图1.1.8可以看出，天然气需求量增长最快的国家都是从石油转用天然气，而中国是从煤炭转用天然气。为了得出对中国有借鉴意义的结论，需要选取更大范围的对比国家，选取从煤转气的国家情况进行分析，即使这些国家天然气替代的规模小于七个对标国家的规模。

2.由煤转气国家的主要替代路径

煤转气主要出现在欧洲、澳大利亚和美国。图1.1.9显示各主要煤转气国家天然气和煤炭在能源结构中的变化。曲线由右下角—代表高煤炭占比，移至左上角—高天然气占比。在发达国家中，主要是欧洲，特别是英国发生从高煤炭占比向高天然气占比的转变。从世界整体趋势（橘色曲线）来看，近年来，化石燃料中煤的比重有所上升，这主要是由于油而非天然气的比重下降。对欧洲各国转用天然气动因的了解也许可以为中国由煤转气提供一些借鉴。

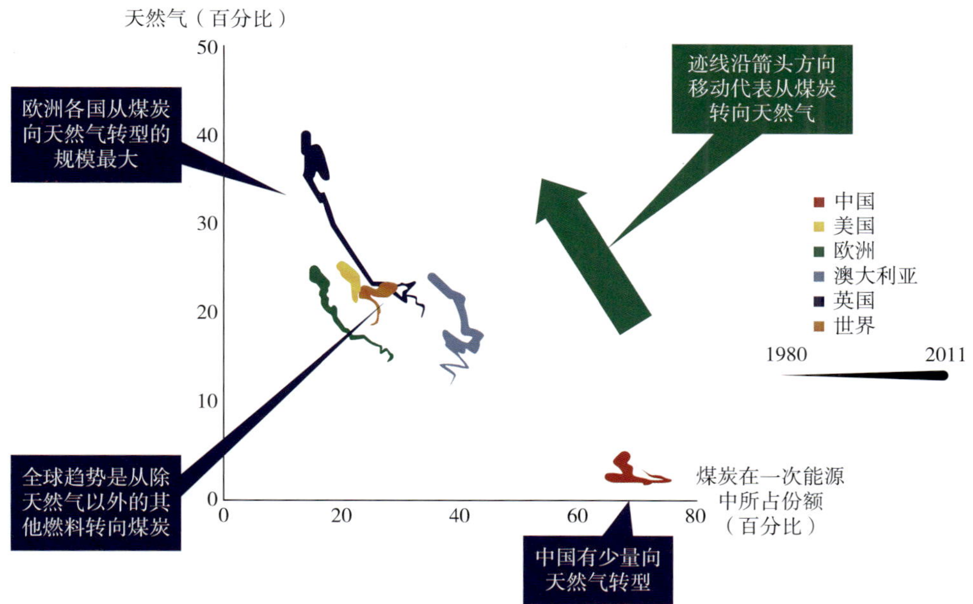

图1.1.9：欧洲国家，美国和澳大利亚主要从煤炭转用天然气

说明：数据代表一次能源百分比；数据只显示经历大规模煤转气的国家情况。
资料来源：Vivid Economics，根据EIA数据整理。

（二）OECD成员国天然气替代的驱动因素分析

为对OECD国家天然气替代的驱动因素进行分析，我们对2012年所有OECD国家的天然气消费比重和其他因素进行回归分析。

根据回归结果，服务业比重、GDP常态化调整后的天然气储备水平、贸易开放度（进出口总额与GDP的比值）及当前天然气储量这四个因素是影响OECD国家天然气比重的关键变量。这四个变量的变化对天然气份额有显著影响，例如，如果某成员国的服务业比重变化1%，该国天然气比重就会变化0.86%（表1.1.1）。进一步计算可知，这四个变量对经合组织成员国天然气比重变化的贡献率为53%，也就是说，OECD成员国之间天然气比重的差异多半归因于这四个变量。

表1.1.1　四个变量对经合组织成员国天然气比重变化的贡献

变量	变量每增加1%将导致：
服务业所占份额 服务业总增加值（GVA）/GVA	天然气份额上升0.86%
天然气储备水平（以GDP进行归一化处理） 储备水平/GDP	天然气份额上升0.49%
贸易开放程度 （进口+出口）/GDP	天然气份额上升0.09%
有无天然气储备 1代表完全无储备，0代表有储备	如果一个国家无天然气储备，则天然气份额下降0.15%

说明：该截面回归分析表为2012年数据。

资料来源：Vivid Economics。

从各因素的重要性看，服务业比重是影响经合组织成员国天然气比重的最主要因素。图1.1.10列出了回归系数的标准值，通过标准回归系数可以比较变量的重要性，标准值越高，重要性就越大。服务业比重是最重要的变量，GDP常态化调整后的天然气储备水平次之。从实际含义看，服务业比重不仅是重要的变量，还有可能是衡量其他驱动因素的指标。比如，服务业比重高的国家也可能处在严控空气质量的上升时期，这会进一步提高天然气的市场份额。虽然如此，该研究并未将空气质量监管数据纳入进来。其他可能解释天然气比重变化的变量因素，比如城镇化，虽然在考量范畴，但并未给结果带来影响。这是因为，2012年大部分经合组织成员国已实现高度城镇化，各国之间城镇化的差异不大。

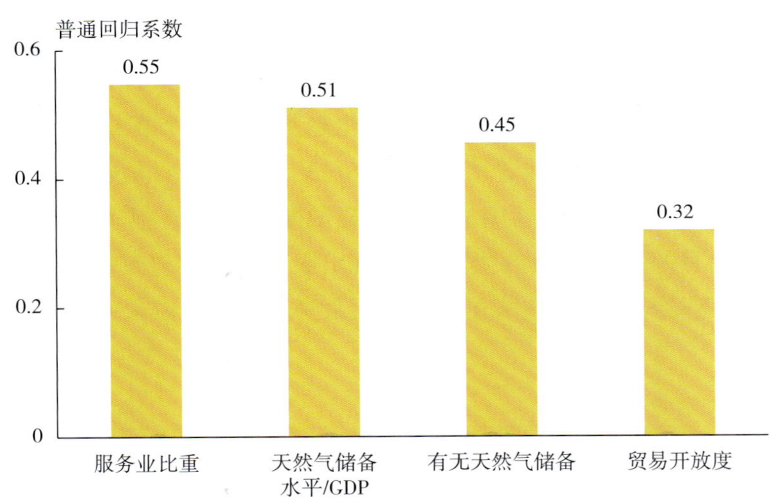

图1.1.10：2012年OECD国家天然气比重的回归结果

OECD国家的分析结果表明，当一个国家拥有天然气储量并已经进入服务业为主导的发展阶段时，天然气占该国能源结构的比重就会很高。国内储量的重要性毋庸置疑，因为它们通常是一国最廉价的天然气来源。虽然如此，无论处在何种服务业规模，当前国内天然气储量也会影响天然气比重，这意味着没有天然气储量的国家并不会将其作为主要能源，在基础设施和机构设置方面不会大量使用天然气，更不太可能鼓励进口天然气。经合组织中的韩国与日本则属例外，虽然他们本国天然气储量微乎其微，但贸易开放度很高，并限制其他能源来源，两国天然气在能源结构中占有较大比重。

这些分析数据展示了影响发达国家天然气比重变化的推动因素的概况，但是这个分析还没有把城镇化和大气污染考虑进来，这些因素与中国密切相关，但对经合组织成员国的影响并不大，因此在下面一节中将进一步扩大研究国家的范围，以分析更全面的驱动因素。

（三）更多国家转用天然气动因的因素分析

为进一步分析各国转向天然气的全面动因，我们将世界大部分国家在1980–2013年间天然气占比与天然气驱动因素的数据进行比较，从而更全面地分析各国家的天然气占比是如何随着相关变量的变化而改变。为此，我们首先构建了1980–2013年度全球数据组，包括天然气占比、服务业比重、制造业占比、城镇化和空气污染、PM10和二氧化硫等数据，还就每个国家生成了描述性数据，从图1.1.11到图1.1.16可以看出这些变化趋势，根据这些描述性分析，主要有以下一些规律。

1.除中国之外，很多国家服务业的占比都与天然气占比密切相关

服务业比重与天然气占比呈现相同的变化趋势，即一个变量变化，另一个变量也随之变化，这种共同趋势意味着两者之间存在某种联系，只是还未经过统计数据验证。比较发现，英国、日本和韩国显示出明显的规律，还有很多国家也是如此（图1.1.11）。图1.1.11中只有中国的数据尚未呈现出服务业比重与天然气占比的关系，但是，中国服务业比重与日本与韩国在1980年的水平相当，所以未来也可能会出现这种趋势。

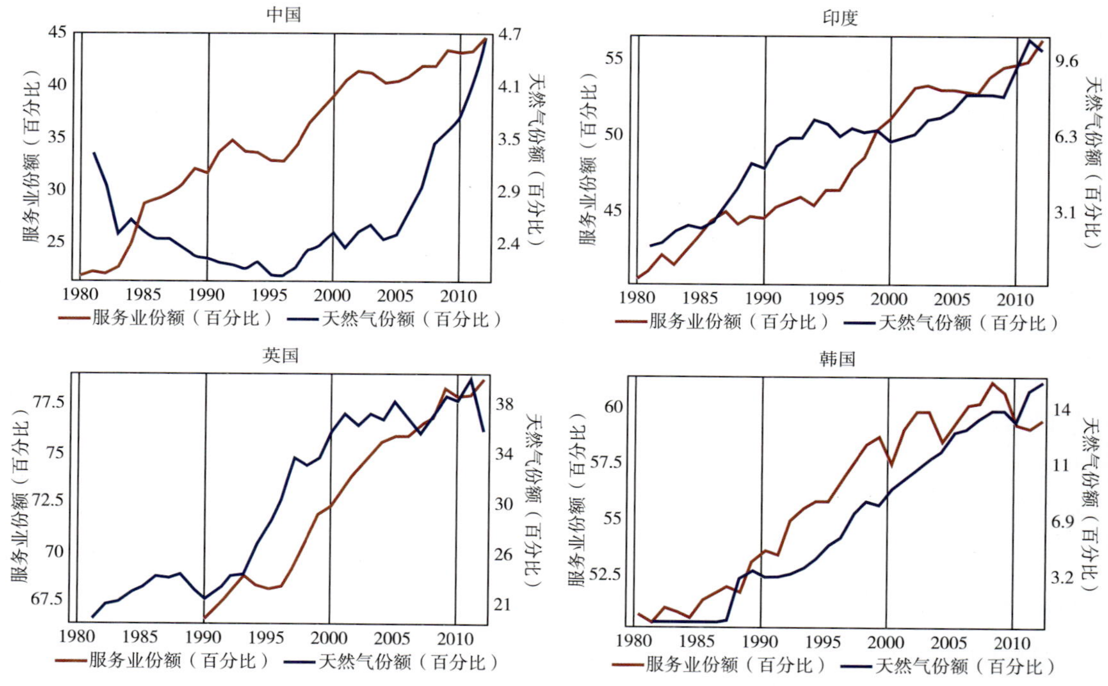

图1.1.11：服务业比重与天然气比重的关系

注：天然气占比指天然气在一次能源中的比重。
资料来源：Vivid Economics，基于世界银行和美国能源信息署（EIA）的数据。

2.制造业占比与天然气占比的关系不显著

分析发现，只有少数国家的制造业占比与天然气占比相关，在多数国家中两者关系并不显著。图1.1.12显示除中国外的亚洲新兴市场使用天然气来发展制造行业，而欧洲国家在去工业化进程中保持着较高的天然气占比。这意味着制造业占比与天然气占

比的关系可能随产业与能源政策而变化，并且也随经济发展而变化。

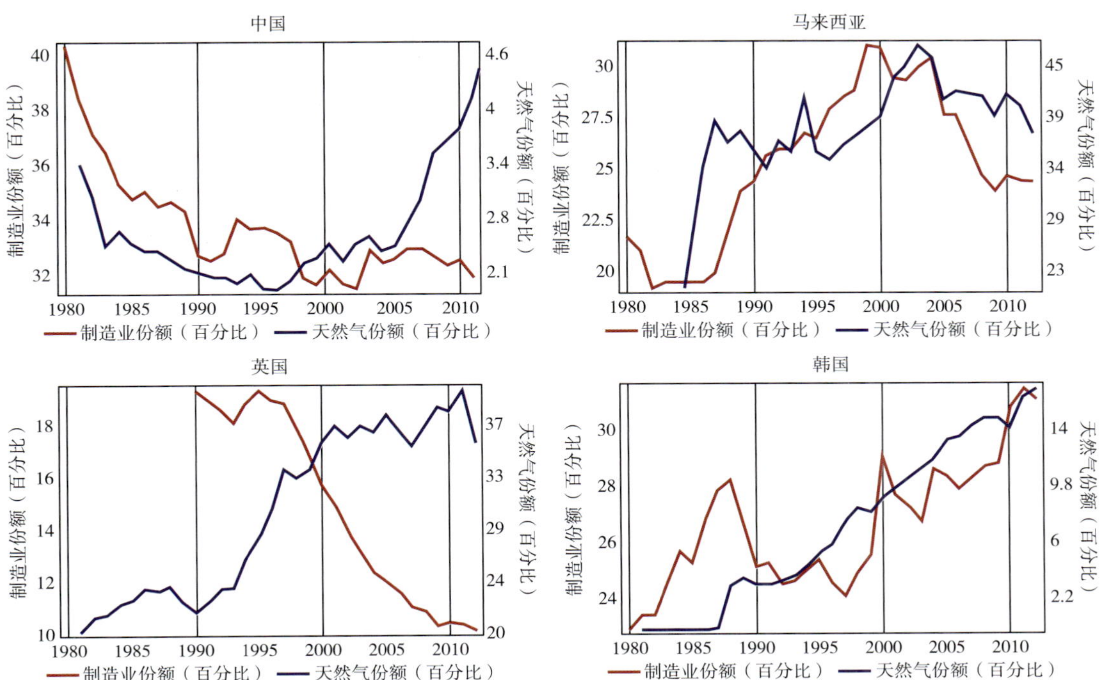

图1.1.12：制造业比重与天然气占比的关系

资料来源：Vivid Economics，基于世界银行和美国能源信息署（EIA）的数据。

3.城镇化与天然气比重密切相关

城镇化与天然气的使用密切相关，而中国正处在城镇化初期。图1.1.13显示城镇化与天然气占比密切相关，很多国家都具有这种共性。这很可能是因为天然气适合作为城镇地区的燃料，因为天然气通过可以管道网络运输，其燃烧易于控制，且产生极少的空气污染物，这对于人口密集的区域来说非常重要。中国还没有如其他国家一样显示出这种态势，但是由于中国尚处于城镇化初期，所以随着城镇化进程的深入可能会产生更多的天然气需求。

4.很多国家在颁布空气质量法规后从煤转向天然气

与煤相比，天然气是相对清洁的燃料。例如天然气发电与用煤发电相比，只产生少量的最具危害性的空气污染物（图1.1.14）。因此，很多国家在引入空气质量立法之后已纷纷从煤炭转向了天然气。

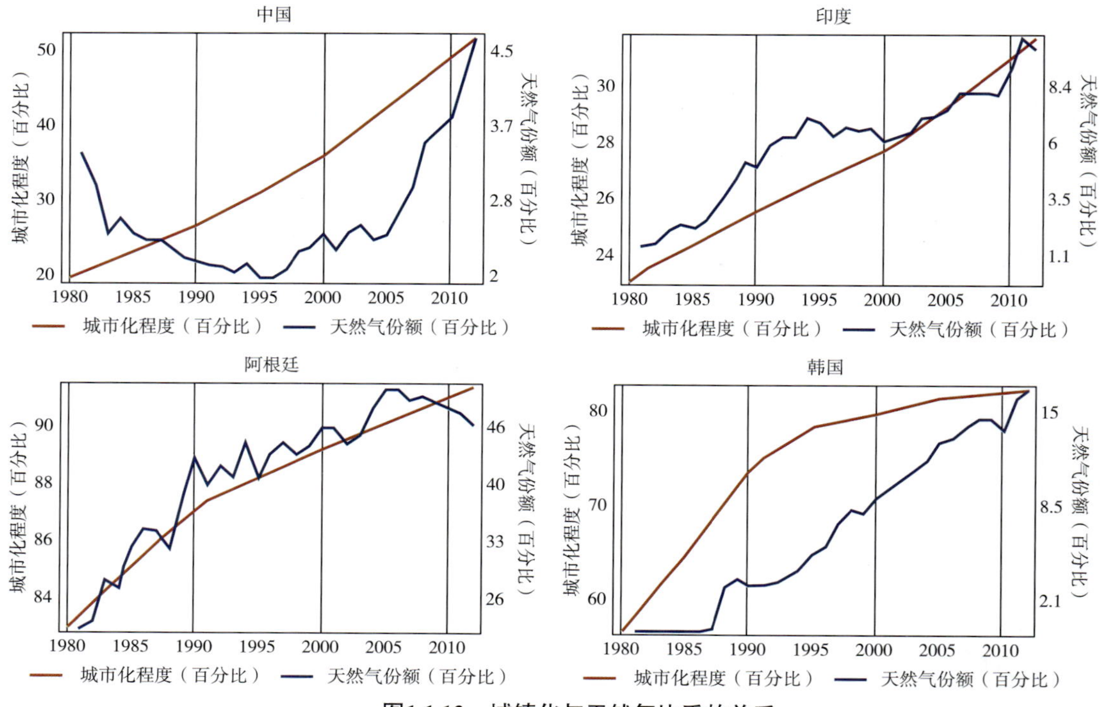

图1.1.13：城镇化与天然气比重的关系

资料来源：Vivid Economics，基于世界银行和美国能源信息署（EIA）的数据。

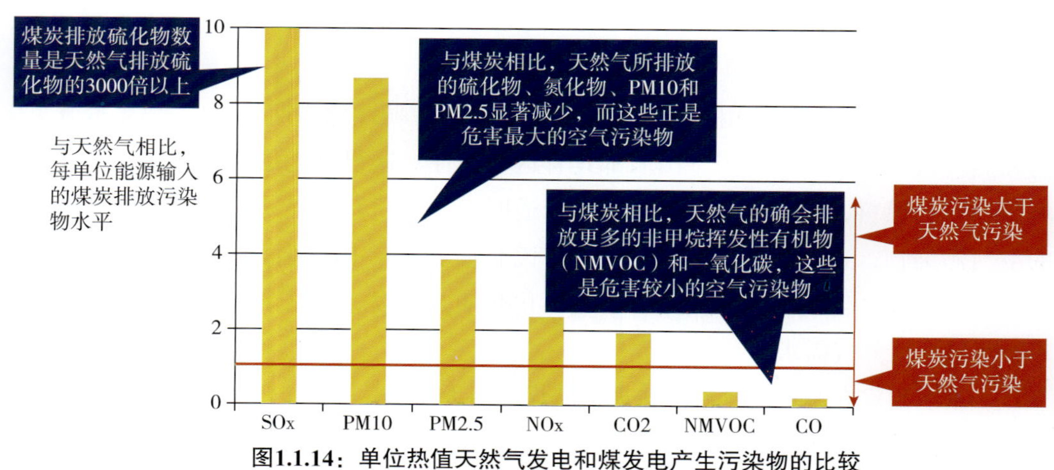

图1.1.14：单位热值天然气发电和煤发电产生污染物的比较

资料来源：Vivid Economics，根据EEA和UNFCCC数据整理。

电力市场有竞争力的国家显示，在PM10控制法规生效后，天然气发电的占比提高了。图1.1.15表明，在英国和波兰，正是在空气质量法规生效的年度，发电产生的PM10

排放水平显著下降。接着，天然气发电占比在立法颁布后快速增加。这说明英国与波兰的完全竞争的电力市场先是努力通过其他方式来满足PM10的限额要求，但使得煤发电的成本更为高昂，从而开始转向使用天然气发电。图1.1.15还显示，在日本，电力市场计划性相对较多，天然气发电占比的增加未明显滞后于PM10的变化，但在20世纪70年代也有较明显的直接效应。这说明天然气可以直接作为控制空气污染的工具。在中国，尽管天然气发电占比在增加，但总量仍较少，而煤发电的大幅绝对增长意味着PM10水平仍会居高不下。

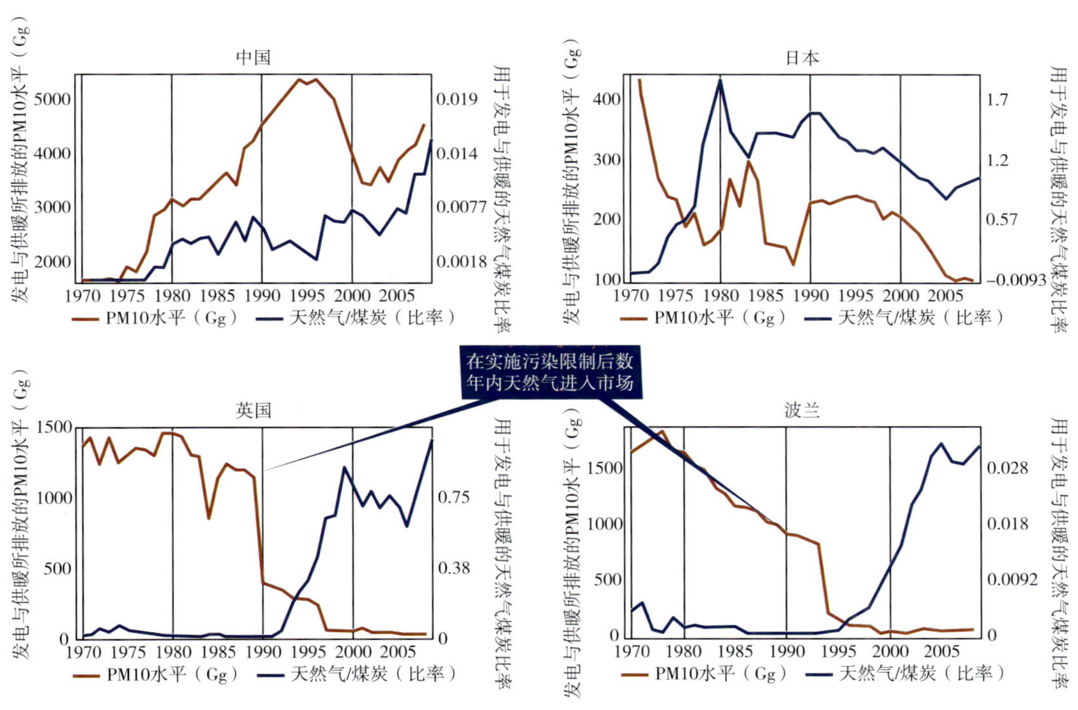

图1.1.15：电力及发电领域排放PM10水平与天然气比重

资料来源：Vivid Economics，根据EEA和UNFCCC数据整理。

二氧化硫的变化趋势与PM10相似，但不太明显。图1.1.16显示在英国、美国、波兰及其他国家，空气质量法规生效后，二氧化硫排放水平显著改善。然而，二氧化硫减少的速度不会非常迅速，这表明对煤电站而言，与满足PM10限额相比，二氧化硫的限额要逐步满足才更易实现。在中国，煤发电的大幅绝对增加意味着二氧化硫水平仍将会居高不下。

对世界主要国家的分析结果：

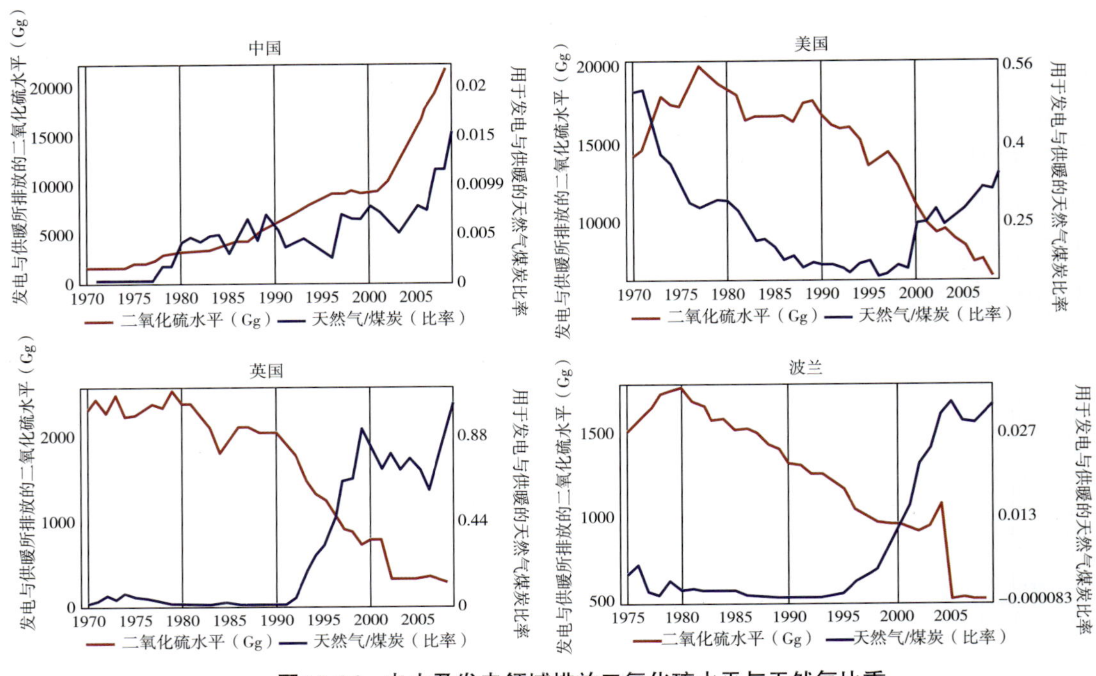

图1.1.16：电力及发电领域排放二氧化硫水平与天然气比重

资料来源：Vivid Economics，根据EEA和UNFCCC数据整理。

总体来看，很多国家都实施了转向天然气的战略来改善空气质量。研究分析表明，各个国家实施这一战略的方式有所不同。一些国家依赖市场力量，污染控制措施使得煤成本高昂，从而转向天然气；而另一些国家则规划开采更多的天然气。这些不同方式最终实现的空气质量结果大致相同，但是结果实现的时间点则会大不相同。在这些国家中，转向天然气的主要驱动因素包括以下几方面。

服务业比重：各国服务业比重的增加通常与天然气在基础能源供应中占比的提高相联系，中国除外；

制造业比重：尽管中国例外，但新兴市场都利用天然气来发展制造业；在欧洲，天然气占比在去工业化的进程中仍然在提高；

城镇化：城镇化与天然气使用密切相关，而中国正处在城镇化的初期；

空气污染：由于天然气相对于煤炭燃烧具有较大的清洁性，只要严格制定和实施空气质量立法，PM10水平就能很快下降，天然气会很快取代煤；但是在中国虽然天然气发电有少许增加，但煤发电仍大幅绝对增长，带来更多PM10；

对于二氧化硫而言，环保立法后天然气会取代煤，二氧化硫的排放水平也会下降，但通常下降速度都会低于PM10，而且在中国虽然天然气发电稍有增加，但用煤发电量的增加会产生更多的二氧化硫。

（四）综合OECD国家和其他国家对天然气替代动因总结

关于转用天然气动因分析的主要结论是：各国在发展过程中，服务业比重不断增加、城镇化进程的推进以及控制空气污染的迫切性，使各国在能源使用中逐步转向天然气。欧洲、美国和澳大利亚都做出重大调整，从煤转向了天然气——这种调整中国也需要，而其他很多国家从石油转向了天然气。从表面上看，这些调整是由于服务业比重提高而直接推动天然气需求的增加，但也表明其他一些推动天然气需求的趋势，比如城镇化和对更清洁空气的需求。这两大因素在很多国家都是推动转向天然气的主要驱动因素。随着中国城镇化进程的不断推进，空气质量更加令人关注，这些驱动因素很可能会促使人们使用更多的天然气。

三、其他国家天然气价格对需求的影响

除了服务业比重、城镇化和空气质量控制等因素外，天然气价格直接影响能源使用的成本，因此有可能对需求产生重要影响，本节对两者之间的关系进行深入分析。由于OECD国家是主要天然气消费国，数据质量较高，而且在大多数情况下，这些国家能源价格市场化，更容易发现天然气价格的变动，分析价格与需求之间的关系，因此本部分主要分析OECD国家的经验。

（一）OECD国家天然气价格变化与需求变化之间关系并不显著

1.OECD国家天然气需求在1987至2000年天然气价格相对较低的时期快速上升

图1.1.17至图1.1.20展示了英国、美国、日本和德国天然气价格和主要行业天然气需求的演变过程。每个点代表一年，其中点的颜色代表天然气需求年变化率，点的纵坐标表示天然气的行业价格，价格以2010年PPP购买力平价表示，即价格包括对通货膨胀和相对价格改变的调整。因此，该价格代表天然气可购性的改变。图1.1.17至图1.1.20显示了20世纪80年代早期天然气价格上涨，1987年下降，之后直到2000年基本稳定，随后尤其是2005年之后直到金融危机和美国页岩气革命这段时期一直上升。行业天然气价格似乎也以同样的速度改变，但是民用天然气价格比工业天然气价格高。

由四个国家的经验看，1987至2000年天然气价格低稳期间，相比其他期间而言，天然气需求持续快速增长。在这段时间内，各行业天然气需求增长率较高的年份要高

于天然气价格较高的时期，例如日本和英国这一期间增长速度较快的年份显著多于其他时间（点的颜色偏红）。

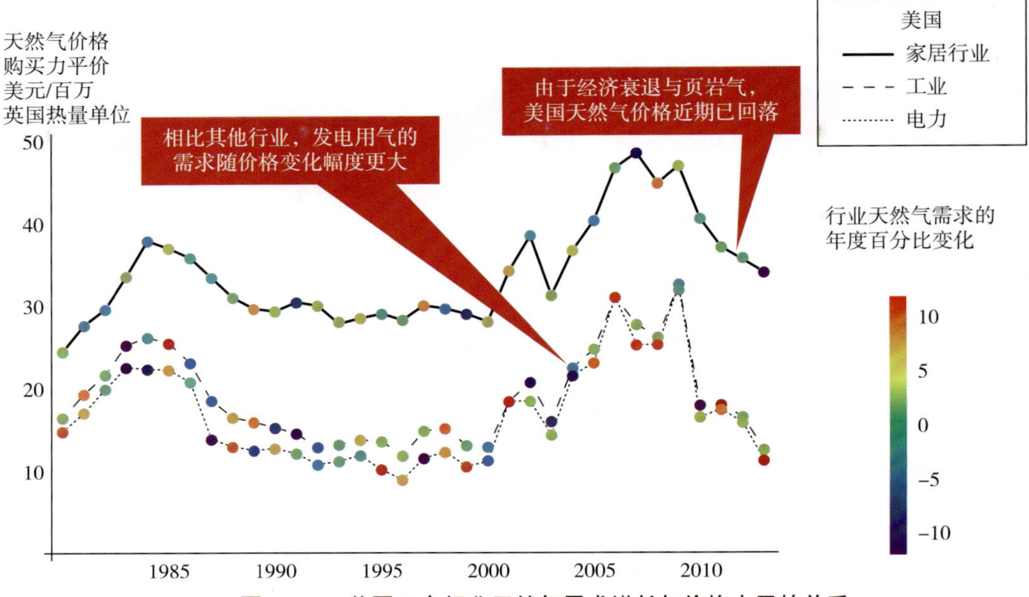

图1.1.17：美国三个行业天然气需求增长与价格水平的关系

资料来源：Vivid Economics，基于国际能源署（IEA）的数据。

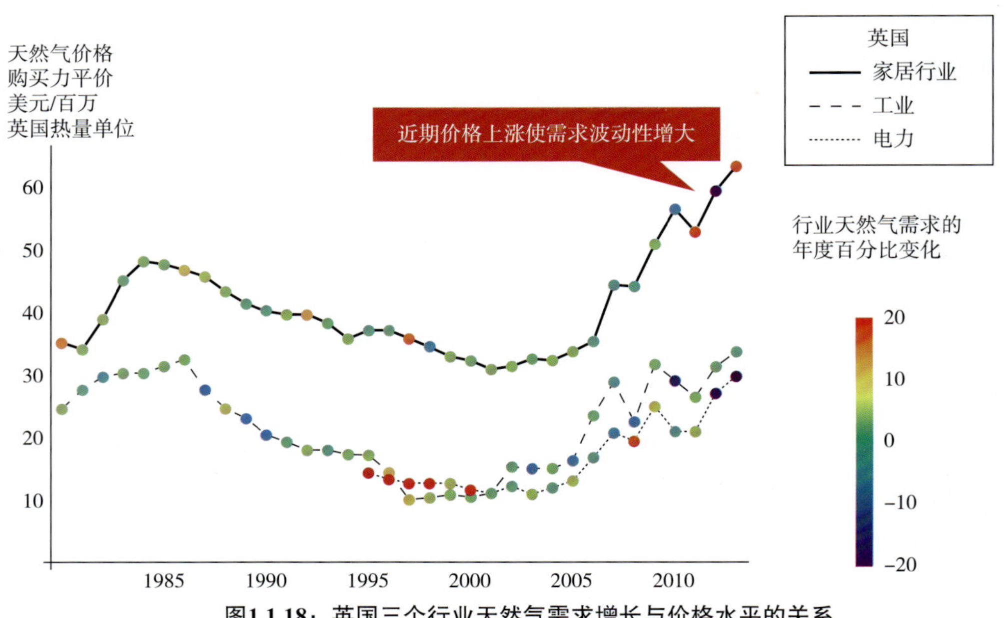

图1.1.18：英国三个行业天然气需求增长与价格水平的关系

资料来源：Vivid Economics，基于国际能源署（IEA）的数据。

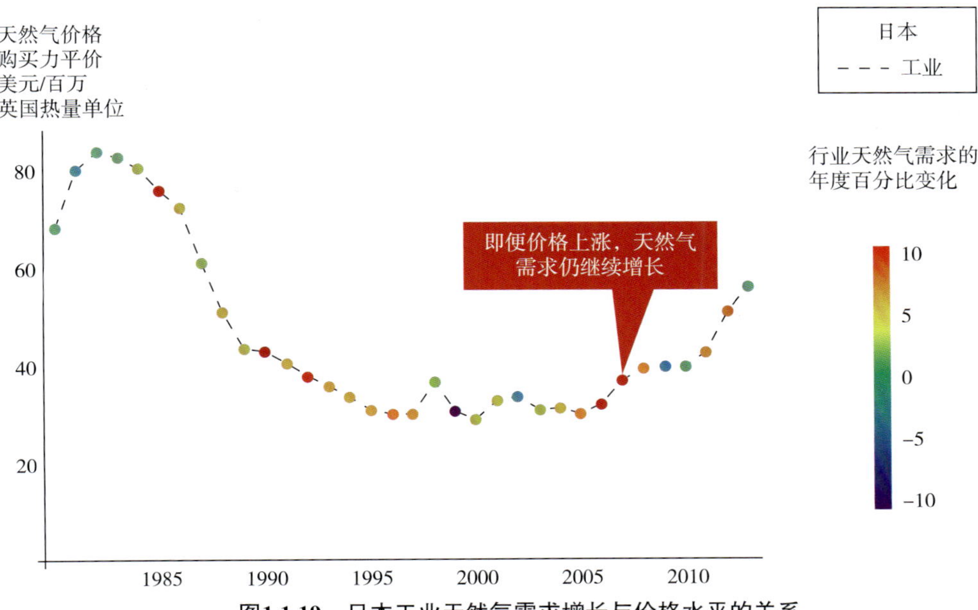

图1.1.19：日本工业天然气需求增长与价格水平的关系

资料来源：Vivid Economics，基于国际能源署（IEA）的数据。

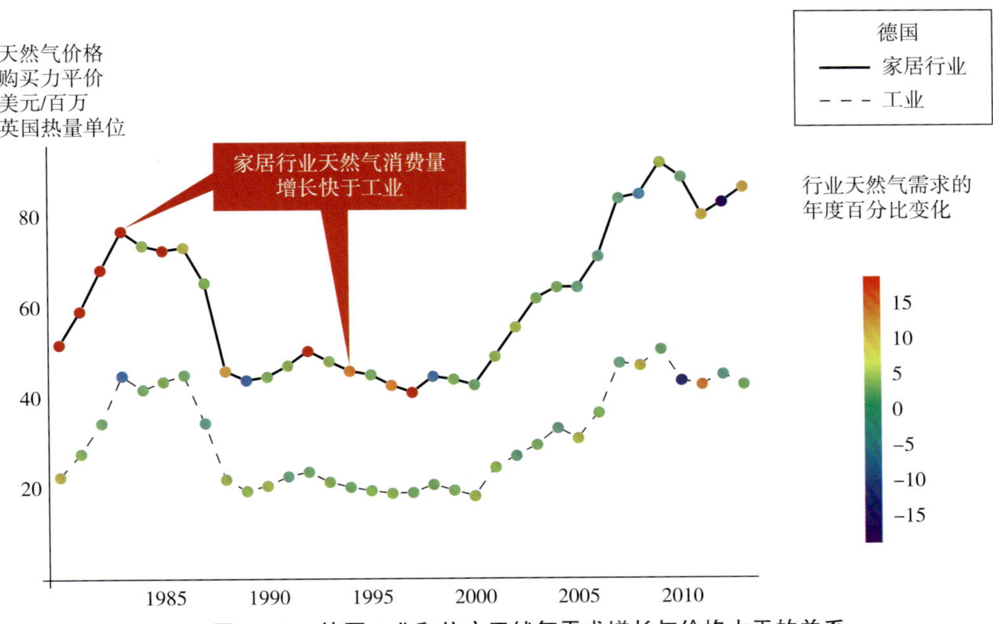

图1.1.20：德国工业和住户天然气需求增长与价格水平的关系

资料来源：Vivid Economics，基于国际能源署（IEA）的数据。

2.天然气价格较高时仍有不少国家天然气需求上升

尽管天然气价格从2000年开始上升，但是英国、日本和德国对天然气的需求一直保持稳定或增长。从2000年到2008年经合组织的天然气价格的真实值上涨了60%，而在2000~2012年的重叠期内，家居行业与工业天然气需求只减少了8%。需求一旦站稳了脚跟，似乎就拥有了应对多变经济环境的适应能力，这可能是因为天然气需求对价格变化不敏感（无弹性），至少在居民生活方面是如此，而且一旦用上了天然气，天然气的品质就容易留住消费者们转向其他燃料的脚步。作为一种较为洁净的燃料源，天然气的发热可控而且放热容易。与其他燃料相比，比如煤炭，天然气的特征意味着一旦基础设施就位，居民生活与工业用户们对其价格的顾虑就会减少。从此观察中看到了一种“棘轮”效应：一旦天然气需求达到一定水平，由于转型的可能性减少，所以需求减少就会有限。能够带来优质热能和高效率的技术革新，比如电热泵，也许会改变这种无弹性状态。

总体来看，在天然气价格上升期间生产、生活和电力行业对天然气的需求似乎同步增加。尽管不能收集到所有国家的所有行业数据，但是收集到的数据显示所有行业对天然气的需求一般都增长了。虽然这一点对美英日德这几个国家不适用，但是对其他主要天然气消费国如荷兰和西班牙适用。

3.各行业的天然气价格和需求比重间没有明显关联

图1.1.21显示了2012年OECD国家天然气真实购买力平价价格同各行业天然气总体需求的比重。该图显示各国行业天然气价格和天然气需求比例没有明显关联，有些国家虽然工业天然气价格较低，但是其工业对天然气需求所占的比例不一定高。

图1.1.21还显示OECD国家居民用气较高，居民愿意支付较高天然气费用。这也许是因为居民用气没有规模效益，传输和运送成本更高。从实际来看，居民对天然气的需求与价格可能没有很显著的关系，因为对居民而言，用天然气主要的替代能源是电力，而电力相对而言较贵，并且天然气的使用更为方便。实际上，天然气的高价格似乎并没有打击居民对天然气的需求，近年来OECD国家居民对天然气需求比工业对天然气需求增长得更快。

（二）天然气与其他能源的价格差异对天然气需求产生的影响有限

从经济学含义看，一种商品的需求并不仅仅取决于自身的价格水平，还取决于替代产品之间的价格，也就是说，天然气的需求还应该受到天然气与其他能源之间价格差异的影响。

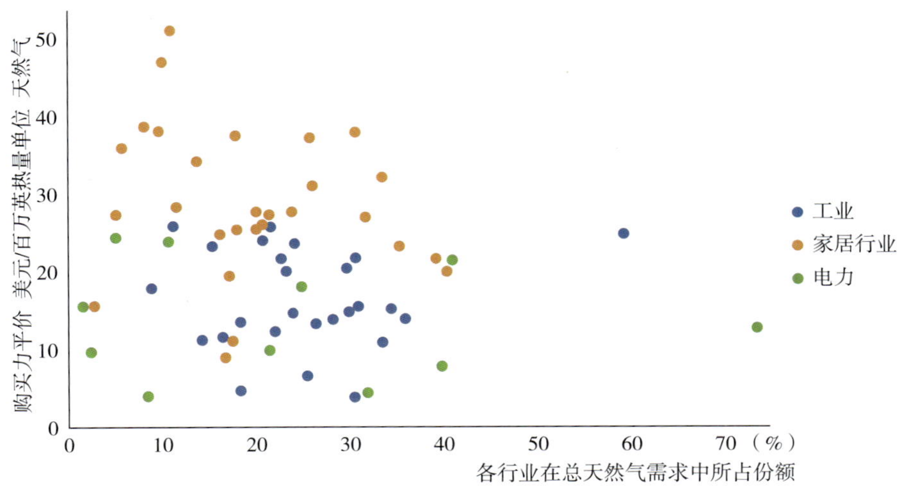

图1.1.21：OECD国家行业天然气价格与份额关系（2012）

资料来源：Vivid Economics，基于国际能源署（IEA）的数据。

1.OECD国家天然气与电价的差异没有对工业和居民的天然气需求产生显著影响

在OECD国家，无论是在生活领域还是在生产领域，天然气的价格都比电价低，与天然气价格比电价高的国家相比，这些国家的天然气在主要能源中的占比相对高一些，但也不是特别高。图1.1.22和图1.1.23均表示在不同国家天然气和电力的价格及工业和居民天然气消费的比重，图上的圆点代表不同的国家，圆点的颜色表示天然气的

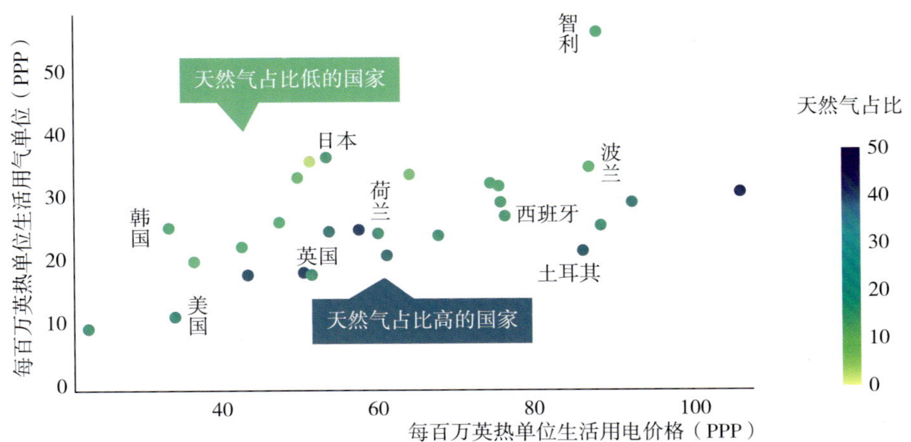

图1.1.22：居民消费天然气比重与天然气和电价差异

注：图中为2012年的数据，电力的单位由兆瓦时（MWh）转换为百万英热单位。
资料来源：Vivid Economics，根据国际能源署。

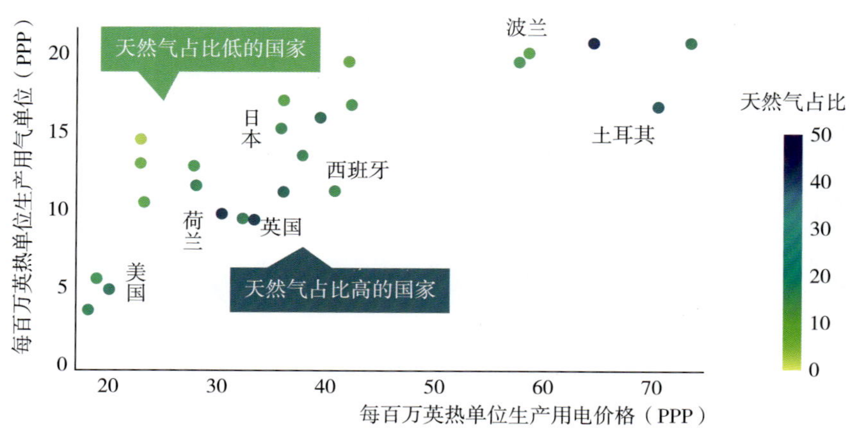

图1.1.23：工业部门天然气比重与天然气和电价差异

注：图中为2012年的数据，电力的单位由兆瓦时（MWh）转换为百万英热单位。
资料来源：Vivid Economics，根据国际能源署。

占比情况。图1.1.22显示的是生活领域的情况，图1.1.23显示的是生产领域的情况。这两张图表明，在生活、生产领域，燃料间的价格竞争对天然气和电力的需求的影响微乎其微。

2.在能源相对价格长期稳定的情况下，OECD国家的天然气需求增速最为迅猛

从1987年开始到2000年，OECD国家的天然气需求迅速增长，但这时期天然气价格与电力价格、煤炭价格的比却保持相对稳定，图1.1.24和图1.1.25分别体现了该情况。例如，在此期间内，从生产领域每单位实际能源的价格来看，天然气的平均价格只占电力价格的22%，约四分之一；而与煤炭的价格相比，天然气的价格高出了三倍以上，约320%。在相对价格保持稳定的情况下，各能源的竞争力不会改变，因此能源需求也不会因能源间的价格竞争而改变。但就是在这样的情况之下，天然气的需求陡然走高，这表明非价格因素发挥了驱动作用，这也反过来证明能源间的价格竞争的影响并非如此明显。

OECD国家中，天然气与石油的竞争只出现在小范围之内。在OECD国家中，天然气并不是交通工具的燃料，所以很少出现天然气与石油竞争的情况，用石油来发电的情况在OECD国家中也越来越少见。因此，在这些国家中，天然气和石油的竞争并不突出。

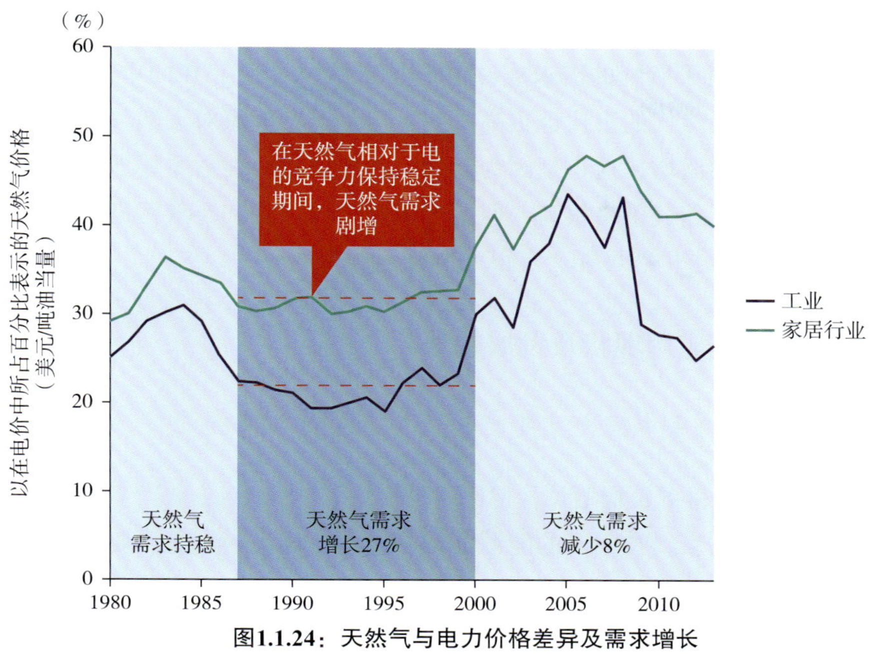

图1.1.24：天然气与电力价格差异及需求增长

资料来源：Vivid Economics，转引自国际能源署。

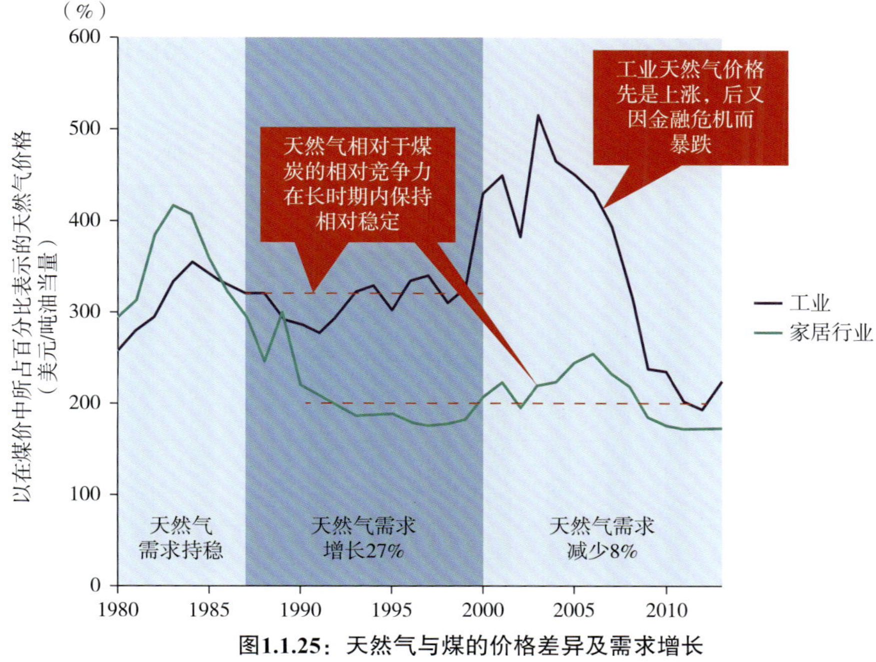

图1.1.25：天然气与煤的价格差异及需求增长

注：天然气需求是对于工业和居民气而言的；红色的虚线是同一时间的平均水平。

资料来源：Vivid Economics，转引自国际能源署。

总之，天然气需求增加似乎与天然气的价格并无明显关联。因此，尽管中国天然气价格高居不下，对天然气的需求或许也不会减少。虽说在OECD国家内，天然气的售价更具竞争力，天然气的占比也更高一些，但是这些国家对天然气的需求并没有因燃料间的价格竞争而激增，这正是因为天然气的非价格特性占重要地位。这些结果表明，尽管过去中国天然气价格很高，但是中国面临城市化和空气污染等众多非价格因素问题，天然气的需求仍然可能会有很大增长。

四、中国的天然气应用现状及发展趋势

（一）本世纪以来中国天然气的总量及行业分布情况

1.中国天然气取得了较快增长，但比重仍很低

受资源禀赋的约束，在中国的能源消费结构中，煤炭一直是主要部分，其消费量占能源消费总量的比重尚未低于65%。除煤炭以外，石油在能源消费中的重要性稳居第二，其消费量所占比重保持在20%左右。而天然气的消费量最少，其所占比重不高于6%，清洁能源比重低是能源结构的重要不足之处（侯建朝、谭忠富，2008）。2000年时，中国的天然气消费量仅245亿立方米，占能源消费总量的2.2%，到2010年时提高到1069亿立方米，增长了3倍，但占总能源的比重仅达到4.4%，2013年中国天然气消费总量达到1660亿立方米，占能源总消费的5.8%。

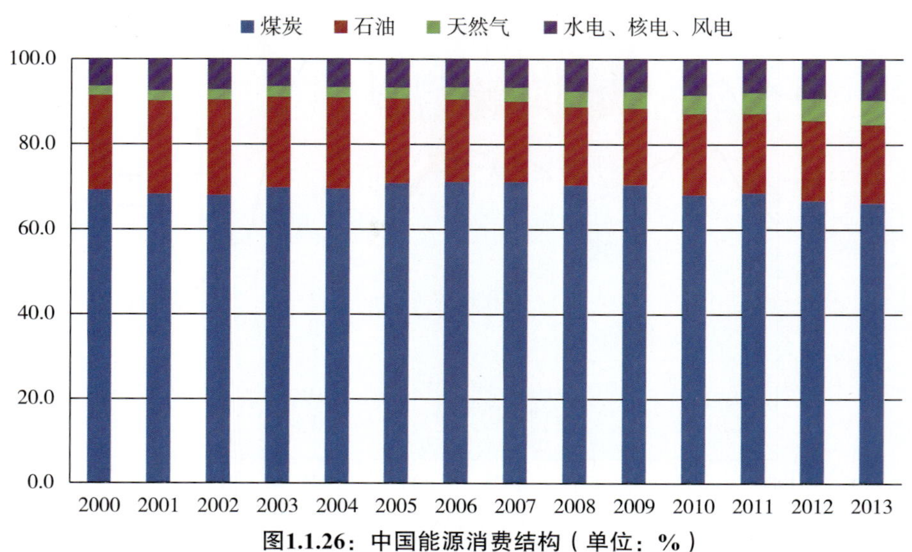

图1.1.26：中国能源消费结构（单位：%）

结合生产与消费两方面的情况，我们可以得到以下结论：第一，以煤炭与石油为

主的能源结构在较长时间内难以发生根本性改变；第二，在中国的能源体系中，天然气的重要性正不断加强，但远未占据核心地位。提高天然气的生产与消费比重，还需要政府相关政策的大力支持。

2.天然气主要用于制造业和电力生产以及生活消费

从行业分布看，制造业一直是天然气生产中的主要应用领域。2000年时，制造业消费天然气118亿立方米，占总消费的48.5%，2003年时制造业的天然气消费比重达到50%，这也是比重最高的一年。其后，制造业对天然气的消费比重开始有所下降。2010年时制造业消费天然气573亿立方米，占同年中国天然气消费总量的33.4%。

电力生产行业是天然气消费增长最快的领域。2000年时电力行业消费天然气仅8亿立方米，占天然气总消费的3.3%，到2006年，这一比重翻了一倍，提高到7.0%，2012年时天然气发电消费量达到时235亿立方米，占天然气总消费的16.0%。

交通和居民生活用天然气是另外两个主要领域。2000年时，交通运输业使用天然气8.8亿立方米，占总消费的3.6%，到2012年时，消费总量提高到155亿立方米，占比提高到10.6%。相对地居民用气占比相对较为稳定，2000年时，居民生活消费用气占比为13.2%，2012年进提高到19.7%的水平。

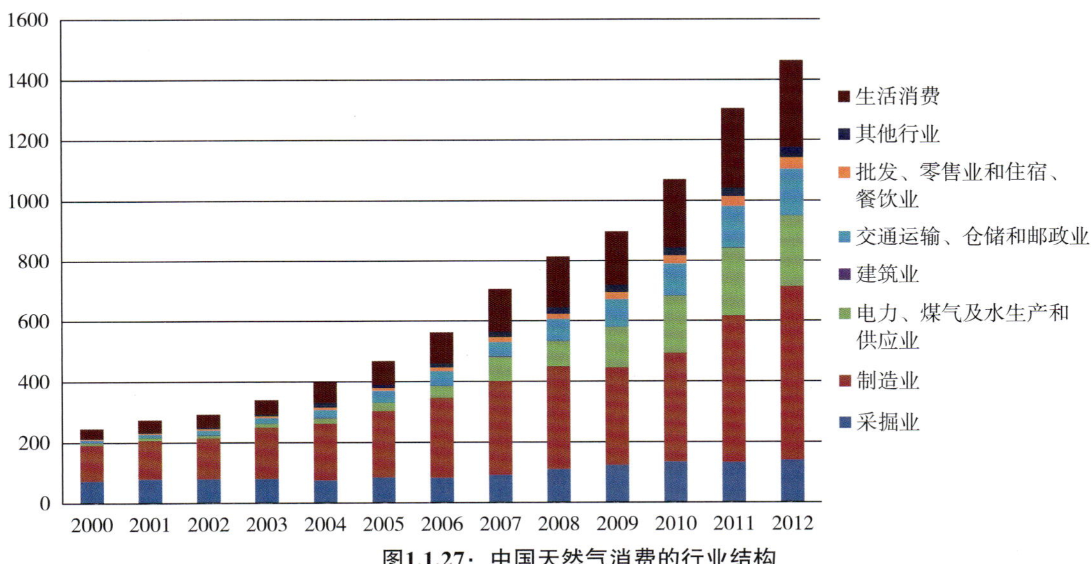

图1.1.27：中国天然气消费的行业结构

3.与其他国家相比，中国天然气的价格相对较高

近年来中国天然气价格提高速度较快。在20世纪80年代晚期，中国的天然气价格相对较低且平稳，但和英国、日本类似，根据图1.1.28所示，2000年以来中国天然气进口价

格普遍上涨，2008年受国际金融危机影响有所下降，但2009年以后又开始持续走高。

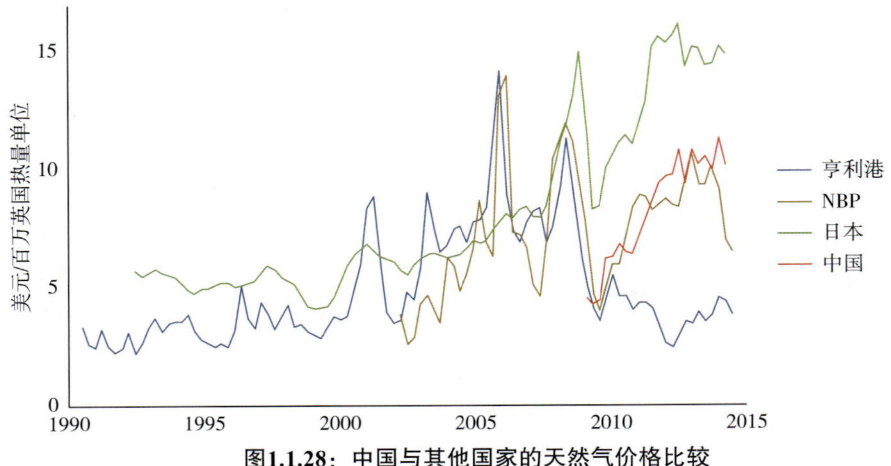

图1.1.28：中国与其他国家的天然气价格比较

资料来源：Vivid Economics。

与其他国家相比较，中国在天然气需求快速增长期间面临着较高的天然气价格。图1.1.29显示OECD国家在上世纪90年代天然气需求快速增长期间，也正是价格较低的时候，因此中国目前面临较高的价格，是天然气发展的一个显著特点。另外，中国的天然气还存在着不同用户间价格差异大等问题，例如与国际比较，中国的天然气出厂价格低、住宅用气价格低，而工业用气价格偏高（武盈盈，2008）。

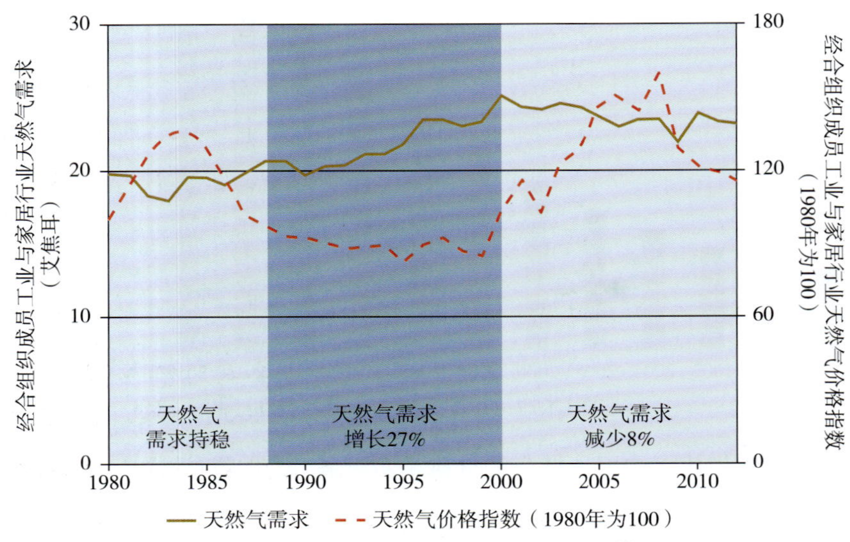

图1.1.29：OECD国家天然气消费快速增长时价格相对较低

（二）中国对于中长期能源和天然气发展的主要规划

2013年，国务院发布了《能源发展“十二五”规划》，2014年6月，国务院发布了《能源发展战略行动计划（2014—2020年）》，2014年11月，中美双方发表了《中美气候变化联合声明》，这些主要文件对直到2030年前的中国能源发展进行了规划或阐述。按照这些文件，中国的能源发展主要有以下几个重要标志性任务。

1.能源消费总量和能源供给能力

在尚未更新能源统计数据之前，我国曾对能源发展提出了总量性目标。

到2015年，中国能源消费总量40亿吨标煤，到2020年，一次能源消费总量控制在48亿吨标准煤左右，煤炭消费总量控制在30亿吨标煤左右，占能源消费总量的比重降低到62.5%。

到2020年，基本形成比较完善的能源安全保障体系。国内一次能源生产总量达到42亿吨标准煤，能源自给能力保持在85%左右，石油储采比提高到14～15。到2020年，核电装机容量达到5800万千瓦，在建容量达到3000万千瓦以上。

2.能源结构

到2015年，非化石能源消费比重提高到11.4%，非化石能源发电装机比重达到30%。天然气占一次能源消费比重提高到7.5%，煤炭消费比重降低到65%左右。到2020年，非化石能源占一次能源消费比重达到15%，天然气比重达到10%以上，煤炭消费比重控制在62%以内。新增天然气应优先保障居民生活和替代分散燃煤，组织实施城镇居民用能清洁化计划，到2020年，城镇居民基本用上天然气。到2020年，力争常规水电装机达到3.5亿千瓦左右，风电装机达到2亿千瓦，风电与煤电上网电价相当。光伏装机达到1亿千瓦左右，光伏发电与电网销售电价相当。

到2020年，累计新增常规天然气探明地质储量5.5万亿立方米，年产常规天然气1850亿立方米。到2020年，页岩气产量力争超过300亿立方米，煤层气产量力争达到300亿立方米。

3.中国政府关于2030年的远景目标

2014年11月份，在APEC会议期间，中国和美国达成《中美气候变化联合声明》，展示了中国到2030年的远景目标：中国计划2030年左右二氧化碳排放达到峰值且将努力早日达峰，并计划到2030年非化石能源占一次能源消费比重提高到20%左右。

（三）基于国际经验的中国中长期天然气发展趋势

与其他国家相比较，目前中国的天然气消费在能源中的比重属于偏低水平，这有一部分属于资源禀赋的原因。但随着经济社会的发展，能源消费所面临的供需矛盾和资源环境约束都在发生变化，因此，未来中国的天然气消费也将呈现不同于历史的格局变化。

根据中国资源环境和天然气资源禀赋相近的七个国家的经验，天然气的发展主要受服务业比重增加、城镇化进程的推进以及控制空气污染的迫切性这几个主要因素的影响，欧洲、美国和澳大利亚都做出重大调整，从煤转向了天然气。

中国天然气需求空间巨大，如果政策配套，天然气占能源消费的比重会大幅上升。随着当前中国济发展进入“新常态”，特别是服务业比重已经超过了第二产业，城镇化进程也仍然在不断推进过程中，空气质量问题近年来更是得到了前所未有的关注，可以预计中国在今后天然气消费方面将迎来更快的增长。

2000年时，中国的天然气消费量仅245亿立方米，占能源消费总量的2.2%，2014年中国天然气消费量为1830亿方，按照最新的能源统计表明，2014年天然气占能源总消费比重为5.8%。从消费结构来看，制造业占比呈下降趋势，从最高50%的占比下降到目前33.4%的比重；发电从2000年占比3.3%上升到目前 16.0%；交通和居民用气增长较快，占比分别从2000年的3.6%和13.2%上升到2012年的10.6%和19.7%。从长期看，中国的天然气需求仍将快速增长势头。

第二章　中国主要天然气市场的替代潜力

与煤和石油不同，天然气没有专属市场，必须通过竞争实现替代而获得应用，国际经验分析也发现其他国家天然气消费的增长主要是由于对其他燃料的替代。竞争的法则是为满足相同的能源需求，而使能源成本最小化，因此对天然气应用的主要领域，可以计算出不增加用户成本时的天然气价格，从而测度不同应用领域用户对天然气价格的承受能力。

天然气的主要应用领域包括发电、交通运输、城市燃气，工业燃料、天然气化工等。在发电领域，天然气主要与煤竞争；在交通运运输行业，主要与汽柴油竞争；在城市燃气领域，居民用气主要与液化气、人工煤气、电竞争，采暖用气和小型锅炉用气主要与煤竞争；在工业燃料领域，主要与燃料油、人工煤气和煤竞争；在天然气化工领域，主要与煤和石脑油竞争。本章分别对这些主要市场进行价格承受能力分析。

一、电力市场：气电替代煤电的成本比较

从国际发展经验看，发电是天然气的重要应用领域，美国天然气发电占总装机的39.4%，日本占29%，而中国的装机容量仅3%左右，因此中国的天然气发电可能有较大的空间（都大永、黄辉，2013）。从商品属性来看，电是典型的同质化产品。无论是煤电、水电，还是气电、风电、光电等，一旦并入电网，对用户来说，就几乎没有了差异性。那么，影响商品竞争力的，就主要是成本了。

（一）气电对煤电的直接成本比较

为了更好地对比分析气电的竞争性及其影响因素，我们将基荷煤电设定为参照对象，其中，燃煤机组采用当前主流的超超临界机组，装机规模为60/100万kw。而燃气机组选择主流的9F级联合循环机组，装机规模设定40万kw，发电用煤的基准价格设为550元/吨（5500大卡动力煤到电厂价格），折算为标煤价格700元/吨。

1.燃煤发电的度电总成本测算

煤电的度电成本，主要包括资本成本、非燃料运营成本和燃料成本。参考国家能源局报告和燃煤电厂的可行性报告，假设煤电机组的运营周期为20年，折现率设定为9%。燃煤机组的初始单位投资设为3900元/kw，年运行小时数为5000小时，则折算度电资本成本为0.085元/kwh；度电的其他运营成本，约为0.045元/kwh，两项合计0.13元/kwh，可近似为度电固定成本。对燃料成本来说，平均供电标煤耗按300克，则度电燃料成本约为0.21元/kwh。三项成本合计，度电总成本为0.34元/kwh（见图1.2.1）。

2.燃气发电的度电成本测算

结合调研数据和可行性研究报告数据，燃气机组初始单位投资设定为3000元/kw，假设燃气电厂年运行小时数为3500小时（承担峰荷和腰荷），则折算后度电资本成本为0.094元/kwh，根据调研数据，度电其他运营成本约为0.065元/kwh。对燃料成本，由于气源不同，不同地区和不同建成时期的电厂气价差别也比较大，本报告考虑以东南沿海为主要参考区域，取2.8元/m^3作为测算参考。对于度电供电气耗数据，在实际运行的天然气电厂中，由于气源不同导致燃料热值不同，供电气耗也有较大差异，结合调研数据，供电气耗设为0.18m^3/kwh，折合为度电燃料成本为0.504元/kwh。三项成本合计，度电总成本为0.663元/kwh。若年运行小时数提高到5000小时，则包括资本成本和非燃料运营成本在内的度电固定成本将下降，使得度电总成本降至0.615元/kwh。

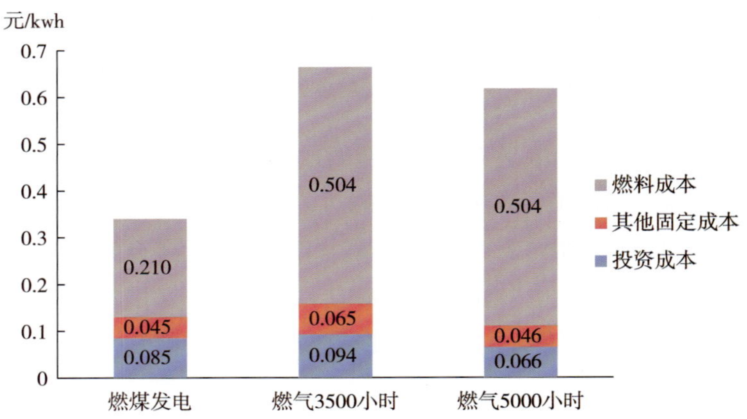

图1.2.1：燃煤发电和燃气发电成本的初步比较

煤电与气电的对比结论显示，在现有的能源价格水平下，气电无论是年运行3500小时还是5000小时，度电总成本都远大于煤电。显然，从直接成本来看，燃气机组没有任何竞争力。尤为值得关注的是，仅气电的燃料成本或者说变动成本，也可以看作边际成本，就远大于煤电的总成本，这使得燃气机组，即便在不考虑固定成本或者固定成本被补贴覆盖后，仍无法与煤电竞争。

3.燃气发电的价格承受能力测算

暂不考虑其他影响因素变化，若燃气机组与煤电具有成本竞争性，那么气价应处于什么水平？敏感性分析显示，当燃气度电燃料成本等于燃煤总成本时，天然气的价格约降至1.9元/m^{3}左右，相当于于欧洲气价水平。在这一价格水平下，由于气电具有外部效益，固定成本获得补偿，则气电可与煤电竞争。敏感性分析显示，若要燃气度电总成本等于煤电度电总成本，按年运行5000小时，则天然气价格要降至1.3元/m^{3}左右，若运行3500小时，则要降至1元/m^{3}左右，趋近于美国气价水平。

（二）燃气发电竞争力的其他影响因素

影响气电竞争力的，除天然气价格外，还有一些影响因素，主要是影响气电内部成本和气电外部收益，主要包括以下几个方面。

1.燃气发电核心设备国产化对气电成本的影响

对于核心设备，目前由于国外对燃机设备、燃机程控等核心技术垄断，长期以来导致设备投资成本高，LTP等运维费用高。这一问题的改善，将有助降低气电度电的固定成本。若能使单位投资下降15%，则可以使度电成本下降约0.014元/kwh。同时，通过国产化降低长期维护检修（LTP）费用，若能使总修理费降低50%，还可以带来度电成本约0.01元/kwh的下降。通过核心设备国产化，度电成本下降幅度大约在0.024元/kwh的水平。

2.提高气电运行小时数对成本的影响

通过提高机组的年运行小时，可以降低度电分摊的固定成本，从而在一定程度上降低气电成本，但其边际效应将递减。基于报告中的设定数据，通过敏感性测算，机组运行时间从3500小时分别提高到4000、4500、5000小时后，如下图所示，将降低成本0.02、0.035、0.048元/kwh。

有多种因素制约了燃气机组年运行小时数的提升。一是天然气价格高，而政府的补贴能力有限，大大压缩了发电小时数，调研中有的新上机组年发电仅1000小时。在一些地方，为了应对高气价，采用委托煤电代发模式，这并没有从根本上解决气电设施闲置的问题。二是在东南沿海地区，由于水电等外来电不参与本地调峰，当用电需求波动大时，也会影响到气电的运行小时数。同时，频繁的启停，将会缩短机组寿命，并增加维护费用，不利于气电机组的长期运营。

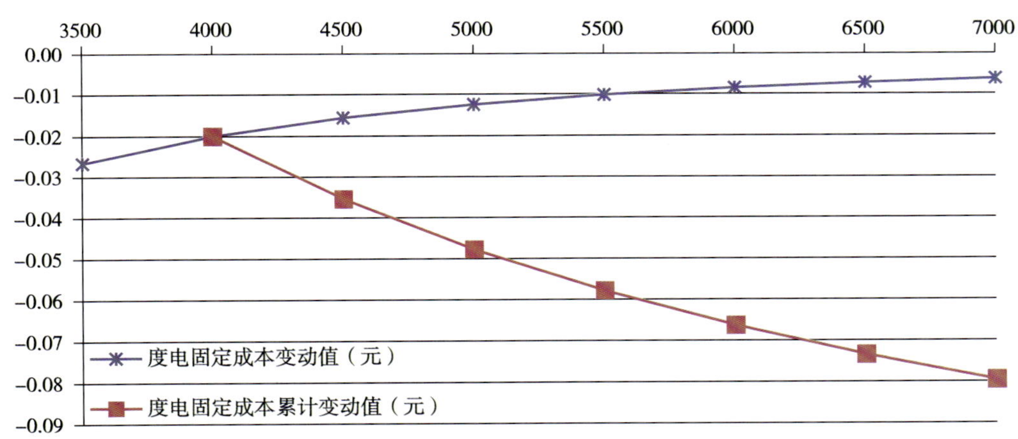

图1.2.2：发电成本分析

3.发电排放标准提高对气电竞争力的影响

对煤电的污染物排放，我国实施了较为严格的排放标准。2014年9月，国家发改委等三部委于正式发布《煤电节能减排升级与改造行动计划（2014—2020年）》，明确提出严控大气污染排放，要求东部地区新建燃煤发电机组大气污染物排放浓度基本达到燃气轮机组排放限值（即在基准氧含量6%条件下，烟尘、二氧化硫、氮氧化物排放浓度分别不高于10、35、50毫克/立方米），中部地区新建机组原则上接近或达到燃气轮机组排放限值，鼓励西部地区新建机组接近或达到燃气轮机组排放限值。增加环保设施后，机组的运营模式没有改变。增加环保设施投资和运营给度电成本带来的影响，可以参考当前一些电厂实施的升级改造和新建项目增加的环保投资，折算后发现，要符合最严格的排放标准，煤电的度电成本大约增加0.01～0.02元/kwh。大型机组成本增加更低一些，而老旧小、煤质较差的机组成本增加则更高一些。

4.碳税对气电竞争力的影响

煤电的高碳排放，是气电对煤电竞争的重要优势，因此碳价，或者碳税水平，是影响气电成本竞争性的关键因素。征收碳税将使煤电和气电的度电绝对成本都上升，而由于煤电绝对成本上升将更大，差值即为煤电度电相对气电增加的相对碳排放成本。综合参考深交所各能源品种排放系数和IPCC报告系数，设煤电碳排放为0.8kg/kwh，气电碳排放为0.37kg/kwh来测算。随着碳价提高，煤电相对碳排放成本呈线性上升趋势（图1.2.3）。按照深圳碳交所2013年6月18日上线交易的开盘价30元/吨为例，煤电增加相对成本约0.013元/kwh，以2013年10月18日最高价143.99元/吨为例，则影响相对成本约0.06元/kwh。

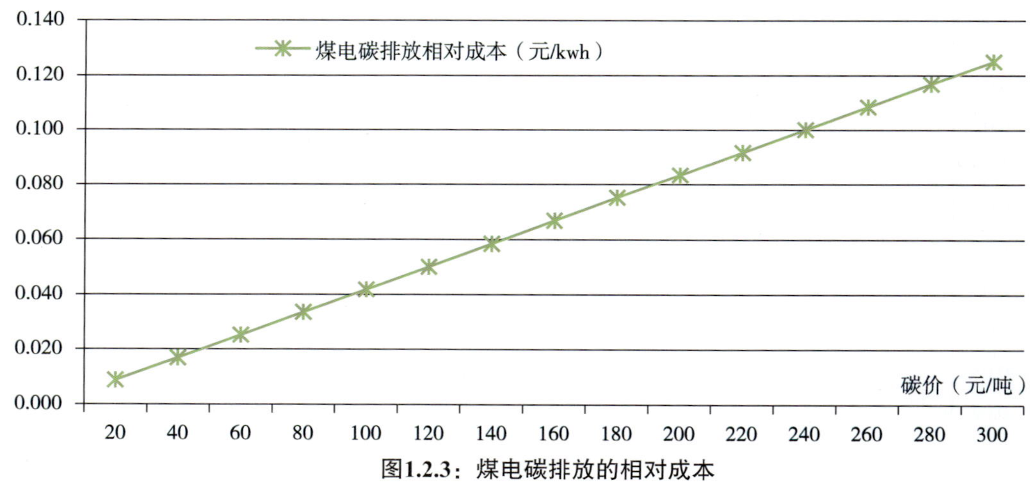

图1.2.3：煤电碳排放的相对成本

5.考虑辅助服务价值对气电竞争力的影响

气电的辅助服务，是指气电的系统调峰和备用等价值，它体现了气电在电能质量方面优于煤电的价值。目前在没有辅助服务市场和分时上网电价机制的背景下，可通过两部制电价中的容量电价，以反映辅助服务价值。容量电价的确定，可以考虑基本覆盖气电固定成本，也可理解为保障供电可靠性和稳定性所需增加的电力容量投资。目前上海有电厂实施两部制电价，气电容量电价为45.83元/kw/月，上海、北京、深圳等大型城市两部制工业电价中，最大需量基本电价约40–44元/kw/月。总体来说，辅助服务对竞争力的影响较小。

（三）气电替代煤电发展前景的总结

从总体来看，天然气发电的竞争性主要取决于各项成本的综合比较。其中，煤炭的价格假设550元/吨，根据2014年以来煤炭价格的总体趋势及煤炭的供需情况，近期内很难有进一步的攀升。关于天然气的价格，考虑到天然气将逐步形成全球性市场，而中国将有较大比例的天然气进口，因此中国天然气价格无法与国际天然气价格体系割裂。目前来看，扰动国际天然气市场的边际供应增量主要来自北美LNG，而边际消费增量主要来自东亚，因此北美天然气价格在很大程度上将影响东亚LNG价格，也就影响中国气电主要增量的东南沿海地区的天然气价格。结合各研究机构预测数据，假设未来美国Henry Hub天然气价格为5美元/MMbtu，液化和运费合计5美元/MMbtu，中国到岸价约10美元/MMbtu，为了鼓励LNG进口，税费减免，同时电厂是大用户，且离LNG接收站较近，接收气化与管输费用合计设为0.2元/m^3，那么到厂天然气价格为2.39元，折算为度电燃料成本0.43元/kwh。

1.基荷发电的综合成本比较

对于基荷机组（5000小时），在国际气价5美元/MMbtu下的燃料成本为0.43元/kwh，度电总成本为0.541元，假设可通过设备国产化降低度电成本0.024元，通过提升年利用小时数至6000小时降成本0.0185元/kwh，则气电的度电成本可降至0.499元/kwh，而煤电成本在增加污染物处理成本后仍为0.36元/kwh，如果征收碳税价格为120元/吨，则煤电的成本将再增加0.05元/kwh，达到0.41元/kwh的综合成本，气电成本仍高于煤电约0.088元/kwh，因此，总体来看中国的气电将不具备成本竞争力。

2.调峰发电的综合成本比较

燃气调峰机组（年运行3500小时）与基荷发电相比，最重要的区别在于可以享受考虑气电的辅助发电价值，比如以容量电价方式，在考虑了国产化因素后，补偿水平约为39元/kw/月，折算电量电价0.134元/kwh。同时，如果煤电排放标准趋严，增加污染物处理成本0.02元/kwh，煤电的度电总成本将从0.34元提高至0.36元/kwh，如果征收碳税价格为120元/吨，则煤电的成本将再增加0.05元/kwh，这样煤电的综合成本为0.41元/kwh，气电的综合成本为0.43元/kwh，除非碳税价格进一步提高，或者政府加大补贴力度，否则气电仍然没有竞争优势。

总体来看，不仅在当前的气价水平和市场环境下，气电与煤电相比没有竞争力，而且在国际LNG到岸价为10美元价格水平时，气电仍需要一系列组合措施，才会具有市场竞争力。因此，气电市场的发展前景，不仅有赖于全球天然气市场的变化，还需要实施一系列更大力度的政策措施，包括推动重大科技攻关、争夺天然气定价权、理顺天然气行业管理体制、形成气价和电价市场化定价机制、内部化环境成本或效益，尤其是合理的碳排放成本等，才可能使气电得到可观的增长。

二、交通市场：天然气替代汽柴油的综合分析

从20世纪30年代，意大利为解决车用汽油短缺问题推广应用天然气汽车以来，天然气作为汽车燃料已有70多年的悠久历史。但是，交通与发电不同，交通运输业还具有用户感受、能源获取、交通安全等众多因素，具有显著的网络外部性。交通领域天然气对油品的替代，是一个众多因素相互影响、过程相对复杂的系统性工程。

（一）天然气替代汽柴油的主要驱动力

从天然气汽车发展历史看，石油安全、清洁和经济性都曾是推动天然气汽车发展的主要驱动力。1973年石油危机之后，一些国家担忧石油供应安全，开始重视天然气汽车发展。20世纪80年代，汽车尾气排放污染带来的城市空气质量问题，引起欧美国家的日益关切，由于天然气作为清洁燃料，排放污染比汽柴油少，以意大利为代表的欧美国家开始大力推广应用天然气汽车。但20世纪90年代以来，随着油品质量和尾气控制技术的不断进步，汽柴油车污染物排放大大减少，天然气的清洁化优势不再显著，欧美国家天然气汽车发展步伐放缓。直到2005年左右，国际油价开始上涨，在经济性的驱使下，天然气汽车在一些天然气资源相对丰富的发展中国家得到快速增长。

目前，在发达国家，石油供应格局业已稳定，原油储备体系相对完备，除非发生重大突发事件，石油安全早已不是发展天然气汽车的驱动因素。而发动机技术改进，使得天然气汽车在清洁方面的优势减弱，直接降低了发达国家发展天然气汽车的意愿。在经济性方面，欧美用户能源消耗占成本支出比例相对较低，且更注重乘用体验，若无强力的政策驱动，纯粹的油气差价尚不足以吸引用户替换。

然而在中国，这些驱动因素仍然不同程度存在，尤其清洁性和经济性，仍然是促进天然气汽车快速发展的主要驱动力。在清洁性方面，天然气有成分单一、杂质容易去除、性质比较稳定等优越的物理特性，使得天然气更容易实现清洁化，从而更容易满足排放要求。当然，从发达国家经验来看，汽柴油车在油品质量满足、排放控制技

术完备的条件下，可以达到天然气汽车的排放水平。不过，汽车的排放控制是一项系统性工程，需要燃料加工、发动机、控制、尾气处理等相关技术，以及相适应的排放控制标准的同步提升。由于受路径依赖和锁定效应影响，在中国，从原油品质、炼化工艺、汽车工业到行业标准等相关领域的系统性改进和提升，还需要大量的新增投资和较长的周期。而天然气在燃料清洁方面的天然优势和对汽油机的良好继承性，使其对环保的要求能更快实现。

中国作为发展中国家，经济性仍是推动天然气交通燃料发展的主要驱动力。燃料成本占物流运输运营成本比例约达40%，降低燃料成本是物流企业提升竞争力的重要手段。过去几年，较大的油气差价和未征收消费税带来的经济性，推动了中国天然气汽车快速发展。以压缩天然气（CNG）出租车为例，一段时期CNG价仅为汽油价一半，这使得数千元的改装费几个月就可以收回投资，大大促进了CNG车用市场的发展。

（二）城市交通领域的气代油价格承受能力

1.出租车用压缩天然气替代汽油的价格承受能力

CNG城市出租车和城市公交是当前天然气应用最广泛的城市交通市场。CNG出租主要应用于二三线城市，以及天然气应用较早的一线城市，如川渝盆地的重庆、成都等，在一些城市几乎百分百使用天然气燃料。但经过前几年的快速发展，这一市场增速已显著放缓。对于前期未投运CNG出租车的一线城市，目前由于城区土地严重紧张，加气站选址不易，发展CNG出租车的空间有限。

城市的出租车可以使用压缩天然气（CNG）替代汽油，汽车改造需要5000元左右。按年行驶10万公里计算，改造费用分摊到一年的行驶里程中，改造成本为5元/百公里。按出租车行驶成本相等的原则测算天然气替代汽油的价格承受能力，在国际原油价格100美元/桶时为5.58元/立方米，而国际原油价格60美元/桶时为4.34元/立方米。

表1.2.1　出租车用天然气替代汽油的价格承受能力

国际原油价格（$/bbl）	汽油		燃料成本（元/100km）	天然气		
	价格（元/L）	油耗（L/100km）		气耗（m^3/100km）	改造成本（元/100km）	可承受价格（元/m^3）
100	6.77	8	54	8.8	5	5.58
80	6.08		49			4.96
60	5.39		43			4.34

资料来源：计算结果。

2.公交车用压缩天然气替代柴油的价格承受能力

城市公交也是CNG和LNG应用的重要细分市场，由于公交公司一般都有自有的公交场站，即使在一线城市，也便于建设LNG/CNG加气站，因此也有较大的发展空间。

城市的公交车可以使用压缩天然气（CNG）替代柴油，汽车改造需要12000元左右。按年行驶8万公里计算，改造费用分摊到一年的行驶里程中，改造成本为15元/百公里。按公交车行驶成本相等的原则测算天然气替代柴油的价格承受能力，在国际原油价格100美元/桶时为5.80元/立方米，而国际原油价格60美元/桶时为4.28元/立方米。

表1.2.2　　公交车用天然气替代柴油的价格承受能力

国际原油价格（$/bbl）	柴油		燃料成本（元/100km）	天然气		
	价格（元/L）	油耗（L/100km）		气耗（m^3/100km）	改造成本（元/100km）	可承受价格（元/m^3）
100	6.72	35	235	38	15	5.80
80	5.90		206			5.04
60	5.08		178			4.28

资料来源：计算结果。

CNG私家车和小型货车有一定的市场容量，主要集中在天然气出租市场发达的二三线城市。私家车受众一般为经济性敏感的低端轿车，比如价格在10万元以下。未来10年，这一市场空间也相对稳定，尽管随着收入水平提高，一些新增用户进入廉价车市场，但同时一些原有的廉价车用户将升级为中高车，整体市场规模变化不大。而对于电动私家车的侵蚀，目前来看，受政策影响主要在一线城市，尤其是受车牌约束的城市，与CNG私家车目前的市场定位存在较大差异，因而对现有CNG私家车市场影响不大。小型货车在过去两年成长较快，但总体数量小，燃用柴油不易改装，用户积极性不高，未来的市场空间成长性有限。

（三）货运车的汽代油价格承受能力

货运汽车的LNG市场是目前最具增长性的细分市场，主要是重卡以及城际大巴、中型卡车、工程车等其他车辆。重卡无论从经济驱动力还是市场规模，都是最具成长性的应用市场。而长途城际大巴，如超过400公里，也有显著的经济效益，但受到高铁和航空快速发展的影响，预计这一市场将呈萎缩趋势。而中型卡车、工程车等其他车辆，由于燃料消耗小，只有在气源较便宜的区域才具有经济性。自2011年以来，LNG加气站建设高速发展，预计2020年之前将在主要的港口、园区和物流货运通道完成加注站布局。而随着加注网络的完善，LNG车辆的增速将高于LNG加注站增速，并显著改善LNG加注站的运营效率和盈利水平，促进行业进入良性循环。

我们以城际长途货运重型卡车为例计算货运车的价格承受能力。城际长途货运卡车可以使用液化天然气（LNG）替代柴油，LNG汽车通常比常规柴油汽车在购置上多9万元左右。按年行驶10万公里计算，增加的购置费用分摊到50%报废里程中，新增购置成本为45元/百公里。按货运车行驶成本相等的原则测算天然气替代柴油的价格承受能力，在国际原油价格100美元/桶时为5.15元/立方米，而国际原油价格60美元/桶时为3.67元/立方米。

表1.2.3　　货运车用天然气替代柴油的价格承受能力

国际原油价格（$/bbl）	柴油		燃料成本（元/100km）	天然气		
	价格（元/L）	油耗（L/100km）		气耗（m^3/100km）	改造成本（元/100km）	可承受价格（元/m^3）
100	6.72	45	302	50	45	5.15
80	5.90		265			4.41
60	5.08		229			3.67

资料来源：计算结果。

（四）船舶运输的汽代油价格承受能力

船用LNG市场是正在启动的另一重要细分市场。船舶燃料消耗大，且航线比较固定，一般呈线性分布，对加注站的网络外部性要求低，只要技术和商业模式成熟，更易快速发展起来。目前船舶燃料分为轻质油和重油，由于重油价格低，LNG不具有竞争性，LNG替代市场主要是轻质油。轻质油主要集中在内河水系，如内河运输船、挖沙工程船等，和部分沿海渔船。内河货船全年耗油平稳，线路固定，一般可在服务区加油。挖沙船数量不大，但作业燃料用量大，加注频次高，用量稳定，分布相对集中，可专设加注站，这两类用户是交易开发的细分市场。沿海渔船虽然保有量大，但是渔船受休渔期等因素影响，季节性强，线路不固定，运行不规律，且老旧化严重，短期内发展缓慢。目前，国家和地方政府都在大力推动LNG在船用市场的应用，由于其单体燃料消耗大，更具规模效应，且与LNG加注站网络建设相比，沿航线布点加注站，更为简单和快捷。一旦条件成熟，其市场更易启动，开发周期更短。

船舶使用LNG替代油料的价格承受能力较高。以2000t级双燃料（30%柴油+70%LNG）动力船测算，改造费用约75万～100万元，年航行10次，每航次行驶里程1250公里，改造费用分摊到5年的里程中，改造成本为1200元/百公里。按船舶行驶成本相等的原则测算天然气替代柴油的价格承受能力，在国际原油价格100美元/桶时为4.96元/立方米，而国际原油价格60美元/桶时为3.47元/立方米。天然气与柴油的合理比价在0.70左右。

表1.2.4　　公交车用天然气替代柴油的价格承受能力

国际原油价格（$/bbl）	柴油		燃料成本（元/100km）	天然气		
	价格（元/L）	油耗（L/100km）		气耗（m^3/100km）	改造成本（元/100km）	可承受价格（元/m^3）
100	6.72	950	6384	1045	1200	4.96
80	5.90		5605			4.21
60	5.08		4825			3.47

资料来源：计算结果。

（五）交通市场天然气替代汽柴油的综合因素

尽管天然气是目前最现实的交通替代燃料，并且在中国，清洁低碳和经济性仍具有强大的驱动力，但在实践过程中仍面临诸多挑战。除了经济性外，影响气替代油的因素还包括天然气的供应、天然气交通工具发展、天然气加注站、消费者体验和电动车发展等几个方面。

1.对交通使用天然气的保障程度

在天然气燃料方面，用户主要关注气源保障、气价和气质等几个方面。从目前来看，随着全球天然气供需格局的转变、我国气源供应的多元化，可预期未来气源供应可以充分保障。气源保障不再是主要约束；气价方面，天然气价格形成机制和气价的发展趋势有重要影响；天然气质量方面，与发电相比，消费者更加关注天然气的热值和质量。

2. 天然气加注站布局的完善程度

天然气加注站的完善程度是影响车辆运营便利性的重要因素。交通具有显著的网络外部性，进入网络的加注站越多，单个加注站的价值才会越大，才可能更好地满足交通工具的流动性需求，推动加注站网络达到相应的临界点，从而通过跨边效应，吸引大量新增用户进入，跨入快速增长阶段。

3.天然气交通工具的发展

天然气交通工具目前主要是CNG车、LNG车和LNG船，涉及到生产或改装、上路、维修和残值等几个环节。CNG车多用于小型车、轻型货车和公交车等，由于压缩天然气和汽油都采用点燃式发动机，所以生产、改装、维修等工艺简单，目前主要问题是公安交通部门担心改装车存在安全隐患。LNG车主要用于重卡、物流车、城际客车等运距长、燃料消耗大的车辆，也可用于矿山机械、工程机械等领域。车辆改装需要返厂，技术上成熟，但受规模较小影响，从柴油车改为LNG车的成本较高，另外LNG车维修网点很少，有故障时常常需返厂修理，给用户带来很多不便和经济损失（冯陈玥等，2014）。LNG船目前仍处于示范应用阶段，由于船舶燃用发动机，改为LNG燃料时，或是返厂改装点燃式发动机，或者改造为柴油和LNG的混燃模式，合理的改装模式还需要进一步示范完善。

4.用户体验也影响油气的替代

用户体验是用户在使用天然气交通工具中建立起来的主观感受，对发展天然气交通和分析细分市场有重要影响，用户体验包括动力性能、用户敏感性和使用环境等三个方面。

在动力性能方面，天然气汽车与汽油车有一定差距。与汽油相比，天然气燃烧速率低、理论燃烧最高温度低、燃烧过程需要的空气量大，同时为兼容双燃料，发动机往往并不能调校到使用天然气时的最佳状态，这些因素都影响天然气发动机在动力输出、燃料效率等方面的表现。在用户敏感性方面，涉及经济性、动力、使用空间、便捷性等多个因素。比如运营车辆更注重经济性以及与经济性相关的因素，而私家车更注重动力、使用空间、洁净性等因素。在使用环境方面，同样作为汽油车的替代品，电动车被贴上了创新、高科技、时尚、环保等标签，而天然气私家车则更多地被贴上了便宜的形象标签。

5.电动汽车的进一步替代威胁

与天然气汽车相比电动汽车具有自己的竞争优势，因此有可能对天然气汽车产生激烈竞争。首先，由于电动机效率比内燃机效率有先天优势，且电动汽车机械传送损失小得多，因此在车辆使用阶段，电动汽车的能耗大幅低于内燃机汽车，且行驶过程主要污染物接近零排放。其次，在动力性能方面，电动汽车可以通过简单改变电压、电流、频率等方式来调节输出动力，调节功能更强大，结构更紧凑，动力配合更灵活。最后，在经济性方面，尽管当前的购置成本高，但电动汽车年行驶距离越长，经济性越好。

当前，阻碍电动汽车发展的最大阻力来自充电设施的不足，此外还有电池成本高与续航能力差的挑战。电动汽车的发展空间和对天然气汽车的替代威胁，主要取决于电动汽车技术发展和充电设施等基础设施的完善速度等。

（六）交通市场天然气需求的潜力展望

2013年，全国天然气汽车用气量约120亿立方米，其中CNG车辆用气约为100亿立方米，LNG车辆用气量为20亿立方米。由于与其他替代燃料相比，天然气仍然是目前最现实的交通替代燃料，因此还具有较大的发展潜力。

总体来看，车用CNG市场将逐步进入低速增长期，预计其增速略高或接近于天然气消费市场增速，到2020年年消费量达到200亿方，到2025年达到250亿方，之后增长滞缓。

LNG车市场未来十年将保持高速增长，预计2020年，车用LNG市场有望超到200亿立方，到2030年，有望达到400亿方。

船用LNG也是重要的潜在市场，但改造方案和商业模式有待进一步完善，且燃用轻质油的内河水系市场容量小，而沿海货船仍有赖于严格环保政策的实施强度，因此预计前期发展缓慢，后期示环保政策的变化而定。乐观预计船用LNG市场，到2020年有望超过20亿方，2030年超过100亿方。

三、城市燃气：替代其他燃料的可承受价格

（一）居民生活用气的价格承受能力较高

城镇居民生活使用天然气主要用于烹饪、热水、采暖等，用气指标受居民生活习惯、基础设施和价格影响较大。根据《城乡建设统计年鉴2012》测算，2012年全国人均年用气指标为73立方米，气源充足、价格便宜、市场开发较早的川渝地区超过120立方米，生活质量要求高的特大城市通常在70～80立方米，其他城市一般在50～60立方米。

从居民可选择的能源种类分为电、瓶装液化气和天然气，因此城镇居民生活用天然气与液化气、电存在竞争替代关系，电由煤转化而来，城镇居民生活用天然气与煤有间接的替代关系。

1.天然气替代液化气的价格承受能力

液化气属于石油炼制过程中的副产品，其价格与原油价格存在较大的相关性。在国际原油价格100美元/桶时，家庭小瓶装液化气价格8.23元/千克，而国际原油价格60美元/桶时瓶装液化气价格6.64元/千克。

城镇居民生活用管道天然气与瓶装液化气的热效率都在60%左右，按有效热值成本相等的原则测算天然气替代液化气的价格承受能力，在国际原油价格100美元/桶时为5.62元/立方米，而国际原油价格60美元/桶时为4.54元/立方米。

表1.2.5　　居民生活用天然气替代液化气的价格承受能力

国际原油价格（$/bbl）	小瓶液化气			有效热值成本（元/GJ）	天然气		
	价格（元/L）	热值（MJ/kg）	热效率		热效率	热值（MJ/m^3）	可承受价格（元/m^3）
100	8.23			273			5.62
80	7.43	50.25	60%	246	60%	34.34	5.08
60	6.64			220			4.54

资料来源：计算结果。

2.天然气替代电的价格承受能力

电也是一种清洁高效的家庭用能源，当天然气价格与电价相比缺乏竞争力，居民会转向使用电气设备，如燃气热水器改为电热水器。根据有关资料，居民家用燃气热水器的热效率为75%左右，而电热水器的热效率约为98%。按有效热值成本相等的原则测算天然气替代电的价格承受能力，现行居民生活用电价格0.40～0.60元/千瓦时，天然气替代电的价格承受能力为2.92～4.38元/立方米。

表1.2.6　　居民生活用天然气替代电的价格承受能力

国际原油价格（$/bbl）	居民用电			有效热值成本（元/GJ）	天然气		
	价格（元/L）	热值（MJ/kg）	热效率		热效率	热值（MJ/m^3）	可承受价格（元/m^3）
100	0.6			170			4.38
80	0.5	3.60	98%	142	75%	34.34	3.65
60	0.4			113			2.92

资料来源：计算结果。

3.城镇居民可支配收入对天然气的价格承受能力

与液化气相比，天然气具有便利性，不需要灌装、搬运、没有经常更换的麻烦，是一种生活质量的象征，因此使用天然气即使在成本上比液化气高，居民也会选择天然气，只要在收入水平可以承受的范围内。

根据《价格法》，居民生活用天然气属于公共产品，纳入政府定价范围，需要听政程序，而政府定价的重要考量因素是城镇居民可支配收入水平。按居民平均用气量和低收入户可支配收入的3%作为居民燃料开支的上限测算，居民可接受的天然气价格为5.7元/立方米。

表1.2.7　　居民可支配收入可承受的天然气价格

收入分组	人均可支配收入（元/年）	居民燃料开支上限（元/年）	居民平均用气量（立方米/年）	天然气可承受价格（元/立方米）
高收入户	56389	1692	60	28.2
中等偏上户	32415	972		16.2
中等收入户	24518	736		12.3
中等偏下户	18483	554		9.2
低收入户	11434	343		5.7

资料来源：计算结果。

（二）商业服务用气的价格承受能力也较强

商业服务的天然气用户主要包括机场、政府机关、职工食堂、幼儿园、学校、宾馆、酒店、餐饮业、商场、写字楼等，单户用气量要远高于居民，用气方式主要厨房和冷热空调，替代物为液化气和电。

1.天然气替代液化气的价格承受能力

与居民生活用液化气不同，商业服务用户一般使用大瓶装液化气，其价格要低于居民生活用小瓶装液化气。按有效热值成本相等的原则测算天然气替代液化气的价格承受能力，在国际原油价格100美元/桶时为5.35元/立方米，而国际原油价格60美元/桶时为4.31元/立方米。

表1.2.8　　商业服务用天然气替代液化气的价格承受能力

国际原油价格（$/bbl）	大瓶液化气			有效热值成本（元/GJ）	天然气		
	价格（元/L）	热值（MJ/kg）	热效率		热效率	热值（MJ/m³）	可承受价格（元/m³）
100	7.82	50.25	50%	311	50%	34.34	5.34
80	7.06			281			4.82
60	6.31			251			4.31

资料来源：计算结果。

2.天然气替代电的价格承受能力

在商业服务机构用户中推广燃气式直燃空调机，天然气与电存在替代竞争关系。按有效热值成本相等的原则测算天然气替代液化气的价格承受能力，在国际原油价格

100美元/桶时为4.52元/立方米，而国际原油价格60美元/桶时为3.01元/立方米。

表1.2.9 商业服务用天然气替代电的价格承受能力

商业用电				有效热值成本（元/GJ）	天然气			
价格（元/kwh）	热值（MJ/kwh）	转换效率	转换成本（元/GJ）		转换成本（元/GJ）	转换效率	热值（MJ/m³）	可承受价格（元/m³）
0.6	3.60	95%	300	475	320	75%	34.34	4.00
0.5				446				3.25
0.4				417				2.50

资料来源：计算结果。

（三）城市集中采暖用气的价格承受能力低

中国集中供热以北方地区为主，传统冬季采暖区域为东北三省、西北五省、华北五省及山东、河南，共15个省（区、市），以燃煤锅炉为主。根据环境政策要求实施煤改气工程，用天然气替代煤。按单位供热面积供暖成本相等的原则测算，当煤价格为600元/吨时天然气替代煤的价格承受能力为1.75元/立方米。

表1.2.10 城市集中采暖用天然气替代煤的价格承受能力

煤				有效热值成本（元/GJ）	天然气			
价格（元/kwh）	热值（MJ/kwh）	耗量（kg/m²）	转换成本（元/GJ）		转换成本（元/m²）	耗量（m³/m²）	热值（MJ/m³）	可承受价格（元/m³）
800	20.94	30	12	36	9	12	34.34	2.25
600				30				1.75
400				24				1.25

资料来源：计算结果。

四、工业燃料：天然气替代其他能源的成本比较

工业燃料利用天然气主要用于熔炼炉、加热炉、热处理炉、焙烧炉、干燥炉等工业炉（建材、机电、冶金等行业）和产生蒸汽满足工艺用热的工业锅炉，用来替代燃料油、煤气和煤。

（一）玻璃行业天然气替代燃料油的价格承受能力很低

玻璃主要分为平板玻璃和特种玻璃。平板玻璃分为普通平板玻璃和浮法玻璃两

种。玻璃一般生产流程：原料—熔化—成型—退火—切裁—装箱—入库—销售。天然气主要用于熔化环节，主要用气设备为玻璃窑炉。基于玻璃原料的熔化原理，玻璃企业一般采用高热值的燃料，如燃料油，因此天然气与燃料油在玻璃行业存在替代关系。

按有效热值成本相等的原则测算天然气替代燃料油的价格承受能力，在国际原油价格100美元/桶时为3.25元/立方米，而国际原油价格60美元/桶时为1.94元/立方米。

表1.2.11　　玻璃行业用天然气替代燃料油的价格承受能力

国际原油价格（\$/bbl）	燃料油			有效热值成本（元/GJ）	天然气		
	价格（元/L）	热值（MJ/kg）	热效率		热效率	热值（MJ/m³）	可承受价格（元/m³）
100	3.74	41.88	85%	105	90%	34.34	3.25
80	2.98			84			2.59
60	2.24			63			1.94

资料来源：计算结果。

（二）陶瓷行业天然气替代人工煤气的价格承受能力较弱

陶瓷行业细分为四个行业：卫生陶瓷、特种陶瓷、日用陶瓷、艺术及其他陶瓷。根据陶瓷产品的生产工艺，总体分为原料制模成型—烧制—冷却上釉—再烧制等工艺流程，天然气主要用于窑炉加热。

为保证陶瓷产品的质量，要求燃料纯净、无杂质及供气稳定，一般采用人工煤气，因此天然气与煤气存在替代关系。按有效热值成本相等的原则测算，当煤价格为600元/吨时天然气替代煤气的价格承受能力为2.46元/立方米。

表1.2.12　　陶瓷行业天然气替代煤气的价格承受能力

煤				煤气热值（MJ/m³）	有效热值成本（元/GJ）	天然气	
价格（元/t）	热值（MJ/kg）	转换率（m³/kg）	转换成本（元/m³）			热值（MJ/m³）	可承受价格（元/m³）
800	20.94	1.2	0.7	16.75	82	34.34	2.80
600					72		2.46
400					62		2.12

资料来源：计算结果。

（三）天然气替代煤生产蒸汽的价格承受能力较差

在工业生产过程中广泛使用蒸汽，蒸汽由工业锅炉产生。工业锅炉生产蒸汽对燃料的要求不高，一般采用低价的煤，因此在工业领域生产蒸汽过程中天然气与煤存在替代竞争关系。按有效热值成本相等的原则测算，当煤价格为600元/吨时天然气替代煤气的价格承受能力为1.92元/立方米。

表1.2.13　　工业锅炉生产蒸汽用天然气替代煤的价格承受能力

煤				蒸汽成本（元/t）	天然气			
价格（元/t）	热值（MJ/kg）	耗量（kg/t）	转换成本（元/t）		转换成本（元/t）	耗量（m^3/t）	热值（MJ/m^3）	可承受价格（元/m^3）
800	20.94	200	80	240	50	78	34.34	2.44
600				200				1.92
400				160				1.41

资料来源：计算结果。

五、化工用户：天然气作为原料的替代能力

天然气化工是指以天然气主要成分甲烷作为原料的生产和加工过程，其产品主要分为合成氨、甲醇和氢。

（一）天然气制合成氨的价格承受能力非常低

中国合成氨工业的产能和产量均跃居居世界第一，原料以煤和天然气为主，分别占76%和22%，其最终产品尿素的价格基本由以煤为原料的生产成本主导，因此从行业发展角度看，天然气制合成氨与煤制合成氨存在替代竞争关系。

按尿素产品全成本相等的原则测算，当煤价格为600元/吨时天然气制合成氨的价格承受能力为1.42元/立方米。

表1.2.14　　天然气制合成氨替代煤制合成氨的价格承受能力

煤			尿素全成本（元/t）	天然气		
价格（元/t）	耗量（kg/t）	转换成本（元/t）		转换成本（元/t）	耗量（m^3/t）	可承受价格（元/m^3）
800	1080	1000	1738	800	600	1.77
600			1554			1.42
400			1369			1.07

资料来源：计算结果。

（二）天然气制甲醇的价格承受能力很弱

中国甲醇工业的原料以煤和天然气为主，分别占63%和28%，产品的价格基本由以煤为原料的生产成本主导，因此从行业发展角度看，天然气制甲醇与煤制甲醇存在替代竞争关系。

按产品全成本相等的原则测算，当煤价格为600元/吨时天然气制甲醇的价格承受能力为1.71元/立方米。

表1.2.15　　天然气制甲醇替代煤制甲醇的价格承受能力

<table>
<tr><th colspan="3">煤</th><th rowspan="2">甲醇全成本（元/t）</th><th colspan="3">天然气</th></tr>
<tr><th>价格（元/t）</th><th>耗量（kg/t）</th><th>转换成本（元/t）</th><th>转换成本（元/t）</th><th>耗量（m³/t）</th><th>可承受价格（元/m³）</th></tr>
<tr><td>800</td><td rowspan="3">1400</td><td rowspan="3">1500</td><td>2457</td><td rowspan="3">900</td><td rowspan="3">870</td><td>2.02</td></tr>
<tr><td>600</td><td>2218</td><td>1.71</td></tr>
<tr><td>400</td><td>1979</td><td>1.40</td></tr>
</table>

资料来源：计算结果。

（三）天然气制氢的价格承受能力很强

天然气中甲烷含量高，作为制氢的原料，不仅产氢率高，还能降低燃料消耗，是大规模制氢最理想原料。世界上大部分氢气是以天然气为原料生产的，但在国内专业制氢的原料主要是煤，而石化企业制氢主要是石脑油，天然气制氢主要用于石化企业以替代石脑油。按产品全成本相等的原则测算天然气替代石脑油的价格承受能力，在国际原油价格100美元/桶时为7.19元/立方米，而国际原油价格60美元/桶时为4.34元/立方米。

表1.2.16　　天然气制氢替代煤制氢的价格承受能力

<table>
<tr><th rowspan="2">国际原油价格（$/bbl）</th><th colspan="3">石脑油</th><th rowspan="2">氢全成本（元/t）</th><th colspan="3">天然气</th></tr>
<tr><th>价格（元/kg）</th><th>耗量（kg/t）</th><th>转换成本（元/t）</th><th>转换成本（元/t）</th><th>耗量（m³/t）</th><th>可承受价格（元/m³）</th></tr>
<tr><td>100</td><td>10.64</td><td rowspan="3">3600</td><td rowspan="3">1000</td><td>33731</td><td rowspan="3">650</td><td rowspan="3">5200</td><td>7.19</td></tr>
<tr><td>80</td><td>8.51</td><td>27185</td><td>5.77</td></tr>
<tr><td>60</td><td>6.38</td><td>20638</td><td>4.34</td></tr>
</table>

资料来源：计算结果。

六、中国天然气的需求曲线及实际天然气消费的实现方式

（一）2013年中国天然气的价格

1.上海作为中国天然气价格的基准点

2013年7月国家发改委印发的《关于调整天然气价格的通知》（发改价格〔2013〕1246号）中提出的天然气价格改革方案，综合考虑中国天然气市场资源流向、消费和管道分布现状，选取上海作为计价基准点。全国各省门站价格以及各用户的终端天然气价格均于上海门站价格联动。

2.各省门站价格在计价基准点门站价格基础上考虑一定的贴水

各省门站价格与计价基准点上海门站价格差即为贴水，影响各省贴水的主要因素是运输成本。

表1.2.17　各省门站价格的贴水值

序号	省份	贴水	序号	省份	贴水	序号	省份	贴水
1	上海	0.00	11	山东	0.20	21	四川	0.53
2	广东	0.00	12	辽宁	0.20	22	重庆	0.54
3	浙江	0.01	13	湖北	0.22	23	海南	0.54
4	江苏	0.02	14	江西	0.22	24	宁夏	0.67
5	安徽	0.09	15	湖南	0.22	25	甘肃	0.75
6	河南	0.17	16	山西	0.27	26	陕西	0.84
7	广西	0.17	17	黑龙江	0.42	27	内蒙古	0.84
8	北京	0.18	18	吉林	0.42	28	青海	0.91
9	天津	0.18	19	云南	0.47	29	新疆	1.03
10	河北	0.20	20	贵州	0.47	30	西藏	1.50

3.省内各类用户终端价格

省门站价格=上海门站价格–贴水

城市门站价格=省门站价格+省管网管输费

城市燃气用户终端价格=城市门站价格+城市配气费

大工业用户到厂价格=城市门站价格+省管网管输费

CNG加气销售价格=城市门站价格+CNG压缩配气费

LNG加注销售价格=城市门站价格+ LNG液化加注费

根据各省的省管网管输费、城市配气费、CNG压缩配气费、LNG液化加注费的平均水平，统一取值为0.2元/立方米、0.75元/立方米、1.5元/立方米、2.0元/立方米。

（二）2013年的中国天然气需求曲线

1.不同用户的价格承受能力总结

根据本章的测算，当国际原油价格80美元/桶、原煤价600元/吨时，天然气利用领域各类用户终端可承受的天然气价格在1.4～5.77元/立方米之间，其中居民生活、商业服务、车船运输以及天然气制氢对天然气价格的承受能力较高，而集中采暖、天然气发电、工业燃料、合成氨和甲醇对天然气价格的承受能力较低。

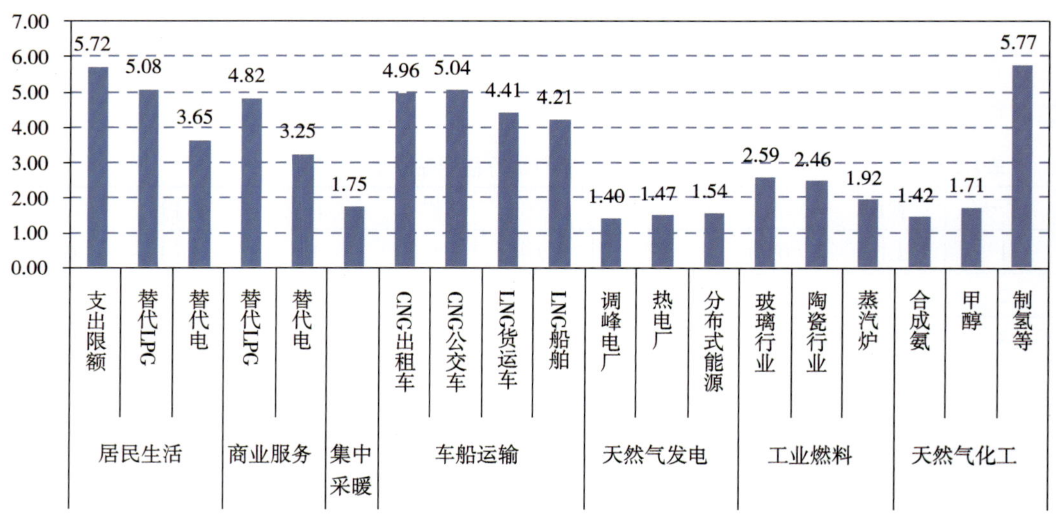

图1.2.4：天然气各类利用领域用户在终端可承受的价格

在一次能源消费结构优化中，天然气替代石油过程中替代燃料油做工业燃料对天然气价格承受能力最低为2.59元/立方米，而在天然气化工领域天然气制氢替代石脑油制氢对天然气价格的承受能力最高，达到5.77元/立方米。

天然气在居民生活和商业领域替代二次能源——电的过程中，对天然气价格承受能力仅次于天然气替代石油，在3.7元/立方米左右。

天然气替代煤的过程中对天然气价格承受能力普遍偏低，只有替代人工煤气时所表现的天然气价格承受能力略高为2.46元/立方米，其他无论是采暖、制合成氨、制甲醇、锅炉还是发电，对天然气价格承受能力只在1.5元/立方米。

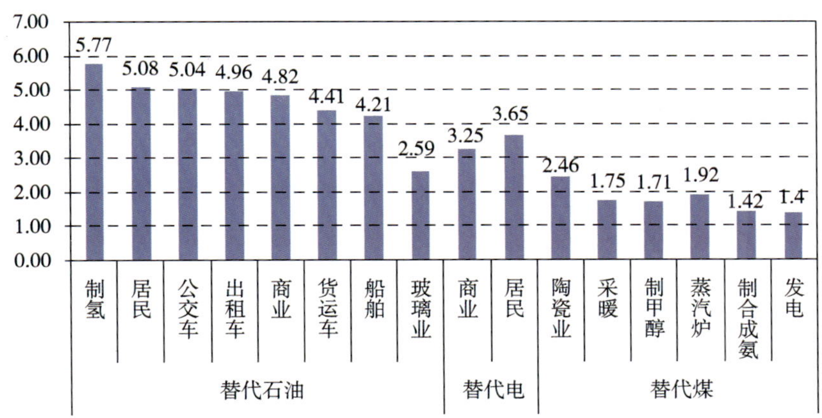

图1.2.5：主要天然气市场用户在能源替代中终端可承受的天然气价格

2.天然气需求曲线的构建

第一步：将2013年中国天然气总消费量1660亿立方米分解到30省、5类、16种用户；

第二步，收集各省煤、燃料油、石脑油、93#汽油、0#柴油、LPG、电等替代能源价格和城镇居民可支配收入数据，对16种天然气用户进行终端价格承受能力评估；

第三步，将天然气用户终端价格承受能力按天然气价格机制归一到上海天然气基准点价格；

第四步，将全国30省、5类、16种用户天然气消费量按上海基准点的价格承受能力从高到低进行累加，获得中国天然气市场有效需求曲线。

最终完成的2013年中国天然气需求曲线如图1.2.6所示。

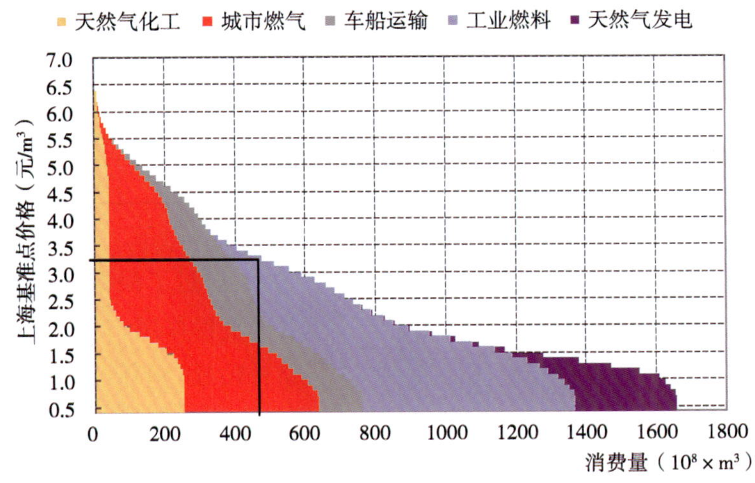

图1.2.6：2013年中国天然气市场有效需求曲线

（三）天然气价改目标下的有效需求量及实际天然气消费量的实现方式

2013年国家发布天然气价格改革方案，确定中国天然气上海基准价格为3.32元/立方米。从天然气市场有效需求曲线上看，2013年中国天然气实际消费天然气量为1676亿立方米，对应上海基准价格3.32元/立方米的有效需求量为500亿立方米，只占实际消费量的30%。城市集中采暖、发电、合成氨、甲醇以及大部分工业燃料用天然气消费量在上海基准价格3.32元/立方米条件下，均无法成为有效需求量。

表1.2.18　　2013年上海基准价格下中国天然气有效需求　　亿立方米

主要用途		实际消费量		有效需求量		增长幅度
		数量	所占比例	消耗量	所占比例	
城市燃气	居民生活	181	10.95%	147	30.95%	81%
	商业服务	104	6.29%	84	17.61%	80%
	集中采暖	97	5.87%			
车船运输	CNG出租车	59	3.57%	59	12.43%	100%
	CNG公交车	32	1.94%	32	6.74%	100%
	LNG货运车	33	2.00%	24	4.96%	71%
	LNG船舶					
天然气发电	调峰电厂	157	9.50%			
	热电厂	126	7.62%			
	分布式能源	4	0.24%			
工业燃料		606	36.66%	88	17.45%	15%
天然气化工	合成氨	152	9.20%			
	甲醇	61	3.69%			
	制氢等	41	2.48%	41	8.28%	100%
合计		1653	100%	475	100%	29%

资料来源：计算结果。

2013年，中国实际天然气消费1660亿立方米，大大超过了根据价格承受能力测算的有效需求量，这其中多种天然气扶持政策起了重要的支撑作用。

1.天然气价改过渡政策——供气企业给用户价格补贴近1500亿元

国家发布的天然气价格改革方案中明确，民用天然气价格暂不调整，化肥用气价格小幅调整，非居民用天然气价格实现存量气和增量气价格双轨制。在天然气价格改革过渡期，采取天然气价格不到位的低价政策，由供气企业向用气企业进行价格补贴的方式保证天然气用户能够使用天然气，实现天然气消费规模目标。

2013年全国平均城市居民终端用气价格2.15元/立方米，居民用气省门站价格平均1.37元/立方米，比全国平均增量气价格低1.50元/立方米。按居民用气量180亿立方米计算，供气企业向城市居民用户进行价格补贴约270亿元。

化肥用气价格小幅上调后平均价格在1.80元/立方米左右，比全国平均增量气价格低1.10元/立方米。按化肥用气量200亿立方米计算，供气企业向化肥用户进行价格补贴约220亿元。

2013年全国各省存量气价格均比增量气价格低0.88元/立方米，按非居民存量气1100亿立方米计算，供气企业向非居民存量气用户气进行价格补贴约1000亿元。

2.气发电特殊电价政策——发电企业将下游转移成本57亿元

国家发展改革委2013年9月30日发布《国家发展改革委关于调整发电企业上网电价有关事项的通知》，在降低各省（区、市）燃煤发电企业脱硫标杆上网电价的同时，要求上海、江苏、浙江、广东、海南、河南、湖北、宁夏等省（区、市）提高天然气发电上网电价，适当疏导燃气发电价格矛盾。从全国来看，燃气发电的上网电价比燃煤发电的上网电价高40%，高出幅度在0.20元/度左右。按居民用气量285亿立方米计算，通过提高电价向供电企业和用电户转移天然气成本57亿元。

3.天然气利用扶持政策——地方政府财政补贴集中采暖120亿元

各地在发展天然气采暖时往往伴随着大量的财政补贴。与燃煤锅炉集中采暖相比，燃气锅炉集中采暖对天然气价格的承受能力只有1.75元/立方米，扣除城市配气费后可以承受的省门站气价在1.00元/立方米左右。如果不调整采暖收费单价，燃气锅炉集中采暖的经济效益与燃煤锅炉集中采暖持平，按存量气价2.2元/立方米和采暖用气量100亿立方米测算，全国范围内地方政府对燃气锅炉集中采暖的财政补贴约120亿元。

4 .天然气利用强制政策——用气企业行政性自我消化270亿元

2013年9月，国务院下发《大气污染防治行动计划》，要求加快推进煤改气工程，采取淘汰市区燃煤小锅炉、划定无煤区等措施，加快采暖锅炉煤改气、工业锅炉煤改气、热电项目煤改气步伐。地级及以上城市建成区基本淘汰每小时10蒸吨及以下的燃煤锅炉，禁止新建每小时20蒸吨以下燃煤锅炉。大部分工业燃料用户对天然气价格承受能力较低，但迫于政策要求，只能自我消化天然气成本。

从天然气有效需求曲线上可以看出，工业燃料用户能够承受存量气价的有效需求是300亿立方米左右，另300亿立方米工业燃料用量给企业增加270亿元的成本必须由企业自我消化，给用气企业可持续发展带来挑战。

第三章 天然气的环境价值和社会价值

天然气作为清洁能源，可以有效减少使用煤炭和石油带来的环境污染给经济造成的巨大损失，体现出天然气的环境效益。从天然气消费发展的国际经验也可发现，在不少国家，尽管天然气并没有明显的价格优势，有时使用天然气的直接成本更高，但天然气仍然有效地替代了其他能源，其背后正是由于天然气可以减少污染，减少由污染带来的经济和社会损失。

一、中国空气污染造成的损失

（一）空气污染是中国居民致死的重要因素

根据世界卫生组织的统计，2010 年，受空气污染影响，有120万人过早死亡。空气污染包括室内污染和室外污染两个方面，其中室外污染更多是由于大量的使用化石能源带来的污染物排放造成的，包括燃煤、机动车尾气排放、扬尘等多种因素，而室内空气污染一方面是由于在装修过程中产生的有害物质渗漏，另一方面，也是更主要的因素，是居民生活过程中缺乏廉价、清洁的燃料所导致的，例如大量使用蜂窝煤直接燃烧，带来了大量的污染物排放。2010 年，室外空气污染是中国居民的第四大致死原因，而室内空气污染是第五大致死原因。

从历史比较看，中国的室内空气污染治理有了相当大的改善，但室外空气污染形势依然严峻。1990 年，室内空气污染是中国第二大致死原因，此后这一因素的相对重要性快速下降，到2010年已经下降到第五大死因。但近年来随着中国经济的快速发展，特别是由于不少能源生产和消耗企业的节能减排措施不够严格，中国的空气质量尚没有出现明显好转，空气污染对居民健康的威胁依然保持在较高水平，1990 ~ 2010 年，平均每万人中有约80 ~ 90人死于由空气污染带来的各种疾病。

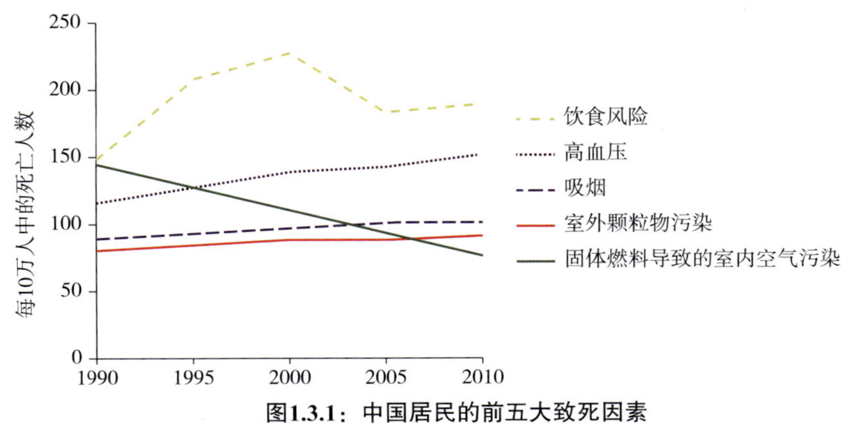

图1.3.1：中国居民的前五大致死因素

资料来源：Vivid Economics，转引自Institute for Health Metrics and Evaluation，2014。

（二）中国空气污染导致的人体健康损失占GDP的3% ~ 12%。

经济活动会提高居民收入，增加福利水平，但经济活动导致的空气污染也会造成人身寿命等多方面的损失，因此需要协调好经济效益和损失之间的关系。但健康损失不像经济产出这样可以直接度量，如果没有对健康损失的量化估计，就很难平衡两者之间的关系。从世界范围内的经验来看，可以对健康影响进行经济量化，即用金钱指标来评估一个人的死亡所带来的损失，这样可以清楚地展示出经济发展的代价，从而推动提高空气质量工作的展开①。

1.欧盟地区的空气污染损失

根据国际标准，欧盟国家的空气质量是非常好的。但即使如此，在 2012 年，工业和能源供应所产生的原生污染物造成的损失仍相当于 GDP的0.3%至1%（欧洲环境署，2014）。图1.3.2是欧洲每吨污染物的危害估测，该图表明，在欧洲每吨二氧化碳所产生的危害成本是9.8至38.1欧元（2005年价格），而每吨PM10产生的危害高达2.3万～6.7万欧元，颗粒物以外的其他污染物同样值得关注，特别是单位重量的重金属和有机污染物的危害远超过颗粒物污染，不过这些污染物的数量一般较小，因此总体上的危害没有颗粒物那么大。

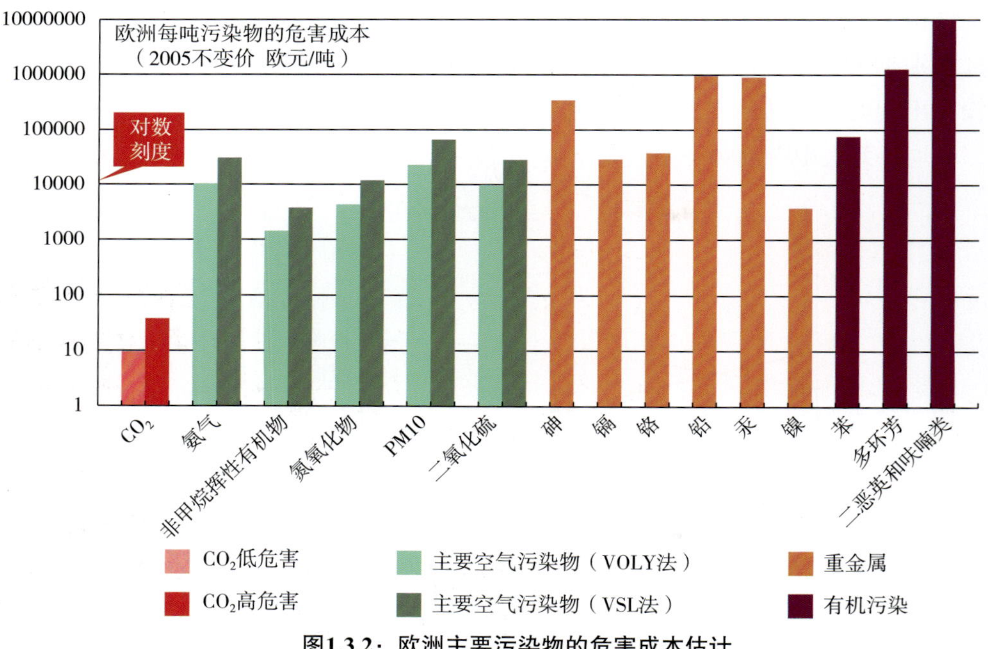

图1.3.2：欧洲主要污染物的危害成本估计

资料来源：Vivid Economics，转引自European Environment Agency，2014。

① 也有很多人反对用金钱衡量生命的价值，但为进行更好地利益平衡，这种度量仍是必要的。

2.中国空气污染造成的健康经济损失估计

与其他国家相比较，中国的污染程度更为严重。在中国的主要城市，PM10和二氧化硫的平均浓度分别是世界卫生组织2009年公布的参考值（Nielson&Ho，2013）的5倍和12倍。不少研究指出，空气污染与能源结构有着直接的关系（李振宇等，2013）。近年来，有不少研究针对中国的健康损失用多种方法进行了估计。

2012年，中国国务院发展研究中心和世界银行共同发布的《2030年的中国》中估计（世界银行与国务院发展研究中心，2013），PM10 造成的健康损害相当于2009 年国民总收入的 2.8%。该估计主要根据由颗粒物排放引起的死亡人数，以及人们为减少患病风险所愿付出的金钱额度这两个基础参数进行测算。

2014全球经济与气候委员会在其发布的《新气候经济报告》中估计，2010年中国PM2.5造成的人员死亡所引起的经济损失相当于 GDP 的 9.7%～13.2%，取中间值约占GDP的12%。这一结果由三组数值相乘得出：PM2.5造成的死亡人数、死亡率的经济价值、人均GDP。死亡率的经济价值根据欧盟的统计学意义上的生命价值（VSL）转换得出，根据人均收入情况做调整，也就是说，死亡的经济价值会随人均 GDP 增长而同步增长，其中PM2.5导致的死亡人数数据来自世界卫生组织 2010 年的《全球疾病负担报告》。

Matus 等发布的《中国空气污染造成的健康危害》一文也对空气污染的损失进行了估计。该论文计算了PM10和臭氧造成的健康危害所带来的经济损失，结果表明，在2005 年PM10造成的健康危害所造成的经济损失占GDP的6%左右。该论文使用了多部门的可计算一般均衡（CGE）模型，来计算1970年至2005年间每年由空气污染导致的健康受损案例，并根据相应的治疗、生产力丧失和休假所导致的费用来计算这些案例造成的损失。在2005年，约60%的损失由死亡导致，10%由疾病相关费用导致，30%由其他经济损失导致。

如果考虑其他污染物，中国空气污染造成的经济损失还会更高。这些研究只考虑了颗粒物（PM），包括较大的、直径10微米左右的PM10和较小的、但危害更大的 PM2.5。事实上，除了颗粒物，其他污染物的危害同样很大，比如二氧化硫、二氧化氮等。

总体来看，对中国空气污染造成的损失做经济量化的难度很大，不同研究的方法、关注点和评估标准各不相同，研究结果也有较大的不确定性。但总体而言，中国空气污染造成的经济损失非常大，相当于GDP的3%至12%之间。根据这些研究结果推算，在2014年，空气污染给中国造成了3000亿至1.2万亿美元的损失。而根据国际能源署的估算，3000亿美元足够支撑中国到2035年的能源消耗，这说明改善空气质量所产生的收益极其可观。

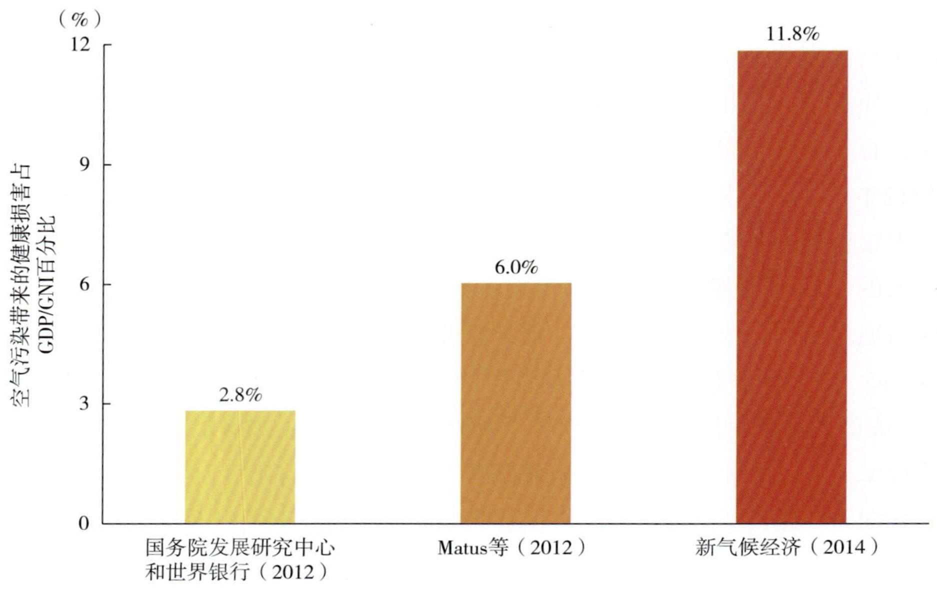

图1.3.3：空气污染造成的经济损失占GDP比重

资料来源：国务院发展研究中心和世界银行，2012；Matus等，2012；全球经济和气候委员会，2014。

3.空气污染带来的其他不利影响

空气污染不仅会带来直接的健康和经济损失，还会减少中国的人力资本储备，导致人员健康情况恶化、生产力降低，这样一来，中国在以人为中心的生产活动中获得经济收益的能力就会打折扣。此外，由“十二五” 规划和十八届三中全会提出的政治目标所吸引的投资也会因此受到影响。扩大城镇化、发展服务业、降低不平等、提高社会保障等政策的实施都会更加困难，如图1.3.4所示。

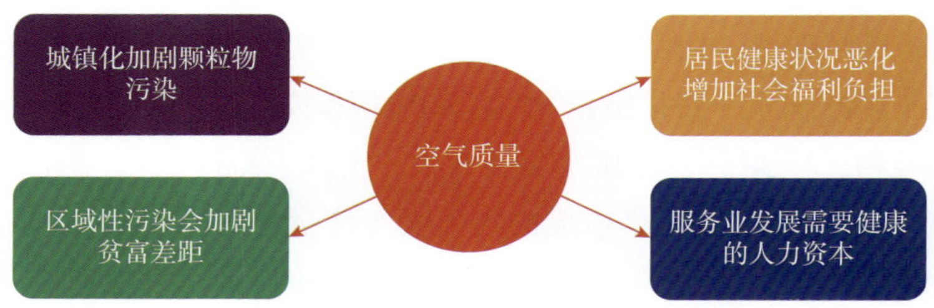

图1.3.4：空气污染的更多影响

二、天然气替代煤的环境价值

天然气的环境价值来源于天然气作为清洁能源在能源结构中替代煤的过程。煤炭生产、运输和利用中带来严重的环境污染，产生巨大的外部性直接和间接经济损失。由于我国环境污染的代价体现在经济的外部性，即给环境带来污染的市场主体并没有为环境污染的损失付出相应的成本代价，没有在内部成本中有所体现，因此天然气在替代煤炭和石油过程中所体现的环境效益无法反映在天然气市场价值中，可以称之为天然气环境价值。

（一）煤炭生产中的环境污染与经济损失

煤炭生产产生的环境污染体现在对土地资源的破坏与占用、对水资源的污染以及对大气环境的污染。

井工开采造成地面塌陷，矿区土地大面积积水、受淹和盐碱化，加速了水土流失和土地荒漠化，对地面设施造成不同程度的破坏。露天采煤把煤层上覆盖的表土和岩层剥离，破坏土地资源，外排土场方式压占土地。煤矸石等固体废弃物堆积成山，压埋土地资源。根据有关资料，平均开采万吨煤地表塌陷0.2公顷，平均开采万吨煤须迁移2人，平均开采万吨煤的煤矸石占地0.01公顷，估算开采每吨煤土地资源破坏带来的经济损失65元。

在煤炭开采过程中，伴随着煤矿的开采延伸，排出大量的矿井水，对矿区周围的水环境造成污染，同时地下水大幅下降形成降落漏斗。普遍采用的湿法洗煤工艺在洗选煤过程中产生大量洗煤水，含有大量的煤泥和泥沙等悬浮物以及有害重金属离子。煤矿堆积煤矸石山经降水和汇水的淋溶和冲刷也将矸石中含有的大量有害物质（尤其是重金属离子）带入了水循环系统中。根据有关资料，平均开采吨煤排放矿井水2.3吨，平均开采吨煤排放工业废水0.35吨，平均开采吨煤排放洗煤水0.05吨，平均开采吨煤排放其他废水0.04吨，估算开采每吨煤水资源污染带来的经济损失10元。

煤矿开采中释放的矿井瓦斯（主要成分是CH_4），其温室效应是CO_2的21倍，也是引起全球大气变暖的主要气体之一。矸石自燃产生的大量含SO_2、CO_2、CO等有毒有害气体是煤矿开采对大气环境的另一个主要影响。根据有关资料，平均开采吨煤排放瓦斯10m^3相当于排放$CO_2$138kg，估计开采每吨煤空气污染带来的经济损失15元。

煤炭生产中的环境污染带来的经济损失，开采每吨煤估计为90元。

（二）煤炭运输中的环境污染与经济损失

我国煤炭生产与消费的地理分布极不均衡，煤炭生产基地主要在北部和西部地区，而煤炭消费主要在东部沿海地区，这就决定了北煤南运、西煤东运的基本格局。铁路运煤的平均距离为552km。

我国煤炭长距离运输，采用从煤矿的煤仓或煤场至火车（汽车、船舶）再至大型火力发电厂贮煤场、工业用煤企业煤场、各地区燃料公司贮煤场的运转模式，由于煤炭储、装、运设施常常不配套，加上调度、管理上的欠缺，在煤炭的储、装、运各个环节，均对周围环境造成严重污染。

采出的煤炭不仅在贮煤场可发生自燃，甚至装上车、船后都会发生自燃。煤的露天堆放、装卸和运输过程中，煤尘到处飞扬造成严重的污染。露天贮煤场煤炭装卸时所用的降尘洒水会对水体造成污染。

根据有关资料，我国每年煤炭自燃有害气体排放量20万～30万吨，贮煤产生煤尘1000万吨，输煤扬尘1100万吨，估计运输每吨煤的污染带来的经济损失为20元。

（三）煤炭利用中的环境污染与经济损失估计

煤炭的大量直接燃烧对我国的环境造成了严重破坏，是环境污染的主要来源。

SO_2排放与酸雨，对人体健康危害很大，影响植被，引起森林，建筑物和金属腐蚀等。根据有关研究机构测算，每吨SO_2排放引起的经济损失达7000元。

CO_2排放及温室效应，严重地威胁着全球生态系统和人类的生存，造成森林迁移、土地盐碱化、荒漠化、极端天气气候事件等。按照碳汇价格估算，每吨CO_2排放带来的经济损失为110元。

NOx排放，对人体健康危害很大，引起一系列疾病，产生光化学反应，对生态系统造成损害。根据有关研究机构测算，每吨NOx排放引起的经济损失达5000元。

烟尘排放，对人体健康的危害，烟尘排入大气后会降低大气的清洁度，影响植物光合作用等。根据有关研究机构测算，每吨烟尘排放引起的经济损失达20万元。

根据煤燃烧污染物排放量计算，利用1吨原煤产生的污染所带来的经济损失为830元。

表1.3.1　每吨原煤利用的污染的经济损失计算表

排放物	排放量（kg）		单位损失（元/kg）	经济损失（元）		备注
	近零排放	分散燃烧		集中燃烧	分散燃烧	
二氧化碳	2455	2455	0.11	270	270	按碳交易价格计算
氮氧化物	0.8	5.40	5	4	27	按污染损失计算
二氧化硫	0.1	10.40	7	0.7	73	按污染损失计算
烟尘	0.1	2.30	200	20	460	按污染损失计算
合计				295	830	

（四）天然气替代煤的环境价值评估

煤炭在生产、运输、利用整个过程中对环境造成严重污染，其经济损失估计在380～940元/吨，其中：生产环节90元/吨，运输环节20元/吨，利用环节295～830元/吨。

天然气在利用过程中向大气中排放二氧化碳和其他微量污染物。按每立方米天然气排放二氧化碳2.5千克测算，天然气产生的污染所带来的经济损失为0.3元/立方米。

根据煤与天然气的热值和效率，按550立方米天然气替代1吨煤测算，相对于煤炭利用近临排放下天然气环境价值0.4～1.4元/立方米，相对于煤炭分散燃烧利用下天然气环境价值可达1.4元/立方米。

三、天然气替代煤的社会价值

除了环境损失以外，煤炭的生产、运输和消费过程中对相关人群也会造成非经济性损失，即精神损失和身体健康等，包括受害人自己所受到的疾病折磨带来的痛苦等，也包括受害人去世给亲人带来的痛苦等。

社会损失以支付意愿和人力资本的差额来进行计算。支付意愿就是通过调查，推导出人们的支付意愿或赔偿愿望，计算方法包括投标博弈法、比较博弈法以及德尔斐法等；人力资本就是与健康影响有关的货币损失，包括过早死亡、疾病或者病休造成的损失以及医疗费开支增加等。

（一）煤炭生产的社会损失

煤炭行业是我国工业生产中伤亡事故最严重的行业，每年因煤矿事故死亡人数在六七千人左右，2007年降到近四千人。我国煤矿伤亡事故中共死亡人数占全国矿山行业死亡人数的85%，占全国工矿企业死亡人数的50%，居全国各行业的首位。同时，煤炭生产中的职业病—尘肺病非常严重。

（二）煤炭利用的社会损失

煤炭利用产生的环境污染严重危害人体健康。SO_2排放，对人体呼吸系统的影响明显，可以刺激呼吸道黏膜，引起呼吸道的急性和慢性炎症。长期吸入会促使人体肺组织细胞壁纤维增生，发生肺气肿、支气管哮喘。烟尘排放，总悬浮颗粒物是能在大气中长期漂浮的飘尘，能被人直接吸入呼吸道，这些细小的颗粒物作为细菌、病毒和金属微粒的载体把有害病原菌、有毒微粒带入人体呼吸系统乃至肺泡内，诱发过敏性鼻炎、支气管炎和支气管哮喘，严重的还可导致恶性肿瘤的发生。

（三）天然气替代煤的社会价值评估

根据世界银行公布的中国大中城市大气污染（可吸入颗粒物和二氧化硫浓度）与死亡率以及一些发病率之间的函数关系（剂量–效应函数），煤炭和天然气利用对大气污染的贡献，考虑煤炭生产过程中矿难和职业病带来的社会损失，估算天然气的社会价值在0.4元/立方米左右。

表1.3.2　　可吸入颗粒物PM10的剂量-效应函数

项目	单位	数值	单位价值取向（元）	
			人力资本法	支付意愿法
死亡率	人	6	100000	500000
呼吸道疾病门诊率	例	12	4000	5200
急救病例	例	235	400	520
受限制活动天数	天	57500	40	52
下呼吸道感染/儿童气喘病	例	23	200	260
气喘病	例	2068	60	78
慢性支气管炎	例	61	80000	104000
呼吸道疾病症状	例	183000	10	13

注：数值为PM10每增加1微克/立方米，每百万人的额外死亡人数、病例数或者天数。

四、中国节能减排带来的显著成效

随着技术进步和社会重视，中国近年来大大加强了节能减排工作，从实际效果看，节能减排可以用有限的投入获得较大的直接和间接收益，这为中国进一步发展清洁能源提供了实证支持。

（一）中国“十一五”期间的二氧化硫减排目标及主要措施

近年来，中国高度重视节能减排工作，加大了节能减排的力度，特别是把相关目标作为约束性指标列入了五年规划和政府工作计划中，例如“十一五”规划中即做出了2006到2010年二氧化硫排放量要低于2005年水平10%的目标。从实际执行成效看，这些减排行动的实施取得了良好的效果。

为实现“十一五“期间的二氧化硫减排目标，中国政府主要采取了两项政策措施。首先，所有的新建煤炭发电厂都需要安装烟道气脱硫设施，都必须符合烟道气脱硫的标准，大部分老发电厂都需要进行技术改造以符合脱硫标准。经过改造，符合烟道气脱硫的煤电容量从 2005 年的 12%上升到 2010 年的 83%。烟道气脱硫的转化成本很低。对一个六百万瓦特的电厂进行烟道气脱硫的成本约为建设成本的 3.8%，而运营成本平均增加了 2.4%。这些成本花销可由政府补贴承担。

其次，关闭小型低效率的发电厂。2005 年底，小型电厂占全国能量生产的三分之一，它们通常利用率低，污染程度高。用大型发电厂来取代它们，每百万瓦可减少2到3倍的成本。从 2004 年开始，新型发电厂的平均面积增加了两倍，同时大部分新型大发电厂都已经应用最新的 高效的科技，如图1.3.5所示。按照小型电厂关闭政策，“十一五”期间共有590亿瓦特的小型电厂被废弃，转而由更大型电厂取而代之。

（二）“十一五”期间减排的成效

二氧化硫排放实现了控制目标。2005年，电力部门占据了二氧化硫排放量的54%，2011年电力部门排放的二氧化硫数量占据了排放总量的28%，二氧化硫的增长速度也明显小于其他污染物，如氮氧化物和颗粒物的增长速度。哈佛大学和清华大学的一项研究显示，二氧化硫减排政策以最低的宏观经济成本达到较好的政策效果，预计每年会挽救12000到74000条生命，相当于80到4000亿人民币（Nielson&Ho）。该项政策说明中国可以通过改善大气质量来获得较好的综合效益（协同效益），而不解决大气污染则会造成很大的损失。

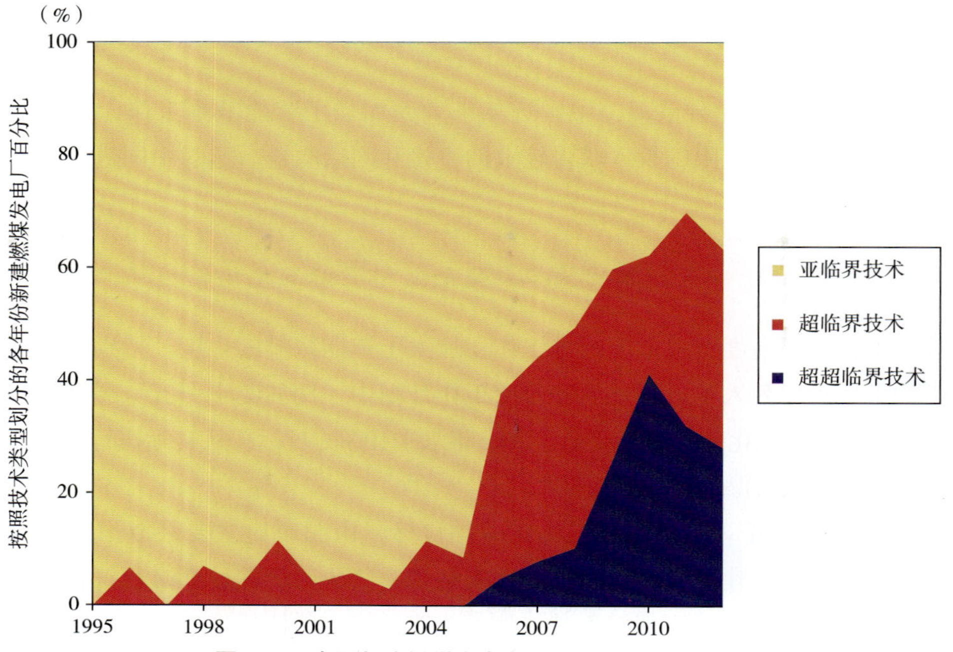

图1.3.5：中国新建燃煤发电厂中采用新技术的比重变化

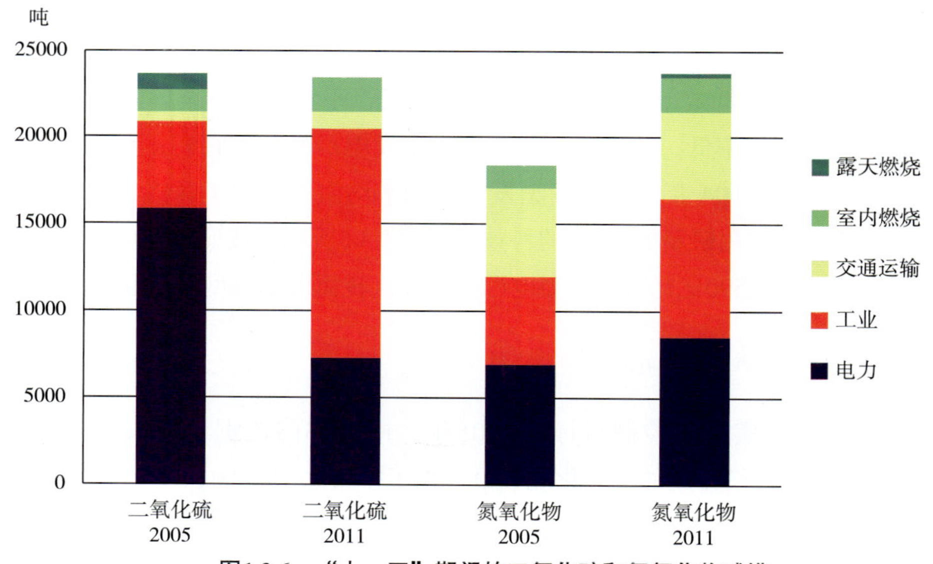

图1.3.6：“十一五”期间的二氧化硫和氮氧化物减排

资料来源：Vivid Economics转引自Nelson&Ho，2013

（三）工业燃料与居民取暖由气代煤的空间巨大

1.从污染物的来源看，工业与居民用煤已经成为最主要的部分

近年来，中国煤炭发电厂的污染防治技术水平有了显著提高，发电产生污染的污染物来源中所占的比重显著下降，交通运输所造成的污染所占比重也相对较小，而且排放情况逐年改善。这主要得益于交通工具的进步。例如，中国城市新型交通工具必须符合欧洲IV标准，这大大降低了汽车尾气的污染物排放。在二氧化硫、氮氧化物、PM2.5和有机碳（OC）等主要污染物的来源方面，工业和居民生活都已经是最主要的排放源。

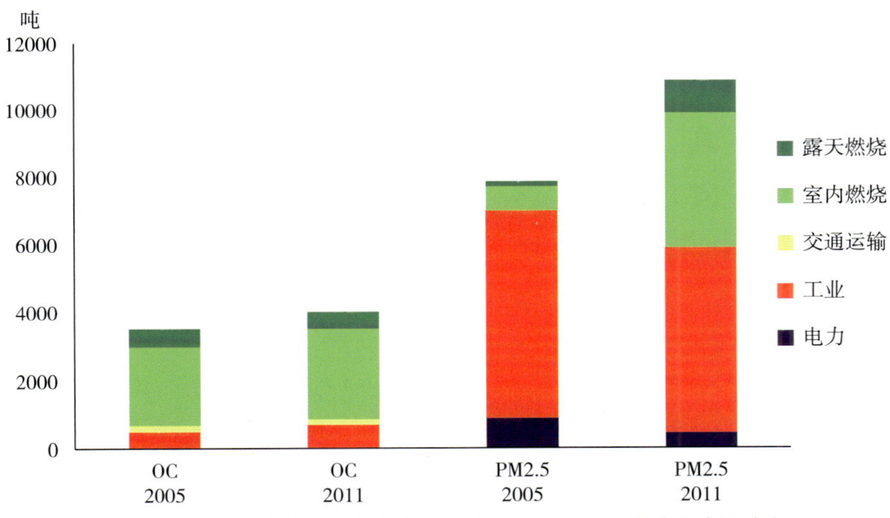

图1.3.7：“十一五”期间的PM2.5和OC（有机碳）来源变化

2.工业与居民用能由煤到气的转化是可行的污染防治举措

对生产与生活污染物排放的控制与“十一五”中对二氧化硫排放物的控制要采取不同的方法。这是因为工业与居民地址比较分散，规模也比较小，意味着不可能采取同一种可行的末端技术规模。与此相反，中国新型发电站的平均规模从2004 年期增长了两倍，新增了1425家，尽管数量不小，但是相对于中国工业与居民地址的数量还是比较低的。天然气则可以被大量应用于小型场所，这对减少工业生产和居民取暖用煤的污染物排放，也是比进行终端控制更具经济价值的方式。

第四章　中长期天然气需求前景分析

本章综合考虑经济和行业发展，以及不同能源供给和需求的变化，特别是中国政府对发展清洁能源的支持政策和决心，从而结合经济增长和技术进步以及产业结构变化，全面模拟出中长期中国对能源和天然气的需求前景。

一、天然气需求模型的主要特征

为了对天然气需求的前景进行全面模拟分析，本研究建立了一个反映中长期经济增长和产业结构变化，特别是反映能源总需求和天然气及其他能源相互替代特征的可计算一般均衡模型（CGE，Computable General Equilibrium model）。CGE模型以一般均衡理论为基础，以实际经济数据为期初均衡解，反映了各个市场主体（生产者、消费者、政府部门）的最优化决策行为。和一般的经济模型相比，CGE模型更常用于模拟各种政策对经济的影响，包括直接影响和间接影响，因而成为政策分析的有力工具。本研究的CGE模型以国务院发展研究中心长期开发维护的动态递推中国经济可计算一般均衡模型（DRC-CGE）为基础。该模型的最初开发始于1997年，后来不断完善并应用于中国加入WTO的影响、基础设施建设、节能减排、城镇化等方面政策影响的研究。

（一）模型的基本特征

本研究的分析模型以国务院发展研究中心长期开发维护的动态递推中国经济可计算一般均衡模型（DRC-CGE）为基础，以2010年为基准年，采用根据2010年中国投入产出表为基础编制的中国社会核算矩阵的基础数据，对2010～2025年的经济情况进行模拟分析。

本文CGE模型包括了经济活动的各个环节，主要体现在五个方面。一是反映了经济的各行业生产活动，各行业的生产活动相应产生了对生产要素的需求；二是反映经济对产品的需求活动，总需求来自于居民、政府、企业生活活动和其他国家（地区），包括消费、投资和出口三大需求；三是反映各个经济主体的收入、消费和储蓄行为；四是反映对外贸易行为；五是反映经济增长情况的动态发展行为，各环节的联系如图1.4.1所示。

在本研究中的模型中包括了国民经济全部46个生产部门（如图1.4.1，其中工业部门按表3进一步细分），具体包括1个农业、5个采掘业、22个制造业、3个公用事业、建筑业、14个服务业部门等，这些部门全面刻画了各行业的生产行为。

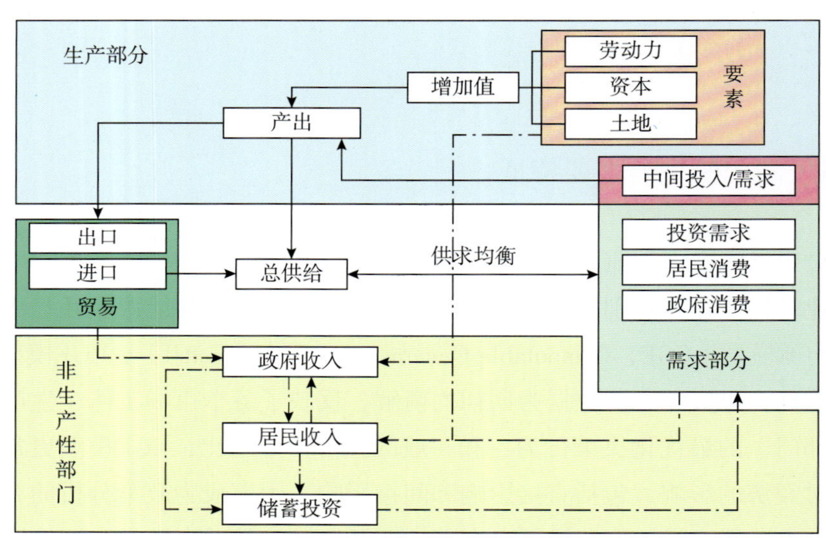

图1.4.1：本文CGE模型的主要结构

（二）本模型针对天然气研究所作的主要深化与调整

与经典的CGE模型相比，本文的模型做了以下几个方面的重要修改，以反映对天然气供需平衡的影响。

1.详细刻画了多种一次能源的生产

为了更好地反映各种能源的投入产出及相互替代关系，本模型共包括了煤炭开采和洗选业、石油开采业、天然气开采业、石油加工业、炼焦业、煤电生产、天然气发电、水力发电、风力发电、太阳能发电、核电、天然气制热、煤制热，以及天然气加工业，共14种能源类型，从而可以更好地反映各种能源之间的替代，特别是天然气对其他能源的替代潜力。

根据国家能源规划，本模型对各种能源的生产函数和发展规模，例如核电的装机容量、水电、太阳能发电的装机容量等进行了分别设定，使之符合国家规划目标。

2.详细刻画了各种需求领域对天然气的需求特征

为了详细考察对天然气的需求情况，本研究对行业进行了细分，特别是针对天然气需求量较大的行业，例如为反映对作为原材料使用天然气的需求，对化学工业进行了细分；为反映交通运输业的天然气需求，对交通运输进行了细分等。

表1.4.1　　本研究模型中的行业划分

序号	行业	序号	行业	序号	行业
1	农林牧渔业	25	非金属矿物制品业	49	热力的生产和供应业
2	煤炭开采和洗选业	26	黑色金属冶炼	50	燃气生产和供应业
3	石油开采业	27	钢压延加工业	51	水的生产和供应业
4	天然气开采业	28	有色金属冶炼及压延业	52	建筑业
5	黑色金属矿采选业	29	金属制品业	53	道路运输业
6	有色金属矿采选业	30	通用设备制造业	54	城市公共交通业
7	非金属矿及其他矿采选业	31	专用设备制造业	55	其他交通运输及仓储业
8	食品及酒精饮料	32	铁路运输设备制造业	56	邮政业
9	烟草制品业	33	汽车制造业	57	信息传输、计算机服务和软件业
10	纺织材料加工业	34	船舶及浮动装置制造业	58	批发和零售业
11	纺织、针织制成品制造业	35	其他交通运输设备制造业	59	住宿和餐饮业
12	纺织服装、鞋、帽制造业	36	电气设备	60	金融业
13	皮革、毛皮、羽毛（绒）及其制品业	37	输配电及控制设备制造业	61	房地产业
14	木材加工及家具制造业	38	家用电力和非电力器具制造业	62	租赁和商务服务业
15	造纸，印刷	39	其他电气机械及器材制造业	63	研究与试验发展业
16	文教体育用品制造业	40	通信设备及雷达制造业	64	综合技术服务业
17	石油加工及核燃料加工业	41	电子计算机制造业	65	水利、环境和公共设施管理业
18	炼焦业	42	电子元器件制造业	66	居民服务和其他服务业
19	基础化学原料	43	家用视听设备制造业	67	教育
20	肥料、农药	44	其他电子设备制造业	68	卫生、社会保障和社会福利业
21	合成材料制造业	45	仪器仪表制造业	69	文化、体育和娱乐业
22	专用化学产品制造业	46	文化、办公用机械制造业	70	公共管理和社会组织
23	其他化学制品	47	工艺品及其他制造业（含废品废料）		
24	塑料、橡胶制品	48	电力的生产和供应业		

二、天然气需求模拟分析的情景设定

为对天然气需求进行模拟分析，同时进行政策比较，本研究设计了两个情景，一是基准情景，也就是反映了当前经济增长基本趋势的情景；二是政策情景，也就是政府采取一定的支持政策情况下，对天然气需求的影响。

（一）基准情景的主要设定

在政策优化情景下，中国经济发展一方面体现了比较确定的增长要素变化，另一方面体现了政府着力促进绿色发展和创新驱动的政策影响，在确定的增长因素变化方面，包括了以下几个主要内容。

（1）人口总量及年龄结构变化，反映了最新的人口政策调整（单独二孩）对中长期人口和劳动力总量的影响。中国的人口顶峰出现在2032年左右，那时人口约为14.63亿人，劳动年龄人口的高峰出现在2017～2027年，劳动年龄人口约10亿人

（2）居民消费结构的升级，居民消费结构将随着收入水平提高而相应升级；突出表现在居民消费结构中，对食品和耐用消费品的比重将逐渐减小，而对旅游、休闲文化教育等服务业的消费比重将不断提高。

（3）促进节能减排的政策，在向新常态转化和大气污染防治的多种行动影响下，政府将始终注重不断提高节能降耗水平，能源利用效率将有所提升，每年作为动力的能源效率提高3～2个百分点（提高幅度先高后低）。

（4）新一轮城镇化的政策，城镇化进程顺利进，农民工市民化比重不断提高，城镇化质量改善，城镇化率在2030年有望达到70%，2050年达到75%左右。

（5）居民储蓄率维持在较高水平，但将随着居民收入和社会保障水平的发展而逐步降低。到2030年城镇居民储蓄率由目前的38%左右下降约13个百分点，达到25%左右的水平。

除了以上因素以外，政策优化情景中体现了有利于经济发展方式转变的重要政策，包括：

（6）可再生能源比重显著提高。主要表现在非化石能源发电，如核电、风电和太阳能发电快速发展。其中核电的装机容量从2013年的1461万千瓦，快速发展到2020年的5800万千瓦，2030年的1.5亿千瓦，2050年的4亿千瓦。水电装机容量从2013年的2.8亿千瓦，发展到2020年的3.4亿千瓦，2030年的4亿千瓦和2050年的4.5亿千瓦等。其他如风电和太能阳发电也都有非常快的增长速度。

（7）国家对创新驱动发展更加重视，提高企业创新能力有显著突破，因此经济增长动力中来自于要素提升的比重不断改善。具体表现在“十三五”和“十四五”期间，中国的第二产业仍将保持一个较高的、年均4%左右的全要素生产率增长速度。

（8）化解产能过剩问题进展较为顺利，工业取得可持续增长。具体表现在相关的重化工产业投资增速有所下降，生产能力增长速度回度，利于行业持续发展。

（9）促进第三产业，特别是生产性服务业加快发展，第三产业加快开放步伐，有利于新增投资进入原来难以进入的垄断性行业，例如金融、交通运输、文教卫生产业等。

（10）随着金融改革，劳动收入在国民经济中的份额提升，有利于居民收入水平提高和经济中消费投资比重的改善。

（二）政策情景的主要设定

在政策情景下，除了基准情景的假设外，政府还针对煤炭、石油和天然气，也就是温室气体排放的化石能源，按照排放二氧化碳的数量进行碳交易或征收碳税。为避免对经济的重大影响，假设碳定价从2015年起实行，分三年达到最终的碳定价标准。对煤炭而言，第一年碳价格（或税率）为煤炭价格的10%，第二年为20%，以后是30%；石油（包括原油和成品油）的税率按照煤炭的税率乘以碳排放值的差异，即煤炭的0.64倍，即第一年石油的碳价格（或碳税）是石油价格的6.4%，第二年是12.8%，第三年是19.2%；天然气的税率是煤炭的0.2倍，即第一年对天然气征收2%的从价税。按照每吨煤炭500元的价格折算，税率是30%时（从价），相当于对每吨二氧化碳排放征收60元的碳税（或者通过碳交易实现相应幅度的碳定价）。

三、基准情景下天然气需求的模拟结果

（一）经济增长速度及国际比较

在基准情景的各项设定下，中国今后仍将保持较快的经济增长速度，“十二五”后两年的平均经济增长速度预期为7.3%左右，“十三五”期间GDP增长速度为6.66%左右，2021～2025年约5.56%左右，到2026～2030期间，经济增长速度预期在4.64%左右，2031～2040年间为3.47左右，2041～2050为2.73%左右。

表1.4.2　基准情景下的增长速度及增长动力

年份	2013	2014～2015	2016～2020	2021～2025	2026～2030	2031～2040	2041～2050
GDP增长速度	7.68	7.31	6.65	5.55	4.63	3.46	2.73
劳动力增长速度	0.3	0.1	−0.2	−0.3	−0.5	−0.7	−0.4
资本存量增长速度	11.6	10.9	9.3	7.7	6.5	4.8	3.2

资料来源：计算结果。

根据模拟结果，中国人均GDP水平将保持持续较快增长。例如2020年左右，中国人均GDP有望达到1万美元（2013年不变价，并考虑年均0.5%的人民币升值），2030年人均GDP有望达到2万美元，2040年有望达到3万美元，2050年增长速度有望达到4万美元，接近日本目前的发展水平。如果以购买力平价进行比较，则中国的发展水平还将更高。

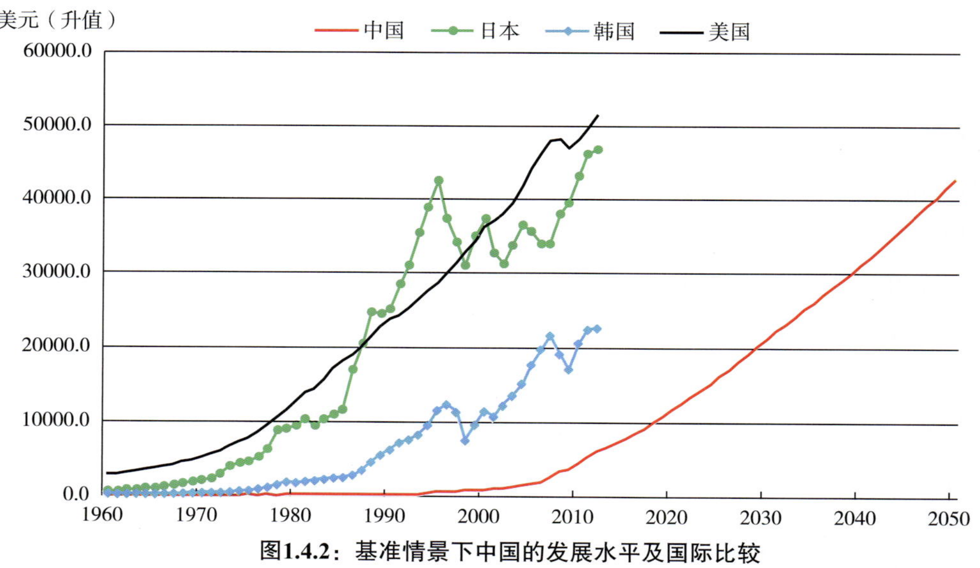

图1.4.2：基准情景下中国的发展水平及国际比较

资料来源：中国2013年以后数据来模型计算结果，其余数据来自于Wind数据。

在基准情景下，中国经济增长速度仍高于其他追赶型经济体的历史速度，体现出持续的追赶型增长特征。例如2020年前，中国人均GDP增长速度有望维持在6%以上，超过日本、中国台湾和美国的历史值，仅比韩国个别年份的低，在2020～3030年间也是如此，中国的增长速度均超过其他国家的历史值。

以世界银行国际比较项目给出的购买力平价计算，会得到类似的结果，根据世行的购买力平价换算，中国将在2030年达到目前韩国的人均GDP水平，在2035年达到目前日本的人均GDP水平，而在2050年达到超过目前美国的人均GDP水平。

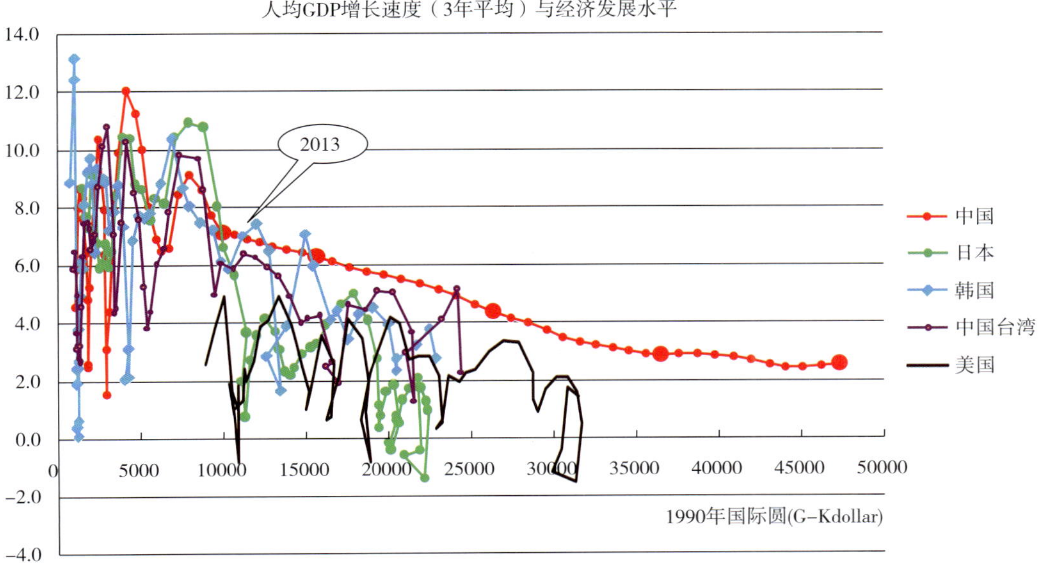

图1.4.3：基准情景下中国的增长速度及国际比较

说明：日本、韩国、中国台湾和美国为历史增长数据，横坐标为按照Maddison 方法计算的1990年购买力平价为基础的国际圆。

数据来源：中国2013年以后数据来模型计算结果，其余数据来自于Maddison。

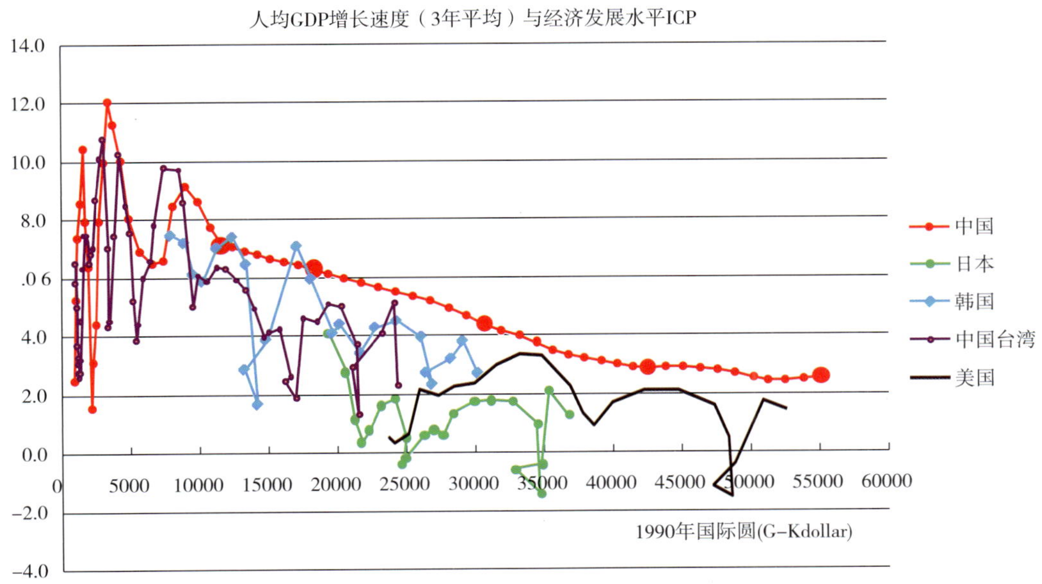

图1.4.4：基准情景下中国的增长速度及国际比较

资料来源：中国2013年以后数据来模型计算结果，其余数据来自于Maddison。

（二）中长期产业结构转变

第三产业比重会持续提高，但将小于世界平均水平。从模拟结果看，我国第三产业比重会逐渐提高。2013年，我国第三产业比重为46.1%，显著低于大多数世界上同等发展程度国家的水平。到2015年，约提高到48.1%，2015～2020年期间提高4.9个百分点，到2030年间，约可超过60%，2050年约为65%的水平。

表1.4.3　　　　基准情景下的产业结构

年份	2010	2015	2020	2025	2030	2035	2040	2045	2050
第一产业	10.0	9.0	7.1	6.2	5.4	5.0	4.8	4.8	5.1
第二产业	48.2	43.0	39.8	35.7	33.4	32.1	30.8	30.0	29.3
第三产业	41.8	48.0	53.1	58.1	61.2	62.9	64.4	65.2	65.6

资料来源：模型计算结果。

从各国经济增长的经验看，随着发展水平提高，非农产业比重逐渐上升，特别是第三产业比重不断上升是个普遍规律。推动第三产业比重上升的主要因素在于居民消费结构变化、服务出口比重增加，以及对各部门中间投入中对服务业需求增加，另外政府消费比重提高也会提高第三产业比重。出口增长速度放缓也对三次产业结构有重要影响，因为我国出口商品主要是制造品，因此在其他条件不变的情况下，出口增长较快必然会相应提高第二产业比重。

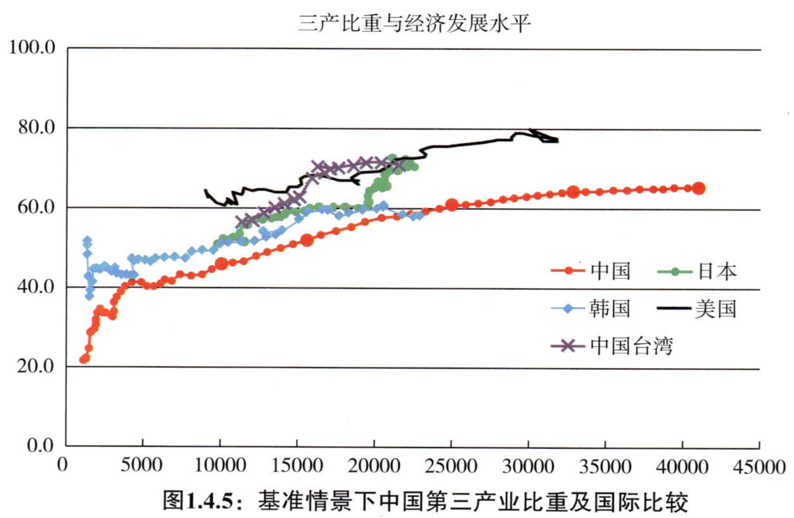

图1.4.5：基准情景下中国第三产业比重及国际比较

资料来源：模型计算结果。

2020～2025年间我国将基本完成工业化进入后工业化时期。从中国工业化进展的角度来看，随着钢铁水泥等重化工业的需求逐步见顶，以及东部沿海地区逐步进入后工业化时期，从全国总体上来看，2020～2025年间基本实现工业化。这一发展趋势符合十八大作出的战略规划。这主要基于两点，一是从人均GDP水平看，2020年我国将超过1万美元（2013年价格），2025年将超过1.4万美元，进入后工业化国家的发展水平标准。从第二产业对增长的贡献看，2020年前二产对经济增长的贡献在40%以上，但2020年以后有一段明显的下降，这与韩国在20世纪90年代左右的情况相类似。

表1.4.4 **发达国家的工业化后期阶段时间**

国家	工业化阶段	后工业化阶段
英国	1760～1870①	1950～
美国	1790～1900②	1950～
德国	1830～1913	1970
日本	1885～1973③④	1973～
韩国	1960～1995⑤⑥	1995

高耗能工业比重开始下降。高耗能工业比重是影响经济结构的重要因素，如果高耗能工业比重高，则经济发展对资源环境的要求就更多，而由此带来的环境污染也将更加严重。在政策优化情景下，“十二五”末期，高耗能工业占工业的比重有望开始持续下降，从占工业的32.4%下降到2030年的28.5%和2050年的24.5%左右。

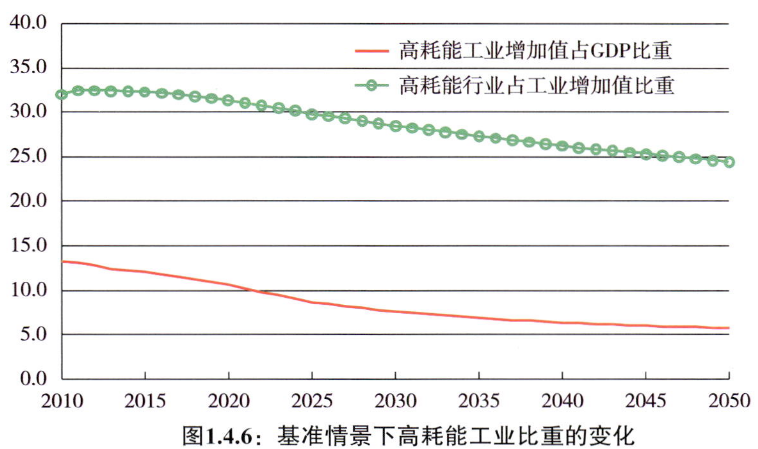

图1.4.6：基准情景下高耗能工业比重的变化

资料来源：模型计算结果。

① 国国际经济交流中心课题组，2014,p1～p4。

② 中国国际经济交流中心课题组，2014,p9～p13。

③ 中国国际经济交流中心课题组，2014,p20～p23。

④ 王金照，2010,p6。

⑤ 王金照，2010,p48。

⑥ 李避、罗勇，2007。

（三）能源消费量和结构的变化

虽然在基准情景下，我国产业结构出现明显优化，但由于工业仍然占有相当大的比重，而且随着居民收入水平提高，居民用能仍将有大的增长，因此未来我国能源消费总量仍将有大的增长。预计我国2020年能源消费总量将达到50亿吨，2010～2020年间平均增长3.4%，2020～2030年间年均增长1.3%，达到56.8亿吨左右，2030～2040年间能源消费总量的增长速度进一步降低，至0.8%，但2040的能源消费总量仍将达到60.6亿吨，在2045年前后中国的能源消费总量有望达到峰值，到2050年稳定在61亿吨左右。

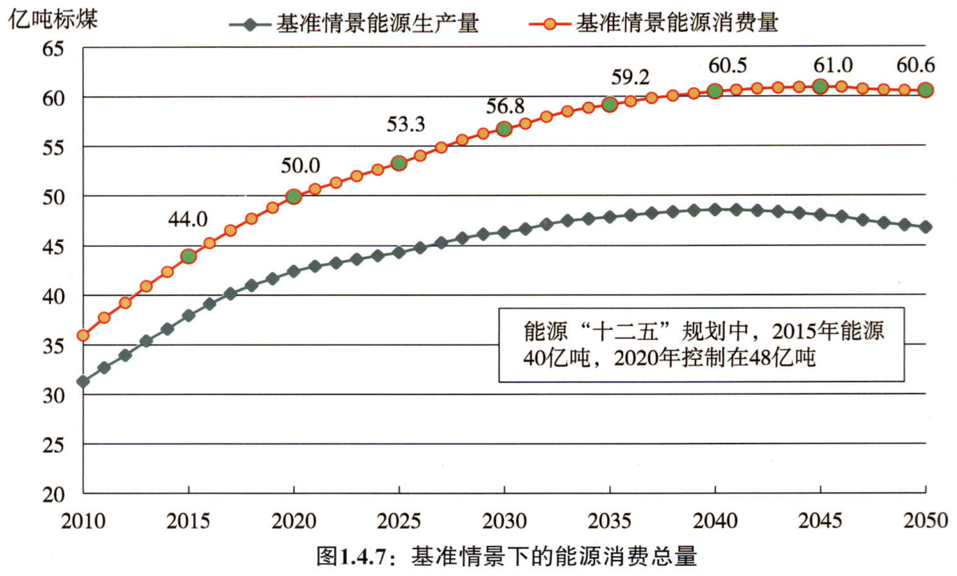

图1.4.7：基准情景下的能源消费总量

资料来源：模型计算结果。

虽然能源消费总量将继续增长，但单位GDP能耗水平将显著减少。从2010年的0.89吨煤/万元GDP下降到2020年的0.62吨煤/万元GDP，到2030年和2050年分别下降到0.43和0.25吨煤/万元。

中长期能源的生产结构也将发生重大变化。其中最主要的一次能源——煤炭的生产量将在2020年左右达到峰值，约为30.7亿吨标煤，合43亿吨煤炭，随后煤炭产量将逐年下降，到2030年降到30亿吨标煤以下，2040年下降到约25亿吨标煤，2050年约22.6亿吨标煤左右。在清洁能源方面，水电和核电将有较大的发展，其中水电的标煤能源量约从2010年的2.3亿吨标煤增长到2020年的3.8亿吨标煤，2030年有望达到4.6亿吨标煤，不过从那以后受限于水电资源约束，增长非常缓慢，到2050年约为5.0亿吨标煤。

发展潜力较大的应该是核电。按照目前的规划方案，在发展顺利的情况下，中国核电将从2010年的0.2亿吨标煤，发展到2020年的1.3亿吨标煤，2030、2040和2050年分别达到3.2亿、5.5亿和7.6亿吨标煤。

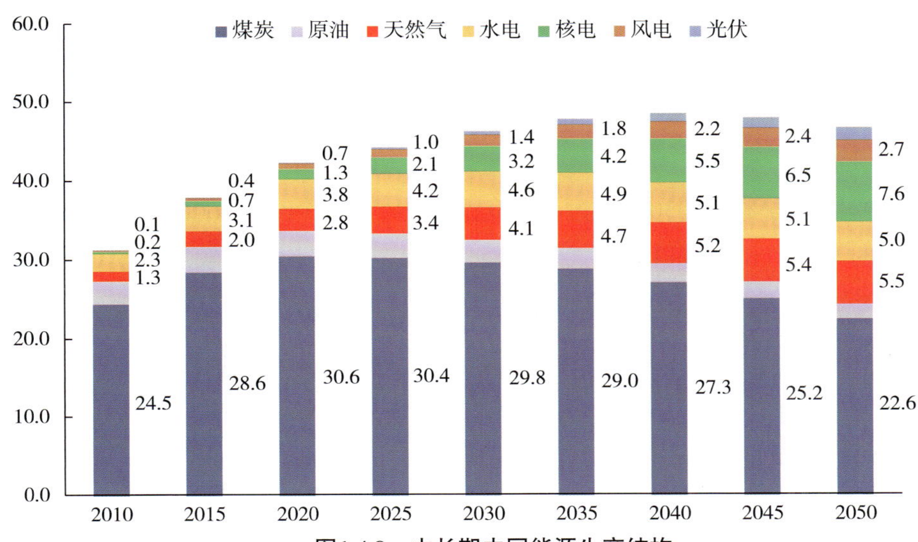

图1.4.8：中长期中国能源生产结构

资料来源：模型计算结果。

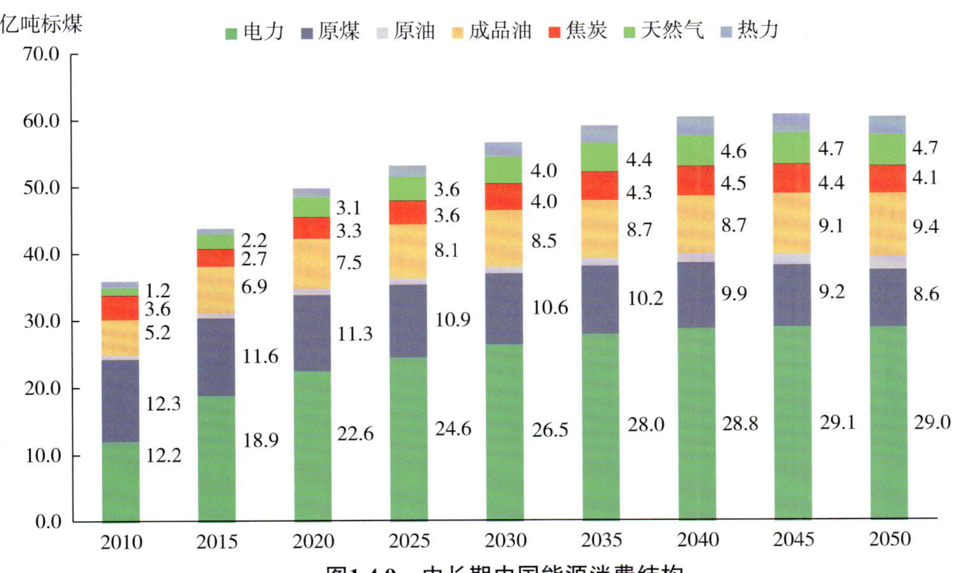

图1.4.9：中长期中国能源消费结构

资料来源：模型计算结果。
说明：原煤指除了发电和炼焦以外的分散用煤。

从最终消费能源的结构看，电力将是中长期能源消费最大的增长点。电力消费有望从2010年的12.2亿吨标煤增长到2030年的26.5亿吨标煤和2050年的29亿吨标煤。对成品油的消费也将有进一步的增长，从2010年的5.2亿吨标煤增长到2030年的8.5亿吨标煤和2050年的9.4亿吨标煤。

（四）天然气需求和消费主要增长点

基准情景下，天然气的需求将有快速增长。2015年有望接近2000亿立方米，2020年突破3000亿立方米，2030年超过4500亿立方米，2050年突破6000亿立方米。其中受限于国内的产量增长，进口天然气（含液化天然气）预计将有较大规模增长，从2015年的约500亿立方米，到2020年的1000亿立方米、2030年的1800亿立方米，2040年后将稳定在2000亿立方米左右。

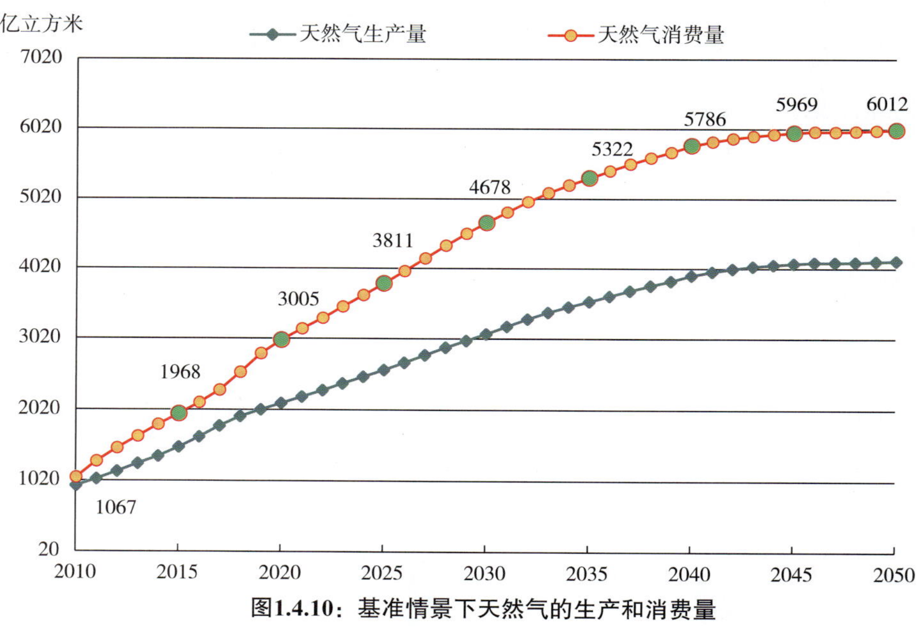

图1.4.10：基准情景下天然气的生产和消费量

资料来源：模型计算结果。

虽然增长较快，但由于其他能源，特别是电力生产也在增长，因此天然气消费占总能源的比重距离规划目标仍有一定的距离。预计2015年中国天然气占总能源的比重约为6.0%，低于“十二五”规划中提出的7.15%的目标，到2020年也只占总能源的8.0%，低于10%的规划目标。

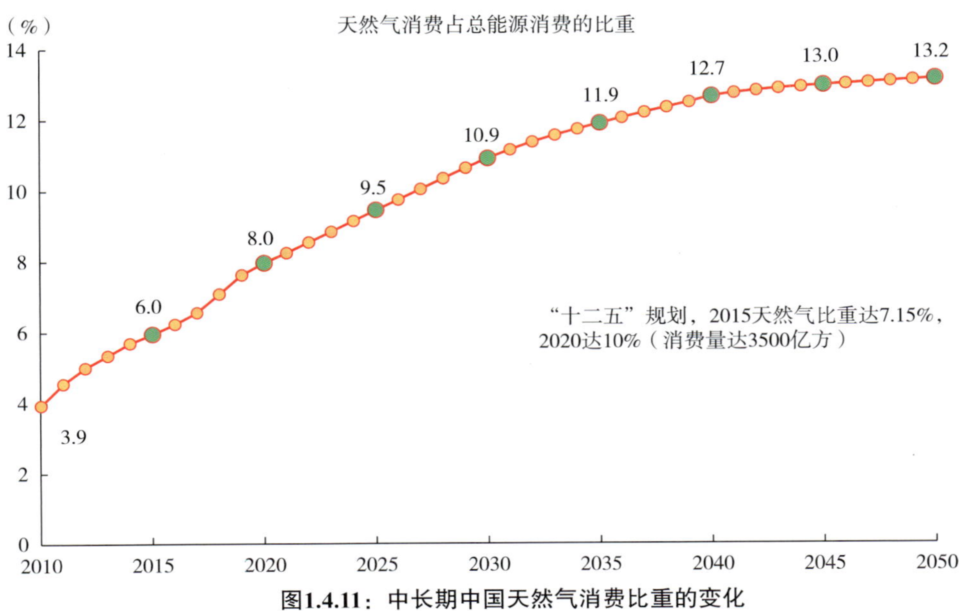

图1.4.11：中长期中国天然气消费比重的变化

资料来源：模型计算结果。

从天然气消费的主要增长领域看，最重要的是发电用气。如果发电用气可以取得经济上的竞争性，特别是在大气防治力度加大的情况下，发电用气有望从2015年的250亿立方米，增长到2020年的500亿立方米，到2030年再增长一倍，超过1000亿立方米，最终到2040年以后稳定在1600亿立方米左右的规模。除天然气发电外，天然气供暖和交通运输以及化工行业是天然气应用的另外三大重要领域。

中长期内，如果要实现绿色和清洁发电，电源结构的重大优化调整是必须手段。电源结构的优化最主要体现在煤电产量和占比的减少上面。根据模拟分析结果，基准情景下中国煤电将在2020年前后达到5.1万亿度左右的峰值，以后便会逐渐下降，到2030年下降到4.9万亿度电，2040年下降到4.1万亿度电，2050年再降到约3.2万亿度电。

煤电总量的下降必须以清洁发电的快速发为基础。在基准情景下，核电增长最大，天然气发电也有很大的增长空间。天然气发电量从2010年的770亿度电，快速增长到2020年的2800亿度电，2030年有望达到6200亿度电，2050年达到9200亿度电左右。类似的，风电和光伏发电，以及水电、核电都有快速发展。

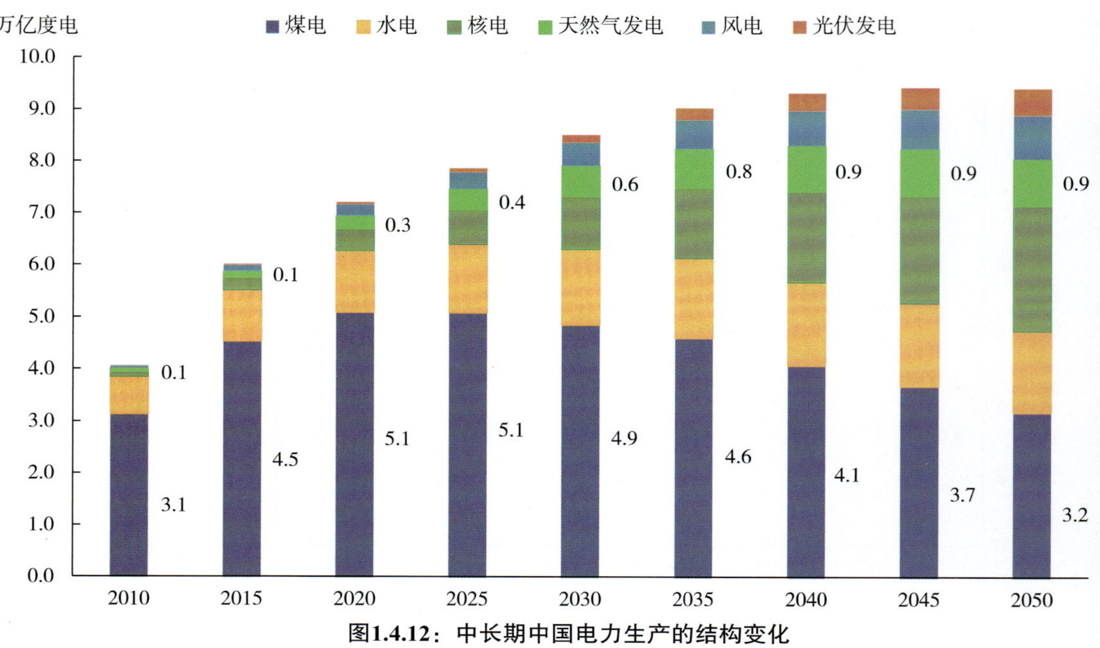

图1.4.12：中长期中国电力生产的结构变化

资料来源：模型计算结果。

四、政策情景下天然气需求的模拟结果

在基准情景下，虽然中国的天然气消费量也将有快速的增长，有望到2020年增长至3000亿立方米，2030年的4500亿立方米和2050年的6000亿立方米，但仍然没有完成我国“十二五”和“中长期能源发展战略”的天然气发展目标。这就说明，中国要完成预定目标，除了目前的电源安排外，还需要采取更有效的政策措施，以推动天然气需求的进一步发展。

（一）政策情景下的天然气供需总量

在各种经济手段当中，最有效的，也是常讨论的是通过碳交易或碳税等实现碳定价的政策。在面临全球温室气体减排压力的情况下，实现碳定价可以有效引导社会减少对化石能源的使用和对温室气体的排放。由于天然气使用所排放的碳要显著小于煤炭和石油，因此碳定价客观上有利于促进天然气进一步替代煤炭和石油。

在政策情景下，由于能源相对价格发生了有利于天然气的变化，因此天然气的需求将显著增加，在各个领域，由于天然气对价格的敏感程度不同，因此增加的幅度并不相同，有些领域，比如居民生活用气，由于本来天然气的比重就比较大，因此政策情景下增加的幅度有限，而有些领域，例如发电和采暖，由于对价格敏感程度高，因此增加的幅度相对较大。

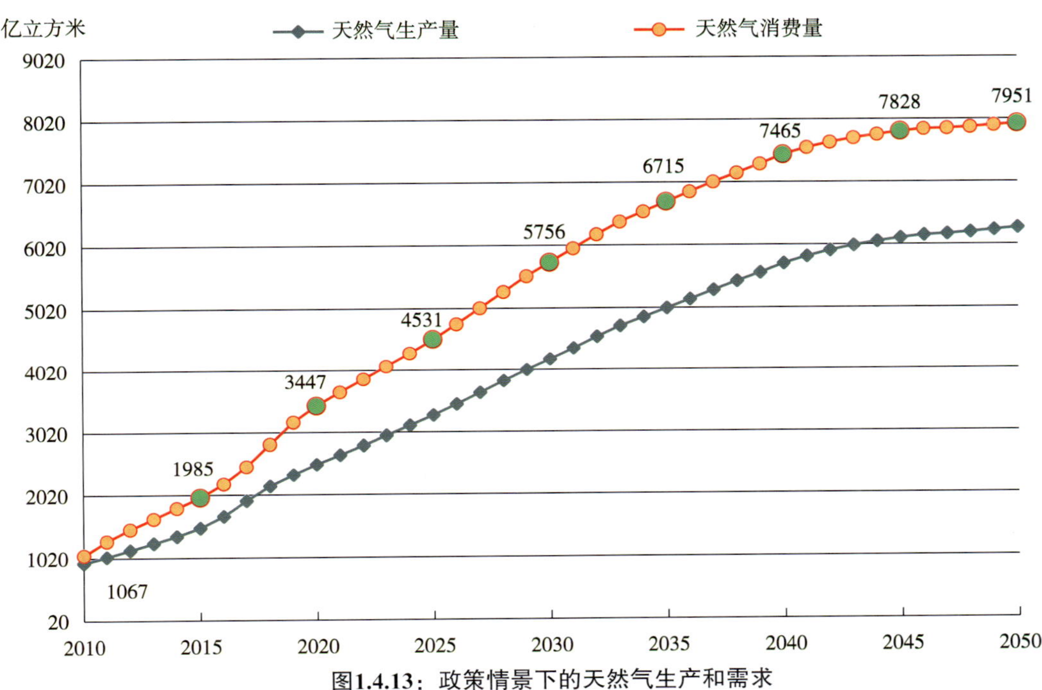

图1.4.13：政策情景下的天然气生产和需求

资料来源：模型计算结果。

在政策情景下，中国对天然气的需求有望在2020年达到到3447亿立方米，正好达到"十二五"规划所制定的3500亿立方米的目标。到2030年天然气消费量有望达到5800亿立方米水平，到2050年接近8000亿立方米的水平。

（二）政策情景下天然气消费增长对污染物减排的效果

政策情景下，由于天然气需求有较大幅度增长，并主要替代了一部分煤的使用，因此对由于燃煤使用带来的许多污染物排放具有一定的控制效果。

按照每燃烧一吨标准煤排放二氧化碳2.46吨，排放二氧化硫8.5公斤，排放氮氧化物7.4公斤（近零排放时，每燃烧一吨标煤分别排放二氧化硫0.14公斤，排放氮氧化物1.12公斤）计算，在政策情景下，2030年天然气消费量从2014年的1830亿立方米增加到5756亿立方，按等热值计算至少可替代5.22亿吨标煤，按此计算，2030年共可减少排放

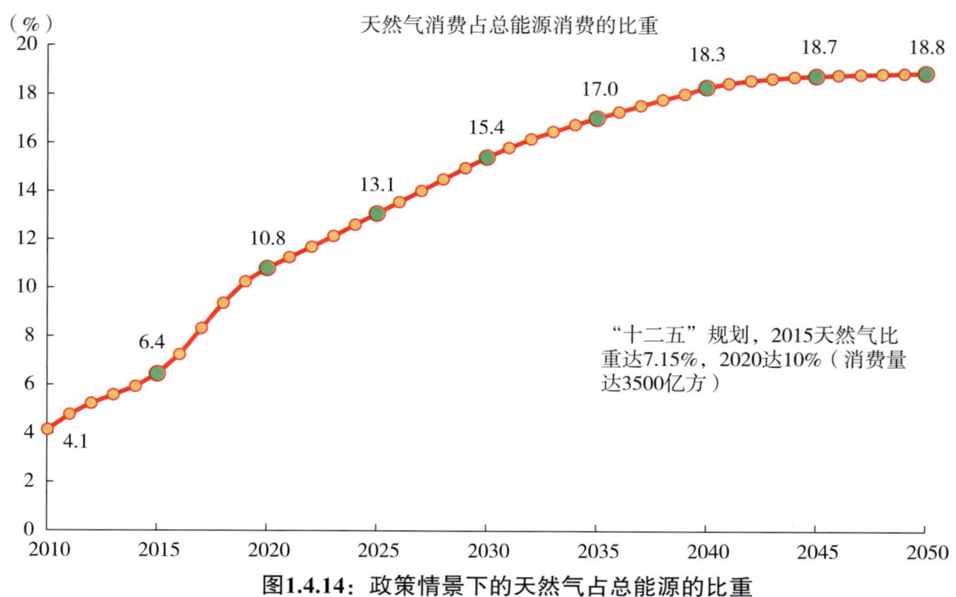

图1.4.14：政策情景下的天然气占总能源的比重

资料来源：模型计算结果。

二氧化碳4.18亿吨，减排二氧化硫435.4万吨（20%替代近零排放的燃煤发电，80%替代分散用煤，下同），占2013年全国排放二氧化硫总量2043.9万吨的21.3%，减少氮氧化物排放233.9万吨，占2013年全国氮氧化物排放总量2227.4万吨的10.5%。而2020年可减少排放二氧化碳1.72亿吨，减少二氧化硫179.4万吨，减少氮氧化物排放96.4万吨。

政策情景下可以显著减少温室气体排放。在基准情景下，由于温室化石能源消费中国每年排放的二氧化碳总量在“十三五”以至2030年仍持续增长。2015年化石能源导致的温室气体排放预计达95.1亿吨（由于碳汇等因素，化石能源消费导致的温室气体排放并不等于全国总的排放量），2020年接近105亿吨，年均增长1.93%，到2030年接近110亿吨，2020～2030年间年均增长0.95%，到2033年达到峰值，约为110.8亿吨，以后会逐渐减少。在政策情景下，由于总体化石能源消费有大幅度减少，由此带来的温室气体排放也显著降低。2015年预期比基准情景减少排放约4.0亿吨，2020–2030年间年均减少排放二氧化碳达17亿吨左右。

（三）政策情景下天然气需求的主要领域

在政策情景下，对天然气总需求增长较快的领域仍然是对成本和价格经线路敏感的几个行业，即天然气发电、交通运输和天然气化工这三个行为一，其余行业包括居民生活，对天然气的消费需求变化相对较小。例如，政策情景与基准情景相比较，到2050年居民生活了才会增加50亿立方米，而2030年，天然气发电可以比基准情景的消费量提高450亿立方米，天然气采暖（制热）同样是一个潜力巨大而且对成本非常敏感的需求领域，在政策情景下，到2030年有望增加300亿立方米的消费量。

根据模拟结果，政策情景下2030年中国天然气消费量将达到5756亿立方米左右，其中：城市燃气（含车船运输）占35%，发电占32%，工业燃料占27%，化工占6%。在城市燃气行业主要是用于居民炊事、生活热水，公共服务设施（机场、政府机关、职工食堂、幼儿园、学校、宾馆、酒店、餐饮业、商场、写字楼等）用气、采暖用气、中央空调用气以及汽车、船舶用气。在工业燃料领域，天然气被用作各行业燃料炉的燃料，包括陶瓷、玻璃、钢铁、石化、纺织、氧化铝、钛白粉、耐火材料、碳素等行业；在化工行业，天然气主要是用作合成氨、甲醇、制氢等的原料。在发电行业，天然气用于调峰电厂、热电厂以及分布式能源用户。因此天然气的潜在需求量是十分巨大的。

表1.4.5　　按主要应用领域划分的天然气消费　　亿立方米

主要应用领域		2013年		2030年		增长幅度
		消耗量	所占比例	消耗量	所占比例	
城市燃气	居民生活	181	11.0%	520	9.03%	187%
	商业服务	104	6.3%	300	5.21%	188%
	集中采暖	97	5.9%	360	6.25%	271%
车船运输	CNG出租车	59	3.6%	160	2.78%	171%
	CNG公交车	32	1.9%	90	1.56%	181%
	LNG货运车	33	2.0%	550	9.56%	1567%
	LNG船舶			45	0.78%	
天然气发电	调峰电厂	157	9.5%	640	11.12%	308%
	热电厂	126	7.6%	1060	18.42%	741%
	分布式能源	4	0.2%	130	2.26%	3150%
工业燃料		606	36.7%	1540	26.75%	154%
天然气化工	合成氨	152	9.2%	185	3.21%	22%
	甲醇	61	3.7%	106	1.84%	74%
	制氢等	41	2.5%	70	1.22%	71%
天然气消费总量		1653	100%	5756	100%	248%

资料来源：模型计算结果。

（四）2030年中国天然气市场的需求曲线

1.替代能源价格体系预计

根据国际油价的长期走势判断，国际原油价格取80美元/桶水平作为分析的基础。

表1.4.6　各省天然气替代能源价格表（国际原油价格80美元/桶）

序号	区域	煤价格	燃料油价格	石脑油价格	93#汽油零售价格	0#柴油零售价格	小瓶装LPG价格	大瓶装LPG价格	工业用电价格	居民用电价格
		（元/t）			（元/L）		（元/kg）		（元/kwh）	
1	新疆	316	2553	7096	5.86	5.74	7.19	6.83	0.36	0.53
2	甘肃	507	2553	7155	6.01	5.85	7.24	6.88	0.46	0.51
3	青海	519	2553	7252	6.00	5.86	7.24	6.88	0.36	0.45
4	西藏	507	2727	7083	6.00	5.86	8.20	7.79	0.36	0.45
5	宁夏	478	2553	6959	6.03	5.83	5.76	5.48	0.43	0.45
6	陕西	450	2553	7126	6.01	5.83	6.30	5.98	0.55	0.50
7	山西	460	2595	6988	6.08	5.88	7.62	7.24	0.50	0.48
8	内蒙古	444	2595	7080	6.04	5.83	7.62	7.24	0.48	0.47
9	河南	565	2594	6990	6.04	5.85	6.86	6.52	0.60	0.56
10	湖北	628	2594	6993	6.04	5.85	8.49	8.07	0.60	0.57
11	湖南	606	2594	6997	6.08	5.90	8.03	7.63	0.65	0.59
12	江西	666	3722	6990	6.07	5.88	6.85	6.51	0.65	0.60
13	安徽	674	3722	6985	6.06	5.87	6.93	6.58	0.65	0.57
14	云南	539	2727	7018	6.18	5.98	7.62	7.24	0.48	0.48
15	贵州	506	2727	6991	6.16	5.95	8.20	7.79	0.51	0.46
16	四川	561	2727	7028	6.19	6.02	7.28	6.91	0.58	0.47
17	重庆	534	2727	6974	6.19	6.01	6.98	6.64	0.63	0.52
18	广东	675	3548	6992	6.09	5.89	8.23	7.82	0.69	0.61
19	广西	677	3548	7000	6.14	5.94	8.44	8.02	0.59	0.53
20	福建	661	3722	6982	6.08	5.89	7.98	7.58	0.61	0.45
21	海南	678	3548	6960	6.14	5.94	8.19	7.78	0.66	0.61
22	江苏	632	3722	6978	6.07	5.86	7.40	7.03	0.64	0.53
23	浙江	701	3722	6978	6.07	5.88	8.14	7.73	0.65	0.54
24	上海	615	3722	6946	6.35	6.24	7.20	6.84	0.69	0.62
25	北京	580	2595	6953	6.36	6.26	7.62	7.24	0.62	0.49
26	天津	580	2595	6950	6.03	5.83	7.62	7.24	0.63	0.49
27	河北	596	2595	6993	6.03	5.83	7.02	6.67	0.56	0.52
28	山东	556	3722	6988	6.03	5.84	7.81	7.42	0.67	0.55
29	辽宁	499	2891	7352	6.03	5.83	7.47	7.09	0.53	0.50
30	吉林	645	2891	7320	6.03	5.83	6.51	6.18	0.58	0.53
31	黑龙江	623	2891	7394	6.03	5.83	6.33	6.01	0.58	0.51

2.2030年的天然气市场需求曲线

将中国2030年天然气需求预测5756亿立方米分解到31个省16类用户，对各省每类用户根据当地的替代能源价格进行天然气终端价格承受能力评价，并将其换算到上海基准点的价格，按上海基准点的价格承受能力从高到低将天然气需求量进行累加获得中国2030年天然气市场需求曲线。

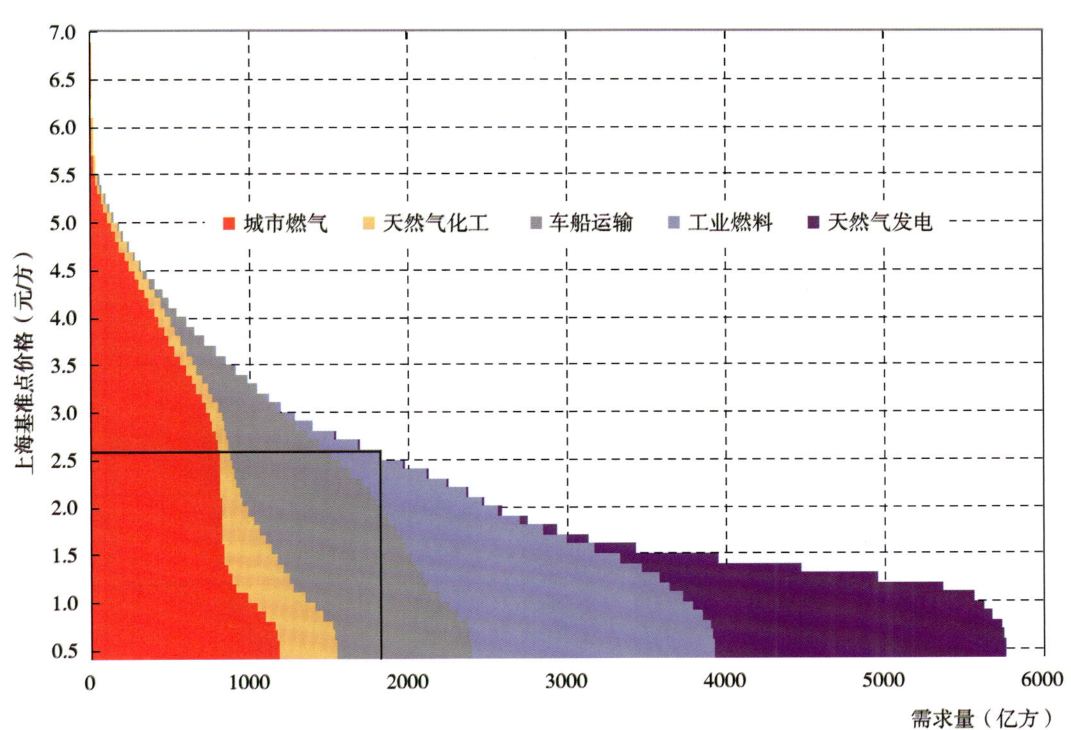

图1.4.15：中国2030年天然气市场需求曲线

3.实现5756亿立方的天然气消费需要采取多种综合政策措施

如果不采用碳定价政策，要实现2030年5756亿立方米的天然气消费，就需要采取其他一系列政策措施。根据2013年国家发布的天然气价格改革方案，按国际原油价格80美元/桶测算中国天然气上海基准价格为2.6元/立方米。从天然气市场有效需求曲线上看，2030年中国天然气计划消费天然气量为5756立方米，对应上海基准价格2.6元/立方米的有效需求量为2067亿立方米，占预测总消费量的32%。城市集中采暖、发电、合成氨、甲醇以及大部分工业燃料用天然气消费量在上海基准价格2.6元/立方米条件下均无法成为有效需求量。

表1.4.7　　2030年中国天然气市场需求　　亿立方米

主要应用领域		2030年		2030年市场需求（无政策措施）		实现程度
		消耗量	所占比例	消耗量	所占比例	
城市燃气	居民生活	520	9.03%	516	28.30%	99%
	商业服务	300	5.21%	292	16.02%	97%
	集中采暖	360	6.25%			
车船运输	CNG出租车	160	2.78%	160	8.77%	100%
	CNG公交车	90	1.56%	90	4.93%	100%
	LNG货运车	550	9.56%	366	20.09%	67%
	LNG船舶	45	0.78%	10	0.57%	23%
天然气发电	调峰电厂	640	11.12%			
	热电厂	1060	18.42%			
	分布式能源	130	2.26%			
工业燃料		1540	26.75%	315	17.29%	20%
天然气化工	合成氨	185	3.21%			
	甲醇	106	1.84%	2	0.12%	2%
	制氢等	70	1.22%	70	3.84%	100%
天然气消费总量		5756	5756	100%	1824	100%

资料来源：计算结果。

在现行能源比价条件下，通过市场机制无法实现5756亿立方米天然气的消费目标，必须通过系统的政策设计，反映天然气的环境价值和社会价值。

第五章 中国天然气利用政策的分析及改革建议

一、中国天然气利用政策的演变

（一）鼓励消费阶段

在1997年靖边到北京的天然气管道投产之前，中国天然气管道长度超过350千米的只有向香港供气的崖港线（崖城–香港，778千米）。由于缺少跨区域的天然气管道，所以天然气主要是“就近利用”。当时中国最重要的两个天然气市场，一个是四川，一个是东北。四川盆地很早就有开发利用天然气的历史，管网比较发达，而东北地区的油气田可以生产高质量的石油伴生气。天然气最主要的用途是天然气化工，以天然气为原料生产甲醇和化肥；大量伴生天然气被放空，或者被油田企业自己在石油生产中消费掉；城市燃气和工业燃料用气限于产地周边地区，只占全部天然气消费量的一小部分（见表1.5.1）。

表1.5.1　　1998年中国天然气消费构成（香港除外）

项目	化工用气	工业燃料	城市燃气	油田生产	其他	合计
消费量（亿方）	89.64	18.53	24.12	56.68	13.6	202.57
比例	44.5%	9.1%	11.9%	28%	6.5%	100%

资料来源：国家统计局。

1990年代中国天然气勘探获得重大成果，新发现和探明证实9个大气田和32个中型气田，基本形成四川、鄂尔多斯、塔里木、柴达木、东海和莺–琼六大气区，其中靖边天然气田为特大型气田，探明地质储量2909亿方。大量天然气资源的发现，推动了天然气长输管道的建设，包括陕气进京、西气东输、川气东送、海气登陆等，天然气供应量增加。2003年国际能源署指出，开发中国天然气市场必须克服许多障碍，首先是建立天然气需求。当时，天然气行业面临的主要问题是与廉价的煤炭竞争，创造天然气需求，而不是限制天然气利用。

（二）限制利用阶段

以西气东输工程一线的建成为标志，中国天然气市场从区域性市场变成全国性市场，天然气产区外需求得以释放，消费量迅速增加。天然气市场供需形势发生逆转，从过去所担心的消费不足转变为供不应求。2005年，国家发展改革委试图用价格手段对天然气利用加以调控，决定改革天然气出厂价格形成机制，适当提高天然气出厂价格，促进节约用气、优化用气结构、促进天然气工业的持续健康发展、保证国内天然气市场供应。根据通知，各油田生产的计划外天然气为二档气，执行980元/千立方米的政府指导价，上浮不超过10%，下浮不限；一档气价格适当提高，执行政府指导价，上下浮动10%（见表1.5.2）。

表1.5.2　　2005年调整后的天然气价格　　元/千立方米

		川渝气田	长庆气田	青海油田	新疆各油田	其他油田
一档气	化肥用气	690	710	660	560	660
	工业用气	875	725	660	585	920
	城市燃气	920	770	660	560	830
二档气	980					

2005年天然气价格调整，未能有效遏制天然气需求的快速增长。特别是由于气价相对较低，天然气产地及周边地区发展天然气化工的积极性很高，有的地方盲目发展附加值低、产业链短的甲醇、化肥项目。为了缓解供需矛盾，优化天然气使用结构，促进节能减排，国家发展改革委于2007年8月发布天然气利用政策，把天然气利用划分为优先类、允许类、限制类和禁止类，直接对天然气利用领域进行干预，确保天然气优先使用于环保效益高的城市燃气领域（见表1.5.3）。

表1.5.3　　2007年天然气利用政策

利用顺序	利用领域	
优先类	城市燃气	1. 城镇（尤其是大中城市）居民炊事、生活热水等用气 2. 公共服务设施（机场、政府机关、职工食堂、幼儿园、学校、宾馆、酒店、餐饮业、商场、写字楼等）用气 3. 天然气汽车（尤其是双燃料汽车） 4. 分布式热电联产、热电冷联产用户
允许类	城市燃气	1. 集中式采暖用气（指中心城区的中心地带） 2. 分户式采暖用气 3. 中央空调
	工业燃料	4. 建材、机电、轻纺、石化、冶金等工业领域中以天然气代油、液化石油气项目 5. 建材、机电、轻纺、石化、冶金等工业领域中环境效益和经济效益较好的以天然气代煤气项目 6. 建材、机电、轻纺、石化、冶金等工业领域中可中断的用户

续表

利用顺序		利用领域
允许类	天然气发电	7. 重要用电负荷中心且天然气供应充足的地区，建设利用天然气调峰发电项目
	天然气化工	8. 对用气量不大、经济效益较好的天然气制氢项目 9. 以不宜外输或上述一、二类用户无法消纳的天然气生产氮肥项目
限制类	天然气发电	1. 非重要用电负荷中心建设利用天然气发电项目
	天然气化工	2. 已建合成氨厂以天然气为原料的扩建项目、合成氨厂煤改气项目 3. 以甲烷为原料，一次产品包括乙炔、氯甲烷等的碳一化工项目 4. 除第二类第9项以外的新建以天然气为原料的合成氨项目
禁止类	天然气发电	1. 陕蒙晋皖等十三个大型煤炭基地所在地区建设基荷燃气发电项目
	天然气化工	2. 新建或扩建天然气制甲醇项目 3. 以天然气代煤制甲醇项目

（三）放宽限制阶段

为了满足国内不断增长的天然气需求，中国政府采取了多种政策措施，一方面通过天然气利用政策限制天然气发电、化工等大规模用气项目，另一方面调高天然气价格，鼓励天然气生产和进口。2002年到2012年，中国天然气产量从327亿方增加到1072亿方，提高两倍多。同时，中国还积极引进境外资源，2006年5月25日第一船来自澳大利亚西北大陆架的LNG进入深圳大鹏湾，标志着中国进口天然气时代的开启。2010年，中亚管道开始向中国供气。2013年，又投产了中缅天然气进口管道。根据天然气发展“十二五”规划，到2015年中国天然气年进口量将达到935亿方，占全部天然气供应量的1/3。随着国内天然气上产，境外天然气引进，天然气资源量快速增加，中国天然气供应紧张形势有所缓解。

2012年10月，国家发展改革委修改天然气利用政策（见表1.5.4），放宽个别领域的天然气利用限制。

第一，在政策目标上不再强调缓解供需矛盾，增加了发展低碳经济和提高天然气在一次能源结构中的比重，具有鼓励利用的指示意义；

第二，放宽对天然气发电的限制，除了保留禁止在“陕、蒙、晋、皖等十三个大型煤炭基地所在地区建设基荷燃气发电项目（煤层气（煤矿瓦斯）发电项目除外）”，其他天然气发电项目由原来的允许、限制调整为优先、允许；

第三，放宽对天然气用作工业燃料的限制，把原属于允许类的集中采暖用气以及建材、机电、轻纺、石化、冶金等工业领域中可中断的用户，由原来的允许调整为优先。

表1.5.4　　　　　　　　　　**2012年天然气利用政策**

<table>
<tr><th>利用顺序</th><th colspan="2">利用领域</th></tr>
<tr><td rowspan="3">优先类</td><td>城市燃气</td><td>1. 城镇（尤其是大中城市）居民炊事、生活热水等用气
2. 公共服务设施（机场、政府机关、职工食堂、幼儿园、学校、医院、宾馆、酒店、餐饮业、商场、写字楼、火车站、福利院、养老院、港口、码头客运站、汽车客运站等）用气
3. 天然气汽车（尤其是双燃料及液化天然气汽车），包括城市公交车、出租车、物流配送车、载客汽车、环卫车和载货汽车等以天然气为燃料的运输车辆
4. 集中式采暖用户（指中心城区、新区的中心地带）
5. 燃气空调</td></tr>
<tr><td>工业燃料</td><td>6. 建材、机电、轻纺、石化、冶金等工业领域中可中断的用户
7. 作为可中断用户的天然气制氢项目</td></tr>
<tr><td>其他用户</td><td>8. 天然气分布式能源项目（综合能源利用效率70%以上，包括与可再生能源的综合利用）
9. 在内河、湖泊和沿海航运的以天然气（尤其是液化天然气）为燃料的运输船舶（含双燃料和单一天然气燃料运输船舶）
10. 城镇中具有应急和调峰功能的天然气储存设施
11. 煤层气（煤矿瓦斯）发电项目
12. 天然气热电联产项目</td></tr>
<tr><td rowspan="4">允许类</td><td>城市燃气</td><td>1. 分户式采暖用户</td></tr>
<tr><td>工业燃料</td><td>2. 建材、机电、轻纺、石化、冶金等工业领域中以天然气代油、液化石油气项目
3. 建材、机电、轻纺、石化、冶金等工业领域中以天然气为燃料的新建项目
4. 建材、机电、轻纺、石化、冶金等工业领域中环境效益和经济效益较好的以天然气代煤项目
5. 城镇（尤其是特大、大型城市）中心城区的工业锅炉燃料天然气置换项目</td></tr>
<tr><td>天然气发电</td><td>6. 除第一类第12 项、第四类第1 项以外的天然气发电项目</td></tr>
<tr><td>天然气化工</td><td>7. 除第一类第7 项以外的天然气制氢项目；其他用户
8. 用于调峰和储备的小型天然气液化设施</td></tr>
<tr><td>限制类</td><td>天然气化工</td><td>1. 已建的合成氨厂以天然气为原料的扩建项目、合成氨厂煤改气项目
2. 以甲烷为原料，一次产品包括乙炔、氯甲烷等小宗碳一化工项目
3. 新建以天然气为原料的氮肥项目</td></tr>
<tr><td rowspan="2">禁止类</td><td>天然气发电</td><td>1. 陕、蒙、晋、皖等十三个大型煤炭基地所在地区建设基荷燃气发电项目[煤层气（煤矿瓦斯）发电项目除外]</td></tr>
<tr><td>天然气化工</td><td>2. 新建或扩建以天然气为原料生产甲醇及甲醇生产下游产品装置
3. 以天然气代煤制甲醇项目</td></tr>
</table>

二、“优化”用气结构与天然气利用政策

中国天然气利用政策明确提出，政策目标之一是优化天然气使用结构。然而，究竟怎样才是“优化的”用气结构，应该如何实现用气结构的“优化”？

（一）中国天然气使用结构

天然气使用结构是指不同领域消费的天然气在消费总量中所占的比例。2000年以前，由于缺少跨区域管网，油田生产自用和油气田周边化工用气占中国天然气消费的绝大部分，城市燃气和发电用气仅占很小的比例（见表1.5.5）。随着长距离输气管道的建成投产，用气区域从油气田周边向经济发达的中东部地区扩展，用气领域也实现了多样化（见表1.5.5）。2013年，中国天然气消费总量1660亿立方米中，城市燃气（含车船运输用气）和工业燃料消费合计占消费总量的67%。

表1.5.5　2003～2011年中国天然气使用结构　亿方

	2003	2004	2005	2006	2007	2008	2009	2010	2011
油田自用	79.44	72.77	78.88	77.44	85.59	104.41	117.40	129.55	126.04
发电供热	7.54	12.74	18.78	29.49	70.74	73.92	127.91	180.80	215.90
工业燃料	45.71	70.22	89.69	99.62	116.29	153.24	155.75	183.29	264.5
化工原料	128.13	122.90	141.44	177.42	207.05	200.03	176.84	187.28	233.48
交通运输	18.82	26.16	38.01	47.24	46.88	71.55	91.07	106.70	138.35
商业用气	6.85	9.18	10.79	13.16	17.11	17.75	23.96	27.24	33.64
居民生活			79.43	102.63	143.39	170.10	177.70	226.90	264.38
其他用气		14.14	9.12	12.77	16.09	20.92	23.64	26.00	27.14
合计	286.49	328.11	466.14	559.77	703.14	811.92	894.27	1067.76	1303.46

（二）世界各国天然气使用不存在标准的“优化”结构

1998年，化工用气占中国天然气消费的44.5%（见表1.5.5）。2007年，这一比例下降到30%。2007年天然气利用政策提出，中国天然气使用结构不合理，主要表现为化工用气所占比例过高，因此天然气化工属于应受限制和禁止的用气领域。2011年，化工用气在中国天然气消费中所占比例下降到18%，2013年进一步下降到15%。2012年国家发展改革委颁布的天然气利用政策，其政策目标仍然包括优化用气结构、限制和禁止化工用气。

世界各国天然气利用结构可以分为三种类型：结构均衡型、发电为主型和城市燃气为主型。美国是典型的结构均衡型，城市燃气、发电和工业用气（含工业燃料和化工用气）基本上各占三分之一。日本、韩国、俄罗斯等国，天然气利用的主要领域是发电。以日本为例，2010年天然气消费945亿方，其中60%用于发电。2011年福岛核事故以后，天然气发电所占比例更高。西欧国家荷兰、英国等，天然气消费以城市燃气为主。2010年，荷兰天然气消费436亿方，其中城市燃气占56%，工业燃料占33%，发电用气占11%[①]。从中国天然气产业发展历史和世界其他国家经验来看，天然气使用并不存在标准的“优化”结构。

虽然天然气使用并不存在标准的“优化”结构，但并非不存在“优化”天然气使用结构的标准。国家发展改革委在天然气利用政策中提出了优化天然气使用结构的三项标准，即社会效益、环保效益和经济效益。天然气利用政策没有对社会效益、环保效益和经济效益如何评估进行界定，但从其对天然气利用顺序的规定来看，所谓社会效益应该是指方便人民生活，保障居民用气，避免供气短缺引起社会恐慌，因此城镇居民炊事、生活热水等用气被列为最优先供气领域；环保效益是指有利于节能减排，因此天然气汽车、集中供暖、工业燃料、分布式能源、热电联产等被列入优先和允许范围；经济效益是指天然气销售收益，是确定天然气利用顺序的最后考虑因素。“优化”的天然气使用结构，应该是天然气社会效益、环保效益和经济效益总值的最大化。

（三）市场价格调节自然会对天然气使用结构进行“优化”

为了“优化”天然气使用结构，国家发展改革委颁布天然气利用政策，按不同用气领域规定优先、允许、限制和禁止，规定天然气利用顺序。华贲（2008）分析了发电、城市燃气、工商业燃料、交通燃料和化工原料等5个天然气下游市场的容量、价格承受能力，试图从经济可行性上对天然气利用领域进行论证，主要结论是：在天然气和煤等热值比价超过2.5的条件下，联合循环发电无法同煤电的基荷竞争，只能用于调峰发电；城市燃气对天然气价格承受能力较强，但用气量有限；工商业用气是天然气下游最大市场，集约化冷热电联供（CCHP）提高了天然气价格承受能力，是当前中国天然气高效利用的关键；LNG作为车用燃料具有比较优势；天然气与煤相比，作为化工原料是不经济的。按照华贲的论证结果，根本不需要国家出台天然气利用政策，价

① 吴灿奇.未来十年我国天然气利用趋势探讨[J].国际石油经济，2012：1-2。

格调节自然会对天然气使用结构进行“优化”，因为天然气发电和天然气化工是不经济的。

然而，在天然气化工问题上，天然气生产企业和天然气产地政府可能有不同的计算方法。对于天然气生产企业来说，由于天然气销售价格受政府管制，对外销售天然气收入有限，还要承担调峰和保供责任；而在油气田周边发展天然气化工用气稳定，不含运费的天然气原料成本不高，化工产品价格不受管制，企业能够得到更多收入。对于天然气产地政府来说，本地生产的天然气销售到外地，地方仅能获得微薄的资源税收益（销售价格的5%）。如果在当地发展天然气化工，不仅有利于增加当地税收和就业，还能带动当地经济发展。因此，算经济账，天然气生产企业和天然气产地政府更有理由发展天然气化工。

“优化”天然气使用结构的根本途径是改革天然气税收、环境保护等相关政策，理顺天然气价格机制，协调天然气利用的社会效益、环境效益和经济效益，使社会效益、环境效益好的天然气利用项目，企业也能获得较好的经济效益，尽量减少政府对具体市场行为的行政干预。美国1950年代中期到1980年代中期对天然气市场进行干预的经验表明，无论是价格管制还是使用限制，都不利于天然气产业的健康发展。

三、天然气利用与天然气价格管制

（一）中国天然气价格管制政策

由于天然气市场垄断结构的存在，市场价格机制难以形成，中国一直对天然气价格实行政府管制（周建双、王建良，2010）。上游企业销售天然气的价格受国家发展改革委管制，下游企业销售天然气的价格由地方人民政府物价管理部门制定。2013年6月天然气价格改革之前，国家发展改革委参照替代能源价格确定天然气出厂指导价（上浮不超过10%，下浮不限），并对不同用途的天然气实行差别定价。2013年天然气价格改革，国家发展改革委确定参照替代能源价格，考虑天然气市场资源主体流向与管输费用，按照市场净回值，确定城市门站最高价格。城市门站价格暂定每年调整一次，不再区分天然气的不同用途，三年内实现存量气和增量气的价格并轨。2014年下半年，国际石油价格大幅度下跌，根据2013年确定的调价公式，2015年2月28日国家发展改革委发布《关于理顺非居民用天然气价格的通知》，实现存量气和增量气价格并轨，试点放开职工用户用气门站价格，调整后的各省份天然气最高门站价格见表1.5.6。

表1.5.6　　2015年价格调整后各省（区、市）天然气最高门站价格

单位：元/亿方（含增值税）

省份	最高门站价格	省份	最高门站价格
北京	2700	湖北	2660
天津	2700	湖南	2660
河北	2680	广东	2880
山西	2610	广西	2710
内蒙古	2040	海南	2340
辽宁	2680	重庆	2340
吉林	2460	四川	2350
黑龙江	2460	贵州	2410
上海	2880	云南	2410
江苏	2860	陕西	2040
浙江	2870	甘肃	2130
安徽	2790	宁夏	2210
江西	2660	青海	1970
山东	2680	新疆	1850
河南	2710		

资料来源：发改价格〔2015〕351号，国家发展改革委关于理顺非居民用天然气价格的通知。

（二）管制低价对天然气利用的影响

2013年6月之前，国家发展改革委对不同用途的天然气实行差别定价（见表1.5.7），但这个差价体系和当时的天然气利用政策存在某种程度的冲突。例如，化工用气属于政策禁止的用气领域，但为了抑制化肥价格，对化肥用气规定了较低的供气价格，释放的是鼓励使用价格信号。城市燃气（非工业）是天然气利用政策中优先用气的领域，也规定了较低的供气价格。然而，较低的价格虽然有利于增加市场需求，却不利于鼓励供给。在天然气市场总体供不应求的形势下，上游企业出于经济效益的考虑，选择优先供应价格较高、用气稳定的工业用气，实际上并不利于城市燃气的发展。

表1.5.7　　2010年5月调价后国内陆上天然气出厂（首站）基准价

油气田	用户种类	出厂基准价（元/10^3m^3）
川渝气田	化肥	920
	直供工业	1505
	城市燃气（工业）	1550
	城市燃气（除工业）	1150
长庆油田	化肥	940
	直供工业	1355
	城市燃气（工业）	1400
	城市燃气（除工业）	1000
青海油田	化肥	890
		1290
	城市燃气（工业）	1290
	城市燃气（除工业）	890
新疆各油田	化肥	790
	直供工业	1215
	城市燃气（工业）	1190
	城市燃气（除工业）	790
大港、辽河、中原各油田	化肥	940
	直供工业	1570
	城市燃气（工业）	1570
	城市燃气（除工业）	1170
其他油田	化肥	1210
	直供工业	1610
	城市燃气（工业）	1610
	城市燃气（除工业）	1210
西气东输	化肥	790
	直供工业	1190
	城市燃气（工业）	1190
	城市燃气（除工业）	790
忠武线	化肥	1141
	直供工业	1541
	城市燃气（工业）	1541
	城市燃气（除工业）	1141
陕京线	化肥	1060
	直供工业	1460
	城市燃气（工业）	1460
	城市燃气（除工业）	1060
川气东送		1510

资料来源：发改电〔2010〕211号，国家发展改革委关于提高国产陆上天然气出厂基准价格的通知。

在政府严格管制下，中国天然气价格长期处于较低水平。2012年中国陆上天然气不含税出厂价平均为1.06元/立方米（含税价为1.2元/立方米），相当于同期WTI原油价格的1/4，进口液化石油气（LPG）到岸价格的1/4，进口燃料油到岸价格的1/3，进口中亚天然气到岸价格的1/2，进口卡塔尔LNG到岸价格的1/4。2012年中国36个大中城市居民用气的平均价格为每立方米2.43元，而同期液化石油气平均价格为7.65元/公斤，居民用电价格为0.53元/度。按照天然气热值8000千卡/立方米、液化石油气热值12000千卡/公斤、电热值860千卡/度测算，天然气等热值价格仅为液化石油气的48%、电的49%。较低的天然气价格虽然短期内有利于促进天然气推广使用，但不能反映清洁高效能源的市场价值，造成天然气市场盲目扩张、天然气资源低效利用，抑制非常规天然气、进口天然气等高成本气源的开发，加剧市场供需矛盾，影响资源供应和天然气市场的持续健康发展。

（三）管制高价对天然气利用的影响

2013年天然气价格改革，解除了对占市场供应总量1/6的LNG、非常规天然气等高成本气源的价格管制，实现市场定价；对占市场供应总量5/6的国产天然气和管道气仍然实行政府定价。根据2013年天然气价格调整方案，增量气一步调整到可替代能源价格85%的水平，并不再按用途进行分类，存量气每千立方米提高400元，居民用气价格暂时不作调整（见表1.5.8）。在天然气市场总体供应不足的形势下，解除高成本气源的价格管制，适当提高天然气管制价格，有利于增加市场供给，缓和供需矛盾，但不利于鼓励天然气消费，造成天然气市场需求不足。

表1.5.8　　2013年价格调整后各省份天然气最高门站价格　　单位：元/千立方米

省份	存量气	增量气	省份	存量气	增量气
北京	2260	3140	湖北	2220	3100
天津	2260	3140	湖南	2220	3100
河北	2240	3120	广东	2740	3320
山西	2170	3050	广西	2570	3150
内蒙古	1600	2480	海南	1920	2780
辽宁	2240	3120	重庆	1920	2780
吉林	2020	2900	四川	1930	2790
黑龙江	2020	2900	贵州	1970	2850
上海	2440	3320	云南	1970	2850

续表

省份	存量气	增量气	省份	存量气	增量气
江苏	2420	3300	陕西	1600	2480
浙江	2430	3310	甘肃	1690	2570
安徽	2350	3230	宁夏	1770	2650
江西	2220	3100	青海	1530	2410
山东	2240	3120	新疆	1410	2290
河南	2270	3150			

资料来源：发改价格〔2013〕1246号，国家发展改革委关于调整天然气价格的通知

2013年调价涉及的存量气数量为1120亿方，增量气数量仅为110亿方，两者的比重为91%和9%。增量气虽然所占比例不大，但提价幅度较高，直接影响天然气市场需求增长。以北京市门站价格3.14元/方为例，按同等热值计算，约为煤炭价格（热值5500千卡/千克，620元/吨）的3.5倍，燃料油价格（热值10000千卡/千克，4520元/吨）的0.87倍，LPG价格（热值12000千卡/千克，6700元/吨）的0.70倍。考虑到较高的配送成本，天然气价格竞争力减弱。2014年，中国经济发展进入“新常态”，经济增速放缓，煤炭价格下跌和丰富的水资源发电对发电用气需求造成挤压，天然气消费增长明显低于预期，仅比上年增长8.9%，远低于过去十年17.4%的平均增速。

（四）解除天然气价格管制将使天然气利用政策退出历史舞台

政府管制的天然气价格，无论是管制低价还是管制高价，都不利于市场供需的自我平衡和天然气产业可持续发展。美国和中国天然气行业管理的经验都表明，正是由于政府实行的天然气价格管制造成了市场供需严重失衡，最后政府不得不对天然气利用采取直接干预措施。而美国经验也表明，随着价格管制的解除，市场在资源配置中发挥作用，会自动实现天然气利用社会效益、经济效益的最大化。要实现天然气利用政策的环保效益目标，增加高污染燃料的污染治理成本更为直接有效。

在天然气利用领域中，居民用气价格承受水平最高，对气价变化不敏感。据统计，2012年全国天然气家庭用户户均用气量仅为17.85方/月，北京市户均用气量18.5方/月。按照城市门站气价3.14元/方，加上配气价格和调峰费用，居民用气价格不会超过5元/方。实际上，由于天然气和电之间的竞争，在居民用电价格为0.54元/度的情况

下，如果居民用气价格如果超过5元/方，家庭用户将放弃使用天然气。即使按照5元/方计算，北京市户均天然气费仅为90元/月，而北京市城镇居民2013年人均可支配收入为40321元，天然气消费占家庭收入的比例不足1%。

天然气与煤炭相比，作为工业燃料有其自身的优势，如单位热值高、温度上升快、清洁无污染、关停方便等，可以有效解决二氧化硫和酚水排放、焦油处理、烟尘污染等问题，提高陶瓷、玻璃、有色冶金等行业产品质量和经济效益，具有一定的竞争力。相对于中国能源需求，中国天然气资源量有限，天然气不可能完全取代煤。大气污染治理，不能寄望"煤改气"解决问题，更重要的是加强煤炭清洁利用。天然气化工的主要用途是制氨和制甲醇，对天然气价格变化最为敏感，价格承受能力最低。无论是制氨还是制甲醇，天然气作为化工原料都面临煤的激烈竞争。随着煤炭在能源结构中所占比例降低，价格下降，煤化工相对天然气化工的优势更为明显。实行天然气定价市场化，在价格机制作用下，化工用气所占比例自然会降低，无须政府干预。

四、美国1978年《燃料使用法》对中国天然气利用政策的借鉴意义

1978年，美国国会在国际石油危机、国内产量下降和天然气储量面临枯竭的恐慌气氛中，通过了燃料使用法（FUA），限制石油、天然气电厂和工业领域的使用。燃料使用法立法背景和内容与中国国家发展改革委颁布的《天然气利用政策》类似，其对美国天然气产业发展的影响，值得中国天然气产业政策借鉴。

（一）立法背景

为了保护独立生产者和下游用户，防止天然气生产企业与管道公司联合起来谋取垄断利益，美国最高法院1954年对威斯康星州诉菲利普斯石油公司案作出判决，授权联邦动力委员会（FPC）管制州际贸易天然气井口价格。FPC对井口价格实行"历史成本定价"，不考虑储量、替代能源价格、消费量的变化，而且总是照顾消费者的短期利益，严重妨碍了生产者为增加未来供应所必需的投入。1973年，美国天然气产量达到峰值，当年产量6154亿方，然后开始下滑。1978年产量5558亿方，1986年产量最低仅为4547亿方，比高峰期产量下降1/4（见图1.5.1）。

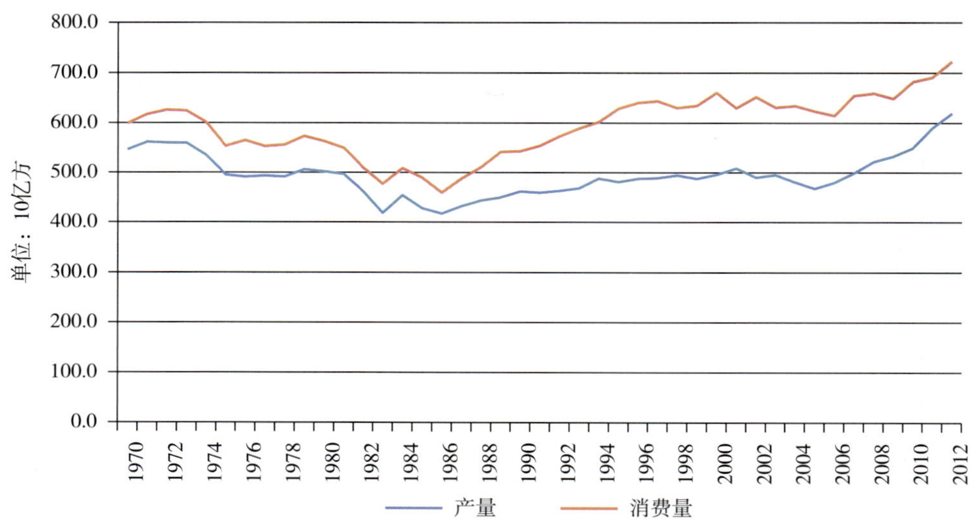

图1.5.1：1970-2012年美国天然气生产和消费量变化

1973年10月爆发的第一次石油危机，造成石油价格暴涨，而天然气仍然实行井口价格控制，使得天然气供应形势更加恶化。价格控制造成的需求增加和供应不足，加上石油危机的影响，最终导致了20世纪70年代美国天然气市场供应短缺。1976年到1977年冬季，天然气短缺最严重时有9000多个工厂被迫停产，75万人失业，中西部和东北部的几百所学校停课，给美国工业生产带来数十亿美元的损失。这一时期被称为美国天然气行业发展史上的“失败时代”。

直接导致燃料使用法出台的，是随产量峰值出现的天然气资源枯竭理论。1976年，埃克森石油公司宣布了一项号称有100多位最优秀的地质学家和地球物理学家参与的权威研究成果，研究结论认为美国天然气全部剩余可发现储量仅为287万亿cf（约8万亿方）。事实上，从1976年到2012年，美国实际生产天然气近20万亿方，2012年底仍有剩余探明储量8.5万亿方。

（二）法律内容

由于美国实行的井口价格管制仅针对州际天然气贸易，州内管道公司采购天然气并不受FPC价格管制，所以在主要的天然气主要输出州并没有发生供应短缺。当冬天临近，北方的学校和商业部门因缺少天然气供应而被迫关门时，德克萨斯州仍在使用天然气替代石油和煤发电，而不是将它向北输送。有人提议解除价格管制，向市场价格转换。不过，两大政党的公用事业官员更相信权威专家提出的资源枯竭理论，他们认为能源枯竭已经开始显现，放开价格而不对天然气“滥用”行为进行管制，“自私”“短视”而且十分愚蠢；把资源保护补贴、终端使用限制和适当的定价规定相结合，可以促进效率、保证公平。

1978年5月，美国国会通过了两个法案：电厂和工业燃料使用法（FUA）和天然气政策法（NGPA）。天然气政策法主要是重新设计了价格管理体制和天然气井的分类体系，提高“老井”天然气价格，部分解除“新井”价格管制。FUA是NGPA的配套法规，授权能源部（DOE）发布命令，限制天然气在特殊工业的利用，力图直接控制天然气的用途。除了明令禁止新建燃气电厂和工业锅炉，FUA还进一步要求工厂免去燃料转换能力，鼓励现有燃气工厂转用其他燃料。1990年以后，禁止电厂和工业锅炉使用天然气。在过渡期内，公用事业的天然气用量限制在1974–1976年能源危机年份消费的气量以内。

（三）实施情况

美国国会制定FUA的过程中，深信美国天然气资源正在枯竭，无论如何也预料不到会再次发生天然气过剩。然而，就在FUA刚刚成为法律时，能源部部长James Schlesinger宣布有1万亿cf预料之外的富裕天然气。不过，他向公众保证，“泡沫”只是暂时的。在泡沫持续期间，能源部支持推迟FUA要求的向煤转换，并鼓励有转换能力的工业燃料用户用“过剩”天然气替代燃油。

由于井口价格放松管制造成天然气供应增加，高气价限制了天然气需求，“照付不议”合同锁定了大量高价天然气，美国天然气市场已经出现供大于求的“泡沫”。随着泡沫经济的持续，FUA对天然气使用的限制，成为加剧市场失衡的一个历史性错误。1981年，国会撤销了FUA对电厂的要求。1987年，国会通过撤销FUA的法案，取消了所有可能抑制天然气消费的每一项规定。

（四）对中国天然气利用政策的借鉴意义

国家发展改革委《天然气利用政策》颁布的背景条件、市场环境和政策内容，与美国1978年燃料使用法十分相似：

第一，中国自2000年以后天然气市场快速成长，天然气需求增加，而国内产量增长缓慢，对进口天然气依赖程度不断提高，和美国1970年代一样存在对未来资源供应不足的担心。

第二，美国在1970年代尚未进行天然气行业改革，管道运输与天然气销售捆绑经营，国家对天然气实行井口价格管制，与中国天然气利用政策颁布时的情景相同。

第三，中国自2000年后多次调整天然气价格，2013年开始实行天然气价格与燃料油、液化石油气价格挂钩，解除对非常规天然气、进口LNG的价格管制，与美国1978年天然气政策法采取的解除“新井”价格管制有同样作用。

第四，在成本较高的情况下，中国非常规天然气开发热情高涨，对外签订大量天然气进口合同，与美国1978年解除“新井”价格管制后大量开发成本较高的“深层气”有共同之处。

第五，美国管道公司遭受了持续十多年的短缺困扰，竞相与高价气源签订“照付不议”的长期合同，以保证满足其下游连续供气用户的要求，给后来的“泡沫”埋下了隐患。中国天然气市场供气模式也是“照付不议”合同，在供应紧张的形势下，地方政府出于对“气荒”的恐惧，“不问价格，只要有气”。

第六，美国受长期供应短缺的影响，工业和公共电力用户1980年用气量比1970年代初削减了20%以上，很多工业用户学会了燃料转换和节能，新建设的电厂几乎全部是燃煤电厂或者核电厂。随着气价不断提高，中国天然气发电难以为继，工业燃料对天然气的热情下降，燃煤电厂宁愿选择煤炭清洁利用而不是“煤改气”。

2013年初预测，中国天然气供需缺口将达220亿方。实际上，由于国家发展改革委6月份对管道气价格大幅度调整，存量气价上调400元/千方，增量气价与替代能源价格挂钩，上调幅度达1380元/千方，许多燃气电厂调整了发电计划，工业企业也减少了用气量。加上冬季气温较高的原因，中石油甚至在冬季向储气库注气，已经出现供给过剩的苗头。美国燃料使用法实施经验在这方面给我们的启示是：及时调整，必要时取消对天然气使用的限制。

五、促进天然气利用的政策建议

来自环境保护和减少碳排放的压力，要求中国必须大力发展天然气，鼓励天然气利用。中国现行天然气利用政策的本质，是在天然气市场供不应求、价格机制不能发挥作用的情况下，政府对市场供需的直接干预，主要表现为对特定领域使用天然气的限制。过去十年，通过大力开拓天然气供应来源，中国已经形成国产气、煤制气、进口管道气、进口LNG等多气源供气的局面，天然气供应保障能力和可供天然气量大大提高。美国发生的“页岩气革命”表明，随着天然气开采技术的进步，世界上可供开采利用的天然气资源费也十分丰富。随着天然气价格逐步调整到位，天然气供应能力提高，中国天然气市场供需形势已经发生逆转，目前主要表现为天然气有效需求相对不足。中国必须改变目前限制天然气利用的政策，促进天然气在更大范围的推广和使用。

（一）加强环境监管，用天然气替代分散使用的煤炭

中国能源供应结构的特点是“多煤、缺油、少气”，尽管近十年已经大力拓展多种供气来源，天然气供应能力大大提高，但相对于中国巨大的能源需求，中国能够获得的天然气供应量仍然有限，天然气不可能全面取代煤炭，优先使用领域只能是替代分散燃烧的煤炭。在OECD国家，煤炭用于发电的比例为78%，美国90%的煤炭消费都用于发电，其他分散使用的煤炭也是相对集中的钢铁、水泥等行业，非常分散的用煤很少。而中国煤炭消费中，只有一半用于发电，另一半为分散燃烧。在分散燃烧的煤炭中，有一半用于金属冶炼、烧制水泥等使用方式相对集中而且必须使用煤炭的领域，另一半用于供热以及纺织、造纸等使用方式非常分散的领域。分散燃烧的煤炭能源利用效率低，污染物排放量大，污染控制的成本高，天然气主要是替代使用方式非常分散的这一部分煤炭。

由于煤炭价格相对便宜，天然气在和煤炭的竞争中并不具有价格优势，出于经济性考虑企业会优先选择使用煤炭。鼓励天然气替代煤炭，主要受到环境保护政策的推动。首先，应当制定更为严格的排放标准，无论是集中使用的煤炭，还是分散使用的煤炭，都应达标排放，将使用煤炭的外部成本内部化，提高天然气的价格竞争力。其次，应当创新监管方式，对集中燃烧的煤炭实行实时在线监督，防止企业减排治污设施建而不用、时用时停。第三，在环境容量有限的城市规划区和酸雨灾害影响较大的地区，应当禁止或者限制使用煤炭。第四，对于具备供气条件，达标排放成本高或者根本不可能实现达标排放的分散燃煤项目，可以强制实行以气代煤；对于不具备供气条件的地区，应当停止批准建设新的、非民生所必需的分散燃煤项目。同时，应当大力发展天然气基础设施，为更多的地区提供可供选择使用的天然气。

（二）完善电力价格形成机制，提高天然气发电的经济性

提高天然气在能源消费结构中所占的比例，关键是发展天然气发电。天然气发电具有清洁排放、占地面积小、调峰能力强等特点，非常适合作为大型和特大型城市的

支撑电源。在市场发达国家，天然气发电通常占天然气消费总量的40%～60%，而中国天然气发电目前仅占天然气消费总量的15%，具有很大的发展空间。阻碍中国天然气发电发展的，主要是天然气发电和燃煤发电相比成本过高。根据测算，燃煤发电成本仅为0.34元/kwh，而燃气发电的成本高达0.65元/kwh（年发电小时数35000）至0.615/kwh（年发电小时数5000），远远高于燃煤发电成本。在现行补贴政策下，气电价格较高，电网企业没有收购气电的积极性。在天然气价格较高时，燃气发电无利可图，电厂企业也不具有发电的积极性。

促进天然气发电，应当从降低发电成本、提高售电价格两个方面提高天然气发电的经济性。降低发电成本一是实现核心设备国产化，特别是燃气轮机的国产化，降低单位投资成本和长期维护费用（LTP）；二是提高发电小时数，降低度电分摊的固定成本。但是，降低发电成本能够给天然气发电带来的市场空间非常有限。据测算，核心设备国产化仅能使度电成本下降0.024元/kwh。而发电小时数的提高，将使天然气发电趋向基荷发电，损失调峰能辅助服务收益。因此，提高天然气发电经济性的关键在于通过提供调峰、备用等辅助服务提高收益。中国目前没有辅助服务市场和分时上网电价机制，主要采取政府制定较高的上网电价方式补贴天然气发电。上海、北京、深圳等大城市实行的两部制电价，容量电价为40–46元/kw·月，基本覆盖天然气发电的固定成本。应当在两部制电价基础上，推动辅助服务市场的发展，变政府定价为通过市场机制进行补贴。

（三）加强规划引导，促进交通领域用气快速发展

交通领域用气主要是以压缩天然气（CNG）、液化天然气（LNG）替代汽油、柴油以及船用燃料油。据环保部门公布的数据，中国大气污染物约有1/4来自于汽车尾气排放。天然气作为交通替代燃料，二氧化碳排放量明显低于燃油汽车，几乎没有氮氧化物、硫化物等其他颗粒物排放。并且，由于较大的油气差价和不征收消费税，天然气汽车相比燃油汽车具有较好的经济性。以CNG出租车为例，由于一段时间CNG价格仅为汽油的一半，使得数千元的改装费几个月就可以收回投资。由于受到大气污染防治推动和良好的经济性，中国交通运输用气快速增长，天然气汽车从2005年的9.7万辆增加到2014年的230万辆，全年用气量达到225亿立方米，占天然气消费总量的12.3%，LNG加气站数量从2011年的241座增加到2014年的2000座。

交通运输用气的技术成熟，经济性也较好，但交通运输用气的发展也存在一些特殊的障碍。与电力、居民、工商业等固定源用户不同，交通运输是移动源用户，具有

显著的网络依赖性。天然气燃料、天然气加注站和天然气交通工具是天然气交通价值链的核心环节，任何一块短板都可能影响用户对天然气替代价值的判断，从而滞缓和阻碍交通运输用气的发展。随着我国天然气供应形势的改善，在可预期的未来天然气燃料供应可以充分保障。政府需要做的是加强规划引导，完善相关政策、标准，增加天然气加注站等基础设施，推动加注服务的标准化，实现天然气加注服务的网络化，更好地满足交通运输用户的流动需求，吸引更多新增用户使用天然气，使交通运输用气进入快速增长阶段。

（四）减少不同用户间的交叉补贴，鼓励工商业用气

中国把城市燃气视为城市居民享有的社会福利，对居民用气实行保本微利甚至亏损定价原则，居民低价用气通过工商用气高价弥补。例如，2013年上游天然气价格调整后，北京城市门站价格为存量气2.26元/m^3，增量气3.14元/m^3，而政府物价部门确定的居民用气价格为2.28元/m^3，居民用气业务显然亏损，须通过工商业用气予以弥补。工商业用气对居民用气的补贴，实际上是使用工商业产品和服务的全社会对居民用气的补贴。收入越高的家庭，热水、取暖等用气量越大，享受的用气补贴也越多；收入较低的家庭，或者不是天然气用户，或者用气量很少，不享受或者只能享受很少的补贴。收入越高，享受的补贴越多，显然不符合政策本意和公平原则。

对居民用气进行全面补贴，不仅不公平，而且不可持续，没有必要性。一方面，居民用气还有较大的增长空间，要从2012年的288亿方增加到2020年的548亿方，进行补贴的难度增大，不可持续。另一方面，居民用气的价格承受能力较高，没有实行补贴的必要性。从经济竞争力来看，只要价格低于4元/立方米，天然气相对于燃料油、LPG和电力都具有竞争力。城市居民平均年用气量60立方米左右，每立方米提高1元，每年增加的支出仅为60元。而2013年城镇低收入户（最低的20%）人均可支配收入为11434元，增加60元燃气消费支出仅相当于人均可支配收入的5%。因此，完全可以把居民用气价格调整到供气成本以上，取消居民用气和工商业用气之间的交叉补贴，降低工商业用气成本，促进工商业用气增长。在具体调价方式上，可以由地方政府自行决定价格调整时机和调整幅度。

（五）推广碳排放权交易，体现天然气的环境价值

促进天然气在发电、工商业等领域的使用，关键是要提高天然气相对于煤炭的竞争力。单纯从燃料价格来看，天然气相对于煤炭显然没有竞争力，燃煤发电的度电燃

料成本仅为0.21元，而燃气发电的度电燃料成本高达0.50元。天然气作为清洁能源具有环境价值，天然气其相对于煤炭的环境价值体现为燃煤的外部环境成本。燃煤的外部成本还可以进一步细分为污染物排放成本，如粉尘、硫化物、氮氧化物等，以及碳排放成本。对于燃煤的污染物排放，通过增加投资，可以接近燃气排放水平。现在新建的燃煤发电机组大气污染物排放水平已经基本达到燃气轮机机组排放限值（即在基准氧含量6%条件下，烟尘、二氧化硫、氮氧化物排放浓度分别部高于10、35、50毫克/立方米），而增加的投资折合度电成本仅为0.01～0.02元。因此，单纯加强环境执法和限制大气污染物排放，并不能有效提高天然气在发电等领域相对于煤炭的竞争力。

提高天然气竞争力的另一个办法是征收碳税，但征收碳税虽然能够拉近燃煤发电和燃气发电的成本差距，提高天然气的相对竞争力，却提高了燃煤发电和燃气发电的绝对成本。提高天然气竞争力更有效的办法是设定度电碳排放额度，全面推广碳排放权交易。假设燃煤发电碳排放为0.8kg/Kwh，燃气发电碳排放为0.37 kg/Kwh，而政府设定碳排放额度为0.7kg/Kwh，则燃煤发电需要向市场购买0.1kg/Kwh的排放权，燃气发电有0.33kg/Kwh的碳排放权可供出售。如果只考虑燃煤发电和燃气发电这两种方式，则燃煤发电量只能是燃气发电量的3.3倍，燃气发电量占比23%，否则燃煤发电就无处购买排放权。政府可以通过这种方式灵活调整天然气发电所占比例，让燃煤发电直接补贴天然气发电，体现天然气发电的环境价值。

专题二
中国天然气供给分析

内容摘要

1. 中国天然气资源量在不断增加，据最新（2013年）调查结果显示，中国常规及低渗天然气地质资源量为52万亿立方米，技术可采资源量为32万亿立方米。2014年中国常规天然气产量为1280亿立方米，地面抽采煤层气产量达到36亿立方米，页岩气产量为13亿立方米。预计2020年中国天然气产量达到2600亿～3300亿立方米左右，2030年达到4300亿～5600亿立方米左右。加快中国天然气发展，应进一步明确发展路径、调整最低勘查投入、保持合理价格、建立天然气探明储量交易机制与交易平台、加快非常规天然气发展，特别是鼓励中小型企业加入非常规天然气发展的行业；并借鉴国际经验，深化体制改革，增强中国天然气发展的动力和创造力。

2. 1993年，中国变成了一个原油进口国。2007年，中国变成了一个天然气进口国。在短短的7～8年中，到2014年，中国天然气对外依存度已经上升到32%，这一点需要引起重视。天然气未来的进口状况将会对中国市场供求形势有着显著影响。从国际天然气供应格局看，全球天然气资源相对充足，天然气将在全球未来能源格局中占据更大的份额，扮演更重要的角色，但国际油价下跌对未来天然气国际贸易市场格局带来很大变数。预计中国在今后几年天然气进口会迅速增加，从2013年530亿方，到2020年增长到1670亿方左右，包括LNG700亿方和管道天然气970亿方。到2030年进口天然气进一步增长到2100亿～2400亿方左右，包括LNG 约750亿方和管道气1350亿～1650亿方。如果国内天然气，尤其是页岩气的产量通过技术、政策的突破得以实现大幅度增长的话，到2030年，中国天然气对外依存度可以控制在40% 以下。

3. 自2004年西气东输一线投产以来，我国天然气基础设施快速发展，截至2014年底，已初步形成西气东输、海气登陆、就近供应的管网输配格局，覆盖除西藏外的所有省份；形成管道气、LNG两种进口资源途径，打通中亚管道气、中缅管道气、海上LNG进口通道；形成地下储气库、LNG接收站两大主力调峰方式，覆盖沿海地区、产气区、环渤海地区。但也存在管网建设、地下储气库调峰设施能力不足等问题。为保障我国天然气基础设计安全平稳运行，建议打造全国天然气基础设施安全平稳运行系统；为增强基础设施建设能力，对基础设施实施统筹规划，建设投资实施多元化；为提高基础设施使用效率，打造第三方公平准入运行管理平台。

4. 建立健全天然气储备调峰体系是应对短期和中期天然气供应中断、保障天然气行业平稳运行和经济社会稳定的有效途径。目前，我国天然气储备建设尚处于起步阶段，面临调峰需求量大、储气调峰能力不足、价格和运行机制问题突出、调峰和应急保障机制均不健全等问题和挑战。应将天然气供应安全作为国家安全的重要组成部分，加快健全与市场需求规模相适应的布局合理的储备体系，加紧制定天然气调峰应急储备规划，重视储气设施法律法规建设，明确天然气经营企业储备义务，推进天然气调峰应急储备设施建设，出台积极的财税和价格政策，改革储气管理制度，尽快建立及时灵敏的预警应急响应体系，不断提升我国天然气供应保障能力、风险规避与应对能力。

---

* 该专题由国务院发展研究中心王忠宏和壳牌石油公司聂上游负责。宣晓伟、杨英霞、张永伟、郭焦峰、李维明、姚蓓菁、王岭、洪涛，国土资源部油气中心李玉喜，国家发改委能源所刘小丽、杨光，中国能源研究会天然气中心杨建红、车晓波共同完成。课题组其他成员参加了讨论和修改。

第一章 中国天然气资源潜力与产量增长趋势

一、中国天然气资源潜力

（一）中国常规、非常规天然气资源潜力

根据全国天然气资源评价结果，中国常规及低渗天然气地质资源量为68万亿立方米；技术可采资源量为40万亿立方米。陆域常规及低渗天然气资源主要分布在四川、鄂尔多斯、塔里木三大盆地。海域天然气资源主要分布在珠江口、琼东南和东海盆地。

通过对42个含煤盆地（群）121个区带的系统评价得到，中国陆域埋深2000米以浅煤层气地质资源量36万亿立方米；埋深1500米以浅技术可采资源量11万亿立方米；主要分布在华北的沁水盆地、鄂尔多斯盆地，以及滇黔桂地区的滇东黔西地区。层位上主要来自石炭–二叠系和侏罗系。根据全国页岩气资源潜力调查评价及有利区优选结果，中国陆域埋深4500米以浅的页岩气地质资源量134万亿立方米，可采资源量25万亿立方米；主要分布在四川盆地及周缘（表2.1.1）。

此外，我国可燃冰资源十分丰富，主要分布在南海和东海海域、青藏高原冻土带等区域，地质资源量约为102万亿立方米，是目前我国资源最丰富的清洁能源之一，具有大规模发展的潜力，具备成为未来主流清洁能源的资源基础。

表2.1.1　各种天然气资源分布规律、资源潜力和开发状况

<table>
<tr><td colspan="2">分布层系</td><td colspan="2">源岩层系</td><td colspan="2">运移层系</td><td colspan="2">圈闭层系</td><td>中浅层</td></tr>
<tr><td colspan="2">资源类型</td><td>煤层气</td><td>页岩气</td><td>水溶气</td><td>致密气</td><td>低渗气</td><td>常规气</td><td>生物气</td></tr>
<tr><td colspan="2">可采资源潜力</td><td>$11\times10^{12}m^3$</td><td>$25\times10^{12}m^3$</td><td>不清</td><td>分歧</td><td colspan="2">$32\times10^{12}m^3$</td><td>不清</td></tr>
<tr><td rowspan="2">开发情况</td><td>国外</td><td rowspan="2">开发</td><td rowspan="2">开发</td><td>开发</td><td rowspan="2">开发</td><td colspan="2" rowspan="2">开发</td><td rowspan="2">开发</td></tr>
<tr><td>国内</td><td>未开发</td></tr>
</table>

资料来源：根据国土资源部资料整理，有修改。

表2.1.2　我国天然气的资源量

种类	地质资源量（万亿立方米）	可采资源量（万亿立方米）	备注
常规天然气	52	32	

续表

种类	地质资源量（万亿立方米）	可采资源量（万亿立方米）	备注
页岩气	134	25	现实可转入勘探开发的、可靠程度较高的资源量为12.85万亿立方米
煤层气	37	11	1500m以浅煤层气可采资源量
可燃冰	102		2030年不太可能实现商业性开发
合计	326	68	

资料来源：根据国土资源部资料整理。

（二）天然气资源的变化

中国进行过5次系统的天然气资源评价。1986年第一次全国油气资源评价结果，中国天然气地质资源量约为34万亿立方米；1994年第二次全国油气资源评价，天然气资源量为38万亿立方米；2007年完成的全国油气资源评价，中国陆地和近海海域115个含油气盆地常规天然气原地资源量为35万亿立方米，可采资源量为22万亿立方米；2012年完成的全国油气资源评价中，我国天然气地质资源上涨至52万亿立方米，可采资源量为32万亿立方米；2013年的全国油气资源评价，天然气地质资源进一步增至68万亿立方米，可采资源量增至40万亿立方米。纵观这5次天然气资源评价，总体看，中国天然气资源量在不断增加。特别是2013年的天然气资源评价结果，较2012年有了明显提升。

表2.1.3　　中国历年天然气资源评价结果

评价时间（年）	1986	1994	2007	2012
地质资源量（万亿立方米）	33.6	38.04	56	52
可采资源量（万亿立方米）			22	32

资料来源：根据国土资源部、原石油部及石油天然气总公司资料整理。

回顾油气勘探开发历史，可以看出，天然气资源是随着勘探开发发展在不断变化的，随着需求量的不断增长，为满足需求，天然气资源勘探开发领域不断扩大、资源类型不断增多、资源总量不断增加。油气地质理论的发展、技术的进步不断扩大天然气资源的类型、范围，使天然气资源总体呈增加趋势。价格变化影响会使天然气经济可采资源出现短期同向波动。

二、天然气探明储量

（一）常规天然气

中国天然气勘探开发晚于石油，勘探程度总体不高。根据BP统计数据，自2006年以来，天然气探明储量一直保持高位增长，年均探明天然气原地储量在5000亿立方米以上。2010年以来，年探明常规天然气地质储量均大于6000亿立方米，其中2012年和2014年的探明地质储量均近万亿立方米（图2.1.1）。常规天然气探明储量主要来自塔里木盆地、四川盆地和鄂尔多斯盆地。另外松辽盆地深部的天然气探明储量也增长较快。至2013年，我国探明天然气地质储量9.66万亿立方米，技术开采储量5.54万亿立方米。

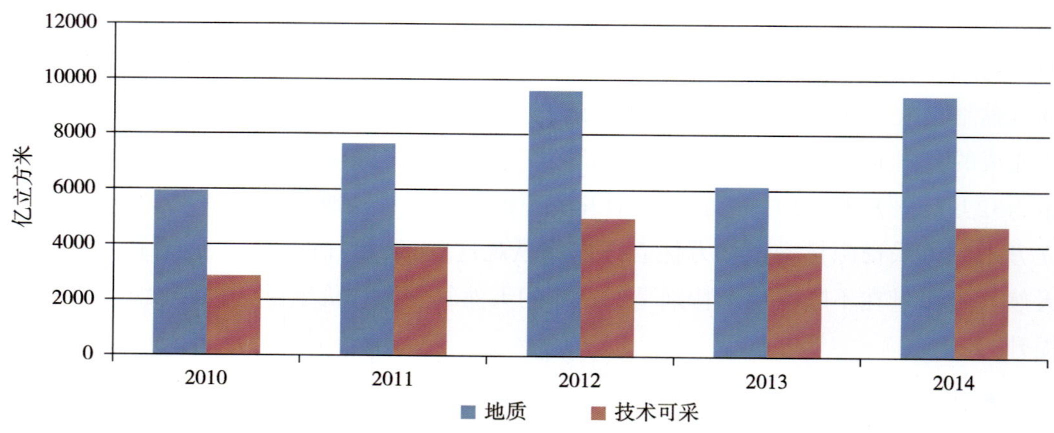

图2.1.1：中国每年新增探明常规天然气储量

资料来源：国土资源部年度新闻发布会资料整理。

四川、鄂尔多斯、塔里木、松辽、柴达木和准噶尔盆地已成为陆上六大天然气主探区；莺-琼、东海成为近海的两大天然气主探区，八大天然气探区格局基本形成。其中鄂尔多斯、四川和塔里木为三个万亿立方米储量规模的大气区。

中国天然气探明储量区域相对集中，主要分布在西部，占资源总量的83%，东部和海域仅占17%。

从1986～1990年间，天然气探明原地储量增长幅度较小，不到400亿立方米，1991～1995年的增长幅度接近1000亿立方米，1996～2000年间，增长幅度达到了1500亿立方米，2001～2005年间，增长幅度大幅提高到了3000亿立方米左右，2006～2010

年间，增长幅度在3200亿立方米以上。2011～2013年，常规天然气探明地质储量连续3年均超过6000亿立方米，2013年新增探明常规天然气地质储量达到6164亿立方米。2014年新增探明常规地质储量更是达到了9437亿立方米，同比增长53%。常规天然气探明储量增长幅度在不断加大，为不断抬高天然气产量打下了储量基础。

（二）煤层气

2012年全国煤层气勘查探明储量新增1344亿立方米，比上年增长2.5%。2013年全国煤层气勘查新增探明地质储量236亿立方米（表2.1.4）。煤层气探明地质储量5754亿立方米，技术开采储量2850亿立方米，煤层气探明储量增长较快。煤层气储量的近3/4来自沁水盆地、近1/4鄂尔多斯盆地东缘，其他地区的煤层气探明储量较少。

表2.1.4　　**煤层气探明新增储量数据表**　　单位：亿方

时间（年）	2008	2009	2010	2011	2012	2013
探明地质储量（亿方）	225	244	1299	1311	1344	236

资料来源：根据国土部年度新闻发布会资料整理。

煤层气探井及开发井数量在2006年达到1373口，之后增幅加快，到2014年，煤层气钻井数量达到了18000口，增幅明显加快。

经过多年勘探，沁水盆地成为具有4000亿立方米地质储量的特大型煤层气区，鄂尔多斯盆地东缘成为具有1000多亿立方米地质储量的煤层气区，煤层气产业发展具备了良好的基础。

（三）页岩气

截至2013年底，中国没有提交页岩气探明储量。2014年6月，中国第一个页岩气探明储量通过相关部门的评审验收。通过评审的页岩气储量位于中国石化涪陵页岩气田焦石坝区块焦页1–焦页3井区，面积106.45km^2，含气页岩层段为五峰组–龙马溪组一段。专家认为，涪陵页岩气田是典型的页岩气田。气田储层为海相深水陆棚相优质泥页岩，厚度大、丰度高、分布稳定、埋深适中，中间无夹层，与常规气藏明显不同，具有典型的页岩气特征，与北美典型海相页岩各项指标相当。涪陵页岩气田是“两高、两好”优质海相页岩气田。地层压力高、天然气组分好，气井产量高、试采效果好。试采单井产量高，稳产时间长。通过专家组评审的页岩气探明储量为1065亿立方米。

截至2014年6月30日，焦石坝地区29口试采井合计日产气320万立方米，累计产气6.11亿立方米。其中，第一口探井焦页1HF井按日产6万立方米定产，已稳产一年半，累计产气3769万立方米。

三、天然气产量

（一）常规天然气

1995年以前，中国天然气产量增长较慢，由1980年的143亿立方米增加到1995年的174亿立方米。1995到2005年10年间，天然气产量增长加快，天然气年产量由174亿立方米增长到近500亿立方米，年均增长32亿立方米。中国常规天然气产量自2005年基本达到500亿立方米之后，年均增幅在80亿立方米左右，到2012年达到了1072亿立方米，2013年达到了1170亿立方米，2014年达到了1280亿立方米，净增9.4%（图2.1.2）。自2000年以来，中国天然气产量增幅在9.6%左右，预计今后10年左右，天然气年均增幅在9-10%左右。

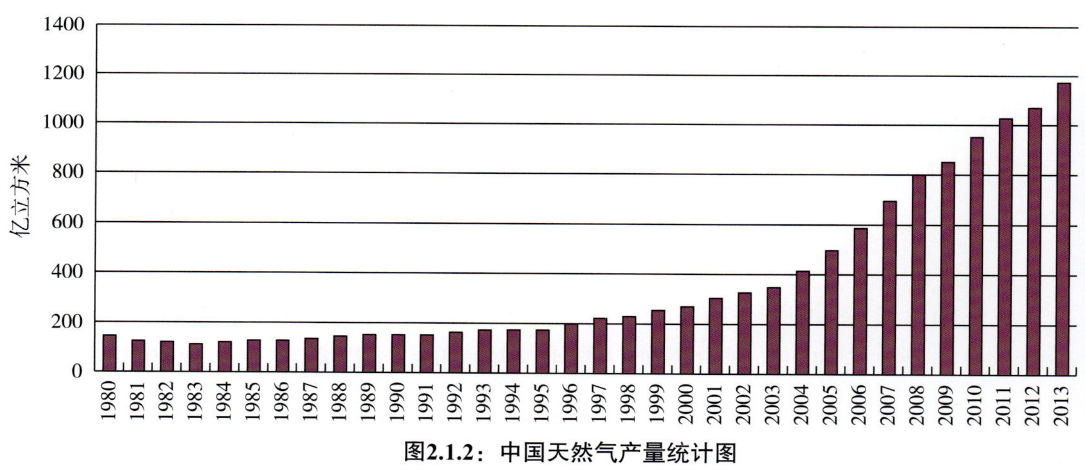

图2.1.2：中国天然气产量统计图

资料来源：BP2014。

2007年以来，常规天然气消费量超过天然气产量，天然气进口量不断增加，到2013年，中国常规天然气消费量达到了1660亿立方米（见图2.1.3）。近些年来，天然气消费量增幅在12%，明显大于天然气产量增幅，国内天然气产量仍然不能满足国内天然气需求了，进口天然气不断增加。

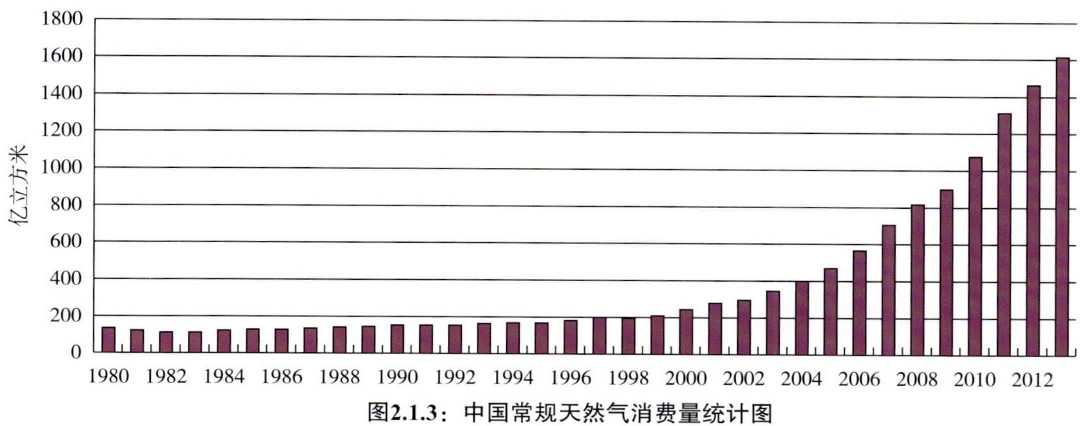

图2.1.3：中国常规天然气消费量统计图

资料来源：BP2014。

（二）煤层气

中国煤层气产量包括地面抽采和煤矿井井下抽排两类，本文仅讨论地面抽采煤层气，对井下抽排煤层气不予考虑。截至2011年，中国地面抽采煤层气年为23亿立方米，2012年地面抽采的煤层气产量为25.7亿立方米，地面开发产量比上一年增长13%，煤矿区煤层气产量比上年增长9.9%，增速同比下降。到2013年，地面抽采煤层气产量为29.3亿立方米，增长13.7%。2014年，地面抽采煤层气产量达到了36亿立方米，增幅较大。

表2.1.5　　　　中国近年来煤层气产量

时间（年）	2011	2012	2013	2014
产量（亿方）	23	25.7	29.3	36

资料来源：根据国土部年度新闻发布会资料整理。

截至2012年，已建成煤层气开发项目7个，在建开发项目8个，地面开发煤层气产能建设达到49亿立方米。近两年新区、新开发项目不断增加，为煤层气产业发展提供了源泉和动力。例如保德10亿方产能建设、延川南5亿立方米产能建设、沁南区块东15亿方产能建设、柿庄南10亿方产能建设开发方案已经立项建设，另外，寿阳、柳林、长子、马壁、蜀南等开发项目共计约15亿方产能。

煤层气勘探开发呈现出向在新区、新层系、新领域均有显著突破的趋势，一是向800~1000米以下延伸，二是向低阶煤进行，三是煤层气、致密砂岩气、页岩气综合勘探成为共识。

近几年，煤层气勘探在800～1000米深度以下不断取得突破，煤层气井获得了较好的单井产气量，例如延川地区在1497～1503米深度获得日产气3600立方米的较高产量、沁水盆地郑庄在1337米深度获得日产气2336立方米等。深部煤层气的突破，使煤层气勘探开发领域明显扩大。

在低阶煤的煤层气勘探方面，近几年取得了显著突破。如淮南，在深度660～880米获得单井日产量在1000～2100立方米，珲春450～550米深度获得单井稳产1500～2200立方米，依兰700米深度左右获得单井稳产1000～1200立方米。另外在霍林河、彬长等低阶煤地区也取得了1000立方米以上产气量。低阶煤的突破，打开了我国北方低阶煤分布区煤层气开发的大门。

以鄂尔多斯盆地河东地区为代表的华北上古生界含煤地层，具有典型的煤层气、致密气、页岩气互层产出的特点，但多种天然气资源综合开发一直没有突破。近几年在河东地区加大煤系地层中致密砂岩气的勘探力度，已经取得明显突破，在致密储层中获得6000～50000立方米的产量，个别井产量更高。

（三）页岩气

2012年公布的我国“页岩气发展规划（2011—2015 年）”中，计划到2015年探明页岩气地质储量6000 亿立方米，可采储量2000 亿立方米。2015 年页岩气产量65 亿立方米。按1150亿立方米天然气折算为1亿吨石油计算，65亿立方米页岩气相当于565万吨石油。

根据国土资源部最新公布的资料，2014年中国页岩气产量为13亿立方米。其中焦石坝页岩气产量近10.8亿立方米，川南及其他地区页岩气产量2亿立方米。主要页岩气产出层位为五峰-龙马溪组1段。

从勘探进展看，我国已经获得页岩气气流的目标层系有筇竹寺组、五峰-龙马溪组、龙潭-大隆组、延长组、须家河组、自流井组等多个层系。目前只有五峰-龙马溪组取得规模化开发的成功，其他目标层系还需要不断探索。

四、常规、非常规天然气产量预测

根据目前天然气增加趋势，针对不同情形，对常规、非常规天然气产量预测如下。

（一）2015年产量预测

预计2015年常规天然气较2014年产量增加120亿立方米，常规天然气产量达到1400亿立方米左右；页岩气产量实现规划目的，达到65亿立方米；煤层气产量达到45亿立方米。三者合计为1510亿立方米左右。

（二）2020年产量预测

1.现有体制下预测

依据近年来天然气产量年均增长80亿～100亿立方米的趋势，取常规天然气年均增产80亿立方米预测，到2020年，常规天然气产量达到1800亿立方米；依据重庆、四川页岩气主产区页岩气产量规划目标预测，到2020年，页岩气产量为400亿立方米；煤层气产量数据主要考虑地面抽采煤层气的增长趋势，到2020年在100亿立方米左右。天然气产量合计为2300亿立方米（不包含煤制气）。

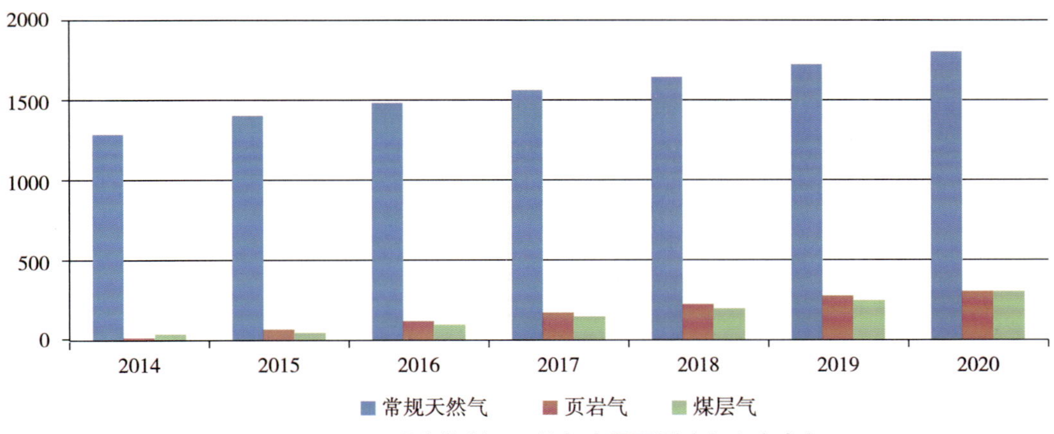

图2.1.4：现有体制下天然气产量预测（亿立方米）

2.部分改变现有体制预测

体制总体不变，仅在川南、川东针对页岩气进行新体制探索，实施页岩气开发综合示范区建设预测，常规天然气年均增产80亿立方米不变，到2020年达到1800亿立方米；在川南、川东进行新体制页岩气开发试验，到2020年实现页岩气产量600亿立方米；煤系地层的煤层气、致密气综合开发力度加强，预测到2020年，煤层气产量为150亿立方米，煤层气井的致密气和页岩气产量150亿立方米；合计2700亿立方米（不包含煤制气）。

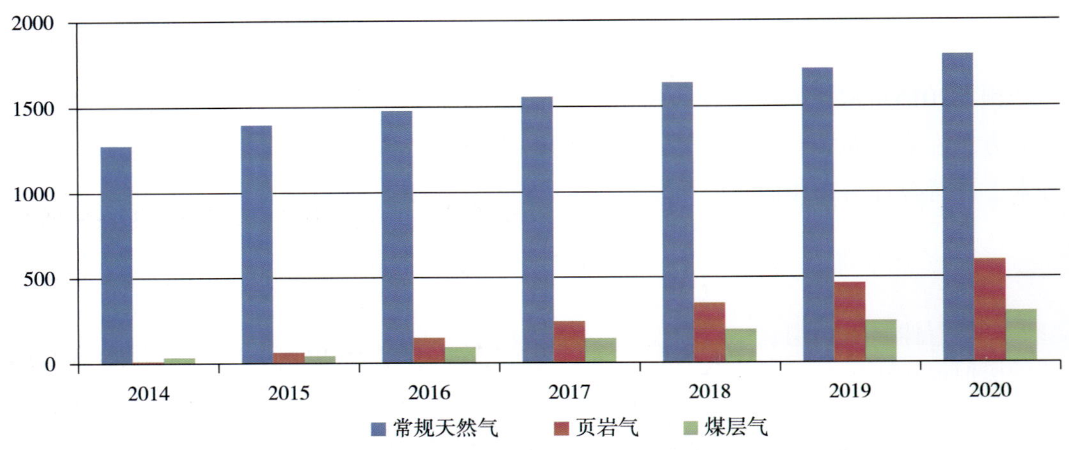

图2.1.5：体制部分调整情形下天然气产量预测（亿立方米）

（三）2030年产量预测

1.现有体制下预测

2020年到2030年，常规天然气产量年增长率仍然不变，保持80亿立方米，到2030年，常规天然气产量2600亿立方米。川南、川东龙马溪组页岩气产量上升，其他页岩气层系产量取得突破，页岩气产量由2020年的400亿立方米增加到800亿立方米。地面抽采煤层气产量达到200亿立方米，煤系地层致密气、页岩气产量达到200立方米，大口径统计的煤层气产量400亿立方米，合计3800亿立方米（不包含煤制气）。

2．部分改变现有体制预测

油价保持目前的正常水平，企业天然气的盈利比重增加，企业开采天然气的动力加大，2010～2020年间常规天然气探明储量保持高位，使2020～3030年产量增加速度略有提升，达到每年100亿立方米，到2030年达到2800亿立方米。川南、川东页岩气新体制示范取得明显效果，并加以推广，其他页岩气层系取得商业突破，到2030年页岩气产量实现1500亿立方米。大口径统计的煤层气产量保持在400亿立方米不变。天然气产量合计为4700亿立方米（不包含煤制气）。

中国天然气产量增长受多个因素控制，其中地质因素可以通过技术进步得到解决。但是体制、机制因素惯性大，牵扯的利益多，难以短时间内解决。成本因素近些年已经成为影响天然气产业发展的一个重要因素，自2003年以来，勘探开发成本在不断上升，如果不能得到有效控制，将对我国天然气产业发展和产量目标的实现造成明显影响。因此，未来中国天然气产量的提高可能是缓慢的，难以出现爆发式增长。

五、加快我国天然气发展需要解决几方面问题

（一）明确发展路径

不同的发展路径，需要不同的政策措施。明确了发展路径，才能制定具体的政策措施，推动天然气发展。

1．现有体制机制不变，由石油公司主导发展

这种发展路径为现有发展路径的延续。沿用国务院关于石油天然气专营的规定，天然气的勘探开发和管道运输均有现有的国有石油公司经营。这种经营方式的优点是可以实现天然气的集约化发展，便于进行大规模开发。但也面临着成本高，整体价格偏高的问题。特别是天然气产地价格高且供不应求的问题较为突出，如四川、重庆、新疆等天然气产地的天然气价格和供应量没有明显优势。这种体制会使以天然气为能源及原材料的企业的成本增加。

2．改变现有体制机制，加强市场引导，多元化发展

另一条发展路径是改变现有专营的体制，通过加强市场机制的作用，引入多种所有制企业开展天然气勘探开发，实现多元化发展。通过市场竞争，优胜劣汰，形成新的天然气勘探开发和供应格局。这种发展路径需要解决的问题很多，包括优质矿业权的准备与公平配置、油气工程服务队伍的市场化、天然气管线的独立运营及平等准入、探明储量的市场化流转、强有力的市场监管等多方面的制度都需要进行设计并得到认真执行。否则，将出现大量问题，将市场化改革摧毁。

建议适度调整现有体制机制，对常规油气经营权适度放开，首先对大中型国有能源企业开放常规油气矿业权，如对已经取得页岩气矿权的国有能源企业，或在海外已经进入油气领域的能源企业开放常规油气矿业权，引导这些企业进入国内常规、非常规油气勘探开发领域。

（二）调整最低勘查投入

我国1996年矿法及后续配套法规规定，油气探矿权的最低勘查投入在第一年为5000元/Km^2，第二年为7000元/Km^2，第三年开始为10000/Km^2。最低勘查投入没有考虑通货膨胀等因素。由于2003年以来，油价逐步走高，石油企业的勘探开发成本也在不断增加，同样的探井，在10年前仅需要3千万～5千万人民币，目前需要1亿～2亿人民

币，有的探井费用甚至更高。

由于成本的大幅度上涨，这种最低勘查投入一成不变的规定实质上导致单位面积的实物工作量的投入按不变价格计算在逐年下降，过去1亿元的勘查投入可以完成3口探井，现在只能完成1口，单位面积的实物性勘探投入仅相当于15年前的1/3到1/5。大量天然气有利区的实物性勘查工作量投入严重不足，严重影响了天然气的发现和储量产量的增长。

可以参照页岩气招标区块投入标准和管理要求，将常规油气区块的最低勘查投入在目前水平上提高3～5倍，每平方公里最低勘查投入达到3万～5万。通过提高最低勘查投入，提高区块勘探效率，推动区块按时按比例地退出，减少区块占用面积，改变目前的圈而不探现状。同时改变目前的区块申请在先的授予制，参照页岩气区块出让方式，采取竞争性方式出让已退出的常规油气区块。并参照国际惯例制定有效的区块退出机制。建立监管队伍，监督各项法规和制度的落实。

（三）保持合理价格

目前天然气涨价的呼声较高，要求天然气按热值比照石油价格的70%定价。天然气作为经济社会运行的基础能源和原料，其价格过高或过低，均不利于经济的整体发展。价格过低，生产企业投资动力不足，天然气发展受限；天然气价格过高，会将大量的潜在消费者挡在门外，对我国总体经济发展不利。美国近年来低价的天然气对其经济全面复苏起到了至关重要的作用，这点值得我们借鉴。

近十年来我国天然气储量增长较快，但产量年增长不到100亿立方米，其原因就与石油与天然气热当量价格差距过大有关，特别是现有特许经营体制及高油价条件下，企业更愿意投资生产石油。近期石油价格暴跌使得石油与天然气的热当量价格有所接近，再加上我国的天然气价格较高，石油企业生产天然气的热情会有所提高。为形成市场供需双方均可接受的天然气价格，适度放开天然气勘探开发市场，通过竞争机制形成价格，应当是天然气价格形成的较为合理的机制。

不同的发展机制，会有不同的价格形成机制。因此，天然气价格问题需要在明确了天然气发展机制的基础上进行解决。

（四）建立天然气探明储量交易机制与交易平台

近几年，我国年均探明天然气地质储量均超过了5000亿立方米，预计今后几年还会保持较高的增长势头。但探明储量并没有及时投入开发，甚至其中有部分储量可能长期得不到开发。其原因在于这部分探明储量难以经济有效动用。

建议建立已探明难动用储量交易机制，允许这部分储量进入市场，进行转让，使其流转到可以经济有效开发这种资源的企业手中，并得到及时开发，勘探企业通过转让探明储量收回勘探成本，开发企业通过购买储量得到开发机会。为保证这些储量的及时开发，要避免储量仅流转、不开发。

（五）加快非常规天然气发展

我国非常规天然气资源丰富，其中页岩气和煤层气为独立矿种，是非常规天然气发展的重点。页岩气上产快，目前已经在重庆涪陵焦石坝取得成功，川南地区也到了突破的节点，将在一年内取得成功。

1.在川南、川东建立页岩气开发综合示范区

自2009年中石油部署实施威201井正式开始页岩气勘探以来，经过6年的发展，到2014年，页岩气产量达到了13亿立方米，展示出页岩气具有上产快、见效快、发展迅速的特点。

四川盆地南部和东部取得突破的含气页岩层系为龙马溪组。统计中石油和中石化页岩气资源评价成果，这个含气页岩层系在川南和川东的页岩气地质资源量为19万亿立方米，可采资源量4.5万亿立方米。页岩气开发风险相对较低，具有进行规模化开发的资源基础和技术基础。

川南、川东龙马溪组是实现页岩气规模化突破的重要地区。4.5万亿立方米的可采资源量中，按到2020年年产800亿立方米、稳产30年计算，需要页岩气可采资源量2.4万亿立方米。只需动用川南、川东页岩气可采资源量4.5万亿立方米的一部分就可以实现上述目标。这说明，通过在川南、川东地区开展示范区建设，有效动用龙马溪组页岩气可采资源量，就可以满足以上需求。川南、川东地区也是保证2020年页岩气实现600亿～1000亿远景目标的重点地区。同时，通过示范区可以探索油气体制改革方向。

2.对以安全和环境为主要目标的煤层气开发加大支持力度，对以盈利为目的的煤层气开发以现有鼓励类政策加以支持

企业在煤层气区块内的煤层气开发目的是获取煤层气商品，达到盈利目标。而煤矿区内煤层气地面和地下抽采的主要目标为煤炭开采的安全以及减少瓦斯排放，其次为获取煤层气商品。两者的目的不同，相应的政策措施也要有别。

（1）煤矿区内煤层气开发以安全、环保目标为导向，紧密结合结合矿井开发规

划，超前5年部署地面抽采，适度超前井下抽排，积极部署老唐抽排等煤层气项目（瓦斯）。

制定所采出的煤层气（瓦斯）利用的鼓励政策，可以通过独立企业，采购多个矿井所采出的煤层气（瓦斯），进行规模化利用。

煤矿瓦斯开发利用的经济优惠政策，特别是补贴政策，主要针对直接利用这部分煤层气（瓦斯）的企业。

（2）不涉及煤矿开采的煤层气开发，属于商业行为，按鼓励类产业政策加以推动。

部分煤层气开采区不在煤炭规划区以及煤炭的近十至二十年煤炭开采区内，这些地区的煤层气开采属于商业煤层气开发，不涉及煤炭开采的安全及环境问题，不应与前者享受同等优惠政策。按目前的优先发展类政策即可。

对企业的无限期财政补贴政策，会使企业产生对国家财政补贴的依赖惯性，导致煤层气产业长时期处于“幼稚”状态，煤层气产业难以健康发展。

案例一　在四川盆地建立年产千亿方页岩气综合试验区的建议

目前国际油价处于低位，美国页岩油气公司受到打击，甚至有的公司申请破产，亚洲液化天然气现货价格也在走低。但从长期看，供给不足和进口价格偏高仍将是我国天然气发展面临的主要问题，页岩气开发仍然是我国天然气发展的战略选择。当前可以选择页岩气资源富集、开发条件较好的四川盆地进行综合改革的试验，通过完善体制机制，率先形成页岩气规模化、商业化的连片开发，力争到2025年建成年产千亿方的页岩气大产区。这不仅是增加国内天然气供应保障能源安全的战略举措，而且也是当今为数不多的重大有效投资领域。

一、四川盆地具备建成年产1000亿方页岩气的基本条件

经过在川渝两地多次考察，与多位投资者和工程技术人员座谈，并征求相关专家意见，综合考虑页岩气开发所涉及的资源条件、技术、装备、工程、投资、应用、环境承载等因素，我们认为，如果体制和政策得当，四川盆地会成为我国页岩气开发的集中区

和先导区，到2025年在这个区域实现1000亿方页岩气产量是可行的。其理由如下。

（一）资源条件有保障

四川盆地页岩气资源丰富，两套海相黑色页岩分布范围广，厚度大。根据中石油的数据，综合评价全盆地龙马溪组、筇竹寺组两套页岩气总资源量近40万亿方。其中，已经取得开发突破的龙马溪组海相页岩气有利区面积7.5万平方公里，页岩气地质资源量25万亿立方米，可采资源量3.7万亿立方米。这7.5万平方公里中，有3.5万平方公里的页岩气资源条件更为优越，地质资源量近14万亿立方米，可采资源量2.8万亿立方米。如果仅动用龙马溪组优质页岩气面积2万平方公里，以2015年作为开发元年，完成勘探和布井计划，2015～2025年在此范围内完成钻井约1万口，2025年可达年产1000亿立方米。以后每年钻井800口左右，可实现稳产20年。可以说，从资源量的角度来看，川渝地区完全具备建成年产千亿方大气区的资源基础。

（二）开采技术和装备有保障

目前，我国已初步掌握了页岩气地球物理、钻井、完井、压裂改造等技术，具备了3500米以浅水平井钻井及分段压裂能力。非震物探识别与预测技术、整体可移动轨道钻机、大型压裂车（3000型、3500型）、施工环境保护技术等处于国际先进水平，桥塞国产化也已取得突破。目前我国仅在钻井地质导向、随钻测量、微米-纳米结构与成分分析等方面与国外成熟技术仍有差距，但国外有名的油服公司多数已进入中国并开始参与页岩气开发，能提供关键环节的技术。中石化重庆涪陵页岩气田进入商业开发，证明我国页岩气开发技术是过关的。另外，我国页岩核心装备如成套钻机、压裂车组、井下工具，以及配套工程服务都已有较强能力，国内现有钻机数量和钻井生产能力，完全可满足建产期对钻井数量的要求。

（三）开采效果较好，经济性有保障

截至2014年11月30日，中石化涪陵地区完成压裂试气的69口井均获中高产页岩气流，平均单井测试产量32万方/天。按照无阻流量的1/3、1/4和1/5配产定产生产，平均单井年产量约2160万立方米以上，平均单井成本为8000万元（含勘探、采输等），加上脱水等简单处理，井口成本不到1.5元/立方米，而目前页岩气井口价为2.78元/立方米，若加上0.4元/立方米国家财政补贴，实际气价为3.18元/立方米，单井稳产后一年收

入可达6868.8万元。除了涪陵地区的页岩气开采实现商业化外，川南长宁、威远地区的页岩气埋藏较深，但页岩气和常规气重叠分布，也具备综合开采的经济价值；渝东鄂西地区页岩气伴生轻油，开采的经济价值也较高。四川盆地页岩气开发经济性是有保障的。

（四）环境控制有经验可借鉴，开采用水有保障

目前美国有10多万口页岩气井，在政府有效监管和公众参与监督下，并没有发生有社会影响的环境事故。四川盆地大部分页岩气产层超过2000米深，只要套管作业适当或者增加保障措施（如加装一圈套管），压裂水没有机会渗透到地表水系。在用水方面，1000亿方气的耗水量约为4亿方水，是目前四川省耗水量的1.6%，对于水资源丰富的四川盆地而言，水资源也是完全有保障的。但是最近在美国，包括德克萨斯出现的，据称是由于开发页岩油/气造成的微弱地震和相关的公众关注值得引起注意。

二、设立页岩气开发试验区尽快实现千亿方产量的建议

如果按年产1000亿方计算，建产期间需资金投入约8000亿元（2015至2025年钻完井1万口左右）。按照目前的体制，也就是仅靠中石油西南分公司和中石化西南分公司的投资，力度非常有限，特别是中石油西南分公司在四川中部遂宁县发现了储量超过4000亿方的龙王庙特大气田，常规气田的建设也需要大量的勘探开发投入。因此，在页岩气开发上需要有新的思路，建议在四川盆地及周缘设立页岩气开发综合试验区。在管住环境、安全的情况下，先行先试，重构页岩气开发新模式、新机制、新规则。既推动页岩气开发，又为我国油气改革开路试点，以形成可复制、可推广的经验。重要举措有：

（一）创新矿权管理和市场准入管理

一是在矿权管理上，对于三大石油公司开始生产、探明和正在开展勘探工作之外的资源，拿出来统一招标。二是市场准入上，不仅要引入其他的国有企业，而且民营企业、外资企业均可以进入。在外资企业的进入上不仅要引入大型跨国企业，也要引入具有经验丰富、创新能力强的中小油气企业，这些企业在美国的页岩油气革命中起到非常关键的作用。在外资准入上，只要满足技术环境标准，并通过国家的安全审查，外资企业可以以独资方式进入。

（二）发挥混合所有制经济优势

中石油和中石化都已经进行了相应的实践，比如中石油在长宁区块成立了四川长宁天然气开发有限责任公司，中石化在重庆成立了重庆页岩气勘探开发有限责任公司，均为混合所有制公司。混合所有制为地方国资、民资、外资进入页岩气开发投供了机会，也有利于中央企业更多地利用社会资本加快开发进程。有了地方国有资本的参与，更有利于拆迁、修路和天然气就近利用；有了民企和外资的参与，有利于改善公司治理、提高开采效率和服务水平。下一步在页岩气开发领域深化混合所有制改革，需要在公司治理、战略协同、分工合作上下功夫，要提高各个方面的积极性，不能只为圈钱而忽视机制转换，也不能只图资本层面的混合而实质上拒绝让外部投资者参与相应的管理和运营。

（三）探索页岩气有效监管模式

可争取用2～3年时间在示范区形成有关页岩气勘探开发及储运利用的政策体系、管理规范、监管细则和监管体系，以及信息搜集共享平台。在环境监管方面，中央定标准和政策，地方组织实施环境监管。环保部正在研究制定页岩气开发有关的环评导则，可在这个地区先行先试，在土地使用、植被恢复、水资源利用、废水处理、废物处理、气体排放、钻探和完井等方面，先行推出和实施国家规范和标准。在地质资料信息共享方面，可参照美国以行政立法形式强制收集页岩气地质资料的办法，搭建地质工程信息管理平台，政府掌握资源信息，实现信息共享，促进高效开发。

案例二　中国煤层气产量预测

一、煤层气资源情况

我国煤层气资源丰富，其特点表现为含煤盆地多、含煤层系多、煤种全、煤层气藏类型多。由于中国含煤盆地类型和聚煤环境差异较大，后期构造运动改造强烈，使我国的煤层气资源蕴藏在非常复杂的地质环境中，煤层气资源主要分布在华北、西北、华南和东北等4个煤层气聚集区。

我国煤层气探明储量增长较快。2012年全国煤层气探明储量新增1344亿立方米，比上年增长32.2%。2013年全国煤层气勘查新增探明地质储量235.77亿立方米。煤层气探明地质储量累计达到5754亿立方米，技术开采储量2850亿立方米，

我国煤层气资源富集区主要在沁水盆地、鄂尔多斯盆地和滇黔北坳陷。2012年，沁水盆地新增煤层气探明地质储量902.42亿立方米，鄂尔多斯盆地新增煤层气探明地质储量371.1亿立方米，滇黔北坳陷2012年部署实施了11口评价井及三个井组计18口井的开发产能实验，已有17口井获得煤层气流，单井日产气量为500方。

二、煤层气储量预测

（一）全国煤层气聚集区含气特点

煤层的含气性通常用吨煤含气量、吸附饱和度、甲烷浓度和资源丰度等四类要素来衡量，含气量是吨煤所具有的气体量，它是煤层气资源量的决定要素；资源丰度是煤层含气量与煤层厚度的综合反映；吸附饱和度是与煤层气可采性有关的一个含气性要素；甲烷浓度是评价含气质量的主要标准。

从地域分布来看，煤层气平均含气量以华南聚气区最高，其次为东北聚气区和华北聚气区，西北聚气区最低；各区的甲烷浓度较为接近，由高到低依次为华南、华北、西北和东北聚气区；各聚气区的平均资源丰度相差比较悬殊，西北聚气区显著高于其他地区，其次为东北聚气区，华北略低于东北，华南最低；平均吸附饱和度以东北聚气区最高，华南次之，再次华北，西北最低。

从含气层系来看，石炭一二叠系、上二叠统、中—下侏罗统含气性具有较好的代表性；其他时代则相对较差。综合分析来看，北方主要盆地的石炭—二叠系含气性较好，是主要盆地最重要的含气层系。

按煤阶分布情况来看，高煤阶贫–无烟煤III（Ro=1.9%～2.5%）资源量为7.8万亿立方米，占21.1%；中煤阶气–瘦煤（Ro=0.7%～1.9%）资源量为14.3万亿立方米，占38.9%；低煤阶褐–长焰煤（Ro<0.7%）资源量为14.7万亿立方米，占40%。

（二）煤层气重点有利勘探目标区

在总结煤层气富集规律及含气特点的基础上，全国共优选出18个有利目标区，分

别是晋城、吉县–韩城、神木、横山堡、宁武南、盘关、格目底、萍乐、昌吉、大井、乌尔禾、乌审旗、三江–穆棱河、霍林河、伊敏等。其中I类目标区6个，II类目标区5个，III类目标区7个，总面积5.47万平方公里。I类目标区煤层气资源量为3.63万亿立方米，主要分布在沁水、鄂尔多斯、准格尔和宁武盆地，煤层气地质条件较好，是煤层气近中期储量和产量的现实目标区；II类和III类区块共有资源量2.87万亿立方米，分布在吐哈、三塘湖、二连盆地、滇东黔西和萍乐盆地，具备中远期储量增长潜力，是储量后备接替区块。其中沁水盆地南部晋城地区、鄂尔多斯盆地东南部吉县–韩城地区、准格尔盆地东南部昌吉–大井是近期三个千亿立方米煤层气储量规模有利区。

表2.1.6　全国煤层气有利目标区优选结果

分类	盆地	区（带）	主煤层深（m）	主煤层厚（m/层）	含气量（m^3/t）	面积（km^2）	资源量（10^8m^3）
I	沁水	沁南	200 ~ 1200	8 ~ 17/2	10 ~ 32	5150	11864
	鄂尔多斯	鄂尔多斯东部	300 ~ 1500	7 ~ 22/2 ~ 3	9 ~ 20	7430	11805
	准格尔	昌吉–阜康	300 ~ 1000	25 ~ 32/3	5 ~ 15	7010	7460
	沁水	阳泉–和顺	150 ~ 1300	9 ~ 12/2 ~ 3	8 ~ 35	1200	2500
	宁武	宁武南部	800 ~ 1500	11 ~ 14/1	11 ~ 21	534	1665
	二连	霍林河	300 ~ 900	7 ~ 34/5	5 ~ 8	380	1025

资料来源：根据国土资源部等资料分析、整理。

本研究以全国煤层气储量历史数据为基础，结合煤层气地质特征及资源分布特点，利用翁氏模型法和龚帕兹法对未来煤层气探明储量和产量进行预测：预计在“十二五”末，十个有利目标区新增探明地质储量7000亿立方米。“十三五”期间，勘探范围将进一步扩大到华南、东北及西北地区，在沁水盆地、鄂尔多斯盆地、准格尔盆地、宁武盆地、二连盆地等，新增探明储量3500亿立方米。在到2030年末共计探明地质储量2.41万亿立方米2013 ~ 2030年期间，年均探明储量在1000亿立方米左右。2030年以后，随着煤层气勘探开发技术的不断进步，处于2000 ~ 4000米深层的煤层气资源也可被探明和开采，预计煤层气探明储量还会大幅度增加。

表2.1.7　全国煤层气储量增长预测　　亿立方米

	2015年	2020年	2025年	2030年
新增探明地质储量	7000	3500	4800	7200
累计探明储量	8619	12119	16919	24119

资料来源：根据国土资源部等资料分析、整理。

（三）煤层气产量预测

随着煤层气的勘探开发技术日趋成熟和开采成本的降低，煤层气开发会向规模化、产业化方向发展，逐渐形成10 ~ 15个煤层气生产基地。利用翁氏模型和龚帕兹法对未来我国煤层气产量增长进行分析，预计2015年煤层气产量为45亿立方米，2020年为100亿 ~ 300亿立方米；2021 ~ 2030年，建成20 ~ 30个煤层气生产基地，2030年达到400亿立方米。

表2.1.8　　全国煤层气产量增长预测　　亿立方米

年份	2015年	2020年	2030年
产量	45	100 ~ 300	400

资料来源：根据国土资源部等资料分析、整理。

案例三　中国煤制甲烷生产潜力预测

一、煤制甲烷发展现状

随着可持续发展战略和加强环保等政策的实施，国内天然气消费市场持续扩张，多渠道、多方式地扩大天然气资源供给，完善气源结构成为优化国家能源结构的重要战略。将富煤地区的煤炭资源就地转化成天然气，可在一定程度上弥补中国常规天然气的供应不足。

我国首批投产的两个煤制甲烷项目，其中：克旗煤制甲烷的产能规模为40亿立方米/年，分为三个系列，每个系列产能13.3亿立方米/年；庆华煤制甲烷规模55亿立方米/年，分四期建设，一期规模13.75亿立方米/年。2013年两个煤制甲烷项目总供气量为0.31亿立方米。

核准在建的煤制甲烷项目包括阜新煤制甲烷、汇能煤制甲烷，产能规模合计56亿立方米/年，预计2015年开始供气。在建及投产的煤制甲烷项目见下表。

表2.1.9　　已投产及在建的煤制甲烷项目情况

类别	项目名称	投产日期	投产规模	总产能规模（亿立方米）
投产	大唐克旗煤制甲烷	2013年	13.3	40
	新疆庆华煤制甲烷	2013年	13.75	55
在建	汇能煤制甲烷项目	2015年	—	16
	辽宁大唐阜新煤制甲烷	2015年	—	40
	内蒙神华鄂尔多斯煤制甲烷	2015年	—	20
合计			27.05	171

资料来源：根据公开资料分析、整理。

二、煤制甲烷项目规划建设进展

近年来，我国煤制甲烷项目审批进程加快，主要集中在内蒙古、新疆两地。截至2014年6月底，国家发展改革委批复的煤制甲烷项目共有18个，合计产能842亿立方米/年，省内规划备案的有37个，产能规模为1296亿立方米/年。已投产、获路条和核准以及在建项目合计总产能为2309亿立方米/年。目前，这些项目只有少数开始建设，而考虑到目前天然气的价格问题和政策现状，不一定所有项目都会建成，也不一定建成项目能够满负荷生产，但其生产能力仍将是我国天然气供应安全的基本保障。

表2.1.10　　目前我国已获路条的煤制甲烷项目

序号	所属省份	项目名称	总产能（亿立方米/年）
1	内蒙古	新蒙能源投资股份有限公司煤制甲烷项目	40
2	内蒙古	鄂尔多斯煤制甲烷工业园暨120亿立方米煤制甲烷	120
3	内蒙古	国电内蒙古兴安盟煤制甲烷项目	40
4	内蒙古	华能伊敏煤制甲烷	40
5	内蒙古	内蒙古华星能源有限公司煤制甲烷项目	40
6	新疆	华能新疆煤制甲烷	40
7	新疆	中电投新疆霍城煤制甲烷（分三期）	60
8	新疆	新疆富蕴广汇煤制甲烷	40
9	新疆	中煤能源新疆煤制甲烷	40
10	新疆	国电平煤煤制甲烷	40
11	新疆	新疆龙宇煤制甲烷	40

续表

序号	所属省份	项目名称	总产能（亿立方米/年）
12	新疆	华电新疆煤制甲烷（西黑山煤制甲烷）	40
13	新疆	中国石化长城能源煤制甲烷	80
14	新疆	新疆伊犁新天煤制甲烷（新汶一期）	20
15	新疆	苏新能源和丰新疆煤制甲烷	40
16	新疆	中电投伊南煤制甲烷项目（分三期）	60
17	山西	中海油山西大同煤制甲烷	40
18	安徽	安徽淮南煤制甲烷示范项目	22
合计			842

资料来源：根据公开资料分析、整理。

三、煤制甲烷生产潜力分析

根据煤制甲烷项目建设进展，结合项目建设周期及产能规划，对所有煤制甲烷项目的产能进行排产。

2020年已拿到路条的项目总产能为842亿立方米/年，按三期考虑，其基本在2018年之后投产，2020年可实现两期规模的能力为600亿立方米/年，2025年为950亿立方米/年，2030年达1020亿立方米/年。

然而，值得一提的是，未来煤制甲烷的发展仍面临较大的不确定性：一方面是当前较低的国际石油和天然气价格，大幅抑制了煤制甲烷的利润空间，相关项目的成本困难较大；二是在耗水方面和环境污染方面仍面临较大争议。因此未来煤制甲烷虽有望形成一定的生产能力，但具体产量仍存在较大不确定性。

案例四　农村有机废弃物制天然气效果与政策

据估计，我国有机废弃物中近76%源自农业，作物秸秆和畜禽粪是两大主要源头。我国农村有6 亿吨秸秆散落田间地头，农户主要采取就地焚烧处理，既不经济，又不环保。随着畜牧业集中度越来越高，粪便集中处理问题不仅困扰企业发展，而且危及农村环境。解决好农村有机废弃物的转化，一直是困扰“三农”工作的一大难题。

北京德青源公司探索出了一套农村有机废弃物转化成清洁能源的成熟的技术模式，其经验值得重视和推广。

一、将秸秆和粪便转化成能源，有利于改善农村环境和改变农村能源利用结构

北京德青源公司是北京一家品牌鸡蛋生产企业，以给鸡蛋上“身份证”（在鸡蛋壳表面用可食用墨水喷涂品牌名称、出生日期和防伪编码）赢得行业声誉和市场规模。但是，生产规模扩大后也带来环境问题，300万只蛋鸡每天产生的粪便相当于30万人口每天的排泄量，这些废弃物如果不加处理，就会造成地下水和土壤污染。为此，德青源公司专门成立一家清洁能源公司来解决鸡粪资源转化利用问题。经过几年研究，在“除砂”“高浓度提纯”“生物脱硫”三项技术上取得突破，于2007年实现鸡粪沼气发电。接着又研发秸秆和鸡粪的混合原料生产沼气，在提纯压缩后制成天然气。这些技术上的突破为实现农村有机废弃物转化和农民使用可再生能源提供了可行性。

一是实现了有机废弃物转化和农村环境改善。德青源公司每年可处理粪便10万吨，相当于减排二氧化碳7.1万吨，氮化物35吨。年处理秸秆2.5万吨，相当于减排二氧化碳4.08万吨，氮化物25吨。不仅使鸡产生的粪便得到了有效利用，而且为解决一直困扰农村的秸秆焚烧问题找到了出路。

二是形成了全产业链。德青源公司2009年实现沼气发电厂与华北电网并网发电，目前年发电已达1400万度，年产有机肥16万吨。2013年生物天然气销售收入60万元。2014年已达270万元。利用剩余的沼液沼渣加工成固态和液态有机肥，年产16万吨有机肥料销售给延庆当地农户，带动1万亩有机蔬果和12万亩绿色玉米种植。通过订单方式收购延庆60%的绿色玉米，用于加工鸡粮，饲养园区内300万只蛋鸡，形成从生态养殖、食品加工、清洁能源、装备制造、有机肥料、订单农业到有机种植的全产业链。

三是改善了农民生产生活条件。德青源将提纯压缩后制成的天然气，经罐车运往各个村口架设的储气罐，再通过天然气管网输入千家万户。2013年供应生物天然气2000户，2014年7月已通气5000户，预计年底达7000户。德青源与延庆县合作的生物质能源工程已经启动，计划用3年时间让延庆县的39个村、10100户农民用上生物天然气。我们实地调查发现，农户用沼液、沼渣从事有机种植，将生产的有机蔬果卖给城里消费者，生产的绿色玉米卖给德青源养鸡，农民在家做饭取暖洗澡不再使用秸秆和煤炭，结束了伐薪烧炭方式，农民的生产条件和生活方式发生了巨大变化。

二、农村有机废弃物能源转化具有在更大范围推广的可行性

一是技术上更加成熟。第一，牛粪、鸡粪中含有大约10%～15%的砂石，过去由于除砂技术限制，纯鸡粪一直无法作为沼气发酵的原料。德青源发明有机无机分离技术后，实现了鸡粪砂石与有机物质的分离，可以去除鸡粪中80%以上的不溶性固体。第二，各种畜禽粪便发酵后产生的沼气，硫化氢含量在2000～5000ppm，传统方法一直未能解决脱硫问题。德青源发明沼气生物脱硫技术，利用噬硫杆菌将硫化氢氧化成单质硫，成本更低，还不会造成二次污染。第三，常规沼气浓度一般在2%～5%，德青源发明高浓度沼气发酵技术后，将鸡粪发酵和秸秆发酵浓度提高到10%～15%，可以减少50%以上的水用量和发酵系统体积。第四，德青源发明混合原料发酵技术，以秸秆作为碳源，沼液作为氮源和发酵微生物源，共同发酵，解决了发酵中的秸秆浸润、秸秆上浮以及秸秆快速水解发酵菌种等问题。第五，德青源发明沼气膜纯化技术，解决了目前沼气提纯法耗能高、占地面积大等问题，其膜提纯装置占地面积仅为同类项目的1/10，耗能降低50%以上。

二是经济上更加合理。第一，投资成本降低。德青源新建一处日产8000立方米的生物天然气工程，可满足1万余户农户家庭炊事用气需求，投资成本约为3000万元，比同行业降低1600万元。第二，制气成本降低。德青源由于可收集利用沼气站周边20公里内的多种原料进行生产，制气成本平均为2元/立方米，明显低于北京市目前的供气价格（北京市目前的天然气门站价格为3.25 元/立方米）。第三，经济价值提高。1立方米沼气常规发电可转化为价值1.19元的电能，德青源实行膜法提纯后的1立方米沼气可转化为价值2.4 元的天然气，每立方米沼气增加产值1.21元。

三是农民使用更加划算。德青源以2.5元/立方米的价格把天然气销售给农户，同时又接收农户提供的秸秆，将这些原料折算成天然气款，提供秸秆的农民实际支付很少。以3～4口之家为例，以前使用罐装液化气的成本约为100–120元/月，使用生物天然气后只需30～40元/月。

三、政策建议

一是加大对农村及小城镇生物天然气及管网建设的扶持。随着城镇化进程和人民生活水平提高，我国天然气消费正处于快速增长期，天然气供求矛盾加大。如果把全国6亿吨秸秆都充分利用，年产沼气可达 1200亿立方米，为 2013年天然气消耗总量的

71.6%。畜禽粪便也可转化年产能1.22亿吨标煤。这些有机废弃物相对集中，秸秆集中于粮区，畜禽粪便集中于养殖，林业剩余物集中于林地，工业有机废弃物集中于农林产品加工工厂，其大分散小集中的特点，有利于推进农村和中小城镇能源建设。建议从能源供求和农村发展角度，从国家层面研究农村有机废弃物资源能源转化的总体战略、布局，研究出台力度更大的扶持政策。

二是解决企业在能源转化创新中遇到的问题。我们在德青源调查时，企业反映现行的一些政策不利于企业进行创新。一是并网问题。在保证农民用气基础上，富余的生物天然气没有渠道出售，建议允许生物天然气并入城市天然气管网，卖给天然气公司在城市销售。

二是定价问题。目前德清源天然气销售价格是2.5元/立方米，目前北京市工业用户的用气价格为3.65元/立方米，交通运输用气的价格更高。建议放开生物天然气销售价格，实现市场化运作。三是实行免税。目前，国家对生物天然气没有价格补贴，同时还要征收 17%的增值税。考虑到生物制天然气的低碳环保效益，应参照促进太阳能、风能、生物质能发展的做法，给予一定的政策扶持，建议对生物天然气免征增值税。

案例五　部分国家非常规石油天然气上游政策及启示

非常规石油天然气开发与生产是近来世界绝大多数地方的发展趋势。到目前为止，美国和加拿大最为领先，其次是阿根廷和澳大利亚，俄罗斯、英国等其他国家也在尝试证明自己在页岩气/油资源方面的潜力。本文总结了美国（陆地）、英国、加拿大、俄罗斯、阿根廷和马来西亚6个国家的相关财政政策，着重关注非常规资源发展的奖励措施，并提出了对中国的相关启示和建议。

一、阿根廷[①]

除中国以外，阿根廷拥有世界上最多的页岩气资源，同时也是页岩油资源最丰富

① 阿根廷总结资料来源有IHS PEPS、WoodMac和Appache企业网站。

的国家之一（排在俄罗斯、美国和中国之后）①。

目前阿根廷实行的是特许权制度②。自1991年以来，所有的许可证都受特许权使用费/税收条款的管理，包括特许权使用费、所得税、省销售税、其他签约定金/租金以及油/气出口关税；该制度于2002年经济危机期间开始推行，延续至今。

2014年，阿根廷通过了一项新的《石油与天然气法》，规定特许权使用费及许可证颁发制度归中央控制，同时将管理权交给了各省监管机构。在该法颁布之前，石油和天然气的许可和操作管辖权属于各省政府——于是，省政府通过各自的油气权从许可证中获取权益。

ENARSA——联邦监管机构——扮演纯商业角色，拥有所有未经许可的离岸大于12海里的联邦近海勘探土地；在这些区域内的所有活动都必须与ENARSA合作进行。

用“不确定”来形容阿根廷的上游产业是再合适不过了。RSC制度被改为了现行的特许权使用费/税收制度，现行法律则完全颠覆了把油气管辖权交给省政府（联邦海域除外）的“2006年短法”。

为了满足国家需求，阿根廷一次又一次地对油气产业加以利用。近年来，能源需求不断增长，政府承认自己需要更多地参与，于是实行了多种投资激励措施，希望通过新的《石油与天然气法》（2014年10月）帮助非常规产业吸收投资。一些显著特征总结如下：

——投标程序和特许权使用费制度归中央控制，省政府仅负责操作监督。

——取消勘探阶段省石油公司的优先持股。

——区分常规与非常规资产，将非常规资产的开发年限延长至35年（vs.25年）；勘探期限为13年。

——将确保所产原油出口量的20%按照一定国际价格的最低投资额要求由10亿美元下调为2.5亿美元（3年内），此为小型勘探与生产公司的时限。但是，Woodmac的分析表明，20%出口量的3年期限对提高项目内部收益率（IRR）的作用微乎其微，而取消3年期限反而能使IRR大大提高。

——天然气加法（Gas Plus）项目——提高以非常规气藏生产的天然气的价格。

——建立非常规生产许可证——试生产上限五年，后进行商业化声明、统一邻近地质土地使用权。

——试点项目阶段完成后，非常规项目特许权使用费下调25%。

① Grant Nulle（科罗拉多矿业大学）报告《美国之外的页岩发展前景》（2014年，第60页）

② 粗体字为与非常规/页岩气开发尤其相关的财政要素。

——非常规产业评价/评估期延长（1～5年）。

——提供20%出口供应。

许可证颁发机构

阿根廷国家石油公司（ENARSA）土地——ENARSA

省属土地——省级主管部门

监管机构

联邦级：能源部——对碳氢化合物领域全面负责。负责政策制定与调控。

省级：省级主管部门——总体来说，监管职责也由颁发许可证的机构承担。

NOC

ENARSA——由2004年第25.943号法建立，所有权归政府（53%）和省政府（12%），其余的35%在布宜诺斯艾利斯证交所上市。

多数省份有自己的省属公司（如G&P Neuquén）

但是，仍有问题尚未解决，解决这些问题可能会达到事半功倍的效果。

——受过培训的劳动力短缺和支配问题应提前采取措施。一个例子是内乌肯省通过建立“非常规油气田技术中心”（亚历杭德利亚中心）来完善页岩气技术能力。

——缺乏环境规制；鉴于现在油气田距离社区较远，该问题已不存在，但随着产业发展，这仍是潜在问题。

由于情形多变，很难确切地说阿根廷是否成功地增加了非常规领域的活力，但近来其鼓励非常规资源发展的行为似乎在朝正确的方向前进。但是，政府必须避免陷入干扰现有成果的陷阱，否则会打击国际石油公司的信心。

二、加拿大[①]

加拿大（世界上页岩资源最丰富的国家之一）通过省级政府实行税收/特许权制度。对基础制度的调整幅度取决于多个因素，如合同年限、生产情况、石油价格等等。虽然没有国内供应义务，但运营商必须获得政府批准才可出口资源。

① 除IHS PEPS和WoodMac之外，关于加拿大的资料来源还有曼尼托巴和亚伯达的政府网站以及石油及天然气的PWC税收报告。

加拿大各省通过负责落实和监督运营商发挥着更大的作用。大多数省级政府都有各自的监管机构来对所有的油气操作颁发许可和实行监管，比如萨斯喀彻温省能源与资源部内设的石油与天然气处，以及不列颠哥伦比亚省能源、矿产与石油资源部内设的石油与天然气委员会。

一般情况下，除了纽芬兰以外，各省没有NOC。2007年的能源法令规定加拿大应有一个能源公司来持有和管理石油和天然气利益。纳尔科能源公司（Nalcor Energy）似乎扮演了这一角色，它还合作参与了纽芬兰的三个海洋开发项目。

几乎所有政府都曾以特许权的方式来捕捉经济租金——在石油价格增长时提高政府的收入额，并在价格较低时调整限额。为避免不停的变化，建立一个价格联系机制，多数政府都已经将特许权使用费费率与石油价格、生产以及合同年数联系了起来。

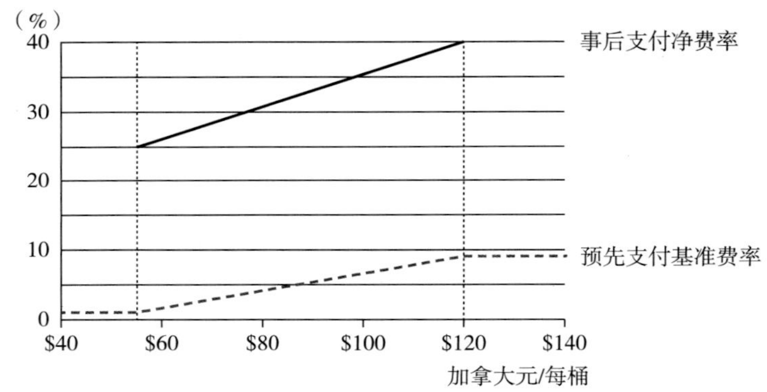

亚伯达特许权使用费结构

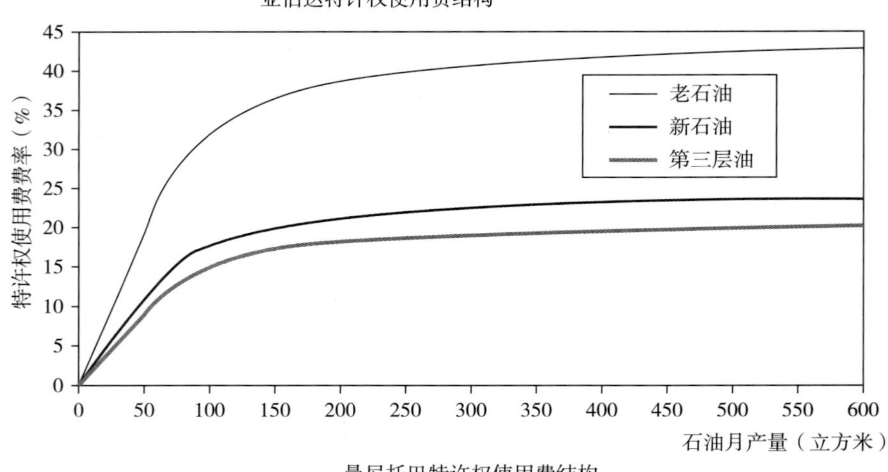

曼尼托巴特许权使用费结构

图2.1.6：特许权使用费结构

根据有些省份的财政制度，投资成本回收前后的税率的特许权使用费费率是不同的，使得承包商能以相对较低的风险收回成本。还有些省份实行基于收益率的多层级费率——形成一种层级机制。

加拿大省级机构

- 不列颠哥伦比亚省能源、矿产与石油资源部——石油与天然气委员会
- 萨斯喀彻温省能源与资源部——石油与天然气处
- 能源部——亚伯达能源监管机构
- 原住民事务及加拿大北部发展部（AANDC）——AANDC北部石油与天然气分支
- 加拿大新斯科舍省海洋石油委员会
- 加拿大——纽芬兰和拉布拉多海洋石油委员会
- 亚伯达的能源部
- 育空能源、矿产与资源部
- 魁北克自然资源部

加拿大的三层级税收制度：

第一层——对石油与天然气项目“应纳税所得”征收的联邦所得税。

第二层——对“应纳税所得”征收的省级所得税（与联邦所得税的区别在于各省特有的免税额）。

第三层——对加拿大资源资产所有权征收的省税和国家资源税。为了将一些税费纳入省政府，联邦税有10%的减免。这些减免仅针对在加拿大发生的收入。

和许多国家一样，加拿大在政策上采取了非常积极主动的态度，也很乐于通过免税/减税/抵免等提供正确的激励。目前已采取的措施总计如下：

——早期对一些石油和天然气项目10%的投资税减免（ITCs）。

——对科学研究与实验开发（SRED）活动提供其他ITCs，以鼓励行业创新。

——未使用的税收抵免可结转至后20个纳税期限。

——非常规项目享有更高的资本成本补贴率，直接影响承包商的纳税额。

——已实行的计划包括为鼓励致密气和页岩气开发的净利润特许权，低生产力使用费减免，油砂使用费计划，边际油田使用费计划等，为满足与资源和/或地理限制相

关的特定需求，还推行了很多其他计划。

为鼓励创新，加拿大政府将石油价格与生产与使用费结构和各种税收减免相联系，在上游产业发展方面发挥着重要作用——比如对SAGD技术的开发，这对油砂项目非常有利。

三、马来西亚

马来西亚拥有一套非常完善而稳定的制度，根据产量分成合同（PSC）的不同年限采取不同的财政条款——从特许经营到最近的R/C PSC合同。

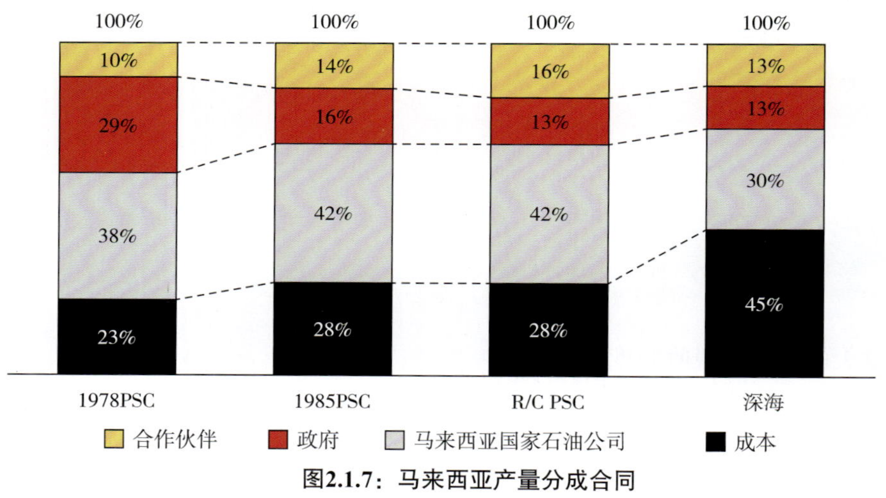

图2.1.7：马来西亚产量分成合同

注意：其中1976年、1985年和R/C产量分成合同是基于40mmboe的储量，而深海产量成分合同假定油量超过1bnboe。

马来西亚国家石油公司（PETRONAS）与IOCs一起，通过其勘探开发子公司（（国油勘探（PETRONAS Carigali）），作为合资企业的投资方（有时是运营商）参与上游产业的活动。另外，它还通过子公司MPM发挥监管的作用，负责监管本国所有的上游产业活动（包括PETRONAS Carigali的活动）。按照PSC规定，IOCs和运营商（包括PETRONAS Carigali）向MPM及地方政府支付使用费和税费。在大多数合同中，PETRONAS Carigali对所有勘探区块都有附带收益权，通常在15%～25%之间（可协商）。

近来，马来西亚开始推行风险服务合同（RSC），以加强成熟油气田和滞留油气田的活动——其中不仅有保护承包商不受下行风险影响的条款，还有上行限制的条款

（需注意的一点是，PETRONAS不得签订此项合同。该合同的主要作用是激励和培养马来西亚地方企业成为上游石油和天然气项目作业者）。

马来西亚在非常规资源方面的潜力尚未得到认可，也正在学习其他国家的经验（澳大利亚和加拿大）。事实上，最新的行业报告表明，PETRONAS可能即将与一家美国独立公司（Hess）合作，评估和学习如何开发中国的非常规资源/页岩油或页岩气。

随着成本结构的变化，或当出现如海洋石油一样不同的成本结构时，马来西亚政府会选择调整PETRONAS和其自身的占比，以实现平衡。政府在不同时段利用了各种机制——降低税收和使用费、加快折旧、降低出口税等等，来吸引更多的投资。1985年的修订版——有诸多调整——提高了成本回收的速度，增加了承包商的利润份额，以鼓励通过地震资料中发现的小型气油田的勘探和开发。同时将PETRONAS的参与变成强制性，从而让它发挥更大的作用。1991年，政府推行了海洋石油激励措施，并和美孚石油以更具吸引力的条款签署了两处油田的合同之后进行了修订，显示出政府和监管机构务实的作风。承包商的利润份额以及成本收回的比重有所增加，所得税和出口税有所降低，这些提高了承包商的收入占比，从而推动了海洋石油的开发。

在根据宏观环境调整财政条款方面，马来西亚一直非常务实和灵活。它在合适的时机采用了合适的手段，吸引了更多的投资，将标准PSC发展成为R/C PSC，增加了承包商的平均承购比重，从中可以看出马来西亚对过渡时期的时间安排。马来西亚的务实还体现在对适合本国国情的项目扩张以及商业结构予以奖励，而非采用一般结构（比如对EOR项目增产的采油量实行较为宽松的规定）。

四、俄罗斯[①]

俄罗斯目前已有多种类型的合同，简述如下：

——政府留成：基于出口税和采矿税（MET）的税收-使用费（又称“特许权”）财政制度。

——政府控制：开展为期5-7-25年（按照《地下法》）的地下勘探和/或通过拍卖或招标分配的勘探或生产许可证。

——产品分成协议（PSAs），虽然俄罗斯仍然存在，但不应作为PSA法修正后新项目的合同范本。

① 除IHS PEPS和WoodMac以外，还参考了壳牌关于俄罗斯的报告。

——战略产业法以及《下层土法》的修正案中关于“战略油气田”的内容。俄罗斯负责下层土使用管理的机构是Rosnedra——俄罗斯自然资源部下设机构。Rosnedra负责管理所有与许可证发放、废除及许可证承诺方面的问题。

——NOCs（Gazprom，Rosneft和Zarubezhneft）享有特殊地位。Gazprom垄断了管道气出口，且应在离岸项目中占有50%以上的份额。事实上基础设施由Gazprom和Rosneft垄断。

项目批准与否取决于项目类型——外国公司的直接许可证、外国公司在俄罗斯公司占有份额，以及外国公司和俄罗斯公司的合资企业——每种类型都有专门的法律来约束。

为了实现非常规资源的商业化，俄罗斯已经实行了几项财政和监管激励措施，为非常规资源吸引投资：

——从资源耗减1%开始，实行15年的零采矿税+偏远地区降低出口税并将勘探许可证期限从5年延长至7年，已落实。

——目前正在推行：对部分项目征税根据利益情况而定，全面调整俄罗斯非常规资源的许可证发放制度。引入财政条款来为俄罗斯非常规资源吸引投资——据估计，俄罗斯是世界上非常规资源最多的国家之一，这一举措可能会由于近来西方对俄罗斯的制裁延缓推行。

——为支持非常规资源的开发，VNIGUI、VNIGNI和Shpilman研究院正在研究非常规资源项目在俄罗斯的法律地位——定义、资源分类、储备报告、许可证发放、承诺及监管等。

但是，一些传统问题，比如地方当局的烦琐手续和官僚主义，仍让外国投资望而却步。鉴于宏观环境的变化，俄罗斯的制度也在不断改进。一个例子就是2013年12月一项新法律通过后，私人企业拥有了液化天然气的出口权。

五、英国[①]

作为在石油领域发展较为成熟的国家之一，英国继续实行简单的特许权使用费/税收制度。目前，特许权仅存在于北爱尔兰，且在英国所有其他地方已经几乎成为纯粹

① 除IHS PEPS和WoodMac以外，资料来源还有能源与气候变化部（DECC）和英国陆地石油和天然气行业组织UKOOG的网站。

的税制。非常规资源也遵循类似的制度，但为了鼓励其发展，还有专门的减免。

能源与气候变化部（DECC）通过其下设的能源开发处（EDU）颁发生产、勘探和开发许可证（PEDLs），许可运营商在获得钻井/开发允许及建筑许可证的情况下开展勘探与生产（E&P）活动。钻井/开发及建筑许可证由地方颁发，需要各地方政府机构进行互动。

非常规活动相对较新（与美国相比），管理办法仍在完善。矿产资源都是政府财产，但行业团体UKOOG想出了一个对受页岩气作业影响社区的新补偿办法——固定费率+与总收入相联系。这一模式受到了英国政府的欢迎。

2003年所有油气田的使用费被废除，2003年以后批准的油气田石油收益税被废除，2003年以前批准的油气田石油收益税被减免，2006年，随油价升高，增加了附加费，另外，在价格环境不够吸引人的情况下实行了几项税收减免，这些都表明英国政府采取了主动而及时的干预措施。另外，根据不同油气田的历史，英国有不同的税收结构，从而在政府和运营商之间实现了租金风险共享的良好平衡。

针对非常规资源，已公布以下激励措施：

围栅补充支出的适用范围扩及页岩和非常规油气资源——将损失结转期限延长至10个会计期（原先是6个）。

对页岩项目实行地块（Pad）补贴（地块的定义是一个钻井及开采地点；从附加费中减免了一部分生产收入，将税率从62%降至30%）。

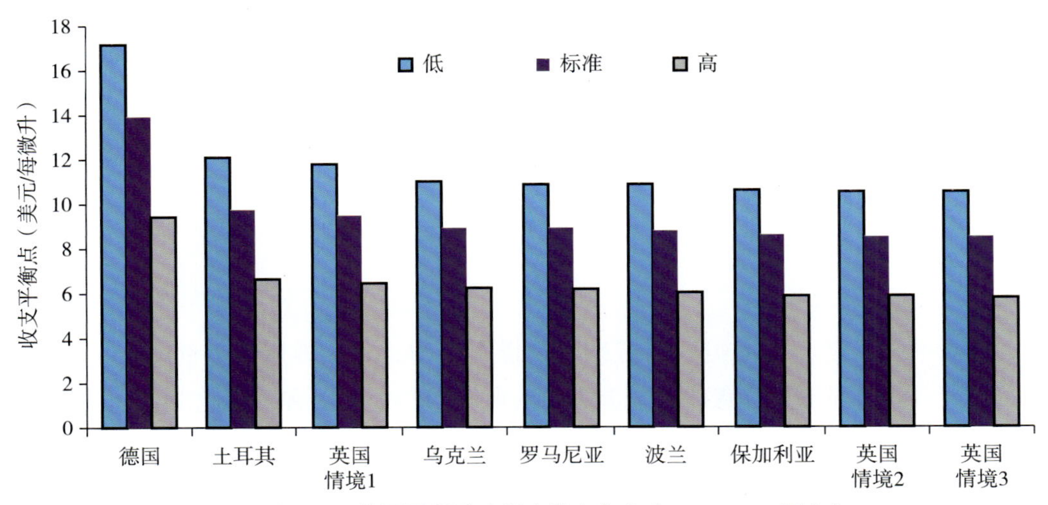

图2.1.8：英国页岩财政制度的竞争力（Wood Mac研究）

资料来源：Wood Mackenzie。

Wood Mackenzie使用那慕尔阶页岩区块成本假设（以及油井产能的三个事例）对新条款进行了分析，以计算项目的收支平衡点（BEP）（Pad拥有5个产油井，五年后再有5个产油井上线）。情境设置是基于三个不同的税收情况：

情境1——当前的陆上许可证制度（不含小油田补贴）。

情境2——基于所有资本支出50%的新地块补贴，这些支出可用来抵补接下来5年应缴SCT的利润，所有未使用津贴均可结转。

情境3——基于所有资本支出75%的新地块补贴，这些支出可用来抵补接下来1年应缴SCT的利润，所有未使用津贴均可结转。

但是，负面评价依然存在，政府也正在解决。目前已经允许将跨地块减免从失败地块转移到成功地块——但仅限于三年以后，也允许替代营业资产的展期优惠（早期公司不得实行石油/天然气销售收入展期，除非再投资是在英国大陆架）。补贴可用于支付容量费以及公平交易费用。

财政激励计划提升了英国页岩气在欧洲的竞争力；但是，油井成效以及地方审批流程简化将是英国页岩气成功的关键。

英国监管构架

- 能源与气候变化大臣：石油许可证的颁布由大臣决定
- 能源与气候变化部（DECC）：负责颁布石油许可证，具体由能源开发处（EDU）负责
- 非常规天然气与石油办公室（UOGO）：UOGO是DECC内部的非常规油气活动直接联络点

六、美国——陆上[①]

与众不同的是，支撑美国上游产业投资制度的，是土地所有者的矿产资源所有权。在大多数情况下，这意味着陆上资源的所有权归个人所有，因此没有许可证发放机构，而只有私人租赁。对于联邦和州土地，政府会依照直接的税收和使用费制度发

① 除IHS PEPS和Wood Mac之外，还参考了Nulle（2014年报告）、Eenergy新闻处网站以及Daniel Johnston关于财政条款的著作。

放租约。

美国实行联邦制度，因此石油和天然气产业的大多数法规都由各州自行制定和执行。联邦政府负责联邦土地（及联邦水域——如墨西哥湾 Gulf of Mexico（GOM））以及跨州交易，包括跨州管道。美国政府的监管制度（州级或联邦级）都较为完善和高效。

历史上，美国的监管制度创造了支持私人投资发展的整体大环境和一系列条件；为支持采掘产业的发展，美国一直以来都在避免国有化。当前的页岩革命也同样归因于这个大环境。

移除对天然气及其运输的价格控制（解除管制）后，美国开始依靠市场来满足需求（增加供应）。运输能力权与管道所有权被区分开来，使得生产商能对管道容量展开竞争。

有意思的是，美国政府对公共研发费用给予直接支持。比如，“东部页岩气项目”（1975～1992）的主要目的是页岩气生产技术的开发。美国政府还对几项产业示范项目给予直接资金支持，比如1986年的第一个多断水平钻井项目，还对1991年在德克萨斯州第一个将水力压裂法与水平钻井相结合的Mitchel Energy公司给予了帮助。在几十年稳定的行业发展之后，美国的技术和专业协助在全球石油天然气产业中遥遥领先（美国拥有世界上数量最多的钻探设备）。

根据美国的有益经验得出的建议如下（Nulle2014）：

——灵活的土地让渡规定和灵活的商业性声明要求。

——提前提供可靠的管道和运输基础设施使用权。

——实行自由价格或担保价格。

——进口专业劳动力和设备的能力。

——鼓励高成本/风险非常规开发的税收制度。

——提供直接研发支持，提高地质和科技知识技能水平。

——将利润自由返还给投资者的能力。

——法规及政策的稳定性。

美国政府采取的措施取得了大范围的成功，但需注意的是，这些成就是经历了很长一段时间才获得的，是多项政策（财政激励、研发资金支持、解除管制）和美国经济及监管制度中的结构要素相结合的结果（资本可得性、矿产私有/美国土地所有者亦是获益者、稳定性、高度专业化的技术和经验丰富的人力资本、现有管道容量招标等）。

财政激励的作用

- 联邦政府推行非常具体的财政政策，这些政策通过1980年颁布、2002年失效的《原油暴利法案》发挥着重要作用：（1）比如对产自页岩气的非常规能源给予补贴；（2）制定《无形开发成本支出》规定，允许生产商出于税收目的减除一大部分开发成本。
- 政府在OCS（GOM）中的份额很低；主要生产商最低，由于使用费退费以及税收抵免而推行有效的0%使用费费率（出自Daniel Johnston，2010，以及WM）。

七、对中国的启示

（一）鼓励各省/社区去管理页岩油/气开发与生产，并从中获益

在美国、加拿大和阿根廷，地方政权/政府都发挥着关键作用，在一段时间内有直接的监管机构。有时候，各省（如阿根廷）会出资合伙开办合资企业（而非“附带”合伙人）。

（二）对非常规天然气实行低特许权使用费/税率，以提供税收减免

一些国家（如加拿大）将税率与实际石油价格联系起来，这样投资者就能了解不同石油价格水平的税务负担如何，而无需再根据油价变化而调整策略。比如，俄罗斯正在考虑取消非常规石油/天然气的采矿税（MET），MET是俄罗斯公司最重的税负。其他税收杠杆还包括税收结转（如英国）等。

（三）延长非常规油气田小规模试验、勘探与生产期限

制定让渡时间表，在大多数国家，页岩油/气田的许可证期限都延长了5～10年。

（四）解除管制，引入竞争机制

提前提供可靠的管道和运输基础设施使用权，并取消价格控制，这被认为是美国成功的关键。具体来说，运输能力权可与管道所有权区分开来，从而让生产商在管道

容量方面展开竞争。

（五）支持专营公司发展

政府机构在开展研发和支持专营公司方面发挥着独特的作用，这些专营公司能有效地帮助加速中国页岩气/油开发与生产。为此，政府应支持中国本地公司或外国专业技术公司发展，尤其需要重视中小型企业公司的兴起和发展，它们可以发挥重要作用。。

案例六　墨西哥石油天然气行业上游开放政策

墨西哥在2013年修改了国家宪法，以尝试重振其石油和天然气行业。墨西哥政府采取了具体、透明的方式，推进零轮招标（“Bid Round 0”），在此期间，墨西哥国家石油公司（Pemex）提交了申请，并获得了83%已探明油田/天然气田的开采权和21%未探明油/气面积的勘探权。这被视为一个有效且实用的方法来平衡国家的整体利益和国家石油公司利益，同时也为外商和私人投资者提供足够有吸引力的机会。

建议中国可以采取类似零回合（“Round 0”）的流程，让现有持证的国有石油公司提名他们希望持有的部分和可为新投资者们提供的部分，以此带动投资，在中短期加速改变非传统型能源页岩气的产量。这样，中国可以提高一次能源结构中天然气的利用率，并同时控制对国外进口的依赖程度——对外依赖度已经从2005年的0%快速增长到了2013年的32%。

一、2013年以前的墨西哥：亟待改变

墨西哥的石油工业历史非常悠久，早在1904年就首次发现了石油，产量在1917年已蹿升至15万桶/天。国际石油公司（IOC）也快速加入，帮助提高石油产量。到1921年，墨西哥的石油日产已超过53万桶，占世界总产量的四分之一。但是，工会与国际石油公司之间的激烈争议最终导致墨西哥国会在1938年将国际石油公司的资产全部收归国有，并由此建立了国家石油公司（NOC）Petroleos Mexicanos（Pemex），此后一直是墨西哥石油和天然气资源的唯一权利者。

七十多年来，Pemex都是在国际服务公司（ISC）的帮助下经营自己的石油和天然气业务。如此垄断的国家石油公司逐渐变得停滞不前，其部分原因是预算和财政管理都在墨西哥财政和公共信贷部的强力控制之下。如图所示，Pemex的产量在2004～2005年时达到顶峰，石油日产约为360万桶，天然气日产约为30亿立方英尺。自2004年以后其产量就持续下降，前景显得十分黯淡。Wood Mac对其之后几年的产量也做出了快速下降的预测。此时的墨西哥亟待改变。

为了缓解产量下滑，墨西哥于2008年推行了一项能源政策改革，允许Pemex将一些的成熟的边际油、气田以服务合同的方式外包。国际石油公司（IOC）的积极性并不高。在2011年，Pemex基于油、气田的产量，将两项服务合同授出给法国斯伦贝谢（Schlumberger）公司与英国派特法（Petrofac）公司。2012年与2013年，Pemex又举办了两项服务合同招标，仍然只吸引了国际服务公司。

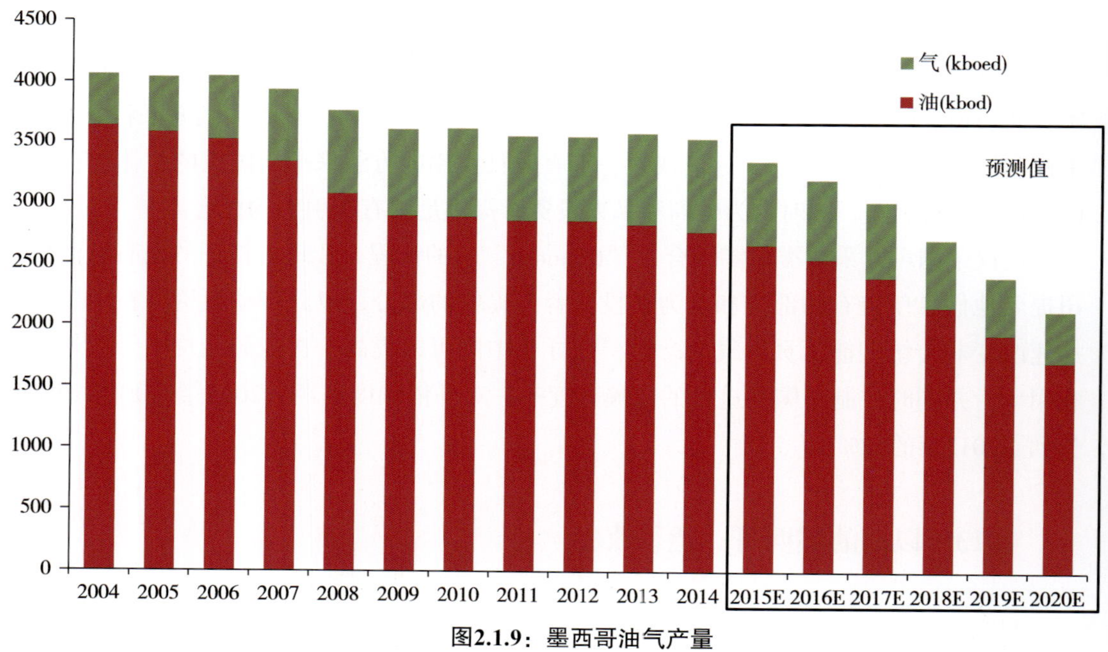

图2.1.9：墨西哥油气产量

墨西哥深水湾一直是美国石油天然气行业的主要成功案例之一。墨西哥湾深海与西非、巴西并列，被称为全球勘探生产的深海金三角。但是，尽管拥有墨西哥湾的大部分管辖权，墨西哥还是几乎完全落后于行业里的其他参与者，而且完全没有进行深水石油/天然气生产。

近期美国页岩气/油革命对于墨西哥来说也是另一个冲击，因为美国南部德克萨斯州的部分页岩油/气的分布从地质上讲，是应该延伸到墨西哥境内的。

墨西哥政府和Pemex公司意识到他们必须做出一些显著的改变，以开启历史的新篇章。

二、2013年新总统上台后的能源改革

2012年12月1日，恩里克·培尼亚·涅托就任墨西哥合众国总统。其领导的革命制度党（PRI）最终击败国家行动党（PAN），赢得大权。国家行动党在2000至2011年间一直是墨西哥的执政党。革命制度党自1928年起统治墨西哥，连续执政71年。

涅托总统在2013年8月向国会提交了能源改革法案，共有27条具体的法律。国会需要通过法案，执行改革。至2013年12月，墨西哥法律规定再次允许国际石油公司和私人资本者通过三种合法模式在石油和天然气方面进行投资：①服务合同，②产量或利润分成合同，和③许可证合同。

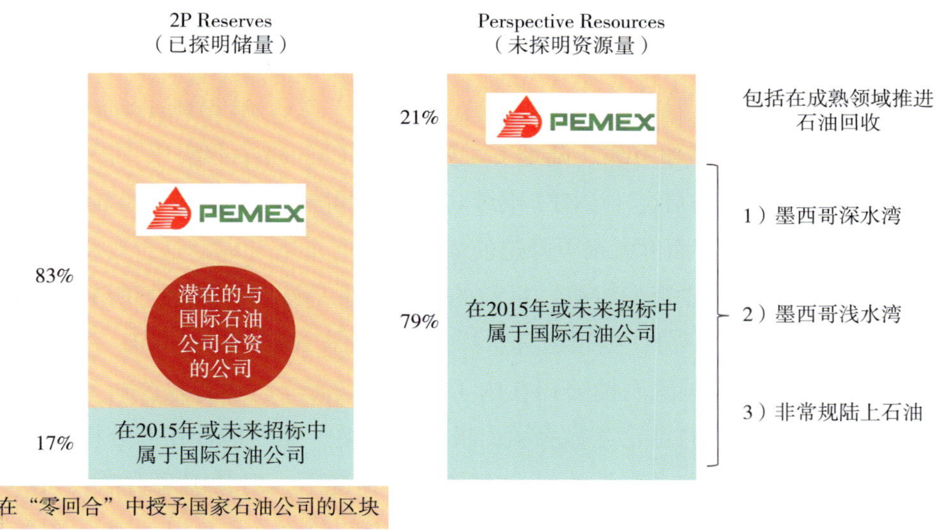

图2.1.10：墨西哥国家石油公司改革前情况

三、墨西哥“零回合”（Round 0）：在保护国家石油公司利益和吸引外资之间取得平衡

墨西哥只有一家国家石油公司Pemex，石油行业总体上来说远远落后于中国。中国

拥有的多家国家石油公司，包括排名前三的中国石油天然气集团公司（CNPC）、中国石油化工股份有限公（Sinopec）和中国海洋石油有限公司（CNOOC），这三家公司都已在纽约上市。

为了通过Pemex的股权来保护国家的整体利益，墨西哥政府在2014年采取了独特的"零回合"过渡措施。Pemex必须在2014年3月底之前提交其想要保留的和选择放弃的油、气田。政府监管机构能源部部长和国家油气管理委员会（CNH）有六个月的时间来决定Pemex可以保留哪些油田/区块。为保留任何生产资产，Pemex必须在申请中标明其在技术、资金和运营方面的能力；在勘探面积方面，Pemex则需要展示其已经拥有钻勘探井和/或已在勘探面积上进行过地下勘察。

基于国家油气管理委员会（CNH）的估计，"零回合"的结果为Pemex保留已探明储量（2P储量）约83%，以及尚未探明储量约21%。对于Pemex已持有的资产，仍允许其邀请外资以跨国公司的方式合作勘探/开发/生产。

四、墨西哥首轮招标（Round 1 Bid Round）：如何期待2015?

自2014年12月以来，国家油气管理委员会（CNH）就开始以分阶段的方式进行首轮招标，包括浅水勘探、浅水开发、陆地、主要生产田Chicontepec增产、非常规能源，以及深水。国家油气管理委员会（CNH）继续欢迎潜在的国际投资者参与首轮竞标。

自2014年6月以来的油价大幅下降迫使墨西哥政府重新考虑，是否要将2015年作为尝试吸引国际石油公司投资的时机。目前的决策似乎是按照计划进行所有的竞标轮，包括最备受瞩目的深水部分，据报道其竞标截止日期在2015年7月中旬。领先的国际石油公司，以及包括中国国家石油公司在内（例如中国海洋石油有限公司）的外国国家石油公司，都对墨西哥的首轮竞标表示出极大的兴趣。业内仍存在部分担忧，对墨西哥是否能够在完全掌控和占有石油/天然气资产的情况下，对其国家石油公司Pemex做出显著的改变，针对主要深水区域采用具有吸引力的财政条款，以加速墨西哥在深水油气的勘探和开采。

当然，业界也一直认可了墨西哥政府在能源改革方面表现出的速度和决心，及其具体、透明的方法，这包括通过"零回合"为国际石油公司开放超过20%的已探明储量和80%的尚未探明储量。

值得关注的是这些方法是否也可能适用于中国，尤其是为其尝试加速非常规能源和页岩气的勘探和开发，以及为吸引适当的国际石油公司和私人资金方面加快进程。

另一个值得石油天然气行业思考的问题是，墨西哥能否在涅托总统的六年任期后、可能的领导人换届时保持其开放的政策。

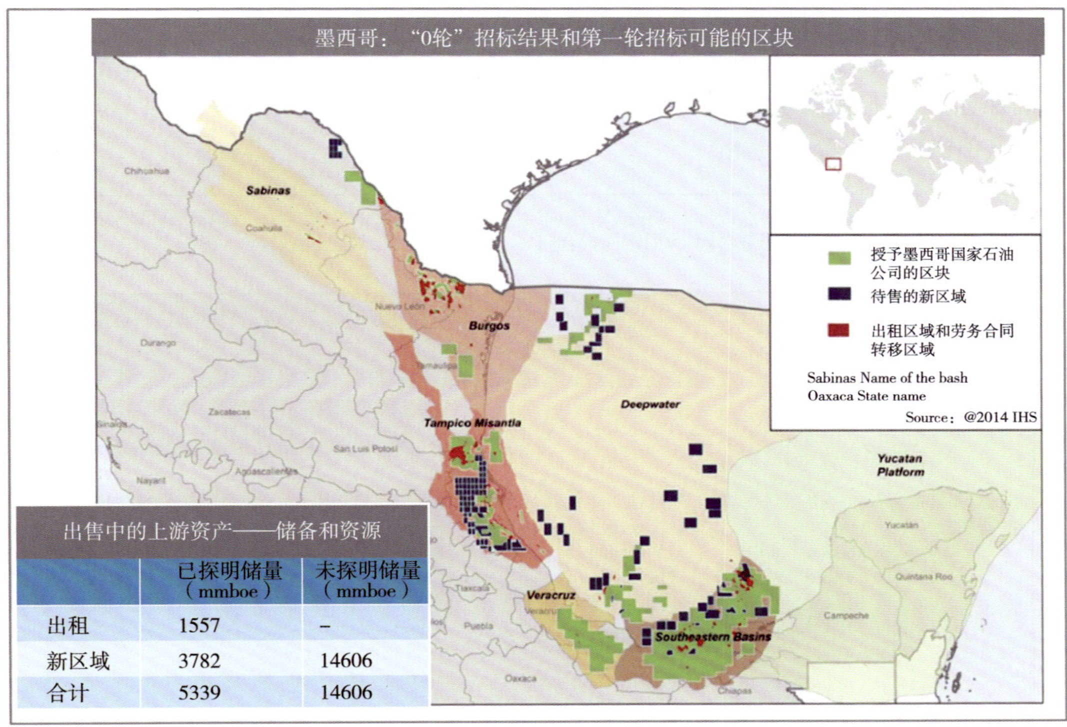

出售中的上游资产——储备和资源		
	已探明储量（mmboe）	未探明储量（mmboe）
出租	1557	–
新区域	3782	14606
合计	5339	14606

资料来源：2014IHS。

墨西哥首轮招标改革展望					
	浅水湾：勘探	浅水湾：开发	陆上	Chicontepec地区和非常规	深水湾
项目发布日期	2014年12月	2015年1月	2015年2月	2015年3月	2015年4月
数据中心的开设日期	2015年1月	2015年1月	2015年3月	2015年4月	2015年5月

图2.1.11：墨西哥首轮招标改革展望

案例七 各国石油天然气上游开放方式分析

一般来说，一个国家石油天然气行业的开放与其资源禀赋和发展战略密切相关。比如资源丰富、开采条件好的石油天然气出口国，对于可能的投资者合同条款越紧。

比如说沙特阿拉伯的石油勘探开发几乎完全不对外开发[1]，他们雇佣国际服务公司为他们的石油行业提供技术服务。而资源条件差、开采难度大的进口国为了吸引投资，开放程度高。比如说美国，加拿大，英国，澳大利亚等经合组织国家，石油天然气上游行业是完全对外开放的。国家和州/省政府主要通过税收的方式（tax and royalty system）来确保他们的利益得到保护。在页岩气方面，美国的私人土地拥有者也可以和作业公司商谈他们资源收益（royalty）。

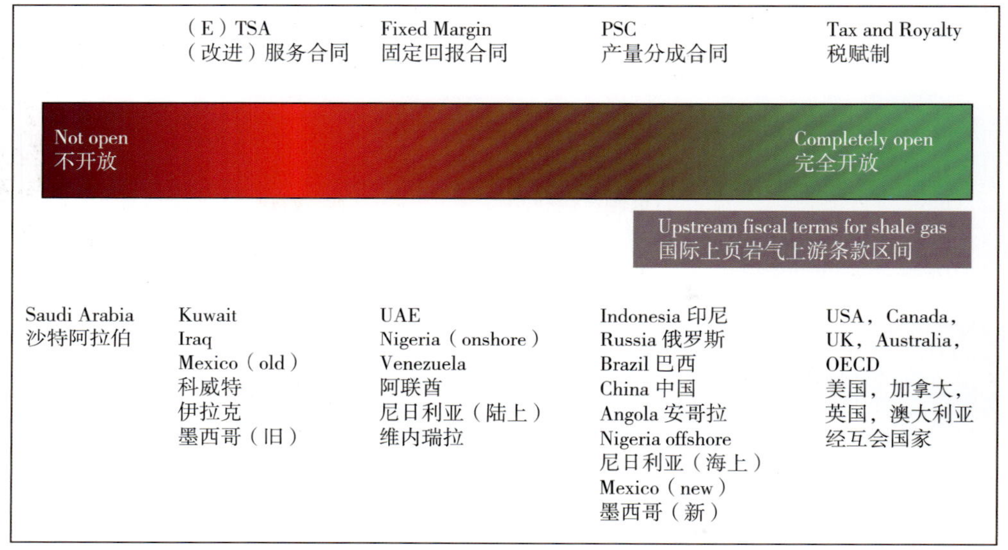

图2.1.12：世界各国天然气上游开放情况

上游合作条款由紧到松大致有以下四类。

一是服务合同（或改进服务合同，Technical Service Agreements（TSA），Enhanced TSA）。采用这个方式的国家主要是油气资源很丰富的国家，如科威特，伊拉克，和墨西哥。国际石油公司，和国际服务公司都可以申请这个条款形式。不过，科威特，伊拉克只雇用了国际石油公司，用他们全面管理油气开发。值得注意的是，墨西哥前些年只采用了服务合同，但是未能改变他们油气产量急剧下滑的趋势，所以他们正在以新的，更有吸引力的合同方式来吸引外资和技术，尤其是深水油气勘探开发。

二是固定回报合同（Fixed Margin Contract）。有些国家，如阿联酋，尼日利亚（陆上）采用了一种特殊的合同条款方式。就是每生产一桶油，外方得到一个固定的回

---

① 沙特阿拉伯也试探过对外招商，用外资加快其天然气的勘探开发。十年前，他们选择了一些高难度的区块招商。不过，由于勘探结果很差，最近这些公司基本都退出了。

报，比如一美元一桶。这个条款对于外方来说坏处在于回报率低，但是好处在投资风险极低，确定性高。对于资源国来说，这个条款的一个致命的弱点是不鼓励投资方成本控制。

三是产量分成合同（Production Sharing Contract（PSC））。印度尼西亚在1972年率先提出产量分成合同模式。这是国际上，尤其是第三世界国家最为通用的一种鼓励外资的方式。它兼顾了资源国和外方的利益。投资方一般承担所有的勘探风险和费用。在有商业发现之后，通过回收投资和产量分成，获得他们的回报。值得提出的是，资源国和投资方分得的比例变化区间很大，视不同的回收系数（也称为R-factor）而异。

四是税赋制（Tax and Royalty）。西方国家，如美国、英国、加拿大、澳大利亚和西方国家。国内的油气公司和来自国外的油气公司基本是站在同一个起跑和竞争线上。平均来说，税赋制给投资者的回报率相对高一些。但是，这也取决于税赋的程度。有些国家，如加拿大，采用和国际油价挂钩的税率，这样投资者对于自己的投资风险有一定的确定性。应该指出的是，税赋制不等于资源国政府失去控制。采用税赋制的国家仍能可以，也必须继续扮演重要的角色，尤其是签发油气勘探开发许可证，审批环境和安全生产计划。国家也可以通过提高或降低税率来有导向的鼓励或抑制某个方向的发展。

总的来说，油气资源多，主要用于出口的国家倾向于用服务合同（TSA）。而石油天然气消费国，市场开放的国家倾向于用税赋制（Tax and Royalty）。有些国家比如说尼日利亚在开发难度小、风险低的陆上开采石油采用固定回报合同，而在开放难度大、风险高的海上石油开采合同中采用产量分成合同。

从中国的角度看，常规油气领域采用比较通用的产品分成合同。对于页岩气而言，考虑到埋藏更深，开发难度和费用更高。并且，页岩气在国内销售，如果希望鼓励更多国内、国外的投资者进入页岩气勘探开发行业的话，合理的改进方向，应该是向比中国现有的产量分成合同更有吸引力的产量分成合同（PSC）或税赋制（Tax and Royalty）的方向倾斜。

第二章 国际天然气供求格局及中国可获量

一、引　言

本报告旨在分析未来国际天然气市场供求格局可能发生的变化和中国可获得的天然气进口量，以及中国应采取哪些合理的措施、开展相应的调整，以促进中国自身天然气供应的安全。

当前，中国的天然气市场正处于发展的关键阶段，需求、供给、体制机制等各方面因素都在发生剧烈的变化，对天然气市场的未来演进产生着重要影响。国家发展改革委已经出台了区分存量气和增量气和在2015年末实现价格并轨的目标和政策举措[①]，为天然气市场改革的整体推进奠定了路线图。

然而，随着天然气价格的不断上调，不可避免地对下游的需求带来冲击，由此造成一些终端用户能源逆替代（用煤炭替代天然气）等一系列不利现象，也有一些看法认为天然气价格的继续上调会使得中国在2017年出现天然气供大于求的情景[②]。此外，随着近期国际市场石油价格的大幅变动，也不可避免地对中国天然气市场的未来演进造成深远影响。因此，如何准确地判断天然气市场未来的供需形势，对中国天然气价格改革的顺利推进至关重要。

2013年中国进口天然气约530亿立方米，已占到消费总量的32%。无疑，天然气未来的进口状况如何变化，将会对中国市场供求形势有着显著影响。由于天然气进口具有长期性（合同跨度时间长）、稳定性（照付不议）等特点，尽管合同最终执行过程中还存在不确定性，但仍可以依据现有情况对中国天然气未来一段时间内的进口形势做出较为合理地预判，它对于把握中国天然气市场的变化趋势、更好地推进天然气价格改革，将具有重要的意义。

本报告将分为三大部分，首先讨论当前的国际天然气供应格局，和未来可能发生的变化；其次分析中国目前的天然气进口状况，以及未来的趋势；最后是对中国未来天然气贸易政策的建议。

---

① 参见《国家发展改革委关于在广东省、广西自治区开展天然气价格形成机制改革试点的通知》（发改价格〔2011〕3033号）；《国家发展改革委关于调整天然气价格的通知》（发改价格〔2013〕1246号）；国家发展改革委关于调整非居民用存量天然气价格的通知（发改价格〔2014〕1835号）。

② 参见郭焦锋等（2014）“以完善市场净回值法为突破口，推进天然气价格改革”，载于《国务院发展研究中心调查研究报告第148号（总4647号）》，10月22日。

二、目前和未来的国际天然气供应格局

（一）全球天然气资源相对充足，天然气将在全球未来能源格局中占据更大的份额，扮演更重要的角色。

根据国际能源署（IEA）的判断，当前全球天然气资源约为784万亿立方米（即28000Tcf–Trillion cubic feet），按照目前的消耗水平，可持续开采200多年。如果以现有经济和技术条件下可资开采的资源量标准（Proved reserves）衡量，根据BP能源统计的数据，全球天然气资源的储采比为54.8[①]。因此总体来看，全球天然气资源的未来供应相对充足。

在全球能源格局中，天然气的角色日益重要。在过去的十年中（2005~2014年），全球天然气的消费增速在2.7%左右，是增长最快的能源品种[②]。国际能源署预计天然气消费在未来仍会保持较为强劲的增长，一直到2030年其增速在2%左右[③]（参见图2.2.1）。根据壳牌公司的预测，天然气的供求总量将从2010年的3.1万亿立方米（3100Bcm）增长到2030年的约5万亿立方米（5000Bcm）。

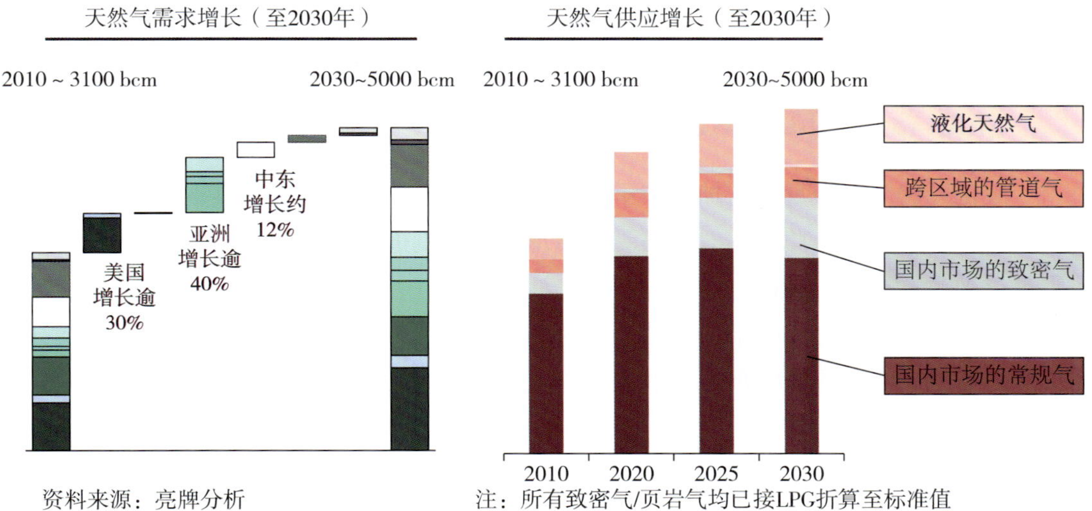

图2.2.1：全球天然气供求总量的增长

① 参见“BP StatisticalReviewofworldenergy2014”，表“Natural Gas: Proved reserves”，June 2014。

② 参见“BP Statistical Review of world energy 2014”。

③ 参见“IEA Current Policies outlook”。

此外，根据ExxonMobil（2014）的分析，全球能源消费在2010～2040年将增长约1%，而天然气消费的增速将达到1.7%，明显高于整体的能源消费增速。可见天然气将会在全球能源格局中占据更高的份额，发挥更为重要的作用。

（二）全球液化天然气贸易的发展加快，重要性日益突出。

长期以来，全球天然气贸易以管道进口为主要运输方式，但随着液化天然气（LNG–Liquefied natural gas）技术的发展，液化天然气占总贸易的比重逐渐提高。从1959年世界上第一艘液化天然气船实现跨海运输开始，到2013年，国际天然气贸易总量的1万亿方中有3200亿方是通过液化天然气的形式运输，占到总贸易量的32%[①]。

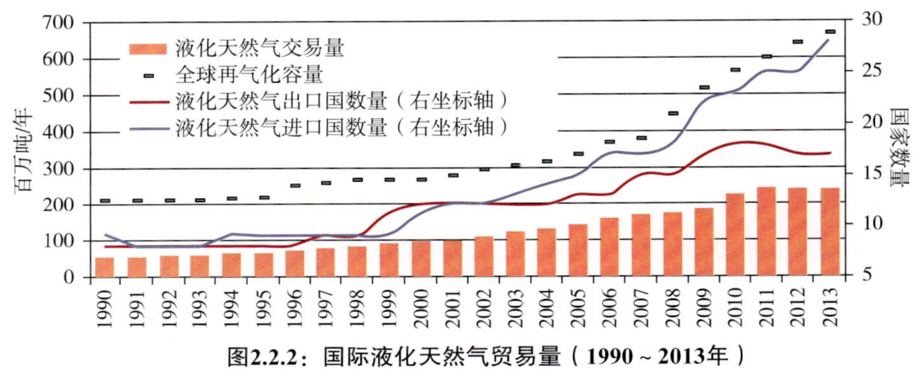

图2.2.2：国际液化天然气贸易量（1990～2013年）

资料来源：IGU World Gas Price Survey–2014 Edition。

液化天然气贸易量的增加打破了管道天然气的运输限制，帮助日本、韩国等国家实现了进口天然气。此外，对于不受此地理条件限制的国家而言，液化天然气也扩大了进口来源，有助于降低进口风险。而且液化天然气相比管道天然气更具有灵活性，可以根据市场的变化改变出口目的地。因此液化天然气的贸易流通，对全球天然气的贸易格局、供求关系以及价格走势有很大的影响。

（三）全球液化天然气贸易格局趋向多元化，供求关系日渐复杂。

自2000年以来，全球液化天然气贸易量的年均增速达到5%左右，在可预见的将来也会保持这一趋势。与此同时，全球液化天然气的贸易格局日益复杂。在1990年，全球液化天然气的出口国和进口国分别只有8个和9个，目前已经增加到30个和20个。预

① 参见“IGU World Gas Price Survey–2014 Edition”。

计未来十年，液化天然气的出口国将增加到50个，进口国增加到25个，贸易格局的变化也增加了市场供求关系的不确定性，未来全球天然气贸易格局将更为复杂。

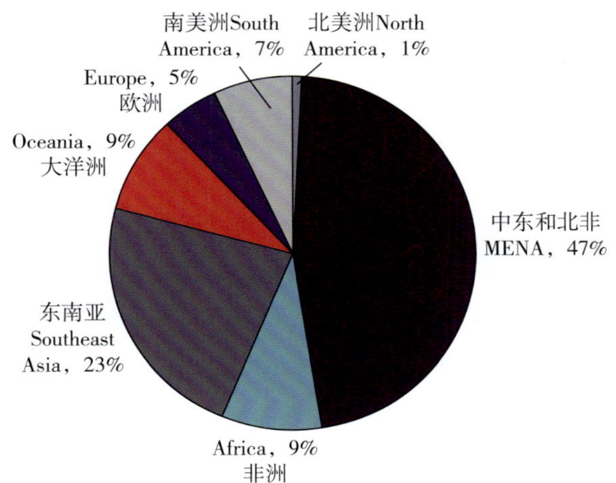

图2.2.3：全球液化天然气地区的生产能力（2012年）

资料来源：PFC 全球液化天然气供应与需求报告，2013，IGU（国际天然气联盟）全球液化天然气报告，2013。

图2.2.3显示了2012全球主要液化天然气出口地区的生产能力所占的份额。2012年，全球液化天然气年生产能力将近3900亿方，卡塔尔是第一大液化天然气出口国，拥有770亿方的生产能力，占全球的27%。加上中东地区其他国家，如阿曼、也门、阿联酋等以及北非国家如埃及、阿尔及利亚等，中东北非地区拥有占全球液化天然气生产能力的47%。其次是东南亚地区，包括马来西亚和印度尼西亚，占全球液化天然气生产能力的23%。然后是澳大利亚和其他非洲国家各占9%左右，南美洲占大概7%，欧洲包括俄罗斯占5%。

（四）澳大利亚、美国、加拿大等国有望成全球液化天然气出口中的重要力量

最近几年，全球液化天然气供应格局发生了较大的变化。首先是澳大利亚的生产能力正在迅速增加，有望超过卡塔尔成为第一大液化天然气生产国。正在投资建设的7个液化天然气项目生产能力共计约850亿方。加上其邻国巴布亚新几内亚的在建项目，共计950亿方。其次，美国由于页岩气的成功开发使得美国从潜在天然气进口国转变为潜在的天然气出口国，仅在建项目就达到250亿方。图2.2.4显示了全球各地区目前在建项目，共计约1300亿方。

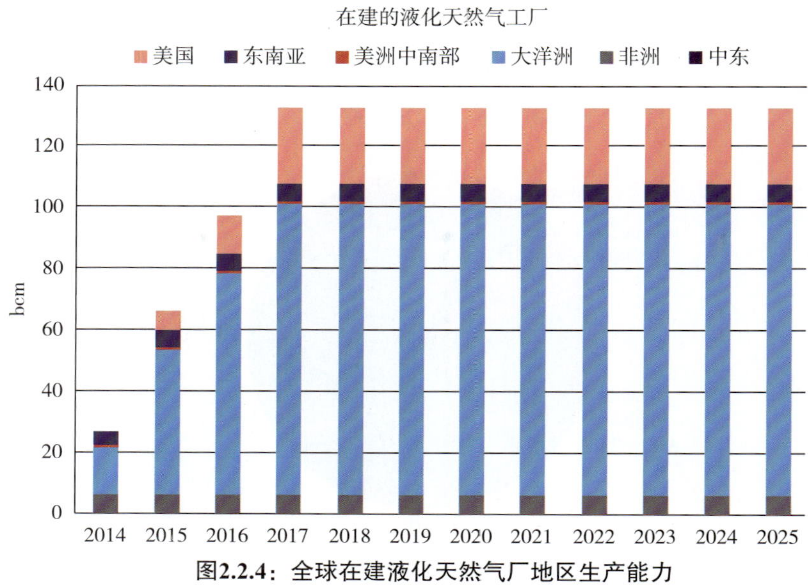

图2.2.4：全球在建液化天然气厂地区生产能力

资料来源：《PFC 全球液化天然气供求报告2013》，各公司的报道和作者收集、整理。

如果在建项目都能按预期完成的话，全球总的液化天然气生产能力将从2012年的大约3900亿方增长到2017年的5200亿方左右。澳大利亚和巴布亚新几内亚的份额从2012年的仅9%到扩大到25%，中东北非的比例则从47%缩小到36%。美国的比例从几乎没有到大概5%。这意味着中东北非在国际天然气供应市场上的主导地位将减弱，市场竞争将进一步加强。

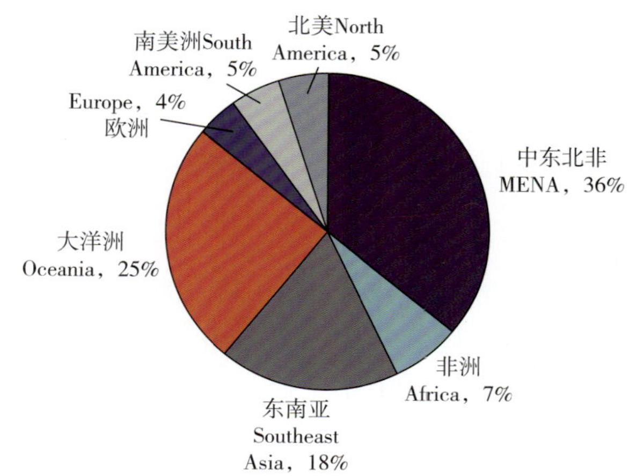

图2.2.5：全球液化天然气地区生产能力（2017年已有和在建能力）

资料来源：《PFC 全球液化天然气供求报告2013》，各公司的报道和作者收集、整理。

除了在建项目，还有很多处于筹划阶段或者提议的液化天然气项目。已经做出最终投资决定（FID）的项目共计大约300亿方，处于前段工程设计（FEED）的某个阶段的共计3700亿方，已被提议但处于更初步阶段的项目共计5000亿方①。当然，并不是所有的项目都会最终建成，尤其是尚处于初期的项目，可能受到各种因素和风险的影响而取消。但是这也显示，目前国际液化天然气供应市场处于比较活跃的状态。除了澳大利亚以外，美国和加拿大是两个将要加入液化天然气出口国行列的国家，并且具有很大的出口潜力。东非的莫桑比克和坦桑尼亚已经发现了很大的深水天然气田，将有望成为新的天然气出口国。这几个国家的出口对全球未来天然气贸易格局有着重要的影响，进而会影响中国进口天然气的利益和风险②。

（五）中国、印度等新兴国家的天然气需求将保持稳定增长

长期来看，天然气需求的增长将主要来自中国、印度等新兴经济体。在欧、美、日等发达国家，近期由于经济复苏乏力、廉价煤炭替代、获得大量补贴的可再生能源发展等因素，其天然气消费的总量增长有限。虽然在交通领域，发达国家对天然气的需求在不断上升，尤其是伴随着管制的加强和排放标准的提高，海上运输工具对燃料的替换也会带来对天然气消费的增长，但总体来看发达国家未来的天然气需求未来的增长将相对平稳。

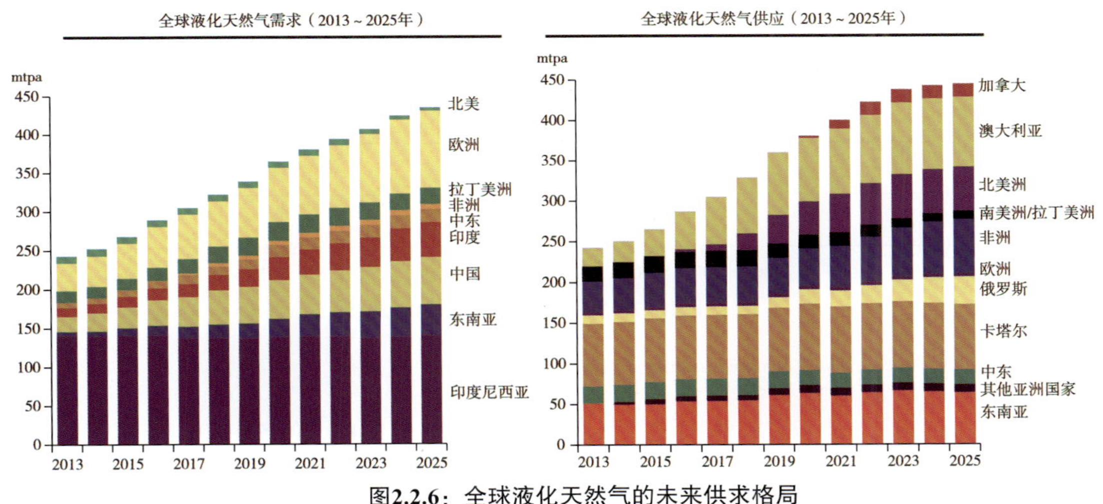

图2.2.6：全球液化天然气的未来供求格局

① 2014 年全球液化天然气报告，国际液化天然气联盟，http://www.igu.org/sites/default/files/node-page-field_file/IGU%20-%20World%20LNG%20Report%20-%202014%20Edition.pdf。

② 对于澳大利亚、美国、加拿大液化天然气发展对中国进口的影响，将在以下的“中国未来LNG进口形势”的部分作更为详细的分析。

相比之下，经合组织之外（Non-OECD）的新兴国家对天然气需求的增长则更为强劲。随着经济发展和收入水平的提高，新兴经济体对天然气的需求也在与日俱增。与此同时，大部分新兴经济体的天然气使用的普及率还相对较低，在未来仍有较大的增长空间；而且由于加强大气污染治理和应对气候变化的需要，新兴国家也有更多转向天然气使用的新动力。

（六）国际油价下跌对未来天然气国际贸易市场格局带来很大变数

由于美国非常规油气革命带来美国原油产量大幅上升，以及国际原油市场需求下降等其他种种因素，国际原油价格从2014年6月超过每桶100美元开始下跌，到2015年1月的低谷（43美元）。到2015年5月底每桶回升到60美元左右。因为许多天然气合同的价格和油价挂钩，国际原油价格的巨幅下跌也立刻引发了国际天然气市场的剧烈变化，并且对未来的天然气贸易格局有着深远的影响。

图2.2.7：WTI油价走势2004～2015

资料来源：Energy Information Administration，US。

中短期来看，对于需求侧来说，日本液化天然气（JKP）价格从2014年每百万英热20美元下降到现在的7美元左右。这对于像中国一样的天然气进口国意味着进口成本降低，尤其是现货和中短期合同。对于供应侧而言，影响最大的是现有项目和在建项目，如澳大利亚的在建项目，一些项目的投资会成为沉没成本（Sunk cost）。由于许多项目的投建是建立在高油价的经济预期基础之上的，油价的大幅下跌将使这些项目的预期收益大幅下降，有些甚至可能导致亏损。

长期来看，油价的大幅下跌影响尚在规划中的天然气项目。这些项目因此而推迟项目的进程，如澳大利亚的Browse项目和加拿大的Pacific Northwest项目，目前都推迟做出“最终投资决定”（FID–Final Investment Decision）的时间。

国际油价的下跌也导致美国对亚洲的天然气出口不像以前被认为的那么有市场。因为美国天然气的定价机制与亚洲不同，并不与油价挂钩，而是直接由天然气自身供求关系决定。在油价大幅下跌的背景下，美国的天然气价格优势明显下降，亚洲市场的需求因此减少，所以一部分项目可能会转向欧洲或者拉美，另一部分可能就会取消。可以说，国际油价的下跌对天然气贸易市场来说是一个重新洗牌的过程，市场开始进入新的平衡过程。

如果说2011年日本的福岛核电站（Fukushima）事件点燃了国际天然气供给商的兴建天然气出口港的热情的话，国际油价下跌则给这份热情泼了瓢冷水，让他们转为一个审慎观望的态度。可以预料的是，低油价持续走低的促使天然气的国际供应减少，这在一定程度上会帮助天然气价格不至于太低，但长期天然气以什么样的价格可以达到新的平衡还取决于很多方面的原因，存在相当大的不确定性。另外一个趋势是LNG的作业者，会努力相互合作，以降低LNG项目的费用，增加他们项目的经济竞争力。

三、中国当前的天然气进口状况和未来趋势

（一）中国当前的天然气进口现状

2013年，全球天然气消费总量约3.5万亿方，天然气贸易总量约1万亿方，其中液化天然气约占三分之一，管道天然气（Pipeline）占三分之二。中国在2013年天然气进口534亿方，平均价格是10.4$/MMBtu（约2.6元/方）[①]；其中LNG进口量约250亿方、平均价格为10.5$/MMBtu；管道天然气进口量约280亿方，平均价格为10.4$/MMBtu。中国的天然气消费量、进口量、LNG进口和管道气进口分别占世界相应总量的4.8%、5.3%、7.6%和4.2%。

① 参见Michael Chen(2014) “The Development of Chinese Gas Pricing: Drivers, Challenges and Implications for Demand” , P6, The Oxford Institute for Energy Studies, OIES paper, NG89。

表2.2.1　　中国天然气进口格局（2013年）

天然气进口	LNG和管道进口		进口国	进口量（亿方）	进口价格（$/MMBtu）	所占进口份额
总量：530亿方 价格：10.4 $/MMBtu 进口依存度：31.6%	LNG	总量：250亿方 价格：10.5$ /MMBtu 份额：14.9%	卡塔尔	92	17.9	17.7%
			澳大利亚	48	3.5	9.3%
			马来西亚	36	8.1	7.0%
			印度尼西亚	33	3.9	6.4%
	管道	总量：280亿方 价格：10.4$/MMBtu 份额：16.7%	土库曼斯坦	244	9.6	47.0%
			乌兹别克斯坦	29	9	5.6%
			哈萨克斯坦	1	3.5	0.1%
			缅甸	10	11.5	1.9%

资料来源：《*BP Statistical Review of World Energy* 2014》和作者计算。

在LNG方面，中国的主要进口来源是卡塔尔、澳大利亚、马来西亚和印尼，进口量分别为92亿、48亿、36亿和33亿方，对应的价格是17.9、3.5、8.1和3.9 $/MMBtu。在管道气方面，主要进口国是土库曼斯坦、乌兹别克斯坦、缅甸和哈萨克斯坦，进口量分别为244亿、29亿、10亿和1亿方，对应的价格是9.6、9、3.5和11.5 $/MMBtu。

从数量上看，土库曼斯坦目前是中国第一大进口国，占整个天然气进口的47.1%，接下来是卡塔尔、澳大利亚、马来西亚和印尼，分别占进口量的17.7%、9.3%、7.0%和6.4%，这五个国家占到中国进口总量的87.4%。从价格上看，卡塔尔LNG价格最高，为17.9$/MMBtu（约4.48元/方），澳大利亚LNG价格最低，为3.5 $/MMBtu（约0.88元/方）。

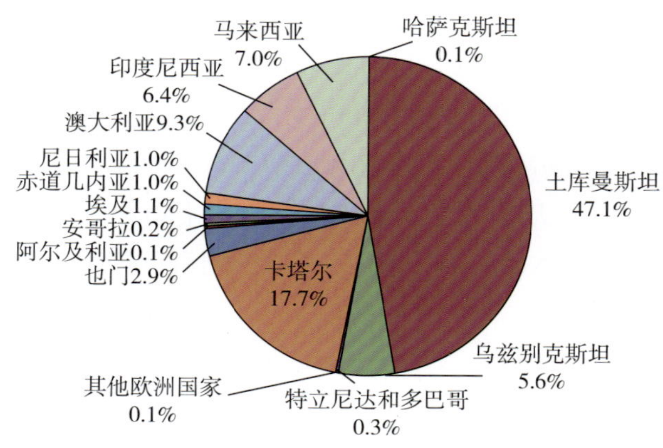

图2.2.8：中国天然气的进口来源

与其他国际天然气价格相比较，中国目前进口天然气的平均价格10.4$/MMBt处在中间的水平，大大高于美国的亨利交易中心（Henry-hub）价格（不到4 $/MMBtu），但明显低于日本进口LNG价格（约16$/MMBtu），而与英国NBP[①]（约10.4$/MMBtu）和德国从俄罗斯进口的天然气价格（约11.3$/MMBtu）大致持平。

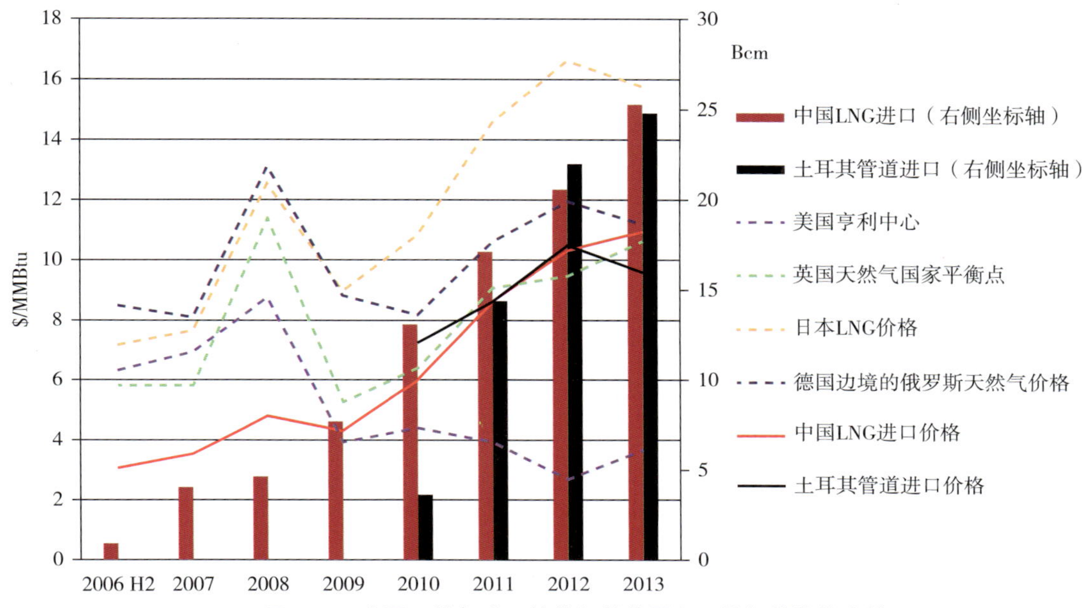

图2.2.9：中国天然气进口价格与其他国际天然气价格的比较

资料来源：Michael Chen（2014）[②]。

总体来看，中国自2006年开始进口天然气以来，进口量快速攀升，进口价格也在明显提高，随着与澳大利亚等国早期签署的天然气进口合同在未来数年内陆续到期，中国正在迎来一个签订天然气合同的高峰时期，由此将会对中国未来的天然气进口形势造成决定性的影响。

（二）中国未来进口液化天然气的潜在来源国

1. 澳大利亚

目前澳大利亚有22个已经提议的液化天然气项目，年生产能力共计2000亿方。这

---

① NBP，即National Balancing Point，是英国虚拟天然气交易中心（the UK’s virtual gas trading hub）的价格。

② 参见Michael Chen(2014) “The Development of Chinese Gas Pricing: Drivers, Challenges and Implications for Demand”, P6, The Oxford Institute for Energy Studies, OIES paper, NG89。

些项目处于不同的发展阶段。其中7个项目为在建项目，年生产能力共计850亿方，其中至少有500亿方已经签订了购销合同，主要是和中国、日本以及韩国。其中中国已经和澳大利亚签订了约200亿方的合同协议，分别是中海油与Queensland Curtis签订的50亿方、中石油与Gorgon签订的 47亿方以及中石化与Australia Pacific签订的105亿方。这使中国从澳大利亚的进口将达到250亿方，占目前已签订液化天然气合同协议的35%以上。

从项目的进展阶段来说，澳大利亚的项目发展处于领先，7个项目均计划在2017年前上马。而且因为地理位置的优势，使得到中国的运输费用相对于美国和加拿大低。然而澳大利亚的这些在建项目都是集中在同一时期发展的，使得原材料和劳动力市场短期内供不应求，价格上涨快，导致项目成本大幅度上涨，有些项目，如Gorgon，甚至成本上涨达40%①。这些成本的上涨可能会影响将来天然气的定价。另外，即便成本的上涨仅仅是暂时的，后续的项目也许不会面临同样的问题，澳大利亚将来可能会面临天然气资源供应不足的问题，而这一问题将会更多的影响后续的项目。这些风险在中国进一步签订液化天然气购买合同的时候需要考虑到，尤其是目前已经与澳大利亚签订了为数不少的液化天然气合同。

2．美国

美国的页岩气革命正在改变美国乃至全球的能源市场格局。据美国能源信息署统计资料，在过去的几年里，美国页岩气产量增长超过20倍。如今，美国已经超越俄罗斯成为全球最大的天然气生产国。国际咨询公司ICF的研究表明，美国拥有的天然气储量以其2011年的年消费量计算可以使用130年。页岩气的发展使美国的依赖进口的局面发生了逆转。在2007年美国还在计划投巨资建天然气进口港，而截止到2014年7月，已经有29个液化天然气出口项目向美国能源部提出了要求批准出口的申请，共计4300亿方。

美国天然气出口对象包括自由贸易伙伴国（FTA）和非自由贸易伙伴国（non-FTA）。按照美国1992年修订的《天然气法案》，出口到自由贸易伙伴国的天然气审批可以自动获得，但是出口到非自由贸易伙伴国的天然气必须通过美国能源部的审核，经认定符合美国大众利益才可以批准。而中国则是非自由贸易伙伴国之一。

美国国内对是否应该出口天然气在过去的两年中进行了激烈的辩论。反对出口者包括美国的制造业、化工业等天然气下游企业，认为出口天然气会导致国内天然气价

① AUSTRALIAN LNGBUSTINGBUDGET，CHRISTINE FORSTER，Platts, https://www.platts.com/IM.Platts.Content%5Caboutplatts%5Cmediacenter%5Cpdf%5Cinsight-oct13-australia.pdf。

格上升，以及美国环保人士认为页岩气会破坏水资源以及增加温室气体排放。支持出口天然气的则是天然气上游开发企业和自由贸易论者，认为出口天然气会有利于刺激美国经济发展创造就业机会，还有一些从国际能源政治方面出发认为美国出口天然气有助于遏制俄罗斯对欧洲国家的牵制。最终，美国能源部基于其进行的分析研究认为总体上符合美国经济利益，因而批准了一系列的天然气出口项目。到2014年7月为止，已经有7个项目共计1000亿方的项目得到了出口到非自由贸易协定国家的申请，包括Sabine Pass（230亿方）、Freeport（200亿方）、Lake Charles（200亿方）、Cameron（180亿方）、Cove Point（80亿方）、Jordan Cove（80亿方）、and Oregon LNG（130亿方）。

美国天然气引起了很多天然气买家的极大兴趣主要原因之一是美国的液化天然气进口有助于这些国家多元化他们的进口来源。这种多元化来自于两个方面：一个是地理位置方面，因为此前天然气出口主要来自中东北非地区。另一个是从定价机制方面。一直以来，国际天然气定价基本上是与油价挂钩，但是美国因为有自身的天然气市场，并且天然气市场相对于石油市场来说有一定的独立性，因此，美国的国内天然气是与亨利枢纽中心天然气价格为基准。因此，从美国出口的天然气也有可能部完全与石油挂钩，进而为天然气进口国提供抵御油价风险的渠道。从实际价格来说，美国亨利枢纽价格目前在3～5美元左右，长期来讲可能会上升，尤其是如果国际油价巨幅下跌的情况下。加上其大部分出口港都在墨西哥湾，需要经道巴拿马运河才能抵达亚洲，因此运输费用会比澳大利亚昂贵。

从项目建设进展来说，目前美国只有一个液化天然气项目在建，即Sabine Pass，预计在2015年/2016年完成。但是，美国的液化天然气受到了极大的关注，尤其是亚洲的买家，包括日本、韩国、印度以及中国，大概有1200亿方的天然气已经签订了各种购销合同，分别是：与天然气集中采购商（portfolio players）签订650亿方、与日本签订230亿方、与西班牙签订70亿方、与印度签订90亿方以及与韩国签订70亿方。到目前为止，中国还没有与美国签订任何天然气的购销协议或合同。

3．加拿大

加拿大的液化天然气项目相对于澳大利亚和美国来说起步较晚。到目前为止，共有19个液化天然气项目被提议，共计3550亿方。还没有任何项目已经投入建设。大概200亿方已经签署某种形式的购销协议和合同，包括中石油与Pacific Northwest签订的58亿方、华电与Pacific Northwest签订的8.3亿方以及广州天然气集团与Woodfire签订的13.8亿方的备忘录。

从距离上说，加拿大比美国更靠近中国，因此运输费用会略低，并且政治阻力也许会小一些。其项目发展比起澳大利亚和美国相对滞后，因此项目不确定性也大。同时，一些社区，包括土著居民的反对仍是项目推进速度的重要因素之一。另外，天气的严峻以及基础设施的建设需要可能会提高其项目发展成本进而影响将来天然气的价格。无论如何，作为一个长期来说可能的潜在天然气出口国，加拿大天然气出口的动态及发展值得继续关注和了解。

（三）中国未来的天然气进口趋势

1. 中国未来的液化天然气进口趋势

由于中国近几年天然气消费迅速增加，为满足将来的天然气需求，三大石油企业也积极地在国际天然气市场上寻求购买天然气进口的机会。表2.2.2显示了根据中国目前已签有的LNG长期合同，包括购销合同（Sales and Purchase Agreement）、合作意向书（Head Of Agreement）以及谅解备忘录（Memorandum of Understanding）估算，中国在未来几年内将迎来LNG进口的迅速增加。其中，从澳大利亚的LNG进口增幅最大，将从目前的约50亿方增加到2015年的约250亿方。其他的LNG进口增加目前来看主要来自俄罗斯（约40亿方）、巴布亚新几内亚（约30亿立方）和各第三方中间商（约90亿方）。另外，中国目前和加拿大签订的购买LNG的合同意向书或谅解备忘录共计约80亿方，然而这些项目具有不确定性。首先，合同意向书或者谅解备忘录是否最终能转变为购销合同还未知；另外，虽然这些项目计划在2017 ~ 2019年开始向中国进口，但是这些项目目前还还没有投入建设，而受国际油价下跌的影响是否能够按照预期的时间进行具有不确定性。例如Pacific Northwest项目最近由于国际油价的下跌而宣布推迟了项目最后投资的决定。因此，即使如果国际油价长期来讲会支持这些项目继续进行的话，这些项目很有可能会在2020年后才能执行。据此估算，中国在未来几年内将迎来LNG进口从目前的250亿方有可能增加到2020年左右的570亿方左右。到2030年如果与加拿大目前的合同能够执行的话，LNG进口增加到650亿方左右。东非的两个国家也有可能在2020 ~ 2030年的后半段成为LNG输出国。

在进口商方面（参见表2.2.2），中海油占据了现有LNG长期合同的主要份额，签署了约300亿方的合同。中石化和中石油现有LNG合同的数额分别是约140亿方和200亿方，华电集团和广州燃气集团也分别签订了8.3亿方和13.8亿方的LNG合同。

表2.2.2 **中国的LNG长期合同**

种类	出口国	工厂名	购买者	体积（bcm）	起始年	终止年
现货	澳大利亚	Withnell Bay	中海油	4.55	2006	2030
现货	印度尼西亚	Tangguh	中海油	3.59	2009	2033
现货	马来西亚	Malaysia LNG Tiga	中海油	4.14	2009	2029
现货	卡塔尔	Qatargas	中海油	2.76	2009	2034
现货	组合卖家	组合	中海油	1.38	2010	2024
中长期	组合卖家	组合	中海油	6.90	2015	2035
合作意向书	组合卖家	组合	中海油	2.07	2019	2039
购销合同	澳大利亚	Queensland Curtis	中海油	4.97	2014	2034
现货	卡塔尔	Qatargas	中石油	4.14	2011	2036
购销合同	俄罗斯	Yamal	中石油	4.14	2018	2038
购销合同	澳大利亚	Gorgon	中石油	3.10	2014	2033
购销合同	澳大利亚	Gorgon	中石油	2.70	2014	2033
购销合同	澳大利亚	Australia Pacific	中石化	10.49	2015	2035
购销合同	巴布亚新几内亚	PNG LNG	中石化	2.76	2014	2034
合作意向书	加拿大	Pacific Northwest	中石化	4.14	2019	2039
合作协议	加拿大	Pacific Northwest	中石化	1.66	2019	2039
合作协议	加拿大	Pacific Northwest	华电公司	0.83	2019	2039
谅解备忘录	加拿大	Woodfibre	广州燃气集团	1.38	2017	2042

资料来源：International Group of Liquid Natural Gas Importer（GIIGNL），LNG Industry 2006-2014，和作者收集、整理。

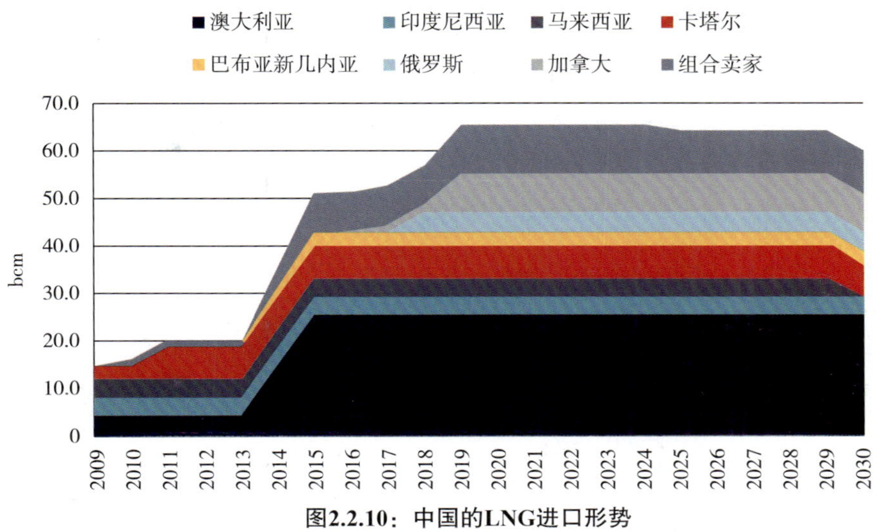

图2.2.10：中国的LNG进口形势

资料来源：International Group of Liquid Natural Gas Importer（GIIGNL），LNG Industry 2006-2014，和作者收集、整理。

除了长期合同，现货以及短期合同也是进口天然气的形式之一。2013年中国现货进口LNG约54亿方，占总LNG进口量的22%左右，略少于目前全球LNG现货交易量占总交易量的比例27%。如下图所示，全球现货交易近年来呈逐年上升的趋势，主要因为其灵活性，可弥补长期合同供货不足所造成的缺口，并在不同的液化天然气市场之间进行价格套利。随着中国在天然气贸易市场中经验的不断增长，抵御风险的意识进一步加强，以及天然气金融市场的建立，相信现货和短期市场也会随着天然气进口的增长而进一步增长。如果以现货LNG交易在总LNG交易量的比例20%～25%来估算，到2020年现货LNG交易量可达100亿方左右，到2030年增长到150亿方左右。

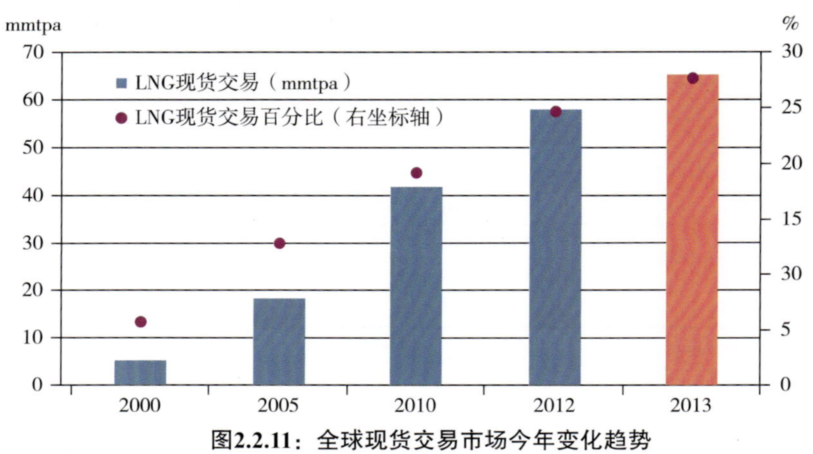

图2.2.11：全球现货交易市场今年变化趋势

资料来源：GIIGNL，2013数据来源：International Group of Liquid Natural Gas Importer（GIIGNL），LNG Industry in 2013。

2．中国液化天然气接收站的建设趋势

在整个液化天然气贸易的运输链中，天然气接收国的接收站也是关键基础设施的一部分，其接收能力也会限制其进口天然气的能力。中国第一个液化天然气接收站于2006年投产的深圳大鹏接收站，在LNG的接收站方面，中国目前的规模是454 亿方/年（即33.4 MMt/y），在建项目为400亿方/年（29MMt/y），而计划投建的达1400亿方/年（102MMt/年）。

据此，到2020年中国液化天然气接收站能力可达850–2250亿方/年的接收能力，由此将大大超过未来LNG进口的规模。虽然和液化天然气出口项目一样，那些在规划中的项目可能随着中国天然气需求以及国际天然气贸易市场的变化而增加或者减少，然而结合目前中国已签的液化天然气的长期合同和意向来看，可以初步判断的是，目前中国液化天然气接收站从总体能力来说还不会成为中国未来进口天然气的瓶颈。

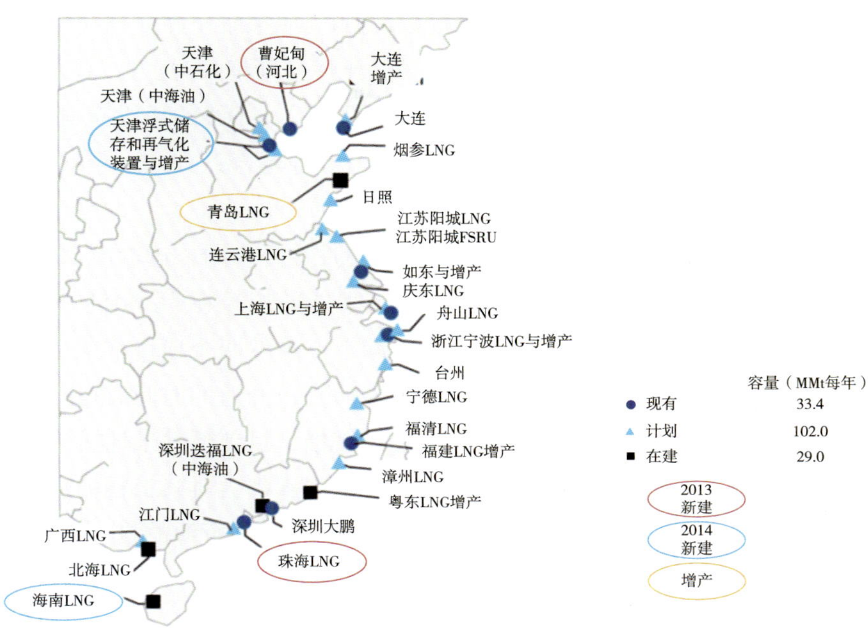

图2.2.12：中国天然气接收站的建设

3. 中国未来的管道天然气进口形势

中国已有的管道天然气进口主要通过中亚线和缅甸线，未来俄罗斯也将成为主要进口国之一。

表2.2.3　　　　中国未来的管道天然气进口

	目前（亿方）	未来进口量（亿方）	备注
中亚管道	550	850	
A线和B线	300	300	气源来自土库曼斯坦，分别与2009年12月和2010年10月开通运营
C线	250	250	气源：土库曼斯坦（100亿方），乌兹别克斯坦（100亿方），哈萨克斯坦（50亿方），2014年6月开通运营
D线		300	预计2016年开通
缅甸	120	120	2013年8月开通运营，到2014年8月接受40亿方
俄罗斯		680~1000	
东线		380	2014年9月投建，预计2018年开通
西线		300~600	2014年11月达成谅解备忘录，预计2019年开通
管道天然气	670	1350~1650	

资料来源：公司网站、新闻和作者收集、整理。

中亚线又分为A、B、C、D四条线，A线和B线的气源来自土库曼斯坦，目前的能力是300亿方/年，C线的规模是250亿方/年（气源为土库曼斯坦100亿方，乌兹别克斯坦100亿方，哈萨克斯坦50亿方，已于2014年6月开通运营），D线的运输能力是300亿方/年，预计将于2016年开通运营。缅甸线在2013年8月开通运营，到2014年8月已经进口40亿方，其运输能力是120亿方/年。

俄罗斯方面，目前中国与俄罗斯东线在2014年5月签署合同，运输能力达到380亿方/年；西线在2014年11月刚刚达成谅解备忘录，可能的规模在为300亿方/年当然，在正式合同签署之前还有不确定性。在开通的时间上，虽然两个项目都预计在2020年前开通（东线预计2018年，西线预计2019年），然而真正开通的时间有可能在2020年后。首先，俄罗斯从2014年以来的项目进程的发展缓慢，目前还并未通过俄罗斯政府的通过。另外，俄罗斯所处的地理位置和恶劣天气等因素都会对其工程的进度增加困难。再次，东线和西线这两个项目都需要大量的资金、人力和资源的投入，对Gasprom是一个挑战，尤其是在目前国际油价下跌的情况下。

综合以上，预计中国在2020年的管道气进口规模在970亿方左右。2030年中国管道进口规模达到1350亿～1650亿方左右，主要不确定性来自于俄罗斯西线进口管线的进展。

4. 中国未来天然气进口趋势展望

综合以上对于中国目前已签长期液化天然气和管道合同，中国在今后几年天然气进口会迅速增加，从2013年530亿方，到2020年增长到1670亿方左右，包括LNG700亿方和管道天然气970亿方。到2030年进口天然气将进一步增长到2100亿方左右，包括LNG 750亿方和管道1350亿方；如果俄罗斯的西线能够落实300亿方，进口天然气进一步增长到2400亿方左右，包括LNG 750亿方和管道1650亿方。

图2.2.13显示了按照长期合同来算中国2030天然气进口来源国所占的比例。可以看出，就目前已签合同和意向来说，土库曼斯坦和俄罗斯将成为中国进口天然气的主要国家，各占30%左右。其次澳大利亚的天然气进口占12%。另外的30%左右由缅甸，卡塔尔，乌兹别克斯坦，巴布内亚新几内亚等8个国家以及天然气集中采购商。这与2013年天然气进口来源国的比例有很大的变化：我国从中东地区进口天然气的比例下降最多，从2013年的17.7%到只有3%，图库曼斯坦的份额从接近47%到30%，而从俄罗斯从没有0%增加到32%，而澳大利亚略有增加。可见，到2020～2030年，中国进口天然气的多元化程度进一步加大，主要是由于中国与俄罗斯对于天然气合同谈判取得的历史性的突破，从而使中国减少了对中亚天然气的依赖程度。

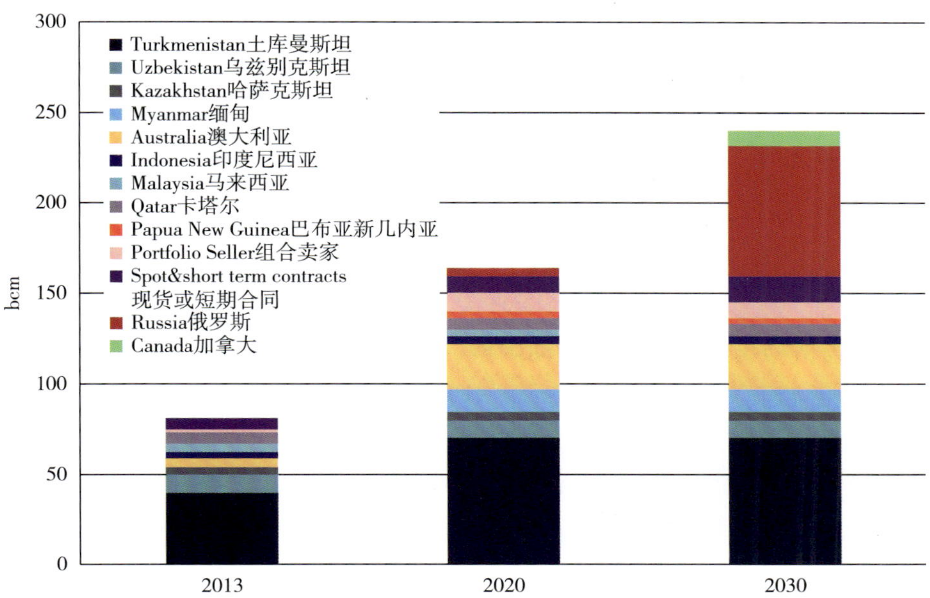

图2.2.13：中国未来的天然气进口形势

注：长期合同包括购销合同，合作意向协议，和谅解备忘录。

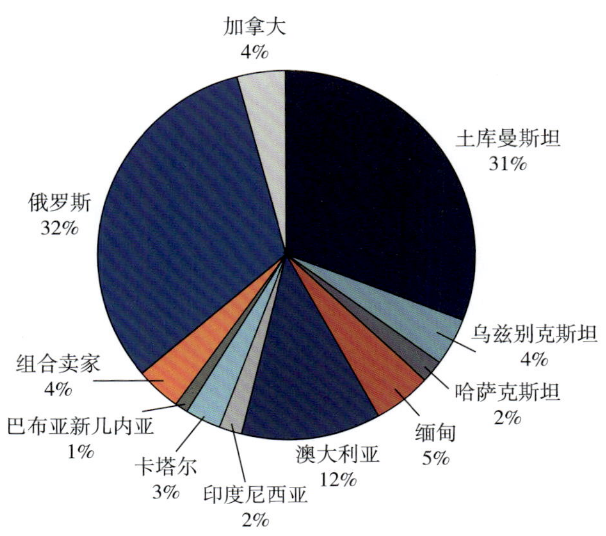

图2.2.14：未来中国的天然气进口来源国比例

资料来源：GIGNL和作者收集整理。

需要指出的是，上述对于中国未来天然气进口趋势的推测，是基于天然气的进口能力和合同的数量加总而成。一方面进口能力并不完全会等同于进口的实际数量，例如管道建成后，实际输送量可以小于其最大的运输能力；另一方面，尽管天然气的长期合同相对稳定，但也不是完全不可调整的，双方仍可以根据实际情况的变化通过协商再进行调整。所以，中国未来天然气的实际进口量，不仅与进口能力和合同有关，更要取决于中国国内未来的实际需求量。

与此同时，要充分认识到中国未来天然气进口的风险和不确定性。首先，全球天然气市场格局仍然存在诸多变动因素。很多处于筹划阶段、处于前段工程设计（FEED）项目都不一定会最终建成，尤其是尚处于初期的项目，可能受到各种因素和风险的影响而取消。当前，澳大利亚、美国和加拿大具有很大的出口潜力，各种规划中的项目能力也很可观，但这些项目最终会对全球未来天然气贸易格局产生怎样的影响，还难以确定。其次，国际油价变动对未来天然气国际贸易带来很大变数。国际油价的下跌对国际天然气贸易市场来说是一个重新洗牌的过程，目前市场开始进入到新的平衡过程，长期天然气以什么样的价格可以达到新的平衡还取决于很多方面的原因，存在相当大的不确定性，进而会影响中国进口天然气的利益和风险。再次，成本上升、政治风险等各种因素也会对未来中国天然气进口造成显著影响。目前，澳大利亚在建项目天然气项目成本明显上升，而中国要实现从美国和加拿大的进口，还需要突破不少政治阻力，有着不小的政治风险。所以，尽管中国未来应坚持天然气进口多元化的战略，但这种多元化能实现到什么样的程度，还取决于未来国际天然气市场形势和个别国家的政治环境。最后，中国管道天然气未来的进口仍存在一定的不确定性。尽管从目前的情况来看，管道天然气进口将在未来中国的天然气气进口中占据举足轻重的作用，然而最终实现的管道天然气进口量尚存在不小的变动范围。例如向俄罗斯的管道天然气项目，实际上从2014年以来的项目进程并不尽如人意，俄罗斯的地理位置和恶劣天气等因素都增加项目了的困难，俄罗斯方面能否满足项目对大量的资金、人力和资源的需要，都还存在很大的挑战。

综上所述，就单以目前的液化天然气合同和管道天然气的协议来看，未来中国的天然气进口处于相对宽裕的局面。然而必须高度重视未来的风险和不确定性，国际形势和具体国家的状况瞬息万变，由此也会带来国际天然市场的动荡，中国必须未雨绸缪，做好应对准备，在不断推进天然气进口多元化的战略中来保障自身的安全。

四、中国的天然气贸易政策和相关建议

（一）中国目前的天然气贸易政策

从天然气进口的各环节来看，中国天然气贸易政策所包含的领域主要有以下方面。

商品贸易政策：即将天然气作为一种可贸易的商品，针对天然气进口的管理政策。它包括：国内的各个主体是否有权进口天然气？是否需要得到相关部门的审批？国内企业与国外签订天然气贸易合同，是否需要得到相关部门的审批？等等。

设施建设运营政策：即天然气进口到国内后，对于相关设施（接收站、储气管网等）建设运营的相关管理政策。它包括：哪些主体可以建设接收站等基础设施？是否需要审判、如何审批？对于基础设施的运营有何政策？如何执行这些政策？等等。

价格财税政策：即对进口天然气所采取的价格、财税等相关政策。它包括：进口天然气价格是否得到监管干预？对于进口天然气，有哪些相关的财税政策，例如补贴、税收返还？等等。

1.商品贸易政策

在对外贸易领域，“天然气”不属于国营贸易商品，被作为“普通商品”对待[①]。在海关，从事“天然气”贸易亦无需事先得到批准，目前海关对于天然气商品贸易的监管统计，也取消了企业上报备案的要求，与普通商品无异。

因此，在理论上，天然气进口对所有具有资质的企业开放，在商品贸易的政策层面对此并无实质性的障碍。即只要是在经营范围内包括“天然气贸易”（工商登记时办理），并经所在地商务部门的批准（例行手续），企业就可以从事天然气进口业务，其所签署的贸易合同也无需得到相关部门的批准审核。

2.设施建设运营政策

设施建设运营政策领域，实质性审批在设施建设环节，根据国家政策，超过一定规模标准的建设项目都需要得到国家发改委的审批，天然气领域的设施建设大都包括在审批范围内。目前，对于天然气的不同设施具有不同的政策取向。LNG接收站项目的建设，鉴于目前接收能力远远大于实际运量，国家严格控制。对于管网、储气等设施，国家实行鼓励的态度，鼓励各种所有制经济参与储气设施投资建设和运营[②]。因

① 参见《商务部办公厅关于液化天然气现货贸易有关问题的意见》，2007年6月5日。

② 参见：《国家发展改革委关于加快推进储气设施建设的指导意见》，2014年4月5日；《国家发改委关于建立保障天然气稳定供应长效机制的若干意见》，2014年5月5日。

此在现实中，真正对企业从事LNG贸易形成障碍的是能否有相应设施来接收进口的天然气。

尽管国家也意图鼓励更多的企业参与天然气进口贸易，从而扩大进口、活跃市场和提高竞争程度，然而目前在接收站限制等约束因素下，国内从事天然气贸易的市场主体数目仍很有限（只是三大石油公司、华电、九峰、新奥等少数几家企业）。

在接收站建设方面，一方面鉴于第三方准入的实施尚未到位（政策刚刚出台），各个主体都还处在希望建设自身接收站的状态中，目前接收站的能力已经大大高于实际运量，但国内各方仍在积极地运作建设新的接收站；另一方面，国家发改委对于新建接收站进行严格控制。在现实中，能否得到批准取决于中央、地方、企业等多方主体的博弈，审批的标准和程序公开性和透明性缺乏，结果存在很大的不确定性。

在从事天然气贸易受制于接收站等设施、而接收站的建设又受到国家严格控制的同时，所以影响天然气贸易的核心问题就在于："目前国内的已有接收站等设施能否真正实现第三方准入？"

进口根据刚刚出台的《天然气基础设施建设与运营管理办法 》（2014年4月1日起实施）第十七条中已有明确规定：

"天然气基础设施运营企业应当按照规定公布提供服务的条件、获得服务的程序和剩余服务能力等信息，公平、公正地为所有用户提供管道运输、储气、气化、液化和压缩等服务"。

"天然气基础设施运营企业不得利用对基础设施的控制排挤其他天然气经营企业；在服务能力具备的情况下，不得拒绝为符合条件的用户提供服务或者提出不合理的要求。现有用户优先获得天然气基础设施服务"。

但是上述天然气基础设施的第三方准入的政策规定得较为笼统，没有具体细节和相关的一系列程序，缺乏相应的可操作性。在现实中，由于上述政策规定的不完善，加上目前市场格局中垄断力量仍很强大，在监管不到位的情况下，已经出台的关于第三方准入的政策和规定有沦为一纸空文的可能。在管道天然气的国际贸易方面，有鉴于庞大的投资规模和复杂的地缘形势，对于相关主体提出极高的要求，从现实的情况来看，目前形成了一种独家垄断的局面，在短期内不会有根本性的改变。

3.价格财税政策

对于作为贸易商品的天然气的价格，并没有审核批准的要求，因此从政策层面来看，对于天然气价格的决定是放开的，它是参与贸易的供需双方来决定。这点在LNG上尤其如此，在管道天然气的价格上，间接地会借助于国家的谈判力量，但这种借助也是间接的，管道天然气合同的最终决定仍然是贸易双方直接谈判的结果。在财税政策上，对于天然气进口有增值税按比例返还的优惠政策，返还对象范围由财政部确定并有调整，随着国内天然气价格在未来的调整到位，此项政策将可能取消[①]。

表2.2.4　　中国现有的天然气贸易政策

	商品贸易	设施建设	设施运营	价格	财税	对外投资
政策	“天然气”被视为“普通商品”。只要是在经营范围内包括“天然气贸易”（工商登记时办理），并经所在地商务部门的批准（例行手续），企业就可以从事天然气进口业务	对于管网、储气等设施的建设实行鼓励，各种所有制经济主体均可参与。LNG接收站的建设受到国家严格控制，外资不得参与	要求现有天然气基础设施运营企业公开剩余能力等信息，并提供第三方准入。天然气基础设施运营企业不得利用对基础设施的控制排挤其他天然气经营企业；在服务能力具备的情况下，不得拒绝为符合条件的用户提供服务或者提出不合理的要求	—	对于天然气进口有增值税按比例返还的优惠政策，返还对象范围由财政部确定并有调整	对外投资超过一定额度需要审批
现状	国内从事天然气贸易的市场主体数目仍很有限（只是三大石油公司、华电、九峰、新奥等少数几家企业）	目前接收站的能力已经大大高于实际运量，但储气和管网设施严重不足	由于上述政策规定的不完善，加上目前市场格局中垄断力量仍很强大，在监管不到位的情况下，已经出台的关于第三方准入的政策有规定有沦为一纸空文的可能	价格由参与贸易双方决定，并未相关的审批核准要求	—	—
问题	在现实中，真正对企业从事LNG贸易形成障碍的是能否有相应设施来接收进口的天然气	新建LNG接收站取决于中央、地方、企业等多方主体的博弈，审批的标准和程序公开性和透明性缺乏，存在很大不确定性	政策规定得较为笼统，没有具体细节和相关的一系列程序，缺乏相应的可操作性	—	对于进口天然气的企业并未一视同仁	—
建议	—	加强设施建设审批的规范性、公开性和透明性	借鉴国际经验，出台实施第三方准入的可操作细则，并加强相应的监管	—	—	—

① 相关政策参见：《财政部海关总署国家税务总局关于对2011–2020年期间进口天然气及2010年底前“中亚气”项目进口天然气按比例返还进口环节增值税有关问题的通知》（财关税〔2011〕39号）；《财政部海关总署国家税务总局关于调整进口天然气税收优惠政策有关问题的通知》（财关税〔2013〕74号）；和《财政部海关总署国家税务总局关于调整享受税收优惠政策的天然气进口项目的通知》（财关税〔2014〕8号），2014年4月21日。

（二）中国天然气贸易政策调整的相关建议

1．中国对于天然气进口应该采取支持和鼓励的总体取向

在天然气进口政策取向上，中国需要平衡“应对环境污染”“随着经济发展水平和居民收入水平提高所导致的国内天然气消费不断增长”和“保证天然气供应安全”三者之间的矛盾，前两者需要更多的天然气使用，在某种程度上会导致进口更多的天然气；第三者则出于要把“天然气的进口依存度”控制在一定水平以内的要求，由此可能会对天然气进口量的过快增长进行某种程度的控制。

中国未来一段时间（当前至2020、2030年）在天然气进口应采取的政策取向是：审慎鼓励。这是因为：当前中国天然气领域的最根本矛盾是“如何迅速增加天然气的国内消费”，目前无论是从所占能源消费的比重（6.5%）、居民普及率（16%），国内天然气消费都有大幅提高的需要。考虑到随着经济发展水平提高和居民收入水平提高，都对能源消费模式提出了更高的要求，需要更高效、更安全、更清洁、可负担的能源消费，从这个意义上，国内天然气消费到了需求快速增长的阶段，已经有了较强的内生增长动力。

鉴于环境污染防治尤其是大气雾霾治理的严峻形势，大幅提高国内的天然气消费已经成为其中必不可少的一项紧迫措施。综上所述，由“如何迅速增加天然气的国内消费”这个中国天然气发展所面临的根本矛盾所决定，在天然气领域的国内所有相关政策的制定、出台都应该服从如何有效解决这个根本矛盾的需要。从上述角度出发，有利于增加天然气供应、促进天然气国内消费的行为都应该得到相关政策的鼓励。因此，中国对于未来天然气进口应该采取支持和鼓励的态度。

与此同时，考虑到中国拥有非常丰富的天然气资源（包括常规气和非常规气），且目前的勘探开发水平仍比较低，在保障天然气供应安全的要求下，需要将天然气对外依存度控制在一定的水平，所以一味依靠进口天然气来满足国内天然气需求增长并不可取，更为合理的政策取向是：在扩大天然气进口的同时，要更为重视国内天然气的生产，贯彻“以我为主”的原则。这样一方面既可以鼓励天然气进口的增加，以满足国内的需要；另一方面随着国内天然气产量的迅速增加，自然就抑制了进口依存度的过快上升。因此，要将进口依存度控制在合理的水平，不是要尽量抑制进口，而是要千方百计提高国内产量，这也是解决“国内天然气消费不足”根本矛盾的需要。此外，即使在相同的进口依存度下，进口方式（进口来源是否多元化、合同和定价方式是否多样化等）和国内基础设施条件（储气和调峰能力是否足够、管网设施是否完备

等）也会对天然气供应安全具有重要的影响。

综合以上：中国一方面要对天然气进口采取支持和鼓励的政策，有效扩大天然气的进口，争取天然气进口来源和进口模式的多元化；另一方面要更加注重扩大国内生产、完善相关的储气管网等设施。所以，中国在天然气进口政策上在未来一段时间内所应采取的态度是：审慎鼓励。

2．在重视进口管道气的同时，也要充分发挥液化天然气的独特作用，使之成为中国天然气供应组合中不可缺少的一部分

鉴于液化天然气的独特性、灵活性，又靠近中国东部的天然气消费中心，液化天然气可以在调峰或互补方面发挥独特的作用。此外，国际经验表明，中国液化天然气采购与国际市场接轨可以引入和促进竞争，这将反过来促进中国天然气市场的市场化进程。

在欧盟市场上，液化天然气一方面平衡欧盟天然气供给，一方面平衡全球液化天然气市场，有利于欧盟的天然气消费者，液化天然气在中国市场也可以发挥同样的作用。液化天然气一方面可以促进市场开放，一方面可以发挥优化能源结构的作用，给消费者带来利益，还能推动中国天然气向着市场化的方向迈进。

3．采取多元化措施进口天然气，鼓励多方参与

中国在国际市场上进口天然气应采取多元化的措施。首先应包括长期、中期、短期和现货的组合，以便提高灵活性，应对并驾驭市场变化；其次是要结合石油指数和储量的典型多元化定价指数。再次，在评估价格竞争力时，要全面考虑项目风险、商业结构和其他因素，通过适合自身供应/需求平衡的滚动合同来采购液化天然气以化解风险，实现天然气供应组合要有多元的地理来源。

与此同时，要鼓励更多大型终端用户从国际液化天然气市场上购买天然气，无论是电力公司或者大型城市燃气企业，都将会给市场带来利益。因为这将有助于减少中间环节，提高天然气价值链效率。为了实现这一目标，需要第三方介入，这是支持市场化进程的一个关键因素。

4．加强监管和规则制定，有效推进接收站、管道和网络等相关设施的第三方准入

在中国的天然气贸易领域，目前总体上而言其政策取向是开放和鼓励的，但在具体细节和可操作性上还需要切实加强。它表现在整体政策取向还是希望能增加更多的进口主体、进口更多天然气，以达到解决上述“国内天然气消费不足”的根本矛盾，也有助于增加市场供应、提高市场竞争程度。所以，无论是作为商品贸易的天然气进口的放开和鼓励设施第三方准入，还是增值税返还优惠等政策，总体来看都是鼓励更多的天然气进口。

然而在现实中，接收站等设施的建设和运营成为影响天然气进口的关键。“第三方准入”已经是影响中国天然气贸易的核心问题。从目前的政策来看，虽有相关的规定，但缺乏可操作性，到底能够产生多少效果还存在很大疑问。

所以，一方面要加大新建接收站等设施审批过程的规范性、公开性和透明性；另一方面要应充分借鉴国际经验，出台“第三方准入”的细则，并有效加强相应的监管。

五、中国天然气可获得量基本结论

综合国内天然气产量和国际天然气可获得量，我们得出以下初步结论。

（一）我国天然气可供量总量将从2015年2340亿～2390亿立方米，增加到2020年的4250亿～4950亿立方米，2030年的6400亿～8000亿立方米，有比较稳定充足的供应基础

具体而言：

到2015年预计可达到2340亿～2390亿立方米，其中，常规气产量达到1400亿立方米，页岩气达到65亿立方米，煤层气达到45亿立方米，煤制甲烷达到50亿立方米，进口管道气达到390亿～420亿立方米，进口LNG达到390亿～410亿立方米。

2020年预计可达到4250亿～4950亿立方米，其中，常规气产量达到1800亿立方米，页岩气达到400亿～600亿立方米，煤层气达到100亿～300亿立方米，煤制甲烷产量在300亿～600亿立方米区间；进口管道气达到950亿立方米，进口LNG达到700亿立方米。

2030年预计可达到6400亿～8000亿立方米，其中，常规气产量达到2600亿～2800亿立方米，页岩气达到800亿～1500亿立方米，煤层气达到400亿立方米，煤制甲烷产量在500亿～900亿立方米区间；进口管道气达到1350亿～1650亿立方米，进口LNG达到750亿立方米。

（二）从天然气可获得量结构看，国内常规气比重下降，国内非常规气比重上升，进口管道气上升，进口LNG下降

2015年常规气产量占可获得量总量比重接近60%，页岩气约占2.7%，煤层气约占2%，煤制甲烷约占2%，进口管道气约占17%～18%，进口LNG约占17%左右。

2020年常规气产量占总量比重下降到36%～42%，页岩气比重上升到8%～13%左右，煤层气比重约占2%～7%，煤制甲烷比重在7%～13%区间；进口管道气约占19%～22%左右，进口LNG约占14%～16%左右。

2030年常规气产量占总量比重为33%～42%，页岩气比重约为11%～21%左右，煤层气比重约占4%～6%，煤制甲烷比重在6%～13%区间；进口管道气约占18%～25%左右，进口LNG约占9%～12%左右。

（三）从对外依存度看，我国天然气对外依存度不会持续大幅上升，到2030年可控制在36%以内

2015年我国天然气对外依存度预计为33%～35%左右，2020年我国天然气对外依存度33%～39%左右，如果国内天然气，尤其是页岩气的产量通过技术、政策的突破得以实现大幅度增长的话，2030年我国天然气对外依存度为27%～36%左右，即到2030年，中国天然气对外依存度可以控制在36% 以下，但是前提是国内天然气，特别是非常规天然气的生产有突破性的提高。

表2.2.5　　我国天然气可供量　　亿立方米

	2015年	2020年	2030年
常规气	1400	1800	2600～2800
页岩气	65	400～600	800～1500
煤层气	45	100～300	400
煤制甲烷	50	300～600	500～900
进口管道气	390～420	950	1350～1650
进口LNG	390～410	700	750
合计	2340～2390	4250～4950	6400～8000

资料来源：根据国土资源部及国务院发展研究中心有关研究成果分析。

表2.2.6　　2015年我国天然气供应量及其结构

气源	国产气（亿立方米）				进口气（亿立方米）		备注
	常规天然气	页岩气	煤层气	煤制甲烷	LNG	管道气	
产量或进口量	1400	65	45	50	390～410	390～420	
合计	1560				780～830		
	2340～2390						

资料来源：结合国土资源部等机构的相关研究成果分析、整理。

表2.2.7　　2020年我国天然气供应量及其结构

气源	国产气（亿立方米）				进口气（亿立方米）		备注
	常规天然气	页岩气	煤层气	煤制甲烷	LNG	管道气	
产量或进口量	1800	400 ~ 600	100 ~ 300	300 ~ 600	700	950	
合计	2600 ~ 3300				1650		
	4250 ~ 4950						

资料来源：根据上述分析、整理。

表2.2.8　　2030年我国天然气供应量及其结构

气源	国产气（亿立方米）				进口气（亿立方米）		备注
	常规天然气	页岩气	煤层气	煤制甲烷	LNG	管道气	
产量或进口量	2600 ~ 2800	800 ~ 1500	400	500 ~ 900	750	1350 ~ 1650	
合计	4300 ~ 5600				2100 ~ 2400		
	6400 ~ 8000						

案例九　全球天然气/LNG 市场展望

一、全球能源和天然气市场发展

全球能源需求持续快速增长，尤其是经济合作与发展组织国家以外的国家和地区。随着人口的迅速增长，经济繁荣发展，人们有越来越多的途径获得可靠的电力供应，由此会导致2010年到2050年全球能源需求增长50%（来源：2014年壳牌新镜头情景分析，Shell New Lens Scenarios 2014）。

过去几十年里，天然气一直是增长最快的能源之一，从2005年到2014年，年平均增长率保持在2.7%左右（来源：BP2014年世界能源回顾，BP Review of World Energy 2014）。目前一致认为到2030年，天然气需求会保持年均2%的增长速度（IEA当前政策展望，IEA Current Policies outlook）。全球天然气资源储量庞大、分布广泛，以目前的生产速度可供200多年的使用。

除美国以外，其他国家的非常规资源增长具有很大的不确定性，因为这些国家没有或很少启动生产。阿根廷（23万亿立方米；资料来源：美国能源信息署）可能拥有最好的开发条件，但面临严重的财务和非技术风险的限制。

虽然估计中国有大约32万亿立方米的非常规资源（来源：美国能源信息署），中国政府最近下调了一半近期页岩气的开发的预期，因而，中国能源增长可能会下降（中国的天然气分布在500个盆地，但因为目前只有几个公司，缺少国际公司进入该领域进行开发，面临着地形复杂，成本、基础设施建设、污水处理、技术创新不够等问题）。

国家政局和政策都会影响长期液化天然气（LNG）需求的增长，而非由单纯的项目周期成本决定，尤其是在欧洲和亚洲。政策制定者将在四个方面做出能源政策的组合，即能源安全、成本和竞争力、环境与健康、能源获取。他们做出的选择将决定在各自国家和地区的能源结构。

这意味着尽管在广泛的区域内各方能能源增长率达成了一致，但本地和短期的动态因素具有高度不确定性，并变化迅速。

二、全球LNG市场展望

自2000年以来，全球液化天然气的需求以每年约5%的速度增长，在可预见的将来将继续这一趋势（来源：BP 2014年世界能源回顾）。

过去十年里，有31个国家从事LNG进口、27个国家从事出口，因此LNG的需求和供给大大多样化，预计今后十年LNG需求国和供给国将分别增长50个和25个。

从长期来看，LNG的增长需求主要来自亚洲新兴市场（尤其是中国、印度、东南亚）和欧洲。尽管将LNG在交通领域的应用还在初始阶段，但LNG很有潜力成为重大细分市场。

日本、韩国和中国台湾目前约占全球LNG市场60%，今后仍将是一大需求中心。尽管随着核能的回归和可再生能源的发展（特别是太阳能），日本的LNG增长有限，但其LNG需求将继续保持高位。另外一个不确定性因素是未来的市场化历程。

在东南亚和印度，由于国产气储量日趋下降，加之电力和其他行业对LNG需求增加，东南亚和印度的LNG需求会进一步上升。该地区主要的不确定性是价格承受能力和进口、运输LNG所需基础设施的建设。

中国进一步加大天然气市场份额的政策举足轻重。鉴于中国出台的控制污染政策和GDP增长，中国已经并将继续成为天然气快速增长的市场。中国有影响全球市场平衡和价格水平的潜力。不确定因素是潜在GDP增长放缓，以及雄心勃勃的政策落实程度。

欧洲方面，LNG是除了本土生产和管道进口能源之外的灵活供应源。欧洲拥有充足的再气化能力（2013年每140mtpa可以产出40mtpa），可以成为LNG的灵活市场。欧洲的LNG应用于交通领域具有增长潜力，尤其是在海洋运输领域，因为严格的空气质量法规会驱使更换燃料。

从2010年到2013年，欧洲经济增长放缓，美国煤炭廉价，加之欧洲对可再生能源发展给予强劲的补贴，促使欧洲的天然气需求下降。虽然在一定程度上导致需求下降的长期因素仍然存在，但欧洲市场的天然气需求也可能反弹，条件是减少进口煤炭的规模，降低支持可再生能源增长的补贴。

三、全球LNG供给

截止到2030年，美国、澳大利亚和东非的液化天然气供给将占到整个供给的80%以上（资料来源：2015年壳牌分析）。

北美已经提出将600 多百万吨/年产能用于LNG出口（美国和加拿大平分）。44多百万吨/年天然气已最终投资决定，目前正在建设（地点都在美国）。北美天然气供给的最终数量取决于许可、融资、建设成本和速度。

俄罗斯和澳大利亚有一个潜在的新项目清单。成本上涨和非技术风险减缓了许多项目的进程；此外，制裁有可能拖延或破坏俄罗斯的LNG计划。

东非（主要是莫桑比克和坦桑尼亚）有可能在未来十年发展成为新的供气源。面临的挑战是东非具有大片未开发地区，并且大多数公司都不是市场地位稳固的LNG公司。

尼日利亚的非技术风险（如政治、监管和财政不确定性、破坏性风险、国内电力需求）继续成为阻碍LNG供应增长的主要问题。

埃及由于国内市场的需求导致LNG的出口减至零，埃及还需要进口LNG。埃及现在正在积极寻找LNG进口商（已经与阿尔及利亚的Sonatrach公司和俄罗斯天然气工业股份公司签署合同；额外天然气供应可能来自以色列或国际企业）。

卡塔尔尚未明确2016年后北部油气田的走向，因此存在着供应不确定性。尽管如此，卡塔尔具有77 MTPA的LNG供应能力，加之与欧洲和亚洲几乎距离相同，将继续保持关键价格制定者的地位。

对于中东其他地区而言，解除对伊朗制裁可能带来重大影响，天然气供应无法跟上国内需求的增长，因此LNG进口会纳入计划之中。

四、聚焦北美市场

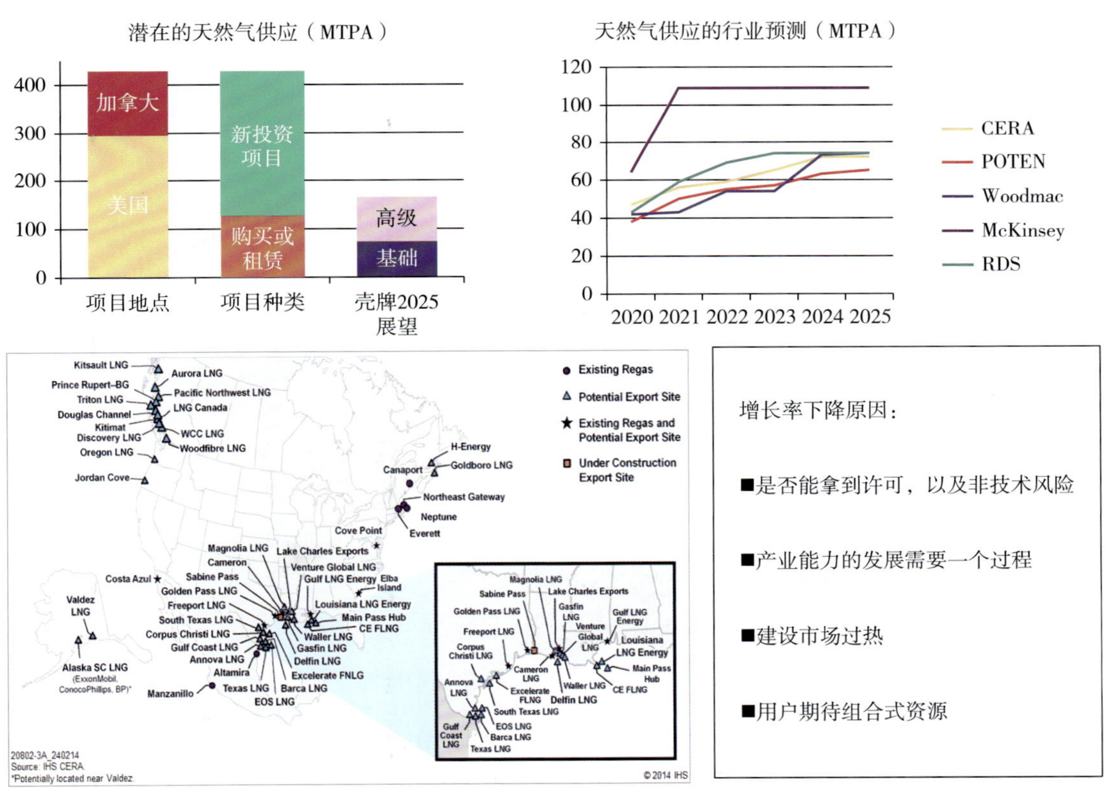

图2.2.15：北美LNG供应情况

美国曾经是我们最大的市场之一，现在正准备出口LNG。现在已经公布了美国300 MTPA和加拿大130多 MTPA的潜在出口项目。

最初项目的液化成本相对“低”（约\$3.5/mmBtu）（加装LNG进口终端），但后续成本会陆续上升（我们已经看到最初的报价<\$3/mmBtu和现在的报价>4\$/mmBtu）。

这样的项目与传统的AP（亚太区）项目水平相当，甚至在HH$4 /mmBtu。

其他障碍：审批、建设速度、建设成本（劳动力）和用户寻求资源组合（如果主要AP用户将北美项目的开发风险限制在20%～30%，那么会转化成为约100 MTPA的供应）。

但是，以前美国LNG“便宜”的看法已经随着近期油价大幅下降而发生了变化。加之市场的不确定性（如日本对电力放松管制）导致了用户在LNG投资组合中会限制Henry Hub 作价供气量。

因此，当用户不愿意签订大量以Henry Hub 作价的长期协议时，项目的最终投资决定将是极具挑战性的，因为项目的最终投资决定需要长期协议的支持。

五、全球LNG市场更加活跃

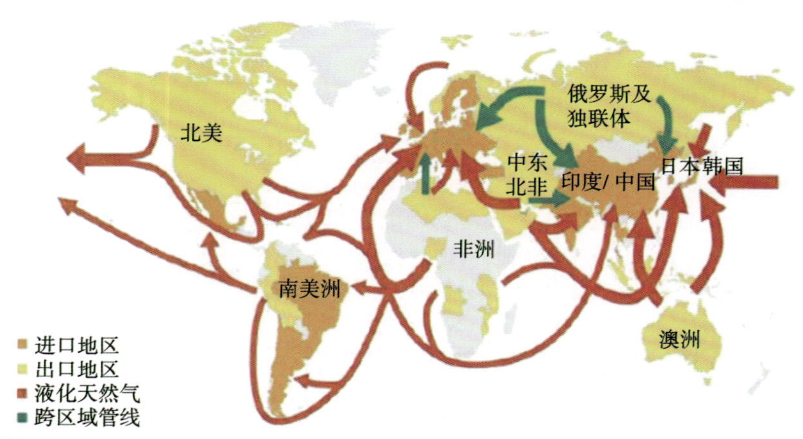

图2.2.16：全球天然气进出口情况

我们看到天然气在基础能源需求中的份额不断增长。其他能源业在不断增长，但天然气的增长速度更快。我们预计未来20年里全球天然气需求以每年2%～3%的速度增长。

随着天然气的使用不断增加，通过管道和LNG的跨境天然气贸易会持续增长。

天然气贸易的增加要求在天然气进出口基础设施上持续不断的投资。

大型新管道项目不断取得进展。例如，去年初宣布的中俄天然气管道出口项目初期运量应该达到每年380亿立方米，并且具有进一步增长的可能性。LNG（LNG）

也成为了天然气贸易的一个主要部分。现在LNG占天然气贸易的10%，到2025年将占15%。

近年来，LNG供需明显多元化，目前约有30个LNG进口国和20个出口国，预计在今后十年，LNG出口国将增长到约50个，进口国达25个。这与1990年的情况大不相同，当时全球LNG市场只有5000万公吨/年，只有八个出口国，九个进口国。

从现在到2025年将发生的一个重要变化是北美将崛起为一个实质性的天然气出口地区。

六、对中国的建议

（一）多种供应途径保障能源供给安全

在过去的十年里，中国天然气消耗量增长速度强劲，2014年达到1830亿立方米。此外，天然气供应由国内供给、管道天然气进口和液化石油气进口组成，这表明多元供应保障能源安全的重要意义。今后十年，政府设定天然气在基础能源结构中的比重要从目前的4%增长到10%以上，这需要多种供应途径以满足市场需求。此外，考虑到那时的市场规模，多种供应途径将对保障能源安全起到更加重要的作用。

在东北亚地区的日本和韩国依赖于单一的天然气供应来源，这与中国的情况明显不同，正是由于这种多元化供应组合，它有利于中国在国际市场上的采购天然气，最终造福中国消费者。

（二）LNG的独特作用使之成为中国天然气供应组合中不可缺少的一部分

考虑到中国通过管道天然气的进口走廊（无论是来自西部的中亚气、俄罗斯东部和西部或来自西南部的缅甸气）已经建立进口通道，并且日趋成熟，本文将重点讨论来自国际市场上LNG的可能供应选项。

鉴于LNG具有灵活、靠近东部消费中心的独特性质，LNG可以在调峰或互补管道气方面发挥独特的作用。

此外，以前的经验表明，由于中国LNG的采购直接与国际市场接轨，这可以引入和促进竞争，由此也可以促进中国天然气市场的市场化进程。

我们在前面已经讨论过了LNG在欧盟市场上的作用，它一方面平衡欧盟天然气供给，一方面平衡全球LNG市场，有利于欧盟的天然气消费者。我们有理由相信LNG在中国市场也可以发挥同样的作用，但需要注意的是LNG之所以在欧盟发挥这样的作用是因为欧盟已经经历过市场化历程。因此我们想说LNG一方面可以促进市场开放，给消费者带来利益，另一方面当中国天然气市场完成市场历程后，可以发挥更大的作用。

（三）LNG采购的思考

通过观察相同或类似市场的情况，可以得出以下经验教训。

（1）有经验的LNG买家在国际市场上通常有多元化组合，包括：长期、中期、短期和现货的组合，以便提高灵活性，应对市场变化。和石油指数联动或以Hub为平台的多元化定价机制，因为在市场情况出现变化时，比如油价变化时，每个SPA（天然气购销合同）的价格竞争力也会发生变化。另外，在评估价格竞争力时，要全面考虑项目风险、商业结构和其他因素，而绝不是只考虑价格标签，否则就不是同类比较。LNG供应组合要有多元的地理来源。另一个常犯的误区是自认为比市场聪明，可以操作市场。因此，常见的规避风险的方式是通过滚动窗口来采购LNG，以满足自己供应和需求的平衡。

（2）如果更多大型终端用户可以从国际LNG市场上购买天然气，无论是电力公司或者大型城市燃气企业，都将会给市场带来利益。因为这将有助于减少中间环节，提高天然气价值链效率。为了实现这一目标，需要第三方准入，这是支持市场化进程的一个关键因素。我们很高兴看到像华电这类公司已经在市场化上很活跃了。

（3）但这并不是说要鼓励每个企业都要建立自己的接收终端，自己从事进口。因为这会导致大量的基础设施不能得到充分利用，导致价格战，最终损害天然气市场的可持续健康发展。在这方面，我们建议管理者通过制定游戏规则来调整，而不是人为控制。

（4）在天然气领域的游戏规则方面，包括天然气管网、接收站在内的基础设施管理规范极为重要。因为随着管网规范不断成熟，并发挥作用，会提高天然气价值链的透明度，从而提高市场效率。以欧盟为代表的成熟市场中，主要通过此类典型的管网管理法则发挥作用其主要内容：①需要非歧视性的第三方准入规则法律约束；②容量拍卖、平衡、定价、分配、开票据；③进行充分协商；④天然气输送管网的容量释放以及价目；⑤在二级市场进行拍卖交易；⑥分离进入/退出，分离容量/商品；⑦针对接收站、储气库、管网得第三方准入，无论是建立在双方商谈基础上的，还是依照管理法则进行的（TPA）。

（5）保持燃气/燃油这一燃料组合也会有所帮助，因为这会使燃气用户通过切换来优化其气体组合；避免燃气用户落入期待通过LNG SPA解决一切问题的弊端，这会使LNG购销合同的谈判陷入僵局。

案例十　中国国际管道天然气进口

中国地理位置优越，拉动着俄罗斯向其北部、中亚（尤其是土库曼斯坦）向其西部，以及东南亚（缅甸）的管道天然气出口。现有及规划的进口管道输送容量接近1900亿～2000亿立方米/年，这可能是中国到2030年天然气消耗量的1/4～1/3。

管道气进口是中国的三大基础供应源之一，其他两个是国内天然气生产和液化天然气（LNG）进口（分别有多种供应渠道）。这三大基础保证了中国的天然气供应，同时可在基准价格方面形成竞争，满足中国不断增长的天然气需求。

关于这些国际天然气管道进口最主要的不确定因素有以下几点：

（1）俄罗斯天然气供应基地的东西路线。

（2）俄罗斯公司是否有能力开发西伯利亚东部天然气田及建造天然气管道，以在承诺的时间内输送天然气。鉴于美国和欧盟正对俄罗斯实行经济制裁，这一点尤其关键。

（3）为了丰富客户群体，土库曼斯坦会做出怎样的决定？比如参加土库曼斯坦–阿富汗–巴基斯坦–印度天然气管线（TAPI）和/或克服法律及政治困难与阿塞拜疆合作，通过阿塞拜疆和土耳其将土库曼斯坦的天然气直接供应给欧洲。

表2.2.9　已探明常规天然气储备量最多的国家

	已探明储备量		2013年产量	R/P
	万亿立方米	万亿立方英尺	十亿立方米/年	年
伊朗	33.8	1193	167	202
俄罗斯	31.3	1104	605	52
卡塔尔	24.7	872	159	155
土库曼斯坦	17.5	617	62	282
美国	9.3	330	688	14
沙特阿拉伯	8.2	291	103	80
阿联酋	6.1	215	56	109

续表

	已探明储备量		2013年产量	R/P
	万亿立方米	万亿立方英尺	十亿立方米/年	年
委内瑞拉	5.6	197	28	199
尼日利亚	5.1	179	36	141
阿尔及利亚	4.5	159	79	57
澳大利亚	3.7	130	43	86
伊拉克	3.6	127	0.6	5980
中国	3.3	116	117	28
印度尼西亚	2.9	103	70	42

资料来源：BP数据回顾（2014）（仅常规天然气）。

一、管道天然气进口来源

如表2.2.9所示，世界上常规天然气储备超过100万亿立方米的国家有14个，而凭借优越的地理位置，中国几乎可以从其中任何一个国家进口天然气。

目前受到联合国制裁的伊朗拥有世界上最多的已探明天然气储备，已探明常规天然气储备近1200万亿立方米。如果开放，伊朗将很可能和卡塔尔一样成为中国的另一个液化天然气而非管道天然气供应国。

俄罗斯和土库曼斯坦的天然气资源储备分别排在世界第二位和第四位。俄罗斯每年生产6050亿立方米天然气，以满足巨大的国内需求并解决欧洲约30%的天然气需求。其储备开采年限为52年，这与其他主要天然气资源储备国相比相对较短。俄罗斯还另外承诺要通过东部和西部路线向中国供应近900亿立方米/年的天然气，这样一来，除非发现新资源，俄罗斯的储备开采年限就显得更短了。这或许可以解释为什么俄罗斯如此迫切地希望开发非常规天然气，包括其国内的煤层气（CBM）和页岩气。

相比之下，为陆地所包围的土库曼斯坦却拥有617万亿立方米的已探明天然气储备和280年以上的天然气储备开采年限，另外还很有可能会丰富自己的天然气需求市场，为中国、俄罗斯和伊朗供应天然气。值得一提的是两项考虑的方案：①土库曼斯坦-阿富汗-巴基斯坦-印度天然气管线（TAPI），能为世界上两个人口大国——印度和巴基斯坦——提供天然气。据此前报道，雪佛龙等美国公司有意加入此项计划，而最新报道显示法国道达尔石油集团（Total）也可能会参与相关讨论。②欧盟迫切希望提高其供应的多样性，而土库曼斯坦经由阿塞拜疆和土耳其向西穿过里海的管道就是一个潜在的重要来源。欧盟，包括欧盟委员会副主席马洛斯・塞夫柯维奇（Maros

Sefcovic）[①]，正积极鼓励土库曼斯坦着手规划该条管线，尽管短期内要想让其成为现实，还面临很多法律和政治障碍。如果土库曼斯坦–欧洲天然气管线成为了现实，欧洲和中国之间可能会面临直接价格竞争/联动。

哈萨克斯坦和乌兹别克斯坦等中亚国家不是主要天然气储备国，在可预知的未来，它们成为中国管道天然气供应国的量仍然有限。

在东南亚，缅甸目前通过云南省每年向中国供应约50亿立方米的天然气。同样缺乏天然气的还有东南亚国家，缅甸也在向泰国输送管道气。近来，缅甸成功获得了深海石油招标，吸引了大型跨国公司的注意。根据地质分析，这些深海区块含有天然气的可能性要高于石油。在接下来5～10年中，缅甸能否找到大量（大于100万亿立方米）深海天然气，成为亚洲的莫桑比克呢？若真如此，今后中国要想缅甸（深海）天然气成为其另一条输送管道，可能需要展开一番竞争，虽然缅甸可能会希望通过开发亚洲其他的LNG市场来提高自己的LNG出口能力，比如日本和韩国，以丰富其买方国家群体。

二、现有及规划天然气进口管道

表2.16列出了从俄罗斯、中亚和缅甸到中国的进口天然气管道。目前中国的管道进口容量约在400亿立方米/年，但并非每条管道都达到使用上限。2013年，中国管道进口量约为250亿立方米，占中国天然气消耗量1660亿立方米的15%左右。

全部建成后，这些管道的总容量将接近2000亿立方米/年，占中国到2030年天然气消耗估计水平的1/4～1/3。因此，“十三五”规划的重点可能并非确保增加管道天然气进口量，而是要与土库曼斯坦、俄罗斯及缅甸共同努力，确保这些项目能按时完成，让中国以有竞争力的价格进口管道天然气。

表2.2.10　中国现有及规划天然气进口管道

	容量（十亿立方米）	宣布时限	PFC预计时间	备注
进口天然气管道（运作）				
中亚天然气管道A线	15	2009		
中亚天然气管道B线	15	2010		
缅甸–中国1	12	2013	尚未满负荷运作（闲置容量>50%）	

① “与俄连接破裂，欧盟寻求新来源”，载于《金融时报》，2015年2月25日。

续表

	容量（十亿立方米）	宣布时限	PFC预计时间	备注
小计	42			
进口天然气管道（规划）				
中亚天然气管道C线	25	2014		100亿立方米来自土库曼斯坦，100亿来自乌兹别克斯坦，50亿来自哈萨克斯坦
中亚天然气管道D线	30	2016	2017	
西伯利亚管线	38	2018	2021	已签署天然气出口协议。在建
西伯利亚管线延线	30			
阿尔泰管线（西线）	30			已签署备忘录
哈萨克斯坦-中国	5			
缅甸2-中国	7			
小计	165			
管道进口容量总计	207			

资料来源：Wood Mac，IHS。课题组进行简要整理。

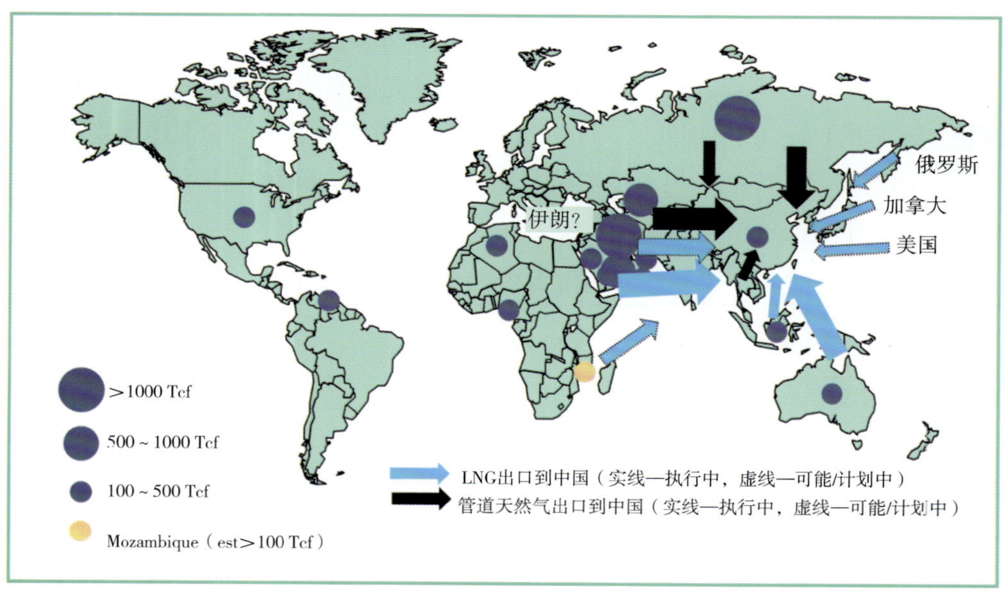

图2.2.17：主要天然气资源储备国及中国的潜在天然气出口国

资料来源：BP年度统计（2014）；不包括马达加斯加。

第三章　中国天然气基础设施发展战略研究

一、天然气基础设施发展现状

自2004年西气东输一线投产以来，我国天然气基础设施快速发展，截止2014年底，已初步形成西气东输、海气登陆、就近供应的管网输配格局，覆盖除西藏外的所有省份；形成管道气、LNG两种进口资源途径，打通中亚管道气、中缅管道气、海上LNG进口通道；形成地下储气库、LNG接收站两大主力调峰方式，覆盖沿海地区、产气区、环渤海地区。

（一）基础设施发展现状

截止到2014年底，我国国内已建成天然气管道长度8.2万公里，其中国家基干管道2.33万公里，国家支干管道1.65万公里，省级干线管道1.38万公里，在城市燃气管网方面也取得了巨大进展。此外，已建成LNG接收站11座，总接收能力3940万吨；已建成地下储气库19座，总库容452亿立方米，设计工作气量151亿立方米，有效工作气量42亿立方米。

1.天然气管网

自20世纪60年代我国建成了第一条天然气管道“巴渝线”以来，经过数十余年的建设，我国的天然气管道有了很大的发展。尤其是2004年西气东输管道的建成，将我国天然气管网的建设加速推进，截止到2014年年底，我国形成了以西气东输系统、陕京线系统、川气东送、榆济线、中缅天然气管道为主的国家基干管道，以冀宁线、忠武线、中贵线、淮武线等为主的联络管道，长三角、川渝、华北三大区域性管网，实现了长输管道与主要消费市场连接、长输管道与地下储气库连接、LNG接收站与市场连接，覆盖了除西藏外所有省份，初步形成了全国天然气一张网。

2.LNG接收站

截止到2014年底，我国投产、核准在建的LNG接收站项目达15座，其中投产的有11座，核准在建的有4座，分布在广东、福建、上海、浙江、海南、江苏、辽宁、山东、天津、唐山等10多个省份，目前投产的LNG接收站接卸能力为3940万吨/年，折合天然气550亿立方米，2014年全年进口LNG资源1879万吨，折合天然气263亿立方米。

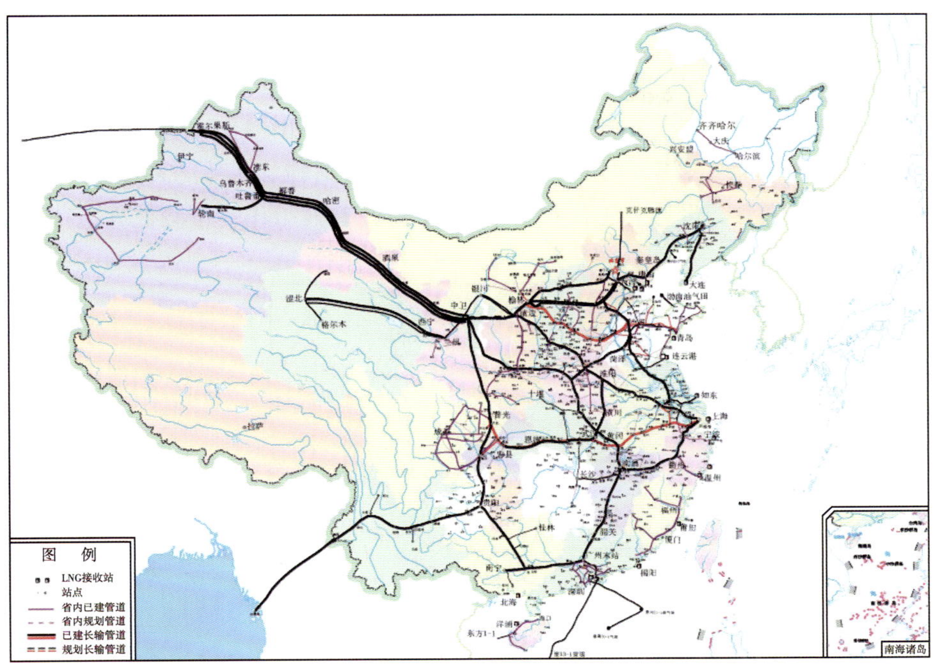

图2.3.1：我国天然气管网分布

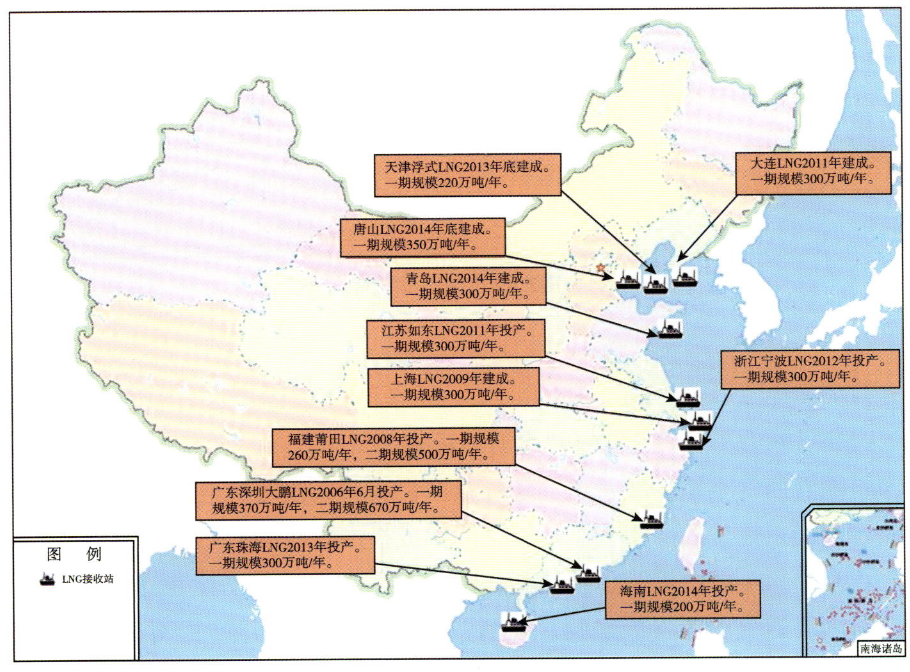

图2.3.2：LNG接收站分布图

3.地下储气库

截止到2014年，我国已建成的地下储气库有喇嘛甸北块、大张坨、板876、板中北、板808、板828、金坛、京58储气库、文96、苏桥、相国寺、呼图壁、双6、板南等，主要分布在江苏、天津、河北、辽宁、黑龙江、新疆、重庆、河南等八个省份，设计总库容为452亿方，设计总工作气量为151亿方，有效工作气量42亿方。

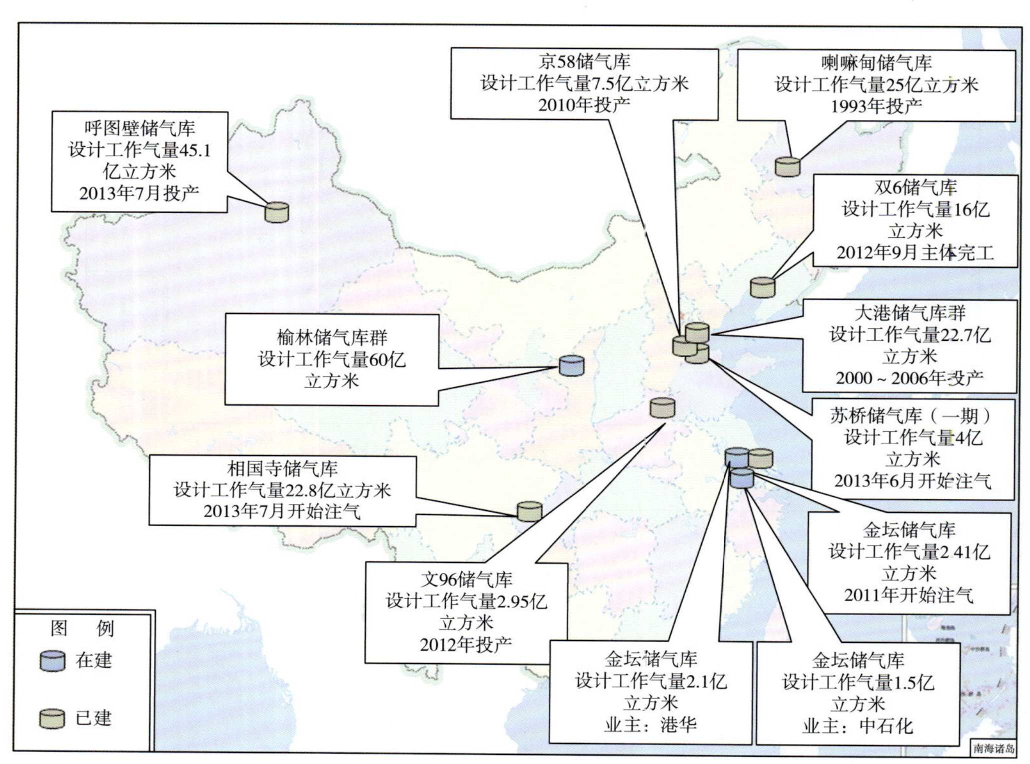

图2.3.3：地下储气库分布

（二）发展水平评价及存在的问题

1.管网建设能力不足，不能满足现有市场输配需求

2004年随着西气东输一线管道的建成投产，我国天然气管道长度达到2.5万公里，2010年随着西气东输二线、川气东送管道的建成投产，我国天然气管道长度达到5.6万公里，截止到2014年底，管网长度达到8.2万公里，天然气消费量也达到了1830亿立方米。根据美国天然气行业发展经验，在消费量为1300亿立方米时，管道长度已经达到17.5万公里。无论是从满足我国天然气使用需要，还是与发达国家历史水平相比，我国

天然气管道建设均明显滞后。

截至2014年年底，我国天然气管网输配能力为2400亿立方米，天然气消费量超过1800亿立方米，根据市场消费量的1.2倍作为调峰需求，需要管网输配能力为2200亿立方米。由此可见，目前的管网输配能力只能满足近几年市场需求，如需支撑未来天然气市场发展，需要加快推进管网设施建设。

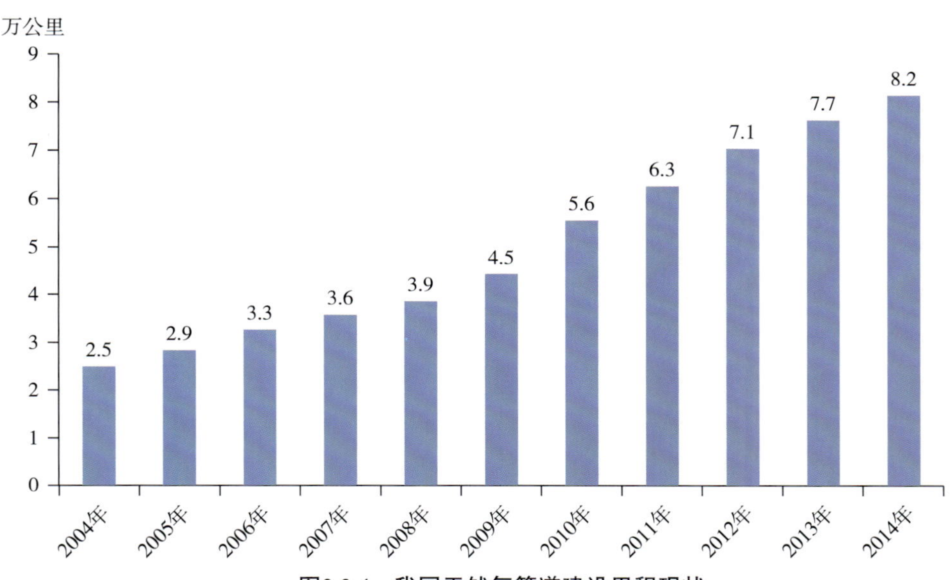

图2.3.4：我国天然气管道建设里程现状

2.配套电厂支撑LNG前期发展，后期市场分配不均衡

自2006年大鹏LNG建成以来，我国LNG接收站的建设速度逐步加快，截至2014年底，已建成投产的LNG接收站11座，接卸能力3940万吨/年，折合天然气550亿立方米。

由于目前LNG接收站主要满足建站半径市场需求，而各地区天然气发展有较长的过程及阶段性，LNG接收站建成后达产较快，由于各地区优先发展城市燃气，并且增量有限，为解决LNG接收站快速增量所带来的市场空间不足的问题，配套建设了燃气电厂消耗多余气量。随着市场的不断发展，城市燃气需求逐步加大，且价格承受能力高于电厂，容易导致电厂在接收站建设前期气量充足，到市场发展需要LNG作为主要气量的时候，出现电厂供应不足的现象。

因此目前国内的LNG接收站为增加供应能力起到了重要作用，其较强的调峰能力对市场的安全平稳运行起到了关键性的作用。但其快速的增长容易导致天然气基础设施建设发展不平衡。

3.地下储气库调峰设施能力建设不足

我国天然气调峰方式以地下储气库调峰为主，储气库建库选址难、建设周期长、垫底气量大。地下储气库对地质条件要求较高，选址较为困难；盐穴地下储气库建设周期较长，如金坛地下储气库从开始建设到运营需要十几年的时间；另外，地下储气库垫底气量较大，建设2亿立方米的设计气量，需要约1亿立方米的天然气垫底。

我国的地下储气库研究和建设起步较晚，与发达国家相较为明显的差距，根据国外市场的运行经验，若天然气市场运行风险维持在较低程度，则储消比（储消比是指天然气调峰量与天然气需求量的比值）应达到15%。2014年我国天然气表观消费量大达到1830亿立方米，地下储气库调峰气量为42亿立方米，调峰气量占天然气消费量不到3%，调峰能力严重不足。

二、面临的机遇与挑战

（一）《能源发展战略行动计划（2014—2020年）》提出大力发展天然气，加快天然气管网和储气设施建设

计划中提出要大力发展天然气，到2020年一次能源消费总量控制在48亿吨标煤，天然气在一次能源消费中的比重提高到10%以上，按照陆地与海域并举、常规与非常规并重的原则，加快常规天然气增储上产，尽快突破非常规天然气发展瓶颈，促进天然气储量产量快速增长。按照西气东输、北气南下、海气登陆的供气格局，加快天然气管道及储气设施建设，形成进口通道、主要生产区和消费区相连接的全国天然气主干管网。明确提出到2020年天然气主干管道里程达到12万公里以上。

（二）政策助推天然气行业快速发展，储气设施加快跟进

《关于建立保障天然气稳定供应长效机制的若干意见》提出要加快天然气供应，到2020年天然气供应能力达到4000亿立方米，力争达到4200亿立方米，支持推进“煤改气”工程，支持各类市场主体平等参与储气设施投资、建设和运营，各地区要加强储气调峰设施和LNG接收站、存储设施建设；《国家发改委关于加快推进储气建设的指导意见》提出增强推进储气设施建设的紧迫感，加快在建项目施工进度，鼓励各种所有制经济参与储气设施建设和运营。储气设施是天然气安全平稳运行的保障，国家支持各类主体参与储气设施的建设、运营和管理，推动了储气设施的建设。

（三）《大气污染防治行动计划》提出加快清洁能源替代利用

为应对大气污染，切实改善空气质量，制定《大气污染防治行动计划》，提出加快清洁能源替代利用，加大天然气、煤制天然气、煤层气供应，到2015年，新增天然气干线管输能力1500亿立方米以上，覆盖京津冀、长三角、珠三角等区域。优化天然气使用方式，新增天然气应优先保障居民生活或用于替代燃煤；鼓励发展天然气分布式能源等高效利用项目，限制发展天然气化工项目；有序发展天然气调峰电站。天然气基础设施作为市场发展的重要保障，“煤改气”的大力实施加快推进了基础设施建设的力度。

（四）现有管网能力不能满足市场发展需要

根据资源供应及市场需求分析，预计到2020年我国天然气市场需求为4000亿立方米，2030年达到6000亿立方米，按照需求量1.1倍的资源保供市场，需求量1.15倍的输送能力保障市场输配，到2020年管网输气能力应该达到4600亿立方米/年，2030年需要达到6900亿立方米。截至2014年年底，我国资源输送管网能力为2400亿立方米，只能满足2020年输配需要的52%、2030年的35%，需要加快推进基础设施建设，以满足市场发展的需要。

（五）调峰能力严重不足

按照储消比为15%进行计算，2020年我国天然气市场需求为4000亿立方米，调峰需求为600亿立方米，2030年调峰需求为900亿立方米。目前地下储气库调峰能力只有42亿立方米，LNG接收站按照平稳输气的0.2倍进行市场调峰计算，调峰能力为26亿立方米。由此可见，目前调峰设施的调峰能力远不能满足未来天然气市场调峰需求。

（六）安全运行压力越来越大

随着天然气市场的不断发展，基础设施建设的不断增加，安全平稳运行的压力越来越大，目前国家基干管道尚且实行点对点的资源供应，不同运营商之间的管道没有形成联通；省级干线投资主体更为多元化，管道供应互不交叉。在用气高峰时不能形成资源调配，在管网出现事故时没有有效的应急方法。未来我国天然气基干管道应形成互联互通，省级干线应自由调配。

三、天然气基础设施发展战略

在我国天然气总体业务及政策指导下，制定天然气发展目标，提出天然气基础设施发展战略，指导天然气基础设施的快速发展。

（一）指导思想

以实现全国管网安全平稳运行为目标函数，合理谋划基础设施建设，实现多元化供应格局；以构筑灵活调配基础设施系统为目的，加强供气管网枢纽的建设，加快调峰设施建设，建设互联互通、调配灵活的安全供气体系；构建供应稳定、运行高效、上中下游协调发展的现代天然气产业体系和建设全国统一的基础设施总体发展战略布局。

（二）发展目标

遵循天然气基础设施发展指导思想，在我国天然气行业发展形势的大背景下，提出2030年我国天然气基础设施发展目标：

形成全国不同运营主体间同一级别天然气管道相互联络的供气体系；管网长度2020年达到15万公里，输气能力超过4600亿立方米；2030年达到25万公里，输气能力超过6900亿立方米。

实现“西气东输、北气南下、海气登陆、就近供应”四大格局；完善以宁夏中卫、湖北、河北永清、上海、广东五区域的天然气供配枢纽站；并建设以中原、华北、东北、长庆、西北、西南的六大地下储气库群，实现2020年调峰能力达到620亿立方米，地下储气库有效工作气量440亿立方米；实现2030年调峰能力达到900亿立方米，地下储气库有效工作气量770亿立方米。

建成以西北中亚进口气、西南中缅进口气、北部中俄进口气、东部进口LNG四大进口通道，2020～2030年期间中亚A、B、C、D线实现850亿立方米能力的输送，中缅气实现国内120亿立方米的能力输送，中俄气380亿～680亿立方米的输气能力，进口LNG实现1亿吨的接收能力。

（三）发展战略

为保障我国天然气基础设计安全平稳运行，全面建设我国不同运营主体间天然气基础设施相互联络系统；为增强基础设施建设能力，对基础设施实施统筹规划，建设投资实施多元化；为提高基础设施使用效率，打造第三方公平准入运行管理平台。

1.打造全国不同运营主体间天然气基础设施相互联络的安全平稳运行系统

随着天然气市场需求进一步增长，我国天然气基础设施需要进一步完善，2020年需新增建设中俄天然气管道东线、西气东输三线、西气东输四线、西气东输五线西段、陕京四线、新疆煤制甲烷管道、鄂尔多斯煤制甲烷管道、沿海大动脉、川渝鄂湘天然气管道等重点管道的建设，建设全国管道达到15万公里，长输基干管道达到4.4万公里；2030年根据市场需求加大管网的布局力度，新增西气东输五线、西气东输六线、中俄管线东西线，建设全国管道至少25万公里，长输管道达到6万公里，输气能力超过6900亿立方米。

不同运营主体间基础设施相互联络的最终目标是实现安全平稳运行、资源合理配置，达到资源与市场的连接、储气设施与市场的连接。不同运营主体间基础设施相互联络的含义：①国家长输基干管道通过枢纽站和联络线形成互联互通；②省级干线管道通过分输枢纽形成自由调配；③地下储气库和LNG接收站连接国家长输基干管道；④相邻省市市场形成区域性网络。

（1）国家长输基干管道互联互通。我国长输基干管道主要有中石油和中石化建设，中海油主要建设海气上岸和LNG接收站外输管道，长输基干管道的互联互通不仅实现石油公司内部管道的连接，还要解决石油公司间管道的连接。国家长输基干管道的互联互通一是依靠管道路由交汇点形成中心枢纽，二是通过联络线连接。

——形成中心枢纽

根据目前我国天然气基础设施发展现状及未来基础设施发展规划，将在宁夏中卫、河北永清、湖北、上海、广东形成中心枢纽，其中：

宁夏中卫是西部资源东送的交汇点，把西气东输系统、新疆煤制甲烷管道与陕京线系统、中卫–靖边管道、中贵线等管道连接，实现进口中亚气、新疆气田气、长庆气田气和新疆煤制甲烷的连接。

河北永清是华北地区中心枢纽，将陕京线系统、中俄天然气管道、华北储气库群和津冀资源管道连接，在华北地区调节天然气供给，优化天然气资源配置，缓解高峰用气需求。

湖北境内有多条国家长输基干管道途经，是中南部地区的中心枢纽，形成新疆常规气、新疆煤制甲烷、进口中亚气、进口中俄气、川渝常规气、川渝页岩气的交汇中心。

上海是我国天然气市场中心，从供应结构看，上海既是西气东输一线、二线、川气东送等重要管道天然气的交汇中心，又接收东海气，还大量进口液化天然气（LNG）；从性质上说，上海是天然气交易中心，同时又是全国天然气计价基准点，将来成为我国重要的天然气枢纽中心。

广东作为重要的资源枢纽，未来形成多种气源的集结地，从供应结构看，有管道气、海洋气、LNG，供应管道有西气东输二线、新粤浙、西气东输三线，海洋气和多座LNG接收站；从气质上看，供应的资源有常规天然气、煤制甲烷和LNG等，不同气质的资源汇集，是全国气源最复杂的省份。

——建设联络线

联络线是国家长输基干管道之间资源互补的重要桥梁，目前已建成中贵线、淮武线、冀宁线，其中中贵线连接了西气东输、长庆气田、川渝气区和中缅管道资源，淮武线连接了西一线、西二线和忠武线，冀宁线连接了陕京线系统、西一线和如东LNG资源。

我国沿海LNG接收站基本按照点对点供应，供应区域和调峰能力有限，未来联络线重点建设沿海大动脉，管道由辽宁大连LNG接收站建设到广西北海LNG接收站，中间连接各LNG接收站、海气上岸管道及所经国家基干管道。

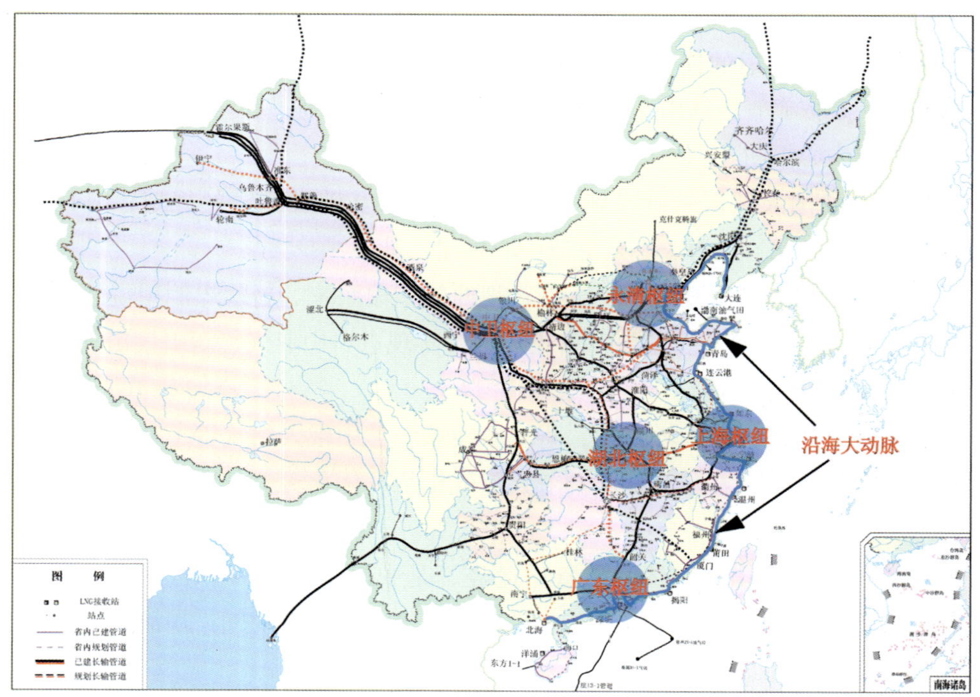

图2.3.5：全国不同运营主体间天然气基础设施相互联络

（2）省级干线自由调配。

我国各省级天然气基础设施建设主体多元化，既有国有企业也有民营企业，各建设主体之间各自为战，相互之间没有业务沟通，造成基础设施重复建设，利用效率低下，资源不能优化配置。省级天然气基础设施需要形成一个统一的管理和运营平台，对省内基础设施统一规划建设、统一运营管理、资源协调分输，省内形成省级干线相互连接、资源灵活调配、地级单位双气源供应的局面。

目前我国已有唯一一家省级天然气公司的省份包括：北京、天津、河北、江苏、上海、浙江、广东、陕西、安徽、内蒙古、湖北、重庆；具有两家及以上省级天然气公司的省份包括：山西、江西、湖南。各省份省级天然气公司的经营模式可分为：对资源统购统销、代输、混合经营，对基础设施垄断建设、自由建设。为达到省内管道统一规划、省级干线自由调配、省内市场平衡发展的目的，各省份应积极成立省级天然气公司，由省天然气公司统一经营管理，其经营模式应主要分为两类：

——省级干线统一规划、分步实施、资源统购统销

为避免基础设施建设的重复和效率的低下，对全省天然气基础设施进行统一规划，根据市场发展的程度进行分步实施，省级干线和调峰、调配设施由省天然气公司负责建设和运营；资源采购由省天然气公司统一采购并统一销售，省内用户所需天然气资源与省天然气公司进行洽谈，对省内销售的天然气不分距离远近，采用统一价格。

——省级干线统一规划、分步实施、采用代输业务

在基础设施建设环节与上述一致，但省公司不进行资源采购与销售，由下游用户直接与上游供气方进行洽谈，由供气方将天然气交由省天然气公司进行输送，省天然气公司收取一定的管输费用，下游用户向上游供气方交付资源费用，向省天然气公司交付管输费用，为保障距离长输管道较远用户的利益，省天然气公司对省内用户采用统一管输价格。

（3）地下储气库和LNG接收站调峰协调。

目前我国主要有两种大型调峰设施，一是地下储气库，二是LNG接收站，其中地下储气库分布在内陆且通过管道输送，所以其调峰原则是调节长输管道和就近调节；LNG接收站分布在沿海，其调峰原则是就近调节和液体调节。2020年以后形成以地下储气库调峰为主，LNG接收站调峰为辅的局面。

——两种调峰设施的调峰方式

目前我国天然气调峰设施能力有限远不能满足未来发展需要，预计到2020年需要

调峰能力达到620亿立方米，地下储气库有效工作气量440亿立方米；2030年调峰能力需要达到900亿立方米，地下储气库有效工作气量770亿立方米。根据目前我国天然气的产业现状，未来我国新建地下储气库主要依靠枯竭油气藏，在2030年形成中原、华北、东北、长庆、西北、西南六大储气库群，其中：中原储气库群连接榆济线、新粤浙豫鲁支干线和西二线泰安支干线；华北储气库群连接陕京线系统和中俄进口管道；东北储气库群连接中俄进口管道；长庆储气库群连接陕京线系统和西气东输系统；西北储气库群连接西气东输系统；西南储气库群连接中贵线和页岩气外输管道。

LNG接收站通过沿海大动脉进行连接，对沿海地区的天然气市场进行调峰和资源互补，通过槽车外输向城市燃气和企业自备LNG储罐供气进行调峰。

——分区域调峰方式分布及选择

天然气储气设施是保障天然气安全稳定供应的重要手段，是天然气输送体系的重要组成部分。目前储气能力建设已严重滞后，要根据全国天然气管网布局，加快建设储气设施，力争能保障天然气调峰应急需求。在长输管道沿线必须按照因地制宜、合理布局、明确重点、分步实施的原则配套建设储气调峰设施。

北京、天津、河北、山西、辽宁、吉林、黑龙江、山东等省（市）储气设施建设起步较早、基础较好，今后以逐步完善现有储气库和新建地下储气库为主，辅以LNG中小液化装置和LNG接收站储罐。结合已有储气设施，建设完善辽河、大港、华北、大庆、胜利等枯竭油气藏储气库群，包括辽河双6、齐13、胜利永21、大港板南、华北苏1、功20、苏4、苏49、顾辛庄、文23、大庆和吉林油田枯竭油气藏。

上海、江苏、浙江等省（市）地下储气库建设条件较差，可建立以LNG储罐为主，地下储气库和中小储罐为辅的调峰系统。主要项目包括江苏盐穴储气库和江苏油田枯竭油气藏储气库。2015年前主要以LNG储气为主，依托江苏、浙江现有LNG接收站增建扩建LNG储罐，形成江苏LNG储气体系和浙江LNG储气体系。

福建、广东、广西、海南和云南等省（区）储气系统以LNG接收站储罐为主，中小储罐、地下储气库及中小液化装置为辅。力争在2015年前建成依托福建、广东、海南现有LNG接收站增建扩建LNG储罐的储气体系，以满足地区调峰需求；2030年前，在合理布局基础上新建LNG接收站以增加储气能力，同时建设一定规模的地下储气库工作气量，形成多种调峰手段互补、满足本地、辐射两湖的储气能力体系。

安徽、湖北、湖南等省具备一定的地质条件，可建立以地下储气库为主，LNG中小储罐和中小型液化装置为辅的调峰系统。主要项目包括湖北应城、云应、黄场盐穴储气库等。

山西、河南、四川等省要利用枯竭油气藏建设地下储气库，同时利用上游气田解决部分调峰问题，辅之以可中断用户调峰和中小型液化装置调峰。主要项目包括中原文23、中原文96、西南相国寺等枯竭油气藏储气库。

陕西、甘肃、青海、宁夏、新疆等省（区）储气体系以地下储气库为主，建设新疆呼图壁、榆林等枯竭油气藏储气库。

——省份之间形成区域性网络

由于行政区划和审批手续等原因，除长输管道和联络线跨省之外，区域性管网主要集中在省份之内，造成相邻省份或经济相近省份天然气消费相差较大，未来通过政府的主导和支持建设省份之间省级干线的联络线，进行资源互补，带动区域性天然气市场发展，完善区域性管网系统。

2.基础设施规划统筹化、投资多元化

（1）统筹规划基础设施建设，加强规划项目进度监管。基础设施发展涉及国外进口管道、LNG接收站、国家基干长输管道、省级管道、地下储气库等多种设施，其中管网的建设是发展天然气市场的关键，但目前我国天然气基础设施主要由三大石油公司建设运营，尚未形成有效的联通，随着基础设施的建设不断完善，互联互通的基础实施布局将成为保障我国天然气安全平稳运行的关键，未来随着新粤浙、西四线、西五线、中俄东西线的建设、沿海接收站、地下储气库的，基础设施的的有效互通意义重大，只有在规划阶段实行有效协调，形成一个完整的产业链，才能有效的达到基础设施的互联互通。因此政府部门介入建设主体，对基础设施建设进行全面统筹，加强基础设施立项工程的监管和调控。

规划基础设施落实程度低的主要原因是没有建立规划项目的考核机制，只对项目进行了规划，并没有对项目的实施情况及进度后续跟踪。对规划项目中国家级基础设施涉及到的企业进行考核，考核项目实施的进展和时间阶段内目标完成的程度，采取一定的奖罚通报措施；对规划中涉及省级基础设施的对省有关负责部门进行考核，其考核标准一致，省有关部门对规划中涉及到本省的项目应积极落实相关工作，努力配合，并对省级以下负责单位采取相应的考核制度，推进基础设施建设的积极性，把工作做到实处。

（2）推动建设主体和投资多元化。国家鼓励、支持各类资本参与投资建设纳入统一规划的天然气基础设施。三大石油公司应放开国家基干管道投资建设权，引进民间资本；打破一些省天然气公司对省内基础设施建设的垄断。通过引进民间资本参与基础设施的建设可以增强建设的积极性，提高建设能力。

中石油西三线的建设引入了全国社会保障基金理事会、城市基础设施产业投资基金和宝钢集团有限公司等作为股东，打破以往管道项目投资全部由中石油自有资本出资模式，开创了民间资本首次进入天然气长输管道的建设范畴。规划中的西四线、西五线、新粤浙等国家天然气基干管道应按照西三线模式与民间资本进行合资建设。国家长输管道的建设主体单一化并未被打破，应引入三大石油公司以外的主体进行建设，使得国家长输管道的投资主体多元化。

拥有省天然气公司的省份应该与具有投资积极性和投资资格的民间资本进行合作，加快推进省内基础设施的建设。彻底放开省内支线管道的建设权，在符合国家和当地政府规划的情况下允许具有资格的企业进行基础设施的建设运营。

3.打造第三方公平准入运行管理平台

（1）创造第三方准入环境条件。截至2014年年底我国已投产的天然气国家干线管道16条，国家支线管道超过80条，已投产LNG接收站11座，地下储气库19座，众多的基础设施运营状况没有相关统计，通过建立公开公平的运营体制，可以掌握基础设施的运营状况，充分利用基础设施的剩余能力。天然气管网设施运营企业在管网设施有剩余能力的情况下，应向第三方市场主体平等开放管网设施，提供输送、储存、气化、液化和压缩等服务。在互惠互利、充分利用设施能力并保障现有用户现有服务的前提下，按签订合同的先后次序向新增用户公平、无歧视地开放使用天然气管网设施。

考虑到向第三方开放条件不成熟，公司间壁垒难以移除，提出以下几点推动第三方准入的条件。

建立第三方核准机构，公平平等对基础设施剩余能力验证。考虑到基础设施剩余能力不透明，下游用户难以核算，造成的信息不对称，建立第三方独立认证机构，公开平等核算油气管网设施输送、储存、气化、液化和压缩剩余能力。

管网独立。目前基础设施企业提供输送、储存、气化、液化和压缩等业务，同时拥有勘探、销售等业务，在天然气产业发展阶段造成局部或部分垄断。将产运销业务分离，在销售阶段打破垄断，实现基础设施的高效利用。同时天然气运输本身的特殊性，对管网依赖性强，将全国管网分离成若干独立管网，管网之间及相互合作又相互竞争，最终实现基础设施的高效利用。

企业建立实施办法。2014年6月24日中国石油审议并原则通过《中国石油天然气集团公司油气管网设施公平开放实施办法（试行）》，规定了油气管网设施公平开放的实施范围、相关部门的管理职责等内容。各企业应根据自身基础设施的运营能力、运营成本、运营范围建立实施办法，包括使用的时间、范围、价格。

基础设施互联互通，费率市场化运作。通过管道等基础设施之间的互相连接，打破天然气运输阶段的垄断。管输费率市场化运作，由市场绝对资源配置。

（2）建立公开透明的油气管理运行发布平台。根据《天然气发展“十二五”规划》：实施天然气基础设施互联互通及向第三方提供准入服务。“十二五”末，我国部分管道可以实现连通，具备第三方准入条件。

建立运营体制并不能完全解决基础设施剩余能力的利用，各设施的运营状况只有运营主体自身掌握，第三方无法获知，需建立公开透明的油气管理运行发布平台，该平台应涵盖所有存在富余能力的基础设施，运营业主允许第三方准入的条件和费用，运营业主的相关联系信息。第三方应根据自身需要与运营业主进行具体商议。由于基础设施在运营状态中存在较大的不稳定性，运营业主应根据自身基础设施的运营状况向平台提供最新数据，平台对公布信息及时更新。

第四章 中国天然气储备调峰体系建设研究

天然气安全是能源安全的核心内容之一，是国家安全的重要组成部分。多国实践表明，建立健全天然气储备调峰体系是应对短期和中期天然气供应中断、保障天然气行业平稳运行和经济社会稳定的有效途径。随着我国天然气需求规模的不断扩大，建立规模适宜、方式多元、布局合理、应急有效的天然气储备体系是我国的根本方向和长期目标。

一、储备调峰体系对保障供气安全的重要作用

随着我国经济的快速发展和人民生活水平的提高，对清洁能源的需求迅速增长。天然气作为一种清洁、优质和高效的能源，在我国一次能源消费中的比例也在逐步增加。自2004年“西气东输”管道项目正式投入商业运作以来，天然气消费市场迅速扩大，2014年我国天然气消费量已达到1830亿立方米，比2004年的消费量翻了两番多。同时，我国天然气输气管网正在不断建设和完善，天然气已成为用气城市运行和发展的基础能源之一，关系到人们日常生活和城市经济功能运转，一旦发生天然气供应紧张或中断，将会对人民生活和社会安定造成较大的影响。近年来，我国局部地区天然气供应出现较大缺口，冬季缺气甚至“气荒”给城市居民生活取暖、出租车司机加气造成影响，因此，保障天然气供应安全对供气企业和用气城市都具有十分重要的政治和经济意义。

建立与市场需求规模相适应的天然气调峰储备应急系统是保障我国天然气供应安全的重要手段。天然气系统涉及从上游生产、中游输送和下游利用等多个环节，任何一个环节出现问题都将影响整个系统的平稳运行。由于下游用户包括居民、公服、商业、工业、电厂、汽车、空调等多种用户，各类用户有其自身的用气规律，导致用气负荷波动、不同时期和时段存在峰谷需求差，而上游生产环节调整产量的幅度有限，一般最多可增加供气量20%，难以满足实际调峰需求，因此需要建设调峰应急设施满足调峰需求以及应对突发性供气中断。

我国大规模利用天然气刚刚开始，天然气储备建设尚处于起步阶段。从目前发展情况看，随着我国用气规模的不断增长，对供气安全性要求越来越高，因此，需要结合我国天然气市场发展格局和储备设施建设条件等国情，并借鉴国外经验建设自己的天然气储备体系。

二、问题与挑战

（一）天然气消费量快速增长，调峰需求量大

1.我国天然气需求仍将以较快的速度增长，成为世界天然气消费的中心之一

我国天然气消费量快速增长。随着我国天然气资源勘探开发不断取得突破，探明

储量和产量不断增加，特别是陕京线系统、西气东输等项目正式投入商业运作，我国天然气工业进入快速发展期，天然气消费市场迅速扩大，天然气占一次能源消费结构中的比例也逐步提高。2014年，我国天然气消费量达到1830亿立方米，较2000年增长6倍，年均增速15%，天然气在一次能源消费结构的比重由2.3 %提高到6%。

未来相当长一段时期内，随着我国新型工业化、城镇化进程加快，改善区域环境质量和应对气候变化压力不断加大，积极调整能源结构，促进节能减排，特别是大气污染防治等环保政策将是未来我国能源政策的主要取向，大力发展天然气等低碳能源，已经成为我国能源可持续发展的战略任务。我国天然气需求仍将以较快的速度增长，成为世界天然气消费的中心之一。课题组研究认为，基准情景下，天然气的需求在2015年将有望接近2000亿立方米，2020年突破3000亿立方米，2030年超过4500亿立方米，2050年突破6000亿立方米。在实施更加积极有效的环境和能源转型政策下（如开展碳交易或征收碳税），中国对天然气的需求有望在2020年达到3447亿立方米，正好达到“十二五”规划所制定的3500亿立方米的目标。到2030年天然气消费量有望达到5800亿立方米，到2050年接近8000亿立方米的水平。

2.城市燃气加速增长，调峰需求量大

2000年以来，我国天然气消费结构向多元化发展，城市燃气成为增长最快的用气部门。2000 ~ 2013年，我国城市燃气消费量由43亿立方米增至732亿立方米，占消费总量的比重由17.6%上升至40%以上。未来，新型城镇化、新型工业化进程需要更多的能源支撑，同时，生态文明建设将不断强化民生改善和环境保护工作力度，推动我国城市燃气继续快速增长，主要体现在四个方面：一是新增天然气用户增多，替代LPG和人工煤气的步伐加快，居民用气量加大；二是多省市围绕实现PM2.5指标对燃煤锅炉进行改造，取暖用气增加；三是交通用气随着加气站等配套基础设施的建成快速上涨；四是分布式能源项目将陆续建成投产。

城市燃气快速增长大大提高了天然气调峰需求。近年来，为了改善大气环境质量，华北地区京津等地发展了大量天然气采暖用户，包括大型燃气电厂、燃气锅炉房、居民壁挂炉采暖等，冬季天然气用气量迅猛增长。以北京为例，其采暖季（每年11月 ~ 次年3月）的总用气量占年用气量的76%左右，冬夏季峰谷比达12.5：1。目前，华东地区冬季未实行居民采暖，但也呈现季节性特征，峰值出现在夏季炎热期，峰谷比1.6：1。中石油西气东输管道公司根据华北和华东地区天然气用气负荷曲线，计算得到季节调峰需求，两个地区的季节调峰需求量分别为年用气量的31%和4%（表2.4.1）。未来，随着各地取暖用气的增加，季节性峰谷差将继续加大。根据中石油

2013年对我国各地区的天然气需求预测数据，以及类比华北和华东地区调峰系数，可以推算我国天然气调峰需求潜力，到2020年，天然气季节调峰需求量将达450亿立方米，2030年将进一步达到760亿立方米。此外，伴随取暖用气和发电用气比例增加，日调峰和小时调峰等系列问题也已出现，需要统筹解决。

表2.4.1　　我国天然气调峰需求测算　　单位：亿立方米

	2020年			2030年		
	天然气需求量	调峰系数	调峰气量	天然气需求量	调峰系数	调峰气量
环渤海	630	31%	195	1102	31%	342
东北	280	31%	87	522	31%	162
西北	245	31%	76	348	31%	108
长三角	595	4%	24	928	4%	37
东南沿海	595	4%	24	870	4%	35
中南	385	4%	15	870	4%	35
西南	455	4%	18	638	4%	26
中西部	315	4%	13	522	4%	21
合计	3500		452	5800		764

资料来源：2020年数据来自中石油规划总院，2030年数据由课题组整理。

（二）储气调峰能力不足，价格和运行机制问题突出

1、储气设施建设取得跨越式进展

天然气储备调峰设施是天然气输配系统工程的一个重要组成部分，不仅保障了管道的平稳供气，而且对战略储备、商业周转有着不可替代的作用，是保障天然气安全稳定供应的重要手段。

我国储气库大规模建设是随着陕京管道的投产，为了解决北京季节用气的不均衡性，缓解调峰压力，从1999年开始先后建设了大港储气库群和华北储气库群。之后，随着西气东输管道的建设，为了保证西气东输管道市场用户的正常用气，又开始建设金坛储气库和刘庄储气库。2013年开始，我国储气库建设取得跨越式进展，现有储气库工作气能力173亿立方米，接近天然气消费量的10%。从储气能力的角度看，与世界平均水平11.3%仍有差距。根据国家《天然气发展十二五规划》，未来的5～10年间，我国仍将大力推进地下储气库的建设，并提出了“在长输管道沿线必须按照因地制宜、合理布局、明确重点、分步实施的原则配套建设储气调峰设施”的指导方针。可以预见，到2020年左右，我国储气库总工作气能力将超过300亿立方米。

表2.4.2　　我国已建地下储气库

已建储气库	气库名称	库容量/10^8立方米	工作气量/10^8立方米	工作压力/Mpa	井数/口	日注气能力/10^4立方米	日采气能力/10^4立方米
大港储气库群	大张坨	17.81	6	13.0~30.5	19	320	1000
	板876	4.66	2.17	13.0~26.5	7	100	300
	板中北	24.48	10.97	13.0~30.5	15	300	900
	板中南	9.71	4.7	13.0~30.5	10	225	600
	板808	8.24	4.17	13.0~30.5	8	360	600
	板828	4.69	2.57	15.0~37.0	6	360	600
京58储气库群	京58	8.1	3.9	11.0~20.6	13	210	350
	京51	1.27	1.2	8.6~16.5	4	210	350
	永22	7.4	3	7.0~31.4	5	190	250
江苏	刘庄	4.55	2.45	7.0~12.0	10	150	204
中原	文96	–	2.95	–	–	–	–
双6	辽河	–	16	–	–	1200	1500
呼图壁	新疆	–	45	–	–	1393	2855
相国寺	重庆	–	23	–	–	1393	2855
苏桥储气库群	华北	–	23	–	–	–	–
板南	大港	7.8	5	–	–	1550	2800
江苏	金坛	26.4	17.1	–	–	–	–
合计			173.18	–	–	–	–

资料来源：中国石油（CNPC）。

LNG商业储备能力开始形成。随着大量LNG接收能力投产，站内LNG商业储存、中转环节商业储存、城市燃气储气调峰LNG储存日益受到广泛重视。目前，国内外尚未有由政府主导的战略LNG储备，我国各大型LNG接收站一期设计也无确保基荷供应以外的商业储存，但可在现货LNG低价时吸纳、高价时释放并同时能确保供应安全的商业储备必然有较大的发展空间。尤其是中小型LNG接转储运中心，年接转能力较小，审批流程较为简单。如果项目与已有的大型LNG接收站接驳，也不涉及LNG的进口审批，则更为简单些，因此受到业界广泛关注。在2013年以前，我国仅有上海五号沟和东莞九丰两个项目投产，年接转能力合计150万吨。目前我国在建、报批和拟建的LNG接转储运中心项目有十余个，地方能源公司、民营企业也表现出了投资建设的积极性。

除LNG接收站配套建设储存装置，城市燃气也逐渐成为LNG储备的中坚力量。我国已在北京、上海、长沙、武汉、西安、成都等多个城市建成一定量的LNG储备站，规模在几百立方米到十多万立方米之间。

我国现阶段商业储气初具雏形，但战略储气库刚刚起步，仅建成新疆呼图壁一座兼具战略储备功能的大型地下储气库。

2.重要用气负荷区调峰能力不足，缺口大

尽管储气设施建设取得长足进步，但目前调峰能力仍显不足。由于呼图壁、相国寺、苏桥、金坛等大容量的储气库多为近两天刚刚建成，尚在注气阶段，调峰能力仍然不足，设计工作气量还难以充分发挥。

目前冬季调峰主要依靠储气库、LNG、气田和压减市场用量等联合调峰方式。通过气田调峰和压减市场仍然是最主要的两种调峰方式。如2012年调峰总量128亿方，其中储气库贡献率16%、LNG24%、气田调峰28%、压减市场31%。

用气峰谷差最大的地区，调峰缺口更加明显。环渤海地区是我国用气峰谷差最大的地区，调峰需求大。据预测，即使目前已建和在建储气库全部达容，2015年仍存在调峰缺口31亿方，2020年缺口43亿方。环渤海地区油气田较多，具备一定的库址选择条件。但是，优质储层储气库库址资源少，选择难度大，投资偏高。如果不能妥善解决储气调峰问题，冬季高峰采气能力不足、矛盾突出。

3.储气价格和运行机制等问题突出

储气设施无法单独定价，新建储气设施发展受限。目前，中国储气库一直是管道的辅助设施，没有单独定价，储气环节发生的投资、成本费用都是与管道的经济效益测算捆绑在一起，相应的储转费计入到管输费中，与管输费一并收取，没有在天然气价格体系中单独设立“储气费”科目。例如，2003年国家发改委发布的西气东输管道的全线管道平均运价（包含储气费用）为0.79元/立方米。“十二五”国家商储前，地下储气库投资一般纳入管道投资通过管输费回收，储气库建设投资没有配套的调峰气价和储转费政策。国家出资天然气商业储备库建设，建设投资（含垫底气）和30%的工作气采购费用以所得税返还的形式由国家出资，资产归集团公司所有，储气库运行费由企业承担。国家发改委关于加快推进储气设施建设的指导意见中指出，对独立经营的储气设施要确定储气价格，但政策尚未落实。

储气设施与长输管道捆绑运营，影响长远发展。我国天然气产业仍然是上中下游一体化的运营模式，天然气生产、运输、储存及销售主要是由中国石油、中国石化等国有大型石油公司运营管理。储气库与欧美国家的早期运营模式一样，作为管道的辅助设施，与管道捆绑在一起，没有成为天然气产业链中的独立环节。虽然2010年以后出现了国家投资建设的储气库，但是储气库的运营模式没有发生根本性的变化。目前，中国储气库的主要作用还是协调供求和调峰、优化生产和管网运行以及应急与战略储备等方面。

（三）调峰和应急保障机制均亟待加强

储气调峰责任不清。目前国家对天然气产业链各环节调峰责任的界定不明确，这就造成天然气产业链的相关企业在对天然气应急调峰责任的相互推诿。目前，上游企业调峰任务过重，不仅承担着供气区域内的季节调峰，同时承担着重点地区的日调峰，调峰任务艰巨。同时，中国天然气应急储备建设的投资机制不完善，缺乏相应的定价机制和激励政策，导致天然气产业链中的上、中、下游不积极，以至于冬季天然气调峰能力和手段十分有限。

尚未建立有效的天然气预警机制和紧急应对机制。预测预警和应急响应机制是应对短期能源中断问题的重要手段。目前，我国在这方面也尚未构建起完善成熟的运作机制。

此外，我国对于如何参与国际能源安全合作框架等缺乏实质进展。我国与全球和区域国际能源组织几乎都有合作关系，但实质性合作不多，不利于利用国际力量协同应对能源安全风险。海外油气资源合作中，对突发事件缺乏有效的应急机制，缺乏健全的包括政治、外交、经济甚至军事等多手段多方案的防恐应急体系，一旦出现突发事件，容易陷入被动。

三、思路和目标

（一）基本思路

全面落实总体国家安全观的要求，将天然气供应安全作为国家安全的重要组成部分，加快健全与市场需求规模相适应的布局合理的储备体系，尽快建立及时灵敏的预警应急响应体系，不断提升我国天然气供应保障能力、风险规避与应对能力。

（二）主要目标

根据我国未来天然气消费规模、当前天然气储备调峰能力、地下储气库资源条件和LNG接收站建设进展，并借鉴国外主要天然气消费国的经验，研究提出2020年和2030年我国天然气商业和战略储备规模目标，以及应急响应体系建设目标。

2020年，建成地下储气库和LNG储备相结合的储备调峰系统，其中地下储气库约300亿，LNG储备50亿～100亿，合计储气设施工作气量达到350亿～400亿，占届时天然气消费量的比重达到10%～11%，改变现有压减用户需求为主的调峰方式。同时，尽快建立我国天然气应急响应机制，完善专项应急预案，构建预警应急响应体系，保障重点地区的供气安全。

2030年，进一步扩大储备调峰系统的规模和能力，储气设施工作气量达到650亿，占届时天然气消费量的比重达到12%，与世界平均水平接轨。围绕2030年天然气进口规模，战略储备规模应达到进口量的5%左右。适应大规模、全覆盖的全国性天然气市场需要，形成有效应对天然气供需波动的应急储备体系。

四、对策建议

（一）加快制定天然气调峰应急储备规划

近年来我国一些地区在冬季频繁出现的“气荒”问题，充分暴露出我国天然气调峰储备设施的建设滞后于天然气市场的快速发展。为了保障天然气供应安全和经济安全运行，应加快建立由国家、各省市和企业共同参与的自上而下的天然气调峰应急储备系统及管理体制和机制。建议国家天然气主管部门在充分发挥地方和企业积极性的基础上，加快制定国家天然气调峰应急储备规划，确定储备目标规模、应急储备天数、布局和选址，并将其纳入到国家和省“十三五”及中长期天然气规划之中。将一些具备条件的地下储气库和LNG储罐建设项目纳入到国家天然气储备的总体框架中。

（二）重视储气设施法律法规建设，明确天然气经营企业储备义务

尽快完善国家相应的政策法规，从制度和体制上保障天然气储备有良好的外部政策环境，鼓励企业建设储备设施、开展储备运营模式创新机制研究。借鉴国外经验，制定我国的天然气储备管理条例或储备法，明确储备的组织和管理机构及其责任和义

务。如美国《天然气法》（1983年）就规定联邦能源委员会（FPC）监管州际天然气管道，而各州政府负责监管州内天然气管道。我国天然气主管部门应负责制定规划和有关政策，并对储气设施的第三方准入、储气价格、储备动用、应急调度以及企业运营行为进行监管；企业运营和用户消费行为等应在法律规定的框架内合理进行、依法经营，避免滥用其市场优势，促进市场的有效竞争。

以国家法规的形式明确规定各级政府、上游企业和燃气企业在国家天然气储备体系中各自承担的责任和义务，实施分级储备管理制度。国家负责天然气战略储备；天然气上游企业承担季节调峰和应急储备的责任及义务，储备设施由其投资建设和运营；各省城市燃气企业承担日、小时调峰的责任和义务，所需调峰储气设施由其投资建设和运营。

（三）加快天然气调峰应急储备设施建设

一是加快建设满足季节调峰需求的大型储气库和LNG储罐。在华北、东北、西北等季节用气峰谷差大，储气库库址资源相对充足的地区，建立以地下储气库为主，辅以LNG中小液化装置和LNG接收站储罐的季节调峰系统。在华中和西南等具备一定的地质条件且靠近油气产地的地区，利用枯竭油气藏建设地下储气库，同时利用上游气田，辅之以中小型液化装置调峰。在华东、华南等地下储气库建设条件较差的地区，应建立以LNG储罐为主，地下储气库和中小储罐为辅的调峰系统。

二是重点建设满足日调峰小型调峰储气设施。在用气负荷中心城市，充分发挥城市燃气公司的作用，加快建设小型LNG储罐、CNG球罐及配套储气设施，解决重点城市的日调峰需求。

三是建设天然气应急储备系统。明确天然气上游生产企业和城市燃气公司的应急储备责任，依托并扩充大型储气库、LNG储罐和小型球罐等储气设施的建设规模，加快建立天然气商业储备，满足局部地区供应中断时的用气需求。

四是研究建立规模适宜的天然气战略储备。世界范围来看，天然气尚未出现过类似于石油危机的国际性的大规模的供应危机，天然气安全问题尚不突出。然而，相比于石油而言，天然气具有上中下游高度一体化的特点，其中任何一个环节出现问题，都会影响天然气供应安全，潜在风险很大，2009年发生的“俄乌斗气”就是例证之一。因此，我国应在做好商业储备的基础上，及早开展天然气战略储备相关问题研究，研判中长期天然气安全面临的国内外形势，提早规划，建立适合我国国情的天然气战略储备规模和模式。

（四）制定积极的财税和价格政策

构建合理的储气价格形成机制。储气环节的定价一方面要保证储气库投资和运营成本的回收，保证储气企业获得合理收益；另一方面要促进储气企业的规范服务和公平竞争。美国的储气库定价在服务成本定价法的基础上，发展了高峰期/非高峰期或者季节储气价格的定价方法，一定程度上降低了储气服务不均衡的风险。为促进储气服务的竞争，美国又发展了市场需求定价法。这些定价方法的改善都是为了更加适应储气服务的特点，保证储气服务商获得合理的经济收益。我国应制定与天然气产业发展现状相适应的储气环节的定价机制。根据储气库/储气设施运营成本，基于政府核定的内部收益率测算费率，由政府核定价格水平，并每隔一段时间对储气库价格进行一次评估和调整。

出台峰谷差价，体现天然气调峰价值。建议我国对各类用户实施峰谷差价，引导合理消费，达到削峰填谷的作用，提高系统运行效率。美国和法国的峰谷差价一般在1.2～1.5倍。将每年的1～2月和11～12月确定为高峰用气季节，实行高峰用气价格，价格水平在现行气价的基础上上浮。

制定优惠政策和措施，鼓励企业建设储备设施。由于应急储备设施建设耗资庞大、采购储备成本和日常运行费用较大，且主要功能是满足季节调峰供应，为此，建议政府在调峰储备设施建设费用方面给予一定的优惠政策，如，参照商业性成品油储备的做法，上游供应商用于LNG调峰应急储备设施建设的全部建设资金和购买用于储备的LNG成本的30%可从上游供应商所上交的所得税中返回，以鼓励上游供应商建立适量的LNG储备，以应对暂时性供应中断或超量的调峰需求。

（五）加快储气管理制度改革

业务分离，独立核算，推进国有石油公司储气模式改革。目前，欧美国家的储气库运营已经发展为完全市场化的独立运营模式，但是这种完全市场化的独立运营模式必须是在竞争性的市场环境里，包括天然气供应、运输、储存环节有众多的市场参与者，遵循市场准则，形成公平竞争的市场环境。考虑到中国天然气产业的特点，未来的储气库运营可以先采取不完全市场化的独立运营模式，在中石油公司内部成立储气库运营公司，与管输业务在财务上独立，成为产业链中的独立环节。储气库作为一个单独的盈利主体，既有利于储气业务的专业化和市场化运营，也有利于储气环节的单独定价。随着中国储气业务的快速发展，储气业务从管输业务中分离，成为产业链中的一个环节进行独立运营是一种发展趋势。

鼓励储气调峰设施建设运行的多元化。建立一个由国有石油公司、城市燃气公司和独立运营的储气公司等多元化主体组成的储气调峰体系，有利于保障天然气供应安全和储气能力的快速增长。从美国经验来看，其实现了天然气储气调峰的高度商业化，管理运营主体包括州际、州内管道公司、地方配气公司以及独立的储气库服务商。为鼓励民营等社会资本进入储气设施建设和运营领域，需要创新商业模式、形成合理的价格机制、实现储气设施第三方准入等多项措施的共同实现。

（六）建立及时灵敏的预警应急响应体系

及时灵敏的预警应急响应体系是积极预防和化解天然气安全风险的有效措施。要逐步建立和完善包括预警应急法律法规体系、组织机构和决策机制、信息采集分析发布系统、不同品种不同级别的应急预案和国际互助合作协议在内的天然气预警应急体系。

1.建立天然气预测预警体系

利用研究和建立能耗的指标体系、监测体系和考核体系的有利契机，进一步规范天然气的统计体系。尽快建立统计数据的监测评估和信息发布机制，全面整合能源信息渠道，不断完善能源统计和信息采集制度。加强预测预警方法研究，开发适合我国国情的能源预测预警模型，组建一支强有力的专家队伍，建立及时灵敏的预测预警平台。

2.建立覆盖天然气生产、运输、销售各个环节的应急响应体系

按照用气行业和区域特点，确定不同级别的应急预案。建立上游和中游以中央政府和央企为主、下游以地方政府和地方燃气公司为主的预警应急体系。发挥国家能源委员会统筹协调作用，建立能源重大事件处理、反馈和信息公布的审查制度和决策机制，确保应急响应的及时性、严肃性和权威性。

3.促进交流与合作

我国天然气预测预警系统建设也应广泛开展国际合作。一是加强政府部门间的沟通与联系。强化国家能源局、国家统计局、发改委运行局等有关部门在运行调度、数据共享、预测预警等方面的沟通与合作，建立统一完备的天然气预测预警和应急响应体系。同时，在储备项目建设布局上，国家能源局和地方政府应科学规划、充分论证；在已核准项目的建设用地上，各级政府应给予企业支持；在调峰应急的区域间调配上，国家能源局和省能源局及相关企业应协调配合。二是加强能源国际对话与合

作。在数据信息方面，继续加强与包括IEA等机构在内的数据交换机制，促进与俄罗斯、中亚、澳大利亚、卡塔尔等天然气来源国的交流，协商解决重大和突发问题；在管理经验方面，要充分借鉴国际上的先进经验，在管理体制和机制上逐步科学化；在研究成果方面，要充分吸收各国和有关国际组织的研究成果，设计符合我国国情的预测预警系统。

专题三
天然气市场机制建设与管理体制改革

内容摘要

本专题分别从中国天然气市场机制与管理体制的现状和问题、国外成熟天然气市场机制建设和管理体制演变过程、我国天然气市场机制建设和管理体制改革的方向、思路和目标、路径和主要措施、改革的保障措施等方面展开研究。研究中将天然气行业划分为上游、中游和下游三个维度，得出我国天然气市场机制和管理体制存在以下问题：探矿权高度集中，勘探投入严重不足；基础设施捆绑经营，利用效率低；天然气价格机制不合理，不利于天然气下游市场的开发以及相应天然气储备设施的建设；下游管网企业区域垄断，不同用户之间交叉补贴；监管体制不健全等。

从国外成熟天然气市场经验得出，市场参与主体的多样性是建立竞争性天然气市场的前提，上游部门开放至关重要，管道开放政策改革要循序渐进、分阶段实施，第三方准入政策是基础设施改革的第一步，业务分拆是天然气市场化的重要一步，天然气定价机制与市场发育程度密切相关，建立区域交易市场是市场发育到一定程度的必然要求，以及地位独立、有法律依据的监管体系是天然气市场体系的制度保障等。

我国天然气市场化改革的基本思路和总体目标包括：第一，建立起多元、竞争、开放、有序的现代天然气市场体系；第二，建立反映资源稀缺程度、市场供求关系、环境外部性的价格形成机制和绿色财税体系；第三，建设有法可依的服务型天然气管理体制。

根据目前我国天然气市场发展的现状，提出天然气市场化改革分三个阶段逐步推进：至2020年，上游初步形成矿业权一级市场，初步建立二级市场；中游初步形成管道容量交易、含LNG设施在内的储备交易的一级市场；下游放开天然气终端价格，由市场竞争形成。至2025年，上游基本形成矿业权一级市场和二级市场；中游基本形成管道容量交易、储备交易的一级市场，初步建立管道容量交易、储备交易的二级市场；下游形成依托现货交易市场的生产商、独立交易商、大用户、地方配气公司和最终用户构成的天然气销售市场体系。至2030年，上游形成矿业权一级市场和二级市场；中游形成管道容量交易、储备交易的一级市场和二级市场；下游形成现货交易市场与期货市场相结合的天然气销售市场体系。

我国天然气体制建设和管理体制改革的主要措施可概括为：①构建市场体系：设立“川渝天然气市场化改革试验区”；②完善天然气价格形成机制：分阶段稳步推进天然气价格改革，加快推进天然气期货市场建设；③疏通管输瓶颈：深化天然气管网等基础设施运营监管方面改革，实现管输服务和销售业务完全分离及第三方准入；④深化监管领域改革：分阶段逐步建立完善中央垂直领导的统一、独立、专业化的监管体系；⑤激发主体活力：深化国有油气企业改革；⑥建立和完善与天然气产业相关的服务市场：通过市场机制推进专业分工体系的社会化。

最后，我国天然气体制改革的过程需要建立完备的法制体系、深化管理改革、从财政税收政策上鼓励非常规天然气的开发利用、鼓励以企业为主体的科技创新、统筹和拓展国际合作等保障措施。

---

* 该专题由国务院发展研究中心王晓明和壳牌石油公司玛丽卡·伊诗瓦然负责。邓郁松、郭焦锋、中国石油大学陈守海、壳牌公司吴庆乐共同完成。课题组其他成员参加了讨论和修改。

第一章 中国天然气市场机制与管理体制的现状和问题

一、中国天然气市场机制现状

（一）天然气上游市场

1998年，中国按照政企分开、按地域组建、上下游结合、各有侧重、互相交叉、保持优势、有序竞争的原则，对原中国石油天然气总公司和中国石油化工总公司进行重组，分别组建了中国石油天然气集团公司和中国石油化工集团公司。2000年2月，原隶属于地矿部的新星石油公司整体并入中国石油化工集团公司。中国石油天然气集团公司、中国石油化工集团公司与中国海洋石油集团公司一起，成为自主经营、自负盈亏、上下游一体化的市场竞争主体。根据规定，三大石油公司可以在全国范围内申请石油天然气勘探开发区块，中石油、中石化可以下海，中海油也可以登陆，但除延长石油被允许在特定区域内从事石油天然气勘探开发外，其他企业仍然不被允许进入常规天然气勘探开发业务领域。在非常规天然气勘探开发方面，煤炭工业部1994年颁布《煤层气勘探开发管理暂行规定》，国土资源部2012年发布关于加强页岩气勘查开采和监督管理有关工作的通知，允许其他市场主体进入煤层气、页岩气勘探开发领域，但在天然气生产总量中所占比例很小。

中国已经登记的油气探矿权、采矿权，绝大部分属于三大石油公司，占比达97%以上。根据国土资源部的数据，2012年中国已登记油气探矿权1023个，总登记面积为4009340平方公里，其中三大公司占942个，登记面积3906848平方公里，占总登记面积的97.44%；已登记油气采矿权671个，总登记面积118949平方公里，其中三大石油公司占655个，登记面积117685平方公里，占总登记面积的98.93%（见表3.1.1、图3.1.1）。

表3.1.1　　2012年中国油气探矿权、采矿权登记情况

	探矿权		采矿权	
	个数	面积（km^2）	个数	面积（km^2）
中石油	415	1608291	396	91578
中石化	284	908211	194	20420
中海油	243	1390346	65	5687
延长油矿	24	75958	5	444

续表

	探矿权		采矿权	
	个数	面积（km^2）	个数	面积（km^2）
中联煤	24	18019	2	193
其他	33	8515	9	627
合计	1023	4009340	671	118949

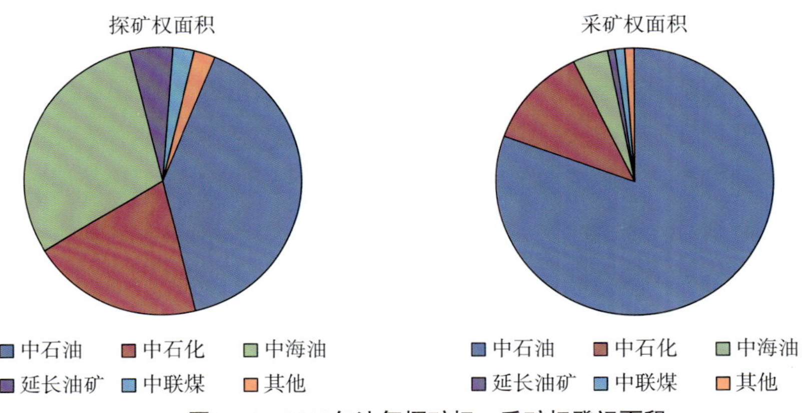

图3.1.1：2012年油气探矿权、采矿权登记面积

资料来源：国土资源部网站，经笔者整理。

由于三大石油公司拥有全国绝大部分的天然气探矿权、采矿权，同时拥有全部的天然气进口管道、LNG接收站等基础设施，因此三大石油公司在天然气供应中占有绝对主导地位。2014年，中国天然气表观消费量1830亿立方米，国内天然气产量1256亿立方米，煤制气产量10亿立方米，进口天然气590亿立方米，进口天然气约占天然气消费量的1/3。其中，中石油国内天然气产量955亿立方米，进口管道气310亿立方米，进口LNG500万吨（约65亿立方米），占中国天然气消费总量的72%；中石化国内天然气产量202亿立方米，进口LNG10万吨（1.3亿立方米），占国内天然气消费量的11%；中海油国内天然气产量124亿立方米，进口LNG1411万吨（188亿立方米），占国内天然气消费量的17%。

整体来看，中石油占有中国天然气市场3/4的份额，中石化、中石油所占比例较小。从区域市场来看，三大石油公司在各自的供气区域内都占有很高的市场份额，甚至达到100%。例如，北京虽然已经实现多气源供气，所使用的天然气包括西气东输天然气、中亚气、内蒙煤制气、LNG进口气和陕京管道气，但供气商都是中石油一家公司。不过，北京燃气集团承认，并非中石油想要完全垄断北京市场，而是北京方面希望中石油作为唯一供气商承担安全供气的责任。而中海油在广东、福建等东南沿海地区占有较高的市场份额。

（二）天然气中游市场

天然气产业中游市场是提供天然气运输、存储服务的环节，市场发展主要体现为各种基础设施的建设情况，包括天然气长输管道、LNG接收站、地下储气库等（见图3.1.2）。

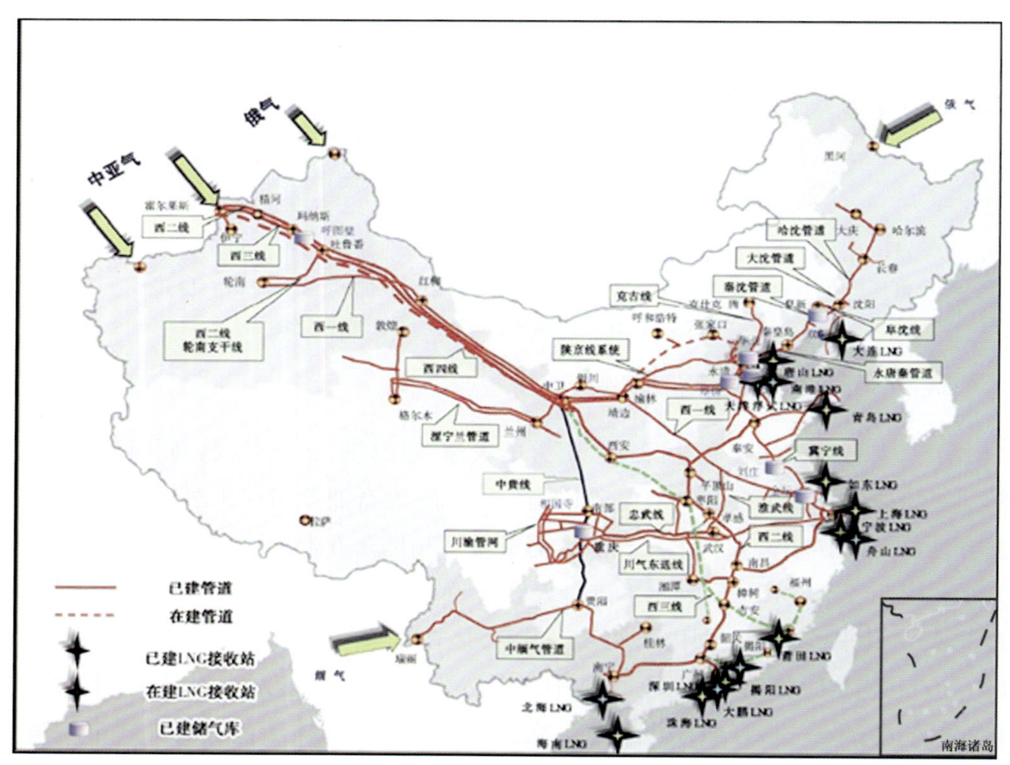

图3.1.2：中国天然气基础设施

资料来源：中国石油集团经济技术研究院2014年国内外油气行业发展报告。

1.天然气长输管道

中国天然气管道建设情况缺少权威的统计数据。截至2014年底，中国主要天然气管道干线、支线长度约为6.3万公里，其中属于中石油所有的天然气管道长度约为4.6万公里，占中国天然气长输管道总里程的73%。除了三大石油公司拥有的从天然气干线管道，2003年以后随着天然气市场的发展，各地出现了一批地方性管道公司，主要拥有省内支线管道，把从干线管道接收的天然气输送到城市门站。浙江省、广东省实行“全省一张网”政策，成立了垄断性的省级管网公司。其他省份没有成立省级管网公司的，一般存在多家管道公司，例如山西省有三家主要的管道公司，河南省的管道公司有近20家。但总的来说，地方管道公司拥有的管道里程不多，浙江省管网公司已建成的天然气长输管道还不足1000公里。1996年以后中国主要天然气管道建设情况见表3.1.2。

表3.1.2　　1996 ~ 2014年中国主要天然气管道建设情况

管道	所属公司	起点	终点	长度（公里）	输气能力（亿立方米/年）	投运时间
已建长输管道						
崖港线	中海油	南海崖13-1	香港、海南	778	34	1996-06
陕京线	中石油	靖边	北京	911	33	1997-09
涩宁兰线	中石油	涩北1号	兰州	930	34	2001-09
涩宁兰复线	中石油	涩北1号	兰州	921	35.5	2009-11
忠武线	中石油	重庆忠县	武汉	1364	70	2004-12
西气东输	中石油	新疆轮南	上海	3836	170	2004-12
陕京二线	中石油	陕西榆林	北京	983	170	2005-07
长呼线	内蒙古天然气股份有限公司	长庆靖边	呼和浩特	286	7	2009-01
永唐秦线	中石油	河北永清	秦皇岛	320	90	2009-06
长长吉	中石油	吉林长岭	吉林石化	221	23	2009-12
川气东送线	中石化	四川普光气田	上海	1702	120	2010-03
陕京三线	中石油	陕西榆林	北京	894	150	2010-12
西二线	中石油	新疆霍尔果斯	广州	9242	300	2011-06
秦沈线	中石油	秦皇岛	沈阳	404	86	2011-06
江如线	中石油	江都	如东	222	100	2011-06
大沈线	中石油	大连	沈阳	423	84	2011-09
长呼复线	内蒙古天然气股份有限公司	长庆靖边	呼和浩特	518	80	2012-10
伊霍线	中石油	伊宁	霍尔果斯	64	300	2013-06
中缅线	中石油	云南瑞丽	广西贵港	1727	100	2013-10
阜沈线	大唐国际	阜新	沈阳	125	40	2013-10

续表

管道	所属公司	起点	终点	长度（公里）	输气能力（亿立方米/年）	投运时间
克古线	大唐国际	内蒙古克什克腾旗	北京密云古北口	359	40	2013-11
长宁地区页岩气试采干线	中石油	宁201-H1井集气站	双河集输末站	95.6	15	2014-05
西三线西段	中石油	霍尔果斯	中卫	2445	300	2014-08
已建联络管道						
靖榆线	中石油	靖边	榆林	113	155	2005-11
冀宁线	中石油	河北安平	江苏仪征	1474	56.3	2006-06
淮武线	中石油	淮阳	武汉	444	22	2006-12
兰银线	中石油	兰州	银川	460	19	2007-06
中贵线	中石油	中卫	贵阳	1613	150	2013-10

资料来源：中国石油集团经济技术研究院2014年国内外油气行业发展报告。

2．LNG接收站

截至2014年底，中国已建成投产LNG接收站有11座，累计接收能力达到4080万吨/年（表3.1.3）。另外，还有12座进口LNG接收站正在建设或者规划建设，预计到2017年末，中国将新增4240万吨/年接收能力，累计接收能力超过8320万吨/年（表3.1.4）。一经建成投产的LNG接收站全部为三大石油公司所控制，在11个已建成LNG接收站中，中海油占7个，中石油占3个，中石化占1个。不过，随着国家鼓励民营企业进入油气基础设施行业，LNG接收站投资主体正在逐步实现多元化，民营资本和非油气企业纷纷抢滩登陆LNG接收站建设。其中，新奥舟山LNG接收站项目已经开建，新疆广汇、华电、哈纳斯、京能等多家企业也正在积极布局LNG接收站业务。

表3.1.3　截至2014年年末中国已投产LNG接收站项目（$\times 10^4$吨/年）

项目名称	所在位置	所属公司	一期	一二期合计	一期投产	二期投产
广东大鹏LNG	深圳大鹏湾	中海油		680	2006-06	2011
福建莆田LNG	莆田湄洲湾	中海油		630	2008-04	2013
上海洋山LNG	洋山深水港	中海油		600	2009-10	
江苏如东LNG	如东洋口港	中石油		650	2011-06	2016
辽宁大连LNG	大连大孤山半岛	中石油		600	2011-07	2017
浙江宁波LNG	宁波白峰镇中宅	中海油		600	2012-12	2016
珠海金湾LNG	广东珠海高栏港	中海油		700	2013-10	

续表

项目名称	所在位置	所属公司	一期	一二期合计	一期投产	二期投产
河北曹妃甸LNG	唐山市唐海县曹妃甸港区	中石油		650	2013-12	
天津浮式LNG	天津港南疆港区	中海油	220	600	2013-12	2016
山东青岛LNG	青岛胶南董家口	中石化	300	300	2014年	
海南洋浦LNG	洋浦经济开发区黑岩港区	中海油	300	600	2014年	

资料来源：中国石油集团经济技术研究院2014年国内外油气行业发展报告。

表3.1.4　　中国在建及规划建设LNG接收站项目（$\times 10^4$吨/年）

项目名称	所在位置	所属公司	一期	一期投产	状态
广东迭福LNG	深圳市大鹏新区迭福片区	中海油	400	2015年	在建
广西北海LNG	北海市铁山港区	中石化	300	2015年	在建
广东粤东LNG	粤东揭阳惠来县	中海油	200	2015年	在建
天津南港LNG	滨海新区南港工业区	中石化	300	2016年	在建
浙江舟山LNG	舟山经济开发区	新奥	300	2017年	在建
江苏滨海LNG	盐城滨海港区	中海油	260	2017年	拿到路条
浙江温州LNG	温州市小门岛	中石化	300	2017年	拿到路条
福建漳州LNG	龙海市兴古湾	中海油	300	2017年	拿到路条
江苏连云港LNG	连云港徐圩港区	中石化	300	2017年	拿到路条
广东粤西LNG	茂名博贺新港区	中海油	300	2017年	拿到路条
山东烟台LNG	芝罘港西港区	中海油	300	未知	前期
深圳LNG	大鹏湾迭福片区	中石油	300	未知	前期

资料来源：中国石油集团经济技术研究院2014年国内外油气行业发展报告。

3.地下储气库

2009年冬季在全国范围内发生的“气荒”，暴露出天然气储备严重不足的问题，天然气行业主管部门出台了一系列政策措施促进天然气储备建设。“十二五”期间，中石油新规划建设13座油气藏型储气库，总库容$453\times10^8m^3$，设计工作气量$184\times10^8m^3$，预计到2015年可形成总工作气量$170\times10^8m^3$，占中石油天然气销售量的10%，基本满足下游市场调峰需要。中国石化结合川气东送和榆济线工程，对中东部油气田和川西气区比较全面系统地开展了储气库选址筛查工作，在此基础上规划“十二五”期间重点建设中原文96、中原文23、江苏金坛、江汉黄场等储气库。除中石油、中石化利用枯竭油气藏建设的地下储气库外，中石油还和中盐合作，在江苏金坛地区建设地下盐穴储气库，第一座由城市燃气公司投资建设的储气库——港华金坛储气库也已经开工建设。截至2013年，中国已建、在建地下储气库设计工作气能力达300亿立方米，但是由于地下储气库建设需要逐步扩容，已建成工作气能力仅$28.6 \times 10^8 m^3$，占当年全国天然气消费量的1.7%（见表3.1.5）。

表3.1.5　　　　我国主要地下储气库建设情况

<table>
<tr><th>储气库</th><th>所属公司</th><th>地点</th><th>类型</th><th>设计库容（$\times 10^8 m^3$）</th><th>设计工作气量（$\times 10^8 m^3$）</th><th>已形成工作气量（$\times 10^8 m^3$）</th><th>最大注入率（$\times 10^4 m^3$/日）</th><th>投产时间</th></tr>
<tr><td>喇嘛甸</td><td>中石油</td><td>大庆</td><td>枯竭</td><td></td><td>1.00</td><td>已废弃</td><td>–</td><td>1975年</td></tr>
<tr><td>大张坨</td><td>中石油</td><td>大港</td><td>枯竭</td><td>17.8</td><td>6.00</td><td rowspan="7">18.4</td><td>320</td><td rowspan="7">1999年起陆续投产</td></tr>
<tr><td>板876</td><td>中石油</td><td>大港</td><td>枯竭</td><td>4.7</td><td>1.9</td><td>100</td></tr>
<tr><td>板中北</td><td>中石油</td><td>大港</td><td>枯竭</td><td>24.5</td><td>11.0</td><td>300</td></tr>
<tr><td>板中南</td><td>中石油</td><td>大港</td><td>枯竭</td><td>9.7</td><td>4.70</td><td>225</td></tr>
<tr><td>板808</td><td>中石油</td><td>大港</td><td>枯竭</td><td>8.2</td><td>4.17</td><td>360</td></tr>
<tr><td>板南</td><td>中石油</td><td>大港</td><td>枯竭</td><td></td><td>5</td><td>240</td></tr>
<tr><td>板828</td><td>中石油</td><td>大港</td><td>枯竭</td><td>4.7</td><td>2.57</td><td>360</td></tr>
<tr><td>京51</td><td>中石油</td><td>华北</td><td>枯竭</td><td>1.3</td><td>0.60</td><td rowspan="3">4.2</td><td>–</td><td rowspan="3">2010年</td></tr>
<tr><td>京58</td><td>中石油</td><td>华北</td><td>枯竭</td><td>8.1</td><td>3.90</td><td>–</td></tr>
<tr><td>永22</td><td>中石油</td><td>华北</td><td>枯竭</td><td>6.0</td><td>3.00</td><td>–</td></tr>
<tr><td>刘庄</td><td>中石油</td><td>江苏</td><td>枯竭</td><td>4.5</td><td>2.45</td><td>1.9</td><td>–</td><td>2011年</td></tr>
<tr><td>文96</td><td>中石化</td><td>中原</td><td>枯竭</td><td></td><td>2.95</td><td></td><td>–</td><td>2012.09</td></tr>
<tr><td>双6</td><td>中石油</td><td>辽河</td><td>枯竭</td><td></td><td>16</td><td></td><td>–</td><td>2013.01</td></tr>
<tr><td>呼图壁</td><td>中石油</td><td>新疆</td><td>枯竭</td><td>117</td><td>45</td><td>2.6</td><td>1123</td><td>2013.07</td></tr>
<tr><td>相国寺</td><td>中石油</td><td>重庆</td><td>枯竭</td><td></td><td>23</td><td></td><td>1380</td><td>2013.06</td></tr>
<tr><td>苏桥</td><td>中石油</td><td>华北</td><td>枯竭</td><td>67.4</td><td>23</td><td>0.2</td><td>1300</td><td>2013.06</td></tr>
<tr><td>金坛</td><td>中石油</td><td>江苏</td><td>盐穴</td><td>26</td><td>17.20</td><td>1.3</td><td>–</td><td>2007年</td></tr>
<tr><td>云应</td><td>中石油</td><td>湖北</td><td>盐穴</td><td></td><td>6</td><td></td><td>–</td><td>2015</td></tr>
<tr><td>合计</td><td></td><td></td><td></td><td>299.9</td><td>179.44</td><td>28.6</td><td></td><td></td></tr>
</table>

资料来源：中国石油（CNPC）。

（三）天然气下游市场

天然气下游市场结构复杂，市场主体比较分散。按照供气方式不同，下游用户可以分为直供用户和城镇燃气经营企业。直供用户是指直接向上游天然气供应商购买天然气用于生产或消费，不再对外转售的用户；城镇燃气经营企业从上游天然气供应商购买天然气，并通过城镇燃气配送管网向最终用户销售。直供用户通常是用气量较大的工业用户，但并非所有用气量较大的工业用户都是直供用户。由于城镇燃气供应中存在居民用气和工商业用气价格之间的交叉补贴，用气量较大、供气成本较低的工业用户是城镇燃气经营企业最重要的利润来源，因此城镇燃气经营企业强烈反对上游供应商对其特许经营权范围内的工业用户直接供气。据中石油经济技术研究院研究报告，2013年通过城市燃气管网销售的天然气量约为900亿立方米，占当年全国天然气消费总量的56%。

2002年12月，建设部印发《关于加快市政公用行业市场化进程的意见》，各地纷纷出台《省市燃气管理条例》等地方性法规、政策，按照“谁投资、谁决策、谁受益、谁承担风险”的原则，引导国有、民营和境外资本积极投资参与城市燃气基础设施建设和管理。目前，中国城市燃气行业从最初的“跑马圈地”“群雄逐鹿”，已经发展到中央国企、地方国企、外资、民营企业“四分天下”的局面，全国共有800多家燃气经营企业，形成了中华煤气、华润燃气、昆仑燃气、中国燃气、新奥燃气五大跨区域经营的燃气集团，及北京燃气、上海燃气、深圳燃气等规模较大的地方燃气集团（表3.1.6）。

表3.1.6　　2012年各省会城市主要燃气经营企业

序号	省会城市	燃气企业	序号	省会城市	燃气企业
1	北京	北京燃气	17	石家庄	新奥燃气
2	上海	上海燃气	18	济南	港华、华润
3	天津	津燃华润	19	南京	港华、华润、中燃
4	重庆	重庆燃气	20	郑州	华润燃气
5	广州	广州燃气	21	武汉	港华、华润、中燃
6	沈阳	沈阳燃气	22	长沙	新奥燃气
7	太原	太原煤气	23	福州	华润燃气
8	杭州	杭州天然气	24	南宁	中国燃气
9	合肥	合肥燃气	25	呼和浩特	中国燃气
10	南昌	南昌燃气	26	西安	中华煤气
11	海口	民生燃气	27	哈尔滨	昆仑燃气
12	贵州	贵州燃气	28	昆明	昆仑燃气
13	银川	哈纳斯	29	兰州	昆仑燃气
14	乌鲁木齐	新疆燃气	30	西宁	中油中泰
15	长春	长春燃气	31	拉萨	昆仑能源
16	成都	成都燃气			

二、中国天然气市场管理体制现状

（一）上游市场管理体制

1.天然气上游管理政策和法律体系

与中游和下游相比，中国天然气上游市场管理政策和法律比较健全，初步形成了以《矿产资源法》为核心，以国务院条例和行业主管部门规章为主要形式的天然气上游政策法律体系。

在石油天然气矿权管理方面，主要有《矿产资源法（1996）》《矿产资源法实施细则（1994）》《矿产资源勘查区块登记管理办法》《矿产资源开采登记管理办法》《探矿权、采矿权转让管理办法》。在对外合作方面，主要是《对外合作开采陆上石油资源条例》和《对外合作开采海洋石油资源条例》。在税收和价格管理方面，除了《企业所得税法》《增值税暂行条例》等通用税法外，主要是《资源税暂行条例》《矿产资源补偿费征收管理规定》《探矿权、采矿权使用费和价款管理办法》，以及国家发改委颁布的调整天然气价格的通知。

煤层气、页岩气适用不同于常规天然气的矿权管理办法，主要是主管部门颁布的一些政策性文件，包括国务院办公厅《关于加快煤层气（煤矿瓦斯）抽采利用的若干意见（2006）》《关于进一步加快煤层气（煤矿瓦斯）抽采利用的意见》，煤炭工业部《煤层气勘探开发管理暂行规定》，国土资源部《关于加强煤炭和煤层气资源综合勘查开采管理的通知》《关于加强页岩气资源勘查开采和监督管理有关工作的通知》，国家发改委《页岩气发展规划（2011—2015）》《关于规范煤制天然气产业发展有关事项的通知》，财政部《关于出台页岩气开发利用补贴政策的通知》，国家能源局《煤层气产业政策》等。

2.天然气上游管理机构

中国天然气上游实行多部门分工协同管理，除了国家环保部、国家安全生产监督管理局负责环境保护、生产安全等方面的技术监管外，上游管理部门主要是国家发改委、国家能源局、国土资源部和商务部，财政部会联合行业主管部门出台鼓励产业发展的一些财税政策。

国家发展和改革委员会简称国家发展改革委，是国务院综合研究拟订经济和社会发展政策，进行总量平衡，指导总体经济体制改革的宏观调控部门，在天然气产业政策制定和行业监管方面的职能主要有：①拟订并组织实施国民经济和社会发展战略、中长期规划和年度计划；②预测、预警和信息引导，提出宏观调控政策建议，协调解决经济运行中的重大问题，调节经济运行，紧急调度和交通运输协调；③参与制定财政政策、货币政策和土地政策，拟订并组织实施价格政策，监督检查价格政策的执行；④组织拟订综合性经济体制改革方案，协调专项经济体制改革方案，指导经济体制改革试点和改革试验区工作；⑤审批、核准、审核重大建设项目、重大外资项目、境外资源开发类重大投资项目和大额用汇投资项目。

国家能源局在天然气产业政策制定和行业监管方面的职责主要有：①草有关监督管理的法律法规送审稿和规章，拟订并组织实施天然气发展战略、规划和政策，推进体制改革，拟订有关改革方案，协调发展和改革中的重大问题；②组织制定天然气产业政策及相关标准，审批、核准、审核固定资产投资项目；③预测预警，发布天然气信息，参与天然气市场运行调节和应急保障；④拟订国家天然气储备规划、政策并实施管理，监测国内外市场供求变化，提出国家天然气储备订货、轮换和动用建议并组织实施，审批或审核天然气储备设施项目，监督管理商业天然气储备；⑤监管天然气管网设施的公平开放；⑥组织推进能源国际合作，协调境外能源开发利用，核准或审核天境外重大投资项目；⑦参与制定相关的资源、财税、环保及应对气候变化等政策，提出价格调整和进出口总量建议。

国土资源部是天然气产业上游主管部门，在天然气产业政策和行业监管方面的职责主要有：①组织拟订发展规划和战略；②起草法律法规草案，制定规章、政策、技术规程和标准；③指导地方行政执法工作，调查处理重大违法案件；④组织编制实施矿业权设置方案，受理矿权申请，发放勘探和开发许可证，审查和批准许可证转让，组织承办和调处重大权属纠纷；⑤规范和监管矿业权市场，组织对矿业权人勘查、开采活动进行监督管理；⑥管理地质勘查行业和矿产资源储量，管理地质勘查资质、地质资料、地质勘查成果；⑦依法征收资源收益；⑧审批对外合作区块，监督对外合作勘查开采行为。

商务部在天然气上游管理方面的职责主要是制定天然气进口政策，会同行业主管部门协调天然气进口。

3.天然气上游管理的主要法律制度

第一，矿权管理。中国对常规天然气和页岩气勘查开采实行国家一级管理，对煤层气勘查开采实行统一规划、分级管理，行业准入政策有所不同。申请勘查开采常规天然气，根据矿产资源法和矿产资源勘查、开采登记管理办法的规定，须提交国务院批准设立石油公司或者同意进行石油、天然气勘查、开采的批准文件以及勘查单位法人资格证明，经国务院指定的机关（国家发展改革委、能源局）审查同意后，由国土资源部登记，才能颁发勘查许可证、采矿许可证。因此，进入常规天然气上游领域的准入门槛很高，要求“国务院批准或者同意”。页岩气勘查开采虽然同样实行国家一级管理，但根据国土资源部关于加强页岩气勘查开采和监督管理有关工作的通知，主要通过招标等竞争性方式出让探矿权，鼓励社会各类投资主体进入页岩气勘查开采领域。1994年煤炭工业部颁发的《煤层气勘探开发管理暂行规定》，对煤层气开采企业没有特别的资质要求，并且提出鼓励利用外资、引进国外先进技术勘探、开发煤层气。

第二，价格管制。由于天然气上游垄断的市场结构，中国长期以来对天然气上游价格实行政府管制。2013年6月，国家发改委发布关于调整天然气价格的通知，主要内容是把天然气价格管理里由出厂环节调整为门站环节，实行门站价格管理；把原来以“成本加成”为主的定价方法改为“市场净回值”定价方法；门站价格为政府指导价，实行上限价格管理，允许供需双方在上限价格范围内协商确定价格；政府指导价仅适用于国产陆上天然气和进口管道气，页岩气、煤层气、煤制气以及液化天然气气源价格放开，由供需双方协商确定；天然气门站价格与可替代能源价格挂钩，可替代能源品种选择燃料油和液化石油气（LPG），权重分别为60%和40%；区分存量气和增量气，实行老气老办法、新气新办法，增量气门站价格不再按用途进行分类。根据国家发展改革委通知，2015年4月1日起，增量气和存量气实现价格并轨，执行统一定价，试点放开直攻用户用气门站价格。

第三，财税制度。天然气上游财税政策可以分为四类：一是与天然气资源开采有关的税收和行政收费，主要有资源税、矿产资源补偿费、矿权使用费、矿权价款和矿区使用费等；二是与天然气进口有关的税收和行政收费，主要是关税和进口环节增值税，目前实行的是进口关税零税率，进口环节增值税税率13%，对“国家准许的进口天然气项目”进口环节增值税实行按比例返还；三是企业承担的一般税赋，如企业所得税、增值税等；四是国家对非常规天然气资源开采利用给予财政补贴，目前中央财政对煤层气的补贴标准为0.2元/立方米，对页岩气的补贴标准为0.4元/立方米。

第四，对外合作。根据《中华人民共和国对外合作开采陆上石油资源条例》和《中华人民共和国对外合作开采海上石油资源条例》，分别由中石油、中石化负责陆上对外合作，由中海油负责海上对外合作。根据2010年12月中国商务部、发改委等四部委联合下发通知，中石油，中石化，中联煤和河南省煤层气开发利用有限公司可开展煤层气领域的对外合作。

（二）中游市场管理体制

1.中游市场管理的政策和法律

天然气中游市场管理分为经济监管和技术监管。经济监管包括价格监管、第三方准入等，技术监管包括环境监管和安全监管。中游监管方面的政策和法律文件，除了2010年全国人大制定的《石油天然气管道保护法》，目前主要是2014年2月国家发展改革委颁布的《天然气基础设施建设运营管理办法》和国家能源局颁布的《油气管网设施公平开放监管办法（试行）》，以及国家发展改革委《天然气发展“十二五”规划》、商务部《外商投资产业指导目录（2015年修订）》等。

《石油天然气管道保护法》的立法目的是保护石油天然气管道，保障石油、天然气输送安全，主要是技术监管方面的法律规范。《天然气基础设施建设运营管理办法》是天然气产业中游监管比较全面的法律规范，既包括天然气基础设施规划、建设和运营，也包括天然气市场管理和应急保障方面的法律规范。《油气管网设施公平开放监管办法（试行）》是贯彻落实天然气基础设施公平开放要求的一份规范性文件，规定了天然气管网设施公平开放的监管机构、监管职权和监管方式。商务部2015年修订的外商投资产业指导目录，仍然把把输气管道和储气库列为鼓励外商投资的产业，意义在于表明允许外商投资，但不涉及建设项目的规划和审批，更不涉及对天然气管道和储气库运营管理方面的规定。《天然气发展“十二五”规划》提出了基础设施发展目标、保障措施，规划了一批管道、储气库等重大基础设施建设项目，是天然气中游发展的指导性文件。

2.中游市场管理机构

在上中游一体化经营模式下，石油公司建设管道等基础设施运输、销售本公司生产的天然气，不存在管道企业和管道用户之间的利益冲突，经济监管需求较低，因此没有专门的监管机构。在天然气产业监管方面，我国实行的是政监合一、多头管理。国家发展改革委、国家能源局和省、自治区、直辖市人民政府天然气主管部门是天然气产业中游主管部门，同时负责天然气产业中游经济监管。技术监管由中央和地方人民政府土地、质量监督、环境保护、安全生产监督等专业管理部门负责。

国家发展改革委、国家能源局负责制定全国天然气基础设施发展规划，省、自治区、直辖市人民政府天然气主管部门依据全国规划编制本行政区的天然气基础设施发展规划，并抄报国家发展改革委和国家能源局。编制规划部门负责天然气基础设施建设的审批、核准或者备案，省、自治区、直辖市人民政府审批或者核准的天然气基础设施项目的批复文件，应当报国家发展改革委。自然垄断的天然气基础设施服务实行政府定价，国家发展改革委和省、市、自治区物价管理部门负责制定天然气基础设施服务价格。国家能源局及其派出机构负责天然气管网等设施公平开放监管工作。

3.中游市场管理方式

天然气产业中游市场管理方式主要有制订规划、项目审核（批）、价格管制、追究法律责任等。

2012年颁布的《天然气发展“十二五”规划》，是我国制定的第一份天然气专项规划。规划对天然气产业发展主要是通过提出发展目标、政策保障措施、重大建设项目，对企业投资起到引导作用。天然气基础设施建设项目，根据规定应当经过行业主管部门审批、核准或者备案的，未经审批、核准或者备案，不得开工建设。自然垄断的天然气管网基础设施服务价格受政府管制，按照政府价格主管部门确定的价格收取服务费用。在法律责任方面，由于国家发展改革委和国家能源局的两个管理办法都是部门规章，无权设定行政处罚，因此监管部门能够使用的处罚措施有限，除了警告、责令改正以外，主要是依据价格法、反垄断法、合同法等追究相关企业的责任。

4.中游市场管理内容

在英、美等天然气市场改革先行国家，天然气产业监管主要是对中游的监管，即“管住中间、放开两头”，构建“X+1+X”市场结构。所谓“X+1+X”，前一个“X”是上游供气商，后一个“X”是下游用户，中间的“1”是指中游管网。“管住中间”是指对自然垄断的天然气管网要严格监管，实行第三方准入制度，执行管制价格。我国天然气产业由于长期实行上游垄断经营、上中游一体化模式，没有建立第三方准入制度，对管输价格的管制更多是出于核定天然气价格的需要。

2014年2月国家发展改革委颁布的《天然气基础设施建设运营管理办法》和国家能源局颁布的《油气管网设施公平开放监管办法（试行）》，第一次提出了“公平开放”概念。《天然气基础设施建设运营管理办法》规定，天然气基础设施运营企业应当按照规定公布提供服务的条件、获得服务的程序和剩余服务能力等信息，公平、公正地为所有用户提供管道运输、储气、气化、液化和压缩等服务；不得利用对基础设施的控制排挤其他天然气经营企业；在服务能力具备的情况下不得拒绝为符合条件的用户提供服务或者提出不合理的要求。《油气管网设施公平开放监管办法（试行）》较为细致地规定了用户申请准入的条件和程序，以及具体的监管方式。

（三）下游市场管理体制

天然气下游市场管理体制包括监管机构、政策和法律，以及主要的监管制度。

1.监管机构

天然气产业下游既有上游企业直供用户，也有通过城市配送管网供气的居民和商业用户、小工业用户、分布式发电用户、交通运输用气等。对于用气量较大的直供用户，如发电用气、工业燃料、化工用气等，政府经济监管的内容主要是供气价格和天然气利用领域。目前，国家发展改革委是天然气价格和天然气利用政策的发布者。

对于通过城市配送管网供气的用户，政府经济监管的主要内容是行业规划、燃气行业准入、项目授予、价格管理、应急保障等，监管对象主要是燃气经营企业。根据城镇燃气管理条例的规定，国务院建设主管部门负责全国燃气管理工作，县级以上地方人民政府燃气管理部门负责本行政区域内的燃气管理工作，县级以上地方人民政府价格主管部门确定和调整管道燃气销售价格，安监、质检、消防等其他部门根据有关法律法规的规定，负责专业技术监管。

2.政策和法律

天然气产业下游监管包括技术监管和经济监管。技术监管是关于产品质量、工程建设标准、安全生产方面的监管，经济监管是关于行业准入、天然气销售价格、用气领域和供气责任方面的监管。通常，在一份政策或法律文件中，既有技术监管的内容，也有经济监管的规定。2010年颁布的《城镇燃气管理条例》就是一部综合性行政法规，其内容既包括城镇燃气发展规划和应急保障、城镇燃气经营和服务等经济管理内容，又包括燃气使用、燃气设施保护、燃气安全事故预防与处理等技术管理规定。

天然气产业下游监管方面的专门政策和法律主要是国家发展改革委颁布的天然气利用政策和价格管理方面的文件，住房城乡建设部颁发的《全国城镇燃气发展规划》，以及国务院2010年颁布的《城镇燃气管理条例》。除此之外，合同法、突发事件应对法、产品质量法、价格法、消防法、安全生产法、计量法、特种设备安全监察条例、危险化学品安全管理条例、房屋建筑和市政基础设施工程竣工验收备案管理办法等综合性法律法规也适用于天然气产业下游管理。

3.特许经营制度

为了贯彻党的十六大关于“推进垄断行业改革、积极引入竞争机制”的改革要求，2002年12月原建设部印发了《关于加快市政公用行业市场化进程的意见》，提出鼓励社会资金、外国资本采取独资、合资、合作等多种形式，参与市政公用设施的建设，对供水、供气、供热、污水处理、垃圾处理等经营性市政公用设施的建设，向社会招标选择投资主体，允许跨地区、跨行业参与市政公用企业经营，由政府授权特许经营。2004年建设部市政公用事业特许经营管理办法明确规定，市政公用事业特许经营是指政府按照有关法律、法规规定，通过市场竞争机制选择市政公用事业投资者或者经营者，明确其在一定期限和范围内经营某项市政公用事业产品或者提供某项服务的制度。在制度设计上，特许经营制度是针对特定经营项目“选优”，即通过招投标程序选择最具优势的企业授予特许经营权。

根据《市政公用事业特许经营管理办法》，参与特许经营权竞标者应当具备以下条件：①依法注册的企业法人；②有相应的注册资本金和设施、设备；③有良好的银行资信、财务状况及相应的偿债能力；④有相应的从业经历和良好的业绩；⑤有相应数量的技术、财务、经营等关键岗位人员；⑥有切实可行的经营方案；⑦地方性法规、规章规定的其他条件。政府主管部门经直辖市、市、县人民政府批准，与中标者（获得特许经营权的企业）签订特许经营协议，内容包括特许经营内容、区域、范围及有效期限，产品和服务标准，价格和收费的确定方法、标准以及调整程序，设施的权属与处置，设施维护和更新改造，安全管理，履约担保，特许经营权的终止和变更，违约责任，争议解决方式等。特许经营期限根据行业特点、规模、经营方式等因素确定，最长不超过30年。

4.燃气经营许可

2004年7月，《行政许可法》施行后，原有的城市燃气企业资质管理制度被取消，大多数省、直辖市分别制定、修订地方法规、规章，建立了燃气经营许可制度。2010年《城镇燃气管理条例》第15条规定，国家对燃气经营实行许可证制度，从事燃气经营活动的企业，应当具备下列条件：①符合燃气发展规划要求；②有符合国家标准的燃气气源和燃气设施；③有固定的经营场所、完善的安全管理制度和健全的经营方案；④企业的主要负责人、安全生产管理人员以及运行、维护和抢修人员经专业培训并考核合格；⑤法律、法规规定的其他条件。符合上述规定条件的，由县级以上地方人民政府燃气管理部门核发燃气经营许可证。从该条规定的内容来看，燃气经营许可证的授予标准是“合格”（符合条件），凡是符合规定条件的都应被授予经营许可证。

三、中国天然气市场机制和管理体制存在的问题

（一）探矿权高度集中，勘探投入严重不足

全国已经登记的油气探矿权面积共400万平方公里，属于中石油、中石化、中海油三大石油公司的探矿权面积有390万平方公里，占97%以上；已经登记的油气采矿权面

积约11.8万平方公里，属于三大石油公司的采矿权面积有11.7万平方公里，占全部已登记采矿权面积的99%。三大石油公司在上游勘探开发领域的垄断地位，并不是自由竞争的结果，而是因为法律限制和行政垄断。根据矿产资源法和矿产资源勘查、开采区块登记管理办法的规定，申请勘查、开采石油天然气，需要经过国务院的批准或者同意，而实际上获得这种批准或者同意的只有少数几家企业。尽管页岩气、煤层气等非常规天然气勘查开采已经对其他类型的企业开放，但投入的区块有限，而且三大石油公司即使在非常规天然气开采中也仍然占主导地位，因为在很多情况下，非常规天然气（主要是页岩气）和常规天然气区块是高度重合的。除了法律限制以外，基础设施未能完全落实第三方公平准入和天然气开采方面的技术壁垒，也使其他企业难以进入天然气产业上游领域。

在法律限制和行政垄断保护下，三大石油公司占有了几乎全部油气勘查区块，但勘查投入严重不足。根据《矿产资源勘查区块登记管理办法》，探矿权人自领取勘查许可证之日起应当完成不低于第一年2000元/平方公里、第二年5000元/平方公里、第三年10000元/平方公里的勘查投入。《矿产资源勘查区块登记管理办法》颁布于1998年，而且适用于所有矿种，每年10000元/平方公里的勘查投入相对于现在的物价水平和油气勘探所有需要的资金投入，无疑是十分低下的。2014年11月，国土资源部对中石化和河南煤层气公司分别开出797.98万元、603.55万元的罚单，并核减勘察区块面积，原因是这两家公司未能按照承诺完成勘查投入。尽管这中石化和河南煤层气公司分别只完成承诺勘查投入的73%、51%，其实际投资额已经达到上述法定最低投资额的11.6倍、3.6倍。而据中石油年报，中石油2013年勘探费用仅为253亿元，相对于其160万平方公里探矿权登记面积，平均勘探费用仅为1.58万元/平方公里。实际上，这253亿元还包括了海外勘探费用，并不能全部分摊到国内勘探面积中。国内勘探项目也并非同步进行，因此意味着大量探矿权区块实际上没有勘探投入。

（二）基础设施捆绑经营，利用效率低，阻碍其他企业进入上游市场

天然气市场发展过程中，管道等基础设施建设非常重要。天然气管道等基础设施投资非常巨大，一条干线管道通常投资几百上千亿，支线管道也投资几十上百亿。各国天然气市场结构不同，产业发展路径不同，基础设施投资主体也不一样。美国天然气产业发展早期，上游非常分散，通常是下游城市燃气企业修建管道到油气田收购天然气输送到下游市场销售；中国天然气产业发展路径恰好相反，上游垄断程度较高，下游比较分散，通常是上游企业修建管道把天然气输送到下游市场销售。不管是美国

还是中国，最初都实行的是管道运输和天然气销售捆绑经营，管道运输企业利用自己管道运输、销售天然气。

天然气管道自然垄断和捆绑经营影响了上游企业的公平竞争。在美国，1938年天然气法开始实行的长达四十年的井口价格控制，出发点就是防止管道运输企业不公平对待分散的上游生产企业。众所周知，不适当的井口价格控制最后限制了美国天然气产业的发展，并造成1970年代的严重“气荒”。1985年和1992年，美国能源监管委员会（TERC）先后出台了第436号和第636号令，对天然气管道实行第三方公平准入（TPA）和业务分拆，为建立竞争高效的天然气市场提供了基础条件，并促进了页岩气革命在美国的发生。

2014年2月，中国国家发展改革委、国家能源局分别颁布《天然气基础设施建设运营管理办法》和《油气管网设施公平开放监管办法（试行）》，提出天然气基础设施运营企业应当提供公平开放服务。但是，在缺乏严格监管的情况下，《油气管网设施公平开放监管办法（试行）》规定的“公平开放”实际上是“协商准入”而不是第三方公平准入。而且，上述两个办法都没有规定管输服务和天然气销售业务分离。虽然暂时还没有证据证明天然气管道捆绑经营阻碍了其他企业进入上游勘探开发领域，但在2014年下半年国际油价大幅下跌的背景下，LNG接收站捆绑经营和长协气价，的确已阻碍了国际市场低价LNG的进口。

（三）天然气价格机制不合理，不利于天然气储备建设

2013年价格改革方案是天然气价格形成机制向市场化迈进的一大步，但仍然不是市场定价，从“成本加成”到“市场净回值”，只是定价方法的变化，不是价格形成机制的变化。替代能源品种的选择人为因素很大，未必能够真正反映天然气的市场价值。以美国为例，从2000年到2008年，美国燃料油价格持续上涨而天然气价格基本没有变化。2010年，美国发生页岩气革命，燃料油和天然气价格甚至发生背离，燃料油价格上涨1/3，天然气价格却下降2/3。在节能减排和治理污染的大形势下，煤炭需求减少而价格下降，天然气需求上升而价格上涨，两者价格变动方向相反，以煤炭价格确定天然气价格固然不合理。即使是燃料油和液化石油气（LPG），由于用途差异和燃料转换困难，其价格变动也不能真实反映天然气市场供需变化，可能向投资者和天然气用户传递错误的市场信号。

2013年价格改革方案规定与替代能源价格挂钩的天然气城市门站价格每年调整一次，并逐步过渡到每半年或者每季度调整一次。无论每年还是每半年、每季度调整

一次，所定价格显然都不能反映市场真实情况。按照每年调整一次，等于是按照去年的替代能源价格确定今年的天然气价格；按照每季度调整一次，等于是按照秋季的替代能源价格确定冬季的天然气价格。秋季气温适宜，不需要制冷也不需要取暖，能源需求较低。用秋季的替代能源价格，确定用气高峰期的冬季天然气价格，不具有合理性。以“市场净回值”为基础的政府定价，每年或者每季度调整一次，调整幅度受到限制，既不能及时反映天然气市场供需变化，也不足以让天然气企业投入巨额资金建设天然气储备。美国天然气储备工作气量占年消费量的18%～20%，而我国天然气储备能力仅为年消费量的2%～3%。

（四）下游管网企业区域垄断，不同用户之间交叉补贴

2002年开始实行的城市公用事业改革，虽然在市场准入环节引进了竞争，却进一步强化了经营过程的垄断。获得特许经营权的企业，在规定期限和范围内实行天然气销售和管道配送捆绑经营，完全排斥其他企业参与竞争的可能性。其他企业不仅难以通过城镇燃气管网向最终用户供气，修建直供管道向最终用户也可能被认为侵犯城镇燃气经营企业的特许经营权。除了城镇燃气经营企业通过竞标方式获得城市范围内燃气供应特许经营权，有些省份还成立省级管网公司，对全省天然气实行统购统销，不允许其他企业投资建设省内天然气管道。

由于城镇燃气管网的自然垄断属性和销售、配送捆绑经营，城镇燃气经营企业销售天然气通常实行政府定价。城镇燃气供应定价存在的主要问题，一是价格机制不灵活，上下游价格不能对接，下游价格不能及时反映上游气源价格的变化；二是供气成本难监督，定价方法不透明，城市燃气定价部门实际上很难清楚了解城镇燃气经营企业的真实供气成本，也没有统一适用的定价方法；三是天然气销售价格和供气成本不匹配，不同用户之间存在交叉补贴，供气成本低的工商业用户用气价格高，供气成本高的居民用户用气价格低。正是由于不同用户之间存在交叉补贴以及居民用户用气价格政府管制，使得城镇燃气经营企业拒绝上游企业在本区域内发展直供用户具有一定的合理性。

（五）监管体制不健全，监管能力不足

天然气法律体系不健全，不仅表现在法律效力层次较低，大部分规范性文件是部门规章，没有专门的天然气法，有些领域甚至缺少管理规范。《矿产资源法》仅要求提交“国务院批准或者同意”，却没有明确规定什么样的企业才能够得到国务院“批

准或者同意”。《对外合作开采陆上石油资源条例》和《对外合作开采海洋石油资源条例》虽然层级较高，但仅仅适用于对外合作开采。《石油天然气管道保护法》是石油天然气行业唯一一部法律层面的规范性文件，但其立法目的是保护石油天然气管道，保障石油、天然气输送安全，主要是技术监管方面的法律规范。《天然气基础设施建设运营管理办法》是天然气产业中游监管比较全面的法律规范，不足之处在于仅为国家发改委颁布的部门规章，法律层级不高，约束力不强。《油气管网设施公平开放监管办法（试行）》是贯彻落实天然气基础设施公平开放要求的一份规范性文件，缺点在于操作性不强，公平开放实际上变成了协商准入。天然气产业下游没有法律层面的规范性文件，最高层级的法律文件是《城镇燃气管理条例》。

天然气行业没有专门的监管机构，除环保、安全生产、产品质量等专业监管部门外，行业管理实行的是上中下游分段监管、各部门分工合作、政监合一的监管模式。在多头管理模式下，天然气行业监管职能分散在多个部门，不可避免地存在一定程度的职权重叠和缺位。例如，国土资源部、国家发展改革委和国家能源局，都具有制定行业发展规划和战略、起草法律法规草案、制定规章政策的职权，中央政府主管部门和地方政府主管部门也存在一定程度的职权冲突。政监合一管理体制下监管力量严重不足，例如，根据国家能源局三定方案（定职能、定机构、定编制），主管全国油气行业的油气司编制数不足20人，不仅负责制订行业发展规划、起草法律法规、制定部门规章和行业发展政策，还负责具体项目的审批以及调查、协调、处罚等监管工作，以及国家战略石油储备的管理工作。

第二章　国外成熟天然气市场机制建设和管理体制演变过程

美国、英国等发达国家在天然气市场化进程中经历了一个由政府管制到逐步放开的变革过程，为我们提供了涉及天然气勘探开发、储存运输、价格机制、交易市场、制度保障等多方面多角度的宝贵经验。

一、市场参与主体的多元化是建立竞争性天然气市场的前提

通过比较6个国家和地区天然气市场发展现状，可以看出，一个有竞争力的天然气市场需要有一定规模的参与者（表3.2.1）。美国和欧洲地区是典型的竞争性天然气市场，在天然气勘探开发、储存运输、批发零售、交易中心等各个环节都体现了多主体参与、充分竞争的特点。与此相对，中日韩三国的天然气市场竞争较不充分，上游和中游业务多由寡头垄断，生产、储运和销售尚未有效拆分。

一个有竞争力的、反应灵敏、流动性强的天然气市场应具有以下特点：

市场主体数量超过临界规模：数量众多的市场主体参与上游和中游业务竞争，为消费者提供多元化服务，并通过响应投资者进行融资；

在批发及零售层面形成有竞争力的价格；

非歧视性的开放准入，包括管道、储气库、LNG接收站等基础设施。

表3.2.1　　**主要国家和地区天然气市场特征**

天然气指标	类型	美国	欧盟	英国	日本	韩国	中国
供应（BCM/年）	国产	689	269	38	3	0.5	115
	净进口	37	231	39	123	53	49
消费（占总量的百分比%）	电力	40	30	30	65	50	15
	工业	20	20	10	5	20	45
运输管道（km）		500k	200k	8k	5k	4k	50k
批发竞争		√	受限（寡头垄断）	√	受限（寡头垄断）	X	X
开放获取	上游	√	√	√	√	X	X
	运输	√	√	√	√	X	X
	分配	多样	多样	√	X	X	X
运输和销售的所有权分拆		√	多样	√	X	X	X
独立（联邦）市场权利		√	√	√	X	X	X
流动性市场中心		√	√	√	X	X	X

注：2013年数据，但是中国电力和工业部门的天然气消费份额是2011年数据。

资料来源：Vivid Economics，基于IEA、EIA、中国政府和ENTSOG数据。

二、上游部门的开放对于形成竞争性天然气市场至关重要

获取资源是天然气利用的前提，对于天然气行业而言，上游生产部门往往控制着整个产业链的运行和利益分配。因此，上游勘探开发的准入放开，对于天然气市场的发育至关重要。美欧发达国家的天然气勘探开发领域多为竞争性市场，这与其矿权准入制度有关。如，美国私有化的土地（及其地下资源）所有权制度，有效促进了天然气勘探开发，并为页岩气革命创造了条件。荷兰“50-50公私合作”的案例，也大大鼓励了天然气资源勘探开发。对于取得了矿权的企业，政府一般都会设计经营许可和矿权退出机制，以规避其囤积和拖延开发的行为。比如在英国，参与矿权竞标的公司必须严格执行相关勘探开发要求，否则将会失去他们的执照，这就要求监管机构要认真监督。

然而，天然气资源不同与一般商品，不仅具有原材料的价值属性，其资源的获取往往伴随巨额利润和对国民经济有较大影响的战略价值属性。正因如此，近年来俄罗斯、中东、南美等地区的资源国不断收紧对油气资源的控制。如何能够既增强上游勘探开发领域的活力，又能确保主要利润留在国内，并保障本国能源安全，这仍是值得思考的问题。

三、管道开放政策改革要循序渐进、分阶段实施

20世纪80年代至今，美国和欧盟先后实施了天然气管道监管政策的改革，建设了独立开放的天然气管输系统，强化了对天然气管网（自然垄断环节）的运营监管，实现了管网的互联互通及向第三方提供接入服务。过程一般分为三个阶段：第一阶段，鼓励管道向第三方提供运输服务，同时加强政府的监管。在这一阶段是推进管道第三方准入的准备期，政府并不强行规定石油公司必须提供管道接入的非歧视服务，而是对提供准入的石油企业提供一定的奖励，并允许天然气最终用户直接与生产者签订合同，以探讨和发现实施管道第三方准入的可行性以及可能存在的问题。同时，在这一阶段，政府不断强化其监管能力，逐步构建独立、统一、公正、高效的天然气产业监管框架，为下一步改革在监管能力和队伍建设方面做好准备。第二阶段，强制实施管道第三方准入，完全解除天然气销售与管道运输的绑定关系。政府出台相关规定，强制要求天然气基础设施运营企业，公平、公正地为所有用户提供管道运输、储气、气化、液化和压缩等服务。第三阶段，推进管道运输服务独立。将天然气管网业务从上

中下游一体化经营的油气企业中分离出来，组建若干家独立的管网公司，建立并完善油气管网的政府监管制度（图3.2.1）。

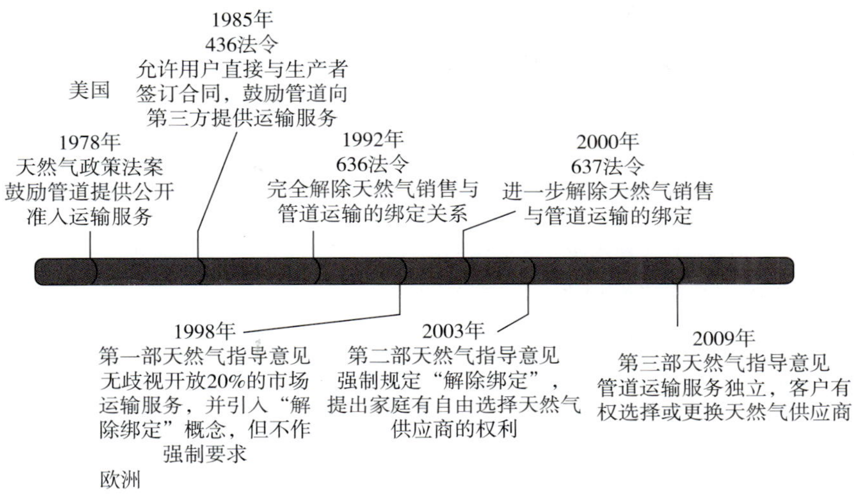

图3.2.1：美国和欧洲天然气管道监管政策发展历程

分析欧美国家经验可知，美国管道政策的改革先后经历了20余年，欧盟也经历了10多年，可见其过程是漫长的，不能一蹴而就。同时，欧美国家管道改革经历了从鼓励第三方准入到强制准入再到上中下游业务分拆的过程，是符合天然气产业运行的客观规律，从这点上值得我们学习和借鉴。

专栏1

美国天然气管道监管政策发展历程

美国早期的天然气产业结构与我国天然气产业现状类似：生产商把天然气销售给管道运输公司，管道运输公司把天然气销售给地方输配公司，再经地方输配公司把天然气销售给最终用户。天然气的销售价格是由联邦政府控制，经地方输配公司销售给最终用户的价格是由地方政府机构控制。管理机构几乎控制着天然气工业的各个部分，国家不仅对具有自然垄断特性的管道输送部分进行管理，还对天然气工业的竞争部分进行管理（例如生产和批发供应）。国家的严格管理使天然气公司承受了很大的压力，也使天然气价格和消费部分处于畸形发展之中。对天然气生产商的过度管理导致20 世纪70 年代美国天然气的缺乏供应短缺。

为打破工业结构封闭式地运作形成的垄断，促进天然气工业协调发展，美国政府开始调整对天然气工业的监管政策，其中，对天然气管道管理政策主要经历了4次调整。1978年，天然气政策法案（NGPA）以分阶段实施的方法，放宽对天然气井口价格的管制，并鼓励管道提供公开准入运输服务。1985 年联邦能源管理委员会（FERC）发布第436号法令，促使州之间的管道运输公司把销售和运输职责分开，引入市场竞争机制，给予天然气的最终用户和生产商更多的选择自由。1992年联邦能源管理委员会实行第636 号条例，要求州际管道公司将天然气销售与管道输送分离，建立一个独立企业来处理销售业务。该条例通过对管道使用权的约束消除了州际管道公司在大批量天然气供应上的不正当竞争，并且引入一种输送合约转售程序，即允许托运商（管道输送的任何使用者）从其他拥有剩余管输能力的托运商那里购买管输能力。2000年，联邦能源管理委员会实行第637号条例，进一步完善了解除供气商和运输服务的绑定关系。

专栏2

欧洲天然气管道监管政策发展历程

欧洲作世界三大天然气消费地区之一，在过去40年中，天然气在能源消费中所占的比例越来越大。同时，欧洲天然气行业运营模式和管理体制也在不断地调整。欧盟各国天然气行业的管理体制和政策主要参照欧盟的统一指导意见来制定。在近10年的欧洲天然气行业发展历程中，欧盟发布了三个重要的指导意见，其中推进天然气管道的市场化进程就是其中重要一个。

1998年，欧盟发布了“天然气指导意见（一）”，即加快欧盟内部天然气市场进程的动员令，提出为了确保欧洲内部天然气市场的建立和有效运营，欧盟各国在输送、储存、配送领域必须承担维护市场公平竞争的义务，并规定各成员国在指导意见生效后的两年内完成本国法律、法规的修订。在管道政策方面，提出无歧视开放20%的市场运输服务，并引入“解除绑定”概念，但不作强制要求。

2003年，欧盟发布了“天然气指导意见（二）”，要求各成员国按照天然气内部统一市场的规定调整各自相关法令，在2004年7月之前向欧洲各国非居民用户开放天然气市场；一体化运营的企业需要完成管输与营销业务的法律拆分，于2007年7月之前向所有用户全面开放天然气市场，最终实现消费者可以自由选择供气商的目标。在管道政策方面，强制规定“解除绑定”，提出家庭有自由选择天然气供应商的权利。

2009年，欧盟颁布《天然气通用市场规则》第三版（也称为“天然气指导意见

（三）”），通过了欧盟能源行业改革方案。根据新的改革方案，大型电力和天然气企业须在以下三种改革方案中任选其一：①实行所有权拆分，即要求企业出售输气网络，做到彻底的厂网分离；②实行经营权拆分，即仍可以保留输气网络的所有权，但需设立一个独立的公司（称为“独立系统运营商”）负责输气网络的运营；③实行管理权拆分，即仍可以拥有并经营输气网络，但输气网络的管理必须交给拥有独立的管理权和决策权的下属子公司（称为“独立输气商”）。改革方案还要求各国建立独立的监管机构，以确保大型能源企业实现有效的“产供分离”，使相关能源市场自由竞争的法则得到真正落实。

四、第三方准入政策是基础设施改革的第一步

在天然气产业链中，上游生产和下游销售都属于非自然垄断的部分，可以通过市场竞争提高效率，而诸如管道类的中游资产具有“自然垄断”的性质，其高额的固定成本投入和相对低廉的运营和管理费用，决定了由单一企业提供管道服务更为行之有效，有利于降低整个社会的运行成本。中游资产的自然垄断特性使其并不面临市场竞争压力，在一定程度上还占据了市场支配力。因此，我们提出要加强对管道等中游资产的监管，避免这种处于“自然垄断”地位的公司滥用其市场支配力，获取高额垄断利润。

对中游资产的监管通常包括以下几种方式：监管管输等基础设施的收费标准、实施基础设施第三方准入以及进行所有权拆分。为防止垄断企业对中游服务收取超额垄断费用，政府有必要调查其实际运营成本和合理利润，从而确定合理的收费标准。然而，中游资产的独立所有者有动机滥用其市场支配地位来抬高管输费或限制天然气输送，这样一方面减少了来自上游和下游的竞争，另一方面也降低了管道利用率。为防止自然垄断基础设施的所有者滥用市场支配权力，从而确保其他各方都能公平地使用管道等设施，通常需要政府发挥监管的作用，这就是所谓的第三方准入（以下简称TPA）制度。

国际经验表明，第三方准入政策能够平衡中游管道所有者和上下游生产与消费之间的经济利益，不仅有利于充分发挥基础设施的潜力，还有利于吸引资本投入基础设施建设领域。英国的监管政策及其带来的效益就是很好的例证。自20世纪60年代中期北海油气田的规模化开发到80年代，英国天然气的生产和运输一直由几家大公司主导。但随着油气田产量的下降，大企业已经难以获得使其满意的收益率，接收站和管道的容量出现冗余。与此同时，众多小型企业开始进入上游领域，开发小型的油气田，并使用大企业的管道输送油气产品。此时，法律监管框架并不完善，造成基础设

施所有者以及油气田所有者存在着潜在的商业纠纷。20世纪90年代，担心的主要问题是，相对于开发小气田的成本和风险，使用基础设施的价格太高。为有效解决这个问题，自20世纪90年代至21世纪初，英国能源管理部门（即现在的能源与气候变化部）建立了一个新的准入商讨程序，出台了一系列法律和监管措施，减少了各利益相关方的不确定因素，新的法律基础的规则框架以及仲裁机制成为各利益相关方指导商业活动的基础。随着这些法律和监管框架的出台和完善，天然气市场得以持续发展，各利益相关方均从中获得收益，小企业可以进入更大油气开发市场，基础设施的所有者也可以从中获利，降低退役资产的成本，政府也在增加就业和税收方面获得了好处。

一个设计完善的管道第三方准入政策和监管框架应满足以下条件：①政策有效，即监管部门制定并实施关于责任和标准的政策；②价格合理，监管部门提供一个框架，使投资者和使用者在TPA和合理收益机制两方面价格上达成一致；③风险规避，监管框架应稳定可信，并尽可能得使投资者和使用者面临的风险降至最低。

第三方准入政策框架对于不同类型的天然气市场将发挥不同的作用。例如，日本属于典型的天然气进口国，无法实现上游生产企业的竞争，TPA因此受限。而对于中国这样需求不断增长的市场而言，监管框架可以通过提供有吸引力的回报，以刺激对中游领域的投资。

五、业务分拆是天然气市场化的重要一步

前面提到，对中游环节的监管通常包括监管管输等基础设施的收费标准、实施基础设施第三方准入、以及进行所有权拆分等方式。在实际情况下，即使政府制定了第三方准入原则，垄断企业仍然有很多排挤第三方的方法。比如，在可用管输容量和价格上缺乏透明度、有偿契约、强制为第三方进行技术研究等。严格监管第三方准入原则可以在一定程度上抑制这些不利于市场竞争的行为，但也有学者认为，通过分拆来避免这种行为是一种更为有效解决办法。分拆就是要把中游运营业务与上游和下游运营的业务分离，以减少不利于竞争行为发生的可能性。分拆并不是一个目标，而是保证第三方准入行之有效的办法。开放与改革的措施最终目标是能否形成一个有高效、竞争的天然气市场，这一点是衡量分拆体制是否成功的标准，比如分拆带来的好处之一就是将竞争带入上游活动，促进生产效率和规模的提升。天然气

具有国内天然气生产能力的国家往往更早、更全面地进行分拆，这也佐证了分拆是提升天然气上游生产效率的关键因素之一。由于荷兰和英国在本土拥有大量的天然

气资源的，在分拆方面比国内资源有限的国家——法国和德国走的更早。天然气资源微乎其微的日本，只是尝试性地进行分拆。与此形成鲜明对比的是美国，上游资源丰富，且分布广泛，世界范围内，美国是最早开展中游资产的分拆，早在1992年，美国就要求实施法律以及其他结构性的分拆措施。虽然在分析这种做法的原因时需要格外谨慎，但拥有国内天然气资源的国家确实能从分拆中取得更高的经济效益，这一点也验证了这些国家为何更愿意在上述领域进行改革。

“分拆”这一过程极为重要，按照分拆的不同程度，可以将“分拆”分为五种方式，分别为：服务分拆、财务分拆、法律分拆、结构性分拆和所有权分拆。上一级分拆是下一级分拆的基础，下一级分拆是上一级分拆的延伸。例如，财务分拆只能与服务分拆一同实施，以此类推；而所有权分拆是最为完整的分拆方式（表3.2.2）。

表3.2.2　　五种关键的分拆模型

分拆程度	模型	变化	目的	与上一变化间的联系
I	服务分拆	中游服务（尤其是管道服务）必须从天然气批发买卖中分拆出来，而且应作为一种独立服务	在天然气批发买卖中，如果运输服务不独立出来，那么市场竞争会遭到损害，因为除了管道公司外，供应商也不太可能将天然气卖给管道使用者	
II	财务分拆	中游业务的运营应自负盈亏，与上下游业务剥离	防止中游资产反向自助或支持相关的上游和下游业务	如果中游服务不作为一种独立的服务，不对其收取单独的关税，那么中游服务也不会具有单独财务账户
III	法律分拆	中游业务变成单独的法律实体，但仍然停留在纵向一体化业务中，比如以全资附属子公司的形式存在	子公司作为法人承担法律义务。在独立的法律实体之间，可以实现强有力的管理分离	一个独立的法律实体必须有单独的财务账户，提供单独的服务
IV	结构性分拆	为了有效地将动机从上下游业务中剥离，很多中游业务中的运营决策都是提前规划的	铲除追求反竞争行为的动机，将这些动机从相关实体的中游业务中剥离，将促进市场产出有效的成果	一家中游企业必须是法律实体，这样它才能明确地服从既定的实践和义务
V	所有权分拆	中游业务从纵向一体化业务中剥离，并被转移到具有独立所有权的实体中	全面的所有权分拆将中游运营的利益与上下游参与者完全分开	如果一个公司拥有独立所有权，那么它一定是独立的法律实体，拥有独立的财务账户，并提供独立的服务

注释：在欧盟第三次天然气指令中，结构性分拆包含独立的传输经营者（ITO）模型。

资料来源：Vivid Economics。

分析欧美国家天然气行业中游资产分拆的案例表明，如果政府的监管力度足够，就没有必要实施全面的所有权分拆。在案例所分析的国家中，只有英国和荷兰才进行了全面的所有权分拆，而法国和德国仅进行了结构性分拆，而未开展全面所有权分拆。美国的经验也表明，只要严格规范天然气输送公司的运营，不需要强制要求所有权分拆，就可以保证天然气市场的有效竞争。总结起来，上述国家大多进行了结构性分拆，而未必开展全面的所有权分拆，由此可以得到以下结论，只要进行结构性分拆，并辅之以有力的监管，分拆带来的效益就会较为明显。

相对于管道而言，对于液化天然气接收站和储气调峰设施的分拆制度则没有那么严格。这是因为，一般情况下，市场上液化天然气接收站和储气调峰设施的数量更多，其面临的竞争压力更大；同液化天然气接收站或储气设施相比，天然气管道的自然垄断特征更为明显。在管网连接较好的市场中，液化天然气接收站是一种供应资源，与其他接收站竞争，市场支配力有限。类似地，一个多样化的、紧密连接的市场会有多个存储服务提供商，同时管道中的存储能力、灵活的天然气生产能力以及需求的动态缩减均可以被看成是一种存储服务。相应地，分拆和第三方准入原则应该对这些设施更加灵活。

六、天然气定价机制与市场发育程度密切相关

由于天然气市场发育程度的差异，世界主要天然气进口国的定价机制主要分为三类：第一类采取完全市场定价，如美国和英国。其天然气市场较为成熟，天然气井口价格完全放开，由市场供需决定，同时强制要求管道实行第三方准入，建立了“气与气”竞争的天然气市场。纽约商品交易所的Henry Hub天然气交易中心和英国NBP交易中心的交易价格分别是北美和欧洲现货交易的参考价。第二类采用市场净回值法定价，如英国以外的欧盟国家。市场净回值是以天然气在下游市场可替代燃料的市场价值为基础，采取倒推的方式，减去运输、储气、配送环节的成本，形成上游价格。与北美和英国市场比，欧洲市场目前正处于向竞争性市场过渡的阶段，天然气以区外进口为主，大部分天然气通过长期合同交易，价格主要与油品价格指数挂钩，但合同价格的调整有一定滞后性。第三类主要与进口原油价格挂钩，如日本和韩国。日韩两国的天然气市场发育相对滞后，且基本依赖进口。同时，由于缺乏具有区域代表性的交易中心，天然气价格只能与原油挂钩。如：日本中部电力公司在2001年与卡塔尔天然气公司签订的价格公式为：$P = 0.1485 * JCC + 0.08675 + S$，其中，S为调整数，用于调

节国际油价剧烈变动的影响。2005年以前，国际油价水平相对较低，日韩的进口气价与欧美基本相当。近年来，随着国际油价大幅波动，天然气“亚洲溢价”现象突显，用气成本大幅提升。

定价机制改革是循序渐进的，最终目标是完全市场化的“气与气”竞争的定价机制。如美国早期的天然气价格由政府管制，实行“成本加成”的井口价格，联邦政府控制长输管道的价格，地方政府机构控制最终用户的价格。政府的严格管制使气价长期偏低，供应难以满足需求。之后，政府放宽对天然气井口价格的管制，又通过建立现货交易中心，逐步发展成为市场化的定价机制。英国的天然气定价机制改革历程与美国类似，也经历了由政府定价向市场定价的转变。经验表明，这些市场的定价机制最终都形成了交易中心定价为参考的市场定价模式。

七、建立区域交易市场是市场发育到一定程度的必然要求

当前，世界天然气贸易以长期合同为主，这对于平衡上下游利益、稳定供需关系具有重要作用。通过长期合同，天然气可以实现与替代燃料价格、现货市场的价格和许多其他指标的关联，可以保证上游投资者在未来的几十年里具有稳定的收入流，从而确保在勘探与生产方面的投资，这对于稳定上游投资益处颇多。相对于长期合同，现货贸易具有更好的灵活性和流动性，正在天然气贸易中发挥着越来越重要的作用。比如美国页岩气，由于其产量具有很大的不确定性，页岩气开发商无法获得有吸引力的长期合同，页岩气发展高度依赖于现货市场。

更为重要的是，现货市场的出现为天然气市场化定价提供了新的方式，也促使交易中心的形成和发展。如，1992年美国能源管制委员会颁布636号法令，强制要求管道公司提供公开准入服务，天然气市场管制有了实质性的松动，基于市场竞争的定价机制取代了之前行政价格管制的定价模式。同时，美国能源管制委员会便开始提出天然气市场交易中心的概念，认为应由天然气市场交易中心负责提供管道运输商的客户所需要的天然气供应、运输、储存、调配、优化管理等服务或者服务组合。1993至1998年，美国天然气管网覆盖范围内共建立了36个天然气市场交易中心。到2003年，其中13个天然气交易中心因为交易基础条件不够完备、交易量小、不具备竞争能力而被关闭。目前，美国共有24个天然气交易中心，为天然气市场交易提供枢纽服务，其中大多数交易中心位于德克萨斯州和路易斯安那州。这些天然气现货交易中心的产生，对天然气价格形成机制和体系的市场化起到了促进作用，优化了天然气市场资源配置，

提高了市场效率，丰富了市场参与者的投资选择，巩固了美国在能源领域的定价主导权的同时也维护了美国的国家能源安全。

天然气交易中心具有显而易见的优缺点。交易中心有两个主要作用，一是实体上连接买家和卖家，二是由市场竞争决定价格。由此，以市场为导向的价格信号提高了贸易和投资决策中的经济效率，并相应降低交易成本，市场参与者将从中获益。此外，天然气交易中心还能通过价格机制解决供需平衡问题，保障天然气供应安全。其潜在缺点主要在于其对当前市场模式的冲击。价格由各方竞争决定，而非政府或某个市场主导力量的影响，可能会使短期价格出现剧烈波动，数据表明，通过交易中心定价方式往往比以油价为基准的天然气价格波动性更大。

总结世界上已有天然气枢纽交易中心和主要国家的运行经验，并结合天然气交易中心的不同功能，我们认为天然气交易中心的成功取决三方面的先决条件（表3.2.3）：①完善且开放的天然气输气网络，市场参与者能在非歧视性的条件下使用。美国的经验表明，开放管道是市场定价成功的关键，没有这个先决条件，天然气供应，无论是国产气还是进口气，管道气还是LNG，都无法与本地需求相挂钩。②大量的独立买家和卖家积极参与套利交易，且均不具备强大的市场支配能力。这样，交易中心会受到竞争价格引导，从而避免独家市场力量影响和扭曲价格和贸易量。③政府对天然气批发业务的市场化的支持，以及稳定、透明、可靠的规章制度。交易中心也需要企业以套利为主的交易，这将提高市场的运行效率，而套利活动依赖的是对天然气价格准确和高透明度的报告。

表3.2.3　　建立天然气交易中心的条件

基础设施条件	完善且开放的天然气输送网络	连接国内和国外然气供需供应商开放输气渠道网络
市场条件	大量市场参与者	足够多的市场参与者，包括买卖双方
	较低的市场集中度	没有占主导地位的供应方或消费者
	规范的贸易活动	天然气交易和管输价格受到政府监管，价格公平合理；交易气量可以自由进入管道；市场价格公开透明
制度条件	价格市场化	供应链沿线天然气批发交易价格由市场自由决定
	稳定的管制框架	政府为竞争政策和市场规范创造公平的商业环境

资料来源：Vivid Economics。

中国通过在在天然气领域深化改革，具备建成亚洲地区领先的天然气交易中心的多方面条件。从优势方面来看，中国国内天然气产量、输气管道发展程度、LNG进口规模，及其在亚洲能源市场的体量，都是显而易见的。然而，中国的天然气管网还不发达，市场依然较为集中，管道第三方准入机制尚不到位，价格仍然实行政府管制，这些因素制约了中国的天然气交易中心的建设。

20世纪90年代以来，美国和欧洲天然气交易市场的建设和发展经验为中国提供了丰富的借鉴。第一，天然气市场化进程会对交易中心发展产生重要影响。欧洲天然气枢纽中心的开发直到2008年才开始，并经历了一段时间失败的开发过程，反映了欧洲天然气市场化的缓慢。第二，政府对交易活动的限制也是交易中心发展的重要影响因素。得益于格罗宁根天然气田的大量供应、新增LNG接收站以及新储存设备的提升，荷兰所有权转让中心（TTF）被广泛认为是欧洲大陆天然气领域最成功的枢纽中心，交易合同量数据显示，TTF已经在2013/2014年度超过NBP成为欧洲流动性最大的枢纽中心（Natural Gas Daily，2014）。与此相对，由于其有限的交易活动，Zeebrugge（比利时）被认为是较不成功案例，甚至部分人并不把其视为枢纽中心。Zeebrugge具有成为天然气枢纽中心的地理位置，但当地政府在贸易上的限制约束了市场参与者的数量，减慢了其交易平台的发展。第三，政府推动可以在短期内起到实质性作用。20世纪90年代早期，美国已经实现了天然气价格的市场化，但不同区域（如东部和西部）天然气价格的联动仅表现为弱相关。90年代末，随着美国政府推动'统一价格'（'law of one price'）在整个美国天然气大宗市场的应用，即除去运输成本后，跨区域采用一致的价格，价格的关联性已经发展到很高的程度（Doane and Spulber，1994）；Cuddington and Wang，2006）。第四，规范有序的交易机制是促进天然气交易中心发展的有利因素。英国NBP发展过程中，《天然气网络规范》起到了核心作用。《天然气网络规范》是管理第三方（TRA）使用英国天气网络的规则和流程，它创造了每日平衡系统和短期天然气交易模式，其中一个标准化NBP97合同成为英国直接交易合同的基石。

总结欧美等国家天然气交易中心发展的经验，结合中国天然气行业特点，中国的天然气交易中心发展应制定一个5～10年的路线图。首先，开展交易中心试点。政府可以在上海等独立区域，建立有第三方准入的天然气管网和透明的天然气价格形成机制，形成可竞争的天然气需求和供应。其次，经过一段时期的发展，政府应对试点交易进行及时总结。在此基础上，政府可以扩大试点区域的覆盖面积，或增加买家和卖家的类型，同时加强市场监管。同时随着试点效果逐渐显现，就会吸引更多的生产和消费者参与市场交易。当试点交易的天然气价格低于传统合同中天然气的价格时，消费者具有减少传统合同交易量，转而购买试点交易的天然气的意愿；反之，当试点交易的天然气价格高于传统合同中天然气的价格时，供应商则更有意愿向试点地区供气，减少合同交易量。随着越来越多和越来越多样的机构进入天然气枢纽交易，交易的益处会随着之前提到的网络效应而增加。枢纽定价的用途和范围将不断增长，直到达到不完整市场化或地理的极限。

八、地位独立、有法律依据的监管体系是天然气市场体系建设的制度保障

主要国家能源管理机构一般包括能源综合管理机构和能源监管机构两大类，两者形成分权结构。其中，能源综合管理机构主要负责制定能源战略、规划和政策，调控能源总量平衡，保障能源安全，调整能源结构，推行节能和能效管理、信息收集和分析、能源科技创新以及能源国际合作，同时负责与相关部门进行协调；能源监管机构主要是维护能源市场秩序，推进产业的市场竞争，解决市场争端，对自然垄断环节进行监管，保护市场主体权益。前者属于政策制定者，后者属于政策执行者（见表3.2.4）。二者适度分离或相互完全独立，有利于在能源管理中相互制衡，符合政策制定、执行、监督相互分离的现代管理制度的要求。监管者的权力和地位应当具有独立性，以确保其做出正确的决策，平等对待市场各类参与者。如美国联邦能源监管委员会（FERC）隶属于美国政府的一个独立管理机构，负责监管州际间的天然气、电力、水力、石油等管道与输配环节的经营行为，相关政策的制定和纠纷的解决是通过五位委员投票的多数票来决定的。委员会成员包括一名主席在内共有5人，由总统提名并经参议院表决，来自同一个政党的委员不能超过五分之三；监管决策由法院做出，而不是美国国会；案件审理过程中，不允许进行私人讨论。

FERC的监管重点是确保公司不滥用其垄断地位，监管目标包括：

防止歧视性或优待服务；

防止低效投资和不公平定价；

确保优质服务；

防止设施的重复浪费；

当竞争不存在或无法存在时，发挥竞争代理的作用；

通过实行一贯政策，推动安全、优质、环保的能源基础设施；

可能的情况下，以完善的竞争市场取代传统监管；

表3.2.4　各国能源监管机构设置情况

	名称	职能	与能源综合机构的关系	资金来源	人员
美国	联邦能源监管委员会（FERC）	监管跨州的电力、天然气、石油的输送，审批液化天然气终端、天然气管道的建设，发放水电站的许可证	虽然名义上在能源部内，但是联邦能源监管委员会是独立机构	来源于监管公用事业的收费及服务费	1200人以上
日本	电力市场部门和天然气市场部门	监管输配价格、管理电站的环境、技术、安全标准，促进市场竞争，解决市场争端	产业省自然资源和能源署内的分支机构，完全隶属于自然资源和能源署	政府预算	估计在50人以上
英国	天然气和电力市场权力机构	核心是推进产业内的竞争，保护消费者利益，包括促进有效竞争、监管垄断企业、价格控制	政府组织，完全独立于能源执行部门	来源于监管公用事业的收费	291人
德国	联邦卡特尔局（FCO）	对电力和天然气市场进行监管，解决市场纠纷，促进市场竞争，对管线收费进行调查	隶属于经济劳工部，是能源执行部门相平行的管理机构	政府预算	卡特尔办公室约300人，电力分部有10人
俄罗斯	联邦能源委员会（2004年划归联邦物价局）	监管电力、热力、石油、天然气、石化产品的输送，监管批发和零售电价	政府组织，独立于工业与能源部	政府预算	估计有200人
印度	中央电力监管委员会	主要负责中央发电企业和跨州输电企业的电价监管以及输电和电力交易的许可证	政府组织，完全独立于电力部	中央政府拨款以及持有许可证企业的收费和其他收入	68人
韩国	监查专案组，电力监管委员会	监管电力等能源行业	隶属于产业资源部，半独立的监管机构	政府预算	检察官负责，具体人数未知

对于天然气行业，委员会的职能涉及价格管理、相关法规的解释、服务状况的监管，管理范围涉及约120条跨州的输气管线。同时，委员会有权批准输气相关设施的建设及选址，并对由此产生的环境影响进行评估。

九、天然气市场化改革要有时间表和路线图

天然气市场体系建设和管理体制改革是一个循序渐进的过程。如美国天然气市场的发展历程，也是经历了由政府全面管制、政府定价到价格管制逐步取消、天然气捆绑式销售逐步解除，再到天然气市场发育完善、价格完全由市场决定的过程（下图3.2.2）。

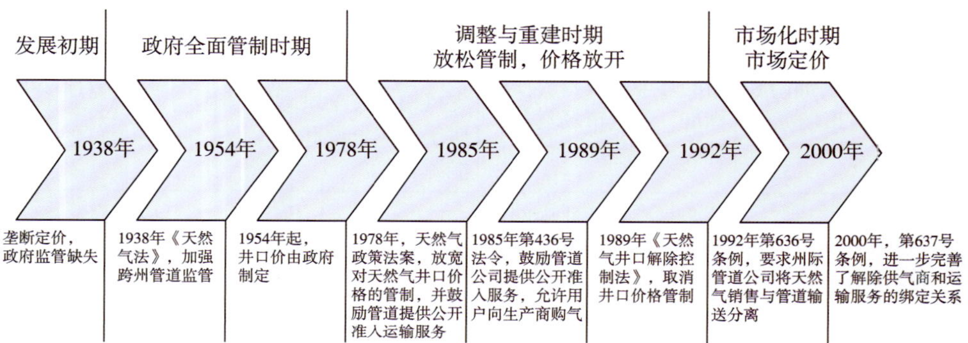

图3.2.2：美国天然气市场改革历程

天然气的市场化改革是一个漫长而艰难的过程，需要政治环境、基础设施和配套政策等多方面配合。有利的政治和市场环境促进了美国和英国的天然气市场化改革。如，在20世纪~80年代，石油危机给政府带来的市场化改革的强大政治压力，以及发达的管网基础设施，都是美国天然气市场化改革重要的推动力量。又如，当时以撒切尔夫人为首的英国保守党政府正在通过对国有企业，包括垂直一体化的电力和燃气公司进行私有化，以达到改善政府的财政状况的目标，也形成了有利于改革的政治和市场环境。相反，若改革进程安排不顺利，则有可能面临失败。如，韩国在过去的二十年在开放其天然气市场过程中面临了很多困难，其中重要的原因之一就是其公有的、垂直一体化的垄断者KOGAS的工会力量十分强大，不愿意放弃KOGAS在世界液化天然气市场上的购买权。可见，上述国家的天然气的市场化改革进程都是漫长且艰难的，不仅要符合当时的政治经济环境，还需要各项政策措施予以配合。因此，制定改革的路线图并坚定实施，对于天然气的市场化改革是至关重要的。

第三章 中国天然气市场机制建设和管理体制改革的方向、思路与目标

一、改革方向

总结国外天然气市场改革经验，结合我国国情实际，天然气市场体系建设和管理体制改革应遵循以下原则：

改革方向应与社会主义市场经济体制建设相一致。建设有中国特色社会主义市场经济是我国经济体制改革的方向，十八大报告也提出要完善社会主义市场经济体制的新要求。天然气市场化改革，势必要按照社会主义市场经济体制的要求，努力处理好政府与市场的关系，要有利于政府转变职能，有利于划清政府与市场的边界，为油气企业发展提供更广阔的空间。同时，为充分发挥市场机制在优化配置资源上的基础性作用，必须完善政府宏观调控和市场监管职能，做好自然垄断领域的市场监管和节能减排、安全等社会性监管，弥补市场缺陷。

改革应坚持远近结合、逐步推进。天然气是国民经济体系的一部分，天然气行业的变革，需要充分考虑到对社会经济的正面和负面影响，既要着眼长远、创新体制机制，又要立足当前，解决当前存在的突出问题，需要通过整体设计，明确改革的方向和目标，同时突出重点，先易后难，通过试点取得经验后逐步推广，循序渐进、分步实施。

改革应坚持统筹兼顾、公平负担。要充分考虑不同行业对价格机制调整力度、调整环节需求的不同，也要充分考虑国内、国外两个市场价格的统一，还要考虑城乡居民的可承受能力，通过体制机制的创新，确保市场改革、管理体制与价格财税改革改革的配套统一，调动各方的积极性，保障天然气行业的可持续发展。

改革目标应与提高产业竞争力相衔接。随着经济全球化的不断深入，我国油气行业也正加快“走出去”“引进来”，在此背景下尽快提升能源产业的竞争力十分迫切、意义重大。天然气市场化改革必须与产业竞争力提高衔接起来，将我国油气产业国际竞争力的提高作为市场化改革成功与否的重要标准。通过有效引入竞争，不断提升油气产业经营效率和科技水平，进而提高产业竞争力水平。

二、基本思路

按照党的十八大提出的完善社会主义市场经济体制的总体要求，充分发挥市场在资源配置中的决定性作用，加快转变政府职能，减少行政审批和对微观经济活动的干预，建设服务型天然气管理体系。充分发挥市场的主导作用，理顺天然气与可替代能源比价关系，建立反映资源稀缺程度、市场供求关系、环境外部性的价格体系和绿色财税体系。在天然气产业链全面引入多元竞争、扩大对外开放，同时注意提高国有经济控制力，加强公平接入和普遍服务的监管，建立起多元、竞争、开放、有序的现代市场体系。总体来看，为保障中国天然气发展战略目标实现，天然气市场化改革应加快构建三大支柱：

（一）支柱一：建立起多元、竞争、开放、有序的现代天然气市场体系

天然气市场化改革主要包括三个方面：一是打破垄断，培育多元化竞争主体。支持民间资本进入油气勘探开发领域，与国有油气企业合作开展油气勘探开发，改革现行油气矿业权授予制度，在实行许可证制度基础上逐步开展竞争性出让和招投标，从而建立油气资源勘探开发市场有序竞争的格局。推进天然气进口主体多元化，吸引民间资本参与油气管道建设，实施天然气运输与销售分离。在中下游环节形成多元争格局，强化安全、节能、环保、质量、技术等指标作为市场准入权重。二是加快建立天然气交易市场，培育市场中介组织，提升服务水平。加快上海石油天然气交易中心的组建，并适时研究组建北京、天津、广州、成都等多交易中心的天然气交易平台；培育节能改造、金融保险、信息咨询等领域的中介组织，提升专业化分工水平。三是全面深化国有企业改革，培育现代能源企业。推进混合所有制改革，允许民营、外资持有一定比例国有能源企业股份，完善国有能源企业上市制度，形成多元化的股权结构，维持自然垄断环节国有控股状态；优化国有企业治理结构、建立现代企业制度，建立真正意义上的董事会、股东会等公司管理和决策架构；加强企业预算支出管理、成本效益核算，综合考虑企业社会职能、历史遗留问题和未来发展需要等方面因素后，提高利润上缴比例，将超额垄断利润纳入公共财政，惠及全民。

（二）支柱二：建立反映资源稀缺程度、市场供求关系、环境外部性的价格形成机制和绿色财税体系

天然气价格和财税改革主要从五个方面入手，一是要在天然气行业竞争性环节实现市场调节，自然垄断环节依法监管；二是逐步将能源开发利用中生态环境保护、温室气体减排等外部性成本内部化，理顺能源价格比价关系；三是逐步与国际天然气市场接轨；四是将天然气作为清洁高效的能源品种，大力鼓励其产量增长和进口；五是

逐步取消交叉补贴，实现由“暗补”变“明补”。

价格改革方面，近期应完善“市场净回值”法。实现挂靠能源的定期动态调整，包括挂靠能源的价格、品种选择和权重等；完善上下游联动机制，允许地方建立价格传导机制，完善对低收入群体的财政补贴机制；加快建立上海石油天然气交易中心，并推广试点范围；尽快推出差别性价格政策，鼓励阶梯气价、调峰气价等。在市场结构等相关条件具备时，引入竞争机制，由供需双方自主决定价格。并通过建立天然气交易市场，形成价格市场发现和调节的基础，培育储气市场和管道市场，利用市场手段解决储备调峰问题。

财税改革方面，建绿色能源税收体系，加大促进天然气发展的财政支持力度。适时出台碳税，将排污费改为污染税，全面推行从价计征天然气资源税，建立节能减排配额交易制度。加大基础设施、科技创新、节能、安全保障等方面的财政支持力度，加快管道和储气等基础设施投融资机制改革，延长对于页岩气等非常规天然气的补贴期限，对于可中断用户给予税收优惠，提升企业节能减排产品研发能力。应将战略储备费用纳入财政预算之中，建立起对低收入群体的补贴制度。

（三）支柱三：建设有法可依的服务型天然气管理体制

加快转变政府职能，减少行政审批和对微观经济活动的干预。天然气管理机构要以天然气领域的宏观管理为主线。要加强石油天然气法和相关政策的制定与落实，制定节能优先的发展战略，提高应对气候变化能力，引导全社会向着节能减排、可持续发展的方向前进。加强宏观规划和行业指导，减少项目审批和价格管制，减少对市场运行和企业生产经营活动的干预。加强用气行业需求侧管理，更加注重长期的能源节约、温室气体排放等方面管理。在维护天然气供应安全上，要推动国际合作，坚决把“走出去”与“引进来”相结合，提高储备管理能力，做好能源预警预测。

加强社会性监管，建设服务型天然气管理体系。天然气监管机构要主要针对市场失灵的领域，围绕“事中监管”开展工作。要通过加强监管鼓励公平竞争、防止市场垄断，对天然气管网等自然垄断领域要加强网络开发、市场定价等内容的监管，针对安全运行、污染物排放、公平服务、保护消费者利益等内容进行管理，促进企业遵纪守法，强化生产安全，提高节能环保水平，强化可持续发展能力，彰显企业社会责任。

三、总体目标

紧紧抓住全面深化改革的战略机遇期和国际油价大跌后处于价格低位运行周期的窗口机遇期，按照中国社会主义市场经济建设要求，充分发挥市场在资源配置中的决定性作用和更好发挥政府作用，尽快建成“有效政府+有效市场”，形成主要由市场决定天然气价格的机制，转变政府的监管方式，建立健全石油天然气领域法治体系，立足于促进企业自主经营、公平竞争，消费者自由选择、自主消费，商品和要素自由流动、平等交换，构建有效竞争的市场结构和市场体系，全面深化天然气领域改革，加快推动我国能源革命。

——构建完善的天然气法律法规与标准体系。法治完备是指一个国家法律体系的健全、完善、规范、系统、协调和统一，即贯彻中国特色社会主义法治理论，形成完备的法律规范体系、高效的法治实施体系、严密的法治监督体系、有力的法治保障体系，坚持依法治国、依法执政、依法行政共同推进，坚持法治国家、法治政府、法治社会一体建设，实现科学立法、严格执法、公正司法、全民守法，促进国家治理体系和治理能力现代化。在天然气领域，一是应尽快立法修法，做到重大改革于法有据、决策与立法紧密衔接；二是深入推进依法行政，依法进行行业管理，保证公正司法，提高司法公信力；三是加强法治工作队伍建设，加快建立负面清单，切实做到“法无授权不可为、法定职责必须为”。

——形成统一、开放、竞争、有序的新型现代天然气市场体系。现代市场体系是统一的，它是各种相互作用、相互联系在一起的子市场的有机的结合体。统一、开放、竞争、有序，是市场经济的本质要求。统一是经济发展的基础，商品和要素能够在不同行业、部门、地区、国内外自由流动；开放是经济活力的前提，中国企业参与国际分工，力争在国际产业链中提升产品竞争力，提高产业配置效率；竞争是经济效率的源泉，通过公平竞争，优胜劣汰，促进经济提质增效；有序是经济秩序的保障，建立严格的公平开放透明的市场规则，有效地维护市场秩序。只有形成统一、开放、竞争、有序的市场体系，才能使市场机制充分发挥作用，才能使资源得到最有效配置。通过全面深化改革，到2030年，形成以数家特大型石油天然气公司为骨干、众多不同所有制和不同规模石油天然气产输销企业并存的统一开放、竞争有序的现代石油天然气市场体系。

——建成充分反映资源稀缺性、市场供求关系及环境外部性的天然气价格和财税机制。努力推动天然气价格形成机制由政府主导转变为市场调节，实现与国际天然气市场联动接轨。理顺天然气与替代能源比价关系，建立反映生态环境保护、温室气体减排等外部性成本的财税机制。

——推动建立法治完备、权责明确、公平公正、透明高效、监管有力的现代石油天然气市场监管格局。转变政府对天然气行业的管理方式，从过去以项目审批为主，转变为战略和规划引导。推动市场监管体系建立健全，强化政府社会性监管能力，通过加强监管鼓励公平竞争、防止市场垄断、保护消费者利益、保障生产安全运行、推动污染物排放量减少、强化经济社会可持续发展能力。

第四章　中国天然气市场机制建设和管理体制改革的路径及主要措施

一、路线图

在天然气产业发展的不同阶段，市场结构特征不同，竞争程度不同，面临的主要问题和难点不同，改革的重点也应有所不同。应本着改革阶段不可逾越，关键环节必须突破，保障政策和配置措施同步推进，时间、空间、数量三维需要匹配的基本原则，同时考虑到天然气领域的特殊性、改革影响的广泛性及市场形势的不确定性等因素，决定了我国天然气领域全面深化改革必须在社会可接受的幅度内平缓渐进地推进，应根据天然气市场的不同发展阶段及其特征确定相应的目标和措施。为此本文提出“三个阶段”逐步推进的构想。

（一）上游领域路线图

目前我国石油天然气矿业权几乎全部集中于中国石油、中国海油、中国石化、陕西延长石油四大集团，解决矿业权过度集中、“圈地而不勘探”“控制而不开采”问题是上游领域全面深化改革的关键环节。因此，应从现行法律法规和管理方式入手，着力推进投资主体多元化，着力鼓励有效竞争，建立负面清单，完善市场准入，天然气矿业权全面实行招投标，有序、有效地推进探矿权和采矿权一级市场和二级市场建设，同时实现天然气资源基础资料公益化。

（1）至2020年，初步形成矿业权一级市场，初步建立二级市场。基本建立和完善以“矿产资源法”为核心的法律法规体系框架；基本建立负面清单准入管理制度以及资质标准，允许具备资质条件的企业自行进口天然气（管道气和液化天然气）以及自主选择进口商，初步建立天然气资源基础资料公益化管理制度，将可燃冰列为我国新发现矿种，建立和完善常规天然气、页岩气、煤层气、可燃冰等矿业权招投标制度，初步建立探矿权和采矿权二级市场机制和交易制度；放开天然气井口（出厂）价格，由市场竞争形成，天然气计价方式完全实现按热值计价；形成有效竞争的市场格局；建立和完善专业化、独立的监管机构。

（2）至2025年，基本形成矿业权一级市场和二级市场。基本建立和完善以“石油天然气法”为核心的法律法规体系；完善负面清单准入管理制度，建立起天然气资源基础资料公益化管理制度，对常规天然气、页岩气、煤层气、可燃冰等资源矿业权完全采用招投标制度，基本建立探矿权和采矿权二级市场机制和交易制度；完善专业化、独立的监管机构。

（3）至2030年，形成矿业权一级市场和二级市场。确立以“石油天然气法”为基础的完备法律体系；形成以负面清单准入管理制度为基础的高效行政实施体系；建立起以专业化、独立的监管机构为基础的严密监督体系；形成统一开放、竞争有序、诚信守法、监管有力的天然气勘探开发市场体系。

（二）中游领域路线图

目前我国石油天然气长输管道、分支管道、省内管道主要集中于中国石油、中国石化、中国海油三大集团，解决管道建设和运营主体单一、运输和销售业务捆绑、第三方准入缺失问题是中游领域全面深化改革的关键环节。因此，应从现行法规和管理制度入手，着力推进市场主体多元化，着力鼓励有效竞争，建立负面清单、完善市场准入，实现长输管道、分支管道、省内管道的运输服务和销售业务完全分离，完成管网第三方准入和公开准入的改革目标，强化对管网等自然垄断环节的准入和收费及成本监管。

（1）至2020年，初步形成管道容量交易、含LNG设施在内的储备交易的一级市场。完成天然气管网财务独立改革，试行天然气管网产权独立；全面强制推行管网第三方准入和公开准入；实现长输管道、分支管道、省内管道的运输服务和销售业务完全分离；建立和完善专业化、独立的监管机构。

（2）至2025年，基本形成管道容量交易、储备交易的一级市场，初步建立管道容量交易、储备交易的二级市场。实现天然气管网产权独立和管网第三方准入和公开准入的改革目标；为鼓励管道、配气网络建设和增加输送量，在一段时期内允许存在天然气供应和运输的长期合同（但须分级加强对输、配管网的收费监管），对经过论证存在较大公益性和社会影响面的管道投资建设项目实行一定期限内的豁免权（即在此期限内可以不强制实行管输服务的第三方准入）；完善专业化、独立的监管机构。

（3）至2030年，形成管道容量交易、储备交易的一级市场和二级市场。实行配气服务的第三方准入，通过试点或强制要求允许居民和商业用户绕开本地的配气公司寻找自己的供应商或批发商；形成以负面清单准入管理制度为基础的高效行政实施体系；建立起以专业化、独立的监管机构为基础的严密监督体系；形成统一开放、竞争有序、诚信守法、监管有力的天然气管道和储备市场体系。

（三）下游领域路线图

目前我国已初步形成了天然气的下游市场体系，总体上看存在不同程度的市场竞争，但仍存在诸多的问题，解决市场规则不健全、价格形成机制不完善、市场体系不发育和区域性垄断问题是下游领域全面深化改革的关键环节。因此，应从现行法规和管理制度入手，着力推进市场体系建设，着力鼓励有效竞争，建立负面清单、完善市场准入，放开天然气终端价格，由市场竞争形成，在全国形成十个左右区域性石油天然气现货交易市场，建立和完善天然气期货交易市场，形成现代的市场体系和市场监管格局。

（1）至2020年，放开天然气终端价格，由市场竞争形成；在天然气主要交易中心和省际管道交叉处，建立天然气现货交易市场和批发市场，在上海期货交易所建立天然气期货交易市场；建立和完善专业化、独立的监管机构。

（2）至2025年，形成依托现货交易市场的生产商、独立交易商、大用户、地方配气公司和最终用户构成的天然气销售市场体系；完善专业化、独立的监管机构（图3.4.1）。

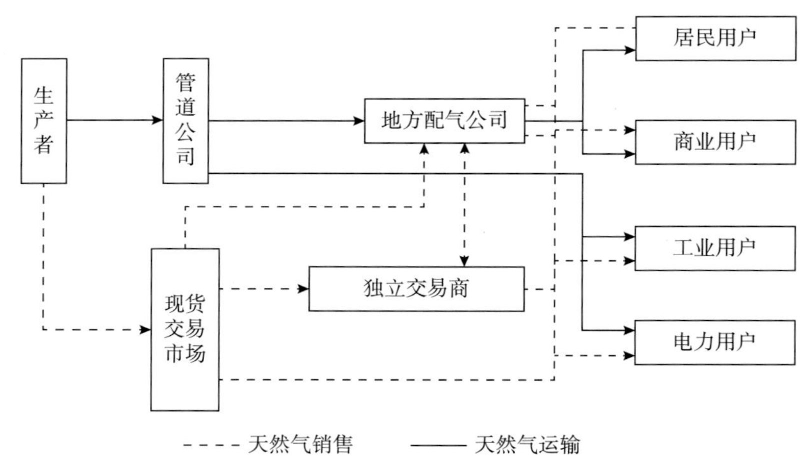

图3.4.1：销售与管道运输完全分离后天然气市场体系示意图

资料来源：武旭等《美国天然气监管经验对我国的启示》。

（3）至2030年，形成由生产商、独立交易商、大用户、地方配气公司和最终用户构成的现货交易市场与天然气期货市场相结合的天然气销售市场体系；建立起以专业化、独立的监管机构为基础的严密监督体系；形成统一开放、竞争有序、诚信守法、监管有力的天然气销售市场体系（图3.4.2）。

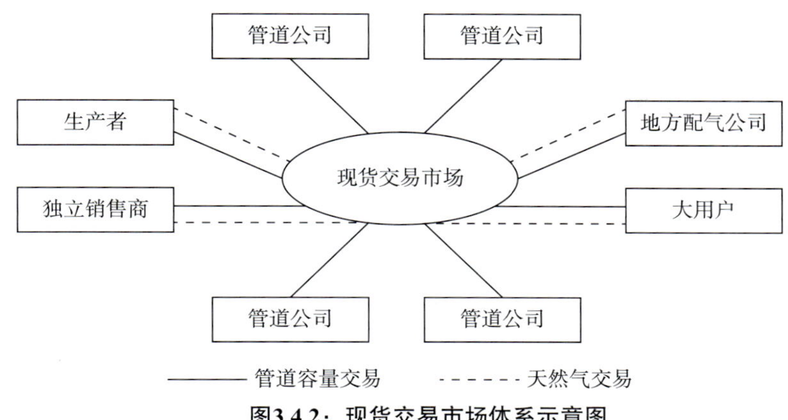

图3.4.2：现货交易市场体系示意图

资料来源：武旭等《美国天然气监管经验对我国的启示》。

二、主要措施

我国天然气政策的基本内容是：坚持“节约优先、立足国内、多元发展、保护环境、科技创新、深化改革、国际合作、改善民生”的发展方针，推进能源生产和消费方式革命，构建清洁、高效、安全、可持续的现代产业体系，努力以能源的可持续发展支撑经济社会的可持续发展。

（一）构建市场体系：完善现代天然气市场体系，设立“川渝天然气市场化改革试验区”，到2020年力争构建“产输销一体化”，到2030年基本建成完善的现代市场体系

力争到2020年，我国基本形成“一张网、多气源、十区域”的统一开放、竞争有序的天然气产输销一体化的市场体系。

——“一张网”管输体系。“一张网”是指统一规划、主体多元、互联互通的全国天然气管网体系。我国目前已初步形成了多元化的天然气来源，只有形成“一张网”管输体系，才能让不同来源、不同区域的气源与市场连接起来，形成全国统一的天然气市场体系。这既有利于促进区域间市场的资源流动和有效竞争，又有利于保障天然气供应安全。具体来说，要在已建成的管网基础上，完善以西气东输系统、新粤浙、陕京线系统、川气东送、中缅管道为主的基干管网，以及兰银线、兰银复线、淮武线、中贵线、冀宁线为联络线的“一张网”管输体系。

——“多气源”供气格局。我国天然气市场资源主要包括新疆、川渝、青海、陕甘宁地区和海上的国产气，以及西部中亚进口管道气、北部中俄进口管道气、南部中缅进口管道气和东部进口LNG，已初步形成国产管道气、进口管道气、进口LNG的多元化供气格局。在本着就近供应的原则下，要同时考虑“西气东输、北气南下、海气登陆”的供气格局，充分利用多种市场资源以满足不同区域供气的需求，保障供应安全。

——“十大”区域性市场。由于天然气资源分布、管网布局、经济社会发展条件等多方面因素的作用，我国有望实现进口管道气与市场、LNG接收站与市场、产气区与市场、地下储气库与市场、产气区与地下储气库等之间的无缝链接，在2020年前后形成环渤海、长三角、珠三角、川渝、滇黔桂、中南部、鲁豫皖、中西部、西北和东北地区的十大区域性市场，其中包括：自产自销、就近供应的川渝和西北区域性市场，以上海、广东为产输销中心的长三角和珠三角区域性市场，作为主干管网枢纽地的宁夏中卫、湖北武汉、河北永清将发挥物流中心的作用形成中西部、中南部和环渤海区域性市场，以中俄管道气和自产管道气为主要气源形成东北区域性市场，以中缅管道气和进口LNG为主要气源形成滇黔桂区域性市场，以中原、华北地下储气库群为支撑加上自产管道气和进口LNG等气源形成鲁豫皖区域性市场。

“十大”区域性市场不是完全孤立的而是相互联系和相互作用的。通过不同管道、不同主体之间互联互通的全国“一张网”管输体系，比较健全的市场规则，鼓励有效竞争，市场资源可以从高价区自发地流向低价区，形成全国性的由不同区域性价格构成的价格体系和天然气市场流通格局，实现资源优化配置。

“十大”区域性市场建设和发展顺序应分批推进，政策引导，试点突破。从市场建设和推进顺序来看，川渝、长三角和珠三角应在“十三五”期间建成比较成熟的区域性市场。与全国其他区域性市场相比较而言，川渝地区是中国最早形成的石油天然气区域性市场，其以四川盆地为依托，既有丰富的石油天然气资源，也有比较完善的管输网络，更已初步形成相对成熟的市场主体，因此建议：尽快设立“川渝天然气市场化改革试验区”，通过试点突破，建立完善市场准入、价格形成机制等市场规则，破除阻碍市场发育和有效竞争的各种“弹簧门”“玻璃门”，充分发挥市场的决定性作用，在2020年前后建成年产1000亿方的天然气产能和年销售量达到700亿方的天然气市场。

应充分发挥上海、广东产输销中心和经济发达、价格承受能力强等市场优势，尽快建立和运作上海石油、天然气期货交易所，并发挥上海市、广州市定价中心城市的作用，力争在“十三五”期间建成比较成熟的长三角和珠三角区域性市场。同时，依托宁夏中卫、湖北武汉、河北永清天然气供配枢纽站，充分利用输送网络节点优势，逐步发展物流体系，并有效辐射周边地区，尽快建成石油天然气的周转中心和物流中心，在2020年前后培育成为比较成熟的中西部、中南部和环渤海区域性市场。在此基础之上，稳步建设和推进滇黔桂、鲁豫皖、西北和东北区域性市场。

另外，配套建设“六大”地下储气库群。充分发挥现已耗竭的油气藏作用，利用储藏保存油气空间条件较好的优势，变废为宝，建设以中原、华北、东北、长庆、西北、西南产油气区的六大地下储气库群，逐步建设和完善天然气储备和调峰系统，形成全国“一张网、多气源、十区域”的有效支撑体系。

通过天然气市场、资源、基础设施的同步规划、同步建设、同步使用，基本形成全国上中下游产输销一体化的市场体系，实现天然气产业链各个环节协调发展的最终目标。

（二）完善天然气价格形成机制：分阶段稳步推进天然气价格改革，加快推进天然气交易中心建设

分阶段稳步推进天然气价格改革。目前已初步建立了天然气价格与可替代能源价格挂钩的动态调整机制。考虑到天然气产业的特殊性、改革影响的广泛性和市场形势的不确定性等因素，建议根据天然气市场的不同发展阶段，稳步推进天然气价格改革。第一阶段，2015年至2017年，重点理顺价格体系。尽快完善净回值法（将折价系数K由0.85调整为0.70～0.75）；科学合理确定长输管道、分支管道、省内管道、市内管道、配气管道的运输成本和价格；按照基本经济规律，理顺居民生活用气价格；完善季节性差价、峰谷差价、可中断气价以及储气价实施办法。修订计量标准和计价方式（由流量或质量计价改为热值计价），同时应从技术、管理两方面加强对计价违法行为的监督检查。加快清理地方政府乱收费问题（如目前存在的天然气价格调节基金，地方政府按销售每立方米0.3元至1.0元不等收取，加重了消费者负担）。第二阶段，2018年至2020年，取消对包括各省门站价在内的各种气源价格的管制；完善对居民生活用气价格的管制；完善对输气管道、储气等设施收费的管制，实现公开准入及有效监管。第三阶段，2021年至2023年，除配气管网外，其他输气管道、储气等设施收费完成市场化；健全管网等基础设施监督管理体系，基本实现公开、公平、竞争有序的天然气价格改革目标。而且，应逐步建立和完善资源税、成品油消费税、环境税和碳税等财税政策，构建科学合理的价财税体系，不断完善反映资源稀缺程度、市场供需关系和外部环境影响成本的价格形成机制。

推动区域性交易中心的建设。近期，可以启动上海和广东天然气交易中心建设。从中长期来看，可以在北京、四川、湖北、宁夏、新疆建设新的区域性交易中心。并力争把上海天然气交易中心的建设亚洲乃至国际性的天然气交易中心，最终形成一个上海作为国际价格中心和多个区域价格中心相互作用的交易中心体系，以充分把国内国际的供需关系充分连接起来。天然气交易中心的建设，应从现货交易起步，不断扩大交易量和交易的范围，然后再发展期货交易，增加市场的深度。

（三）疏通管输瓶颈：深化天然气管网等基础设施运营监管方面改革，明确功能定位，实现管输服务和销售业务完全分离及第三方准入

重点推进天然气管网建设运营体制改革，明确管网功能定位，逐步建立公平接入、供需导向、可靠灵活的天然气输送网络。应加快建立完善管网运营和服务环节的市场准入政策，对运营资格实行准入制度，确保运营主体承担责任的能力，将具有独立法人资格、实行独立核算作为运营主体的基本条件。鉴于我国天然气行业的实际情况，提供基础设施服务业务的分离可考虑先由较易改革的长输管网和LNG接收站开始；在分离方式上可先由财务和法律分离做起；在推进范围上，可先在气源多元化和市场竞争格局已基本形成，且输气管网密度较高的东部地区试点，然后在全国范围内推广。另外，探索将储气服务与输配气管网的财务和法律分离；鼓励各类资本参与储气库建设，允许独立的储气商参与天然气市场并通过市场的峰谷价格赚取利润。

应尽快实施管网互联互通及向第三方提供接入服务，加强对接入条款、服务价格和服务质量的监管，以确保运营主体提供非歧视性服务，为培育竞争性市场创造条件。输气和LNG接收站环节。逐步推行长输管网和LNG接收站的“第三方准入”以及许可证管理制度，即允许任何有资质经营天然气业务的企业与管网和LNG接收站经营者签订运输或代储合同。即只要输配系统有闲置的运输能力，运输管网和LNG接收站经营者就必须向任何有要求的天然气供应商或用户提供服务，在公平费率基础上提供无歧视准入。在主干管网内，所有气源接入点及终端市场连接点之间都应互联互通，不存在阻碍天然气商品流通的障碍。在操作顺序上，可以视基础设施的发展状况以及服务和销售业务的分离程度，逐步采取协商和强制的第三方准入。同时，尽快推行分级别（以年度天然气消费量为依据）放开大用户直接选择自己的天然气供应商，大用户主要包括：城市燃气企业、20万kw级电站和冷热电联供能源站、大型工业企业（包括作为原料和燃料）、LNG/CNG燃料供应商。储气和城市配气环节。逐步引入对不同消费规模用户的第三方准入机制，先从年消费量较大的非居民用户做起，列出时间表并

设定年消费规模，按照时间表和执行情况，规定不同年消费规模的非居民用户可自主选择供气商，或者完全绕开城市配气管网，或者城市配气管网仅承担政府监管价格下的配气服务。

（四）深化监管领域改革：分阶段逐步建立完善中央垂直领导的统一、独立、专业化的监管体系，完善监管职能，加强监管能力建设

根据能源发展的不同阶段，欧美国家都建有独立的监管机构。美国分别设立了能源主管部门和能源监管机构，能源主管部门主要负责能源发展和安全的大政方针及相关的政策研究；而能源监管机构主要负责具体的监管政策的制定和执行。其市场监管实行上中下游分段监管的体制，上游领域不设监管委员会，不过由联邦内政部监管能源的生产和利用，而个别州对上游生产中的一些许可进行监管；中下游设立独立的监管机构，联邦能源监管委员会负责对州际管道运输与销售进行监管，各州公共事业监管委员会对能源下游环节进行监管。独立于政府并具有司法审判功能的监管机构更有效地保证了政府的能源政策的落实，其公开、公正、透明的执法原则使其更易于公众的监督。

成立独立的监管机构，明确监管责任，完善监管职能，加强监管能力建设。应尽快健全能源领域监管体系，强化能源领域监管，健全监管组织体系和法规体系，创新监管方式，提高监管效能，维护公平公正的市场秩序，为能源产业健康发展创造良好环境。

2015～2017年，应进一步完善监管协调机制。在制定相关监管法规、条例和标准、国家能源发展规划和战略以及能源产业政策时，各部门间应加强沟通、协调和配合；在监管执行过程中，各部门应加强信息共享、相互协作。同时，应明确监管各部门在中央和地方机构的监管职责。

2018～2020年，由国务院授权组建能源监管领导小组，通过协调各部门间分工逐步建立起相对集中的监管部门。各部门仍保留原有的监管法规、标准和规范制定的职能，而主要监管执行工作应逐步统一到一个机构，实行相对集中监管。在地方层面，地方只设立省一级的能源监管机构，并直接向各地派出专业的监管队伍。而且，中央监管部门要强化对地方监管机构的检查和督导。

2021～2023年，完善能源统一监管机构职能，除环境、国土资源监管职能外，逐步赋予其能源全产业链的经济性、社会性等监管职能，明确与相关各部门的协作机制，详细划分各自职责，逐步形成独立的监管机构，最终建立起独立、统一、专业化

的能源监管机构以及自上而下的监管组织体系。

深化社会性监管方面改革，加强事中事后监管，推进市场监管制度化、规范化、程序化。实行统一的市场监管，清理和废除妨碍全国统一市场和公平竞争的各种规定和做法。更好发挥政府作用，坚持运用法治思维和法治方式履行市场监管职能，加强事中事后监管，推进市场监管制度化、规范化、程序化，建设法治化市场环境。

1.加强政府监管

完善标准和规范。加快完善石油天然气开发、运输、储气、配气等各环节的监管法律、法规、技术标准和规范的制定和落实工作。完善环境影响评价制度，包括战略环境影响评价、规划环境影响评价和石油天然气开发、运输、储气、配气建设项目的动态环境影响评价。

强化石油天然气开发的全过程监管。加强对石油天然气开发的全过程监管，在事前、事中、事后三个阶段均应严格地监管。事前监管内容主要针对石油天然气开发前的规划和准备工作，从源头上杜绝安全和环境风险。企业或作业者在编制石油天然气开发方案的同时，必须编制石油天然气环境影响报告书，并提出为避免、减轻各种污染影响拟采取的环境保护措施；要求企业在开发活动开始前建立当地主要环境指标的基线（例如地下水水质、地表水质、空气质量等），并在开发期间进行持续监测；钻井位置选择需基于详细的地质条件调查，并尽量避开人口稠密区、生态环境保护区等，尽量减少对土地破坏并高效利用土地，并就近利用当地基础设施，减少铺设新道路和设施用地。

事中监管内容主要针对石油天然气钻探、完井、采气及后续生产过程。应要求作业者在各环节都要满足安全和环境监管的各种标准和规范，采用高效、绿色、循环的技术，保证环保和安全；同时，应要求作业者具备防治环境污染的应急能力，并制订应急预案，配备处理污染的设施等。

事后监管内容主要针对石油天然气开发引发的长期风险进行评估。石油天然气开发所引发的环境影响有时在监管前期和监管过程中不易被发现和掌握，在生产阶段结束后需对地下水、地表水、土壤、空气等环境状况进行分析，并与开发前基准进行对比，评估石油天然气开发环境影响。事后监管要严格执行，对达不到标准的企业要进行处罚。

注重中游管网环节的安全和环保监管。第一，管道建设时期，严格审查管道工程的勘察设计者、供应商、承包商的合法资质。管道工程勘察设计、供应、施工过程中，严格监督执行国家有关安全生产方针、政策、法律、法规及技术标准。科学选择管线，修建管道安全保护设施，从源头上排除管道的安全隐患。负责油气输送的企业应设置安全管理机构，配置与管理内容相适应的人力和装备，逐级建立安全管理网络，完善各级安全生产责任制。

第二，将石油天然气管道的安全管理工作列入到政府日常管理的范畴，建立健全科学合理的监管机制，进一步加强管道设施的安全管理责任明细，实行地方政府主要领导责任制，制定切实有效的工作方案和公共安全应急预案；建立各部门之间、政府与管道企业之间的联动协调机制，如联席工作会议制度；跨区域管道安全问题的处理，由上一级政府负责协调，明确政府相关部门、管道企业各自的职责，充分利用安全信息共享机制和突发公共安全事故的快速响应机制。

第三，加大对违章占压、非法开挖等严重危害石油天然气管道安全行为的问责力度，严肃处罚有关的责任单位以及责任人。

2.强化企业安全和环保责任

建立健全安全生产监督管理机构和制度。企业须成立安全生产管理委员会及安全管理部门，配备相应的管理人员。而且，企业要建立一整套安全生产监督管理制度，包括安全生产责任制度、安全教育培训制度、安全例会制度以及设备管理制度、安全奖惩制度、应急管理制度等。

明确安全生产职责，健全安全生产责任制。企业应建立健全以岗位责任制为主要内容，以主要负责人为中枢的安全责任体系，明确安全生产主要负责人、各职能部门和从业人员的安全生产责任制度，形成健全的安全生产监管责任体系。

加强专业技术的安全管理。依据有关安全生产的法律法规、标准规范，加强企业的现场安全生产的技术管理。

建立健全隐患排查制度，加强应急预案机制。企业须进行生产过程中重点环节、重点部位、重点设备不间断的事故隐患排查，并对排查出的事故隐患要进行专业的评估、分级，做到事前管理和源头控制。须建立严格的隐患信息报送制度，规范隐患治理工作。对于突发安全状况，须有一个有效的应急组织机构和一套完善的应急预案，并在平时规范应急演练工作。

整合HSE管理体系与管道完整性管理体系。HSE管理侧重于人员活动的安全、防护和作业安全，而管道完整性管理侧重设备技术管理、预防性维护，以保障设备安全可靠的运行。若可较好地实现二者间的整合、互为补充，则可形成管道企业新的管理体系。进一步完善 HSE 管理体系，加强安全管理、监督和审核队伍中的人员素质的培养和建设，切实做到安全有序。

3.推进信息公开和社会监管

信息公开与社会监管应贯穿石油天然气生产、输送和利用的全过程。政府部门应对企业信息公开和公众沟通工作进行有效地指导和监督。首先，应力推企业信息公开工作，公开、诚实地解释生产、输送和利用过程中可能存在的环境、安全和健康风险，以及企业将如何应对这些风险；其次，政府要及时准确公布安全和环境监测数据；再次，应把与开发所在地居民沟通融入开发的每一个阶段，使居民对相关的挑战、风险和利益有清楚的了解。

社会组织要加强社会监督，监督企业是否遵守环境标准，同时对监管机构进行监督。公众应增强环保意识，积极了解和掌握石油天然气生产、输送和利用过程中的安全和环境风险的相关知识，对石油天然气生产、输送和利用过程起到公共监督的作用。媒体应在宣传环保知识和披露违法行为方面发挥积极的作用，对新闻媒体有关的批评性报道，要求企业实事求是地及时进行调查和处理，并在报道后的2周内，将整改结果或查处进展情况向有关部门和新闻媒体反馈。

（五）激发主体活力：深化国有油气企业改革，形成有效竞争的市场格局

改革前的荷兰是国有石油天然气企业一统天下，这一点与我国非常相像。虽然按照欧盟建立统一能源市场的要求推进改革，但荷兰却因路径依赖，选择了一条与众不同的发展模式，即在产业上中下游都保留了若干重量级的国有控股企业，并且通过EBN这一特殊的完全国有公司广泛介入石油天然气市场的运作，取得了良好的成效。

事实证明，国有企业并不必然就意味着垄断和低效率，而是需要对其进行规范的监管以提高经营效率，并在公平的市场环境下有效带动社会资本的进入。我国从计划经济向市场经济转型的发展背景以及油气资源的战略地位和勘探开发、管输的高风险、投资回报期长的特点，都决定了为保证石油天然气供应安全，目前由国有企业主要参与和投资是必不可少的。特别是对于自然垄断、重要公共产品和服务的环节，应在今后一定时期内坚持国有企业的主导地位，但应通过多元化投资，改善企业股权结构，鼓励有效竞争。

要重新优化配置资源、重塑企业核心竞争力，构建符合世界石油天然气行业上下游结构比基本规律的石油企业，打造具有较强国际竞争力的国际石油天然气公司，以提升我国石油天然气行业的整体实力，保障国家能源安全。构建两至三家上中下游均衡发展的一体化特大型国际石油天然气公司。同时，为形成有效竞争的市场格局，合并后的一体化特大型国际石油天然气公司应剥离部分中下游业务。

同时，要全面深化国有油气企业改革，将其打造成为合格的市场主体，主要包括：全面完善国有资产监督管理体制和运行机制，实现政府社会经济管理职能与所有者资产管理职能分开、政府的国有资产管理职能与国有资产经营职能分开，从而实现政企分开、政资分开；建立高效运营机制和治理结构，促使国有企业经理人真正按照市场机制来管理、运营国有企业，激发国有企业活力。

（六）建立和完善服务市场：支持石油天然气专业性服务和技术类公司的发展，通过市场机制推进专业分工体系的社会化

美国页岩气开发成功的经验表明，多元投资主体与专业化分工服务相结合的开发体制调动了包括风险投资、技术研发、上游开采、基础设施、市场开发、终端应用等各方面的积极性，以及系统完善且执行到位的监管体制保证了页岩气产业快速有序地发展。在开放的竞争环境下，一大批专业化程度很高、技术优势明显的技术服务公司，可向矿业权人提供水平钻井、完井、固井和多段压裂等工程以及测井、实验测试等专业技术服务。某公司在完成本某环节相应服务后即可退出，由下一环节的专业公司接替。高度分工使得页岩气开采的单个环节投入小、作业周期短、资金回收快，吸引了大量风险投资和民间资本进入页岩气开采领域。

因此，应充分发挥市场机制的作用，大力鼓励石油天然气专业性服务和技术类公司的发展，按照“生产需求、技术先进、信誉良好”原则，运用市场机制、资质约束等手段规范服务企业、服务行为，组织专业化施工队伍，同时围绕“勘探、生产、现场、成本、安全、环保”等环节建章立制，实现生产过程有章可循、规范运转，以保证勘探开采规范有序。

同时，要加强专业人才队伍培养。石油天然气产业的可持续发展要靠人才，企业间的竞争归根结底是人才的竞争。因此，既要建立起面对中国石油天然气市场的人才梯队，又要建立起面向国际市场的人才梯队；不仅需要一批懂专业技术、会管理的专家队伍，而且需要培养一批通晓法律、国际贸易规则的复合型人才，形成一个专业齐全、相对稳定的人才支持系统。

第五章 中国天然气市场机制建设和管理体制改革的保障措施

为促进天然气产业快速、健康发展，必须尽快健全和完善一系列政策保障措施。

一、深化天然气领域法律法规体系建设，建立完备的法治体系

党的十八届四中全会提出形成完备的法律规范体系的目标，为新的历史条件下进一步加强和改进立法工作，完善法律体系指明了方向。要重视发挥立法对改革和经济社会发展的引领推动作用，变“政策引领”为“立法引领”，坚持改革于法有据，使改革始终在法治轨道上进行。只有天然气产业发展的方方方面实现有法可依，只有不断提高天然气领域立法的科学化、民主化水平，才能实现良法善治，才能为依法监管天然气产业提供基本制度依循。尽管目前我国已初步形成了天然气领域的法律法规框架体系，但现有法律体系中不协调、不一致、体系性不强等问题依然突出。例如：我国尚缺乏专业性、综合性的以涵盖上中下游整个产业链各个环节的“石油天然气法”。在天然气勘探开发方面，现有的矿产资源法以固体矿为立法基础，规范的是矿产资源权属关系的共性问题，无法解决天然气作为气体矿种的特殊性问题；现行的多数立法具有较多计划经济的色彩和限制矿业权取得、流转的规定，已不能完全适应天然气自身特点和市场化改革的需要。在天然气管网、终端消费环节以及环境保护等方面，运输、储气、配气等各环节的监管法律、法规不健全，地方政府和相关企业的责任和义务不够明确。现代化的天然气行业技术规范与标准仍不够完整和规范。

法律是治国之重器，良法是善治之前提。形成完备的法律规范体系，首先要加强重点领域立法，增强法律法规的系统性，解决因体系性不强导致的法律规定在逻辑上、价值取向上相互“打架”的问题。为此，应尽快完善天然气领域的法律框架。建立健全以“石油天然气法”为核心，以天然气专项法为支撑的完整法律框架体系。提高法律法规的可操作性，使其更适应天然气勘探、生产、输送、储配和利用的特点，并完善相关的实施细则和配套规定。尽快制订天然气专项法规。制订或修订“石油天然气矿业权管理条例”“天然气中下游管理条例”“天然气开采环境保护条例”“海洋石油天然气管道保护条例”“天然气储备条例”等行政法规，重点完善资源产权、勘探开发合同、基础设施建设和运营管理、储备、销售和利用、安全预警与应急、安全生产和生态效益补偿、跨国投资和进出口贸易等法律制度。

研究制订“天然气中下游管理条例”。该条例至少应包括：管理主体和各级政府的职责；天然气相关监管机构的组织、地位、权力、义务、监管原则和运行机制等；天然气运输管理模式和运行机制；天然气相关企业的权利、义务和责任；确定天然气

价格和输配费率的原则和机制；管道建设及运营的审批、施工、维护、安全保障、开放准入；争端解决等。

研究制订“天然气开采环境保护条例”，对天然气开采中的污染防治规划、环境影响评价、排污许可、钻井液以及废气、废水和有毒气体的回收处理、噪声控制、放射源管理、环境监测、超标排污、污染事故的应急处理等方面作出专门规定。

通过司法解释处理好《石油天然气管道保护法》与其他法律之间的冲突，亟须明确管道发展规划与其他专项规划间的协调、管道建设规划与城乡规划的衔接、管道地下通过权的法律界定、管道安全对土地使用的限制以及管道安全与公路、铁路安全要求的冲突等。

二、构建统一管理的能源主管部门，切实转变政府职能

理顺现行的能源管理体制，逐步过渡到高级别、集中的能源管理体制。加强行业管理，将行业总体规划、市场准入、法律法规等职能相对集中到能源主管部门统一管理。更加重视能源发展的战略谋划，综合运用规划、政策、标准等手段实施行业管理。加快简政放权，继续取消和下放行政审批事项，分清市场和政府的不同作用，切实减少政府对微观事务的干预。深入推进政企分开，分离自然垄断业务和竞争性业务，放开竞争性领域和环节，鼓励各类投资主体有序进入能源产业的各个领域，实现公平准入，鼓励有效竞争。

实行负面清单准入管理方式。所谓负面清单管理，是指政府列出禁止和限制进入的领域、业务等清单，清单之外的领域都可以自由进入，即所谓“法无禁止即可为”。充分发挥市场在资源配置中的决定性作用，把该放的权力放开放到位，降低准入门槛。法不禁止的，市场主体即可为；法未授权的，政府部门不能为，给市场在更大范围内发挥决定性作用留下一些空间。因此，应实行统一的市场准入制度，在制定负面清单基础上，鼓励和引导各类市场主体依法平等进入负面清单以外的领域，推动能源领域投资主体多元化。另一方面，在放宽市场准入上，应该有一些标志性的大动作，既要“放小”，也要“放大”。比如：在行政性垄断问题突出的石油天然气开发和基础设施领域，放进去一两个大的竞争者，以形成有效竞争。可以考虑在四川盆地试点常规石油天然气矿业权招投标以及放开省际管道建设和运营，全面放开四川和重庆等省市的石油天然气市场。放开石油天然气进口权，打通国内外市场，允许民营企业做大做强。

三、深化财政、税收政策体系改革，鼓励非常规天然气的开发利用

进一步完善财政政策。在充分发挥市场作用的基础上，扩大地质勘探基金规模，重点支持和引导非常规气及深海天然气资源开发和国际合作，完善政府对基础性、战略性、前沿性科学研究和共性技术研究及重大装备的支持机制。完善调峰调频备用补偿政策。

继续加大对煤层气的扶持力度，尽快落实扶持政策，对煤层气开发企业的财政补贴提高到0.60元/立方米；免征企业所得税政策延期到2020年；严格落实增值税“先征后返”政策或实行“即征即返”。

落实新制定的页岩气补贴政策。2012～2015年，我国中央财政对符合相关条件的页岩气开采企业按0.4元/立方米的标准给予补贴。“十三五”期间是我国页岩气产业发展从投入期步入成长期的关键时期，在国际油价大幅下跌并将在未来3～5年内保持60～80美元/桶左右、全球对页岩气投资缩减的背景下仍然激励企业勘探开发页岩气的积极性就显得十分必要。为此，延续并落实对页岩气开采补贴对我国页岩气的大力发展尤为重要，其中：2016～2018年的补贴标准为0.3元/立方米；2019～2020年补贴标准为0.2元/立方米。

调整中央和地方分税关系。与火电等传统能源相比，天然气等清洁能源由于有多方面的财税优惠，对地方财政收入贡献较弱，地方政府积极性不强。另一方面，与中央税相比，地方税的税源较为分散，征管难度大，收入不稳定，影响了地方发展天然气的资金保障。建议适度调整天然气领域增值税、企业所得税等主要税种的分税比例，增加地方财政收入，调动地方政府发展天然气的积极性。

加快资源税费改革。资源税改革应以促进自然资源合理开发利用、生态环境保护、加快转变发展方式为目标，分三阶段、从六方面逐步推进，即2015年至2016年初步完善资源税体系，2017年至2018年基本完善资源税体系，2019年至2020年基本实现资源税改革目标，明确资源税定位，确定合理税负水平，扩大征收范围，完善计征方式，完善资源性产品价格形成机制，完善相关配套措施。

研究调整成品油消费税征税环节和税率，推进成品油消费税改革，采用多环节征收方案。在完善现行税制的基础上，建议采用多环节征收方案，推进成品油消费税改革。一是严格批发企业资质认定，通过媒体监督、公众监督等渠道确保批发企业准入的公开、公平、公正。二是税务等部门应针对新的税收征管方案，调整好监管重点，确保新旧税制之间的平稳过渡和新税制的顺利实施。三是科学确定成品油消费税在中

央和地方之间的分享比例，充分调动地方在征管中的积极性。四是对新税制运行中出现的新问题、新情况，应全程跟踪、不断完善。

建立和完善环境税和碳交易政策体系。环境税是指以环境保护为目的，针对污染和生态破坏等行为课征的特别或独立税种。其征税范围是直接针对各种不利于生态环境的行为进行征收，与生态环境的保护密切相关的一些税种，也称为独立环境税，其一般包括污染排放税、污染产品税、碳税等。其中，污染排放税是对污染物（如废气、污水和固体废物等）排放征收的环境税种；污染产品税是对有潜在污染的产品（如能源燃料、机动车、臭氧损耗物质、化肥农药、含磷洗涤用品、汞镉电池等）征收的环境税种；碳税是对产生二氧化碳的煤、石油、天然气等化石燃料征收的环境税种。

“十二五”时期，在碳交易方面，要鼓励各试点地区实现从“自愿交易”向“强制交易”的突破。从长远来看，要建立一个强制性、覆盖经济整体、一二级市场健全、与国际市场接轨的全国性市场，充分发挥市场机制在优化配置各类节能减排资源中的决定性作用，从而达到以最小成本实现最大减排的效果。在碳税方面，要加快推进碳税立法工作，未来可以考虑碳税如何与碳交易结合使用，从而能发挥组合政策的作用，同时对积极采用技术减排和回收二氧化碳并达到一定标准的企业，给予减免税优惠。

要加快推进“环境费改税”和污染排放税立法工作，将现行排污收费的征收对象全部纳入污染排放税的征税范围，实行排污收费制度的全面改革。要进一步完善节能减排税收政策，建立和完善生态补偿机制，探索建立绿色税收体系。

四、建立和完善天然气资源基础资料公益化管理制度，为开放矿业权、培育矿业权市场提供支撑

尽快完善资料统一管理制度，将油气的资料提交与矿业权管理直接挂钩，实现矿业权管理流程的综合集成和数据共享。加快建立以中国油气地质调查和勘探开发资料为主要内容的、涵盖国内外油气资源信息的国家级数据库。建设国家油气资源公共信息网，搭建集动态信息、公共信息、矿业权管理和原始数据管理于一体的油气信息管理、发布与共享服务平台，以切实推进矿业权的开放政策，真正做到公平准入，鼓励有效竞争。

1.资料提交

常规天然气、页岩气、煤层气等资源勘探开发形成的各类地质资料，包括在地质工作中形成的原始地质资料、成果资料和相关实物资料，应统一提交给国土资源主管部门，作为天然气矿业权管理的备案资料。应提交的原始地质资料和成果资料主要包括：野外地质、地球物理、地球化学、遥感地质、实验测试、工程地质、钻井工程、信息技术等方面的专业资料，并应在每年的第二季度内提交上一年度的完整资料。

2.数据资料统一规范管理

严格规范常规天然气、页岩气、煤层气等资源基础数据资料统一管理，将天然气资源基础数据资料的提交与天然气矿业权管理挂钩。建立天然气资源基础数据资料采集、加工、处理、储存机制，推进天然气资源基础数据资料的数字化，建立健全天然气资源基础数据资料管理和服务工作新机制，搭建一体化的天然气资源基础数据资料管理与共享服务平台。

3.数据库建设与信息公开

建立涵盖国内外常规天然气、页岩气、煤层气等资源信息，以中国天然气资源调查和勘探开发为主要内容的国家级天然气资源基础数据库。实现天然气矿业权管理流程的综合集成和数据共享。建设国家天然气资源公共信息网，搭建集动态信息、公共信息、矿业权管理、原始数据管理于一体的天然气资源信息管理、发布与共享服务平台。

五、深化天然气领域科技创新方面改革，建立以企业为主体、市场为导向、政产学研用相结合的创新体系

加大国家对天然气开发利用技术的投入。着眼于关键技术突破，加大对非常规天然气开采、深海天然气开发、LNG储运设施等领域关键共性技术研发的投入力度。尽快对页岩气开采、深海天然气开发、煤层气开采、可燃冰开采、煤制甲烷、燃气汽车（船舶）发动机制造、联合循环燃气轮机发电机组、碳俘获与存储等八大领域关键技术的研究开发进行战略规划布局，在着眼于关键技术突破的同时，对相关领域的基础研究提早部署。改革现有科技投入管理机制。由国家能源主管部门牵头，组织协调科技、国土资源、工信、财政、环保、标准等主管部门，明确各部门对天然气技术创新支持的任务和权责，由国务院按照共性技术的特点制定统一的扶持政策。健全天然气技术创新的支撑体系。建立国家非常规天然气重大技术实验室，集中人力、物力、财

力对关键重大技术进行重点攻关突破。支持企业自主创新，增强产业技术能力。支持气体清洁能源企业转型升级，通过技术改造投资等提高生产效率。扶持掌握核心技术的骨干企业，进一步提升技术能力并建立核心竞争力。加强产学研结合，支持关键共性技术研发，实施自主化依托工程推进气体清洁能源装备的自主化、国产化，全面提升本土化气体清洁能源设备技术水平。加大人才培养力度，支持建立企业技术研发中心与博士后科研流动站。

加强页岩气地质调查研究，加快“工厂化”“成套化”技术研发和应用，探索形成先进适用的页岩气勘探开发技术模式和商业模式，培育自主创新和装备制造能力。通过加大科技联合攻关和对外合作，引进、消化、吸收、创新先进技术，掌握适应我国地面和地下地质特点的页岩气勘探开发生产技术，加快形成具有中国特色、环境友好、经济高效的关键技术与装备体系，并实现规模化应用。在装备上，一是实现装备的大功率化，减少设备数量，减小井场范围，便于山地应用；二是实现装备的模块化、小型化、便携化，便于复杂地表作业施工。在降低成本上，要积极开展工艺优化设计及低成本压裂液选配攻关，大规模降低成本。在环保问题上，要确保添加剂的环保、安全，实现资源开发与环境保护协调发展。未来3至5年内，在引进消化、吸收与创新基础上，页岩气工程技术形成具有中国特色、环境友好、经济高效的关键技术与装备体系，实现规模化应用；2020年以后，力争实现页岩气自主开发技术与装备基本成熟、配套。

将大型煤气化设备和甲烷化关键技术、提高能效梯级利用技术、微藻生物柴油成套技术以及污水处理技术等关键技术列入国家重大基础研究项目计划并给予优先安排，加大技术研发和应用方面的投入。依托现有煤制甲烷示范工程项目，加强对煤种适应性广、气化压力高、生产能力大、气化效率高、耗水量低、对环境污染少的新一代煤气化工艺等关键技术的自主创新和攻关，推进高温甲烷化合成和反应器等技术装备的研发，逐步形成适合我国煤质特点的生产利用核心技术和自动化集成体系。

加大可燃冰勘探开发技术攻关力度，增强核心技术自主研发能力，培育具有自主知识产权的核心技术。第一，以可燃冰的资源调查与评价为核心，有序推动可燃冰的开发工作。进一步完善可燃冰资源调查、勘查与评价技术，优选找矿标志和方法，绘制我国海域及冻土带可燃冰资源分布图，圈定可供商业性开发的可燃冰矿藏地。第二，加强开采技术科技攻关，推动我国可燃冰资源开发利用进程。主要包括：开展降压法、加热法、化学抑制剂法和二氧化碳置换法等促进可燃冰高效快速分解的开采技术研究；开展钻井、完井、固井以及水平井、压裂等关键施工技术研究，完善气体收集、储运技术，形成相对完整的可燃冰开采施工技术体系；开展开采设备和关键装备研发，积极推进可燃冰开采装备的自主化、国产化，全面提升我国可燃冰开采的设备技术水平；加强开采技术和方法集成，优化开采方案及设备组合，形成实用性的可燃冰开发技术体系。第三，加强开采安全与环境评价研究，尽快搞清可燃冰开采可能诱发的全球气候变化、海底地质灾害及对深海生物群落的影响，建立相应的动态监测、灾害预警和控制系统。

六、统筹利用国内国际两种资源、两个市场，全方位加强国际合作

统筹利用国内国际两种资源、两个市场，坚持投资与贸易并举、陆海通道并举，加快制定利用海外能源资源中长期规划，着力拓展进口通道，着力建设丝绸之路经济带、21世纪海上丝绸之路、孟中印缅经济走廊和中巴经济走廊，积极支持能源技术、装备和工程队伍“走出去”。

加强俄罗斯中亚、中东、非洲、美洲和亚太五大重点能源合作区域建设，深化国际能源双边多边合作，建立区域性能源交易市场。积极参与全球能源治理。加强统筹协调，支持企业“走出去”，有针对性地收购或参股拥有先进页岩气等非常规气开发技术的国外企业，为我国非常规气开发积累技术和经验。①进一步优化审批程序，提高审批效率。国际油气资源并购市场的竞争一直比较激烈，好的项目通常受到多方关注，对并购期限的要求也较高。建议有关部门进一步优化境外投资审批程序，在严控风险的同时提高审批效率，缩短审批时间。②采取有效措施，解决企业海外并购投融资能力不足的问题。一是可以通过政策性银行对企业的并购融资给予必要支持；二是可以考虑将中投公司作为一些项目的出资人之一；三是发挥中非发展基金等一些股权投资基金在境外投资方面的作用。③着眼长远，构建有利于石油企业“走出去”的政策体系。主要包括：一是统筹制订国家石油安全战略和能源外交政策，创造有利于境外油气投资的国际环境，如签署投资保护协定，在拉美、中亚等资源国争取到相对合理的财税条款，健全政府应对海外突发事件的快速反应机制等，最大程度减少石油企业境外投资所面临的政治风险、安全风险和政策风险。二是建立海外风险勘探基金，对国家批准的项目，石油公司可以申请使用该基金，风险勘探成功后从收益中及时返还，失败则给予部分核销等。

同时，我国正在建设的石油、天然气期货市场，必须立足于全球资源分布、生产发展、贸易流向、消费升级的现状与发展趋势，立足于通过建设完善国际化的现代

石油天然气市场体系，使得中国在使用全球石油天然气资源来发展本国经济的过程中取得相对有利的地位。为此，我国一方面要顺应市场发展趋势不断完善国内的石油流通体制和价格形成机制，建设一个石油天然气来源多样化、参与主体多元化、价格市场化的石油天然气产业体系；另一方面要配套相关的市场准入、外汇、税收和海关政策，吸引国际投资者的大量参与，建设一个全球化的石油、天然气国际期货市场。

中国（上海）自由贸易试验区（以下简称自贸区）的建立为中国石油、天然气期货市场的发展提供了条件。中国人民银行等部门针对自贸区出台了《关于金融支持上海自由贸易试验区建设的意见》等政策，在“一线放开，二线管住”和“风险可控，稳步推进”的原则下，在自贸区实现资本项目可兑换、人民币跨境使用和利率市场化，这标志着中国金融创新进入了新阶段、离岸金融市场的建立拉开了帷幕。而且，上海国际能源交易中心将具体承担国际石油、天然气期货平台的建设工作，负责合约设计、配套机制（如境外投资者参与交易、保税交割）等方面的建设，建立完善合理的价值变动机制、公平的交易规则、良好的信用体系三者不可或缺的市场交易体系。这些工作的扎实推进，预示着中国有望在中短期内开展国际石油、天然气期货交易，以吸引国际投资者的大量参与，有利于充分利用国内国际两种资源、两个市场，有利于在开放的市场环境下提高中国石油天然气企业的国际竞争力，有利于建立完善中国石油天然气市场体系，满足经济社会发展对能源需求不断增长的需要，保障国家能源安全。

专题四
国际天然气发展趋势及各国实践

内容摘要

从全球能源格局看，天然气消费总量及其在能源结构中的份额均在增长，导致增长的主要原因包括经济活动变化、能源强度变化和向天然气转型等。全球天然气供需在空间上分离，空间分布不均衡性明显，推动了全球天然气贸易热潮。作为全球天然气市场的重要组成部分，中国的政策框架对全球和中国的能源市场有重大影响。

全球天然气价格和各国定价机制处于演化之中，与油价挂钩的长期合同方式正被多种多样的市场方式取代。例如，北美起主导作用的亨利枢纽价格往往反映的是美国的供需动向、季节性变化、重大事件和长期趋势。在定价主要与石油指数挂钩的市场上，其天然气价格也会对供需有所反应，只是敏感度不如竞争性定价高。天然气价格和石油价格能否挂钩，关键在于石油价值和天然气价值背后的经济驱动因素是否相似。天然气枢纽的核心功能是在天然气系统内提供实物联系和进行竞争性定价。

有竞争力的天然气市场需要一套核心监管措施，以实现天然气经济、安全和清洁的目标。有效的监管制度包括五大步骤：建立机构、确保开放市场准入、放松价格管制、制定标准并保证市场透明度以及保护终端用户等。

天然气产业链可以分为上游、中游和下游三个环节。上游主要包括许可制度和财税政策，中游主要包括天然气输送官网和输配公司，下游主要包括天然气批发零售市场和天然气枢纽等。天然气市场化需要各个环节的政策开放、第三方准入和基础设施建设等多方面工作的一齐努力。

天然气的广泛使用，使天然气安全问题越来越受到重视。天然气安全体系包括供应源、基础设施和体制等，其实质是天然气供应链的安全。供应源方面，通过保障其多样性和零替代品来保障能源安全；基础设施方面，通过保障存储设施、管道、天然气接收站等的量和质来保障能源运输安全；体制方面，通过市场和政府政策激励来保障能源交易安全。

能源结构对于空气质量、健康和经济有重大影响。改用天然气作为工业和居民采暖燃料是比较可行的污染控制方案，而空气质量的改善能够对经济效益改善有明显促进作用。

---

* 该专题由国务院发展研究中心魏际刚和东方蚬壳贸易公司李道亮负责。石耀东、宋紫峰、壳牌公司王岭、寒娟、吴丽薇、谢保权、袁苑和国家发展改革委能源所苗韧共同完成。课题组其他成员参加了讨论和修改。

第一章 国际发展总体趋势

从全球范围来看，天然气在国家能源系统中的地位日益显著。在大多数的经济体中，天然气的绝对数量和在能源结构中的占比都保持着持续增长。天然气全球增长的主要动力来自于市场的开放、对其他能源的替代，以及对非常规天然气资源的获取。对于环境质量的要求和对于能源安全的需求则进一步加剧了这个趋势。

在本章中，我们研究了天然气的全球供应和需求的现状，探讨未来市场及价格的发展趋势。此外，我们还参考了许多发达国家在放开天然气价值链实践中的经验和教训。在本章的最后，我们从国家能源安全角度对天然气进行了探讨。

一、全球天然气市场

在全球能源市场上，天然气的重要性日益提升。无论是从绝对量的还是从能源结构占比的角度分析，对于天然气的需求都呈现持续上涨的趋势。1980年，天然气占全球一次能源消耗的19%，到2010年，它的比例上升到23%。在过去的20年间，天然气消费量以平均每年2.6%的速度递增，高于每年2%的能源需求总量的增长。而且，在未来至2030年，天然气消费量预计以每年2%的速度持续增加。虽然目前天然气的需求大多来自发达国家，但未来几年发展中国家将是推动天然气需求增长的主力军，特别是来自发电领域。事实上，大量的需求将来自亚洲，特别是中国。

天然气需求的上涨主要是受对其他燃料，譬如石油和煤炭的替代需求的推动。此外，持续增长的能源强度，推动了所有燃料需求增长的同时，也加速了天然气消费的增加。能源密度的降低，或者说能量的投入输出比例的降低，在一定程度上减少了能源需求的压力。然而本课题研究发现，天然气和其他燃料之间的价格差异，对燃料的转换或需求增长影响有限。

非常规天然气资源获取难度的降低也进一步刺激了天然气需求的增长。随着美国近年来页岩气的成功开发，全球天然气未来的供应将有很大部分来自非常规资源。2030年，页岩气和煤层气将占北美天然气产量的一半以上。根据美国能源部的推测，中国拥有全球最大的页岩气技术可采资源量，接近美国的两倍。然而，成本、气田的地理分布，以及采收的能力为开发这些储量带来了一定的阻力。

天然气全球贸易，尤其是LNG贸易的繁荣也为天然气需求的持续增长提供了助力。全球的LNG贸易量在2003到2013年间翻了一倍，并预期在未来持续增长，推动全球一体化天然气市场的发展。部分得益于美国和其他地区非常规气产量的增加，LNG出口国在未来几年将更趋多样化，进而发展成一个连接各种需求中心的供应网络。因为对管道没有依赖，LNG船运呈现了更大的灵活性——LNG可以根据价格，迅速地由船运抵达最具优势的市场。能源安全的优势和套利机会更增加了LNG船运较之于管道天然气的竞争优势。

天然气的价格体系渐渐脱离与油价挂钩的合同模式，特别是在亚洲以外地区。虽然传统的天然气合约都和油价挂钩，然而这些燃料所代表的经济基础已经发生偏离。

以石油为基础的燃料主要用于交通，而发电和取暖的需求在减少；但天然气用于发电和取暖正在增加。此外，天然气交易中心的形成——主要是欧洲和美国——已经促使合同与价格透明、并时刻可获取的天然气价格挂钩，例如Henry Hub和NBP。

作为报告的一部分，我们研究了中国各种天然气需求情景下对全球能源市场的影响。分析显示，中国天然气需求的增长不会对全球天然气价格产生显著的影响，因为全球的供应量也在相应的增加。然而，中国天然气对煤的不断替代，将对全球的煤炭价格产生巨大的影响。中国目前的煤炭需求在全球需求总量中占有相当大的份额，中国的需求下降、全球煤炭供应变化与需求变化的不一致，都将对全球的煤炭价格造成影响。印度因为缺乏限制煤炭使用的政策，因此将成为低价煤炭的主要受惠国家之一。

二、开放天然气价值链的全球经验

作为本报告的一部分，我们研究了五个国家和地区的天然气体系市场化经验，这些体系的开放带来了近年来天然气消费的显著增长。在这所有五个市场中，开放的市场和激烈的竞争为推动国内天然气消费的增长发挥了积极的作用。每个国家的市场发展各有特色，它们既为中国提供了正面的经验、也提供了反面教训。

对决策者来说，能源领域存在三大顾虑，即为商业和民用用户提供价格可承受的天然气、建立多元化的供应体系并培育市场的作用以加强国家能源安全、发挥能源的辅助力量，例如改善空气质量、为贫穷地区提供能源等。放开天然气价值链是平衡和达到上述目标的手段之一。譬如，在天然气开采和销售环节加强竞争将带来成本的降低，让终端用户收益，同时丰富了供应、提高了能源安全。

我们的研究表明，这些国家开放市场的细节各异，但其激发市场生机的轨迹大致相同。唯有开放才能形成竞争的市场，为终端用户提供最好、最低价的能源。要打造开放的、竞争的市场，主要途径包括通过放开市场引入竞争和以法规限制市场垄断两方面。

天然气价值链的多个环节均可引入竞争。天然气的整个价值链大致可分为三大部分：上油的勘探和生产、中游的基础设施包括管道的传输配送和液化天然气接收站、以及将天然气最终交付给终端用户的下游批发和零售市场。

上游领域的竞争将在很大程度上提高天然气勘探和生产的效率、丰富国内的供应。例如，在欧盟开放天然气市场之前，那些垂直一体化的国有天然气公司缺乏动力来提高运营的效率，导致了天然气价格居高不下。同样，下游市场的竞争为用户带来了更丰富的天然气供应和更低的价格，船运和销售环节的市场化就是很好的证明。这些领域都可以开放，并辅之以一个监管的政策法规框架，来确保和支持竞争市场的良性发展，避免更多的政府干预。

然而，对于中游基础设施建设环节，放开市场引入竞争的举措很容易遭遇失败。中游的基础设施，譬如天然气管道，通常是投资密集型的资产。在2013年，美国的陆上天然气管道建设投资就高达410万美元一英里，海上天然气管道的成本是760万美元一英里。高成本和相对较低的运行和维护成本使行业追求规模经济：配送的成本随着量的增加而迅速降低。这个符合了自然垄断的定义，就是只有当生产和所有权集于一身时，才有可能把远期成本降到最低。那些在中游基础设施领域存在着自然垄断特色的国家，为了对垄断进行限制，往往要求管网所有者向第三方开放管网设施，调节他们向用户征收的费用，并把管道传输服务从上游和下游中剥离，即所谓的分拆。

那些成功地将天然气产业链市场化的国家，通常在起步阶段都成立一个强大并且独立的天然气监管机构。这些机构要求大型的一体化企业剥离股权、调节管道网络的收费、并监管第三方进入传输网络，从而达到开放天然气网络的目的。这些国家在合适的条件下放开价格，特别在上游和下游领域。监管机构负责设定标准，强制推行透明化，例如贸易合约的标准化、支持天然气贸易中心的建立等。最后，他们通过监管竞争和管理市场化带来的负面影响来保护消费者的利益。

三、开放天然气价值链的不同环节

除了考察甄选出来的几个市场的天然气产业发展，我们的研究还包含了国际上天然气产业链各个环节的市场化经验。

在上游，市场化更多地集中在鼓励新的进入者、并通过财政和许可证的杠杆提高竞争上。国际经验表明，适当的财政和准入手段的应用，对保障天然气的质量和产量从而达到国家设定的目标，能发挥一定的作用。

在中游，受其自然垄断属性的影响，市场化的重点主要在于第三方准入和中游资产的分拆。在设立第三方准入的框架和条件时，政府还需要确保公平和公开的准入同时，持续激励对中游基础设施的投入，此二者的平衡因国家条件不同而有所区别。例如，日本的监管方更看重对中游的投资而非第三方准入。因此，即便法律上具备了准入的条文，实施起来并不到位。除了第三方准入，资产和运营的分离是中游资产的一大考虑。通常当一个国家开始考虑开放天然气体系时，意味着该国有市场是由一个或几个公司掌握着贯穿价值链的所有资产。为了照顾其上游和下游的利益，这些公司通常会强烈抵触开放中游设施。正因为这些自然的反应，主张放开天然气市场的政府会要求这些垂直一体化的公司将中游资产剥离或分拆出去。我们的研究表明资产剥离或分拆形式各异。英国与荷兰充分实现了资产完全剥离，而其他国家像美国、德国和法国选择了结构性剥离。他们的经验表明在强有力的监管之下实行结构性剥离较完全剥离更有优势。

在下游，市场化的重点在于天然气批发市场的竞争和天然气交易中心的建立。批发市场，实际上是贯穿了中游、连接上游卖方和下游的零售买方，并为该国或地区奠定天然气的基础价格点。法规的力量在此更多集中在鼓励天然气交易中心的建立，从而为买卖双方铺平交易的渠道。交易中心推动天然气定价从与油价挂钩的合约机制，转向更具竞争性的定价模式，即基于天然气的价值、能更准确反映天然气供求平衡的价格。成功的交易中心将使天然气价格更具竞争性，市场能更协调和透明，最终让用户受益于高效的天然气定价体系。交易中心同时有助于打造强大、能自我完善的体系，来降低交易成本、提高天然气批发市场的竞争性。最后，交易中心通过丰富的能源供应为国家能源安全提供保障。多元的和高度流动性的交易中心，相比缺乏灵活性的长约合同，能更好地应对需求的变化，通过采购现货LNG来满足旺季的需求就是一个很好的体现。

四、天然气能源安全及社会影响

能源安全是各国决策者关心的重大议题，其范围随着能源种类的增加而扩大。目前，关于能源安全的话题主要都是围绕着保障石油的供应展开的，但随着全球能源结构的多样化，能源安全的范围也得以扩展。我们的研究表明，当一个国家可以通过多种途径实现能源安全时，天然气的能源安全基本上可以归纳为与供应链相关的三个关键方面：来源、基础设施和机构。进口、国产和替代燃料的结合丰富了供应，提高了能源的安全。能源体系中适量、合格的资产，譬如储存设施、管网和LNG接收站，保证能及时地获取资源。适度的市场和政府机构的存在，以及相应的激励措施，将为保障供应和基础设施的建设保驾护航。

根据这个框架来衡量中国，我们的研究表明在能源安全方面，中国已经处于一个非常有利的地位。从资源来看，日益上升的LNG贸易量、未来的进口管道天然气和充足的替代燃料，组成了多元化的供应体系，特别是相对于日本、韩国和欧盟等以大量消耗天然气为主的国家和地区，中国的优势更为明显。基础设施的快速发展表明中国已经具备（特别是储藏设施）与其他大型天然气消费国相当的能力。

自从2007年中国成为天然气净进口国后，进口源已迅速多样化。如图4.1.1所示，图中呈现了与欧盟、日本和韩国相比，中国历年来进口多样化的指数，值越低，表示安全性越高。2007年，中国的进口源还很单一，唯一的进口源便是土库曼斯坦，因此赫芬达尔指数为1。然而，由于液化天然气贸易的发展，中国的进口源已迅速多样化，赫芬达尔指数也相应降低。如今，中国天然气进口多样化可与欧盟相较，2010年，甚至可与天然气进口最多样化的国家——日本和韩国相比较。

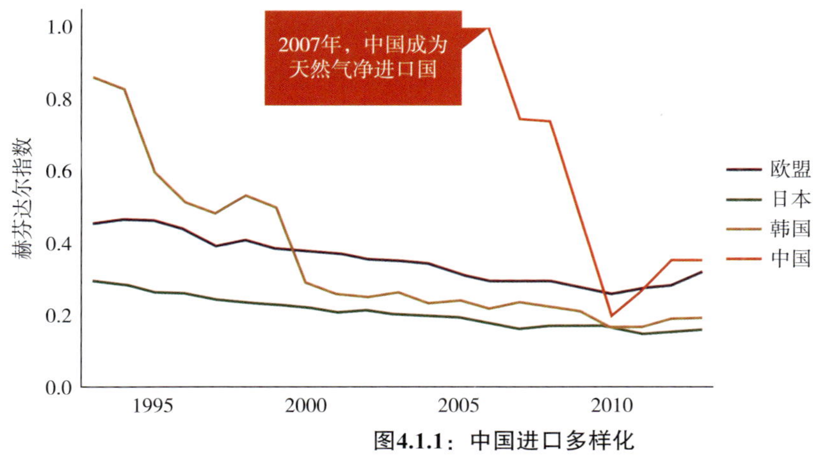

图4.1.1：中国进口多样化

资料来源：Vivid Economics，依据国际能源署提供的数据。

与天然气能源比例更高、更依赖于天然气进口的国家相比，中国的进口更加多样化。中国、欧盟、日本、韩国和土耳其是天然气进口最大的五个国家。这五个国家的进口都十分多样化，赫芬达尔指数都较低。然而，如图4.1.2所示，相对于其他几个国家，中国的天然气能源比例更低，天然气进口的依赖性也更低。事实上，其他国家确实没有中国的进口多样化，进口依赖性也更高，天然气依赖性也更强。但是这些国家很少出现重大的天然气安全问题，表明中国完全可以提高能源结构中天然气的比例以及进口天然气的比例。另外，天然气的主要生产国，如美国，能源结构中天然气的比例较高，天然气进口数量有限，进口源单一，因此赫芬达尔指数较高。许多前苏联（FSU）和中东和北非（MENA）国家，如乌克兰和约旦，从少数的天然气生产邻国进口大量的天然气，降低了国家的天然气安全性，这也反映在高赫芬达尔指数上。

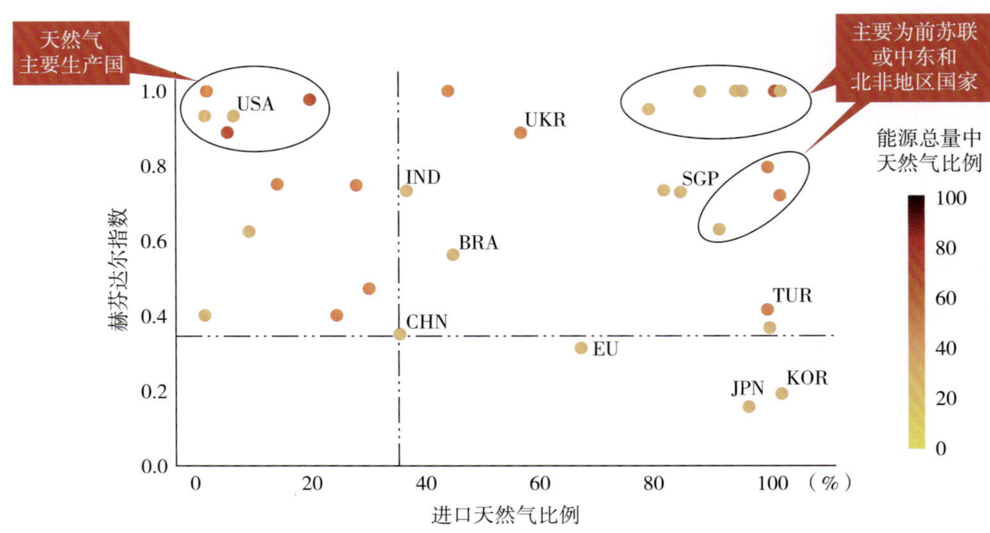

图4.1.2：中国进口安全与主要国家的比较

资料来源：Vivid Economics，基于国际能源署和美国能源信息署数据；天然气比例为2011年的，其余数据为2013年的。

液化天然气不仅使中国，而且还使全球的供应多样化。2003–2013年，液化天然气的全球交易增加了一倍，涌现了新的卖家和买家。如图4.1.3所示，图中间表示与日本之间的液化天然气交易网，内圈表示日本液化天然气的来源，外圈表示日本进口源服务的其他地点。箭头表示液化天然气交易的方向，有颜色的箭头表示出口国依赖于将日本作为其液化天然气出口国的程度。红色箭头表示依赖日本的程度较高，黄色箭头表示程度较低。2003年，出口液化天然气至日本的国家相对较少，并且日本是相对少数消费国之一。2013年，日本增加了进口液化天然气的国家数量，使进口源多样化。而这些出口国相对于2003年，也增加了许多其他客户，但是许多国家仍然依赖日本购买它们大部分的液化天然气。

图4.1.4表示2013年中国的天然气交易网，这期间除了液化天然气交易以外，还有一条土库曼斯坦的天然气管道。相对于其他国家而言，中国通过液化天然气的进口源更加多样化。然而，与2013年的日本相比，形成了鲜明的对比，对于出口国而言，日本是更重要的出口地点。

未来，新管道天然气来源将提升中国天然气的安全性。从图4.1.4可看出，目前中国在管道交易方面拥有议价能力。一方面，土库曼斯坦目前的其他出口选择只有哈萨克斯坦和伊朗；另一方面，未来，中国还打算与乌兹别克斯坦、哈萨克斯坦和缅甸

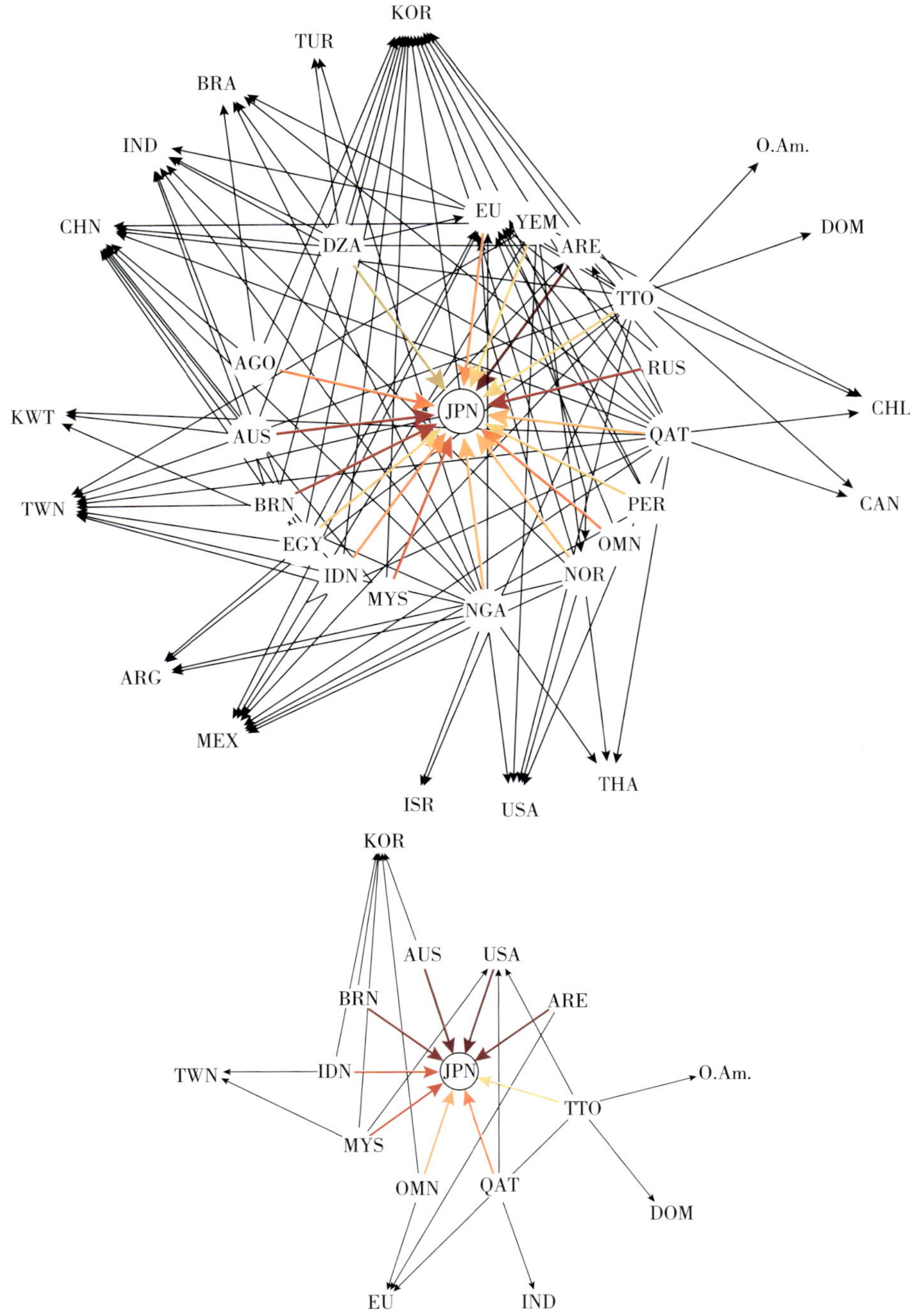

图4.1.3：日本的液化天然气供应源已多样化

资料来源：Vivid Economics，依据国际能源署提供的数据。

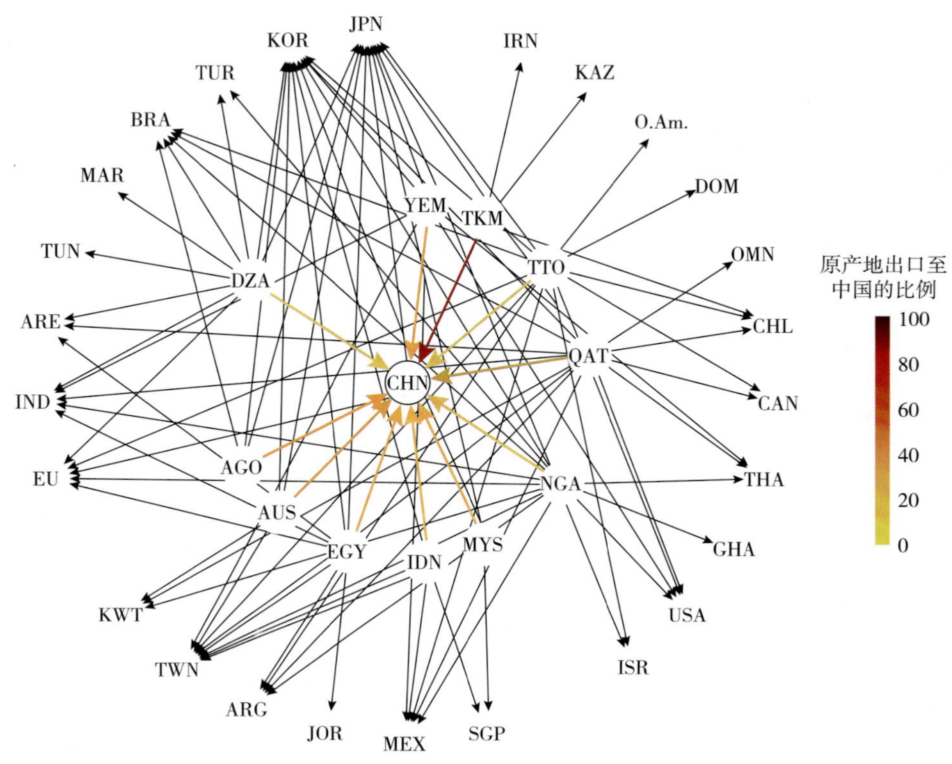

图4.1.4：中国天然气的来源

资料来源：Vivid Economics，依据国际能源署提供的数据

（这些国家的可选目的地有限）以及俄罗斯（东西伯利亚油气田天然气出口目的地有限）进行管道交易。因此，虽然日本液化天然气供应更加多样化，但是除了液化天然气以外，中国还可使用管道天然气，并且可进行国内生产，意味着中国不需要与液化天然气出口国发展像日本那样强有力的关系，而是可以通过天然气枢纽使出口国相互竞争。

国内天然气生产可大大提高中国的天然气安全。国内生产是代替进口的可靠选择，并且可以提高议价能力。中国的国内生产具有很大的潜力，拥有一些世界上非常规天然气大型储备。然而，目前的生产水平较低，国内生产对未来天然气安全的贡献程度亦不明确。对于中国的天然气安全而言，这个不确定性十分关键，因为国际经验表明，进行国内生产的国家的天然气安全现状完全不同。

天然气市场化程度与是否进行国内生产有密切关系，没有国内生产的日本和德国与拥有大量国内生产的英国和美国之间的对比可以证明这一点。例如，日本的市场更加协调，存在与出口国有议价能力的大型公司。而美国和英国市场则更市场化，竞争压力刺激更多的国内生产。国内生产为提高与出口国议价能力的另一途径，因为在进口供应中断时，国家有可靠的替代来源。根据图4.1.5可看出，国内生产和市场制度之间的这种模式在许多国家都是一致的。

目前，中国的天然气市场属于协调型。然而，仍然有发展国内生产的巨大潜力。国际经验表明，市场化的进一步深入会增加国内生产，由此提高天然气供应安全，这不仅仅是对议价能力下降的补偿，还是从当前协调的市场体系所跨出的一大步。因此，出于能源安全考虑，中国可努力增加国内生产，当前市场制度的市场化也是刺激国内生产的一个途径。

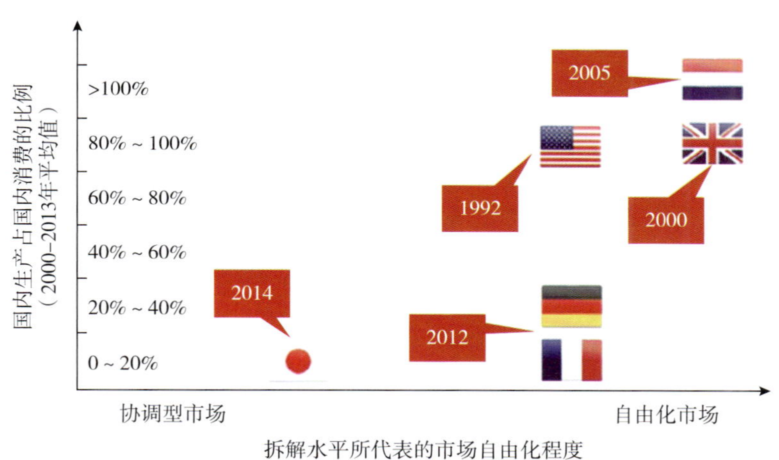

图4.1.5：主要国家推进市场化改革的时点

资料来源：Vivid Economics。

中国还拥有丰富的天然气替代品，进一步增加了其来源安全性。天然气可用于发电和供热——一种中国大量拥有的煤炭或可再生能源可提供的能源服务。同样也可用于替代运输燃料，这种情况下，石油产品可用作替代品。在天然气供应中断时，燃料转换可降低断供带来的负面影响。然而，使用其他燃料需要各种技术，而这些技术并不是所有的消耗国都可使用的，如加热技术。而且，煤炭和石油等替代品对环境和气候的影响更大。鉴于以上两个原因，应优先考虑通过国内生产和进口多样化来提高来源安全性。

中国拥有世界上第六大液化天然气进口能力，以及通过西气东输管道的重大管道进口能力。2005年后，就已经开发了这些基础设施。并且中国还在继续发展其基础设施，计划在未来进行重大扩建。当前的计划表明，到2020年，中国将在2012年的基础上额外增加1150亿立方米的管道进口容量，400亿立方米的液化天然气进口容量，预计足以满足计划的天然气进口需求。

存储方面，中国的存储量可与其他天然气主要消耗国的水平相比较。例如，2014年存储设施的建立，使目前中国相对于消耗的存储量与日本相当，如图4.1.6所示。2020年的计划存储量将提高相对于消耗的存储水平，即使需求按预期增长，也能达到世界的最高水平，即当前欧洲的水平。

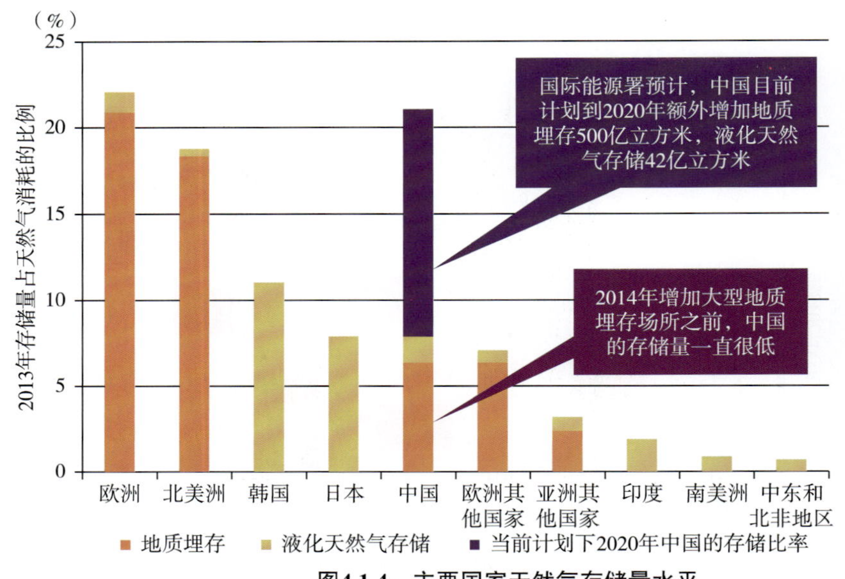

图4.1.4：主要国家天然气存储量水平

注：2013年中国的数据包括中国石油天然气集团公司在呼图壁的107亿立方米。
资料来源：Vivid Economics，基于2020年国际能源署数据和信息。

根据国际经验，基础设施容量不足、缺乏维护以及事故后维修不及时是天然气供应中断的主要原因。然而在许多国家，这些问题却往往被忽视，将其视为运营问题，而非政策问题。随着中国天然气行业的发展，继续投资基础设施以及建立足够和可靠基础设施所需的配套技术和激励措施将变得尤为重要。

第二章 全球天然气市场

全球天然气消费的绝对量及其在能源结构中的份额均保持增长。增长主要是受经济活动、能源强度和能源替代三大因素的推动。其中，对于石油、煤炭等能源的替代需求是主要推动力。尽管近年来天然气价格持续走高，相对其他能源并无较大优势，但对于需求并没有明显的抑制作用。

随着全球消费量的增长，天然气消费地区与天然气供应地区之间的分化日益加剧。经济合作与发展组织（OECD）亚洲成员国[①]和欧洲成为主要的天然气进口地区，前苏联各国、中东地区及北非则为主要的天然气出口地区。在这些地区，天然气生产与消费之间的差距随时间增长将被持续拉开，需要通过增加贸易量来实现供需平衡。

随着天然气供应枢纽的崛起，天然气价格正逐步与石油价格脱钩。在美国和欧洲，由于天然气市场发展成熟，供应枢纽已有足够的流动性，天然气按本身价值定价而非与石油价格挂钩。然而，亚洲天然气贸易枢纽在近期发展起来的可能性并不大，该地区市场仍由少数大买家和大卖家把持，市场流动性较低。受地区性供需失衡、运输成本和贸易限制的影响，天然气价格将有可能继续出现区域间分化，而非遵循全球统一价格水平浮动。

---

① 经合组织亚洲成员国为日本和韩国。

一、全球市场概览

天然气在全球能源结构中所占份额与日俱增（图4.2.1）。1980年，天然气消费量为57艾焦耳（EJ），占全球一次能源总消费量300EJ的19%。2010年，天然气消费量为124艾焦耳（EJ），占全球一次能源总消费量525EJ的23%。在全球能源消费量飞速上涨期间，天然气在一次能源总消费量中所占份额也步步抬升。究其原因，是因为天然气需求增长率高于总能源需求增长率——自1980年以来，天然气年均增长率为2.6%，而总能源年均增长率仅为2.0%。

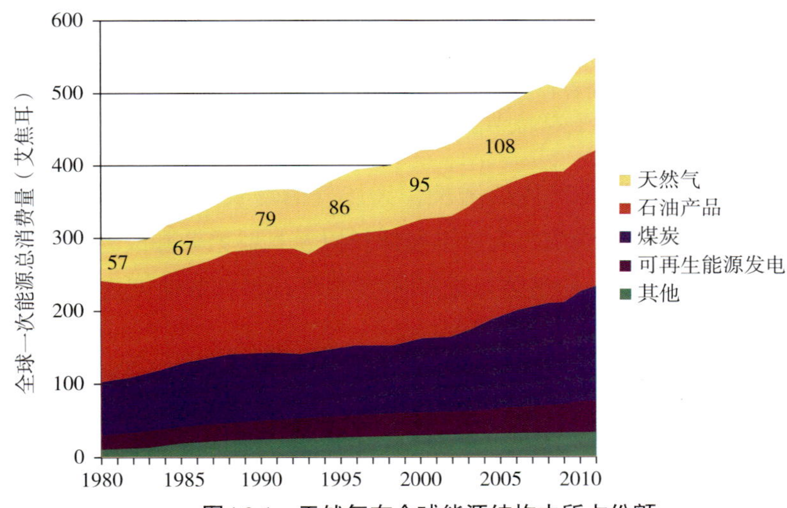

图4.2.1：天然气在全球能源结构中所占份额

注：上图数据为全球一次能源总消费量。
资料来源：Vivid Economics，基于美国能源信息署（EIA）的数据。

天然气对石油产品和煤炭的替代，致使其在全球和地区性能源结构中所占份额上升（图4.2.2）。各地区每年消费一定比例的石油产品、天然气和煤炭，以满足其一次能源需求中的化石燃料需求，而相关比例会随着时间改变。如在中东地区、北非和前苏联国家，天然气主要用于替代石油，而在北美国和欧洲则用以取代煤炭。一般来说，全球的趋势是天然气消费量在油的使用场所，对煤炭的平行运动。天然气正在逐步挤占石油消费的地位，在北美和欧洲则正在挤占煤炭消费的地位。

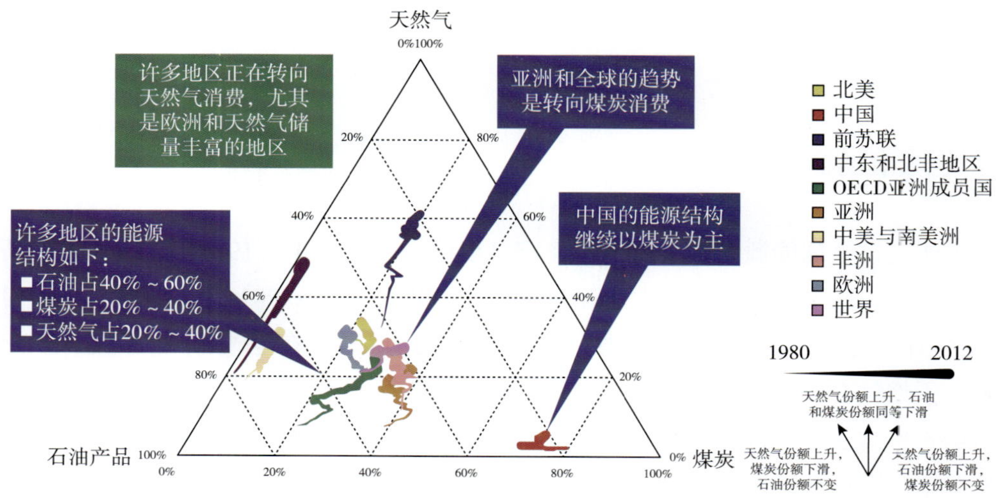

图4.2.2：天然气与石油和煤炭的替代率

注：上图数据为化石燃料能源所占份额；各国在矩阵中的彩色迹线随时间向后推移而变宽；迹线向三角形顶点移动，说明天然气份额上升，同时石油（左下方）或者煤炭（右下方）份额下滑。

资料来源：Vivid Economics，基于美国能源信息署（EIA）的数据。

展望未来，全球能源需求持续增长，天然气的增长速度则将远高于其他化石能源。国际能源机构（IEA）指出，人口迅速增长以及日益繁荣和改善的电力供应是这一趋势的推动力。近年来，天然气需求增长比其他化石燃料的速度还高，预期从2012到2040年，天然气年均增长率为2%。

预计至2040年，天然气需求的增长将广泛分布于各地区，其中尤以亚洲和美洲的增长为主（图4.2.3）。在此期间，无论是天然气需求和生产，亚洲区的增长将为首位。而天然气在中国的需求年增长率将达5.2%，占了亚洲地区的天然气消费量增长中的56%。其他新兴经济体的天然气需求也将强势增长，印度的消费量增长率达到4.6%，巴西也达4.0%。但非经合组织成员国家的增长将比较慢，年增长率在1%左右。

发电用气将成为推动天然气消费量增长的主角，占了从2012至2040年，全球天然气消费量增长中的36%（图4.2.4）。另外，因石油化工业的推动，天然气在工业领域的增长也非常显著，年增长率达1.9%。虽然天然气在交通领域的年增长率高达3.3%，但其在2040年的整体消费量份额还小，只占了9%。

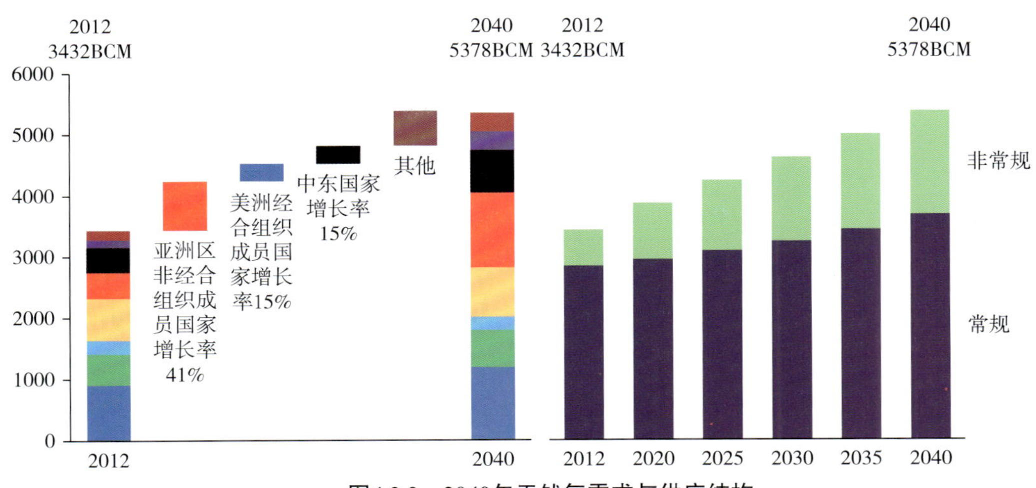

图4.2.3：2040年天然气需求与供应结构

注：BCM 即十亿方。
资料来源：国际能源署（IEA）的数据。

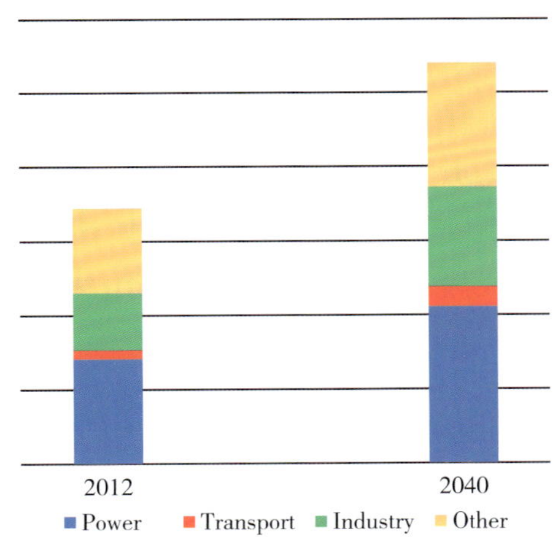

图4.2.4：天然气发电在2012～2040年天然气消费结构

资料来源：国际能源署（IEA）的数据。

同一期间，非常规天然气（如页岩气）在供应结构中所占份额将有所提升。全球天然气资源广泛分布于各地区，以现在之生产速度来计算，已证实的储备也足以应付未来60年的开采（表4.2.1）。尽管美国在页岩气发展取得非常好的成绩，其他地区的页岩气开发速度仍有很多不确定因素。直至现时为止，几乎没有美国以外的地方能成功开发页岩气。除此之外，波兰、瑞典和乌克兰的成果也低于预期，而阿尔及利亚、法国、南非的开发则受到公众阻力。

表4.2.1　　技术上可开采之天然气储量余额（2013年）

	常规气	非常规气				总量	
		煤层气	页岩气	焦炉煤气	小计	储量	已证实储备
东欧/欧亚大陆	143	11	15	20	46	189	73
中东	124	9	4	–	13	137	81
亚太地区	43	21	53	21	95	138	19
美洲经合组织成员国家	46	11	48	7	65	111	13
非洲	52	10	39	0	49	101	17
拉丁美洲	31	15	40	–	55	86	8
欧洲经合组织成员国家	25	4	13	2	19	45	5
全球	465	81	211	50	342	806	216

注：数据以百万兆方为单位。

资料来源：国际能源署（IEA）的数据。

二、需求驱动因素

在诸多因素的推动下，全球天然气需求近年来不断上涨，预计未来仍将保持持续上升的势头。其中，“经济活动”“能源强度”和“天然气替代”是驱动天然气需求增长的三个主要因素，且“天然气替代”所起到的作用最为重要。而一直维持在高位的天然气价格并未给需求带来预期中的抑制作用。

（一）三大需求驱动因素

基于专题一第一章对七国天然气市场的分析和对全球市场的研究，可以发现“经济活动”“能源强度”“天然气替代”和“国内天然气资源”是影响天然气需求最为主要的四个因素。

随着经济活动的增多，能源需求亦水涨船高，进而将促使天然气需求量按其在总能源结构中所占份额，上升至相应水平。通过观察各国经验，可以发现上升最为明显的是居民用户和公用事业行业。究其原因，在于受居民收入增长的刺激，家庭供暖需求和公共服务需求有所提升，需要消费更多的天然气来满足需求。此外，制造业所需的天然气也出现了一定程度的上涨，这主要是受工业产品产量增加所带来的需求的影响。

在指定的经济活动水平下，能源需求将随经济活动能源强度的下降而减小，天然气需求将按其在总能源结构中所占份额，减少至相应水平。能源强度的下降与产业结构的调整有密切关系，几大天然气消费国的经验都显示，当一国服务业的比重上升或开始从重工业向轻工业转型，其能源强度都会出现明显的下降趋势。

当某一行业选择以天然气替代石油和煤炭时，其天然气消费需求将会有明显的上升。全球趋势分析表明，用天然气替代石油或煤炭是推动天然气需求上升的最主要的原因。在所研究的大多数市场中，1982年至2012年间之天然气需求增长，以天然气作为替代能源与因经济活动增多所导致的变化相当，有时甚至更高。对主要天然气消费行业的研究也表明，因替代燃料而导致的天然气消费增长占总消费增长的很大比重。

随着国家发展程度的提高、服务业所占比重的上升、城市化程度的深入和对空气污染控制要求的提高，以天然气替代石油、煤炭的倾向将越来越明显。澳大利亚、欧洲和美国已将其能源结构中的大部分从煤炭转向了天然气，而中国也正在考虑采取类似举措，还有多个国家从石油转用了天然气。此类变化与服务业在各国经济中所占份额的增加有明显关系，增长既是来自于服务业的直接需求，也是受到了办公场所取暖需求的间接推动。为了推进城市化和改善空气质量所颁布的法规也起到了一定作用，天然气的清洁性使其成为了替代能源的首选。

此外，国内天然气资源的可用性同样也是推动能源转型的一大驱动因素。对一国而言，国内的天然气资源保有往往是成本最低廉的天然气来源。有分析显示，无论储备多少，均对天然气份额有所影响，部分原因是因为没有天然气储备的国家，通常也不会备有支持天然气进口的基础设施与制度。此外，贸易开放程度更高的国家，拥有进口基础设施与制度的可能性更大，因此天然气在其能源结构中占大比例的可能性也更高。

中国目前正处于快速发展期，其城市化程度和对空气质量的关注度均不断提升，而且正在开发国内天然气储备。这些先决条件，和天然气比重高的市场相符。然而，中国如想推动天然气需求大幅上升，必需促使其能源需求从煤炭向天然气转换。然而从其他国家经验来说，这比从石油向天然气转换更难，目前基本上只在欧洲得以实现。所以，中国还需要通过一系列制度设计来构建一个更有利于推进能源转型的环境。

（二）天然气需求的价格弹性与中国

国际经验表明，天然气需求对价格变动并不敏感，天然气价格的上涨并不导致天然气消费需求的减少。从1987年到2000年，全球天然气价格稳定保持在较低水平，经合组织成员国的天然气需求速增。自2000年起天然气价格开始上涨，但经合组织成员国的消费需求对价格的变化却不敏感，大部分国家天然气需求持稳，小部分国家出现增长。

中国市场的表现与国际经验一致。从1990年开始，中国天然气消费就保持着较高增速。进入2000年以后，天然气价格开始上涨，中国天然气消费并未受到明显影响，依旧保持着较高增速。

燃料间价格竞争对天然气需求的影响似乎也非常有限。从1987年到2000年，天然气价格一直是电价和煤价的相对恒定分数，而天然气需求却大幅增长。进入2000年以后，尽管天然气价格大幅上涨，全球天然气需求却未见大幅回落。在2000 ~ 2012年间，经合组织成员国居民用户与工业天然气需求只减少了8%。

燃料间价格竞争之所以对天然气需求影响小，很重要的一个原因在于天然气较高的用户粘性。天然气需求一旦站稳了脚跟，就拥有了应对多变经济环境的适应能力，在居民用户方面尤其是如此。一旦用上了天然气，天然气的品质就容易留住消费者们转向其他燃料的脚步。作为一种较为洁净的燃料，天然气的发热可控而且放热容易。与其他燃料相比，比如煤炭，天然气的特征可能意味着一旦基础设施就位，居民用户与工业用户们对其价格的顾虑就会减少。

总的来说，天然气的非价格特征似乎是需求背后比较重要的驱动因素，因此中国的高天然气价格可能不会抑制天然气需求。但中国的能源价格受到管制，这意味着中国的情况可能与其他国家有所不同。在多数情况下，天然气主要消费国家已实行了能源价格市场化，其价格会随供需关系的变化而更改。而在中国，部分能源价格受到管制，对供需变化缺乏反应。需求和价格在其他国家呈现的相互作用，换到中国可能又会是另一番情景。

三、供需的不平衡

全球天然气资源生产地区正逐步与需求地区脱离。供需失衡引发了全球天然气贸易热潮，涌现出大量国际管道天然气和液化天然气（LNG）项目。

（一）全球资源盘点

非常规气在整体天然气供应中的份额正在逐渐变大。据国际能源署（IEA）估算，全球常规天然气技术可采总储量已达465万亿立方米，而非常规气为342万亿立方。在1994至2013年间，全球已探明的天然气可采储量增加了56%，而预计还会继续增加。尽管非常规气的产量在增加，但常规气仍将占据天然气总产量的绝大部分。

根据当前估算，全球天然气剩余已探明可采储量约186万亿立方米。在过去三十年间，天然气已探明可采储量每年增加3万～4万亿立方米，储采比始终稳定在60年左右。

这些储量大多分布在三个国家：俄罗斯18%、伊朗17%、卡塔尔13%。土库曼斯坦亦在全球已探明可采储量中占显著份额。下表为天然气已探明可采储量最大的15个国家。

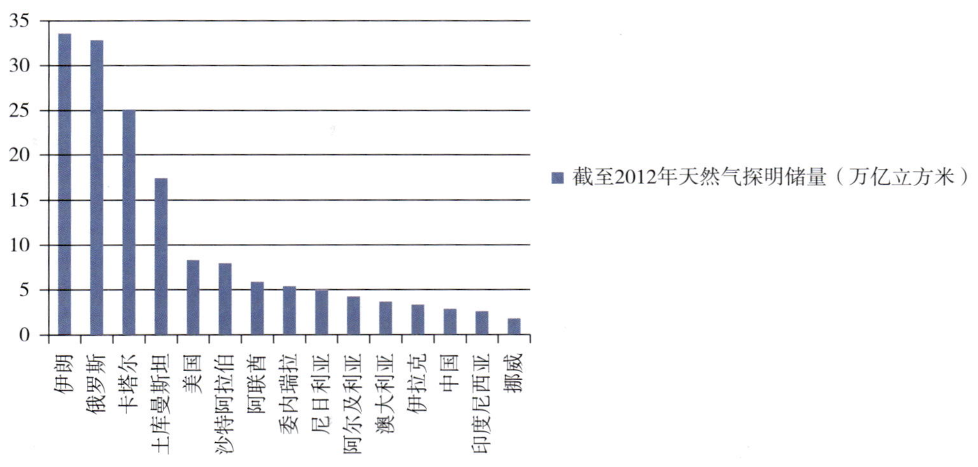

图4.2.5：天然气已探明可采储量最大的15个国家

资料来源：BP 2014年统计数据。

1.需求中心地区

2013的全球天然气消费量，包括LNG部分，比2012年增长了1.1%，同期全球天然气贸易量则增加了2.3%；相比之下，同期全球原油贸易量只增加了1.7%。排名前10位的天然气消费国总计消耗了2万亿立方，占全球总消耗量的61%。这10大消费国占全球总量的比例分别为：美国22%、俄罗斯12%、伊朗5%、中国5%、日本4%、加拿大3%、沙特3%、德国3%、墨西哥3%和英国2%。

美国是最大的天然气消费国，2013年的总消费量达到7370亿方。最大的消费产业为发电，占33%（而这一比例10年前为25%）；其次是工业用气，占2013年总量的31%（工业用气的比例从2008年以来就被发电行业所超越）。其他用气行业为民用21%、商业14%。下个10年中，随着一系列特别是墨西哥湾沿岸LNG项目的建成，美国的天然气产量预计将进一步增加，并会出口LNG到欧洲和亚洲。

在英国，天然气消费在最近十年间波动较大，而在此之前数十年间一直保持着稳定快速增长，主要的增长驱动因素为居民用气和天然气发电。从1990年至2003年，英国发电用气量所占总用气量份额从不到1%增至38%，但到2013年又降到了27%。

日本在2011年福岛核事故之前是世界上最大的LNG进口国。日本政府对福岛核事故的处理，特别是关闭日本所有核电厂的决定把LNG消费量进一步拉高。当曾经占日本发电量31%的核电全部停止后，日本的LNG进口从6900万吨增至8200万吨。虽然日本核电预计会恢复，但因国内的反对声音持续和新标准问题导致恢复的时间表还很不确定。

世界第二大的天然气消费国俄罗斯近年的消费量也很不稳定。2008年的全球金融危机导致用量急剧下降，之后又强力反弹，然后在2012和2013年又重新疲软，也反映了同期俄罗斯经济增长缓慢。在欧洲，德国2012和2013年的天然气消费继续增长，而同时欧盟整体的消费量却在下降。中东地区最大的消费国伊朗近年消费量增长缓慢。最后，在中国，自2000年以来天然气消费快速增长，使其快速跻身全国十大消费国的行列。

印度虽还不在全球天然气消费大户之列，其政策同样拉动了天然气消费量大幅增长，尤其是在发电行业。1995到2005年间全国消费量达到370亿立方，占到全球的1.3%。然而，价格管制、国内产量下降、LNG设施开放等问题近年一直干扰着天然气市场。这些问题如解决，印度的天然气消费量将恢复增长。

2.生产中心地区

2013年全球天然气产量为3.5万亿立方，比2012年增加1.1%。1970至2013年间，全球产量增加了近3.5倍。2013年中，最大的天然气生产国和占全球总产量的比例分别为：美国20%、俄罗斯18%、伊朗5%、卡塔尔5%、加拿大5%、中国5%、挪威3%、沙特3%、阿尔及利亚3%、印尼2%和马来西亚2%。但从天然气管道出口和LNG出口总量来看，俄罗斯是最大出口国，占全球贸易量22%，并主要通过管道出口；排名第二的是卡塔尔，占全球12%，主要通过LNG出口；第三名是挪威，主要通过管道气出口，占全球比例为10%。

美国目前已成为全球最大的天然气生产国，而且随着一些LNG设施的建成，预计其产量将进一步增加。美国页岩气生产的成功将使美国从天然气净进口国转变成为净出口国。预计随着2016年Cheneire’s Sabin Pass设施的投产，美国将开始LNG出口。到2020年，预计美国将拥有4000万吨LNG的生产能力。尽管目前还有更多的LNG项目在计划中，但是应不会全部完成。

世界第二大天然气生产国俄罗斯则早已大规模进行管道气和LNG的出口业务。2013年，俄罗斯生产了6050亿方气、通过管道出口到欧洲的有2110亿方，主要进口接收国为：德国 400亿方、土耳其260亿方、意大利250亿方。另外、俄罗斯还出口了1400万吨LNG，主要到日本。预计随着中俄天然气管道投入运作和新的LNG设施投产，预计俄罗斯2020年前天然气产量和出口量将进一步增长。

从挪威、荷兰和阿尔及利亚通过管道出口到其他欧洲国家的量也很显著。荷兰的气来自格罗宁根（Groninggen）区块，是东北欧最大，也是世界级大气田。荷兰2013年通过管道出口了530亿方，但是政府降低了2014年的产量限额，因为该气田的开采曾引发了区域内的地震。

卡塔尔是2013年世界最大的LNG出口国，出口了超过7800万吨LNG。世界最大的非伴生气田就处于伊拉克伊朗边境，其中卡塔尔部分–北区的可采储量为900万亿立方英尺（tcf），伊朗部分–南区则为500万立方英尺（tcf）。自90年代初北区开采作业以来，卡塔尔的天然气产量从1991年的63亿方增加到2013年的1580亿方，其中大部分都用于了出口。卡塔尔建设LNG设施针对主要市场：亚洲、欧洲和北美，但随着北美页岩气生产爆发和亚洲需求增长，导致2013年出口亚洲的量占到70%。中东伊朗的天然气产量同期也显著增加，但几乎全部产量都用于了国内消费。

澳大利亚预计会很快成为重要的天然气生产国和出口国。尽管澳洲2013年的产量比2012年下降了1%，但一系列LNG设施在今后几年将陆续建成，并使澳大利亚拥有年8800万吨LNG的生产能力，超过卡塔尔成为全球最大LNG出口国。但是LNG质量问题目前还存在不确定性，因为澳洲的一些LNG项目将是世界上第一批用煤层气生产的LNG。

尽管2013年产量并不显著，赤道几内亚在2014年将随着PNG LNG项目投产开始LNG生产。这个项目年生产能力为690万吨LNG，而且正在评估进一步扩大产能的计划。

加拿大本已是天然气生产大国，但其出口目前只限于通过管道到美国，而其计划则是通过LNG拓宽出口。加拿大西岸目前有一系列LNG项目在计划中，目的是利用该地区丰富的非常规气资源并开发日本、韩国、中国等重要进口国市场。

凭借地区内丰富的资源量，坦桑尼亚和莫桑比克是另外两个可能成为主要LNG出口国的国家。但对它们来说，天然气是崭新的工业，真正到投产运营也许会需要更长时间。另外对它们来说——实际上也对所有需要融资的新天然气项目来说——非常需要高质量的买方做出以足以给资源地区和气田开发商合理回报的购买价格和长期采购承诺。

（二）地区性失衡

从全球来看，供应和需求不均匀地分布（图4.2.6）。前苏联各国、中东和北非地区是全世界最大的天然气出口国/地区；经合组织亚洲成员国（日本和韩国）、中国和欧洲则是最大的进口国/地区。在其他地区，生产与消费基本达到平衡，但非洲部分地区例外——目前出口量虽小，却在增长。

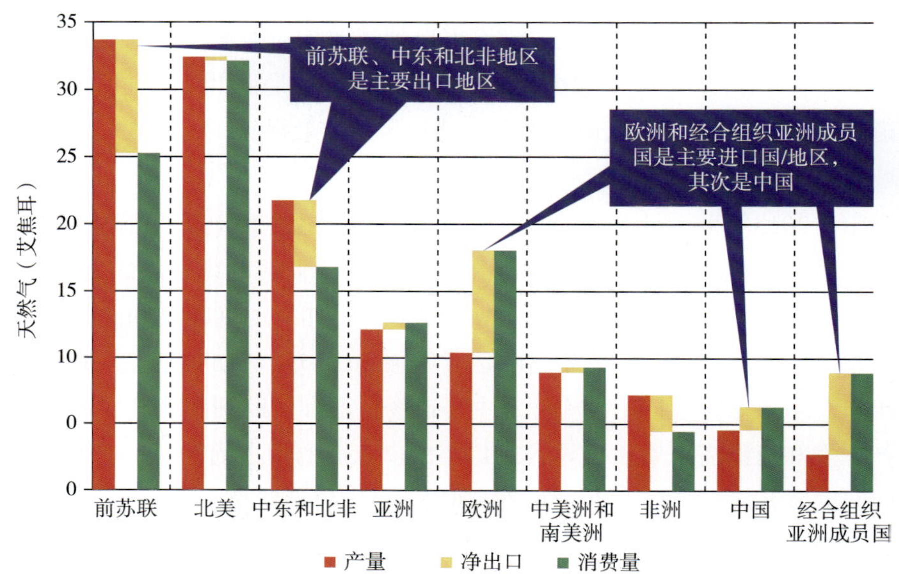

图4.2.6：主要天然气生产地区和消费地区

注：2013年数据。
来源：Vivid Economics，基于国际能源署（IEA）的数据。

随着全球天然气消费量的增长和地区性供需失衡，进出口贸易量也在增长。从1990年到2013年，全球天然气消费量增长了约70%，但各地区供应和需求的增长率差距较大。天然气出口国扩大了出口量，进口国亦增加了进口量。1990年到2013年间新增的消费量中约有20%是通过地区间进出口贸易的方式实现的。

近年来大量常规天然气资源及大量非常规天然气资源的发现，支持着产量增长。自20世纪80年代末起新发现了大量的常规天然气资源，尤其是在中东和北非地区，使这两个地区一跃而为天然气生产巨头。与此同时，就连储量未见大幅增长的地区的产量也在抬升，这表明各国更倾向国内资源而非进口来满足需求。

包括致密气、页岩气和煤层气在内的非常规天然气储量虽然大部分尚未探明，但有可能资源规模庞大。自2002年起，美国的非常规天然气开采从根本上改变了该国的天然气市场。虽然非常规天然气产量在其他地区仍然极少，但存在打乱地区格局的巨大潜力。非常规天然气储量主要分布于无大量常规天然气资源的国家（图4.2.8）。

如果能够对这些非常规天然气储量进行商业开采，天然气生产地区和消费地区之间的区际失衡状态将有可能得到缓和。这样的变化将减少对前苏联各国、中东和北非地区天然气的需求。

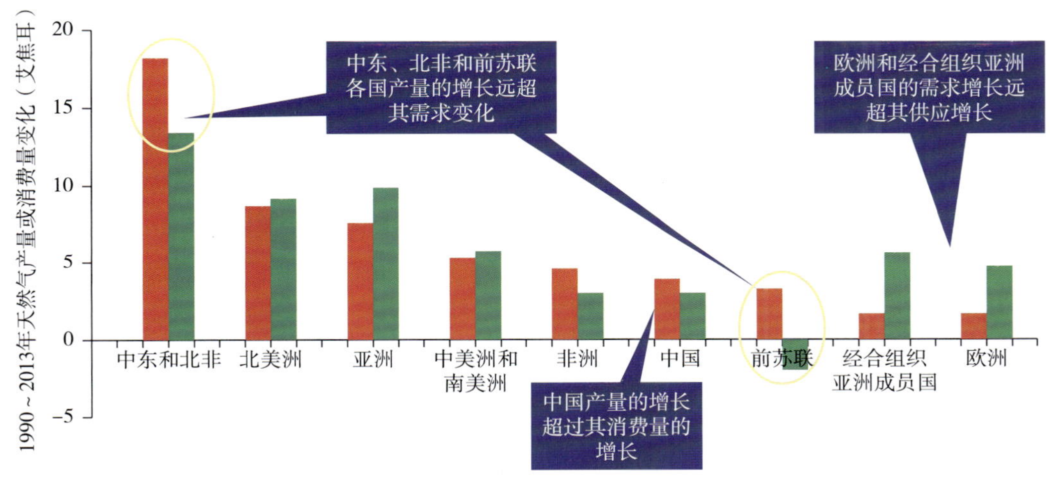

图4.2.7：各地区供应和需求增长率

资料来源：Vivid Economics，基于国际能源署（IEA）的数据。

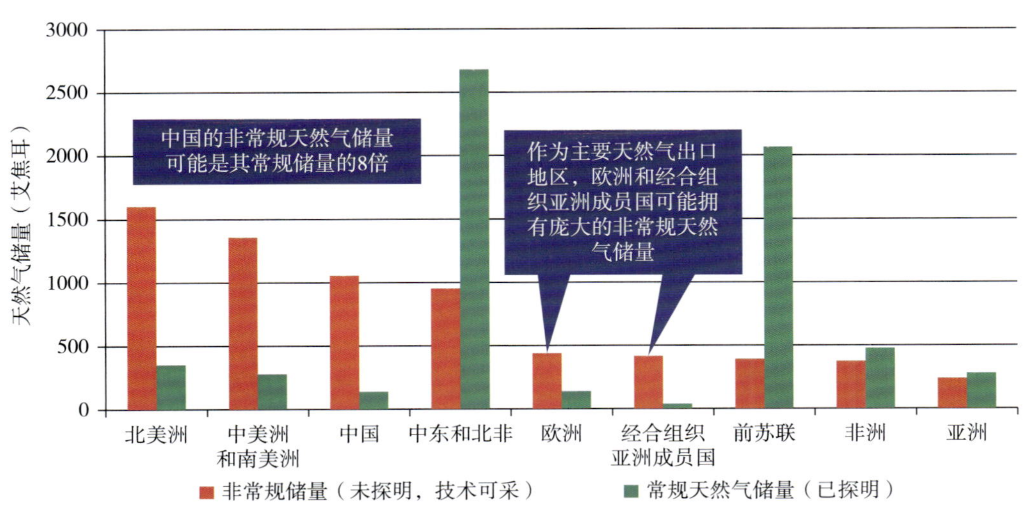

图4.2.8：非常规天然气储量

注：2013年数据；非常规储量中包括致密气、页岩气和煤层气。

资料来源：Vivid Economics，基于国际能源署（IEA）和美国能源信息署（EIA）的数据。

近年全球天然气市场发展导致使全球天然气供应地区与天然气消费地区之间的分化日益加剧（图4.2.9）。其自然结果是区际贸易量抬升。

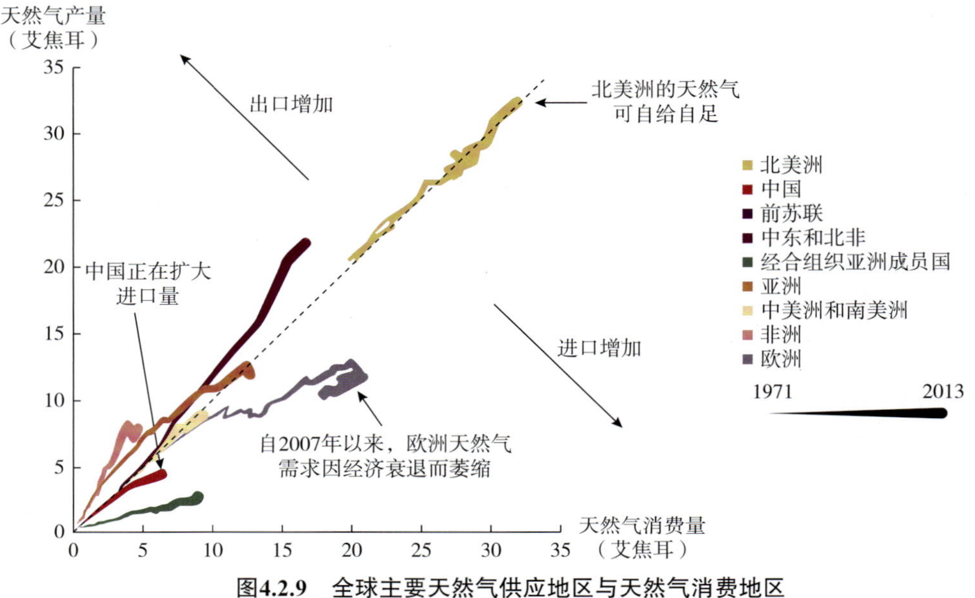

图4.2.9 全球主要天然气供应地区与天然气消费地区

注：上图数据是基于总热值；各国在矩阵中的彩色迹线随时间向后推移而变宽；虚线为中线，代表了产量与消费量之间的均衡状态——高于中线表明产量更大，低于中线则表明消费量更大。

资料来源：Vivid Economics，基于国际能源署（IEA）的数据。

（三）区际天然气贸易

在天然气供需出现地区性失衡的背景下，区际贸易，特别是LNG贸易一直在增长。从1993年到2013年，管道天然气贸易量几乎翻了一番，而起点更低的LNG贸易量却翻了四番（图4.2.10）。在贸易市场中唱主角的依然是管道天然气贸易，占到总贸易量的三分之二左右。

1.管道天然气贸易

自1993年以来，区际管道天然气交易量几乎翻了一番，但管道网络的连通性未见显著提升。1993年区际管道天然气交易量为4.7万亿立方米：其中86%由前苏联出口，94%进口至欧洲。当时的天然气管网有限，大部分天然气输出来自前苏联、中东和北非地区（图4.2.11）。到2013年，管道天然气年交易量为8.5万亿立方米，其中前苏联出口所占份额下滑至75%，欧洲进口所占份额下滑至65%；同年中国进口所占份额为11%，全部来自前苏联地区。尽管从1993年到2013年有小幅变化，区际天然气管网依然

较为有限，特别是在全球的储量形式、产量和需求方面变化的背景下。

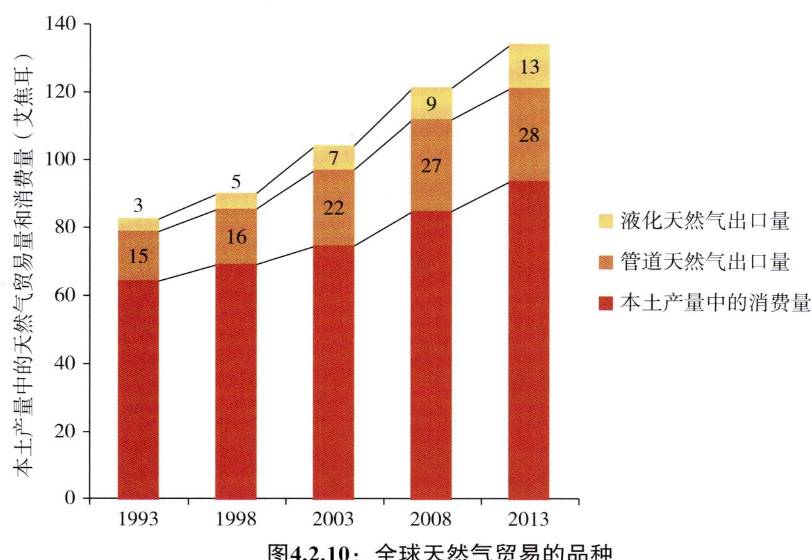

图4.2.10：全球天然气贸易的品种

注：上图数据为全球国际贸易总计。
资料来源：Vivid Economics，基于国际能源署（IEA）的数据。

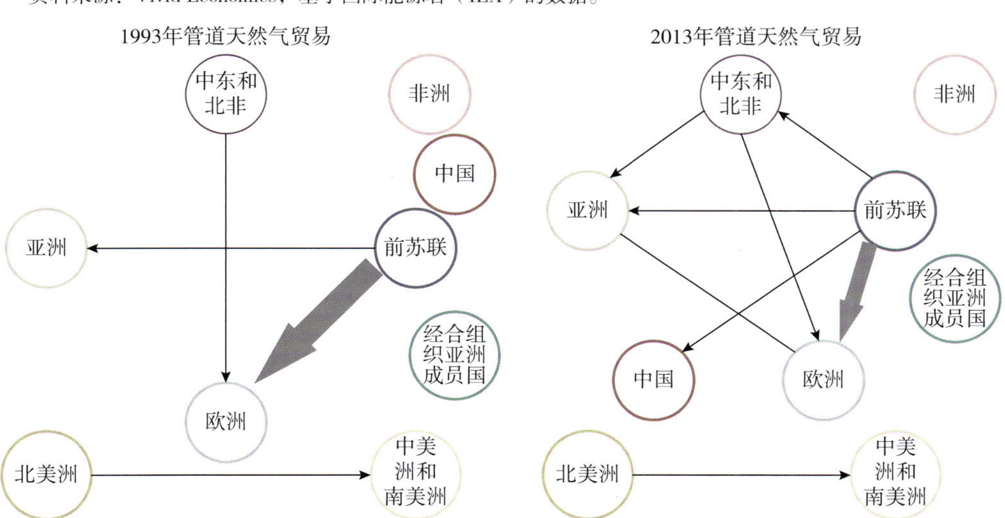

图4.2.11：全球区际管道天然气交易

注：箭头的厚度代表在两个地区之间的管道天然气贸易量在全球管道天然气贸易量中所占比例。
资料来源：Vivid Economics，基于国际能源署（IEA）的数据。

2.液化天然气（LNG）贸易

自1993年以来，LNG贸易量翻了三倍还多，其设施的的连通性也显著提升。1993

年，区际LNG贸易量达2.7万亿立方米，其中64%由亚洲地区出口，70%进口至经合组织亚洲成员国，25%进口至欧洲。虽然1993年网络还很有限，贸易主要集中于日本和亚洲其他地区之间以及非洲和欧洲之间，到2013年网络设施已大量扩张（图4.2.12）。2013年，区际LNG贸易量达9.1万亿立方米；其中，57%由中东和北非地区出口，而经合组织亚洲成员国作为主要进口国占56%，其次是欧洲进口15%，中国进口9%。在中国和经合组织成员国之外，亚洲其他国家的LNG贸易形态趋向复杂化，进口和出口皆有，占区际LNG净贸易量的10%——而这一比例在1993年是64%。

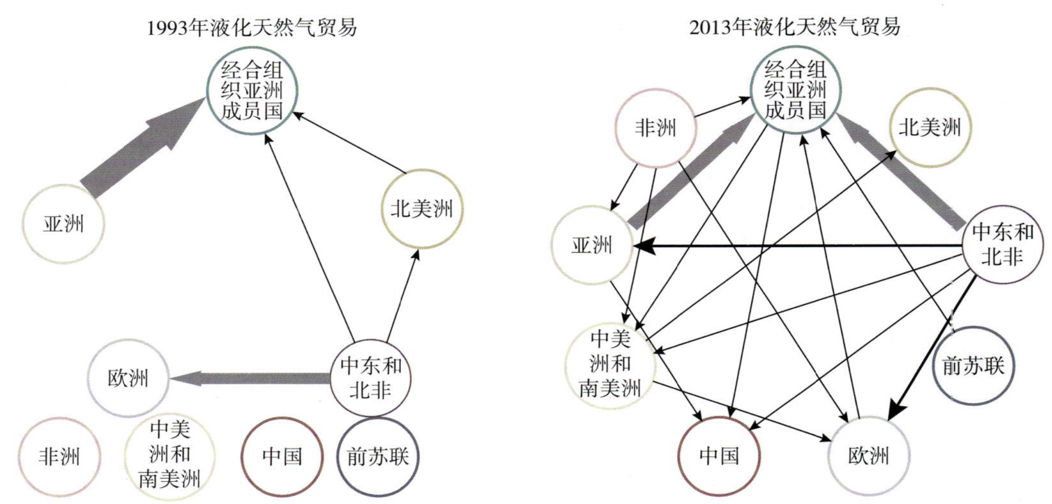

图4.2.12：全球液化天然气（LNG）贸易

注：箭头的厚度代表在两个地区之间的管道天然气贸易量在全球管道天然气贸易量中所占比例。
资料来源：Vivid Economics，基于国际能源署（IEA）的数据。

LNG市场的连通程度开始促使形成全球性天然气市场。2013年，LNG贸易设施网络密集度加大，许多地区之间相互连通。LNG交货的灵活性意味着可以利用LNG探寻诸多地区间的套利机会，使各个市场连成一片。不过，LNG贸易目前由中东和北非地区的少数参与方把持，某些路线的交易量仍较低。另外还存在对出口的法律限制，比如美国，以及基础设施能力的局限性。此外，LNG价格高居不下，因此，而区际价格差异方能刺激贸易。面对这些问题，尽管目前地区性市场之间的连通性已较过去大有改善，但连通的程度尚不足以支撑全球性市场的形成。

3.LNG贸易所面临的问题

LNG能力扩张迅猛，预计未来扩张还会持续。2013年出口所需的天然气液化能力比2003年高出2.25倍，而进口所需的再气化能力是2003年的两倍。计划至2023年液化能力将再增长3倍，再气化能力增长2倍。届时，全球液化能力将达约40万亿立方米/年，再气化能力达约60万亿立方米/年（再气化能力大于液化能力，这是因为再气化能力分布范围更广并且各国的进口和再气化能力建设是以满足高峰需求为目标，而出口量往往更平稳，同样贸易量所需要的能力更低）。

然而，LNG成本波动性大，未来应不会显著下降。总的来看，液化工厂成本在过去十年间上涨了50%，而且有些项目 – 主要是在澳大利亚的项目，成本至少是正常水平的两倍。成本上涨的原因是商品价格上涨，比如钢铁，以及劳动力成本上涨——也特别是在澳大利亚。这种高成本模式有可能持续。即便商品价格下跌，液化成本仍有可能高居不下，这是因为技术突破的范围有限，而且近期新添加的大量高成本设施已把成本锁定在高水平。此外，只有与长距离陆上管道相比，比如从中东到日本，LNG才具备竞争力（图4.2.13）。

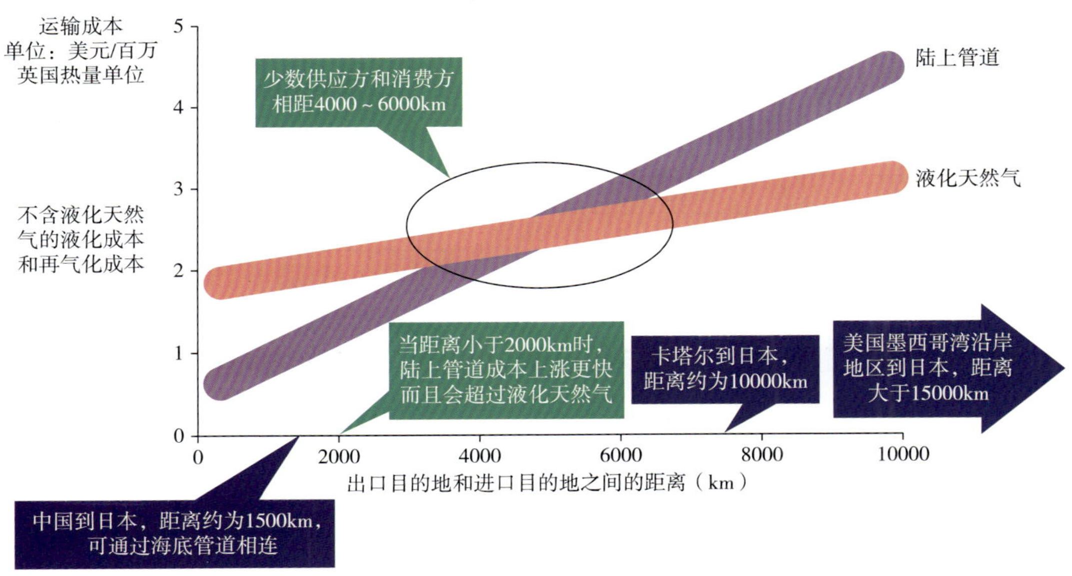

图4.2.13：管道天然气与LNG的竞争力比较

资料来源：Vivid Economics，基于SBI能源研究所的数据（2014年）。

从这些问题可看出LNG的经济局限性。这些局限性可能会制约投资，或者需要用长期合同来管理风险，而且可能意味着LNG仍将是一种昂贵的燃料，在供不应求的市场上被作为一种边际供应能源。

（四）非常规天然气资源

已探明非常规天然气储量占全球技术可采储量的四分之三左右。国际能源署

（IEA）在2012年的一份报告中估计，全球已探明技术可采天然气储量达420万亿立方米，可用非常规技术开采的储量达331万亿立方米。在非常规资源中，有208万亿立方米为页岩气，76万亿立方米为致密气，47万亿立方米为煤层气。在另一份报告中，据美国能源部评估，全球页岩气可采储量为7，299万亿立方米，其中中国所占份额最大，其次分别是阿根廷、阿尔及利亚、美国和加拿大（表4.2.2）。

表4.2.2　页岩气技术可采储量最大的10个国家

排名	国家	页岩气储量
1	中国	1115
2	阿根廷	802
3	阿尔及利亚	707
4	美国	665
5	加拿大	573
6	墨西哥	545
7	澳大利亚	437
8	南非	390
9	俄罗斯	285
10	巴西	245
	全球合计	7299

单位：万亿立方英尺（Trillion Cubic Feet）。

资料来源：美国能源部。

非常规天然气已然改变了北美天然气市场。仅在美国，页岩气产量预计将从2012年的9.7万亿立方英尺增加到2040年的19.8万亿立方英尺，将页岩气在全国天然气总供应量中的比例从40%提升到53%。天然气供应的增加将为美国生产企业更多的竞争优势，并引发了一系列的针对出口的LNG项目。

北美洲在非常规天然气开采方面取得的成功，对其他国家而言是一个激励。据国际能源署估计，全球非常规天然气总产量在2020年将达到9280万亿立方，包括4540亿立方页岩气、1480亿立方煤层气和2940亿立方致密气。

尽管情况乐观，但关于非常规资源最快何时能在美国以外地区实现商业生产——特别是在目前产量极少或者完全没有的国家，仍有大量不确定因素。虽然估计中国的非常规资源总量达32万亿立方米，中国政府近来却降低了其近期开发这些资源的预期。目前遇到的问题包括：这些资源散布于超过500个地形复杂的盆地区块、开发成本问题、基础设施不足、水处理、缺少国际公司介入的渠道、并最终因参与企业太少所导致的缺少创新等系列问题。另外一个例子是，拥有约23万亿立方米非常规资源的阿根廷的自然条件较好，但却受制于资金和其他非技术风险。

四、定　价

天然气价格和定价机制随时间而变化。与油价挂钩的长期合同曾一度占据支配地位，但如今各市场中的定价形式多种多样，各地区的价格也不一样。一份来自国际天然气联盟（IGU）的2014年报告显示，全球批发量中43%是基于竞争性天然气定价，即气对气定价（gas-on-gas pricing），不与油价挂钩[①]，19%是与油价挂钩。跟过去与油价挂钩合同的合同期往往较长相比，如今的合同期也趋向多样化。目前定价更多的是基于天然气供应方之间的竞争以及基于枢纽或现货市场的定价（图4.2.14）。

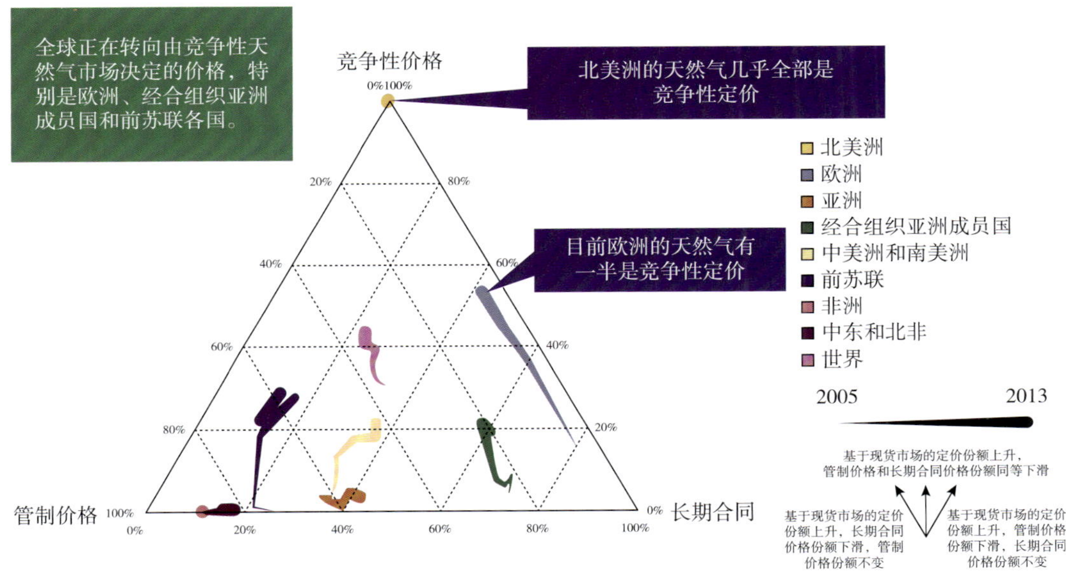

图4.2.14：全球范围内的天然气合同类型

注：各国在矩阵中的彩色迹线随时间向后推移而变宽；迹线向三角形顶点移动，说明天然气份额上升，同时石油（左下方）或者煤炭（右下方）份额下滑。

资料来源：Vivid Economics，基于国际天然气联盟（IGU）的数据。

在能源价格管制程度较高的中国，天然气定价机制与国际价格机制有诸多差异，对于不同的气源、不同的用途的天然气实施不同的定价方式。但是，中国的天然气定价正处在改革的进程中，并且逐渐向国家天然气定价规则靠拢。

天然气枢纽是天然气定价机制中重要因素之一，其核心功能是在天然气系统内提

① 与油价挂钩的合同也可以是竞争性的，但是气对气定价的合同往往更富竞争性，对市场基本面的变化反应更快。

供实物联系和进行竞争性定价。天然气枢纽打破了天然气价格和石油价格之间的最后一丝联系。枢纽的形成带动了竞争性定价的出现，成为与石油价格挂钩的价格和管制价格的一种替代方案。天然气枢纽除了其在天然气定价机制中的关键作用，更是天然气下游市场的重要组成部分，关于天然气枢纽的原理、作用和实践案例等详见本专题第四章。

鉴于中国天然气市场的巨大体量和迅猛的发展趋势和其他大宗商品的国际贸易经验，中国天然气市场的政策调整必将对全球天然气市场产生重大影响。本研究建模分析了中国不同情境下天然气需求增长对全球天然气市场的影响，包括价格、能源结构等方面。

（一）现行定价规则

在大部分国际贸易依靠天然气管道或者LNG运输完成的背景下，全球天然气市场的发展受到按地理因素细分的限制。地理局限性和高运输成本——国际长距离管道的建设以及LNG的运输和储存成本——限制了不同地区间的贸易，使天然气市场演化出多种独特的地区性特征，尤其是在定价方面（表4.2.3）。

表4.2.3 地区性市场的定价特征

地区	市场描述	价格组成方式
北美洲	采用竞争性定价的天然气市场，相互连接的基础设施将储存、供应和需求枢纽联系在一起	具有多个天然气指数，并以亨利枢纽（Henry Hub）为最重要的公开交易LNG指数。天然气指数反映了北美洲的天然气供应和需求情况
欧洲	由多个天然气市场组成，各市场的竞争性定价程度不一。市场的运转和规则的制定均在欧盟制定的统一框架下进行，但仍然为各国国家利益留有大量余地。大部分基础设施已相互连接，但存在一些瓶颈	与油价或者石油产品价格挂钩的长期合同受到越来越多的竞争性定价的挑战，比如英国国家平衡点（NBP）和荷兰天然气转运机构（TTF）
日本、韩国和台湾地区	市场主要基于国家垄断，地区供应主要是通过长期合同提供，有一些活跃的LNG现货购买，用于管理供应和需求，或者一些投资组合优化。有公开可用的LNG进口海关数据，可以被用来确定平均进口价	长期合同的价格与日本原油进口报关价格（JCC）密切挂钩。JCC一般在各合同中予以定义且滞后于当前油价，这是因为JCC通常是基于日本近期进口原油的平均价格。长期合同流行于亚洲地区，其中可能包含价格复审条款。现货主要是基于通常由双方商定的固定价格，或者基于投标价格，通常也是固定价。各价格发表机构所做的调查试图通过日韩指标（JKM）反映这一情况。JKM（Japan Korea Marker）并不是实际现货价格，但是目前行业里最好的参考

续表

地区	市场描述	价格组成方式
中国	国有企业在市场上占支配地位。供应是基于多项因素，其中包括国内产量，从中亚和缅甸（很快还会有俄罗斯）进口的管道天然气，以及LNG进口。基础设施建设持续开展。市场改革正在进行中	正在进行天然气市场定价改革。天然气供应价格是通过针对国产天然气的成本加成定价方法和主要针对进口天然气的与油价挂钩定价方法确定。LNG价格构成与日本、韩国和台湾地区类似。通过由国家发改委制定的与液化石油气（LPG）和燃料油价格相关的公式得出管制价格，按此决定国内天然气售价

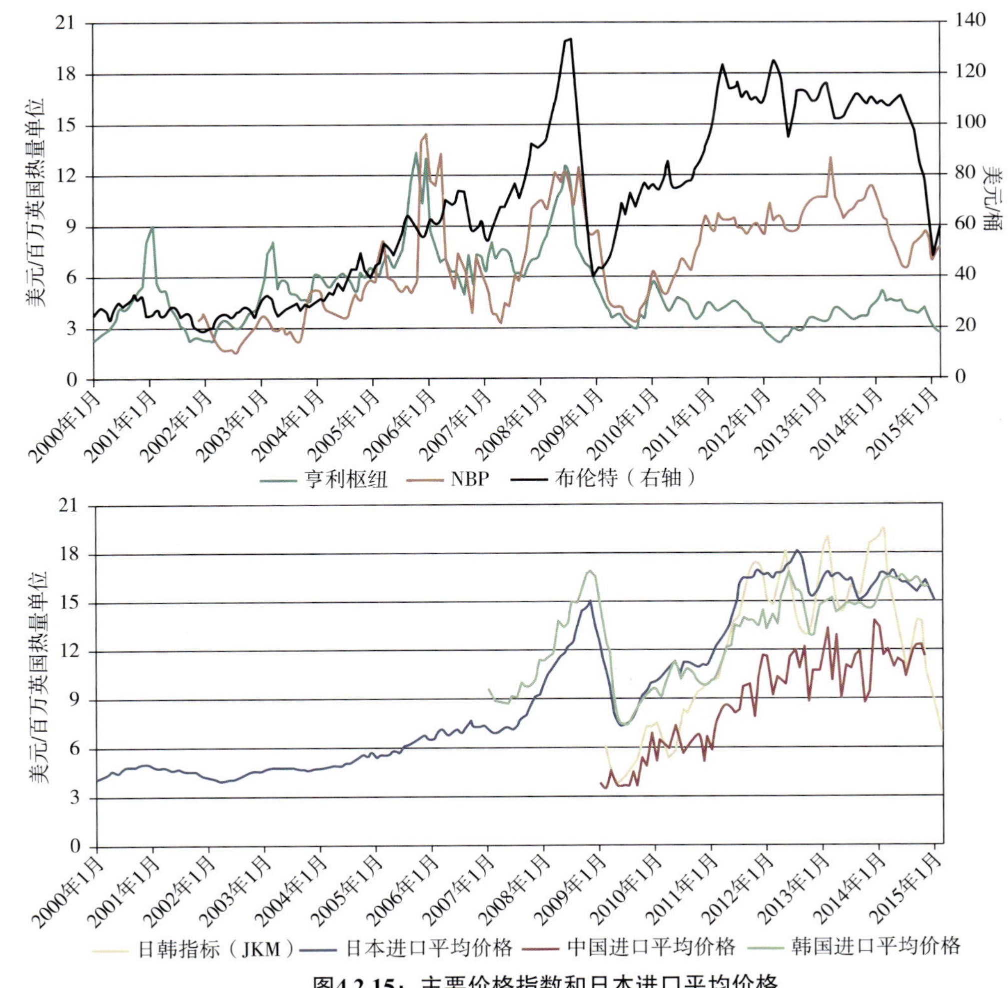

图4.2.15：主要价格指数和日本进口平均价格

资料来源：普氏、Energy Intelligence，Intercontinental Exchange，and Heren.。

各地区的价格水平亦有较大差距，反映了各个市场的供需变化（图4.2.15）。在北美起主导作用的亨利枢纽（Henry Hub）价格往往反映的是美国的供需动向，比如反映了季节性变化、重大事件（如飓风卡特里娜和丽塔）以及长期趋势（如页岩气革命）。事实上，在过去某些时期美国天然气价格曾高于日本LNG进口平均价格，比如当市场预计美国会大量增加LNG进口时。

过去，亨利枢纽价格被公认为美国市场的基准，世界各地有许多天然气液化项目开始以基于这些价格向美国出口为目标。人们曾一度以为美国将成为长期LNG进口国，开发者们愿意基于亨利枢纽价格为其出口计划定价，这主要是因为亨利枢纽价格被普遍认为反映了美国的供需基本面。大量进口LNG和再气化接收站修建项目在美国被提上了议程（图4.2.16）。

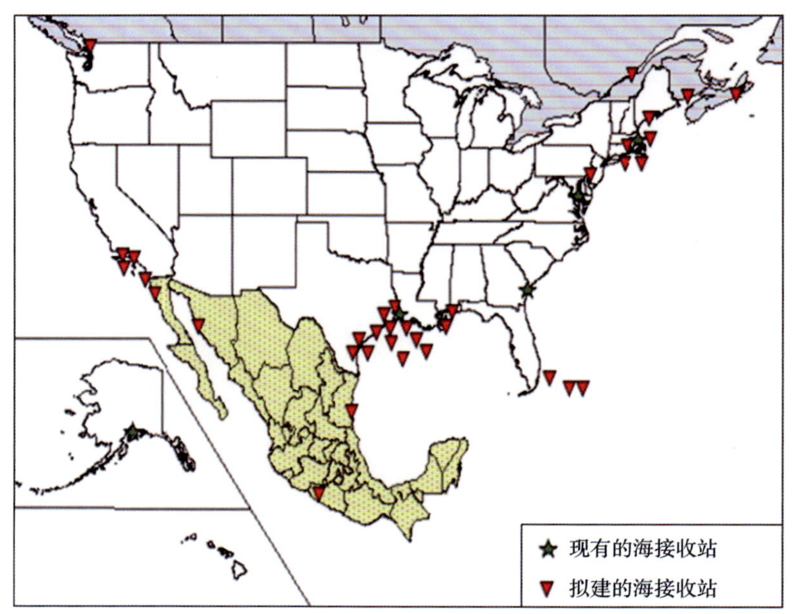

图4.2.16：2004年北美洲现有的和拟建的LNG再气化接收站

资料来源：美国能源信息署（EIA）。

在定价主要与石油指数挂钩的市场，天然气价格也会对供需变化有所反应，只是敏感度不如竞争性定价。石油的供需情况令此定价机制变得更复杂。

有一个例子是一段时间内亚太地区签订了一些LNG购销协议，之后天然气价格逐渐与石油价格走势分离，直到2005年后又缓慢回落（图4.2.17）。在21世纪初，亚洲地区的天然气项目开发商们需要进入对LNG进口较为陌生的新市场，或选择出口到美国。当时建设LNG项目的成本低于当前水平，石油价格预期被定在历史水平（而之前15年间的历史水平普遍低于60美元/桶）。2005年之后，项目成本和天然气需求双双上扬，推高了天然气价格，在某些情况下甚至与原油价格不分上下。2011年日本福岛核电站事故给亚洲地区的天然气价格带来了额外的上行压力。不过，最近天然气价格又开始缓和回落，部分原因是油价下跌、全球经济走弱、新增能力（包括已完成的和拟建的）——比如美国向亚洲出口LNG的设施。

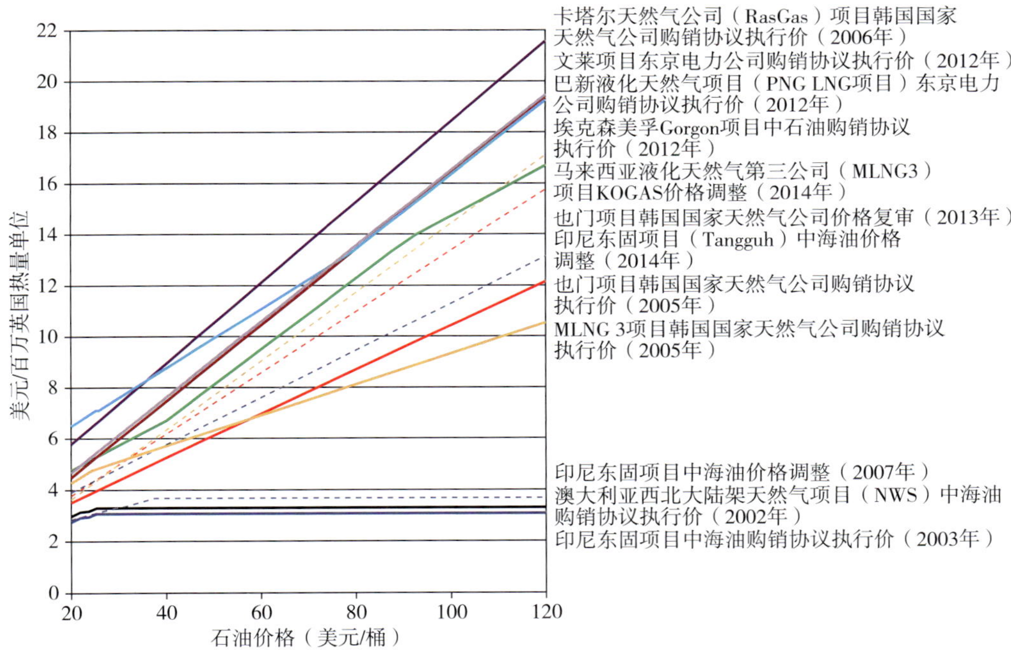

图4.2.17：亚洲与石油价格挂钩的天然气价格不同程度地与石油价格脱钩

资料来源：伍德麦肯兹资讯公司（Wood Mackanzie）及公开信息。

未来，随着美国开始以主要与亨利枢纽价格挂钩的价格出口LNG，天然气价格，特别是出口至亚太地区市场的LNG价格，可能会变得不稳定。通过把天然气液化并在国际市场上进行贸易，各家公司期待着从美国的天然气生产热潮中捞金。目前已公布了许多项目，但并非所有项目最后都能完成（图4.2.18）。

一般而言，美国LNG出口定价由两个部分组成：一是与亨利枢纽价格挂钩，代表原料气和相关燃料成本；二是年度固定成分，代表液化设施投资（图4.2.19）。从目前公开的购销协议的条款来看，“亨利枢纽”这个成分通常是亨利枢纽价格的115%；其中第二个成分是基于一个固定美元金额，约15%的部分与美国通货膨胀率挂钩。

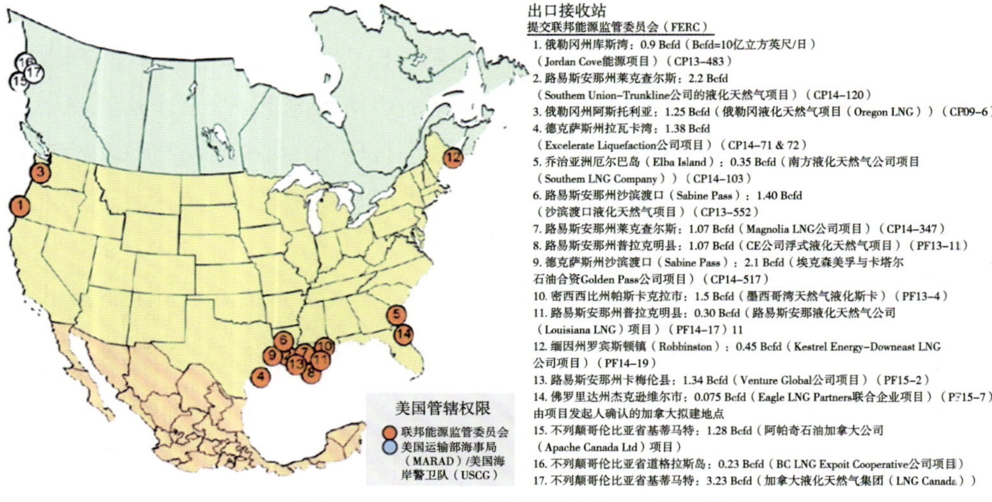

图4.2.18：2015年2月北美拟建LNG出口终端

资料来源：美国联邦能源监管委员会。

天然气购销协议（SPA）
沙滨渡口液化项目

约2000万吨年照付不议商业协议
20年的年度固定费用收入约为29亿美元

	BG GROUP 英国天然气集团 墨西哥湾LNG公司	gasNatural fenosa 西班牙费诺萨天然气公司	KOGAS 韩国国家天然气公司	盖尔印度有限公司	TOTAL 道达尔天然气与电力公司[6]	centrica 森特理克公司[6]
年度合同量（百万英国热量单位）	286500000[1]	182500000	182500000	182500000	104750000[1]	91250000
年度固定费用[2]	~$723 MM[3]	~$454 MM	~$548 MM	~$548 MM	~$314 MM	~$274 MM
固定费用（美元/百万英国热量单位）[2]	$2.25–$3.00	$2.49	$3.00	$3.00	$3.00	$3.00
液化天然气成本	115% of HH	115% of HH	115% of HH	115% of HH	115% of HH	115% of HH
合同期限[4]	20年	20年	20年	20年	20年	20年
担保人	英国天然气集团能源控股有限公司	西班牙天然气公司	N/A	N/A	Total S.A.	N/A
企业/担保人信用评级[5]	A–/A2/A–	BBB/Baa2/BBB+	A+A1/AA–	NR/Baa2/BBB–	AA–/Aa1/AA	A–/A3/A–
不可抗力事件期间的费用	最长24个月	最长24个月	N/A	N/A	N/A	N/A
合同开始	1号生产线+2号、3号、4号生产线的额外数量	2号生产线	3号生产线	4号生产线	5号生产线	5号生产线

（1）英国天然气集团（BG）同意在1号、2号、3号和4号生产线投入运营之后，每年分别购买182500000 MMBtu、36500000 MMBtu、34000000 MMBtu和33500000 MMBtu液化天然气。道达尔公司同意在5号生产线投入运营之后，每年购买91250000 MMBtu液化天然气，外加13400000 MMBtu的季节性液化天然气购买量。
（2）一部分费用受通货膨胀影响：对英国天然气集团而言大约为15%；对西班牙费诺萨天然气公司而言为13.6%；韩国国家天然气公司和盖尔印度有限公司，15%；道达尔和森特理克，11.5%。
（3）在4号生产线投入商业运营后。英国天然气集团将在1号和2号生产线运营期间提供约5.2亿美元的年度固定费用，一旦3号和4号生产线投入运营，还将额外提供2.03亿美元的费用。
（4）购销协议期限为20年，并有权延长至多10年。西班牙费诺萨天然气公司有权在某些特定情况下将期限延长至多12年。
（5）评级由S&P（标准普尔）/Moody's（穆迪）/Fitch（惠誉）提供，可以随时更改、暂停或者收回。评级并非对购买、持有或出售任何证券的建议。
（6）截止2015年6月30日必须满足先决条件，否则任何一方可以终止。先决条件包括融资、临客部门许可和肯定的最终投资决定。

谢尼埃能源公司

图4.2.19：沙滨渡口项目LNG购销协议的结构

资料来源：Cheniere Energy Inc。

买家通过购买美国出口的LNG实现供应多元化，但这也会有风险。通过合约目的地的多样化，可以调整货物运输路线到最有利的市场，基于这一点，美国的LNG出口有助于构建一个有利的多元化能源供应网络。不过，美国LNG供应的竞争力有可能不及与石油价格挂钩的供应，这取决于诸多因素，其中包括全球石油价格和亨利枢纽天然气价格的走势（图4.2.20）。

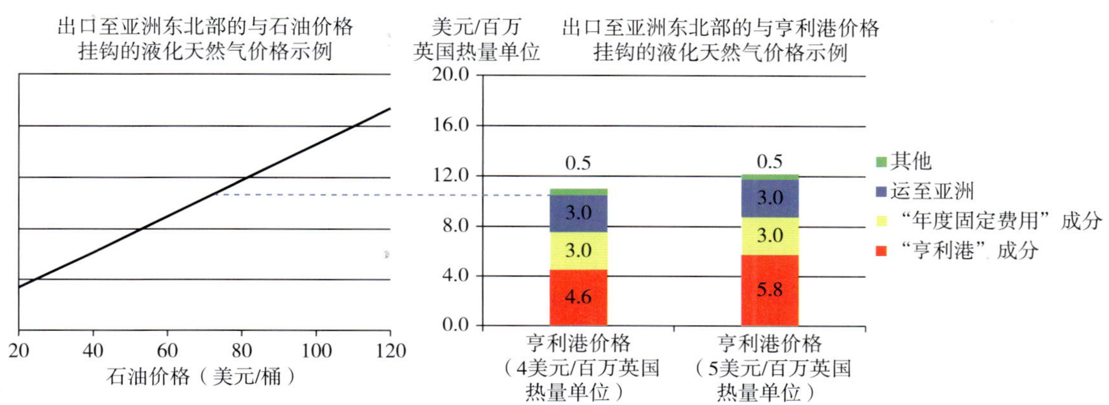

图4.2.20：亨利枢纽天然气价格可能高于与石油价格挂钩的天然气价格

跟同石油价格挂钩的亚洲天然气合同相比，美国LNG出口有着不一样的风险预测。许多美国LNG出口购销协议包含有设施使用协议（tolling agreement）的部分，意思是买家负责购买要进行液化处理的天然气，而液化设施使用率越低，单价就会越高，因为买家是持续支付固定费用成分，只有极端情况除外。在近期石油价格下跌、长期石油价格趋势不确定和近来亨利枢纽价格屡创新低的背景下，美国LNG供应和同石油价格挂钩的供应的相对风险也被凸显。

随着天然气定价机制越来越偏向于竞争性定价，形成全球统一价格是不可能的。区际天然气贸易量的增长，以及在交易枢纽或现货市场上的天然气销售量的上升，促使在原先的各国市场的基础上形成了地区性市场，比如欧洲。

即使贸易和竞争性定价能够促使形成一个全球性天然气市场，地区性价格仍可能继续存在，区际价格差异甚至可能超过运输成本。究其原因，是因为天然气的地区性需求和供应常常处于失衡状态：消费大户并非生产大户，结果便是订立长期合同以减少能源安全问题和市场力量的潜在集中倾向。同样，形成全球统一价格也是不可能的，因为全球贸易能力的灵活度可能不够，不足以满足随时间变化的贸易需求。最后，非常规天然气经济可采潜力仍然未知，但是如果能够以低成本释放这部分潜力，如美国页岩气生产，则所生产的数量更有可能影响此供应源周边地区的价格，而不是其他地区的价格。

（二）天然气价格与石油价格之间的关联

过去，无论是管道天然气还是液化天然气，都是基于接收市场中的竞争燃料予以定价，以签订长期合同的形式供应。比如，从荷兰格罗宁根气田出口的天然气，其价格调整与三种主要燃料的市场价格或者日本液化天然气进口价格挂钩。日本液化天然气进口价格是基于日本原油进口报关价格（JCC），后者是通常在各个合同中确定的石油价格的综合。

多年以来，天然气合同一直与石油价格挂钩；当石油价格变化时，天然气价格也按一个预定公式发生相应变化。天然气价格与石油价格之间一直有着极高的关联性，直到2008年。在石油价格波动大的时期，比如石油危机期间，这两者间的关联有所淡化，天然气合同往往需要重新谈判。预计到有重新平衡长期合同的必要，某些天然气合同中包含了价格回顾条款，允许基于一组普遍认可的因素重审价格公式。

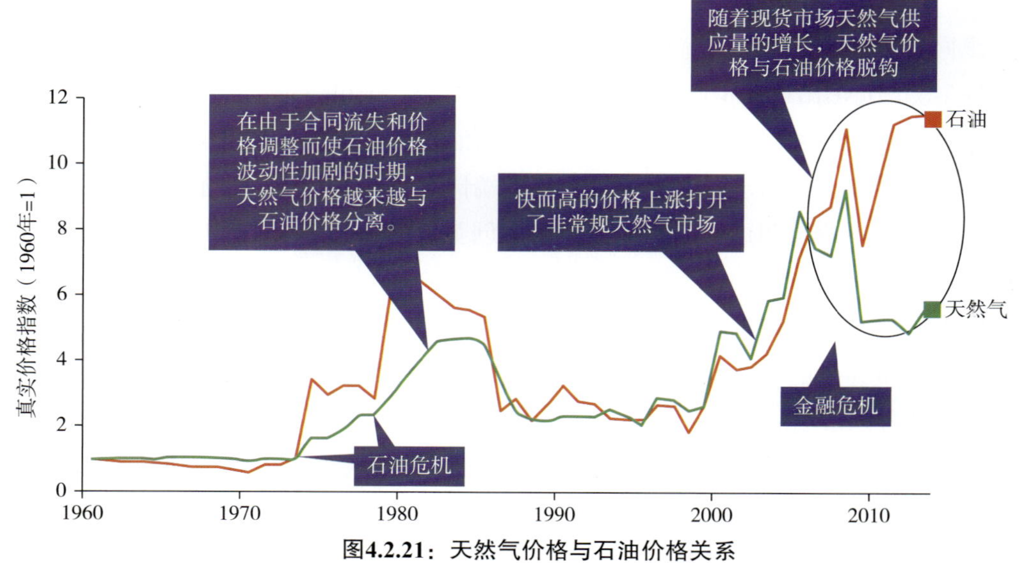

图4.2.21：天然气价格与石油价格关系

注：上图数据为全球平均价格指数。
资料来源：Vivid Economics，基于世界银行（World Bank）的数据。

石油价格和天然气价格之间的关联从2008年开始逐渐淡化，尤以亨利枢纽价格与石油价格分离为典型代表。这种分离，部分是因为美国经济衰退和其国内非常规天然气供应的大爆发，后者意味着该国不再需要大量液化天然气进口。在欧洲，经济低迷同样导致天然气需求萎缩，供应饱和，并且天然气越来越多地通过天然气枢纽购买而不与石油价格挂钩。

近来，从乌克兰境内通过的俄罗斯天然气供应被打乱的可能性，加剧了市场波动性，但在向欧洲的供应量减少时，价格有所回升。有趣的是，供应的下降主要与欧洲的进口相关，而不是俄国管道天然气的供应。亚太地区强烈的液化天然气需求催生了套利机会，向欧洲买家交付的液化天然气被买家重新装运并销售到亚太地区。面对天然气指数价格低或需求低或者这两者双低的形势，欧洲买家选择以更高价格出售给亚太地区买家，以此获利。随着石油价格和欧洲天然气枢纽价格下滑，套利机会不复存在。

历史上，四个理由支撑了天然气合同与石油价格挂钩的必要性：

——基准价格：天然气勘探、生产和运输属于资本密集型行业，常常需要签订长期合同。为了在买卖双方之间分摊风险，合同价格通常随某个基准变化，而石油价格正是一种透明且可靠的基准。另外，天然气开发成本中有很多项，比如钻机和熟练工人的成本，与石油开发中的同类成本具有可比性，而且这些成本受石油价格影响。但是，在某些市场上，石油定价和天然气定价所依据的基本面已表现出不同。比如，美国和欧洲部分国家已经有了具备足够深度和流动性的天然气基准。

——联产：过去，天然气是石油开采的副产品，按照与石油类似的条件出售。现在，虽然联产仍然有着重要地位，但单独的天然气开采正变得越来越常见。例如在美国，天然气是页岩油开采的副产品。美国市场上的低天然气价格的形成，部分是由于高油价促使大量页岩项目上马。这种低天然气价格在美国以外地区可能无法持续或者不能轻易复制。

——到市场的途径相似：用于运输天然气和石油的基础设施相似。基于专业水平或市场支配地位或者这两方面的优势，同一家公司往往既运输天然气，又运输石油。不过现在的天然气基础设施正变得越来越独立。

——争夺客源：天然气和石油产品被用于发电和供暖。为了与石油一争高下，天然气定价往往略低于石油。但是，石油产品越来越多的只用于交通运输领域，发电行业则加大了其他燃料的消费量。

然而，随着市场的演变，这些理由中只有一个依然成立，即透明基准的必要性。但即便如此，如今在某些市场上，天然气枢纽更有能力提供天然气基准，从而降低了基于石油价格基准的必要性。

天然气价格和石油价格能否挂钩，根本的经济理由是石油价值背后的经济驱动因素与天然气价值背后的经济驱动因素是否相似。当石油与天然气互为替代品时，比如当双双被用于发电时，这一条理由往往是成立的，两者的价值变化率相同。然而，现在石油主要被用于交通运输，而天然气不是。市场赋予这两种燃料的价值常常受不同力量推动，使得与石油挂钩的价格无法再准确反映天然气价值。鉴于天然气和石油在用途和生产成本方面均出现了较大差别，价格挂钩背后的基本经济理由不可能再度成立，特别是在那些天然气基准正在成形的市场上。

（三）中国的定价机制

中国的天然气来自国内天然气、进口液化天然气和来自前苏联各国的进口管道天然气，这三个元素共同构成中国的定价机制：

——国内天然气：采用成本加成定价方法。

——进口液化天然气：采用与日本原油进口报关价格（JCC）挂钩的合同价格，同时用基于S曲线的上限机制来限制受石油价格走势影响的程度。

——进口管道天然气：采用被国际天然气联盟（IGU）称作“双边垄断”的定价机制，价格基于政府间谈判而且带有极大的不确定性。

中国定价结构中固有的差异已引发了一系列市场融合问题，特别是在油价高企时期。

北美和欧洲的经验表明，进口天然气或液化天然气的价格可以基于一个反映接收地区或国家的供需情况的天然气指数。然而，只有在形成流动、透明和广泛使用的天然气枢纽所需要的参与方、基础设施和制度全都到位时，相关天然气指数才有可能存在。另外，这个天然气指数必须被为开发者和买家提供信贷的金融机构所接受。一旦到位，中国天然气指数就有可能为按需要吸引额外进口提供必要的价格信号。虽然中国的天然气市场改革如火如荼，但从国际经验来看，不可能在短期内形成天然气枢纽，过渡期间可能还需过渡措施。

随着中国天然气市场改革的深化，定价机制也许会有演变的机会。作为一种过渡措施，当前基于竞争燃料的价格确定天然气终端用户价格的做法可能还会延续下去。但这一做法使进口商们面临风险，尤其是液化天然气进口商们。中国的液化天然气进口将继续受全球供需因素推动，中国将不得不与其他买家在市场上展开竞争。在此期间，在与亨利枢纽价格挂钩的液化天然气交易发展势头强劲的同时，与石油价格挂钩的合同将继续存在。如果允许这个市场进一步向竞争开放，进口天然气价格与终端用户价格之间的差距将缩小。

（四）中国的需求对全球市场的影响

本节主要分析中国天然气消费对全球能源市场的影响。我们将探讨中国需求的三种不同情景：没有新政策降低或刺激天然气需求；另两种则分别以推动天然气替代煤炭的不同程度的需求侧刺激因素为特征。

建模中得出的主要结论：

——天然气价格：即使中国天然气需求增长可能推动国内天然气价格上扬，灵活的全球天然气供应会减弱这种上扬。

——煤炭消费：中国的煤炭消费量减少将大部分被其他国家的煤炭消费量增长抵消掉，除非那些国家也采用煤炭控制政策。

——国内煤炭：只鼓励电力行业减少煤炭消费的政策可能会拉低煤炭价格，并且使未被低碳政策覆盖的行业从天然气转向煤炭。旨在减少国内煤炭产量的政策应拓展其范围，以使效用最大化。

1.三种政策情景定义

本研究将通过三种情景探索国内煤炭消费下降对电力生产和工业生产所带来的影响，分析天然气替代煤炭的难易程度，以及这些变化对全球能源市场的影响。这三种情景（基准情景、电力行业情景、全行业情景）模拟了在中国对煤炭消费不同程度的控制而产生的影响。每一种情景在调控的严厉程度和所针对的行业上有所不同。

——基准情景：中国不采取任何以减少煤炭消费或者刺激天然气消费为目标的新政策措施。在“十三五”期间（2016~2020年），燃煤发电装机容量继续以历史速率增长，之后增长率将略有放缓，增长趋稳。此情景与近期国际能源署和能源信息署的分析基本一致，但是考虑到中国能源政策当前的变革势头，不应当将此情景视为一种切实的路径而应当被当作一种有效的基线，以此为基础来对比另外两个情景。比如此情景未考虑目前对LNG项目的参与。

——电力行业情景：中国在电力行业引入一揽子调控政策，旨在减少对燃煤装机容量的投资和提升发电用煤炭的有效价格。此情景与中国当前的政策趋势极为相似，因此从这一点上来说它是最切实际的情景。

——全行业情景：在此情景里，中国引入与电力产业情景里相同的电力行业调控，而且将一揽子调控政策的应用范围扩大至涵盖经济体系中的所有行业。其设计旨在减少对燃煤炉和其他煤炭密集型股本的投资，拉高中国各地的煤炭有效价格。

2. 对中国能源供需的影响

控制煤炭的使用会提高煤炭的有效价格并降低对煤炭密集型投资的热情。煤炭消费量在电力行业情景和全行业情景中分别在2020年和2018年达到顶峰。在电力行业情景中煤炭消费顶峰比之全行业情景中出现得稍晚。这反映出当仅在电力行业控制煤炭使用时，每天的消费会从电力行业漏出到其他行业，最显著的是制造业。

伴随煤炭消费下降的是天然气和电力消费的增加。在电力行业和全行业情景中，2030年天然气在中国能源结构中将分别上升至17%和21%（图4.2.22）。在这两个情景中，天然气发电在电力行业中比重将提高到15%左右。在能源需求全面上升的背景下，这将意味着天然气消费在电力行业情景中比基准情景提高70%，全行业情景比基准情景提高100%。

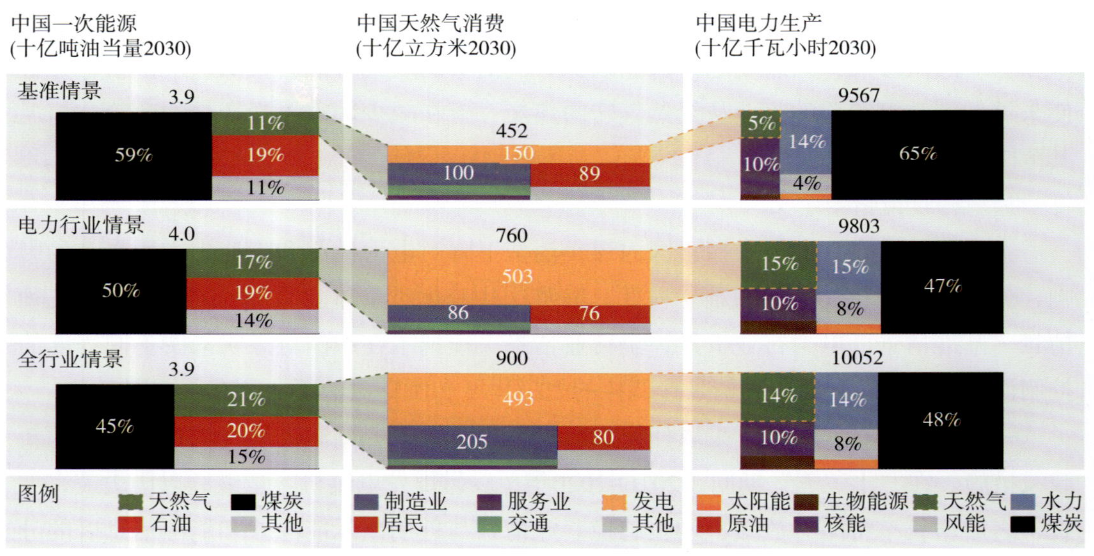

图4.2.22：中国2030年能源全球天然气消费量升幅远超煤炭消费量降幅

资料来源：Aurora能源研究公司全球能源模型。

在电力行业和全行业情景中，中国国内天然气生产量将低于消费量，即使假设国内生产量在2030年将提高到目前水平的三倍。其结果是在两个情景中，2025年天然气进口在总消费量中比重将达到50%。在全行业情景中，生产和消费量的差距更大，估计LNG进口量将占所有天然气进口的73%。

在电力行业情景中，仅在发电上控制煤炭消费会引发煤炭消费向其他行业漏出，导致在这些行业中出现煤炭替代天然气。电力行业对煤炭需求的下降会形成一种对煤价的下行压力，这将使其他煤炭密集行业受益，如制造业。另一方面，发电对天然气需求的提高会对国内天然气价格产生一个上行压力，致使其他天然气使用行业（如居民供热）处于不利地位，因为他们替代天然气的能源主要是电力和油品。

3.对全球能源市场的影响

国际能源署预估未来二十年全球能源需求的增长将由新兴经济体如中国主导。而这些经济体能源政策和能源结构的变化将对全球能源市场产生一定的影响。总体上，模型研究显示在电力行业情景和全行业情景中，全球煤炭消费量保持相对固定，天然气消费量却出现增长（图4.2.23）。

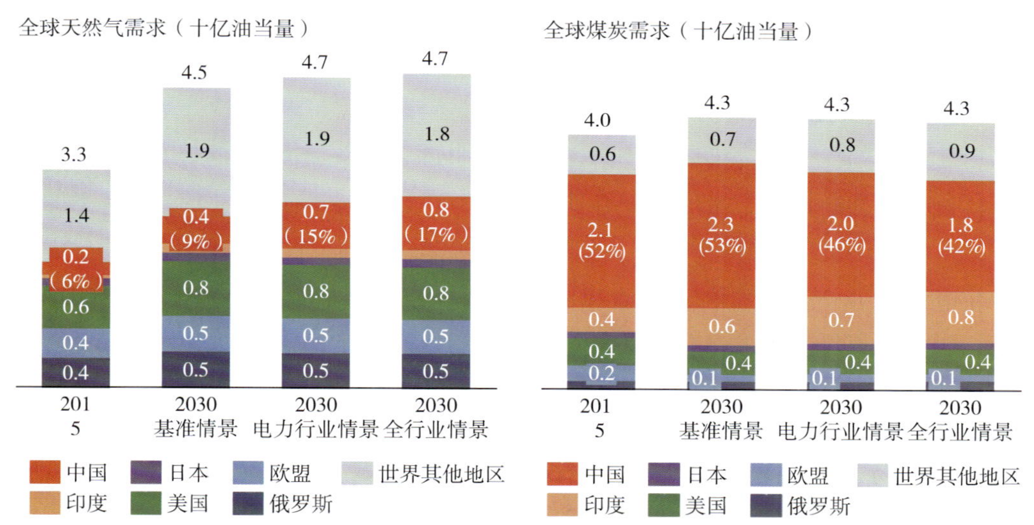

图4.2.23：全球天然气消费量与煤炭消费量情景

资料来源：Aurora能源研究公司全球能源模型。

（1）煤炭消费量

在电力行业情景和全行业情景里，中国燃煤量下降拉低煤炭价格至足以刺激其他地区煤炭消费的水平，从而全球总煤炭消费量未见显著减少。两个情景都会导致中国煤炭消费下降，全行业情景中煤炭消费下降比电力行业情景更为显著。然而在两个情景中，2030年全球煤炭消费总量没有明显下降且数量相近。这是由于全球煤炭供应的价格弹性不强，即供应对需求下降引起的价格下降反应不大。虽然中国煤炭需求下降会对煤炭价格产生下行压力，但这不会引起大幅价格下降。另一方面，降低的煤炭价格会增加没有煤炭使用控制国家的煤炭消费。

总体来说，在电力行业情景中，96%中国煤炭消费量的下降会被其他地区的增长抵消；在全行业情景中，89%会被抵消。两者差异的原因在于不同情景下煤炭贸易流向特点。在电力行业情景中，原本在基准情景中应该进口到中国的煤炭不再被需要，而在产地附近被消化掉。而在全行业情景中，国产煤和进口煤需求都会下降，中国将在2025年成为煤炭净出口国。然而，接收中国过剩煤炭的国家需要承担相应的运输成本，从而导致中国煤炭消费向其他国家漏出的规模减小。

煤炭的漏出效应可以完全是较低的煤炭价格带来的经济利益驱动的，因为在电力行业情景和全行业情景里，全球其余地区皆无任何可与中国调控政策相比的煤炭削减政策。如果其他亚洲国家有类似的煤炭控制政策，这种漏出效应将会非常有限。鉴于国际能源市场的相互关系，只有国际社会齐心协力在政策上下功夫，才能令全球煤炭消费量实现真正意义上的减少。

（2）天然气消费量

与煤炭相反，天然气供应的价格弹性比较明显，即全球天然气供应会因为需求增加并且价格上升而增加。供应的上升会缓解部分价格上涨，使得天然气枢纽价格温和上升。

在电力行业情景和全行业情景里，煤炭调控使中国的煤炭消费大量转向天然气消费。增加的天然气需求将会由许多不同地区的生产满足，包括国内生产的明显增长（图4.2.24）。不断上升的LNG份额会推高国内天然气价格，接近日本LNG价格，从而刺激国内生产。

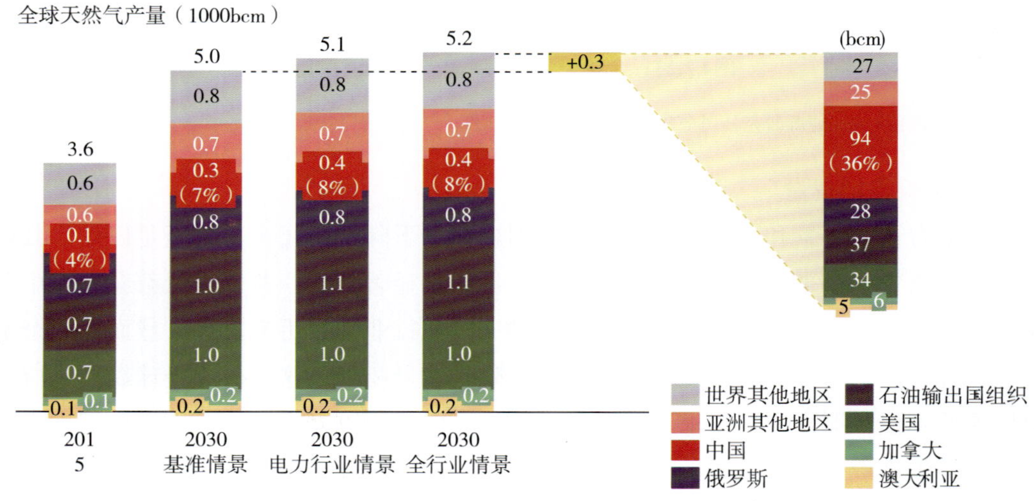

图4.2.24：不同情景下的天然气增产量

资料来源：Aurora能源研究公司全球能源模型。

模型显示虽然中国天然气需求会对天然气价格产生部分上升压力，天然气密集使用国家（如美国）不会因此大量减少消费。从而在两个情景中，全球天然气需求都会提高。而中国以外减少的消费量只会抵消大约42%中国需求增加的部分。

（3）一次能源消费量

在电力行业情景和全行业情景里，全球一次能源消费量都表现出净增长（图4.2.25）。世界能源总体将变得更便宜因为煤炭价格的下跌超过天然气价格的上涨。中国煤炭消费的下跌会被其他地区消费的上涨所抵消，而中国天然气消费的上涨不会被抵消。此外，用电替代煤炭将推动中国一次能源消费的提高。

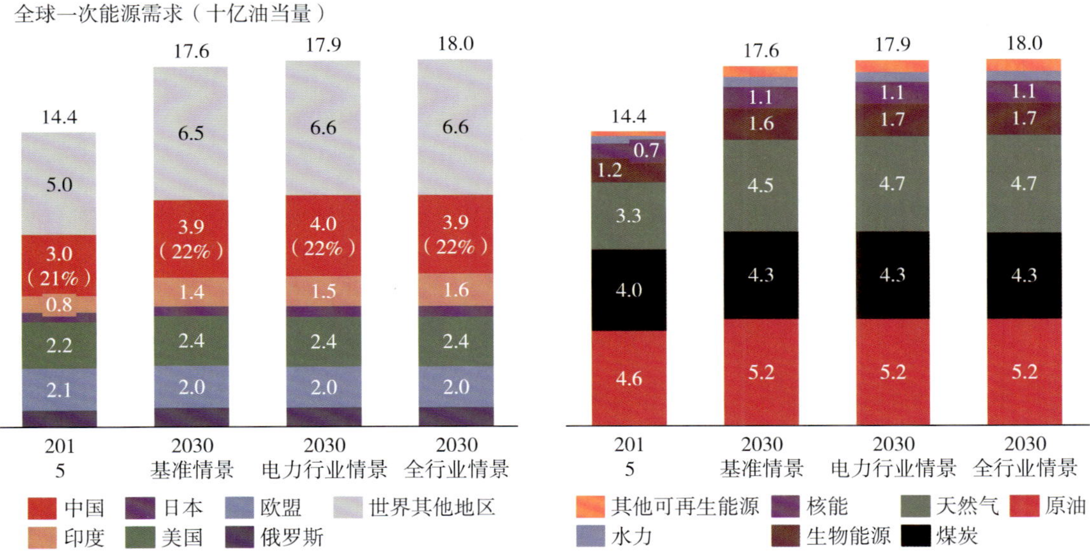

图4.2.25：不同情景下全球一次能源需求

资料来源：Aurora能源研究公司全球能源模型。

（4）能源价格变动

中国的天然气替代煤炭会给全球煤炭价格带来很大的影响，而对全球天然气价格的影响相对较小。与基准情景相比，在电力行业情景和全行业情景中，2030年全球煤炭价格将会有所下降。在电力行业情景中，价格差异为15%或12美元/吨；在全行业情景中为26%或20美元/吨（图4.2.26）。造成全球煤炭价格大幅下降的主要驱动因素是中国作为国际煤炭市场上最大消费国的特殊地位（中国目前消费超过世界半数的煤炭）以及煤炭市场的高度全球整合。

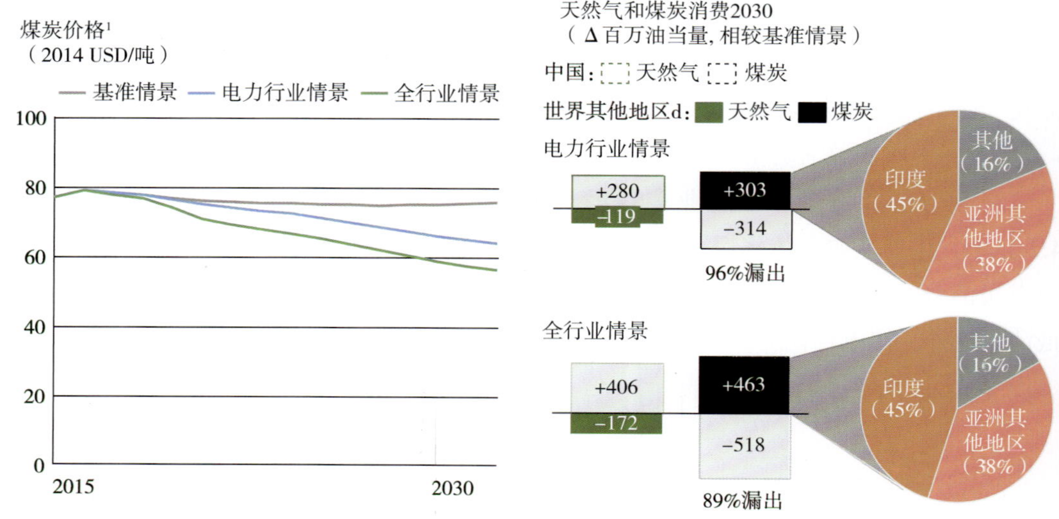

图4.2.26：中国煤炭需求下降引发煤炭价格下跌

注：价格参考阿姆斯特丹–鹿特丹–安特略普煤炭价格(ARA 6000 kcal per kg steam coal)。在2015～2018年，所示价格考虑了当前期货价格。

资料来源：Aurora能源研究公司全球能源模型。

中国天然气需求的增加会带来其他地区天然气价格的上涨，但各国际天然气枢纽的价格的上涨将十分温和：2030年世界三大主要天然气枢纽价格（英国的NBP，美国的HH以及日本的进口LNG）平均上涨3%（图4.2.26）。在所有三个情景中，由于全球LNG贸易大量增加以及平均LNG运输成本下降，这些枢纽价格都呈现相当大的趋同趋势。举例来说，鉴于长期看东亚LNG价格将广泛与HH价格相当，考虑运费因素，日本LNG价格和美国HH价格之间的差异会从2015年略高于12美元/MMBtu下降到7～8美元/MMBtu。

出于以下几个原因，全球天然气价格的上涨将会远远小于全球煤炭价格的下跌。第一，中国天然气消费的增加将会略小于中国煤炭消费的下降，因为有一部分煤炭会由非天然气能源替代。第二，中国在全球煤炭市场上的影响大于在天然气市场上的影响，其针对煤炭的决策将会国际市场带来较大的影响。第三，国际天然气贸易量远低于煤炭贸易量，一部分由于管道供应的局限性和LNG的高运费。第四，全球天然气供应的价格弹性比煤炭要高，天然气生产会相应提高以满足增长的需求；而煤炭的生产不会大幅下降，从而造成供应过剩和价格下跌。

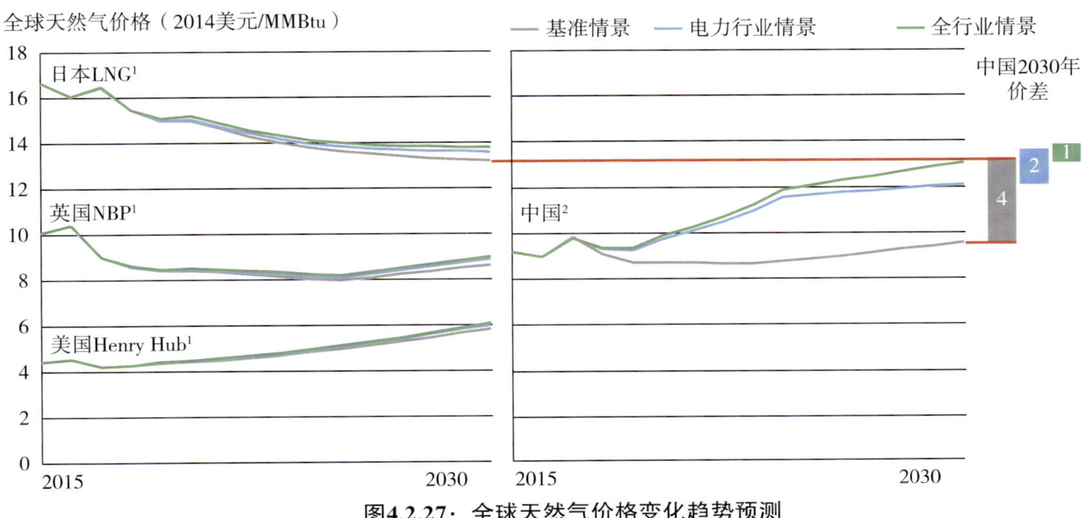

图4.2.27：全球天然气价格变化趋势预测

注：①所显示的2014~2018年价格中考虑了当前期货价格（截至2014年12月17日，按2014年真实美元汇率换算）。

②对于中国，使用AER-GLO模型供需平衡时的加权平均天然气生产价格指数（国产，管道进口，LNG进口）。它包含LNG的气化成本。加权是基于应用于CGE模型中贸易的标准阿明顿假设。因为该数据未必与中国市场某具体地区的批发价相吻合。

资料来源：Aurora能源研究公司全球能源模型。

但是在电力行业情景和全行业情景中，中国国内天然气价格将会大幅上升。到2030年，相较基准情景的8~10美元/MMBtu，在电力行业情景中国内天然气价格将达到12美元/MMBtu；在全行业情景中达到13美元/MMBtu。价格影响的不均衡主要因为当中国开始用天然气替代煤炭，增加的天然气消费很可能由进口天然气来满足，尤其是LNG。从而中国的天然气价格将趋向于东亚的LNG价格。

4.模型描述

对中国三个可能的能源政策情景的模拟是基于Aurora Energy Research全球能源模型进行的。该模型是Aurora公司用于分析全球能源市场而创建的一系列可计算的一般均衡模型的混合。

该模型有三个基本要素：一个全球一般均衡模型来描绘各国的能源需求和经济活动；一系列动态资源提取模块来模拟在一个动态的金融环境中石油，天然气和煤炭的供应；以及一个电力分配模块，来仿效中国电力行业（图4.2.28）。模型运用3个模块通过每年的迭代计算直到找到一个三模块全部通过的方案。混合的架构获益于结合了全球一般均衡模型牢靠的基础，再加上燃料提取和电力分配部分均衡模型的细节。这两种模型对于了解国际能源市场都是至关重要的。

AURORA的全球能源模型是一种用2个自下而上
模块构建而成的CGE模型混合版

建模方法

1. 全球一般均衡模型（GGEM）在化石燃料和电力产量给定的情况下算出价格

2. 按指定价格对化石燃料和电力产量进行优化

3. 反复进行，直到找到内部达成一致的解决方案

4. 进入下一年度

壳牌国际

AURORA全球能源模型（AER-GLO）

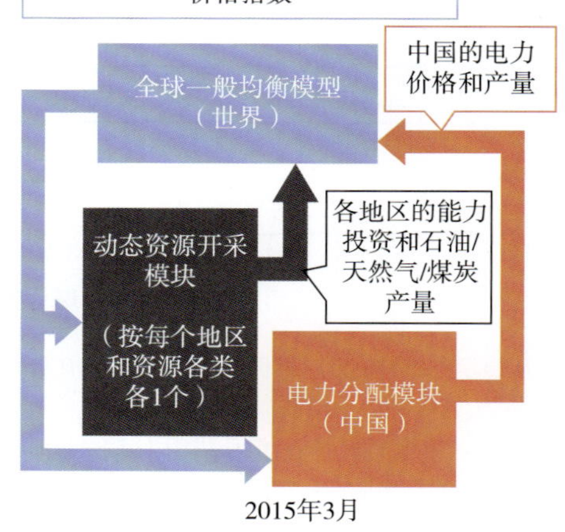

图4.2.28：Aurora全球模型使用混合可计算一般均衡模型（CGE）

资料来源：Aurora能源研究公司全球能源模型。

该模型被用于预测能源政策变化对全球经济及各行业的影响。另外，该模型包括了全球129个地区，每个地区涵盖57个行业，从而可以针对每个国家分行业具体预测，包括产品和服务供需，进出口变化，区域总生产，消费，投资，投资回报，天然气温室气体排放及颗粒物。

在此次研究中，该模型使用了近期经济和能源数据并构建了三种能源政策情景反应中国在煤炭消费方面的不同政策。这三种情景模拟了近乎可信的中国能源政策环境以及对全球煤炭和天然气市场的可能影响。

由于能源和现代经济的未来发展有着密切的联系，不同能源的可替代性，以及全球资源分布的不均衡，一个全球一般均衡架构是构建全球燃料市场模型所必需的。中国能源政策对全球能源市场的影响是由不同市场在均衡模型下的相互关系和由此带来的不同燃料在各个地区的替代决定的。

第三章 国际监管经验概述

研究中，我们选出了近几十年来天然气用量增长迅速的五个国家，仔细研究了其天然气市场的发展情况，分析市场化对于这五个国家天然气开发利用的意义和效果。总体而言，这五个市场分阶段实现了天然气体系的市场化历程，并通过建立合理的天然气市场增加了各环节尤其是上游和下游环节的竞争，实现了对包括管网和LNG接收站在内的基础设施的公平准入，提升了天然气的生产、运输、加工、使用效率；同时，市场化进程还给终端用户带来利益。美国、欧盟、英国、日本和韩国的经验表明，天然气市场化对天然气市场的进一步发展，以及维持良好的市场运作都起到至关重要的作用。

决定天然气市场发展的三大因素包括：基本要素、市场监管和配套政策：

——基本要素：天然气市场的基本要素包括天然气的需求、可供应资源，以及资源的竞争程度。

——市场监管：天然气市场监管是一个至关重要的因素。合理的天然气市场监管包括一个清晰、一致的监管制度和一个强有力且独立的市场当局。其中，监管制度应包括针对自然垄断监管的关键规定、安全和环境条例、针对天然气开采和生产的条例、供气安全政策以及市场的透明性政策。

——配套政策：配套政策包括间接影响天然气市场的规则，例如有关空气质量和气候变化的法规及其他环境政策，鼓励低收入家庭能使用清洁能源的政策，以及能源相关研究的支持计划。

天然气市场监管通常有三大目标：

——可获得性：通过在天然气价值链中合适的部分引入竞争，促进天然气价值链各环节效率的提升，为终端用户提供负担得起的天然气。

——安全：通过供应商、买方力量，或两者以及适当的投资，实现供气安全性的提高，对于天然气价值链中的自然垄断环节尤应如此。

——配套影响：制定配套政策，例如空气污染和碳排放限制，并向贫困家庭提供能源。

天然气市场化可以实现这三大目标的平衡。首先，市场化能带来竞争，有助于降低消费成本，提供终端用户可接受的能源；其次，市场化使市场向各种各样的供应商开放，可提高供气安全；第三，由于市场参与者会对配套政策产生的激励措施做出积极回应，市场化将使整个天然气价值链能够对配套政策做出更加灵敏的反应。

但是，市场化也会给投资带来更大风险，例如市场化条件下国内天然气企业在国际市场上的购买力可能降低。市场化还会提高贫困家庭使用能源的难度。案例研究表明，政府通常会有目的地对市场化进行限制或制定其他政策对其进行补充，以控制上述不利影响。

天然气市场的发展并不能仅靠监管来推动。市场的基本要素，例如天然气供应的可购性和天然气需求水平，是天然气市场形成的重要驱动力。例如，无论是采用何种监管制度，对于日本这样的本国几乎不生产天然气的国家，其天然气市场与美国这样本国天然气产量较大的国家的天然气市场都会截然不同。同时，天然气和其他燃料的竞争也会影响天然气市场的发展，而诸如空气质量、气候变化、能源充足程度以及电力市场结构等也会对天然气市场的发展产生影响。

市场基本要素、能源政策和配套政策相互影响，共同决定市场的构成。此外，诸如包含整个能源系统甚至国家经济其他领域的更大范围的市场化以及低碳经济等政治形势走势都会影响天然气市场监管和配套政策。同时，基本要素受技术发展和包括本土和进口供气成本等地缘政治环境的影响。

国际经验证明，有竞争力的天然气市场需要一套贯穿各个市场基本要素的核心监管措施。本研究力图总结天然气市场监管的经验和教训。虽然中国的环境与其他国家不同，在制度设计中需要针对中国具体情况而作相应调整，但是各案例研究中涉及的监管措施的核心是类似的，并且这些措施对于发展一个有竞争力的天然气市场来说至关重要。综上所述，国际经验对中国的天然气市场构建、运行具有重要的借鉴意义。

政策出台的顺序和合理的实施对市场化历程的成功同样是非常重要的。天然气市场条例影响到一系列重要的政治因素，特别是能源供应保障、国家基础设施的融资、能源安全等。参考美国在20世纪70年代和英国在20世纪80年代末期开展的改革经验，一个国家可在10年至15年内形成天然气的竞争充分的市场。然而，当政府的改革意愿不支持市场化时，这个进程可能需要数十年的时间。

在挪威、荷兰、美国和英国等拥有丰富国产资源的国家中，市场化历程可促进竞争，从而引导天然气市场更好地开发利用本土资源。同时，这些国家的经验表明，市场化历程需要优惠的上游许可制度，以及相应的财政和环保政策。在美国，土地私有制以及其下资源的私有制，大大促进了页岩气的开发。而在资源国有的国家中，比如在北海周边的挪威、荷兰和英国，需要的匹配政策包括促进具有竞争性的勘探以及生产的租赁许可权。

另一个国际经验是配套政策之间的相互影响有时是不可预见的。比如环保和技术政策与已经形成充分竞争的天然气市场所包含的政策可能会相互影响，欧盟的天然气市场化进程可以说明这点：一方面，环保政策可以增加高排放燃煤企业的成本，从而增加天然气相对其他化石能源的竞争性；另一方面，相关政策可能导致煤和可再生能源的“能源困境”，反而不利于天然气市场的发展。此外，在美国，过去几十年对于非常规天然气以及地震压裂的研究，这些都对美国过去10年中页岩气的蓬勃发展起到重要推动作用，而这根本无法在前期研究开展过程中预料。

基本要素、监管制度、配套政策三者相互作用，在一定的时间后形成天然气市场。

国际经验表明，技术发展和地缘政治事件会影响本国和外国能源供应成本，对基本要素产生影响；同时，基本要素反过来与天然气市场监管和配套政策相互作用，共同组成天然气市场。由于天然气市场的历史、地理和政治环境决定了天然气市场化的最终形态，因此高度路径依赖成为天然气市场形成的一个主要特点。例如，天然气市场监管和配套政策是由政治倾向和事件决定的，深受经济体迈向市场化和降低碳排放等宏观政策和趋势的影响。本文将从天然气市场监管、市场化等方面介绍国际经验，并深入分析国外天然气市场化改革案例，以期对我国天然气市场化改革提供参考和启示。

一、监　管

（一）监管原因

决策者们对天然气供应链进行监管，以平衡以下三大政策目标：

——经济供气：经济供应指的是向家庭提供可承受的供暖，并以有竞争力的天然气价格向发电和能源密集型产业提供天然气。

——供气安全：供气安全指的是持续给终端用户提供优质的天然气供应，而避免供应中断。决策者们通常也会将完善的天然气供应基础设施视为价值链上及其重要的一部分，因为它们是重要的国家基础设施，对国家的运行和服务起到至关重要的作用。

——安全清洁供气：天然气供应对公共卫生和安全带来尽可能小的风险，这是这一目标的先决条件。值得注意的是，增加天然气供应可以取代对环境有直接影响、温室气体排放较大的替代燃料。

这些政策目标可能会在不同层面上有冲突，通常称之为能源政策的“三重困境”。例如，在经济供气目标内，为确保天然气价格在终端用户可承受范围内，国家通常需通过一类用户对另一类用户的交叉补贴或直接国家财政预算来补贴终端用户价格。然而，经济供气不一定与安全清洁供气的目标始终一致。

天然气的利用需要更加宏观的政策框架设计，以疏通不同目标间的相互制约。其中，市场化是促进天然气开发利用的重要举措。首先，市场化历程可以促进竞争，从长远来看可降低用户端的成本，以达到经济供应的目的。它同时也为多元化的供应和安全供应打开了大门。另外，鼓励天然气利用的政策和促进天然气在一次能源架构中的比重提高，可降低环境公害事件发生的风险。

但是，市场化历程也有可能增加投资风险并降低相关企业在国际市场上的购买力。在短期内，也可能增加成本，这可能降低低收入家庭使用天然气的能力。本文中所列举的5个案例证明，天然气市场化历程有时是受限的，而为达到理想效果需要其他政策的有益补充。

（二）天然气价值链的市场化过程贯穿天然气价值链

市场化可以形成竞争市场，其结果是以最低的价格向终端用户提供最优的选择。实现市场化的途径既可以是放开市场竞争，也可以是管制措施，例如在存在自然垄断的市场上限定最高价格。要实现天然气市场化这一目标，必须考虑天然气价值链的结构和经济因素（图4.3.1）。

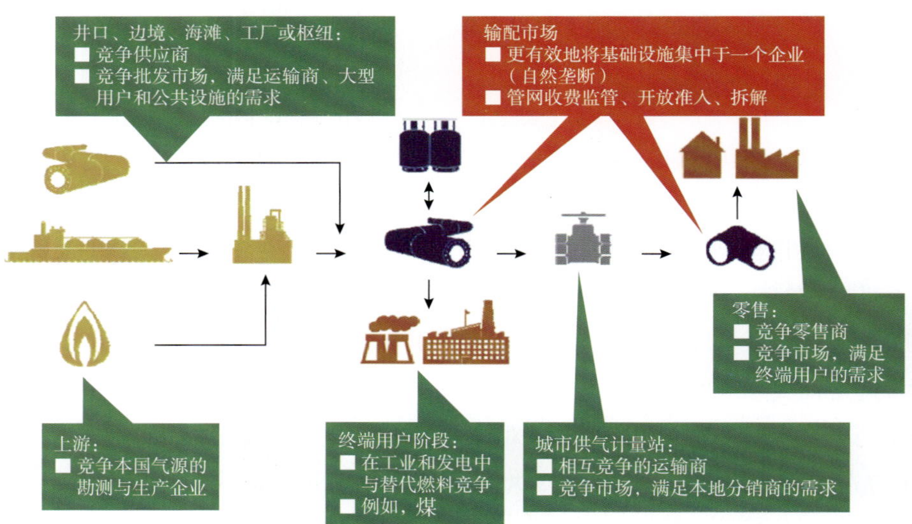

图4.3.1除具有自然垄断特点的某些阶段，市场竞争存在于整个价值链中

注：导致市场失灵的自然垄断主要发生在中游部门。

天然气价值链可以笼统地分为三大部分，即上游市场、中游基础设施和下游市场。上游是指天然气的国内勘探和开采，中游是指用于输送国内自产及进口天然气的基础设施，包括长输管线、LNG接收站和地方配气管网[①]，下游是指向终端用户供应天

① 在本研究报告中，LNG接收站被分类为中游基础设施，而不是上游设施。究竟是将LNG接收站视为上游设施，还是中游基础设施，很大程度上取决于市场的竞争性质。在美国，LNG接收站对国内开采构成了竞争，因此，它们被视同为国内的采气井口，被分类为上游设施。在欧洲，其竞争对象主要是进口天然气，因此，LNG接收站被视为输气管网的一部分，被分类为中游基础设施。在中国，由于竞争性天然气市场尚待形成，如何正确对待LNG接收站尚不明确。

然气的批发和零售市场。

贯穿天然气价值链，许多地方都存在竞争市场。在上游部门，竞争可以促进天然气勘探和开采的效率提升及创新，从而降低成本，增加天然气开采量，丰富国内供应渠道。譬如，在欧盟实现天然气市场化之前，垂直整合的国有企业——全国天然气公司并没有足够的意愿提高其经营效率，这导致天然气价格上涨。同样，在下游部门，可通过诸如加剧天然气运输和销售环节的竞争等手段，最终降低天然气终端用户支付的费用。在一定的监管框架下，政府可以考虑放开这些部门的竞争，以培育和形成竞争市场。

在中游部门，放开市场竞争通常并不受处于自然垄断地位企业的欢迎，并且可能会失败。诸如输气管线等中游基础设施需要高额的资本投入。2013年，美国的陆地石油和天然气输送管线建设成本为每英里410万美元，而海上输气管线的建设成本更是高达每英里760万美元。高昂的固定成本和相对低廉的运行、维护费用，意味着巨大的规模经济潜力：供应成本将随供应量的增长而显著递减。这符合自然垄断的定义，即当生产和所有权集中于一家企业时，将实现最低长期平均成本。

然而，处于自然垄断地位的企业倾向于利用其市场地位来损害消费者，它们收取的价格高于市场竞争所能形成的价格。此外，天然气输送管线及其他中游基础设施的所有者历来是垂直整合的，它们在整条价值链上提供各种服务。这样的企业往往会采取抵制竞争的行为，例如向使用其中游基础设施的第三方天然气供应商和运输商收取过高费用，以便维持其在上游的主导地位，或提高其下游销售业务的利润。这使得美国和欧洲等的天然气市场监管机构要求输气管线所有者向第三方开放其设施，或对输气管线基础设施所有者向客户收取的费用进行管制，以及将输气服务与上游和下游业务分离开来——这个过程被称为松绑。

天然气市场化，要求确定价值链上的竞争性部分及自然垄断部分，并采取适当的管制举措。例如，1954年至1978年期间，美国认为整个天然气价值链都具有自然垄断性，并自采气井口起对价格进行了全面管制，以保护消费者。然而，美国的天然气投资未能有效应对20世纪70年代发生的石油危机。1978年，美国认识到只有输气管线领域才存在自然垄断属性，需要对其进行管制，并保证开放使用，这标志着天然气市场化时期的开端。改革松绑了天然气行业，将输气和销售业务相分离，保证了第三方开放使用州际输气管线基础设施。14年后的1992年，高效竞争市场的基础已经夯实。得益于此，从1990年到2010年，美国天然气消耗量增长了40%，从每年5000亿立方米增至7000亿立方米。

国际案例分析表明，响应灵敏的竞争性液化天然气市场具有以下特征：

——数量充足：有许多参与主体，它们相互竞争大量上游业务和中游基础设施的使用权，它们为许多买家供应了大量液化天然气，并且由反应灵敏的投资者提供资金。

——竞争定价：在批发和零售市场上，价格由竞争形成。

——开放使用：无差别开放使用具有自然垄断性的中游基础设施，且管制使用费。

总体而言，竞争市场可以在天然气价值链的许多环节实现资源的优化分配，但仍需建立监管框架，以保证运行良好的竞争市场。然而，输气管线具有自然垄断性质，要求进行更为直接的管制。竞争市场、监管和直接市场管制等多管齐下，对于充分挖掘市场化的益处必不可缺。

二、市场化

（一）市场化的核心举措

市场监管对于实现天然气市场化至关重要。用法律形式固定下来的管制框架，规定了适用于整个天然气价值链的管制原则。它确定了天然气价值链中应当放开竞争的环节，并且建立了相应制度安排，以保证自由、公平的竞争。它还确定了应将哪些基础设施视为具有自然垄断性，并且为使用这些设施奠定了基础。此外，它确定了对垂直整合的市场主体进行松绑的程度。管制框架还包含了围绕着安全、保障供应和环境标准等的法规，这些法规适用于整个天然气价值链。实施这个管制框架，需要强有力的独立管制机构。

美国、欧盟、英国、日本和韩国等的天然气市场化的经验，虽具有不同特点，都或多或少有值得中国借鉴之处。例如，美国是迄今为止本国供应量最多的国家，而欧盟则是最大的进口国。理解这些区别，有助于确定哪些经验最符合中国的实际情况。

表4.4.1　研究所涉的五大天然气市场和中国的明显特点

天然气指标	类型	美国	欧盟	英国	日本	韩国	中国
供应（BCM/年）	本土生产	689	269	38	3	0.5	115
	净进口	37	231	39	123	53	49
消费量（总量百分比）	电力	40	30	30	65	50	15
	工业	20	20	10	5	20	45
输气管道（km）		500k	200k	8k	5k	4k	50k

续表

天然气指标	类型	美国	欧盟	英国	日本	韩国	中国
批发竞争		√	有限（寡头）	√	有限（寡头）	×	×
开放使用权	上游	√	√	√	√	×	×
	输气	√	√	√	√	×	×
	分销	多样	多样	√	×	×	×
运输和销售所有权拆解		√	多样	√	×	×	×
独立（联合）市场当局		√	√	√	×	×	×
流动性市场中心/枢纽		√	√	√	×	×	×

注：2013年数据，不包括2011年中国电力和工业的天然气消费量占比。

资料来源：Vivid Economics，依据于IEA、EIA、中国政府和ENTSOG提供的数据。

案例分析表明，5项市场化核心举措，能够在天然气市场上实现竞争：通过建立制度，将形成基本的天然气法律框架及强有力的独立管制机构；推动开放使用，则着眼于保证公平、合理地使用自然垄断企业所拥有的基础设施；放松价格管制，是将价格交给市场来决定，这将提供更加清晰的供求关系信号；设立标准和保证透明度，可以形成管制机制，以确保公平的市场行为；保护终端用户，能保障商用和民用天然气用户的利益，以求控制市场化带来的任何不利后果。以上五项措施的示意图如图4.3.2。

1 建立机构：
- 明确的天然气法律
- 独立且强有力的监管机构

2 确保开放市场准入：
- 监管第三方准入
- 必要时拆解并放松市场主体的部分主营业务
- 监管管网收费（并作出投资承诺）

3 解除价格监管（对于价值链中的竞争部门）

4 制定标准并保证市场透明度：
- 提高管网用市场的透明度
- 实现贸易协定标准化
- 支付市场中心发展

5 保护终端用户：
- 竞争监管当局监督竞争市场
- 通过适当的支持手段控制对终端用户（消费者、电力行业）的影响

图4.3.2：天然气市场五步监管措施

资料来源：Vivid Economics。

这些举措考虑了天然气市场化所处的大环境：必须兼顾市场化带来的积极影响和不利后果；与基本配套政策的相互作用；天然气价值链上的自然垄断的重要性；以及国家干预天然气市场的遗留问题。

1.建立制度

包括天然气法律制定和形成强有力的独立管制机构等的制度建立是实现天然气市场化的基本举措之一。具有法定独立地位，不受政治、政府和行业影响的管制机构是最有效的，它们能保证适当决策和平等对待市场参与者，以及避免长期基础设施投资决策失于目光短浅。应当在用法律形式固定下来的管制框架内，明确规定管制机构的权限和任务。

案例分析突出了管制机构不受政治影响和透明运作的重要性。案例分析表明，应当通过让利益相关者参与其中，公开证据和最终决定，以及允许各利益相关者向法院提出上诉等，以磋商、透明的方式，做出最终的决策。管制机构应当能够获得足够的财力和人力，以令人满意地履行其任务。

美国联邦能源监管委员会（FERC）是运行良好的天然气市场制度基础的典范。FERC成立于1997年，负责监管电力、水电及石油和天然气等行业，在所有这些行业，参与者常常拥有非常重大的市场势力。FERC对市场进行监管，以确保企业不会滥用其垄断地位，其管制目标十分广泛，从防止歧视性服务和不公平定价，到推广环保型基础设施。在天然气行业，FERC主要负责管制州际输气管线企业收取的费用和提供的服务，认证和审批新输气管线的施工项目，在存在市场的地方加强竞争，防止市场操纵，以及处理有关环境的问题。

2.保证开放使用

诸如输气管线等自然垄断基础设施的所有者倾向于滥用其市场地位，特别是那些在整个天然气价值链上实现了垂直整合的企业。通常需要在如下5个领域采取管制措施：

——第三方使用：这要求处于自然垄断地位的输气管网所有者允许第三方使用其设施。

——管制输气管网收费：为防止输气服务垄断定价，应当对输气管网所有者和经营者收取的输气费用加以管制。允许的费率标准应当鼓励投资，但又不会导致运输商无利可图。

——松绑所有权：集天然气开采、销售和输气等业务于一身的垂直整合企业，往往会采取抵制竞争的行为，例如收取过高的输气服务费，以防止第三方对其上游开采部门、下游销售部门构成竞争。为了实现无差别开放使用输气管网，应当将任何开采或销售业务的利益，与输气服务业务相分离。通过松绑或拆分天然气价值链上的不同部门的经营活动，可以最好地实现这一点。

——可用容量及基础设施使用条款和条件的透明度：仅靠开放使用和松绑并不足以实现自由市场，确保中游输气基础设施使用情况透明度的措施，是在上游和下游实现竞争的关键。

——开放占主导地位的市场主体的部分业务：占主导地位的市场主体往往与供应商和客户订有长期合同。管制机构应当进行干预，拆散这些合同，为新来者提供足够的市场容量。

保证开放使用首先要通过协定推进第三方使用，尝试着准予开放使用输气管网，并允许输气管网所有者自由协商使用条款和条件。本研究中分析的5个国家的天然气市场化进程最初都采用了这种方法。然而，具备贯穿天然气价值链能力，在诸如开采、进口容量或地方配气等领域利益垂直整合的输气管网所有者，总是滥用其市场地位，令通过协商达成的协议名存实亡。这样的企业显然会积极运用其市场地位来阻止竞争对手进入市场。

因而，政府应当审慎地管制第三方使用输气基础设施，并且允许收取输气管网使用费，以激励投资，并允许协商使用条款和条件，以及实现可用容量、费率和使用条款等的透明度。甚至对于受管制的第三方使用，管制机构也可能需要主动打破在位企业在市场上的供应主导地位。例如，20世纪80年代，英国的管制机构强迫在英国天然气市场上占主导地位的在位企业——英国燃气公司（British Gas），放开了其部分长期供应合同，以便市场新进入者开始在这个市场上参与竞争，提供服务。

在设定费率方面，管制机构应当既满足准予开放使用输气基础设施的需要，又确保输气基础设施能够得到充分投资。设定费率的方法大致分为两种：一种是成本加成定价法，将总收入设定为等于投资和运行成本加上合理回报；另一种是欧盟和美国近来使用的激励性管制定价，将输气管网运营商的成本与允许收入两相分离，基于成本基准或成本分析模型确定基准收入，并加上额外的允许收入，以激励如供应质量等的特定目标。在这两种方法中，受管制的回报率都是促进投资的重要因素，其设定水平既要能激励投资，又不会导致投资过量或不足。有时候，为了鼓励投资将不要求基础设施开放使用，例如美国和英国的LNG接收站。

松绑是确保无差别使用基础设施的关键要素。与其他第三方相比，输气管网的所有者倾向于为其自有上游开采和下游销售业务提供更为优惠的条件。20世纪30年代在美国，20世纪80年代在英国，主管当局都发现垄断企业有这种抵制竞争的行为。两个国家所采取的措施都是要求大幅松绑和开放使用其输气基础设施，这促进了天然气运输商和中间商进入批发和零售市场。欧盟允许进行不同形式的松绑。欧盟允许成员国让在位企业保持对输气管网的垂直整合所有权，并通过严格的安排来确保就输气系统运营做出独立决策。这表明欧盟成员国希望保持对那些拥有并运营至关重要的基础设施的企业的控制权，同时藉由主要进口渠道，维持一定程度的买方势力。这也反映了这样一个现实，即对于市场可能规模太小的部分成员国，市场化不足以实现真正的竞争，市场化可能弊大于利。

确保中游输气基础设施使用情况透明度的措施，对于促进竞争至关重要。即使是法律要求，开放使用和松绑本身也不足以实现自由市场。20世纪80年代，实现了市场化的英国天然气市场并不能有效地吸引新来者和刺激竞争，因为市场参与者无法获得关于可用容量以及基础设施使用条款和条件的关键信息。从那以后，美国和英国一直强制要求公开发布关于可用储存设施以及输气管线的容量和费率的信息和规则，由有关市场管制机构和竞争主管部门监督和执行。

在日本，LNG接收站的开放使用，并未引起第三方使用，这在一定程度上是因为市场参与者不具备充分的信息。此外，福岛核电站事故发生之后，随着日本开始增加进口LNG，市场化失去动力。现在，日本鼓励其天然气进口商集体采购LNG，以及保护经济免受LNG价格波动的影响。类似的，在韩国对冬季天然气需求高峰的担忧和LNG价格波动，韩国政府保护本国的垂直整合的国有垄断供应商——韩国燃气公司（KOGAS），以维持其在全球市场上的买方势力。

最后，重要的是识别并处理具有垄断地位的企业持有的任何通过限制可用容量和限制使用中游基础设施，构成市场进入壁垒的现有长期合同。这些遗留合同通常为时久远，减少了可供第三方使用的容量，从而阻碍了竞争力量产生作用。管制机构可以进行干预，拆散垄断企业可能与供应商和终端用户签订的长期合同，以降低垄断企业的市场份额，向新进入者敞开市场。拆散现有的长期合同是美国和英国的市场化进程中的关键环节：占主导地位的市场主体被迫从合同中放开部分容量，以促进市场进入和竞争。

3.放松价格管制

在有条件建立竞争市场的地方，应当放松价格管制，譬如，在上游勘探和开采以及在下游批发和零售市场上。要保证在市场参与者之间传递关于基本供需关系的经济信号，有必要放松价格管制。当其呈现出自然垄断特征时，市场常常失灵。在天然气价值链中具有垄断属性的输配气环节，必须进行价格管制。然而，在其他环节，当任由价格自由响应基本供需关系的变化时，市场参与者能够高效地分配资源。

批发价格是一个重要的经济信号，因为它使得上游的勘探开采与天然气价值链的其余部分之间形成了关联。实现竞争性天然气市场涉及批发价格的分阶段市场化。美国已从使用净回值[①]油价联动合同的成本加成采气井口定价法，发展到了由各种类型的参与者进行交易的、以现货和期货合同为主的定价模式。英国市场则最终从由单一买方——英国燃气公司（British Gas）——将受管制的最高限价，与替代燃料合同和通货膨胀联动的定价模式，发展为更具竞争性的枢纽性交易定价。在这些市场上，放松价格管制的结果是形成了响应灵敏的流动性批发市场。

这些市场定价意味着逐步告别将天然气价格与其他商品价格或政府设定的管制价格联动的长期合同。随着天然气交易量，特别是LNG交易量的增长，这种转变一直在持续。现在，美国的天然气定价几乎已完全市场化，而在欧盟，市场定价和与油价挂钩的长期合同定价大致平分秋色。

与替代燃料价格、现货市场价格或其他指数等联动的长期合同，为投资者提供了一定程度的确定性，可支持上游部门的发展。例如，在企业取消交付天然气、支付罚金时，结合净回值定价的照付不议条款可以确保其在数十年内具有稳定的收入源，从而助力投资于勘探和开采。该条款及其他相似调控在荷兰格罗宁根天然气合同中十分常见。然而，长期合同可能导致现货市场流动性较低和价格不确定性。此外，如前文所讨论，对于确保开放使用、让第三方更大程度地使用中游基础设施，以及促进上游和下游部门的市场进入和竞争，拆散现有的长期合同至关重要。

而如果达到具有高流动性的批发现货市场阶段，也有助于上游部门的发展。例如，在欧盟，当天然气交易枢纽取得充足的流动性后，与合同联系越来越紧密的是天然气现货市场价格，而非油价。在美国，页岩气开采与流动性现货市场的存在息息相关。由于气田开采量的高度不确定性致使它们无法赢得具有吸引力的长期合同，因此美国的页岩气开采商非常依赖于现货市场。

4.设立标准和保证透明度

对于助力新来者进入市场，必不可缺的是确保市场规则的透明度，以及由具备适当的法律权限，并且独立于政治党派、政府部门和行业的管制机构来执行透明度要求。具体措施包括关于第三方使用输气管网的条款和条件的透明度，以及披露输气管

① 净回值定价法使用了根据向终端用户收取的实际价格来设定价格的公式。

网中的可用容量，还可能包括在上游和下游部门增强竞争和提高市场流动性，从而改善在市场参与者之间传递经济信号的措施。例如，管制机构可以通过设计和实施许可和财税制度，采用诸如允许交易上游业务许可证，或者为勘探和开采规定优惠性财税条款等措施，增强上游部门的竞争。管制机构也可以对下游批发市场上的交易安排进行标准化，例如通过输气管网法规或其他准则，以帮助在市场参与者中间树立信任，或通过将合同安排标准化，以支持建设和发展天然气交易枢纽。

管制机构还可以推广使用市场中心，就像美国的Henry Hub和英国的National Balancing Point（NBP）那样。在美国，FERC通过要求市场主体提供特定服务，以及通过将交易安排标准化，为市场中心的发展给予了支持。在英国，为便于管制机构实施其平衡机制的《输气管网法规》有效执行，虚拟交易机构NBP于1996年应运而生。《输气管网法规》包含一系列确立合同标准的天然气交易安排，这让各方在进行天然气交易时对合同充满信心。

5.保护终端用户

为了维系竞争性天然气市场，需要由竞争主管部门进行监管，以及采取措施来控制对终端用户造成的影响。竞争主管部门应负责确保运行良好的市场，以最低的价格向终端用户提供最优的供应商选择。这样做还能保护那些因任何市场改革而受到不公平影响的消费者、发电企业和工业用户。

保护消费者和终端用户，要求适当的法律、经济和政治支持。在美国，从20世纪50年代一直到70年代末期，消费者保护和福利分配均影响了天然气的定价。然而，旨在保护消费者及其他终端用户的政策应当从天然气市场化进程中脱离出来。长远上，自由市场能促进竞争，从而为消费者降低成本，提供持久的低廉价格。转型期间，随着天然气的市场化，出于社会福利和公平方面的考虑可能导致政府对受影响最大的社会阶层和经济部门给予额外的支持。最经济高效的方法是在允许天然气市场化、放松价格管制的同时，单独向部分消费者和终端用户提供收入或其他支持。例如，发放社会福利金或一次性补贴。这种方法不会干扰天然气市场的高效运作，同时还能保护最容易受到伤害的企业和个人。

（二）市场化的政治经济因素

国际经验表明，市场化的措施先后顺序和时机非常重要。对于每一项市场化措施，都对应着重要的阶段性目标和潜在的关键点。

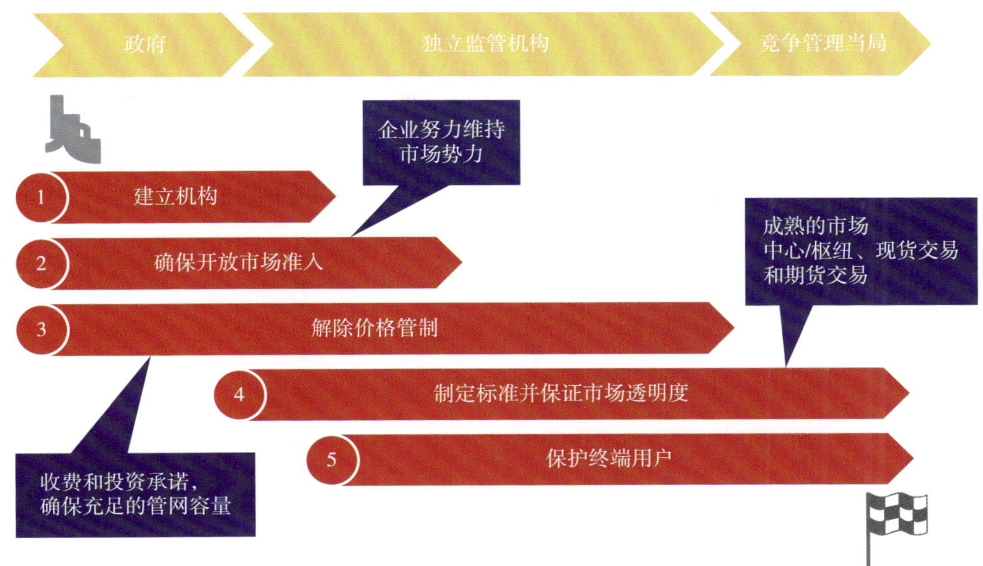

图4.3.3：五项监管改革的序列可能引发的市场反应

资料来源：Vivid Economics。

最初，垂直整合的天然气企业倾向供应全部或大部分天然气，充当天然气的垄断开采商和供应商。由于价格不是自发形成的，不能传递经济信号，因此供应和需求之间毫无关联。市场化进程的第一步，是制定天然气法律和设立天然气管制机构，允许第三方开放使用现有的基础设施和输气管网为实施市场化改革打好基础。

除在上游和下游市场鼓励更多的参与者和采取促进竞争的措施之外，市场化进程要求逐步放松价格管制，以反映市场供需状况。例如，批发市场从简单的成本加成定价法，改为响应更灵敏的定价方法，如净回值定价法。对于中游基础设施，输气管网使用费既要满足与日俱增的第三方使用量，又要激励投资于维护和新增输气管网容量。在市场化的初期阶段，垂直整合的企业倾向于通过提高市场进入壁垒，对管制干预提出异议，以及维持其长期合同等，以维持其市场地位。它们也可能拒不向市场披露关键信息，包括其输气管网中的可用容量，以及关于第三方使用的条款和条件的信息。

市场化进程的下一步是提高市场透明度。例如，通过要求输气管网所有者披露其输气管网容量及使用条款和条件。除此之外，在这个阶段，管制机构可能进行干预，以拆散在位企业与供应商和客户订立的长期合同。在成熟市场上，强有力的管制机构将确保和保障竞争性市场结果，并在整条价值链上存在着各种类型的市场主体。这些市场主体包括部分整合企业，以及纯天然气运输商、销售商和中间商等。如果市场化扩展至配气管网，那么天然气零售商也可能开始争夺小型终端用户。在此基础上，下一步应是确立标准化交易安排和服务要求，以支持将市场中心或枢纽发展成为短期合同交易平台。这些措施将提高市场流动性，并且可以在市场的需求侧和供应侧之间传递经济信号。

随着市场日益成熟，监管的重点将逐步转向保护终端用户，竞争主管部门将担负起确保公平竞争的职责。政策焦点也将移至减轻改革对终端用户造成的不利影响。

然而，我们通过案例分析发现了一个关键问题，即天然气市场改革是一个漫长而又艰难的过程，如果没有有利的政治环境、基础条件和配套政策，改革很可能失败。20世纪70年代和80年代的美国，是有利于进行天然气市场改革的环境的典范。当时，美国有许多上游开采商，并且输气管网等基础设施十分发达。此外，由于在20世纪70年代发生的石油危机期间，天然气供应未能及时做出适当响应，在提高市场效率特别是提高下游批发和零售市场的效率方面，存在巨大的政治压力。类似地，在20世纪80年代的英国，政治和市场环境也非常有利于进行改革。撒切尔夫人领导的保守党政府致力于通过对包括垂直整合的电力企业和天然气企业等国有企业进行私有化来解决政府财政短缺问题。此外，英国政府允许将天然气用于发电，经济划算的联合循环燃气轮机技术的问世，成为了投资者的大好机会。

另一方面，欧盟、日本和韩国的市场化进程则是放开天然气价值链的举措推行缓慢的典型。尽管欧盟早在1998年就开始尝试对其大陆天然气市场进行市场化，但即便在今天，这个过程仍然面临着政治上的反对之声。反对意见侧重于进口依存度提高会危及供应安全，并且基础设施所有权事关国家利益。以欧盟的主要天然气供应商——俄罗斯为中心的国际局势日益紧张，乌克兰的处境就是前车之鉴。不久前，欧盟宣布了关于建立欧盟能源联盟的提议，以期在解决这些问题的同时，继续推进天然气市场化。类似地，在日本，2011年福岛核电站事故引发的关于能源安全的思考，要求在区域垄断供应商之间进行更多合作而非竞争，以赢得更多长期LNG合同，这严重打击了市场化进程。然而，在2014年日本进一步推动天然气市场化被重新提上议程。过去20年，韩国在尝试对其天然气市场进行市场化方面，也遭遇了诸多困难，这在很大程度上是因为KOGAS工会的力量，以及KOGAS不愿意放弃其在国际LNG市场上的买方地位。

（三）市场化对国内开采的影响

根据挪威、荷兰、英国和美国等拥有丰饶的国内天然气资源的国家的经验，市场化能够促进更好地开发这些资源。相比于那些不具备丰富的国内天然气资源的国家，这些国家倾向于更早、更全面地进行市场化。在市场化之前，在上游勘探和开采领域占主导地位的往往是垂直整合的国有垄断开采商。如同欧盟的情况一样，在这些部门放开竞争将有助于促进天然气勘探和开采的效率提升及创新，从而降低成本，增加天然气开采量，丰富国内供应渠道。不仅如此，开放中游基础设施，引入竞争性批发和零售市场，也在上游勘探和开采市场上吸引了更多投资者，并且加剧了竞争。得益于开放输气管网基础设施，上游市场上的新投资者可以确信，它们能够将天然气输送给批发和零售供应商，并最终提供给终端用户。

在这些国家，天然气价值链的市场化也得到了优惠的上游许可、财税或环境等政策的支持。在美国，土地及地下资源的私有财产权，促进了页岩气勘探和开采的迅速发展。在资源属政府所有的地方，如在挪威北海大陆架外缘、荷兰和英国，则实施了相应的配套制度，以实现高效的竞争性租赁勘探和开采权。例如，英国的许可安排经专门设计，可鼓励勘探和开采，以及处罚囤积；在英国，如果企业未能遵守其在勘探和开采权竞标书中提出的工作计划，那么其许可证将被吊销。荷兰通过各持股50%的公私合伙安排，开发了其庞大的格罗宁根天然气田，这个气田带来了稳定的收入源，此举大大鼓励了其他市场投资者，促进了对上游勘探和开采，同时也确保了这些投资的经济性和竞争性。为了鼓励在条件更为恶劣的地方进行勘探和开采，英国和部分其他国家还提供了特定财税激励措施及其他配套政策。

自由天然气市场与配套政策之间还存在着相互作用。与环境或技术进步有关的配套政策，影响着天然气市场的发展。案例分析表明，虽然有些相互作用是可预见的，有些相互作用却是难以判断的。

环境政策，如20世纪90年代颁布的《美国清洁空气法案修正案》、美国环境保护署最近发布的碳排放标准、欧盟的对碳排放进行定价的排放权交易制度，以及欧盟的空气质量指令和法规等，都使得相对于天然气，排放密集型煤炭的成本越来越高。虽然雄心勃勃的气候变化和空气质量政策，使得天然气在发电领域优于煤炭，但这些政策的设计可能产生一些意想不到的后果。欧盟已经经历了这样的情况，其气候政策与能源市场之间的相互作用破坏了环境目标，导致了煤炭–可再生“能源悖论”。

虽然欧盟的总体目标是到2020年，将温室气体排放量在1990年的基础上减少20%，但它也设立了到2020年，将能源构成中的可再生能源占比提高至20%的单独目标。这个单独的可再生能源发展目标和为实现这一目标而提供的高额补助，压制了能源批发价格，因为可再生能源的边际成本很低，有时甚至为负。这反过来削弱了对投资于备用矿物燃料的发电容量。此外，欧盟为达成其温室气体排放总体目标而采取的主要机制——欧盟排放权交易制度的设计和实施缺陷，结合近期疲软的经济形势和相对低廉的煤炭价格，已使得能源构成朝着增加煤炭和可再生能源发展，而此以牺牲天然气为代价。

这些能源和气候政策造成的意想不到的后果，削弱了供电企业的盈利能力，令其业务模式陷于动荡。诸如德国的E.ON和RWE等企业面临的挑战，说明了这个问题。随着大量获得了补助的分布式可再生能源发电系统在能源构成中占据一席之地，它们基于边际成本定价的业务模式变得岌岌可危。今后，如果欧洲要实现其雄心勃勃的气候政策目标，那么，到2030年可再生能源很可能在其能源构成中占到很大比重，并且电力市场管制将需要与气候政策一同与时俱进。反过来，这将对天然气需求和市场产生间接影响。

诸如与能源有关的研究和开发支持和补助等配套干预，也会给天然气市场带来益处。在美国页岩气开发的背景下，这一点尤为突出。20世纪70年代，美国能源研究和开发管理局发起了各种类型的与非常规天然气有关的研究和开发计划。后来，美国能源部继续开展了这方面的工作。事实证明，这些计划以及其他研究和开发计划，如围绕着监测微地震裂缝的研发计划，在过去10年已经为推动美国页岩气发展高潮做出了贡献。

三、天然气市场化改革案例

通过仔细研究一些国家的天然气市场可以发现，天然气价值链市场化在这些市场建设过程中反复出现。各个市场的市场化方式各具特色，但最终目标都是建立一个更有活力、有助于实现国家目标的天然气系统。了解这些市场的发展情况能对中国制定本国能源系统的目标时有参考价值。

（一）美国

就培育充满生机的竞争性天然气市场而言，美国已经走过了三个主要阶段（参见图4.3.4），不同阶段的市场管制框架不同。这些阶段是根据一些重大事件划分的，譬如页岩气浪潮和重大管制制度调整等，而且，从1960年到2013年，天然气的供应量和价格不断变化。

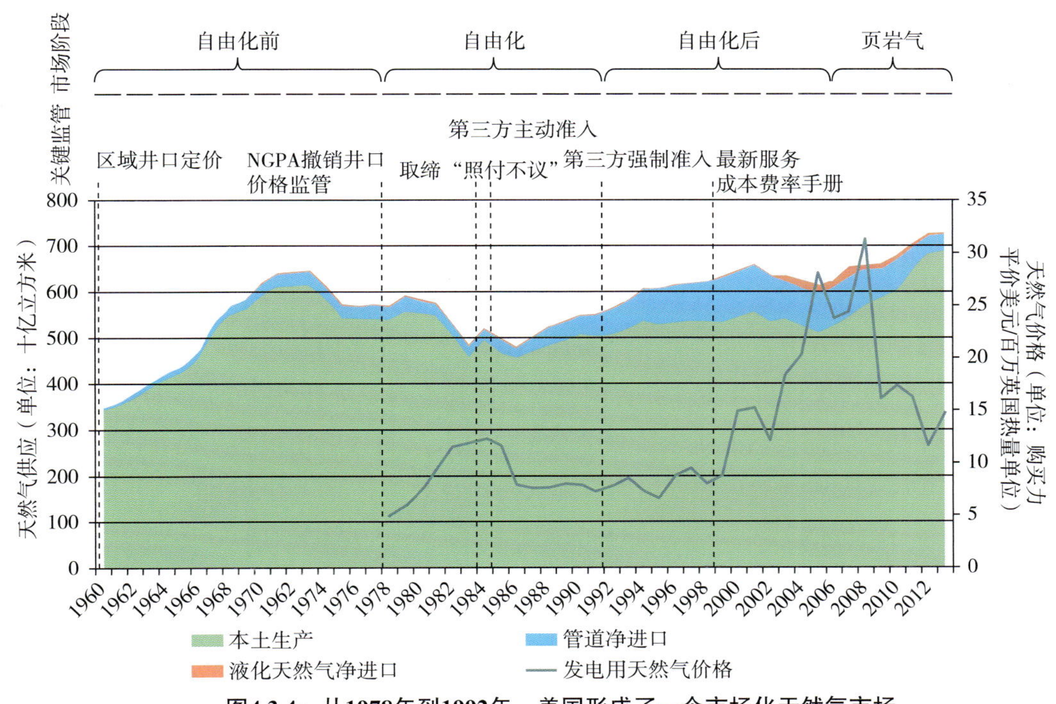

图4.3.4：从1978年到1992年，美国形成了一个市场化天然气市场

注：发电厂支付的天然气名义价格，本国货币换算为GDP购买力平价。

资料来源：Vivid Economics，依据国际能源署提供的数据。

市场化之前阶段的特征是在15年内逐步加大市场管制力度，从1938年开始，到1954年全面控制井口价结束。出台这些价格控制措施的理由是，鉴于天然气产业链的垄断特征，政府的强力干预可以防止市场主体滥用市场支配地位，从而保护消费者。这些干预措施类似于早些时候美国政府对于石油产业链的干预，后者的目的是对抗标准石油和其他公司的反竞争行为。这些价格控制措施抑制了投资，导致严重供应短缺问题，特别是在20世纪70年代的石油危机期间，直到后来油价下跌后，这种情况才有所缓和。

为此，美国成立了新的市场管制机构FERC，并且从1978年开始美国国会颁发了几个旨在改革天然气市场的法令，标志着市场化阶段的开始。这些改革措施旨在拆分天然气输送和销售业务，并且确保州际管道基础设施向第三方开放。14年之后，到1992年美国的天然气市场化计划基本完成。在市场化之后的阶段，监管机构又颁布了几个法令，细化管网拆分措施和市场准入安排，这为形成高效竞争的天然气市场奠定了基础。结果从1990年到2010年，美国天然气消耗量从5000亿立方米增加至7000亿立方米，增幅达40%。

1. 市场化之前

美国天然气市场早在20世纪初期就开始形成。之前，采用煤炭生产的天然气一般在当地使用。二十世纪初期在西南部发现了大型气田，这促进大规模天然气输送网络的建设，以便将天然气输送到美国人口密集地区和工业中心。纵向一体化公司开始在西南部的气田向东海岸、中大西洋海岸和西海岸的终端用户销售天然气。

美国联邦贸易委员会于1935年开展的一项调查发现，天然气市场高度集中，而且涉足天然气勘探、生产和输送业务的纵向一体化公司在滥用其市场控制力。为此，根据1983年出台的《天然气法案》，美国设立了联邦电力委员会（FPC），对州际天然气管道进行管制，确保天然气批发价格“公平合理”，州内管道由各州监管机构监管。从州际管道购买天然气然后销售给地方配气公司，必须获得FPC的许可。而且FPC设定了天然气交易的价格上限。这个价格可以让管道运输公司部分收回管道建设和运营成本。天然气勘探生产仍然不受联邦政府的监管：井口价仍然不受管制，而且终端用户的成交价也不受管制。此外，FPC还获得了另一个权限：审批州际输气设施的建设和运营以及相关服务的提供。

一方面，业内机构要求放开根据1938年《天然气法案》实施的井口价管制；另一方面，在20世纪50年代之前，由于担心纵向一体化公司滥用市场支配地位，消费者群体呼吁设立针对天然气生产商和管道运营商进行价格管制的相应制度。这场争论的高潮导致了《菲利普斯决议》，它扩大了FPC的权限到控制井口价：“FPC可以决定各类州际天然气批发交易的价格，不管交易主体是不是管道运营商，也不管交易发生在州际管道运营商输送天然气之前、之中还是之后。”

20世纪五六十年代，FPC试图找到一种令人满意的方法：设定天然气井口价。继《菲利普斯决议》出台之后，FPC起初希望针对每个天然气生产者生产的天然气设定服务成本价。但这对FPC的管理工作提出了很大挑战，造成了严重的工作积压问题，而且五花八门的生产商、承包类型和情况让这项工作变得更加复杂。1960年，FPC根据地区定价战略，采用平均定价方法，按照24个天然气生产地区的平均勘探和开采成本，设定临时价格上限。这项工作拖延了很长时间，主要原因是天然气生产地区的生产成本构成相差很大。直到8年之后的1968年，FPC才设定了第一个永久性井口价。

这种定价方式导致20世纪70年代天然气供应严重短缺。不断攀升的能源价格，特别是在石油危机期间，导致相对便宜的天然气的需求上涨。不幸的是，由于美国对井口价进行管制，企业不愿投资于天然气勘探和开采，结果天然气供应量增加有限。70

年代中期，天然气供应短缺问题日益严重，现有客户常常面临停供问题，而新客户更是被拒之门外。尽管如此，南方各州没有出现短缺问题：这些天然气生产地区的用户仍然可以获得天然气，因为州内市场不受州际井口价管制的影响。

2．市场化

1978年出台的《天然气政策法案》的宗旨是通过解除价格管制和设立新的天然气市场监管机构（FERC），让天然气市场发挥应有的功能。美国发现自己容易受到石油危机的冲击，部分原因就在于它管制天然气上游井口价和州际管道输送价格的方式。新法案鼓励投资于国内天然气生产，从而提高天然气供应安全性。它的另一个目标是建立全国性单一天然气市场，允许生产商自己决定井口价格。通过在这个单一市场上培育竞争解决生产者操纵市场问题。

这个法案还提出了一个复杂的过渡机制，以逐步解除超过30类新旧气田的井口价上限。为了鼓励发展新增气源，同时防止存量气受益于价格上涨，该法案针对新建的天然气项目设定了较高的井口价上限，以及较快的井口价放开时间进度表，但这些都不适用于原有的老气源。按照该法案设定的时间表，到20世纪末，全国井口价管制应全面解除。但仅仅10年之后，监管机构分析了市场作用和价格管制长期共存的利弊，结果于1989年出台了《天然气井口价管制放松法案》。该法案加快了放松价格管制的进度，规定到1993年1月1日之前，全面解除所有的天然气价格限制。

单一市场要求单一价格，所以不同的州际和州内定价必须停止。该法案规定FERC将取代FPC，负责监管州际天然气贸易（参阅图文框“美国联邦能源监督管理委员会简介”）。

美国联邦能源监督管理委员会简介

美国联邦能源监督管理委员会（FERC）根据1977年《能源部组织法案》设立，是一家独立于政党或政治团体、其他政府部门和行业机构的政府机构。它拥有大约1500名员工，年度预算为3亿美元。它由5名委员管理，这些委员由总统提名，由美国参议院任命。每个委员的任期为5年时间，每个党派的委员数量不得超过3人。该委员会的决议以多数投票方式做出。

为表明FERC的独立性，委员会的决议由法院而不是国会或其他政府机构审议，且审议期间禁止私下讨论。此外，FERC和州政府之间的权力划分非常明确，前者负责监管州际交易，后者负责监管州内交易和基础设施。

FERC负责监管电力、水电、石油和天然气行业。其工作重心是防止天然拥有垄断优势的企业滥用其市场地位。该委员会的监管目标包括：

——防止歧视性或优先服务。

——防止低效投资和不公平定价。

——确保优质服务。

——防止重复建设，避免资源浪费。

——在没有竞争或无法竞争的情况下担当竞争代言人。

——借助统一的政策，推动建设优质、环保和可靠的能源基础设施。

——在可能的情况下，推动建设能够发挥既定功效的竞争性市场，取代传统的管制。

——通过监察不断变化的能源市场，保护客户和市场参与者，遏制控制市场的势力，确保所有市场参与者取得公平和公正的结果。

就天然气行业而言，FERC的主要职责是监管州际管道运输公司的价格和服务，审批和审核新的管道建设项目，处理与天然气密切相关的环境问题。

1978年《天然气政策法案》出台之后，天然气价格开始上涨，长期照付不议合同数量增加。1984年，当市场形势压低天然气价格时，FERC开始进行干预，但买家仍然需要根据长期合同支付较高的价格。70年代的天然气供应合同一般是多年期购销协议，其中包括约束买家的“照付不议”条款。这些买家包括州际管道运输公司和地方配气公司，不管他们是否接收卖家提供的天然气，都要根据合同数量支付货款。这种以合同方式保障销售的方式，可以让上游企业回收勘探生产投资，让买家实现套期保值，将来不受因供应短缺而导致的预期价格上涨的影响。

法案出台短短几年之内，许多合同规定的价格与管制价格上限挂钩。80年代初期，这引起了新的问题。当时的市场形势不佳，石油天然气市场价格降低，偏离了政府设定的价格上限。结果，部分买家受长期购气合同的约束，支付的价格远远高于市场现货价。1984年，FERC出台第380号法令，取消地方配气公司的最低购气量义务，缓解照付不议合同的压力。最低购气量意指配气公司必须支付的天然气数量，不管它们是否接收这些天然气。但是，尽管地方配气公司摆脱了照付不议条款的约束，但管道运输公司仍然受到与天然气生产商签订的照付不议合同的约束。

1985年，FERC出台第436号法令，拆分管道输送和销售业务，允许第三方自愿接入州际管道。这种拆分管道输送和销售职能的做法，促成了不同于以往“配套交易”的新的售气模式。“配套交易”意指天然气销售加管道运输，以往只有地方配气公司有权开展这种交易。该法令鼓励州际管道运输公司采用一揽子许可证的方式开展独立运输业务，这样他们就可以不必获得FERC事先授权，开展例如建设新设施等新的业务活动。第三方管道准入仍然遵循自愿原则，由双方商议价格。该法令没有就放开诸如储气设施等其他服务做出规定。允许第三方自愿接入管道，并没有解决与70年代照付不议合同相关、仍然困扰管道运输公司的高成本问题。为解决这个问题，两年之后，FERC发布第500号法令，允许州际管道运输公司将部分照付不议义务转移至产业链上的其他机构，双方之间可以自愿围绕剩下的大部分义务再次进行协商。

1992年FERC出台的第636号法令，即众所周知的《重组条例》，旨在全面实现第三方准入，标志着美国天然气市场化进入最后阶段。该法令要求州际管道运输公司拆分销售和运输业务，确保其他供应商可以享受与以往管道公司自己的天然气销售机构一样的服务。这不仅削弱了管道运输公司的市场地位，而且促进了天然气销售企业之间的竞争。

第636号法令的主要规定如下：

——开放州际管道的输气和储气设施。法案通过放开输气和储气设施，确保不管天然气是从管道公司购买还是从任何其他途径购买的，均可享受同等质量的输气和储气服务。这要求管道运输公司设立内部“防火墙”，防止销售和运输部门之间互通信息。它还要求管道公司按照法律要求拆分运输和销售业务，要求运营输气、储气和液化天然气设施的企业重组生产和销售部门，将它们转化为彼此之间正常交易的附属企业，并且停止以往囊括产业链所有环节的全方位业务。

——鼓励合理的定价机制。法案鼓励培育有多个管道系统互联的交易中心，鼓励按输送距离设定输气价格，而不是采用固定价格。

——建立输气和储气能力发布市场。法案要求管道运输公司以电子公告牌方式，在自己的系统上发布服务可用性信息。

——重新设计管道输气管制价格。从需要每天预留输气容量的固定客户，而不是不需要每天预留输气容量的间歇式用户收回固定成本。可变成本通过基于输气量的使用费方式收回。此举的目的是避免以任何方式对基于以往设计的购气行为造成冲击，而与之相对比的是以往将部分固定成本摊入使用费。

——要求管道运输公司向地方配气公司提供“无需通知”的输气服务。此举可方便客户在合同规定的最大限额之内，根据需要接收天然气。

636号法令是美国天然气市场发展的一个分水岭，它不仅开启了天然气供应商之间的竞争，而且提高了天然气基础设施的使用效率。从允许第三方自愿接入管道的436号法令，到要求强制分拆输气和销售职能的636号法令，美国天然气行业改革彻底改变了天然气输送的价格和模式。美国能源署认为，更大的灵活性和由此带来的天然气供应商之间的更充分的竞争，“对地区天然气生产、运输和使用模式的变化做出了贡献，并且帮助提高了天然气基础行业基础设施的使用效率。”

在新的监管制度实施之后，从气田购买天然气的机构可以与生产商商定现货、短期和长期供气合同价格。生产商和管道公司可以按照每份合同固定或间断交付天然气现货，而不是像以往那样受长期合同义务的约束。电子公告牌促进了天然气和管道容量报盘和竞价。从事天然气现货和期货交易的做市商和经纪商帮助市场清盘，结果拉高了天然气市场价格，进而推动生产商和管道运输企业提高产能。

3．市场化的影响

美国天然气市场的市场化的结果是形成了一个具备独特特征的体制。

上游勘探生产管制主要是各州的职责，形式五花八门。2013年年末，美国的探明天然气储量为93000亿立方米，各州出台和实施的监管制度范围很广，涉及勘探生产许可、所有权、安全和环保等不一而足。

美国天然气上游监管的主要内容如下：

——资源所有权与土地所有权一致。在美国，土地主要由私营实体拥有。联邦政府拥有的岸上和海上资源由内政部和EPA管理，二者负责控制和管理资源出租、税收、土地使用规划和环保标准。

——各州一般设有负责管理本州能源行业各个环节的监管委员会。开发私有和国有资源，需要符合各州有关安全和环境的法规，确保以安全和对环境负责的方式开发资源，保障公众利益。

——一旦土地使用规划敲定，私营机构可通过公开竞拍方式获取国有资源的勘探开采权。潜在的租赁方可通过竞标方式获取国有资源的勘探开采权。为获取和保持资源开发权，他们先期需要支付一笔定金，然后逐年支付租金。租期一般为10年时间，或者只要在还有生产的情况下，租约一直保持有效。

——就中游资产监管而言，从1992年以来，FERC不断改善管制框架，以提高市场效率，促进市场竞争。在价格管制和职能分拆方面取得的主要进展如下：

——1999年，FERC发布一份《服务成本手册》，针对管道运输公司的可回收项目成本核算提出了透明准则，囊括合理的回报率、运营和维护成本、折旧费用和退税机制。这个回报率监管制度，是一个适用于天然享有垄断优势的企业（包括管道运输公司）的通用模型。

——2000年FERC发布的637号法令更新和完善了与价格相关的管道运输监管条例，包括取消一年以内的管输服务价格上限，从而提高管道服务的利用效率和透明度。

——FERC2002年颁布的《Hackberry决议》规定，液化天然气（LNG）进口接收站不受公开准入要求的限制，目的是鼓励建设更多的LNG接收站。根据该决议，LNG接收站所有者可以自行与下属企业商定设施使用条款，不受管制服务成本价格的限制。该决议从实效上认定LNG接收站属于上游供气部门，是竞争性市场的组成部分，不属于天然具有垄断性质的输气环节。每个LNG接收站项目需要报FERC审批，审批内容是对项目的总体需求及其环境和经济影响。

——2003年FERC发布的第2004号法令提出了适用于电力和天然气行业的新的职能拆分制度，要求电力和天然气公司的营销、输电/输气部门以及部门员工各自独立运营。FERC根据该法令成立了市场监督调查办公室，负责监控职能划分制度的执行情况，该部门被并入FERC的执法办公室。

——2008年FERC第2007号法令进一步强化职能划分，要求实际上分拆设施和员工，例如，分拆员工的工作职能，即员工要么从事营销工作，要么从事输电/输气工作，不能二者兼顾。

下游管制政策一般由各州制定，各州之间差异很大。例如，州内天然气贸易受州政府管制，各州监管机构可以自行决定是否拆分零售职能。只有新泽西、纽约、宾西法利亚和华盛顿特区四州要求零售环节拆分职能。他们的办法是开展住户选气项目，燃气用户可以分别购买输气和销气服务，而不是依靠一家地方配气公司提供的捆绑产品。

这一监管制度确保管道运输公司仅仅从事输气业务，不再从事天然气买卖业务，这样，他们就不能依靠管道基础设施的天然垄断优势操控市场。结果，美国的天然气输送管道总长度增加到30.5万公里，还有大量竞争性市场主体应运而生。美国州际和州内输气网络包括超过210套管道系统（参见图4.3.5），辅助设施包括1400个压气站、24个交易中心、400座地下储气库、49个管道气进出口站、8座进口LNG接收站和100座LNG调峰站。上下游市场都形成了竞争格局。上游共有6300家天然气生产商，总共运营着48万口气井，其中有21家大型企业。全国有160家管道运输公司、123家储气公司和1200家地方配气公司。

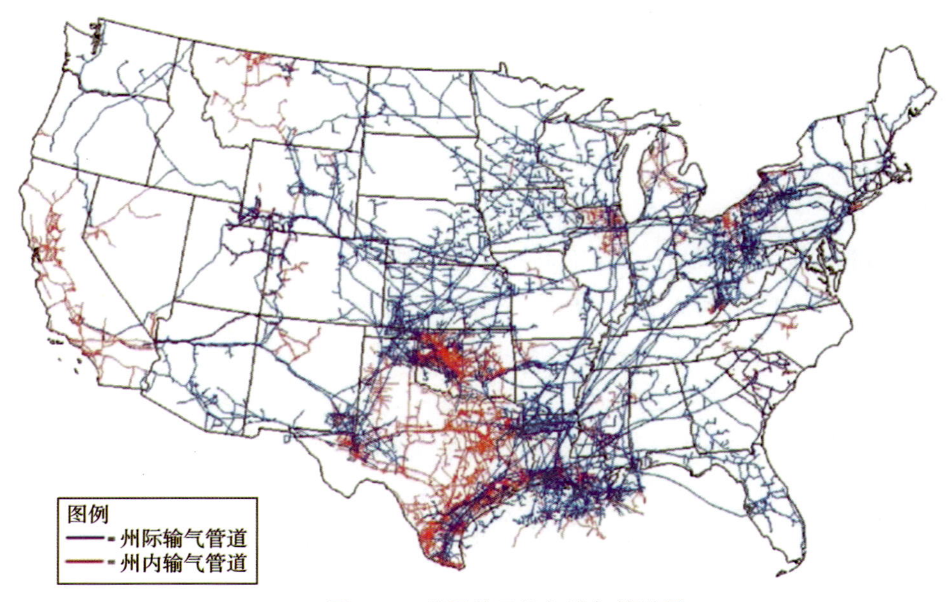

图4.3.5：美国的天然气输气管道图

注：2009年数据，输气管道中约三分之二为州际输气管道。
资料来源：美国能源信息署。

市场化进程，特别是1992年FERC发布的636号法令，改善了管道基础设施，促进了市场竞争，为通过诸如亨利枢纽（Henry Hub）等交易中心的天然气贸易的快速发展创造了条件。位于路易斯安那州南部的Henry Hub是一个实体贸易中心，已发展成为美国最重要的天然气交易中心。它根据竞争性天然气价格而不是石油价格指数确定现货和期货合同价格。它是雪佛龙旗下的Sabine管道公司于1989年设立的。1990年，鉴于Henry Hub所处的有利位置和良好的流动性，NYMEX选择它的报价作为其天然气合同的价格的依据。Henry Hub现在为整个北美贸易区设定天然气基准价格。它是世界上流动性最强的天然气市场，每天交易10万份天然气合同，而它第一个交易日的成交量仅为918份合同。NYMEX期货合同的期限已从1997年的最长3年时间延长至现在的10年时间。

市场化之后还出现了其他交易中心，譬如怀俄明州的Opal，这里的交易价格与Henry Hub有所不同，可体现地区天然气生产和运输成本的差异。如果看到地区中心价格之间存在的套利机会，企业投资建设新的输气管道的积极性会提高。值得注意的是，近期页岩气的开发热潮，导致靠近页岩气生产地区的交易中心的交易量猛增。其中最具有代表性的交易中心为Dominion South，它是宾夕法尼亚州南部的Marcellus页岩气产区的主要供气点。这可能导致美国主要的天然气价格参考点从Henry Hub转向

Dominion South。

解除管制使得市场能够传递经济信号，在开采技术具有竞争力之后推动页岩气生产快速发展。在供应侧，自2004/2005年以来，受到积极的价格信号的鼓舞，页岩气产量急剧上升。在页岩气钻探和压裂技术经济可行之后，许多企业采用这些技术并扩大勘探面积。本世纪初，经济的发展和替代燃料的价格猛涨导致天然气价格上升，结果老牌天然气生产公司和新兴生产商纷纷加大页岩气探采投资。在需求侧，在市场放开的同时，全国的天然气用量快速增长（参见图4.3.6）。其中，发电用气量增长最快。在发电行业，天然气的直接竞争对手包括替代燃料，特别是煤炭，还有核电和可再生能源。页岩气产量的增加和天然气价格的下降，导致本世纪初发电用气量迅猛增长。

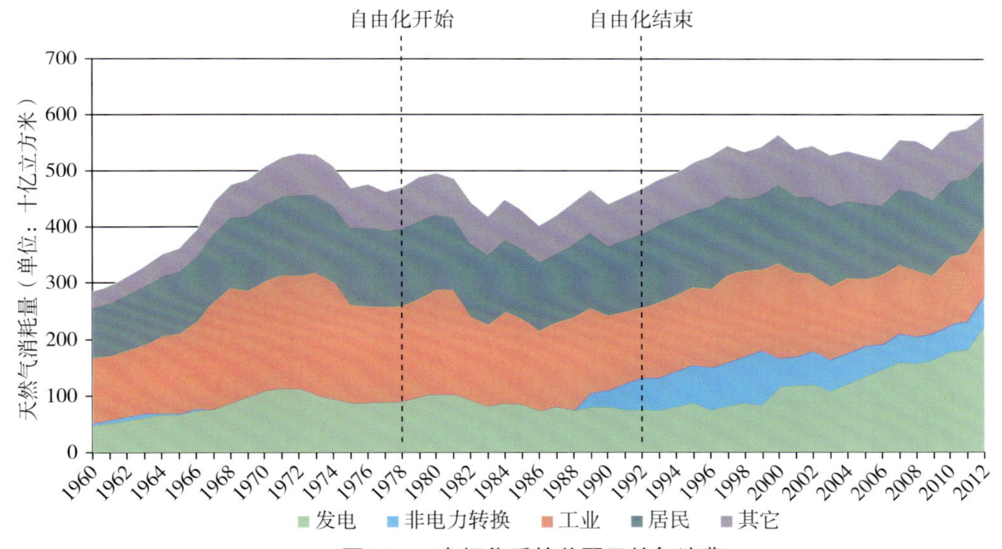

图4.3.6：市场化后的美国天然气消费

注：不包括运输、非能源消费以及能源行业本身消费和损失；非电力转换包括综合供热供电发电厂和天然气液化厂；其他包括服务、农业和渔业部门。

资料来源：Vivid Economics，依据国际能源署提供的数据。

4．配套政策

天然气市场不仅仅受益于直接管制市场的监管制度，而且受益于配套政策，包括研发补贴和环境政策。

在供应侧，70年代，美国能源研究开发署启动了一系列与非常规天然气相关的研发项目。这些项目对于页岩气发展至关重要。其他研发项目，例如围绕微地震裂缝监测技术开展的研究，也对页岩气的发展做出了贡献。根据1980年《原油暴利税法案》

针对非常规燃料生产制定的包括税收减免政策在内的经济激励政策，进一步提高了页岩气开采的经济可行性。

在需求侧，天然气相对于替代燃料（主要是煤炭）的竞争优势是推动天然气需求增长的主要因素。诸如1990年出台的《清洁空气法修正案》（CAAA）所要求实施的燃料排放标准，帮助提升了天然气相对于煤炭的竞争力。根据要求，自1995年以来，110家电厂被要求放弃CAAA排放配额。该项目后来延长至2000年。最近于2014年6月，EPA提出了新的电厂二氧化碳减排计划，预计将进一步增强天然气的竞争力。

（二）欧盟

为创建内部统一能源市场的一部分，欧盟天然气市场化进程于1998年启动，其标志是欧盟出台的《第一天然气指令》。数十年来，欧盟的天然气市场管制不断演变，经历了几个重大转折点（参见图4.3.7）。

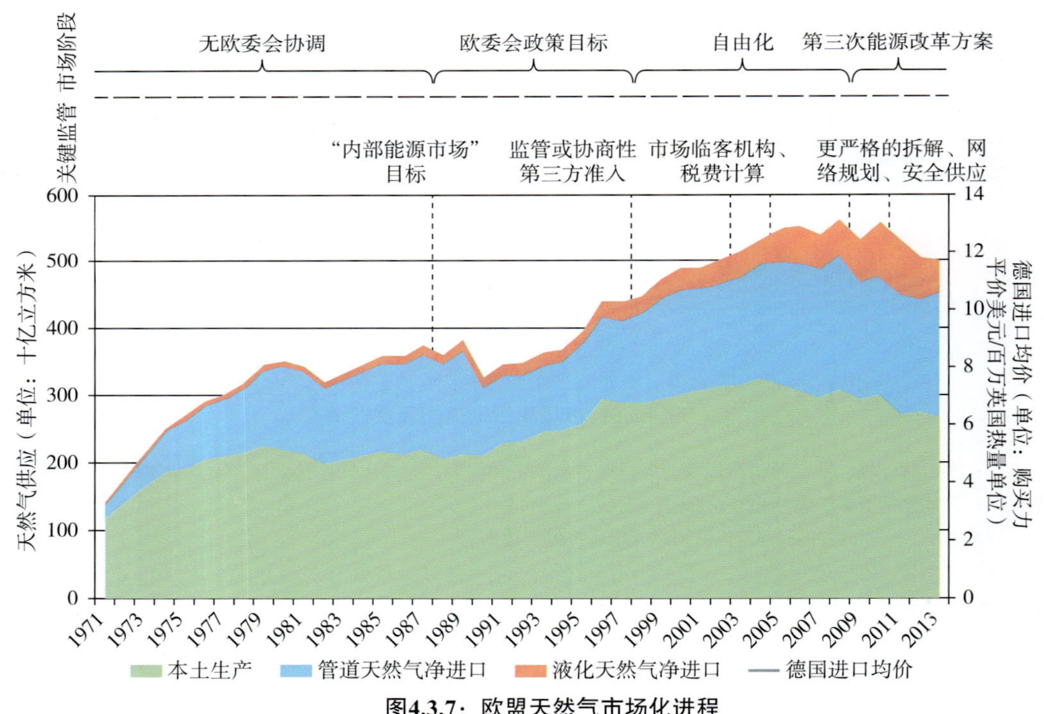

图4.3.7：欧盟天然气市场化进程

注：在边界支付的天然气票面价格、本国国币纳入平均国内生产总值（GDP）的购买力平价；德国的进口价格和英国的NBP价格也是如此，且不说因为2008～2009年的经济衰退导致的英国的价格骤降；TPA=第三方准入。

资料来源：Vivid Economics，依据国际能源署提供的数据。

1988年，欧共体提出了创建内部统一能源市场的目标。之后，欧共体（1992年之后改名为欧盟）花费了将近十年时间起草能为各成员国接受的法律法规。1998年，欧洲议会批准《第一天然气指令》，其中包括十年来各成员国争论不休的第三方准入和职能分拆等要求。2003年出台的《第二天然气指令》以及2005年发布的补充性法规，重点是落实《第一天然气指令》要求的第三方准入和职能划分。具体措施包括增强各成员国的市场监管，允许市场监管机构针对垄断性基础设施设立服务成本价格，以及其他强制性措施。2009年出台的《第三天然气指令》，也就是众所周知的《第三次能源改革方案》，针对职能划分、网络规划和供应安全提出了更严格的要求。尽管出台了《第三次能源改革方案》，除英国市场外，欧洲天然气市场仍然没有完全放开。

1. 市场化之前

与美国的情况类似，市场化之前，欧盟的大部分成员国采用不加区分的监管制度，将整个天然气产业链作为一个天然具备垄断性质的行业对待。欧洲各国的天然气行业结构大同小异，上游由一两家纵向一体化的国有天然气公司垄断，他们全面涉足天然气勘探、生产、运输和销售业务。下游由地方配气公司主宰，他们垄断配气和零售市场。

作为国有企业，这些纵向一体化的全国性天然气公司没有动力提高运营效率，结果导致天然气价格上涨。天然气市场受各国法律管辖，通常不受欧盟竞争法的约束。欧盟竞争法基于运用竞争条例可能妨碍天然气供应这一假设前提，给予了公共天然气公司特殊的地位。各成员国管辖公共天然气公司的法律通常遵行类似的原则，包括建设和运营天然气管网的排他性权利、禁止准入、纵向一体化运营、基于历史成本的补偿、高度统一规划等。

2. 设立能源政策目标

1988年欧共体提出了建立统一能源市场的政策目标。内部市场是欧共体的基本原则，并已在1986年以法律形式予以确立，即《单一欧洲法案》，其宗旨是促进货物、人员、服务和资金的自由流动，所有行业均为竞争性市场。尽管在《单一欧洲法案》中没有明确提出，但竞争性能源市场被认为是良好运转的内部市场的重要因素：竞争性能源市场以及与之紧密相关的能源成本降低，可直接为增强欧洲工业的竞争力做出贡献。欧共体1988年发布的绿皮书《统一能源市场》表明了这一立场，它提出了建立统一能源市场的程序，包括统一规则和技术规范、放开政府采购市场、拆除税务障碍等。

欧共体随后开始针对建立统一输气系统制定了系列指令[①]，规定天然气用户可以从任何供应商购买天然气，不管管道基础设施的所有权如何。但这些指令遭到部长理事会的强烈反对，结果欧共体不得不改变措施，采用自下而上的分阶段实施策略。随后是复杂的谈判，1993年，欧洲议会发挥积极作用，提出了一个欧盟和部长理事会共同接受的折中方案。欧洲议会提出在出台规范天然气市场的指令之前，首先制定规范电力市场的指令。结果，1996年欧盟《电力指令》出台，针对放开电力市场提出了要求。

3. 市场化开始

1998年出台的《第一天然气指令》为成员国放开天然气市场设立了一个框架，包括有关第三方准入和账户分拆的规定。该指令的目标是在欧盟建立内部统一的天然气市场，它是欧共体最初提出的建立统一输气系统的方案的弱化版本。各成员国可自行选择放开天然气市场的节奏和管制措施。

该指令要求垄断输气网络、储气设施和液化天然气设施的国有天然气公司允许第三方接入这些网络和设施。但是，成员国仍可在强制性第三方准入和协商性第三方准入之间进行选择[②]。它要求纵向一体化天然气公司分离垄断性输气和销售业务账簿，但并未强制要求全面拆分职能。该指令进一步要求，年用气量超过2500万立方米的电厂用户和其他终端用户可以选择天然气供应商。

《第一天然气指令》出于政治原因做出的让步，阻碍了欧共体天然气市场的放开。1999年欧盟各成员国天然气市场利益相关方首聚马德里，开启了一年一度的“马德里论坛”，其宗旨是进一步明确天然气市场统一需求。鉴于15个成员国中有9个计划在2008年之前全面放开本国天然气市场，欧盟委员会2003年出台了《第二天然气指令》，随后又于2005年出台补充性法规，要求监管机构采用服务成本定价制度，并对市场进行监管，以加快形成内部统一能源市场。欧盟委员会同时还出台了一个规范电力行业的指令。

《第二天然气指令》的主要规定如下：

强化职能分拆：从法律上强制要求对天然气输送和销售业务进行职能和法律拆分，而对于储气和液化天然气设施则采用自愿性职能拆分或法律拆分制度，目的是解

① 欧盟指令必须被转化为成员国法律，而欧盟法规直接适用于市场主体。天然气市场受两类欧盟法律——指令和法规——的管辖。

② 如果采用协商式准入制度，天然气管道运输公司可就网络使用与潜在用户自由协商。这些协议的商务条款必须事先公布。相反，如果采用强制性准入制度，准入商务条款由监管机构决定。

决与《第一天然气指令》规定的账簿分拆要求太过宽松而导致第三方准入制度实施进展缓慢的问题。

强化第三方准入：规定第三方有权以不受歧视的方式接入输气网络和液化天然气设施，目的是鼓励新的供应商进入市场，为天然气用户提供多个供气选择。

成员国监管机构：要求所有成员国设立监管机构，负责贯彻非歧视性输气网络准入原则，确保适当的透明度和竞争水平，设定价格和价格计算方式，解决相关争议。要求设立能源监管合作局，负责协调成员国监管机构实施规范天然气市场的欧盟指令。

输气价格计算原则：提出计算垄断性输气网络价格的原则，一方面确保管道运输公司收回实际成本，获得适当的投资回报，另一方面激励维护现有输气网络，建设新的输气管道。

新建基础设施豁免：取决于不同前提条件，输气管道连接线、液化天然气和储气设施可以不受第三方准入和成本管制的约束，目的是降低和化解新建天然气基础设施相关的风险。

4.《第三次能源市场改革方案》

2009年出台的《天然气指令》，也就是众所周知的《第三次能源市场改革方案》，围绕职能分拆和公开准入提出了进一步要求。其宗旨是创建一个安全、环境可持续的竞争性天然气市场。为实现这些目标，该方案规定，各成员国要么选择分拆所有权，要么设立独立系统运营商（ISO）或独立输气运营商（ITO）。ISO和ITO模式不如所有权分离方式要求的那么严格的。与所有权分离不同，设立ISO或ITO可以让纵向一体化天然气公司仍然拥有输气网络，但ISO负责日常业务运营和控制。投资决策由ISO和管道基础设施所有者共同做出。在ITO模式下，输气网络依然归纵向一体化能源公司所有。ITO可以是以纵向一体化能源公司品牌运行，但在法律上是独立的股份制子公司，严格实施自主管理，并受到严格的监管。投资决策由母公司和监管机构共同做出。

该指令建议所有权分离是“推动非歧视性基础设施投资，让新进入者公平接入网络，提高市场透明度的最有效的途径”。尽管如此，它也明确，设立不涉及供气和生产利益的ISO或ITO，可以让纵向一体化能源公司依然拥有输气网络资产，同时确保有效利益分离。因此，《第三次能源市场改革方案》表明，可以采取多种途径协调天然气产业链各环节各主体的利益，从而在保护投资积极性的同时，以最低成本供应天然气。

此外，《第三次能源市场改革方案》进一步增强了监管机构相对于公共和私营部门利益的独立性，以在各成员国实现同样有效的市场监管。它规定了监管机构的职责和角色，包括设定价格，确保价格公平性并体现成本，针对天然气行业做出具有约束力的决策和处罚决定。

最后，《第三次能源市场改革方案》和补充性法规的重点是刺激天然气基础设施投资，确保天然气供应安全性。它规定，《第二天然气指令》中有关第三方准入和成本监管的豁免规定，仍然适用于风险极高的新建基础设施，譬如跨境输气管道和液化天然气接收站等。它还就长期基础设施规划提出了新的要求，规定输气管道所有者和运营者应制订十年期管网发展规划，涉及成员国和欧盟两个层面。国家层面计划具备约束力，成员国监管机构负责敦促ITO制订三年期投资计划。该方案还允许成员国针对天然气行业从业机构设定公共服务义务，主要涉及供应安全性、服务规范性和质量、环境保护和能源效率。如果某第三方影响其履行这些义务的能力，这些机构可以拒绝第三方接入其系统。

第三次能源改革方案及其补充条例特别关注激励天然气基础设施投资以及保证供应安全。第三次能源改革方案支持第二个天然气指令中提出的对高风险的特定基础设施（例如跨国管道、液化天然气接收站）实行免税补贴。方案为十年网络发展规划中的长期基础设施规划提出新的要求，即由运输运营商执行。这些规划均有不同水平的完善：国家规划是拆解，而独立输电运营商在未来三年的投资将由国家管理者执行。

第三次能源改革方案允许成员国要求天然气公司履行公共服务和责任，主要是在供应安全、规则、服务质量、价格、环境保护和能源效率方面，如果公司同意履行上述责任，则可以拒绝开放他们系统使用权。2010年，欧盟的条例进一步加强了在内部市场背景下的安全运输，旨在确保在紧急情况下的贸易和供给。这些条例进一步强调基础设施发展，特别是不断增长的内部天然气流动和外部液化天然气进口。这让成员国之间合作更加密切，为公司提出供应义务，最大程度降低了供应和基础设施标准。

欧盟的天然气指令削弱了天然气价值链上的国有所有权，特别是在批发和零售层面，以及促进了跨国管道发展。虽然欧盟天然气不断市场化，甚至如荷兰和英国等一些国家的天然气批发业务已私有化，然而大多数基础设施仍属于国家所有，以确保无差别待遇的第三方准入。与之相对比的是，荷兰和英国的天然气运输由独立公司运营。而在法国等其他国家，天然气运输由纵向一体化公司的子公司运营，天然气运输公司在发展跨国管道中表现更加活跃。

分销业务与零售业务的关系越发松散。就运输而言，英国的分销网络由独立公司运营，法国的由纵向一体化公司的子公司运营。纵向一体化公司是传统的主导储存能力建设的公司，但是市场化迈开第一步后，整个欧洲境内的私有实体开始发展地下储存设备。另外，欧洲各类商家也开始发展液化天然气设施。

同时进行的欧盟天然气市场化与天然气基础设施扩展计划，造成天然气价格上升，天然气消耗量减少。欧盟通过加强天然气网络发展和扩展运输基础措施计划，促进相邻地区间贸易的增加，以及跨国管道和液化天然气接收站的建设。

5．市场化的影响

自20世纪70年代以来，欧盟天然气消耗量已增长了五倍，但是在21世纪头10年中期增长停滞不前（图4.3.8）。引起天然气消耗量减少的原因众多，其中包括经济衰退以及随后经济增长率减缓、发电中采用了更有竞争力的煤和可再生能源（部分因为，欧盟排放交易体系中二氧化碳价格并不高昂）、实施市场化导致的天然气价格上涨、液化天然气运往亚洲。

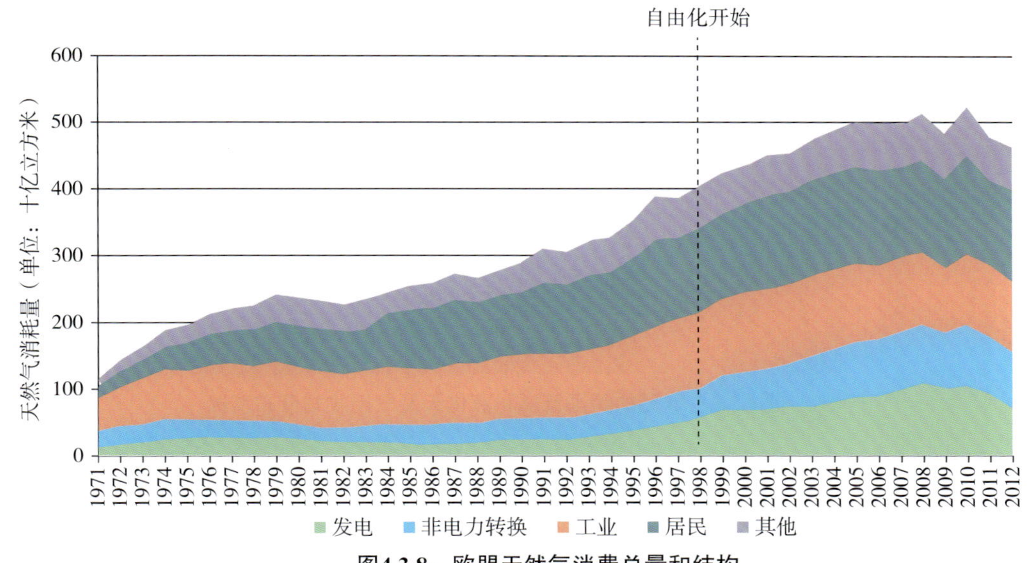

图4.3.8：欧盟天然气消费总量和结构

注：不包括运输、无能源使用、能源产业的使用和损失；非电力转化部分，包括热电联产发电厂、天然气合成油厂；其他包括服务业、农业及渔业。

资料来源：基于Vivid Economics，依据国际能源署提供的数据。

欧盟拥有良好的天然气网络，并计划进一步扩展输气网络，促进欧盟与周边地区的天然气贸易的发展，包括跨境管道和液化天然气进口接收站（参见图4.3.9）。欧盟出台的天然气指令，降低了天然气行业国有资产的比例，特别是在批发和零售环节，这大大加快了跨境管道的发展速度。

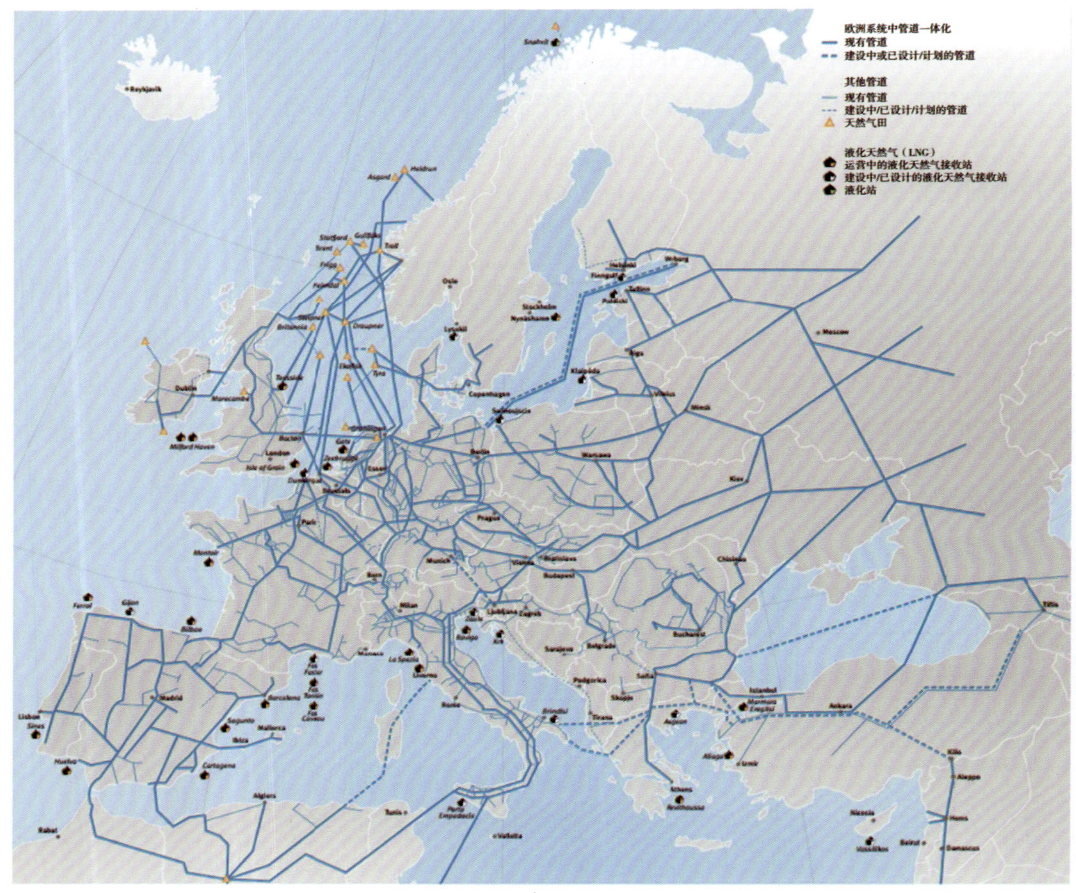

图4.3.9：欧盟的跨国管道和液化天然气接收站分布情况

资料来源：欧洲天然气，2014。

作为欧盟中最大的天然气生产商，挪威和荷兰实施了自主的上游政策。2013年末，挪威已探明的天然气储存量为20000亿立方米，荷兰则为9000亿立方米。

挪威开发天然气的途径是在每次勘探和生产许可中，挪威国家石油公司受委托参与50%。通过允许私营公司参与，挪威国家石油公司以其勘探和生产能力弥补其运营能力。挪威国家石油公司在2001年仍有私有化部分，现在挪威新成立的国有公司——挪威油气收益管理公司直接管理财政权益。2003年，挪威开始实施一系列许可证招标，旨在让利益相关方在大陆架的成熟区域寻找新的开采区域及进行深入的勘测。一些小型公司以外国公司也纷纷加入到了大陆架的勘测与生产中。

荷兰则通过50：50的公私合作勘探大型格罗宁根天然气气田。荷兰希望这种所有权结构可以迅速开发天然气储量，而让气田最大化地造福社会。合作关系建立在净回值计价法之上，保证投资者的收益，并通过管制天然气的价格处于燃油价的65%到85%区间内，以确保充分的竞争。

6.配套政策

为在放开能源市场的同时，实现能源经济性、安全性和可持续性三重目标，欧洲出台了相对完善的配套气候和环境政策。

根据《京都议定书》，1997年欧盟15国①承诺在2008～2012年减排8%的温室气体（实际减排量为12%～15%）。之后，欧盟提出到2020年减排20%的温室气体，到2030年减排40%。此外，更广泛的环境政策，包括欧洲清洁空气政策，在改变发电行业的能源构成方面发挥了重要作用。欧盟近期提出的空气质量政策议案，提出到2030年之前实现雄心勃勃的空气质量目标。

但是，气候政策的制定和实施，与电力市场密切相关，进而影响了发电行业的格局。虽然旨在遏止气候变化和改善空气质量的政策鼓励电厂利用天然气取代煤炭，但是这些政策的设计可能带来意想不到的后果。例如，《欧盟可再生能源指令》设定了2020年可再生能源发展目标，抑制了能源批发价格。这进而打击了企业投资于备用化石能源——作为间歇式可再生能源发电的补充产能的积极性。此外，欧盟实现其温室气体减排目标的主要机制——《欧盟排放交易方案》的设计和实施，再加上近期经济形势不佳，煤炭价格相对较低，导致了这样一个“能源怪局”：煤炭和可再生能源在能源构成中占比走高，而天然气占比走低。

欧盟能源政策和气候政策之间意想不到的相互影响，削弱了电力供应商的盈利能力，破坏了其业务模式的稳定性。德国E.ON和RWE等公司面临的挑战就表明了这一问题——随着得到政府补贴的分布式可再生能源大规模发展，他们基于边际成本定价的业务模式面临着风险。2030年之前，如果欧洲要实现其雄心勃勃的气候政策目标，欧洲的可再生能源仍将在其能源构成中扮演重要角色，而电力市场管制需要随气候政策加以调整。这进而会对天然气需求和市场产生重大影响。

① 2004年东扩之前欧盟共有15个成员国：奥地利、比利时、丹麦、芬兰、法国、德国、希腊、爱尔兰、意大利、卢森堡、荷兰、葡萄牙、西班牙、瑞典和英国。

（三）英国

英国于1986年和2002年间实施天然气领域的市场化，促成了20世纪90年代在电力部门发起的“向天然气冲刺”的政策。进程历经了三个截然不同的阶段：市场化之前、市场化和市场化之后（图4.3.10）。

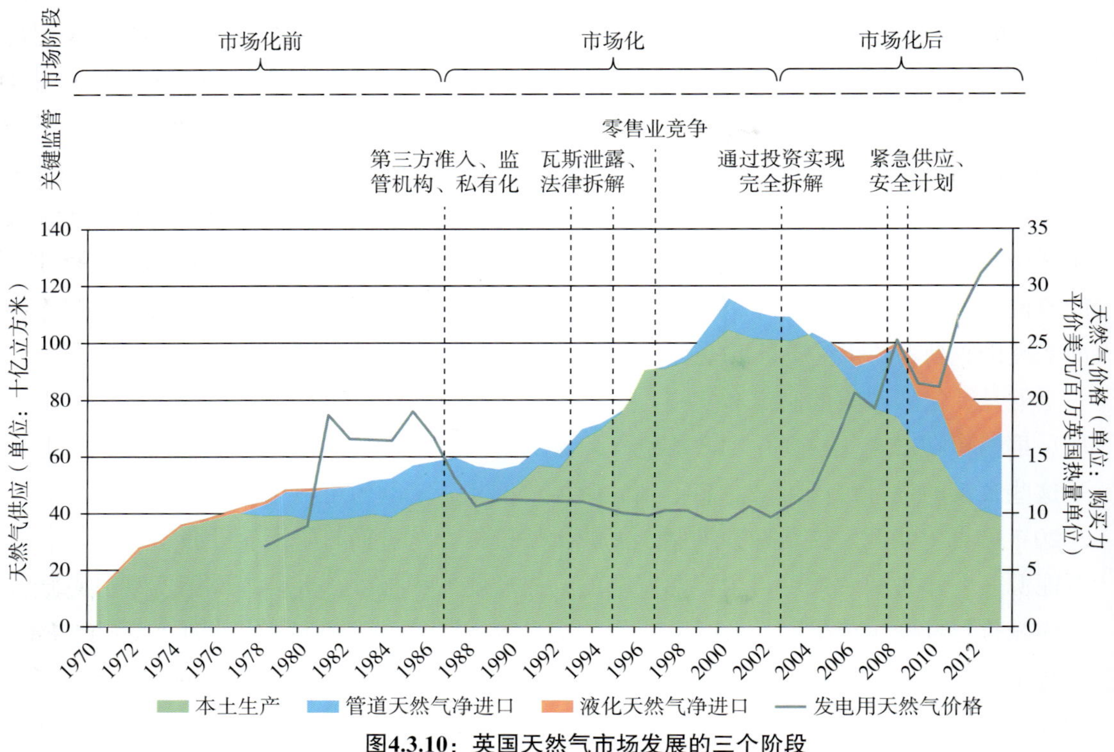

图4.3.10：英国天然气市场发展的三个阶段

注释：在发电厂支付的票面天然气价格，本国货币转化为平均GDP购买力平价。
资料来源：基于Vivid Economics，依据国际能源署提供的数据。

北海盆地天然气生产始于20世纪60年代。那时，保守派新政府刚刚掌权，面对1979年疲软的经济，制定出让国有产业私有化的政策，以此在并没有加大政府资产负债表负担情况下促进投资，并通过出售资产所获得的收入提高政府财政能力、活跃经营、削弱工会的影响。

在20世纪80年代出售的资产中，第一批出售中就有纵向一体化公司——英国天然气公司。1986年的《天然气法案》实施后，英国天然气公司开始私有化进程，要求第三方准入网络、建立天然气管理机构，即供气局。在新的第三方准入协议下，私有化的英国天然气公司被迫放弃现存天然气供应合同的部分内容、拆解公司业务给独立的子公司，为竞争者进入市场提供空间。1995年的《天然气法案》更加详尽，并推动了零售竞争。1996年成立了《天然气管网准则》，细化了第三方准入的规则，建立了管理日常结算以及国家平衡点的体制。2002年，新建立的结算机制进入最终阶段，同年，英国天然气公司出售运输业务，以实现完全的所有权拆解。作为英国独立运输运营商，英国国家电网建立了国家输气网络。在市场化后的阶段，因为北海天然气气田已勘采过多，英国本地天然气产量下降。市场化后，管理上的改变主要在于提高第三方准入、提高结算协议绩效、提高供应安全。

1.市场化前

20世纪70年代，随着天然气供应不断增加，英国建立了国有天然气公司。20世纪60年代末，产自北海盆地的天然气逐渐代替了国内的煤气，英国天然气市场开始腾飞。1972年《天然气法案》合并了12个现存天然气董事会。天然气委员会建立了英国天然气公司，成为英国境内和英国附近产出天然气的唯一买家，亦是供应天然气接收站用户的法定的垄断者。英国天然气公司签署了长期天然气购买合同，合同非常灵活，能可靠平衡其网络输入与输出量。英国天然气公司与各生产商交涉的是独立合同，因此天然气购买价格波动极大。下游定价则取决于天然气购买商的加权平均成本、考虑了运输与分销的边际成本以及边际利润率。

面对疲软的经济、低生产率、政府财政周期性不足，于1979年掌权的保守党政府开始调整国有工业部门。20世纪70年代，面对不断升高的通货膨胀和失业率，英国向国际货币基金组织申请贷款融通。劳资关系恶劣、油价上升引发了1978～1979的“不满的冬天”，随后罢工此起彼伏。1979年玛格丽特·撒切尔当选新保守党政府的首相。上任之初，她就发现为国有化的能源领域出资困难重重。而只有足够的投资才能够可以保证安全供应。政府开始为国有产业私有化制定计划，期望可以产生收益，并让新的私有实体进行投资。与此同时，政府财政不能维持在能源基础设施的必要投资，这一直接挑战比加强竞争的目的更有力地促使了私有化进程。

作为天然气领域私有化的第一步，1982年《石油天然气法》解除了英国天然气公司在购买上游天然气的法定优先舍取权。虽然实际上，对于任何非英国天然气公司的实体而言，购买、运输并最终卖出天然气是一个持续的挑战，但这一步有效地为第三方打开了天然气市场。

2.市场化

1986年《天然气法》通过批准英国天然气公司私有化、要求第三方准入网络以及建立首个天然气调节机构，进一步加大了竞争。英国天然气公司私有化后，更名为相似的英国天然气公众有限公司，并失去了为其最大客户供应的专卖权。该客户年消耗天然气超过25000千卡（大约为730兆瓦特·时）。该法还要求私有化的天然气公司同意在管道基础设施建设实现第三方准入，以及建立供气局。

在新的政策下，竞争缓慢发展。1988年，垄断和兼并委员会的调查发现，英国天然气公司的行为是反竞争的，并且价格歧视盛行。因此建议禁止英国天然气公司购买超过90%的出售天然气。英国天然气公司还需公布对工业和商业客户收取的价格。政府认为天然气市场化的初期是政治上的成功，于是1989年颁布《电力法》以扩大电力私有化，1990年开始在英格兰和威尔士推行电力市场交易以扩大能源领域私有化。

在随后一年，天然气领域竞争受到政府的密切关注。英国天然气公司1992年被要求于1995年实现缩减市场份额至天然气市场的40%。英国天然气公司最大用户供应垄断的门槛再次下降为原来的十分之一。英国天然气公司承诺根据现有合同，通过向其他供应商出售天然气，减少对天然气的掌控。1993年，委员会深入调查英国天然气公司后，建议英国天然气公司将其部分拆解为独立子公司。英国天然气公司于1994年进行拆解，建立了Transco负责运输和储存。

引入零售竞争的1995年《天然气法》标志着市场化进程进入最终阶段。1995年《天然气法》开始在包括零售市场在内的天然气市场引入充分的竞争，并在零售竞争中建立了健全的供应商选择机制。《天然气法》建立了一种新的，用于决定管道运营商、批发公司或运输商以及零售公司的授权系统。因此，英国天然气公司丧失了市场的最大份额地位。1990年10月，英国天然气公司控制了所有小型公司的供应，以及93%的大型公司供应。而1996年6月，份额分别缩水至43%和19%。

1996年《天然气管网准则》建立了管道第三方准入的规则和程序，并引进了日常结算体制。Transco负责确保系统的物理平衡、规划产能、预测需求和分销安排以及对系统的整体运营。准则还建立了NBP，以便于让传输系统运营商每天结算。NBP迅速成为了英国最大的液化天然气运输系统并被贸易商所用，以及根据标准基准进行买卖。1996年天然气贸易协定的引进，进一步简化了天然气贸易程序；1999年的重大改革，引进了“当日（on-the-day）商品市场”，为Transco将综合结算成本降至最低，提供平衡和激励措施。1998年，比利时和英国的互联管道开通，实现了英国与欧洲大陆网间的首次天然气流动。

英国天然气公司几经调整，于2000年拆解为BG集团和森特理克集团。前者负责上游资产，后者既负责上游资产也负责下游资产。英国国家电网于2002年收购了

Transco，结合其自身企业，成为了英国独立运输系统所有人，经营天然气和电力市场（图4.3.11）。英国国家电网进而拥有和运营四种分销网络，并运营格兰岛液化天然气接收站和阿芬默斯（Avonmouth）液化天然气储存设施。

图4.3.11：英国国家电网完全拥有和运营英国运输网络

资料来源：英国国家电网，2014。

3.市场化后

2002年，天然气业务的全方面拆解，以及向运输商日结算系统的完全转换，标志着市场化阶段的结束。出于平衡投资组合申请补偿，传输系统运营商的角色是维护传输系统的安全平衡。2005年，《统一天然气管网准则》更加清楚详尽，让运输商和传输系统运营商更高效地实现结算。其中包括明确天然气价值链上的产能类型，以及约束产能所有人向运输系统运营者提供股份数据。《统一天然气管网准则》会随着时间不断完善和修订，以提高其实用性，并确保英国天然气供应的安全高效运作。

最近，天然气供应的安全性已成为英国的当务之急。旨在保障天然气供应安全性的法规和条例包括：

——2007年《燃料安全法》：同意能源与气候变化部的选择，命令发电站使用替代燃料。

——天然气与电力的国家应急计划：提供应急情况的应对措施，描述市场参与者的角色和责任。应急情况包括：供应不足、违反储存安全、交通限制及停止供应的客户超过50000以上。

——运输网络计划准则：英国国家电网维护该准则，并根据长期供需预测，确认英国天然气运输系统中的弱点。根据监管机构的批准，明确安全边际以包含预测中的不确定性，以及最大需量的设计余量。

4.市场化的影响

英国天然气市场化引发了20世纪90年代“向天然气冲刺”政策。20世纪90年代，英国电力领域消耗的天然气激增（图4.3.12）。电力领域出现了一种新型的联合循环汽轮机技术，这种技术相对可以很快实现。天然气和电力领域市场化补足了供应过剩和禁止利用天然气发电，导致发电和天然气消耗都使用联合循环汽轮机，联合循环汽轮机数量迅速增多。最近，因为来自替代燃料的竞争（主要竞争对象是煤），用于发电的天然气有所减少。

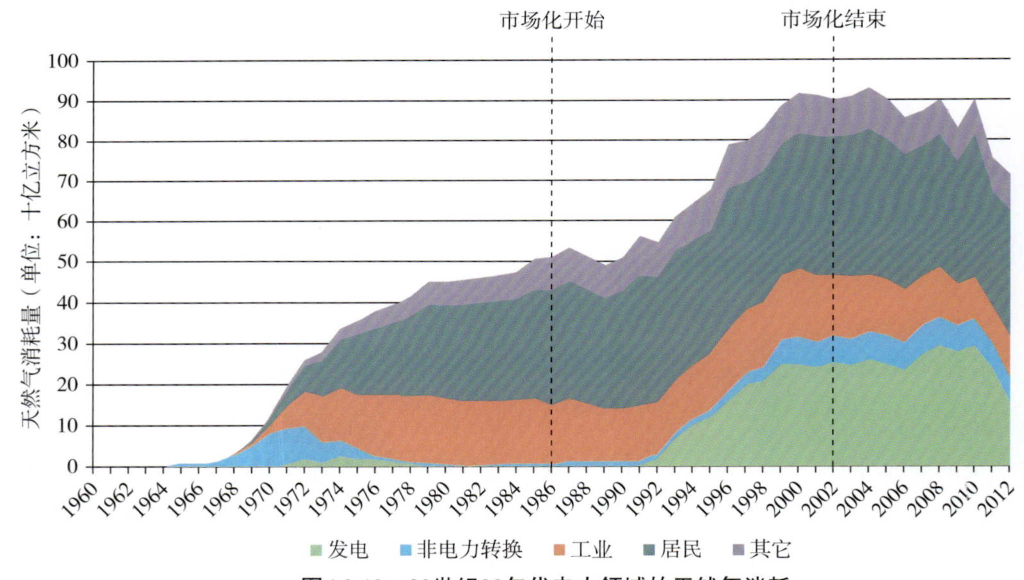

图4.3.12：20世纪90年代电力领域的天然气消耗

注：不包括运输、无能源使用、能源产业的使用和损失；非电力转化部分，包括热电联产发电厂、天然气合成油厂；其他包括服务业、农业及渔业。

资料来源：Vivid Economics，依据国际能源署提供的数据。

英国的上游调控基于透明和开放使用权的原则之上。截至2013年年末，英国已探明的天然气储存量为2000亿立方米。《1998年石油法》为上游天然气勘测与生产制定了条规。天然气资源归国家所有，国务大臣负责批准勘测与生产权许可证，能源与气候变化部负责管理天然气资源的开发。

英国大陆架的勘测与生产日益困难，导致许可证有效期延长。许可证申请人提出了一个气田开发计划。能源与气候变化部评估投标，评估中注重政策目标，包括环境风险以及基础设施质量。若中标者不能遵守事先达成的工作计划，或不能达到安全和环境标准，能源与气候变化部有权撤回许可证。

（四）日本

1995年日本实施市场化进程前，纵向一体化公司占领了日本天然气供应的所有领域。日本天然气市场的发展经历了三个截然不同的阶段，现在市场化仍在进行之中（图4.3.13）。

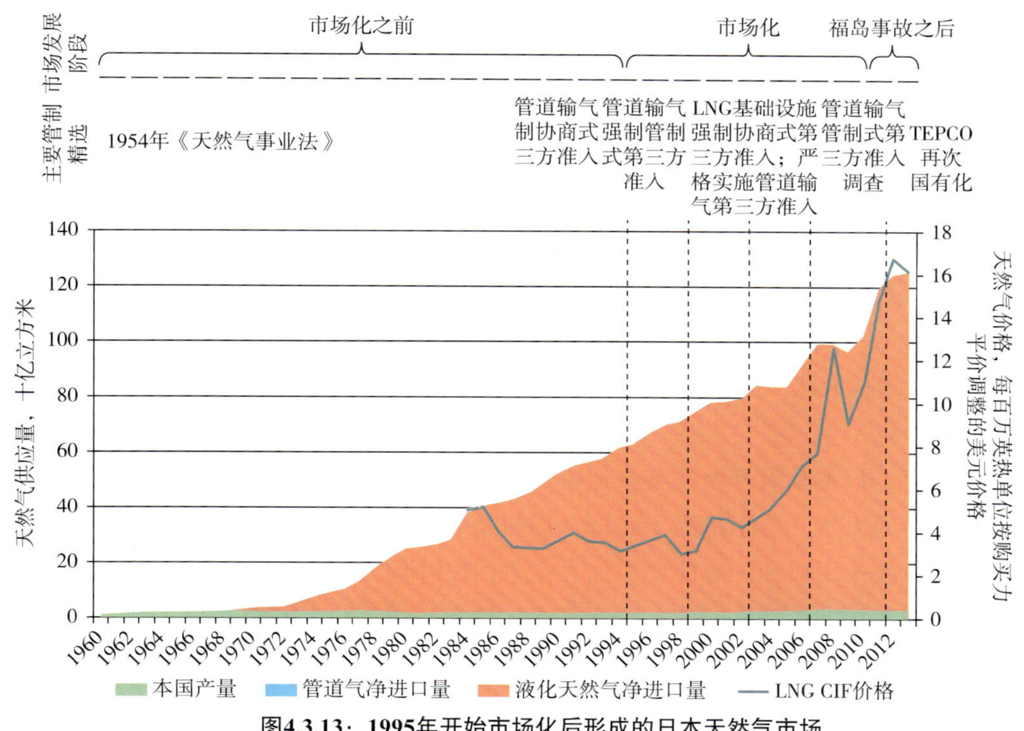

图4.3.13：1995年开始市场化后形成的日本天然气市场

注：液化天然气进口名义到岸价（CIF）换算为美元价格。

资料来源：Vivid Economics，依据国际能源署数据和BP 2013世界能源统计年鉴。

1954年到1995年期间，日本天然气市场处于市场化前，通过1954年《天然气事业法》管理。在该法下，天然气产业由纵向一体化垄断管理。1995年起，日本政府开始逐渐实施天然气领域的市场化。天然气运输的强有力的开放使用权体制建立时，包含功能拆解和管制的对外准入，允许大客户选择供应商。液化天然气基础设施中存在经协商的第三方准入体制。

2011年福岛核事故冲击了日本能源系统，导致2012年东京电力公司这一主要的液化天然气进口商重新收归国有。这标志着在事故之后，日本政府已产生了能源市场不再市场化的想法。然而，在公开辩论中，天然气市场改革不断得到关注，政府迫于压力，增加了能源领域的竞争。在福岛事故及油价上升后，由于天然气需求加大，液化天然气价格波动加大，日本政府不得不出台政策，以削减与石油挂钩的长期合同的牵制。日本政府还采取其他措施，削减石油市场对天然气的影响，包括提议在2015年建立液化天然气未来市场。未来市场根据国内供需因素制定天然气价格。

1.市场化前

市场化前，管理天然气产业的主要法案是1995年《天然气事业法》。在该法下，天然气产业由纵向一体化垄断管理。其他公司只有持日本经济贸易产业省（METT）签发的许可证，方可进入天然气市场。纵向一体化天然气公司和发电商负责进口液化天然气，城市天然气公司负责分销。东京瓦斯株式会社、大阪瓦斯株式会社和东邦瓦斯株式会社是大型纵向一体化天然气公司，负责进口天然气、运营液化天然气接收站和储存液化天然气、运营天然气运输分销网络和零售业务。此外，一些小型的城市天然气公司也参与到天然气的分销与零售业务，转卖由纵向一体化公司购得的天然气。发电商也可以进口液化天然气。其中，东京电力公司和关西电力公司都是消耗大户。

2.市场化

1995年，日本政府开始实施在运输、分销和液化天然气设施领域的市场化。长期以来，日本的天然气价格都高于经济合作与发展组织成员国的价格。日本政府通过对基础设施开放使用权和拆解的要求加大竞争，以降低天然气价格。市场化的第一和第二阶段实施于1995年和1999年，主要是在运输和分销领域。人们认为这两个阶段并不成功。自2003年以来，石油价格居高不下，相对于石油产品，天然气更具吸引，于是天然气需求增多。因此，政府从2003年开始实施了更有力的拆解手段，例如会计拆解和功能拆解。虽然还没有任何第三方准入得到有效授权，但是在此阶段已开始实施了液化天然气基础设施的开放准入。

1995年《天然气事业法》试图实施经协议的第三方准入和拆解，但以失败告终。该法实施了强制性的协商第三方准入，允许年消耗超过200万立方米以上的天然气的消费大户从现供应商以外的供应商购买天然气。三大天然气行业巨头（东京瓦斯株式会社、大阪瓦斯株式会社和东邦瓦斯株式会社）被要求拆解服务业务。然而，十年以后，这三大巨头的国内销售市场份额仍在70%以上（图4.3.14）。

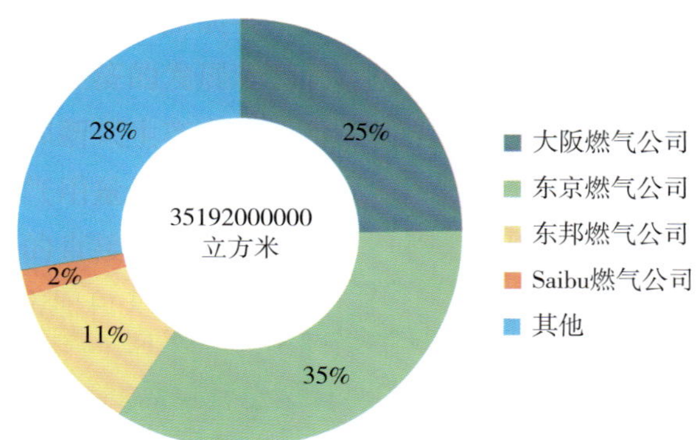

图4.3.14：日本2012年天然气市场销售量

资料来源：大阪瓦斯株式会社，2012。

由于准入条款和条件并未达到标准和透明，人们认为该体制在开放天然气市场方面并不成功。一些正在使用或考虑使用其他公司管道的公司叫苦不迭，将天然气从一个系统运输到另一个系统的运作系统仍存在进入壁垒和不透明性。特别是对于管道可用能力信息不足、评估费用标准和程序不透明以及其他补偿机制的抱怨。

《天然气事业法》于1999年修订，以实施管制的第三方准入。除了上述三大天然气公司，日本第四大天然气公司Saibu Gas也受该法管理。每年消耗100万立方米天然气即为合格用户，其门槛降低了一半。在这次进程中，天然气公司被要求公开使用其运输和分销管道的条款和条件。

市场化第一阶段没有实现有效的开放使用权体制、进一步的拆解和市场透明措施，都在2003年实现。2003年实施会计拆解和功能拆解，并通过会计申请分类分离天然气运输业务和天然气销售业务以及日常管理。这次改革也要求开放液化天然气接收站。并且第三方准入的用户门槛再次降低。2003年，每年消耗超过500000立方米天然气即为合格用户，而在2007年，每年消耗超过100000立方米天然气即为合格用户（图4.3.15）。截至2007年，61%的天然气市场（按体积计算）已放松管制，这种状况维持到了2013年。

此外，开放使用权已延伸至有合格用户的所有天然气公司。天然气公司被要求为运输服务准备标准的第三方准入合同，且第三方准入合同的条款和条件须经过能源机构批准。

年度合约天然气耗量

2000000万立方米	大型工厂等				解除管制的区域
1000000立方米	大型工厂、大型商业设施等	年消耗超过2000000立方米天然气的用户的零售自由化			
500000立方米	中型工厂、酒店等		年消耗超过1000000立方米天然气的用户的零售自由化		
100000立方米	小型工厂、只提供必需品的酒店等			年消耗超过500000立方米天然气的用户的零售自由化	
	居民建筑、小型企业等	管制区域			年消耗超过100000立方米天然气的用户的零售自由化
		1995.3	1999.11	2004.4	2007.4

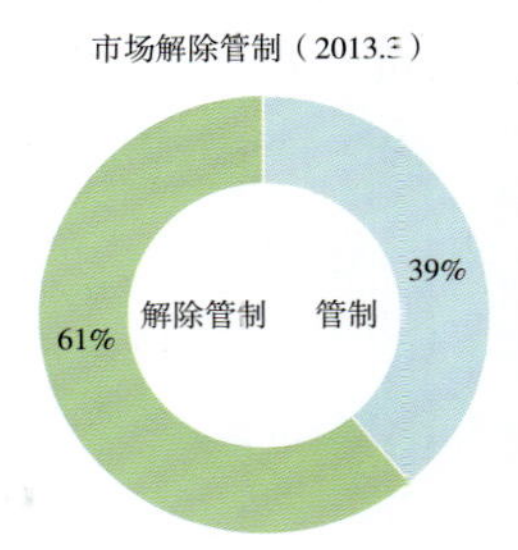

图4.3.15：日本天然气市场化的进程

资料来源：大阪瓦斯株式会社，2013。

日本尚无发展完善的长距离天然气运输网络。日本尚无跨界的天然气管道，而与美国500000km的高压天然气传输管道相比，日本总长仅约2500km（图4.3.16）。虽然在不同地区有43个主要的互联点，但是干线网络都分别在自己的液化天然气接收站独立发展，并不需要互相连接。由于各区域缺少互联，因此通过第三方准入的竞争范围有限。

图4.3.16：日本的液化天然气接收站和高压管道

资料来源：国际能源署，2013。

自2003年起，日本国内就有呼声延缓发展国家高压天然气管道网络。管理的第三方准入条款可能会降低在天然气基础领域投资的激励作用，并妨碍能源安全。

2003年天然气法改革，在液化天然气基础设施领域实施了经协商的第三方准入计划。1999年关于促进解除管制与竞争政策推动方案的美日第三次联合状态报告（US-Japan Third Joint Status Report）属于两国经济合作的一部分，该报告包含了满足液化天然气基础设施的开放使用权的需求。该问题是相关的，因为液化天然气接收站是进口天然气的在岸市场输入点，如果没有液化天然气接收站的自由准入，就算有竞争，竞争也微不足道。日本政府于是修改了2003年《天然气事业法》并开放液化天然气设施实施使用权。在此机制下，天然气公司明确了经协商准入的先决条件。与液化天然气储存和液化天然气设备相关的进一步的透明化要求也开始实施。然而，截至2012年，在日本液化天然气接收站还没有任何一家天然气公司有效授权第三方准入。

3.福岛事故后的发展

2011年福岛核事故之后，日本天然气市场化的动力减退。2012年东京电力公司（液化天然气的重要进口商）的重新国有化标志着在福岛事故后能源领域市场化的势头减弱。然而，2013年日本通过了放松电力市场管制的改革议题，标志着能源领域改革再次启动。电力领域对日本天然气市场至关重要，因为电力领域占全国天然气消耗的三分之二，并且在福岛事故后该份额还在迅速上升（图4.3.17）。

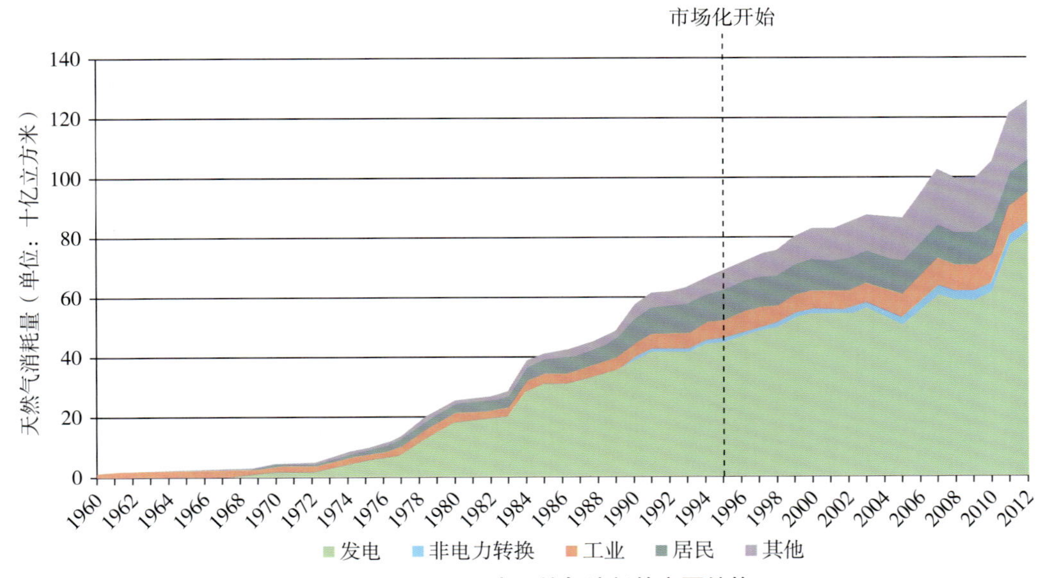

图4.3.17：日本天然气消耗的主要结构

注：不包括运输、无能源使用、能源产业的使用和损失；非电力转化部分，包括热电联产发电厂、天然气合成油厂；其他包括服务业、农业及渔业。

资料来源：Vivid Economics，依据国际能源署提供的数据。

日本区域性的电力公司通过接收站用户提升规定的电力收费，以弥补成本。从2012年起，日本经济贸易产业省（METT）通过了六家公司从7%到11%不等的收费提升。2013年，前三个电力市场改革方案得到批准，通过电力公司的竞争，降低获得液化天然气的成本。首项改革措施是建立广域系统运行协调机构，以促进电力运输和分销网络的发展，这对于跨区域电力使用、提高调解电力供需的全国性的能力必不可少。第二项改革措施则让电力零售业务、第三方关注的运输及分销领域的拆解完全市场化。第二项改革和第三项改革定于2014年和2015年实施。

因为日本严重依赖液化天然气进口，为了满足其发电需求，政府力求确保高效与能源安全并存。日本整体天然气安全的关键因素在于以下三点。第一，让长期供应合同投资组合多样化。第二，确保合同灵活性，以在应急情况下增加进口。第三，在工业中使用自发的商业液化天然气存货。日本最大的天然气供应商是澳大利亚，2013年占日本总进口的21%，份额占比相对较小，体现了日本天然气供应商的多样性（图4.3.18）。

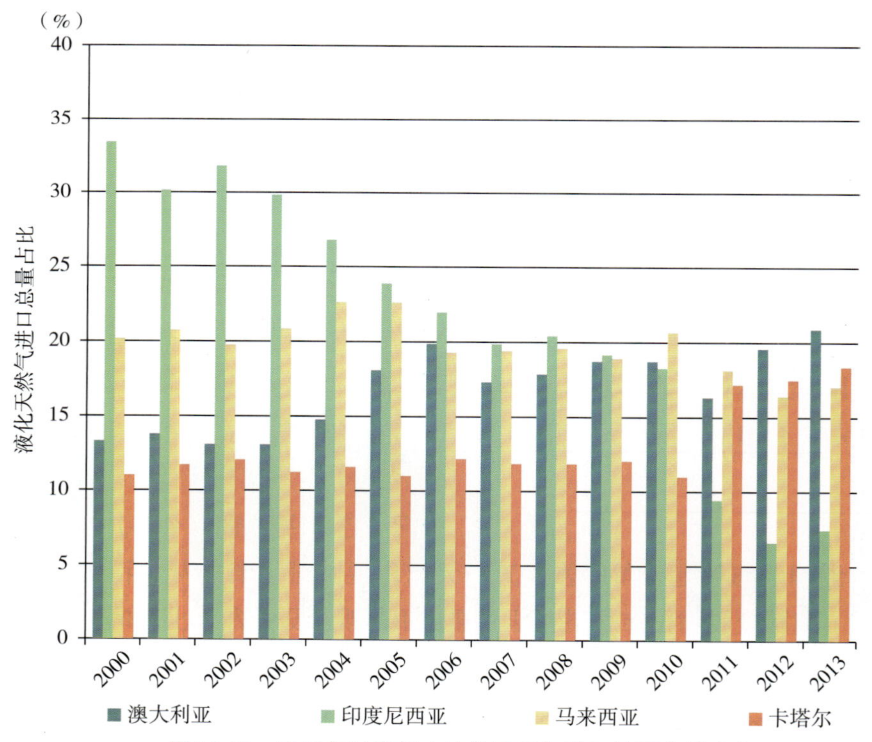

图4.3.18：2000年以来日本液化天然气进口的四大供应商

资料来源：基于Vivid Economics，依据国际能源署提供的数据。

最近几年，日本从马拉西亚和印度尼西亚的进口占比下降，从澳大利亚和卡塔尔的进口占比上升。

4.焦点：日本天然气定价

传统上，日本天然气合同与原油价格挂钩，但是政府已开始削弱原油价格的影响。20世纪70年代和20世纪80年代达成的液化天然气进口长期合同与国际原油价格息息相关。而这些合同即将到期，进口商不得不重新协商定期合同或锁定更短期的供应。原油价格上升导致获得液化天然气的成本和电价双双上涨。

日本经济贸易产业省（METT）鼓励电力公司协商，拿下与以前合同一致或更低的液化天然气价格，作为向其电力消费者收取更高燃料费的先决条件。日本天然气和电力公司也将为液化天然气合同展开协商，该合同将不受与基于更低的美国天然气市场价格的原油价格的牵制。例如，关西电力公司于2012年末与英国石油公司达成的长期协议，该协议受美国亨利枢纽价格牵制。2012年，日本政府提议在2015年3月建立液化天然气未来市场，未来市场根据国内供需因素制定天然气价格。日本于2014年4月出台了最新策略性能源计划，以鼓励天然气及电力公司放宽在液化天然气长期合同中的目的地条款，并最终废除这一条款。自2012年起，不少公司已从事美国上游和液化项目，这将占据日本天然气总需求的20%。

此外，日本液化天然气进口商也与该区域其他液化天然气购买者形成伙伴关系，以增加协商砝码和降低购买价格。例如，东京电力公司与中部电力株式会社于2014年10月形成了覆盖整个能源供应链的全面联盟，无论是上游投资和通过发电厂采购燃料，还是进行一系列的联合项目，包括在世界范围内的天然气上游投资、建设新的热电厂及采购液化天然气。

（五）韩国

韩国的天然气领域市场化始于1997年，实施了部分拆解和开放使用权，但是随着21世纪头10年政府的阻扰，该进程发展缓慢（图4.3.19）。

1997年市场化之前，韩国国家天然气公司（国有公司）是液化天然气基础设施和天然气运输设施的独资所有人。1997年，政府试图打破韩国国家天然气公司的进口垄断。虽然允许一些大型天然气用户可以直接进口用于己用的天然气，但是韩国国家天然气公司仍保持了液化天然气、传输和批发供应的实质性垄断。21世纪头10年国内天然气供应危机后，市场化进程停滞不前。而加利福尼亚州的大停电不但增加了电力市场化的兼容性和能源安全的担心，还削减了政治决心。此外，来自韩国国家天然气公司工会的反对也阻碍了政府实施改革计划。

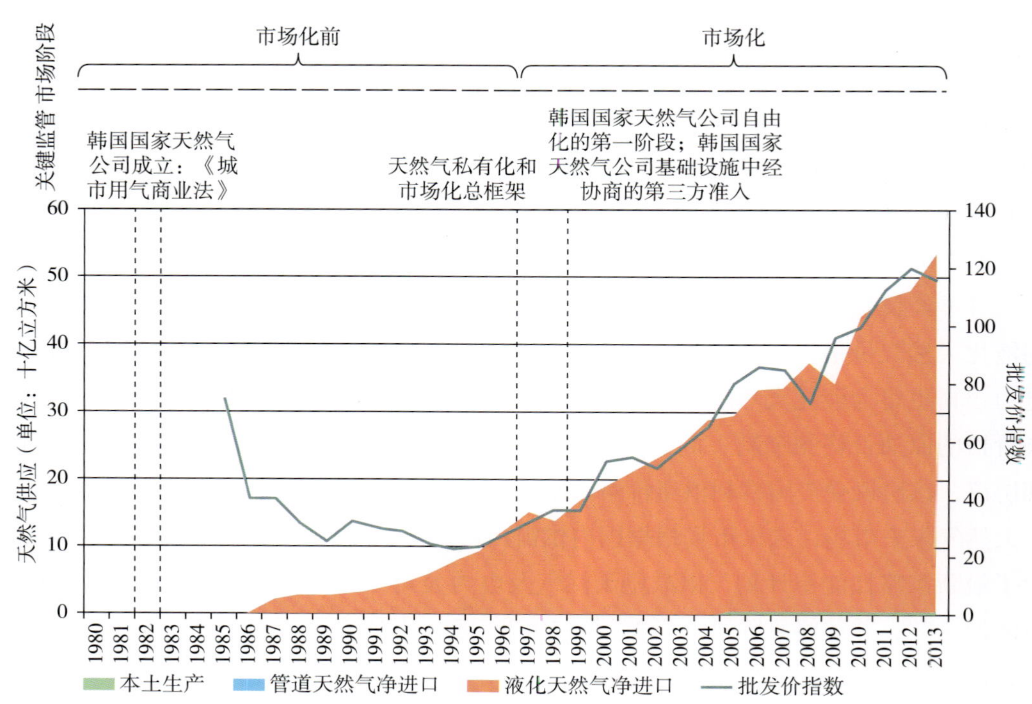

图4.3.19：韩国天然气市场化过程

注：批发价格指数是天然气的生产价格指数的分类指数；2010=100。
资料来源：基于Vivid Economics，依据国际能源署提供的数据。

1.市场化前

韩国国家天然气公司是根据《韩国天然气公司法》于1982年成立的国有纵向一体化天然气公司。因为韩国没有本国天然气生产，所以韩国国家天然气公司最初主要业务是进口，并控制和运营了液化天然气接收站、液化天然气储存和天然气运输管道。

1983年《城市用气商业法》建立了城市天然气公司并实施了规章架构，包括批准天然气供应的要求、建立天然气公司以及天然气供应的条款和条件。城市天然气公司的主要业务是，从韩国国家天然气公司购买天然气，或向石油公司购买液化天然气，并分销给用户。地区分销系统几乎固定不变。共有30家私有城市天然气公司，每家公司在其地区享有独家零售权。

2.市场化

为了应对1997亚洲金融危机，韩国政府宣布了一项计划，即实施天然气领域市场化以及韩国国家天然气公司私有化。受危机驱动，当时的韩国政府计划，通过国有天然气公司私有化和在天然气市场实现竞争，以改革低效的天然气市场。1997年第二个国家能源计划为天然气市场化和私有化制定了主要框架，但是缺乏明确详细的管制变化。

1999年，韩国政府完善了《重组天然气产业之基本计划》。韩国国家天然气公司的资产和职员一分为二：即基础设施部门（负责接收端、管道、储存基础设施）和进口和批发部门。韩国天然气市场的基础设施部门仍持有所有权，但是进口和批发部门于2001年被进一步地分成了三个天然气供应子公司。在这三个子公司中，一个仍为韩国国家天然气公司的子公司，另外两个则为独立子公司。

1999年年底，韩国国家天然气公司实施了私有化的第一步，政府出售了39%的股票。然而，由于公司工会强烈反对，并未实施进一步的私有化，也未完全拆解韩国国家天然气公司。此外，当人们正在讨论详细的私有化规划时，又爆发了另一场国内天然气供应危机。即便天然气价格已不便宜，居民、工业和电力领域却要求提高天然气价格，这又唤起了人们对能源安全的担忧（图4.3.20）。加利福尼亚州的大停电让人们更加担忧市场化和能源安全能否共存。上述因素都让政府不愿意再进行电力和天然气领域的市场化。

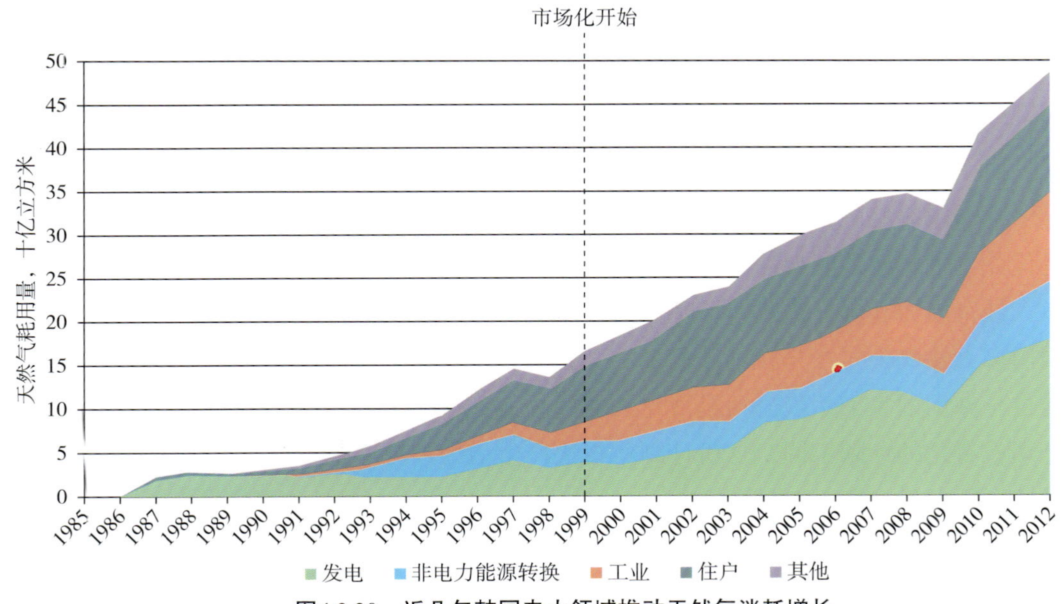

图4.3.20：近几年韩国电力领域推动天然气消耗增长

注：不包括运输、无能源使用、能源产业的使用和损失；非电力转化部分，包括热电联产发电厂、天然气合成油厂；其他包括服务业、农业及渔业。

资料来源：Vivid Economics，依据国际能源署提供的数据。

虽然1999年重组计划停滞不前，但是韩国国家天然气公司实施了经协商的第三方准入体制。1999年修订的《城市用气商业法》，废除了韩国国家天然气公司在进口液化天然气和运营液化天然气基础设施的部分垄断。这项规划制定了管理第三方准入的体制，但是持续时间不久，并在2000年暂停实施。尽管改革有所成效，但是液化天然气设施、运输网络和归韩国国家天然气公司的液化天然气接收站的第三方准入还是非常受限。虽然浦项钢铁公司已运营了自己的液化天然气接收站，并可以进口用于已用的液化天然气，但是在2002年，韩国国家天然气公司仍主导着天然气市场（图4.3.21）。

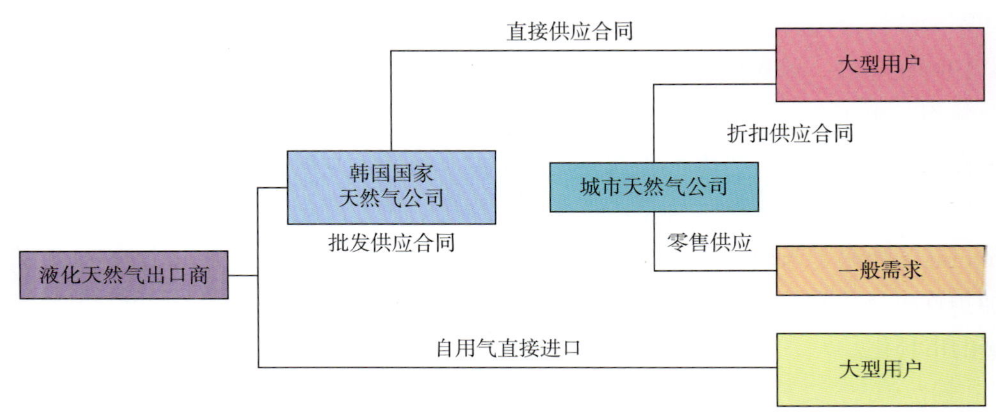

图4.3.21：韩国天然气产业结构

资料来源：亚太能源研究中心。

对于能源安全的担忧和来自工会的反对，加之液化天然气的不稳定性和对能否满足冬季需求高峰的担忧，让天然气市场化的进程重重遇阻。韩国天然气安全政策一直是优先考虑的政策。普遍认为供应资源多样性、根据长期合同确保液化天然气供应、扩大储存能力和确保满足季节性高需求都比市场化的潜在益处更为重要。政府促进韩国国家天然气公司参与在国外的上游天然气生产，并力保其在世界液化天然气市场的地位（韩国国家天然气公司是液化天然气的最大单一买家）。与提出韩国国家天然气公司私有化的计划不同，这份计划将很快产生活力，政府也很可能持续在韩国天然气领域发挥直接的、命令性的影响。

韩国国家天然气公司拥有并运营韩国全国的管道网络和四分之三的液化天然气接收站。韩国目前尚无跨国天然气管道。其全国运输管道总长3588km（图4.3.22），根据已宣布计划，2027年将增至4928km。

韩国大多数天然气合同都与原油价格挂钩。韩国国家天然气公司通过签署与原油价格挂钩的中长期合同，进口80%到90%的液化天然气，其余部分则通过现货市场购得。2012年，卡塔尔是韩国天然气的最大供应商，其次是印度尼西亚、阿曼、马来西亚和也门（图4.3.23）。于2010年出台的第10个长期天然气供需政策，提议韩国国家天然气公司应从2015年起，确保与石油挂钩的长期合同提高灵活度和条件。韩国及其液化天然气进口邻国（例如日本）的进一步合作可能会加大新长期合同协议的购买量。

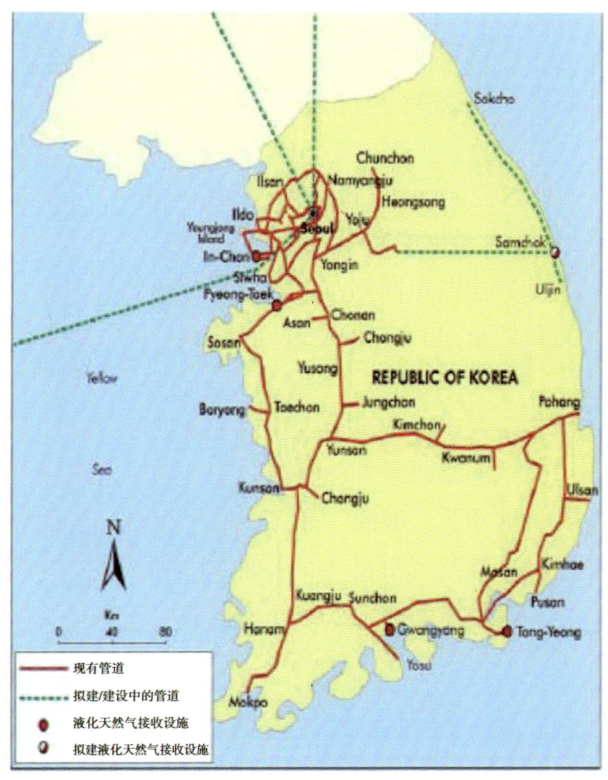

图4.3.22：韩国液化天然气接收站及管道网络

资料来源：国际能源署，2011。

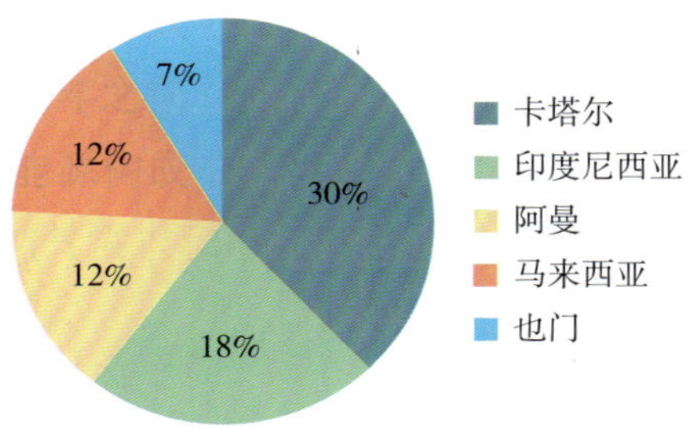

图4.3.23：2012年韩国天然气进口主要国家

资料来源：Vivid Economics，依据国际能源署提供的数据（2012）。

第四章 深入观察天然气产业链

上一章节介绍了天然气市场发展和演变的国际经验。五个国家的案例研究表明了一个重要观点，即在“市场化”过程中，天然气价值链的不同环节需要不同的监管方式。

本章借鉴各国经验，深入探讨在价值链各个环节上的监管力度和发展重点。在上游，国家可以通过创新财政和许可制度来提供激励，鼓励业者参与勘探和生产；在中游，垄断已然存在，第三方接触输配设施相对困难，需要通过第三方准入和分拆的配合，平衡输配设施使用者与所有者利益，减少反竞争行为；在下游，国家应通过推进天然气交易枢纽的建设，来鼓励批发和零售市场上的竞争，为最终用户提供多元选择、降低支付价格。

一、上游市场：财税政策与许可制度

在一个国家的石油和天然气资源的勘测、开发与生产中，上游的财政和许可制度扮演者举足轻重的角色。二者的互相配合有利于刺激投资的加入、加强市场的竞争性。本节通过分析美国、澳大利亚、阿根廷和墨西哥的经验，深入研究天然气上游领域的财税、许可制度安排及各级政府之间的配合、协调关系，为我国相关政策的制定提供借鉴。

（一）国际财税和许可制度对调节上游生产的启示

通过分析以财税和许可制度调解上游生产的国际经验，我们得到以下四项主要启示。

政策制定应有区别对待常规与非常规资源。国际经验说明政策制定者需要考虑常规天然气资源和非常规天然气资源在开发过程中的区别。常规天然气的特点在于需要不断勘测、开发和生产以找到最高产的地区或所谓的“甜点区”，其大部分资本支出在开发初期发生；非常规天然气则往往处于低产地区，需要持续不断的资本投入。此外，不同于常规操作，非常规天然气发展通常需要大量的水，这可能会影响该地区其他用户水资源的获取，这也需要适当的政策予以规制，尽量避免负面影响的产生。

政策制定需协调国家地方两级政府关系。财政和许可制度的制定还要考虑国家与地方当局之间的配合和互动。在美国、澳大利亚和阿根廷等国，国家和地区共享能源资源带来的直接和间接收入，每一级政府在能源资源的开发与利用方面扮演着极其重要的角色。此外，国家和地方政府在监管政策的制定方面也需要进行协调，比如在美国和澳大利亚，对于上中下游市场竞争的管控需要联邦政府和州政府携手开展。

通过刺激整体价值链，可以对上游产生影响。财政和许可制度对促进上游的发展有直接的影响，但他们只是整体能源做法中的一部分。刺激整体价值链，尤其是需求环节，可以对上游活动产生深远的影响。例如在澳大利亚，法规对于切换到天然气发电的支持，为国内天然气的勘探和生产创造了巨大的优势。

平衡对外国资本技术的需求与本国利益之间的关系。上游勘探和生产的投资往往是来自外国直接投资（FDI），这在加深本国国有石油企业忧虑和对国家利益被忽视的担心。墨西哥的经验现实，以投标零回合（Bid Round Zero）的做法，能在引进外国资金和技术的同时，为国内企业的发展提供有利保障。

（二）案例分析1——美国：租赁、税金与开发信息共享

美国实行联邦体制，因此美国大部分有关石油和天然气产业的法规是由各个州制定并实施的，而土地所有人对矿产资源的所有权则支撑起了美国的上游投资体制。这意味着在大多数情况下，私人拥有陆上资源的所有权，私有租赁经过私人协商即可确定，无需审批部门批准。对于联邦土地和州属土地，政府则通过招标来分发租赁权。比如联邦土地（图4.4.1）是由土地管理局来招标的，联邦水域则是通过海洋管理局来招标的。联邦租约的持续期通常在5至10年之间，并且只要该租约中存在生产情况，即可续约。

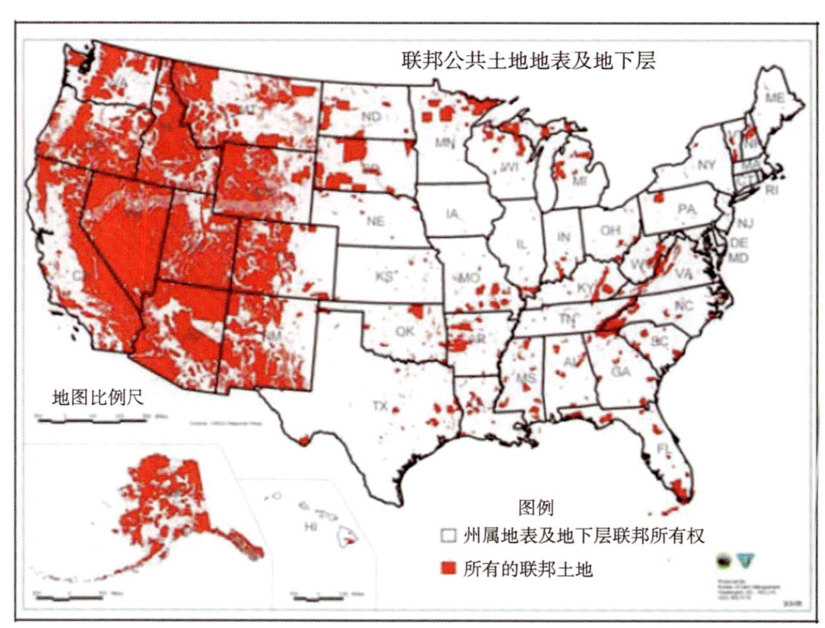

图4.4.1：美国联邦公共土地地表及地下层

资料来源：美国土地管理局。

对于天然气的开采，联邦政府和州政府设立了权利金和开采税制度。联邦陆上

权利金为12.5至30%，而海上权利金为18.75%。大部分州都收取开采税，其构成和等级因各州而异。例如，德克萨斯州的开采税为天然气市场价值7.5%，而在与之相邻的路易斯安那州，其开采税则每年都要重新确定一次，其额度取决于纽约商品交易所（NYMEX）亨利枢纽（Henry Hub）所确定的价格和现货价格，2014年该州的开采税为每千立方英尺（MCF）0.163美元。

美国还有一个特点是实现了致密气和页岩气开发信息的充分共享，这通常被人们认为是美国能够成功开发非常规石油和天然气资源的重要原因之一。虽然各州的要求有所不同，但都需要在较短的时间范围内发布有关许可、钻探、试验和生产的数据。有关各方可直接从其所在州的管理机构获取这些信息，也可咨询收集这些数据的公司。除法律要求之外，为了支持公司股价和筹集投资资金，公司被鼓励披露信息，有时甚至可披露单井信息。公开上市公司每季度和每年度向联邦政府提交的报告也被要求提供大量的详情，这些报告都是公之于众的。许多政府机构，例如美国地质调查局（USGS）、能源部（DoE）和美国能源信息署（EIA），也会每周、每季度和每年监测并发布关键的统计数据。同样重要的是，工业协会、科技与商业期刊、投资报告和会议也为上游公司、投资银行、学术界和政府提供了交换信息的平台。

（三）案例分析2——澳大利亚：许可、财税与第三方准入

据预测，在不久的将来，澳大利亚将会成为最大的液化天然气出口国。从目前的运营来看，澳大利亚拥有约每年2600万吨的液化能力，按照预期，在未来的几年内，这一液化能力还会增加6200万吨。在新增加的液化天然气项目中，有3个项目位于昆士兰州，目前主要利用煤层气（CBM）来生产液化天然气。此外，还有不同的公司加入了昆士兰陆上天然气生产的行列之中，其中包括中国石油（Petrochina）、中国石化（Sinopec）和中国海油（CNOOC）等。

澳大利亚国内的天然气市场包括西澳大利亚市场和东海岸市场。其中，东海岸市场涵盖了昆士兰州、新南威尔士州、南澳大利亚州、澳大利亚首都领地和维多利亚州的需求。与欧洲或美国相比，澳大利亚并没有密集的管道网络，因为澳大利亚对天然气的需要高度集中在个别的州首府和领地首府，而且其供给（从历史来看）主要来自于库珀盆地（Cooper Basin）和吉普斯兰盆地（Gippsland Basin）。

为进一步推动天然气的开发，提高天然气在能源结构中的比重，澳大利亚通过财税政策和许可政策刺激天然气的生产，并对上游基础设施实行第三方准入。

图4.4.2：澳大利亚天然气盆地及主要的输送管道

资料来源：澳大利亚能源监管机构（AER）2014年度能源市场状况。

《昆士兰州天然气计划》就是刺激煤层气生产相当成功的一个案例。此计划是昆士兰州政府在2005年提出的一项方案，其中要求所有电力零售商所销售电能有15%来自于天然气发电。经过认证的发电厂商，对于自己所生产的每兆瓦时合格天然气发电量，会出示《气电证书》（GEC）。这些证书将出售给电力零售商，从而为发电厂商提供了一个替代收入来源，并抵消天然气发电与煤炭发电相比较高产出成本。该计划于2013年结束，昆士兰州政府于同时宣布宣布已经达到了推进国有的天然气工业和减少温室气体排放量的目标。在此期间，天然气发电从2005年5%总功率的比例提升到2013年达到为20%，国家的非常规天然气产量也从2004年的10亿立方米增长到2010年的60亿立方米。

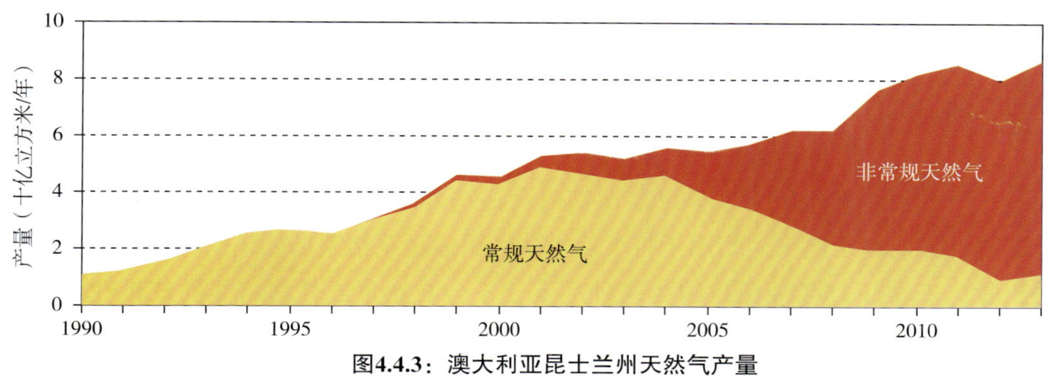

图4.4.3：澳大利亚昆士兰州天然气产量

资料来源：昆士兰州自然资源与矿藏部。

澳大利亚政府分为联邦政府、州或领地政府以及当地政府三个层次，其对于石油资源都具有管辖权。澳大利亚不存在私人所有的石油资源，由各级政府分区域进行管理。州和领地政府管理着陆上和海上（海岸线3英里以内）开发的许可证，并按照石油资源的井口价值征收10%至12.5%的权利金。在昆士兰州，自然资源与矿藏部（DNRM）负责许可证的发放与管理，其权利金率为10%[①]。联邦政府则管理着海上开发（海岸线3英里之外）的许可证，并对陆上和海上的石油与天然气都征收40%的石油资源租赁税（PRRT），州或领地的权利金则可从PRRT中扣除[②]。企业所得税则由联邦政府征收，其税率设为30%。联邦政府对大部分交易征收10%的增值税（称为商品及服务税，GST），这一税收会向州或领地政府重新分配。

三个层次的政府之间会相互协调，以便开发澳大利亚的石油资源和国内的能源（天然气和电力）市场。澳大利亚政府委员会（COAG）是澳大利亚最高的政府间联邦会议，其目的在于促进具有国家级意义或需要所有澳大利亚政府协同行动的政策改革。COAG的成员有：澳大利亚总理、各州或领地的州长或首席部长以及澳大利亚地方政府联合会会长。此外，能源与资源常务理事会（SCER）成立于2011年，包含了负责能源与资源事务的联邦和州或领地的部长。该理事会的专门职责包括：能源（天然气

① 昆士兰州自然资源管理部网站。

② 澳大利亚税务局网站。

和电力）市场监督、能源法律法规监督，能源安全和应急管理，以及促进澳大利亚资源的经济建设①。

对于开发新型上游基础设施的企业，只要满足法律中的主要标准，即可依据第三方的准入要求申请豁免。对第三方基础设施的使用权是在联邦层面上根据《竞争与消费者法案》确立的。国家竞争委员会（NCC）是基于澳大利亚政府委员会的一致意见成立的，负责对第三方准入垄断性基础设施的法规提出建议，包括天然气输送管道等。监管所考虑到的因素包括：准入是否会在市场中增强竞争，为提供相同的服务开发另一基础设施的经济意义，以及该基础设施是否已受到准入机制的制约。比如，3个工程开发商基于昆士兰州用于将天然气从气田运送至格莱斯顿（Gladstone）液化厂的工程，获得了15年豁免权因为这种准入“不会在竞争或任何可能的依赖性市场中推动实质性的增长”②。虽然开发商可以得到豁免，但澳大利亚竞争和消费者委员会（ACCC，亦有能源之外的管辖权）和澳大利亚能源监管机构（AER）都会对其进行强有力的监督，严格执行能源市场的规则，对竞争和消费者提供保护。

（四）案例分析3——阿根廷：特许制度与投资激励

阿根廷是南美洲天然气生产和消费大国。根据美国能源信息署的数据，阿根廷拥有最大的在技术上可开采的页岩气和石油资源，其数量仅次于中国和俄罗斯。根据预期，阿根廷在2015年的天然气需求量为440亿立方米，占其能源构成的45.7%。目前，阿根廷通过浮式储存和再气化装置以及从现货交易市场的购买这三种方式来进口液化天然气，以应对其国内的短缺量。通过调控和补贴，天然气价格已低于成本，但为了鼓励上游投资并为政府增加收入，现在开始放松价格管制，主要通过双边谈判的方式确定价格。

阿根廷通过特许权制度来进行页岩气和石油的开发。阿根廷国家能源公司（ENARSA）是一家联邦监管机构，其35%的股份属于公有，并拥有所有未经许可的距离海岸12海里之外的联邦海上勘测土地，这些区域上的所有活动都需要与阿根廷国家能源公司合作才能开展。省级政府会对陆上土地实行招标。

所有的许可证都由权利金/税收条款来管理，其中包括权利金、所得税和省级销售税，以及其他的签约定金/租金和石油/天然气的出口关税。阿根廷在2014年10月通过了

① 能源与资源常务理事会职权范围。

② 国家竞争委员会网站。

一项新的《石油和天然气法》，该法律将权利金体系与许可证的执行集中到一起，同时将其管理留给省级监管机构负责。在颁布这一法律之前，省级政府拥有石油天然气许可和经营的权利——由此看出，省级政府可通过各自的石油和天然气部门来插手有关许可的事宜。

图4.4.4：阿根廷的主要盆地和液化天然气接收站

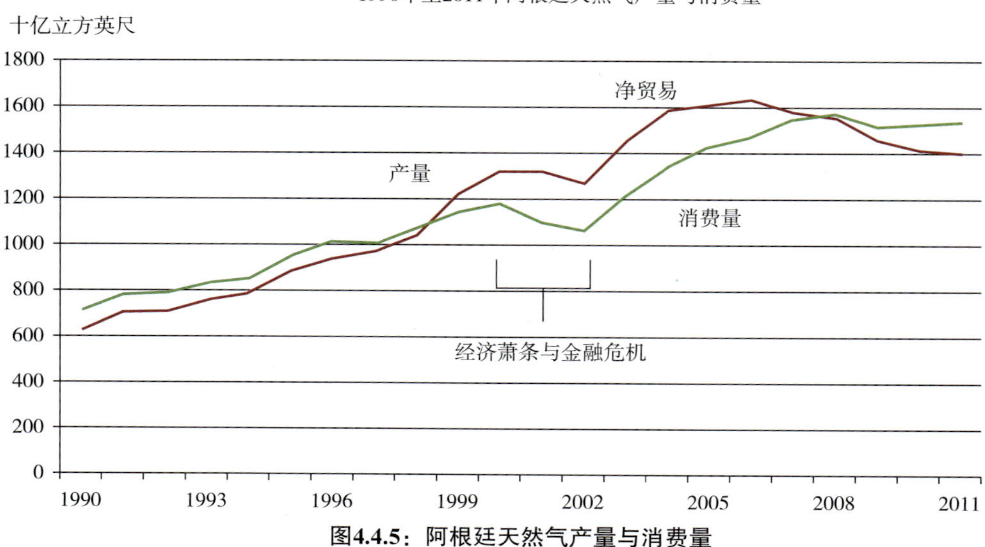

图4.4.5：阿根廷天然气产量与消费量

资料来源：美国能源信息署。

鉴于能源需求的日益增长，政府开始注重对于投资的激励。2014年10月通过的《石油和天然气法》中包含了一系列旨在刺激能源投资的措施，包括：区分了常规资产和非常规资产，为非常规资产提供35年开发时间（与25年相比）；勘测时间为13年；天然气加价计划——对非常规方式生产的天然气实行更高的定价；在试点项目阶段完成后，为非常规项目降低了25%的权利金；提供20%的出口供应量；等。

但是，在阿根廷发展非常规天然气行业仍然存在一些障碍，包括缺乏受过良好培训的劳动力。Neuqu é n省开设的非常规油气田技术中心是一个进步，但需要开设更多这类机构来培育页岩气技术能力。此外，目前的法规没有充分考虑环境问题，这会对在人口密集的中心地区附近开发非常规天然气带来麻烦。

（五）案例分析4——墨西哥：重新开放市场与零轮招标

墨西哥的石油行业是全世界历史最悠久的石油行业之一。1904年，首次于墨西哥发现石油。到1921年，墨西哥的石油产量达到530000bod，占当时全世界石油总量的25%。然而，由于工会与参与墨西哥石油生产的国际石油公司之间出现了激烈的纠纷，1938年，墨西哥国会通过了一项法令，导致所有国际石油公司的资产国有化。在此基础上，成立了墨西哥国家石油公司（NOC），其成为了墨西哥石油和天然气唯一的权利所有人。

70多年来，墨西哥石油公司所经营的大部分天然气业务都是在国际服务公司（ISC）的帮助之下完成的，同时，其预算和财政管理受到了墨西哥财政和公共信贷部的强烈控制，这使得这一垄断性的国家石油公司逐渐变得停滞不前。其产量从2004年开始处于持续走低的状态（图4.4.6）。其产量的顶点出现于2004年至2005年之间，约为一天360万桶石油，以及30亿立方英尺的天然气。据Wood Mac预测，未来几年，这一产量还会更快地降低。

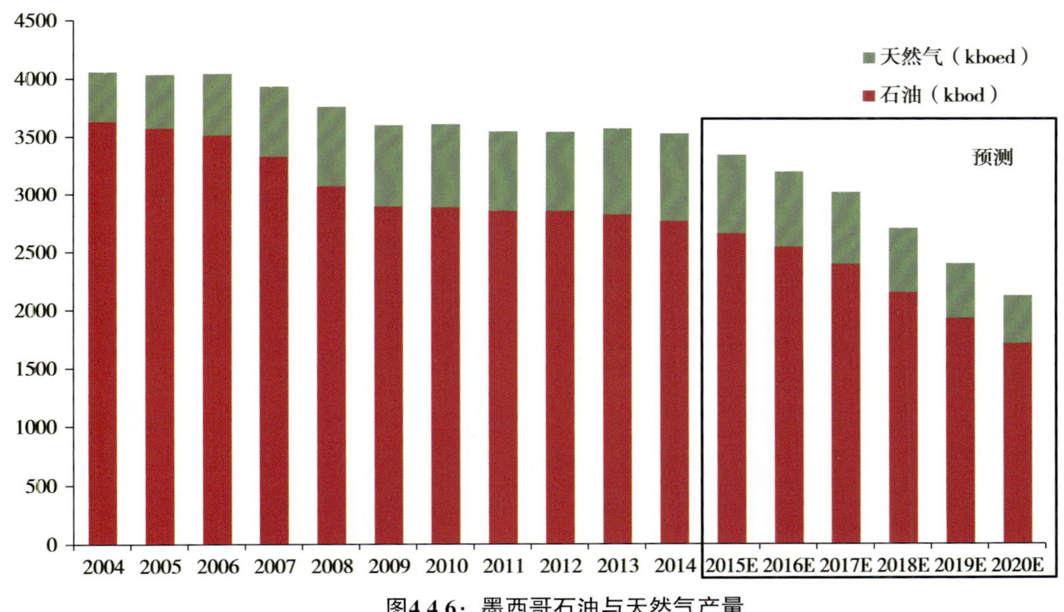

图4.4.6：墨西哥石油与天然气产量

资料来源：木工机械展（Wood Mac），2014年8月，墨西哥，上游概览。

为了解决这一困境，2013年，时隔71年重新执政的革命制度党（PRI）开始推行能源改革。涅托总统于2013年8月在国会上提出了能源改革的法案。法案最终获得了通过，法律规定，国际石油公司可通过三种可能的法律安排，再次合法地在墨西哥投资石油和天然气业务，包括：①劳务合同，②生产或利润分成合同，以及③许可证。

墨西哥政府为了通过其在墨西哥石油公司的所有权来保护国家利益，在2014年举行了一场独特的招标，被称为“零轮招标”。在2014年3月之前，墨西哥石油公司必须提交决定，希望保留哪些油气田/地块，哪些想要放弃。作为政府监管人的能源部长和监管机构的国家碳氢化合物委员会（CNH），只有六个月的时间决定哪些油气田/地块允许保留下来。在墨西哥石油公司的提案中，为了固守所有的生产资本，必须证实其技术、财政和经营的能力。对于勘测土地，墨西哥石油公司需要证明，该公司已对探井进行了钻探，或已对勘测土地进行了地下层的研究。

根据CNH的估计，零轮招标的结果是，墨西哥石油公司持有现存油气田约83%的已探明储量（图4.4.7），以及21%的未探明资源量（图4.4.8）。由于墨西哥石油公司持有如此多的资产，该公司仍然可以邀请外国投资者通过合资的方式来参与勘测、开发和生产。

对中国来说，零轮招标（Bid Round Zero）是一种有吸引力的选择。这种竞标会使现有国有公司掌控其希望保留的资产，而对新进入者开放其他资产。这一措施会吸引更多能源投资，加速页岩气开发生产。国内产量提高可以降低对外国天然气的依赖，中国天然气对外依存度已经从2005年的零上升到2013年的32%。

自2014年10月以来，国家碳氢化合物委员会已开始实行了分阶段式的一轮投标，包括浅海勘测、浅海开发，陆上勘测与开发、提高大型油田（齐孔特佩克油田）的产量和非常规油气田，以及深海油气田（图4.4.9）。国家碳氢化合物委员会继续欢迎来自潜在国际投资者的反馈，以便实行新一轮投标。

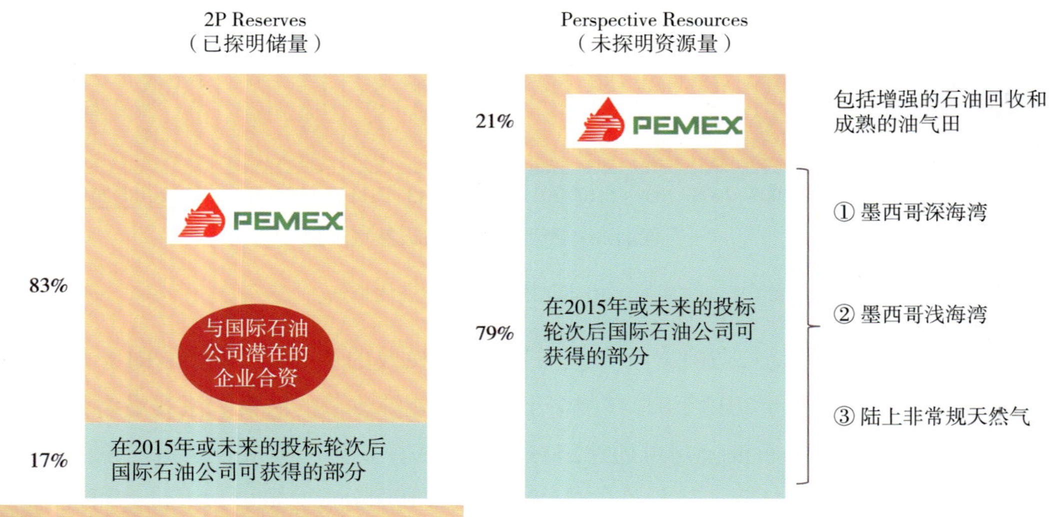

图4.4.7：墨西哥国家石油公司储量分析

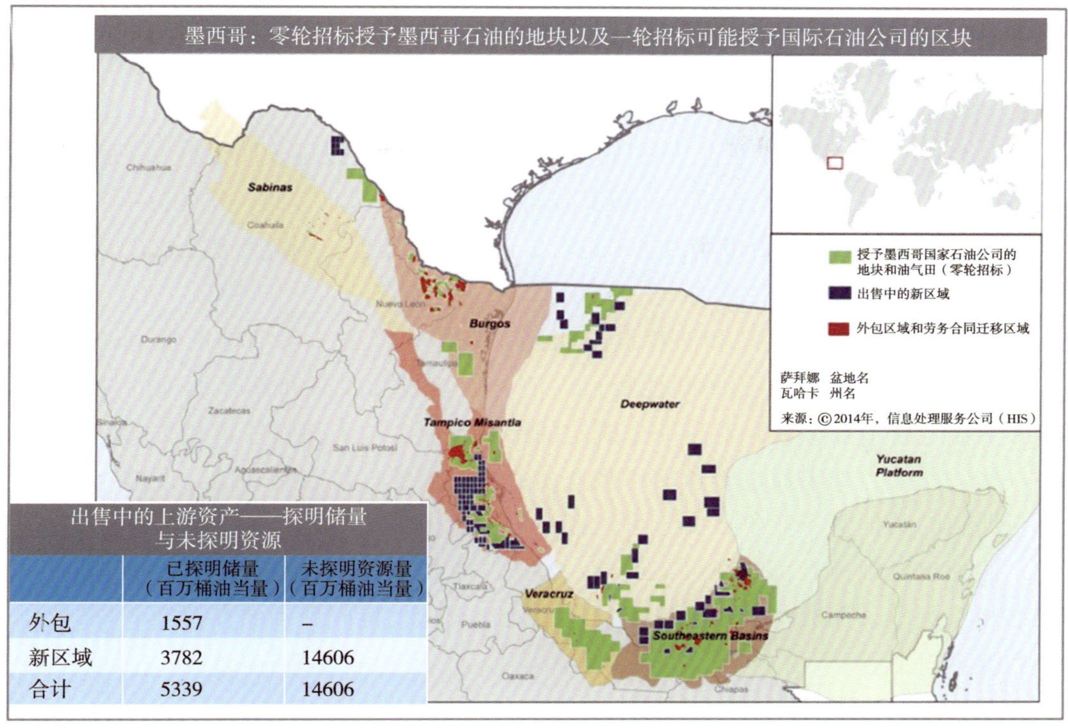

出售中的上游资产——探明储量与未探明资源

	已探明储量（百万桶油当量）	未探明资源量（百万桶油当量）
外包	1557	–
新区域	3782	14606
合计	5339	14606

图4.4.8：墨西哥国家石油公司在2014年的招标中获得21%的未探明资源量

资料来源：信息处理服务公司（HIS），能源咨询顾问公司（PFC Energy）。

墨西哥一轮招标建议时间轴

	浅海：勘测	浅海：开发	陆上	齐孔特佩克油田和非常规气田	深海
条款公布时间	2014年12月	2015年1月	2015年2月	2015年3月	2015年4月
资料室开放时间	2015年1月	2015年1月	2015年3月	2015年4月	2015年5月

图4.4.9：新一轮招标建议时间轴

毫无疑问，对于这一行业来说，最重要的在于墨西哥政府为能源改革迈出明确而透明的步伐所展示出的速度和决心，包括最后的零轮招标能为国际石油公司所带来20%多的已发现石油/天然气田，以及80%的勘测土地。值得深思的是，什么样的措施可能适用于中国，尤其是在加速非常规天然气和页岩气的勘测与开发之时，以及吸引适合的国际石油公司和私人投资来加速这一过程的尝试。还有另外一个值得考虑的问题是，在涅托总统六年的任期结束之后，墨西哥是否还会维持其开放政策。

二、中游市场：基础设施建设与使用的平衡

中游资产包括管道、液化天然气再气化接收站和储存设施，属于自然垄断，因为它们有极高的投资固定资金成本，但其经营的边际成本却非常低，并且会持续降低。如果对这些资产投资交由市场力量来运行，而无政府监管，则自然垄断性的部门不太可能保持高效运营。

与液化天然气接收站和储存设施相比，天然气管道（包括输送管道和分销管道）具有更加显著的自然垄断性特点。液化天然气接收站和储存设施的规模经济不如天然气管道那么大，对于一个既定的市场来说，与天然气管道相关的资产会更多一些。此外，如果通过管道网络将众多的液化天然气接收站和储存设施相连，便可与同类的其他资产竞争。由于可能存在许多竞争性的液化天然气接收站和储存设施，假如市场规模有可能耗尽某种单一资产的规模经济，并且这些资产可通过管道网络相互竞争，那么与天然气管道相比，液化天然气接收站和储存设施的自然垄断势力就更弱了。

在美国，液化天然气接收站视为上游资产，这是因为可以将液化天然气接收站当作上游井口的延伸。但在欧洲，液化天然气接收站则属于中游资产。是否将液化天然气接收站当作上游资产取决于市场中的竞争程度。在美国，液化天然气接收站会与国内的产品出现竞争，因此，它们与这些国内的井口是等价的；在欧洲，大部分的竞争来自于进口的天然气，因而液化天然气接收站被视为输送网络的一部分。如果将液化天然气接收站看作上游资产，那么监管办法便会有所不同，对这些接收站自然垄断特点的担心便会更少一些。在中国，目前对液化天然气接收站性质的看法并不明确，因为具有竞争性的天然气市场尚有待开发。

如果中游资产归纵向一体化的公司所有，该公司有可能会限制对这些中游资产的使用权，以便限制上游和下游资产的竞争。通过限制中游资产的使用权，纵向一体化公司便可限制其业务中另外两部分的竞争，即利用负面影响来为整体增加利润。这样的结果是，可能需要通过调控将中游资产从纵向一体化公司拆解出来，可从同行的报告中摸索拆解的各种选择和这些选择的国际经验。

即便中游资产并非归某家纵向一体化公司所有，在没有监管的情况下，仍有可能会出现一些问题。一方面，独立所有人需要上游和中游参与者来使用其中游资产；另一方面，独立所有人也存在收取极高的价格来最大化其利润的动机。因此，监管是

必须的，从而可保证对中游资产的使用权是为各方所提供的，这称作为第三方准入（TPA）。

监管机构通常都会需要进行拆解和设立第三方准入。在实际情况中，即便存在第三方准入的规则，仍有许多方法可以排除第三方。例如，缺乏有效容量的透明度和对第三方的定价。通过监管机构对第三方准入规则的严格监督，可以纠正这样的反竞争行为。同时，许多监管机构认为，通过拆解来消除这种行为的动机，则是对第三方准入规则的有效补充。

在需要投资的增长型市场，如中国的市场中，监管框架应保证投资能获得足够的利润，加强对资本的吸引力。可通过对使用权收费采取监管的措施，以使资产所有人能收回其固定成本。对收费进行监管的方式包括，“回报率”和“管制关税”的监管，这两者彼此相似，但对中游资产的用户和所有人的风险分配则有所不同。在“管制回报”的监管下，应对所有人的中游资产授予足够高的回报率，从而为未来的管道建设提供动力。在“管制关税”的监管下，这一关税也应足够高，以便为未来的资产投资提供动力。

因此，政府部门所面对的挑战是实现中游资产的使用权与投资之间的平衡，这种平衡可以在精心设计的监管框架之下得到实现。精心设计的监管框架所包含的关键要素有：责任与标准的规则，第三方准入中投资者和用户同意定价的框架，以及使投资者和用户风险最小化的管制回报机制。在某些框架中，当监管机构解决下游市场结构或遗留问题时，可用这些机制来平衡两个不同的目标。

当一个国家的监管机制反映出各种各样的国内因素时，其演变和影响可为中国所借鉴。本文考察了以下三个案例：英国北海的第三方准入安排；新加坡和日本的液化天然气经验；壳牌公司在美国中游合伙企业的首次公开募股（IPO）。这些案例研究提供了五条见解：为了促进使用权和投资，监管使中游资产用户和所有人的经济利益得到了平衡；监管框架应稳定、可靠和明确，从而使整体的风险最小化并激励投资；基于规则的机制可为此提供一种解决办法；在收取管制费用的同时，诸如强制性的第三方准入要求这样的监管可保证对中游资产高效的利用；在平衡使用权和投资时，除了价值链，监管机构也应考虑到市场结构。如今的监管政策会对未来的经济机遇产生影响。

（一）平衡第三方准入和投资动力的关系

政府需要平衡第三方准入与刺激中游基础设施投资之间的关系，这在新兴市场如中国尤为重要。尽管规定了第三方准入，管制架构还需为追加中游投资提供充足动力和回报。例如，可以建立接入收费制度，让资产所有人能够回收固定成本。

管制收费制度可以分为两类：一种是设定中游设施所有人的回报率，另一种是设定接入中游设施收取的费用。在设定回报率的体系下，为所有者的中游资产价值提供一定比例的回报率，该回报水平足以鼓励追加投资和扩充设施网络。在设定价格制度下，将价格设定在能够提供追加投资动力的水平。两种方法是相近的，但是在中游资产使用者与所有者之间的风险分配存在差别。

尽管另一个国家的监管机制取决于各种各样的国内因素，然而其演变和影响可为中国和其他管辖权所借鉴。天然气基础设施的监管，反映了一个国家在天然气市场化方面的经验、制度文化以及政府的各种政治优先事项。没有哪一个监管体制可以从以一个管辖权移植至另一管辖权。实际上，如果没有考虑到遗留问题、制度和政治等因素，复制另一国家监管结构的尝试可能会以失败告终（联合国欧洲经济委员会，2012年）。然而，通过比较现有的监管框架，可以发现一些经验教训，表明规则是如何帮助或阻碍公众和私人目标的达成。

监管机构通常都会需要拆解和第三方准入。在实际情况中，即便存在第三方准入的规则，仍有许多方法可以排除第三方。例如，缺乏有效容量的透明度和对第三方的定价。通过监管机构对第三方准入规则的严格监督，可以纠正这样的反竞争行为，但是许多监管机构认为，通过拆解来消除这种行为的动机，则是对第三方准入规则的有效解决方法。

在需要投资的增长型市场中，如同中国，监管框架也应提供足够的利润，从而在中游为未来的投资提供动力。在“回报率”的监管下，应对所有人的中游资产授予足够高的回报率，从而可为未来的管道建设提供动力。在“管制关税”的监管下，这一关税也应足够高，以便为未来的资产投资提供动力。

因而，政府部门的挑战则是实现对中游资产的使用权与投资之间的平衡，如图4.4.10所示；可在精心设计的监管框架之下实现这一目标。在许多国家已经获得成功，并对中国有启发性的监管机制有：

——规则：监管机构在责任和标准上建立和实施的规则；

——价格：监管机构为投资者提供框架，以便在第三方准入和管制回报的机制中就关税达成一致意见。

——降低风险：监管机构为投资者和用户将风险降至最低。

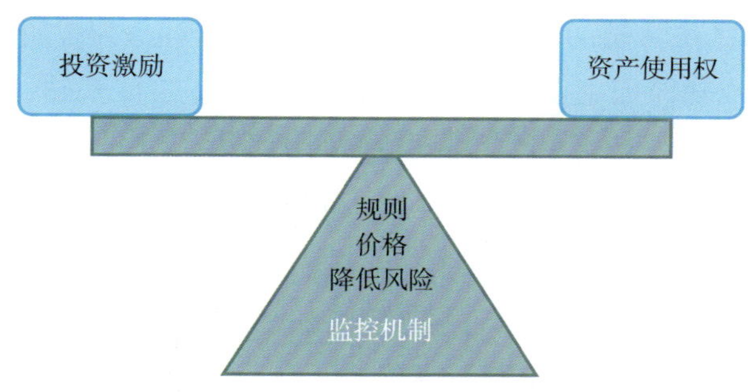

图4.4.10：监管框架的平衡设置

资料来源：Vivid Economics。

（二）国际经验对平衡中游资产使用与所有关系的启示

通过案例研究，可以得出如下五个重要启示。

通过监管来平衡中游资产用户与所有人之间的利益。经济机会能够推动准入和设施投资需求。但是需求本身并不是准入和投资的充分条件。受资产所有者的天然垄断能力的影响，使用者和所有者经常无法达成一致条件。因此，各市场参与方需要强有力的管制架构，确保授予使用方准入权利，并向所有者提供投资激励。例如，新加坡和英国在推动实现第三方准入方面的经验说明强有力的管制可以帮助资产使用者与中游管网运营商进行谈判。美国和日本的经验则表明，在投资者的风险/回报方面，监管有助于带来投资机遇，鼓励更多的资金进入中游基础设施建设。

通过管制来确保中游资产的高效利用。强制性第三方准入规定能够确保上游和下游经营者能够接入管道，提高中游资产的利用率，同时中游资产所有者所获得的回报是公平合理的，并没有受到损害。管制根据具体情况，可以通过协商谈判或者管制的方式来实现第三方准入。英国北海以所有者和使用者的协商实现了第三方准入制度的成功，新公司可以开发小型气田，而不用再投资建设新的管网，中游资产所有人可以从折旧资产获得收入，政府可以获得与资产开发相关的石油天然气生产税。但在中国这个快速增长的市场，北海经验的借鉴意义非常有限，北海管网增加新投资的必要性很低，这有利于中游设施所有者和使用者达成一致意见，但中国并不具备这样的背景，设施所有者更倾向于利用其地位收取垄断租金。因此，中国这类快速增长的新兴市场应更多地考虑采取强制性第三方准入制度，确保在回收成本和合理的风险回报动力推动下，刺激中游设施投资。

建立稳定、可靠和明确的监管框架以降低整体风险，为投资者提供投资信心。美国有限合伙制的成功原因主要在于政府为合伙提供了法律基础，关于收入和资产合规性的联邦制度使各方具有推进活动所必须的确定性信心。在英国，管制体系包含了法律、规定和仲裁，这确保在第三方准入谈判中，所有各方都有相似的预期和动力，很少会以分歧告终。各个管制层级共同帮助降低参与方面临的不确定性（参见图4.4.11）。相反，在日本，制度执行的缺乏在很大程度上意味着第三方准入规定不可靠，中游设施大多数对第三方不开放。

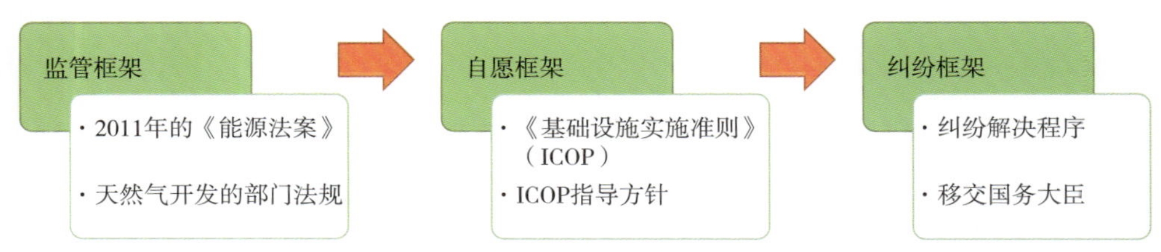

图4.4.11：北海支撑使用权的三层协议

资料来源：Vivid Economics。

产业链情况将影响管制方式的选择。整个产业链的竞争性将影响管制方式的选择。例如，日本是一个地区间相互割裂的市场，所有天然气都是通过LNG船进口的，在地区市场之间只有有限的联系，这意味着，竞争所带来的效益极其有限，第三方准入受到限制。而在英国，其天然气的市场化从20世纪80年代开始，形成了具有竞争性的上下游市场，因此其监管框架设计的重点就在于促进中游的使用权。新加坡天然气市场的市场化出现于2000年，这打破了纵向一体化的公共事业，并连同价值链一起引入了竞争。然而，改革并不成功，其带来的后果是：政府负责对液化天然气接收站的投资；管道天然气的中止强迫能源公司开始转向液化天然气；开放使用权的中游框架促进了这一转向。

表4.4.1　　竞争本质以及天然气价值链影响中游基础设施的监管选择

市场	本质	资产所有人/用户的挑战	监管结果
英国的上游和下游市场	自由化的市场	准入容易，但投资成本较高	为资产所有人和用户协商使用权条款的框架
日本上游市场	垄断的地域市场	互连的缺乏引起了对供应安全性的担心	在限制性的第三方准入下促进新液化天然气接收站的建设
新加坡下游市场	自由化的市场，但却是分割的基础设施	下游市场能准入特定管道天然气供应的不确定性	管道天然气中止和中游第三方准入

资料来源：Vivid Economics。

本国既有管制架构对政策选择同样具有影响。管制历史能够影响设施利用程度、新进入者活跃程度和私有合同的形式。私营部门发现和发展经济的机会能力是由该国家管制体系和基础设施演变方式决定的。在北海油气开发的早期几年中，大型公司从政府获得许可证，并独立投资开发油气田。在过去二十年，由于收益率下降，这些油气田投资回报率下降，大型公司兴趣下降。但是它们拥有的已折旧资产可以让小企业开发小规模油田并向大公司支付使用其资产的费用。因此，20世纪60年代到20世纪90年代的英国的管制体制造就了今天的机会。在日本，尽管表面上LNG接收站是开放准入的，但监管机构选择采用通过协商实现第三方准入的方式，而没有采用强制性第三方准入措施。这种方式使设施所有者具有很强的谈判地位。这种方式再加上下游缺乏竞争共同促使供应商和中游设施所有者签订长期供应协议。由于缺乏可靠的准入制度，为了把握和利用下游环节商业机会，新进入者通常新建LNG接收站。

（三）案例研究1——英国北海：协商性第三方准入框架

英国北海油气田使用权的经验，体现了接入中游基础设施的制度安排。该制度设计侧重于由政府出面建立管制框架，允许竞争者接入北海油气田的早期开发者所修建的管道。

从中可以汲取的主要经验包括以下几点。

实行明确规则的自由化市场能鼓励新投资。北海油气田产量不断下降，成本越来越高。然而，专攻产量递减型油气田的新企业，能够进入这个自由化市场，这也为资产所有者带来了新的业务，并且为政府创造了更多税收。

一定程度上，优惠条件更倾向于资产使用者，而不是资产所有者。作为北海油气田过去的勘探和开采活动遗留下来的设施，中游资产已然存在，并且面临着日益下降的利用率，所以，寻求接入的新用户更有能力讨价还价，因为客户很少，资产所有者没有什么选择余地。此外，通过鼓励准入，与资源开发有关的油气生产税收入提高，也让政府获益匪浅。

中游资产所有者与用户之间的利益大体一致，双方之间就提供接入服务达成自愿协议是切实可行的。英国实施了分级准入管制框架。鼓励双方达成自愿协议，并规定明确的争议解决规则，或者，如果无法达成自愿协议的话，则从根本上确定一个法律框架。这个制度非常有效，许多当事人都达成了自愿协议，因为它们的利益大体一致，并且有明确且可信的规则。

中国目前面临的天然气市场环境，不同于北海油气田案例的背景。中国的天然气市场正在迅速增长，而北海油气田的产量却在走下坡路。因此，英国的资产所有者所感受到的经济压力——这是协商性第三方准入，特别是接入利用率日益下降的现有设施的基础——不会在中国成为主流趋势，相反，中国的中游设施容量有限，这抬高了资产所有者的议价筹码。尽管如此，北海油气田的经验证明，可信的管制框架有助于达成协议，避免争议。

1.背景

20世纪60年代中期至80年代，英国的天然气勘探和开采监管制度的主要特征，是自由化和日益激烈的市场竞争。当政府发放第一批许可证时，大型公司纷纷选择以独立设施的形式，开发石油和天然气田。通常，油气田所有者建造了上游管道和海上处理设施，用以处理和运输从特定石油和天然气田产出的石油和天然气。然而，从那以后，因为这些油气田的采收率和投资回报不断下降，大企业对开发剩余资源的兴趣越来越小。

随着管道和接收站出现闲置容量，机会来了。折余管道资产的存在，为小规模市场参与者进入这个行业，开采小型油气田创造了条件——它们可以向大公司支付费用，使用其资产将石油和天然气输送至大陆。自由化下游市场意味着，只要它们能接入中游资产，小型油气田开发者就有现成的市场可去。基础设施所有者也能从中受益，因为通过向新用户授予第三方准入权，以及递延关停这些资产的成本，它们能获得更多收入。在增加就业、最大限度地提高北海石油和天然气资源的采收率，以及持续的油气生产税收入等方面，政府也看到了机会。

1996年《燃气管网准则》确立了第三方准入的规章和手续，并引入了一套旨在确保日常均衡的制度，而1998年《石油法》则围绕上游勘探和开采做出了规定。到21世纪初，天然气市场已经完成自由化，2002年成立的英国国家电网公司则是英国天然气和电力市场上完全独立的输送系统所有者和经营者。

然而，法律框架本身存在不足，这为基础设施所有者与用户之间发生商业争议埋下了隐患。20世纪90年代期间，有人担心，较之于开发小规模油气田的成本和风险，基础设施接入费用过于高昂。这引发了关于管道准入的新一轮谈判。立法和监管方面的转变，为基于规则的框架提供了法定依据，包括有助于协调工作和达成共同期望的争议仲裁程序。

2.协商性第三方准入框架

与政府合作，天然气行业试图为第三方准入建立自愿框架。1996年颁布了行业首部《海上实务守则》。它旨在为寻求、提供和协商第三方接入北海地区的天然气基础设施，建立一套适时的流程。它也试图确保第三方准入既简便又公平，并在协商性非歧视基础上，提供了相应的条款。

2004年，市场参与者就一部强化法规，即《基础设施实务守则》，达成了一致意见。这部法规规定了就基础设施准入进行谈判时的最佳做法和预期行为。据行业组织"英国石油与天然气"透露，这部法规的目的是"通过适时以回报体现了所承担风险的公平、合理的条款，达成管道准入协议，促进利用基础设施来开发剩余UKCS[英国大陆架]储量。"其主要准则包括：

——当事人应维持基础设施安全、完整，并且保护环境。

——当事人应遵守《商业实务守则》。

——当事人应在协商之前及协商过程中，向对方提供有意义的信息。

——当事人应及时地为协商性第三方准入给予支持。

——当事人应承诺，如有需要，通过让英国负责能源的国务大臣参与其中的"自动呈交通知"流程，解决争议。

——当事人应解决利益冲突问题。

——基础设施所有者应提供透明的、非歧视性接入服务。

——如果可行的话，基础设施所有者应按要求提供单独服务项的费用和条款。

——当事人应试图就回报体现了所承担风险的公平、合理的费用和条款达成一致意见。

——当事人应公布协议的主要商业条款。

符合2011年《能源法》规定的第三方准入条款范围的基础设施的企业，必须首先向资产所有者提出申请。然而，如果没有达成协议的切实可能性，那么，《能源法》也允许国务大臣主动采取行动，并规定有关条款。如果当事人无法就令人满意的条款和条件达成一致意见，那么，潜在用户可以向国务大臣提出请求，以解决争议。国务大臣可以要求强制接入管道。大多数情况下，这些条款将与基础设施所有者在竞争性环境中提供的条款相一致。法律规定应向当事人发出适当通知，以执行这些条款。虽然存在争议解决程序，并且国务大臣可以通过干预进行裁定，但从根本上讲，第三方准入框架本身是具有强制力的，并且很少造成争议。

这个框架取得成功的一个关键要素，是它就费用及多种不同的其他条款，向利益相关者给予了指导，从而降低了商业风险。在责任、透明度和技术标准等方面，协议条款往往十分具体。所涵盖的条款往往包括：

——如有必要，改造基础设施的基础。

——服务期限。

——确定当天然气在基础设施所有者的设施内时，哪一方拥有所有权并承担了相应的风险。

——容量条款及所有者改变容量条款的能力。

——为提供该项服务而收取的费用。

——双方终止协议的权利。

——人身和财产损害和损失，以及污染等方面的责任。

在管制框架内确定准入条款时，资产所有者和用户两方面的因素都必须考虑在内。竞争及其他市场力量、用户的支付能力，以及合同灵活性等，都是在协商准入条款时要考虑的重要因素（参见图4.4.12）。

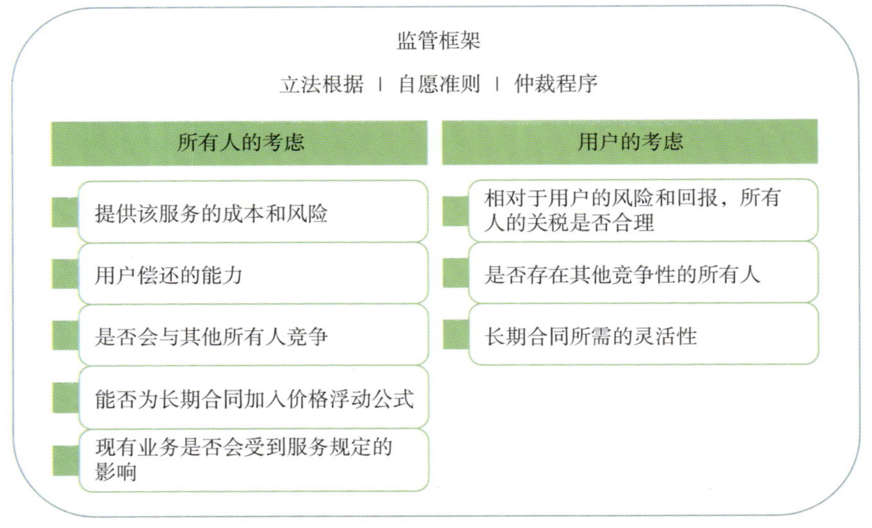

图4.4.12：监管框架分析

资料来源：Vivid Economics，依据对壳牌公司代表的采访。

协商第三方准入时，所有者和用户都拥有一定的灵活性。譬如，在同意提供接入服务时，基础设施所有者可以在其系统中为承销商保留一定容量。承销商得以确信，在正常运行可用度条件下，能够获得所需容量，基础设施所有者不会将预留的容量出售给其他人。反过来，基础设施所有者将希望减少用户预订容量超出其所需的风险，譬如，通过照付不议条款——这个条款确保了不论所预留容量使用了多少，都要支付最低费用。在诸如北海油气田等产量递减型油气田，往往是按运营成本加风险溢价，来确定准入条款。这与新开发油气田所采用的方法形成了鲜明对比，后者包含了运营成本以及投资成本回收。

（四）案例研究2——日本和新加坡LNG：国家力量与寡头垄断的影响

新加坡和日本在开发和管制中游基础设施方面有着截然相反的经验，特别在LNG再气化接收站方面（表4.4.2）。但两个国家的经验都突出表明，对于中游基础设施的准入和投资的平衡需要贯穿整条产业链，并考虑市场结构的影响。

表4.4.2　　新加坡和日本的不同市场特征导致了不同的LNG管理制度

影响因素	新加坡	日本
行业组织	中游与下游资产相分离	纵向一体化的供应链
下游市场	已实现自由化，但管道天然气市场暂缓推进自由化	因缺乏地理整合而处于垄断状态
运输和商业活动	功能性松绑	未强制要求功能性松绑
中游资产所有权	国有企业（接收站）	私营
准入机制	第三方准入	双边准入安排，但没有可信的执行力度
支持机制	基于规则的框架和仲裁	对新建接收站放松管制

1.新加坡LNG：国家力量介入基设建设的影响

新加坡国内没有天然气资源，只能依靠进口。21世纪前10年，新加坡的天然气消耗量迅速增长，从2000年到2010年，其消耗量从13亿立方米增至87亿立方米。

21世纪初，新加坡天然气市场的特征包括，以新加坡能源集团和胜科集团为首，整个产业链以公有制为主体，商品和运输活动有限或未松绑，严格管制电价，以及一般通过管道从马来西亚和印度尼西亚进口天然气等。2004年，新加坡开始逐步推进市场化，这形成了具有竞争性的中游和下游天然气市场，包括强制性开放管网准入、大量以私营企业为主的市场参与者、松绑了商品和运输活动，以及委托独立能源管制机构能源市场管理局进行监管等（参见图4.4.13）。政府的职责仅限于确保基础设施的公平准入。

2006年，新加坡政府决定开发一座LNG再气化接收站，以在现有的管道天然气之外，丰富供应渠道，从而增强能源安全。然而，实现能源安全方面的政策目标，并不符合新加坡已实现自由化的竞争性批发和零售市场。新加坡国内天然气市场运转良好，管道天然气供应充足，因此，尽管LNG再气化接收站能增强能源安全，但其市场需求很小。

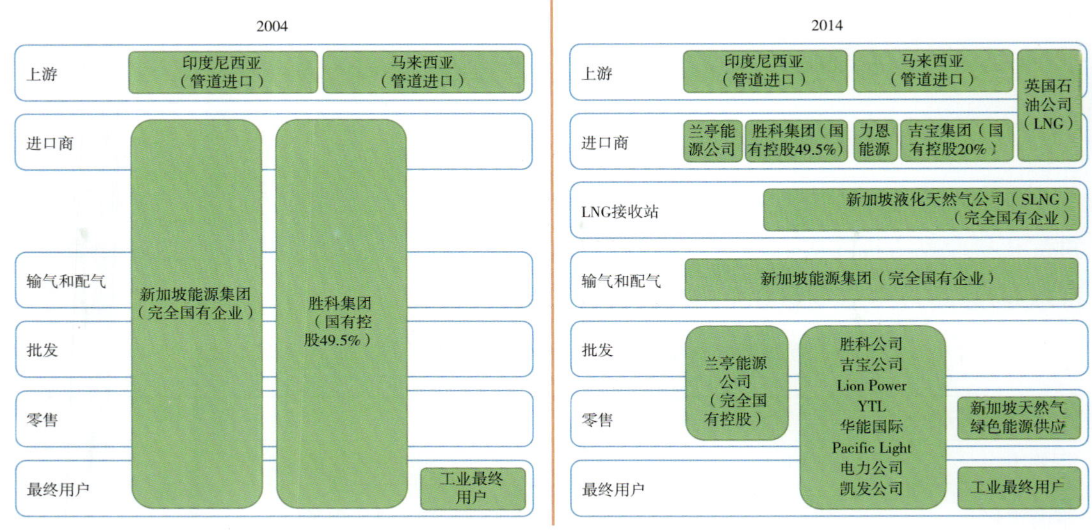

图4.4.13：过去10年，新加坡已实现天然气市场化

最初，新加坡向PowerGas和GDF Suez组成的私营联合体授予了许可，以做出必要的投资，但2009年，由于资金短缺，这个安排以失败告终。虽然这个问题与2008年全球经济危机不无关系，但它也反映了下游市场的竞争性质，这动摇了LNG再气化接收站的潜在客户的决心。率先改用价格更高而又未经测试的渠道的风险，超出了丰富供应渠道带来的益处，这削弱了能源企业和最终用户改变供应渠道的积极性。

2009年，新加坡宣布，其将接管LNG接收站的开发和所有权。新加坡成立了新加坡液化天然气公司，以开发和运营LNG接收站。这座设施已于2013年投入运行，并由能源市场管理局监管。它通过第三方准入安排，提供了开放准入，这种安排的基础是基于规则的管制框架，包括争议解决规程，以及刻意保持这座基础设施的公有制性质，以使之区别于商业运作。

新加坡政府和能源市场管理局建立的管制框架旨在确保公平、透明地接入中游基础设施，同时降低投资风险。它由三个主要要素构成：

——集合商：指定私营企业英国天然气集团（BG）作为天然气集合商，以确保安全供应。通过将大用户的需求汇集起来，新加坡最大限度地提高了其在全球市场上的谈判能力，确保了价格上有竞争力的供应。

——框架：英国天然气集团（BG）与新加坡液化天然气公司之间商定的接收站准入规则，为其他寻求接入的第三方提供了商业框架，并且促使能源企业加大前瞻性规划力度。

——支持：新加坡为任何致力于实现LNG供应的发电企业提供了一份采购协议，并且实行了能让企业接受LNG成本的费率结构。

这座接收站的处理容量是新加坡天然气消耗量的三倍之多。虽然刚开始投入运行时的年产能仅为300万吨，但2014年投运的第三个储罐使其产能翻了一番，增至600万吨。第四个储罐将于2017年投运，届时，总产能将增至900万吨。这座接收站最终可以容纳7个储罐，总产能将达到1500万吨。

由于规划产能超出了国内需求，新加坡也力图保障LNG的下游需求。为此，2006年，新加坡开始对新的管道进口实行管制。这些管制措施允许履行现有合同，但新的合同须经能源市场管理局批准。这个决策让新加坡偏离了自由市场之路，令新加坡天然气市场的走向陷入了极大的不确定性。虽然可能解除对新的管道进口的禁令，但新加坡是否会继续限制管道天然气与LNG之间的直接竞争，前景依然不明朗。

从新加坡开发和管制其中游LNG基础设施的经历，可以汲取的主要经验教训包括：

当通过投资来实现政策目标时，可能给市场带来挑战。新加坡国内天然气市场运转良好，管道天然气供应充足，因此，尽管LNG接收站能增强能源安全，但其市场需求很小。

要实现政策目标，需要进行管制。由于市场不会提供投资，政府必须介入并自行投资于LNG接收站。与此同时，新加坡也力图通过限制新的管道进口，来保障LNG的下游需求。然而，承认市场力量的高效，新加坡将接收站作为多用户接入接收站来运营，以实现进口商之间在下游的竞争。

管制机构在设置准入的商业框架方面发挥了重要作用。尽管开放准入接收站存在不确定性，如可用对接时间和容量，但明确且可信的准入条款允许私营企业制定长期计划。

2. 日本LNG：寡头垄断对第三方准入的阻碍

日本的天然气大部分靠进口，且全部进口LNG。日本有30座已投入运行的LNG接收站，年总产能高达1.72亿吨，远远超出国内需求。然而，泊位、船只大小及其他基础设施局限性等，依然限制着日本的LNG接收量。目前还有5座接收站正在建设中，预计将于2016年投产，这将增加至少700万吨产能。

大多数LNG接收站都建在东京、大阪和名古屋周围的人口聚居中心和制造业枢纽附近（参见图4.4.14）。地方电力公司单独或与天然气公司合伙拥有这些接收站，地方电力公司也是日本的大多数LNG运输船队的所有者。

图4.4.14：日本的LNG设施坐落于大城市和制造业枢纽附近

资料来源：国际能源署。

日本的能源基础非常独特，这使得中游资产尤为重要。日本国内不出产天然气，其他国内能源资源也较为贫乏。

日本也没有发达的或一体化的国内天然气长输管网，这在一定程度上是由于崇山峻岭的地理环境限制了对输气管网的开发。相反，遍布海岸线的LNG再气化接收站是输气管网不可或缺的组成部分。然而，这样的条件在下游市场形成了各自为政的区域垄断局面。纵向一体化的私营天然气和电力公司拥有并运营着国内的输气和配气基础设施，包括LNG接收站。天然气市场基本不存在竞争，4家公司供应着70%以上的天然气，并且几乎所有LNG接收站都属于少数几家公司所有，没有实际的第三方接入。

1999年，在美日两国之间的经济合作协议《美日第三次放松管制和竞争政策增强行动计划联合报告》，讨论了LNG基础设施开放准入的问题。为此，2003年，日本政府修订了《天然气事业法》，并引入了开放准入机制，责成天然气公司确定协商性准入的前提条件。此外，发布了与LNG储罐及设施的容量信息有关的进一步的透明度要求。这些转变旨在指引基础设施用户，但其力度还不够：第三方接入接收站被措述为“有吸引力的”，而LNG接收站却未被分类为“基本设施”。这样一来，虽然存在准入机制，但管制框架未能促进简便的接入。用户面临着漫长的申请流程，其时间安排、灵活性和费率都不明确，并且没有仲裁或争议解决规程。

自实行改变以来，还没有任何企业有效地协商了第三方准入。在位企业成功地据理反对了第三方准入，声称强制性第三方准入可能抑制对天然气基础设施的投资，妨碍能源安全，就像在新加坡那样。为此，监管机构更倾向于促进投资，而不是准入。缺乏下游竞争也导致LNG承销商和LNG接收站所有者签订长期供应合同，这使得竞争者更难以进入市场。

日本的天然气市场自由化进程收效甚微。日本为市场自由化设立了规则，如面向非民用领域的零售价格自由化和第三方准入规则。然而，天然气市场改革却是东一榔头西一棒子。并未通过强制松绑或其他旨在加强下游零售市场竞争的措施，来补充第三方准入规则。要实现市场自由化，必须全面推进改革：虽然有效的第三方准入能促进竞争，但缺乏下游竞争却阻碍了实际的第三方接入。

能源安全始终是政策的首要要务。不同于那些能源基础更有利的国家，如能源安全程度更高，并且能够建设全国性输气管网的中国，日本的管制制度不能汲汲于降低成本。

从日本开发和管制其中游LNG基础设施的经历，可以汲取的主要经验教训包括：

日本的能源基础非常独特，这使得中游资产尤为重要。日本国内不出产天然气，其他国内能源资源也较为贫乏，另一方面，崇山峻岭的地理环境限制了对全国性输气管网的开发。因此，能源安全是重中之重，LNG接收站沿海岸线提供了接入点，起到了输气管网的作用。

日本经历了对中游资产的大规模投资。日本投资建设了大量LNG接收站，从能源安全和地理环境两个方面而言，这样做都是合理的。在位企业成功地据理反对了第三方准入，声称强制性第三方准入可能抑制对天然气基础设施的投资，妨碍能源安全，就像在新加坡那样。为此，监管机构更倾向于促进投资，而不是准入。

日本的天然气市场化进程收效甚微。日本为市场化设立了规则，如面向非民用领域的零售价格自由化和第三方准入规则。然而事实上，天然气市场基本不存在竞争，4家公司供应着70%以上的天然气，并且几乎所有LNG接收站都属于少数几家公司所有，没有实际的第三方接入。

市场化的失败证明了在整个产业链上进行管制的重要性。日本的天然气市场改革可以说是“东一榔头西一棒子”，并未通过强制松绑或其他旨在加强下游零售市场竞争的措施，来补充第三方准入规则。要实现市场自由化，必须全面推进改革：虽然有效的第三方准入能促进竞争，但缺乏下游竞争却阻碍了实际的第三方接入。

（五）案例研究3——美国：业主有限合伙制

在美国，一种被称为“业主有限合伙制”的独特公司结构，允许将中游资产的所有权重新分配给承担着相应风险组合的所有者。这种公司结构有助于将中游资产的所有权，从专注于高风险、高回报业务，如石油和天然气勘探和开采业务的公司，转移至寻求低风险、低回报资产的公司，如养老金基金。虽然这个案例研究侧重于输油管道，但一般而言，其研究结论也符合中游基础设施的情况。

从美国的业主有限合伙制汲取的主要经验教训包括：

中游资产是低风险、低回报的资产，可以吸引高额投资。一经建成，诸如管道等中游资产的业务模式相对简单，特别是在需求旺盛且实行强制性收费的市场上，如美国。该等资产对满足于低风险资产和稳定收益的投资者颇具吸引力，如养老金基金。

资本流动性越强，资本分配越合理。许多中游资产都是由那些更愿意承担高风险以换取高回报的公司建设的，如拥有上游资产的国内和国际石油公司，以用于将天然气从井口输送给消费者。然而，这些公司专门从事高风险、高回报的投资。诸如业主有限合伙制等机制让这些公司得以将中游资产出售给承担着更适当风险组合的投资者，并进而将所得收益投资于更符合其自身的风险-回报组合的新资产。

税务效能对于吸引投资者兴趣很重要。业主有限合伙制是一种特殊的企业实体形式，它无需向美国联邦政府纳税。允许将中游资产组建成业主有限合伙制企业的做法，降低了纳税负担，提高了回报，从而增加了投资者兴趣。

管制能带来明晰性和确定性，进一步提高资本流动性。除公司结构之外，美国的业主有限合伙制企业也受益于明晰、可信、稳定的管制制度，这在不那么熟悉能源行业的投资者中树立了信心。强制性准入收费、订立长期合同的传统以及稳定的管制和税收制度，帮助降低了投资风险，吸引了新的资本。

1.美国天然气市场化背景

美国是世界上最大的石油消耗国。过去几年，美国国内的原油产量有所增加，扭转了自1986年以来的下滑趋势。据国际能源署称，原油产量已从2008年的500万桶/天，增至2011年的略低于570万桶/天和2012年的650万桶/天。石油产量的增加，主要得益于新的地震监测和水平钻井技术，以及水力压裂技术，为开采过去被视为不可开采的国内资源创造了条件。

管道是最常见的原油和炼油产品输送方式。总体而言，美国有2338家公司运营着超过275000公里原油集输和分配管道。仅最大的10家运营商就运营着近9万公里的管道。2011年，这个庞大的管网在各区域间输送的原油量高达5.143亿桶/天。墨西哥湾沿岸地区的管道最为密集，这里的炼油产能也占了美国的半壁江山。

由于管道运营的资本密集性质，许多公司都寻求将这些设施组建成业主有限合伙制企业——一种作为合伙企业进行纳税的公开上市企业。与公司不同，在美国，合伙企业被分类为让渡型实体，无需缴纳联邦所得税。相反，合伙人按其所分配的合伙份额缴税。这种结构有两个主要优点，一方面，仅在联邦所得税这一单一层面征税，即，单独对每一位合伙人的总收入课税。业主有限合伙制企业不缴纳公司税；另一方面，相比于作为公司纳税，优惠税收待遇允许业主有限合伙制企业获得成本更低的资金。这些优点使得业主有限合伙制对资本密集型管道基础设施输送企业尤具吸引力。

2.基础设施所有者得到的益处

这种结构的一个例子，是壳牌中游合伙人（Shell Midstream Partners）——一家拥有陆上和海上石油基础设施的业主有限合伙制企业。其所拥有的4条管道中有3条服务于墨西哥湾沿岸地区，而第四条管道则通往北海油田（参见图4.4.15）。

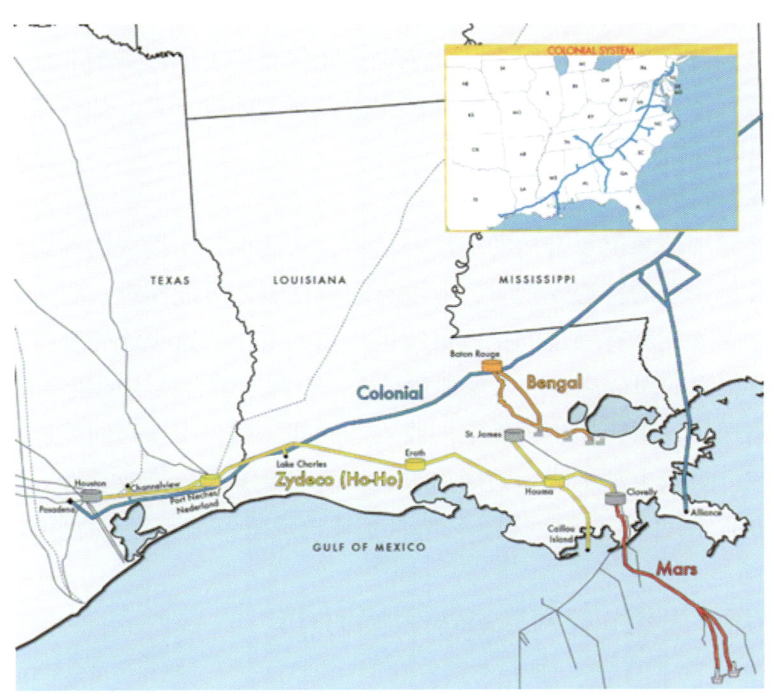

图4.4.15：壳牌中游合伙人持有4条主要管道的权益

对于基础设施所有者，这种公司结构的一个特殊优点，是企业仍然保有对管道的控制权。不同于公开上市企业的股东，单位持有人——即持有业主有限合伙制企业股份的投资者——无权选举普通合伙人或任何董事。相反，他们将获得与其所有者权益相符的收入，而合伙企业本身则由董事会和普通合伙人指定的高级管理者进行管理，在本例中，即为壳牌管道公司（Shell Pipeline Company LP）——壳牌的关联公司。业务组合中的不同管道的所有者权益分配不尽相同（参见表4.7）。

表4.4.3　　壳牌中游合伙人的所有者权益分配

实体	中游合伙企业所有者权益（%）	SPLC保留的所有者权益（%）	长度（km）	能力（kbpd）
齐德科（Ho-Ho石油管道）	43.0	57.0	563	375
马尔斯	28.6	42.9	262	400
本格尔	49.0	1.0	254	515
科洛尼尔	1.6	14.5	8851	2500

注：SPLC是壳牌管道公司有限合伙人；kpdb是千桶/天；所有者权益不得增至100%。

通过为壳牌中游合伙人发行首次公开募股，壳牌得以盘活资本，用以投资于产业链的其他地方，并优化其风险组合。此举也让壳牌剥离了低回报的非核心资产，从而能更加专注于其他业务。与此同时，壳牌中游合伙人的投资者，如养老金基金，则是被其较低的风险-回报组合所吸引。

3.管制框架的重要性

管制框架详细地规定了合适的资产和活动，从而保证了投资的确定性。仅当管制当局确立了合伙企业的待遇规则时，业主有限合伙制才可能实现：收入和资产的资格认定规则，让壳牌能够有一定的把握继续进一步的工作。这也让壳牌得以向投资者提供稳定的、可预测的现金流。准入规则意味着，壳牌中游合伙人的资产在基于FERC的费率和长期输送协议下，产生了稳定的收入。此外，照付不议合同能避免不断变化的市场行情造成产量减少和影响承销商需求，从而降低了现金流波动性。最后，租赁期协议——其中部分提供了保证回报——降低了输送量减少对现金流的影响。

三、中游市场：天然气管网等基础设施的分拆

中游基础设施分拆是天然气市场化进程和促进天然气市场竞争的关键一步。本文

在天然气市场化的背景下分析了分拆的作用以及分拆的相关目标，并通过对英国、欧盟和日本的案例研究比较了五个拆解模式。这些案例研究为中国未来的拆解工作提供了一些经验和见解。

历史上，天然气市场是被涉足整个价值链不同环节的大型纵向一体化公司所主宰的。纵向一体化的天然气管道所有者大力推行反竞争行为，就第三方天然气运输商利用中游基础设施向其收取高额费用，以保护自身的生产或零售业务的利润。分拆中游基础设施主要是将中游的资产业务与上游和下游的资产业务分离，以避免反竞争行为扭曲上游和下游市场。虽然储存设施和液化天然气接收站的分拆也是必要的，中游要分拆的最重要的资产是管道。

完全所有权分拆是最彻底的分拆形式，与之相对应的是有些分拆模式旨在去除反竞争行为促进因素，而不进行所有权分拆。譬如，如果一家纵向一体化能源公司从事上游、输气以及零售业务，但是法律规定能有效防止其以有利于己方上游或下游业务的方式运营其中游资产，在这种情况下纵向一体化没有对高效市场运营造成威胁。

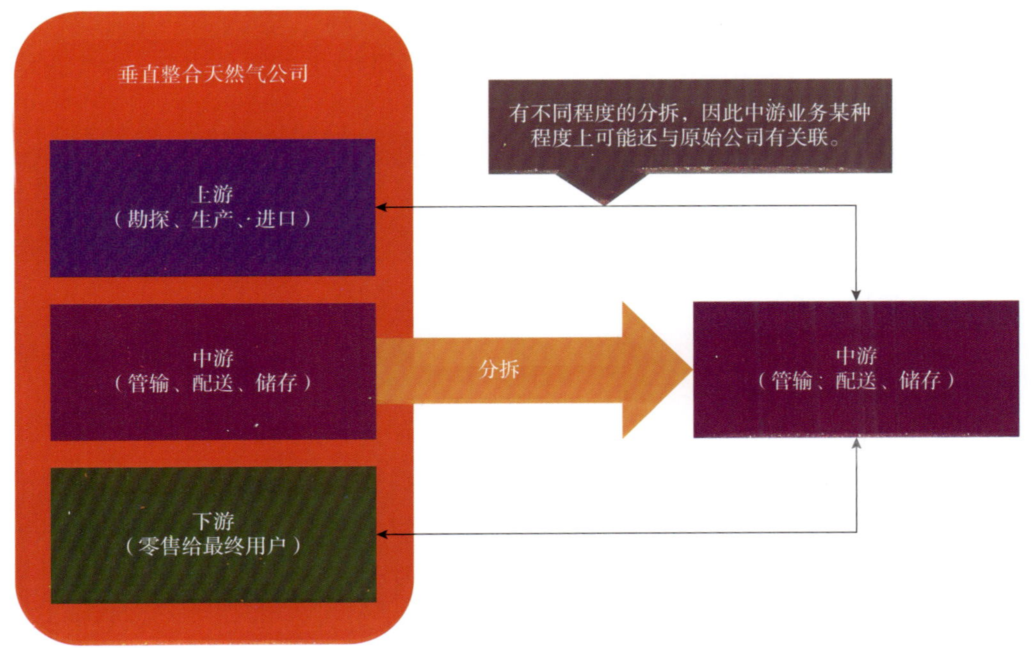

图4.4.16：分拆是将中游业务与上游和下游业务独立开来

分拆是天然气市场自由化的关键一步，也是旨在实现中游基础设施开放准入努力的一部分，特别是有着更明显天然垄断特点的天然气管道。第三方准入规定可克服天然垄断的管道所有者通过收取高额费用最大化自身利润但降低管道利用率的问题。而分拆规定解决了纵向一体化管道所有者通过施惠于纵向一体化合作伙伴并排除第三方来获取垄断利润的问题。

即使规定了中游资产第三方准入，仍有可能发生纵向一体化公司滥用市场支配地位的情况，比如在管道可用容量和价格方面缺乏透明度或者针对第三方进行繁杂的合同和技术调查。这种反竞争行为可通过针对第三方准入准则制定严格实施细则来克服，而许多监管机构则将通过分拆消除这种行为的动因视作解决方案之一。分拆本身并非目的所在，而是确保第三方准入真正有效的手段。分拆做法成功与否应这样来衡量：旨在支持打造具有竞争性的高效天然气市场的开放准入改革最终是否收到成效。

（一）分拆模式分析

——英国、欧盟和日本三国的案例向我们展示了五种分拆模式。它们分别是：

——服务分拆：相关企业必须将其中游资产作为独立服务与天然气批发业务分开。

——账户分拆：中游业务的账户必须与上游和下游业务的账户分开，以防止发生交叉补贴和扭曲的商业行为。

法律分拆：中游资产变身独立的法律实体，比如全资子公司，以强化纵向一体化公司中游业务与其他业务的运营独立。

结构分拆：针对中游业务如何运营制定了严格的法律规定，以确保其支持天然气市场的有效运作，而不是让相关上游和下游业务从中受益。

所有权分拆：拥有中游资产的法律实体不在上游或下游业务中享有利益，使它们的经济激励因素完全独立开来。

这些模式各有不同，但职能分拆则贯穿其中。职能分拆的具体规定各不相同。它们可能包括指定独立的管理层、地点、辅助单位和徽标，禁止共享信息和施加额外的合规和报告要求等。职能分拆是任何分拆过程的关键环节。譬如，一家与相关上游或下游业务共享管理层或办公室的公司法律分拆中游业务，可能表现不及仍为纵向一体化公司一部分、但是拥有独立员工和管理层的中游业务。

每种分拆模式都有不同的目的，而从服务分拆到所有权分拆则遵循一定的顺序性变化（参见表4.4.4）。

表4.4.4 五种分拆模式带来的运营变化

模式	变化	目的	与以前变化的相关性
服务分拆	中游服务（主要是管道服务）必须作为独立服务与天然气批发业务隔离开来	如果天然气运输服务不与批发业务独立开来，那么就会出现反竞争行为，因为天然气供应商没法不通过管道所有者向用户销售天然气	不适用
账户分拆	中游业务运营的营收和成本必须与上游或下游业务分离开来	旨在防止中游业务惠及相关上游或下游业务或获得交叉补贴	如果中游服务不作为拥有独立费率的独立服务，不得拥有独立的账户
法律分拆	中游业务成为独立的法律实体，但是仍然在纵向一体化企业内，比如作为全资子公司	子公司作为法人承担法律义务。通过独立的法律实体实现更好的管理分离	独立的法律实体必须管理独立的账户并提供独立的服务
结构分拆	中游业务制定决策有效地将其经济激励因素与上游或下游业务的经济激励因素分隔开	将中游业务的经济激励因素与相关上游或下游的经济激励因素分隔开，能通过去除反竞争动因，支持取得有效的市场成果	中游业务必须是独立的法律实体，遵守既定规程，承担义务
所有权分拆	中游业务从纵向一体化企业中分离出来，并转移到拥有独立所有权的实体中	完全所有权分拆是将中游业务与相关上游和下游的利益进行分离的最有力方式	对于独立所有的公司而言，其必须是独立的法律实体，拥有独立的账户，提供独立服务

注：结构分拆包含欧盟第三次天然气改革方案中提及的独立输气运营商模式。

资料来源：Vivid Economics，基于Gao。

（二）国际经验对我国天然气中游资产分拆的重要启示

我们通过分析国际上的天然气中游资产分拆经验，得出了三点重要的启示，这有助于中国相关政策制定。

强行推行完全所有权分拆并非必要。在本节所分析的案例中，只有英国和荷兰采用了完全所有权分拆方式，法国和德国认为结构分拆并非不及完全所有权分拆，而最新的欧盟天然气指令也将强力监管之下的分拆选项确定为结构分拆。美国的经验表明，没有强制性的所有权分拆也可支持打造竞争性天然气市场，其前提条件是输气公司的运营遵守严格的规定（参见图4.4.17）。但同时也应该注意，任何不及结构分拆的措施可能不足以实现天然气市场自由化。英国和日本的经验表明，仅仅服务分拆，其益处有限，而结合职能分拆的服务与账户分拆是具备最低可行性的分拆模式。但是，这种分拆模式组合应被视作进行更深入分拆的探路石，而非终点。欧盟的经验也表明，如果不进行更深入的结合职能分拆的结构分拆，仅仅法律分拆其作用也甚微。在选择分拆模式的时候，还要注重职能分拆的作用。简化的分拆流程可由三个步骤组成（图4.4.18），职能分拆在关键节点为这个流程提供支持。

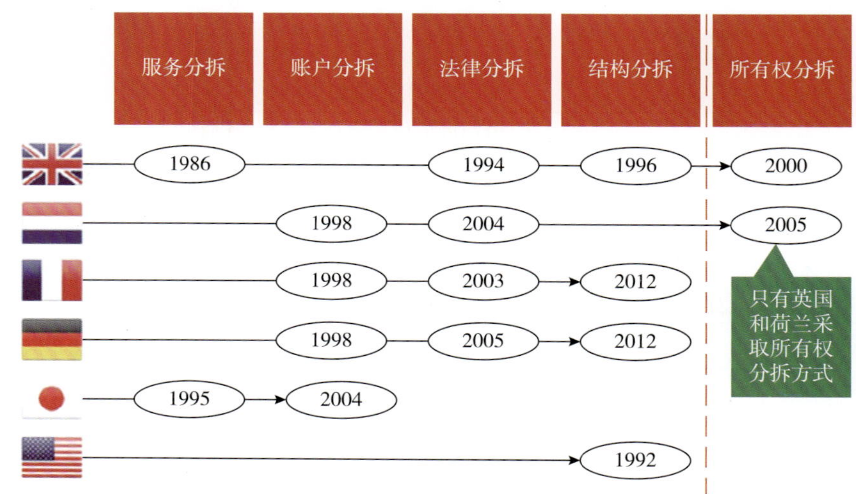

图4.4.17：分拆之路（最终的所有权分拆可能并不必要）

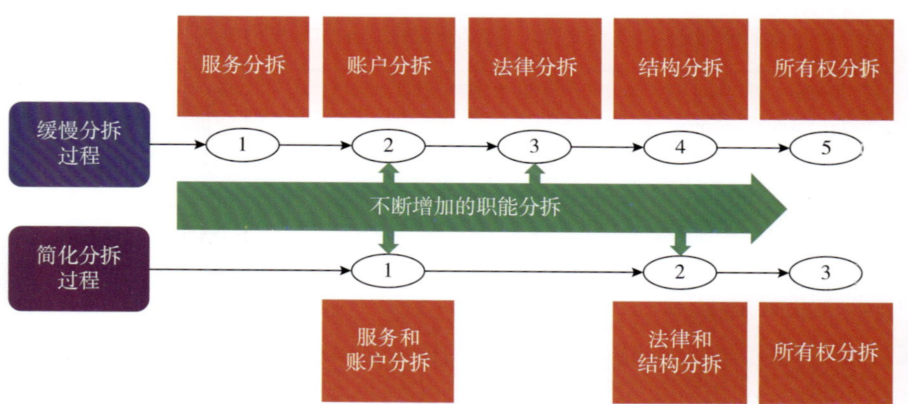

图 4.4.18：简化的分拆流程只需三个步骤

国内天然气生产可使分拆益处倍增。分拆的主要益处是开放上游业务竞争，并实现高效生产。在少有天然气资源并主要依赖进口的市场，分拆以及其他开放准入措施促进了天然气向市场的有效供应，但对上游业务影响有限。与此形成对比的是，在具有丰富天然气资源的国家，分拆以及其他开放准入措施通过加强下游批发和零售市场的准入，可促进国内天然气生产。的确，拥有更高国内天然气产量的国家也倾向于更早更全面的分拆（参见图4.4.19）。拥有北海天然气资源的荷兰和英国，寻求分拆的步伐比国内天然气储量有限的法国和德国等国更为迅速。拥有储量丰富且广泛分布的上游天然气资源的美国，则是分拆领域的全球领头羊，早在1992年就要求采取法律和其他结构分拆措施。国内天然气资源几乎可忽略不计的日本，只是试验性地进行分拆。这表明拥有丰富天然气资源的国家认为会从分拆中获取更多的经济效益——通过推动充满竞争和活力的上游领域并挖掘国内天然气生产的经济和能源安全效益——并且更愿意推行这些改革。

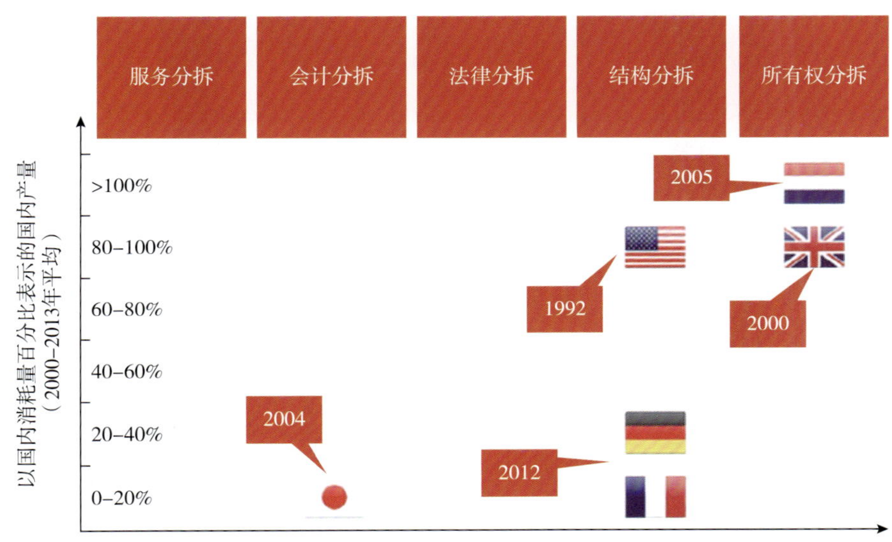

图4.4.19：拥有更高国内天然气产量的市场倾向于更早更全面的分拆

注：将美国1992年天然气改革描述为结构分拆是基于FERC第636号命令严格的非歧视、透明和容量释放规定，并辅以广泛的职能分拆措施。

资料来源：Vivid Economics，基于Gao和IEA。

（三）案例分析1——英国：曲折前进的分拆道路

尽管当今的英国可以作为天然气供应链完全分拆的典范，但是其具体过程却远远谈不上顺利。在现有市场结构于2000年大体确定之前，监管制度和规定反复修订和重审。分拆并未能始终与天然气市场自由化以及增强市场竞争举措同步。当20世纪90年代初期和中期天然气市场竞争加剧之后，英国天然气公司于2000年将其Transco子公司分拆为独立所有的Lattice集团，完全所有权分拆才得以实现。

当时，在英国的大部分天然气市场已经出现激烈竞争。英国天然气公司在根据

1995年《天然气法案》进行重大改组之前，已经失去大量市场份额。譬如，“天然气市场放开方案”迫使英国天然气公司提供天然气合同给竞争性供应商。另外一个因素是，英国天然气签订的许多北海气田合同的价格比市场价格要高，这给该公司的市场地位造成压力。

改革的第一阶段是以1986年《天然气法案》为标志。该法案将国家所有的British Gas Corp.私有化为British Gas plc，并对该公司的管输业务进行了一定形式的服务分拆。该法案允许大型天然气客户从任何授权供应商处购买天然气，并要求英国天然气允许这些供应商使用其输气管道。实际上，英国天然气被告知向寻求为大客户供应天然气的竞争对手提供独立的管输服务。然而，这种服务分拆没有得到账户或职能分拆的支持，最后证明在很大程度上是无效的。英国垄断和并购委员会在1988年发现英国天然气实施价格歧视，滥用其市场地位之后，要求该公司公布一般输气条款以支持管道准入，力图解决这一问题。然而，这一举措并未能取得很好成效。

英国公平交易办公室于1991年以及垄断与并购委员会于1993年相继进行审核后认为，为促进竞争有必要进行进一步分拆。公平交易办公室瞄准的是分拆之外的天然气市场其他结构化因素。此举导致英国天然气承诺根据“天然气市场放开战略”提供管道给竞争对手，这导致在1991年至1993年期间英国天然气在大型工业客户领域的市场份额骤减。正是这些规定，而非分拆建议，实质性推动了英国天然气公司市场份额的削减。

为了响应垄断与并购委员会1993年进行的批判性审核举动，英国天然气于1994年绕过账户分拆阶段，自愿直接进入法律分拆阶段。英国天然气成立了一家天然气运输和储存子公司Transco，并将该子公司与集团的贸易和销售业务活动隔离开来。尽管委员会建议进行完全所有权分拆，但是为了应对监管和商业压力，英国天然气的分拆只推进到法律分拆阶段。

1995年《天然气法案》要求Transco制定“天然气管网准则”，以管理全国输气系统，这有效构成了管网业务的结构分拆。1996年公布的“管网准则”，确定了输气管道第三方准入的规则和程序，并推出了日常平衡机制。该准则强化了天然气市场参与者接入管网，进一步支持市场竞争——即使Transco依然是英国天然气的子公司。

然而，随着英国天然气面临的竞争压力加剧，这种业务结构并没有持续下去。1995年《天然气法案》扩大了竞争范围，将最小的民用客户也囊括进来，并在1997年之前在整个英国实施完全的天然气零售竞争。随着在大型用户以及小型用户市场竞争的加剧，英国天然气传统北海上游合同的相对高价给公司的业务造成了重重压力。这种压力迫使英国天然气自愿剥离其贸易和销售业务。英国天然气分拆为两个实体：Centrica plc——持有销售和零售部门以及莫克姆湾上游资产，以及BG plc——继续持有中游机构Transco以及国内和全球上游资产。

这种结构分拆模式看起来是有效的，尽管Transco依然是大型上游企业BG的子公司。Transco对上游资产有一定的所有权，但遵照天然气管网准则其业务与BG保持分离。

完全所有权分拆的最后一步于2000年来到，当时BG分拆为BG集团和Lattice集团，Transco归属Lattice门下。这次分拆意味着Transco完全与所有上游和下游资产独立开来。后来的所有权变化是Lattice集团于2002年与英国电网运营商“国家电网”合并，并于2005年出售了部分本地配气网络。Transco初期拥有一些储气资产，后来被剥离给一家储气子公司，该子公司于2001年被私有化并被Centrica于2002年收购。

（四）案例分析2——欧盟：循序渐进的分拆道路与多元选择

欧盟的监管之路是不断朝向更大程度的分拆迈进，在这个过程中，欧盟自1998年之后出台了三个重要的监管方案。其中包括1998年的账户和职能分拆，2003年的法律分拆和2009年之后更详细的结构和所有权分拆。有些成员国能更迅速地遵守欧盟指令，其中有数个国家已经超越了欧盟法案的最低要求。

分拆效益的不同导致了欧盟成员国分拆方式的多样化，并出现了一种提供分拆选项菜单而非单一规定模式的欧盟管制方式。欧盟“第三天然气指令”就存在一些争议，并最终导致在结构分拆和所有权分拆这两种主要分拆模式之间达成政治和监管妥协。

欧盟成员国有赞成所有权分拆，也有反对所有权分拆的，这些持不同立场的国家的资源特征可以解释其不同的动机和关注点。譬如，国内拥有天然气资源的国家，比如英国和荷兰，是更积极的分拆支持者。分拆会给这些国家带来更大益处，促进天然气制造商之间的竞争。相反，在德国这样的国家，其国内天然气资源有限，全国性天然气公司拥有的主要资产就是输气管网，它们对待分拆的态度就颇有些迟疑。这些根本性区别可以部分解释对待分拆的不同监管态度。

欧盟“第一天然气指令”成功实现了账户分拆，但是对天然气市场的竞争好像没有产生实质性影响。该指令要求输气、配气和储气业务都要有独立的账户，以提升这些业务领域的透明度和促进竞争。2003年，欧盟委员会发布的一份基准报告表明，所有成员国都遵守了最低账户分拆要求，有几个国家进入到法律分拆或所有权分拆阶段。然而，该报告还指出，在许多成员国天然气市场的竞争前景要远逊于电力市场，尤其是德国。2001年前后，欧盟委员会认为第一套改革方案行之无效，需要进行进一步改革。

“第一天然气指令”存在的一个弱点是限制了用于支持账户分拆核心模式的职能分拆。尽管该指令包含了一些反对歧视性行为的规定，并针对输气提供商提出不得滥用来自第三方的商业敏感信息的一般性要求，但是它没有包含在输气与其他业务机构之间分隔信息和管理系统的详细、可执行规定。包括荷兰和爱尔兰在内的某些成员国，自愿采用职能分拆措施来分离输气业务的管理职能。其他成员国，比如奥地利、比利时、丹麦和意大利，更进一步，采用了法律分拆举措。与此同时，西班牙和英国采取了所有权分拆措施。然而，有些主要成员国，特别是法国和德国，只实施了最低账户分拆要求，在推进天然气市场竞争方面进展缓慢。

2003年采用的“第二天然气指令”，规定了输气业务的法律分拆，并辅之以职能分拆举措。该指令要求输气系统运营商“至少在法律形式、组织和决策上将输气业务与其他业务独立开来”。具体的职能分拆措施要求有完全独立的管理层、有效的独立决策权以及合规计划，以此来保持独立。欧盟成员国以不同的速度和不同的程度执行“第二天然气指令”。譬如，到2005年，荷兰已经实现完全所有权分拆，而德国只实施了法律分拆最低监管要求。

决策者和市场观察者很快得出结论，“第二天然气指令”对于促进天然气市场竞争同样效果不佳，并支持进行进一步改革。2007年的一份欧盟委员会报告指出，“天然气批发业务发展缓慢，老牌公司依然在其传统市场占据统治地位”。报告结论称，目前的分拆水平不足以“解决纵向一体化供应和管网业务的内在利益系统性冲突”。同年，IEA在对德国能源政策做出评估后得出结论称，法律分拆难起作用，交易商涉足输气业务限制了批发市场的流动性。2009年，IEA针对法国能源政策进行了类似评估，并指出GDF-Suez的统治地位，尤其是在天然气批发市场双边贸易领域的统治地位，限制了其他市场参与者在法国市场的供应能力。

早期的改革努力旨在强制进行所有权分拆。譬如，欧盟委员会在2007年指出，“完全所有权分拆是确保能源用户选择权和鼓励投资的最有效方式。”然而，包括法国和德国在内的9个成员国反对完全所有权分拆，它们认为这不会促进竞争或降低价格。它们指出，分拆大型纵向一体化能源公司将削弱它们在国际市场的议价能力（比如在和俄罗斯Gazprom这样强大的外部供应商进行交易时），这对消费者没有好处。

“第三天然气指令”的采用颇有争议，欧盟数个主要成员国反对强制进行所有权分拆。最后达成的妥协是：所有权分拆是一个理想模式，但是也允许成员国从两种备选结构分拆模式中进行选择。该指令将完全所有权分拆视为“以非歧视方式促进基础设施投资、推进市场新参与者公平使用天然气管网以及提升市场透明度的最有效工具。”它还认为两种可选结构分拆模式——独立输气运营商（ITO）模式与独立系统运营商（ISO）模式，“应能使纵向一体化公司愿意维持对管网资产的所有权，同时确保有效的利益分离，前提条件是有落实到位的全面监管控制机制。”

ISO和ITO模式是两种要求没有那么严格的分拆形式。与所有权分拆不同，成立ISO或ITO将使输气管道的所有权依然归纵向一体化公司所有。

欧盟成员国要么采用完全所有权分拆，要么采用ITO模式。英国、荷兰、丹麦和西班牙采用的是所有权分拆模式，并且是在“第三天然气指令”采用之前已经实施这种模式。其他国家则是采用ITO模式，并辅之以一系列职能分拆举措。到2014年年中，通过认证的输气运营商达到21家。

在2014年年中之前，没有国家推行ISO模式。ISO模式的核心要素是管道所有权依然归纵向一体化公司的子公司所有，但是系统运作和投资决策则由拥有独立所有权的独立法律实体做出。纵向一体化公司似乎并不看好要求它们支持完全独立实体进行投资的模式，而ITO模式允许投资决策由母公司以及监管机构联合做出。

所有权分拆以及ITO模式的选择，可反映出天然气市场不同的发展阶段。采用完全所有权分拆的国家更早开始改革进程，在分拆道路上走得更快。英国和荷兰等市场取得的进步，反映了其分拆工作的成熟，而不是所有权分拆相对于其他模式的优势。的确，成熟、有效的结构分拆模式足以支持和促进天然气价值链上游和下游领域的竞争。

（五）案例分析3——日本：市场特征对分拆改革的限制

日本的两次分拆尝试对其天然气市场的影响甚微，主要原因可能是因为日本市场的本质特征以及监管不力。分拆的益处之一是充满活力的上游市场，但是由于日本国内没有天然气资源，这种益处显得就没有什么吸引力。最低限度的管网互联进一步限制了通过立法促进竞争的可能性。总之，日本自1995年之后的分拆努力有限的情况，既是缺乏市场竞争的症状又是缺乏市场竞争的缘由。

日本于1995年开始实施分拆，推出了服务分拆举措。1995年改革要求日本三大天然气公司向寻求服务大型客户的竞争者提供管输服务，支持新兴的第三方准入机制。1999年，要求范围进一步扩大，涵盖了其他消费者。2000年，进一步推出职能分拆要求，要求公司将输气职能与其他业务独立开来。然而，该举措太过温和，不能实质性改变老牌天然气供应商的行为。2003年和2004年的第二波改革大潮推出了账户分拆，并辅之以新的更为严格的职能分拆要求。职能分拆举措要求有独立的办公地点、独立的职能部门和独立的决策，并禁止共享信息。之后的合规情况得到了改善，但并不均衡。

总体改革计划只取得了小小的成功，市场依然高度集中。2012年，三大纵向一体化能源公司共占市场份额70%左右。那些想使用输气管网的公司抱怨有准入障碍，而且准入要求模糊不清。尤其是，许多公司抱怨管网可用容量信息缺失，评估费用以及其他费用规定存在问题。

日本的经验表明账户和职能分拆可以带来益处，但是其价值受制于日本天然气市场的本质特点。服务和账户分拆，结合有意义的职能分拆，看起来是最低可行分拆模式，更是推行更高程度分拆的探路石。

（六）LNG接收站和储气设施等设备的分拆

通常情况下，对于LNG接收站和储气设施的分拆要求不如对输气管道那么严格，这表明这些设施面临竞争压力的可能性更大，同时这类基础设施相对较新。LNG再气化或储气设施滥用市场支配地位的可能性取决于类似服务提供商的数量以及他们之间的互联程度。在大多数市场，相较输气管道，LNG接收站和储气设施的数量会更多，这是因为其规模要小一些。此外，在一个盘根错节的市场，LNG接收站作为供应来源要互相竞争，更要与其他供应商进行竞争，其市场势力有限。同样，在一个多样化市场可能有多个储气供应商以及其他服务选项，比如管存、灵活的生产容量和需求缩减。

除非是在非常小或分散化的市场，否则LNG接收站和储气设施滥用市场支配地位的可能性非常有限。对于这些设施而言，分拆和第三方准入的要求也没有输气管道那么严格。譬如，日本仅要求LNG设施进行账户分拆，并且对储气设施没有任何要求。对于LNG再气化和储气设施，欧盟的分拆要求要比日本的高，这两类设施都要进行账户分拆。此外，储气运营商不得被纳入纵向一体化天然气公司的结构之中，这等于施加了额外的职能分拆要求。

欧洲的许多LNG和储气设施超越了最低的账户分拆监管要求，而是采用法律分拆或所有权分拆。在某些案例中，特别是对LNG接收站，因合资等实际原因采取了法律分拆模式。所有权分拆则是出现在这种情况下：当输气资产面临分拆要求时，由于储气设施或LNG接收站由输气设施所有者持有，它们在默认情况下会与上游和下游业务分拆。在其他情况下，是通过成立全资子公司自愿进行法律分拆，抢先满足分拆要求或其他限制纵向一体化的规定。最终，全新LNG接收站如果已进行分拆，将免于遵守第三方要求。

LNG和储气设施分拆水平示例呈现了多种不同的分拆方式（参见表4.4.5）。总之，经验表明在欧洲市场LNG或储气设施准入不是监管关注的主要问题，这些设施的法律分拆是正常商业行为之上的强加要求。

表4.4.5　　许多欧洲LNG接收站和储气设施自愿进行分拆

设施	国家	所有者状态	分拆模式	所有者	运营实体
Dragon LNG接收站	英国	上游	法律	BG集团（50%）、Petronas（50%）	Dragon LNG（合资）
South Hook LNG接收站	英国	上游	法律	卡塔尔石油（67.5%）、埃克森美孚（24.15%）、道达尔（8.35%）	South Hook LNG（合资）
Montoir和Fos-Tonkin LNG接收站	法国	纵向一体化	法律	GDF-Suez	Elengy（LNG子公司）
Fos Cavaou LNG接收站	法国	纵向一体化	法律	GDF-Suez（70%）、道达尔（30%）	Fosmax LNG（合资）
Grain LNG接收站	英国	中游	所有权	英国国家电网	Grain LNG（LNG子公司）
Zeebrugge LNG接收站	比利时	中游	所有权	Fluxys	Fluxys LNG（LNG子公司）
Gate LNG接收站	荷兰	中游	法律	Gasunie（47.5%）、Vopak（47.5%）、接收站用户持有5%	Gate terminal B.V（合资）
Rough储气设施	英国	上游和下游	法律	Centrica	Centrica Storage（储气子公司）
6座储气设施	德国	纵向一体化	法律	VNG AG	VNG Gasspeicher GmbH（储气子公司）
14座储气设施	法国	纵向一体化	法律	GDF-Suez	Storengy（储气子公司）
2座储气设施	法国	纵向一体化	法律	道达尔	TIGF（输气与储气子公司）
Avonmouth LNG储气设施	英国	中游	所有权	英国国家电网	英国国家电网 LNG储气部门（国家电网天然气贸易分部）
Loenhout储气设施	比利时	中游	所有权	Fluxys	Fluxys Belgium（输气与储气子公司）
LNG和地下储气设施	荷兰	中游	所有权	Gasunie	不同的储气子公司

注：Gate LNG在很大程度上是实现了所有权分拆，公司的95%所有权由没有上下游利益的相关方持有，另外5%的所有权由接收站用户持有，这可证明其能被归类为法律分拆。

四、下游市场：天然气交易枢纽与自由化进程

天然气价值链的下游环节涵盖向最终用户供气的批发和零售市场。下游领域更激烈的竞争可增加天然气终端用户的选择，并降低其支付的价格。天然气交易枢纽的建设既是天然气下游市场自由化的结果，又会进一步对市场竞争起到加强作用。本节通过分析美国、英国和欧洲大陆建设天然气交易枢纽的经验，为中国推动天然气下游市场自由化提供借鉴。

（一）天然气交易枢纽的定义的利弊

有两种基本类型的天然气交易枢纽：实体枢纽（如美国的亨利枢纽）和虚拟枢纽（如英国的NBP）。IEA将实体枢纽定义为天然气管网中的一个具体位置点，在此确定天然气提供给具体地点的价格。而虚拟枢纽针对更广泛的地理区域设定天然气价格。与实体枢纽不同，NBP价格反映的是整个区域的价格，没有与运输成本相关的地区差异。总之，一个天然气交易枢纽不能既是实体枢纽又是虚拟枢纽，但是它可以随着时间的推移，从实体枢纽逐渐扩展为虚拟枢纽。

天然气交易枢纽有两个核心功能：一是在天然气系统中实际连接买卖双方。在枢纽诞生之前，天然气系统已经拥有枢纽所需的许多或者全部要素，其中一些已经相互连接在一起。枢纽则通过在整个系统中实际连接买卖双方，进一步加强了这些连接（参见图4.4.20）；二是竞争性确定天然气价格。天然气交易枢纽在天然气管网中提供了一个通过价格平衡供需的点或区域。这种平衡价格是通过市场中买卖双方的竞争确定的。通过这种方式，枢纽价格反映的是天然气市场的基本状况，而不是与其他商品挂钩的价格（如石油指数价格）或政府确定的管制价格。

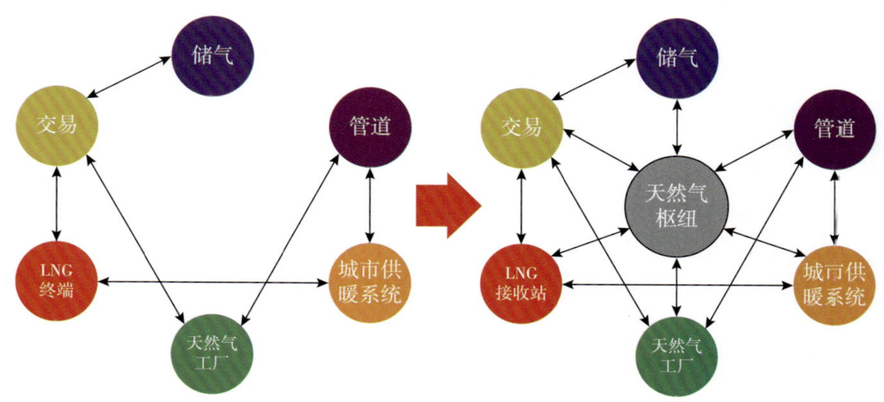

图4.4.20：天然气交易枢纽连接买卖双方

天然气交易枢纽还提供了一套制度性准则、标准化合同以及价格基准。枢纽价格是市场参与者关注的焦点，这确保了天然气市场状况被广泛知晓。通过这种方式，枢纽可提升市场透明度，降低交易成本。对于不通过枢纽交付的合同而言，枢纽价格也可作为参考。

天然气交易枢纽带来了诸多益处。

首先，基于市场的价格信号提升了贸易和投资决策的经济效率。天然气的竞争性交易设定了一个反映天然气真实成本和价值的价格。这些竞争性价格引导天然气从价格最低的供应源输送至最需要的地方。因为只有在经济有效的情况下才进行交易，这最大限度提升了从交易中获取的收益。除了通过市场机制，这种协调是难以实现的，尤其是在大型复杂的天然气系统中。从长远来看，竞争性价格信号提升了资本配置质量，因为它会推动天然气市场参与者只在能创造经济价值的时候进行投资。

其次，枢纽受益于不断强化的强大网络效应。更好的市场协调、标准化合同以及更大的透明度，可通过降低交易成本促进市场交易。市场参与者通过枢纽可降低其搜寻交易伙伴的成本，交易伙伴现在可在枢纽的期货或现货交易市场轻松找到。枢纽还减少了针对交易条款的议价：参考价格和标准化合同避免了浪费时间和资源进行合同谈判。通过削减交易成本，枢纽可使新市场参与者更轻松地进入天然气市场，扩大市场参与度，促进市场竞争。

最后，天然气交易枢纽可提升国家的能源供应安全性。天然气交易枢纽有助于能源供应的多样化。此外，有效的价格信号意味着，当市场供不应求时，可鼓励企业向市场供应更多天然气，同时引导削减天然气需求，这可帮助降低天然气短缺的可能性。

然而，天然气交易枢纽也有一些潜在缺点。

一方面，天然气交易枢纽会打乱该行业已有的一些安排。天然气交易枢纽的引入使得天然气价格是由竞争性力量决定的，而不是政府或占统治地位的老牌能源公司决定的。向枢纽价格的过渡给老牌公司带来了压力，并导致了天然气市场结构的变化。枢纽价格还给管制价格以及剩余的石油指数合同造成了压力。譬如，2005年之后国际上出现了枢纽价格趋势，其中以欧洲尤为明显，这也导致与石油相关的长期合同的减少。北美的天然气几乎完全采用枢纽价格，而欧洲也有一半的天然气采用枢纽价格，而不是石油指数价格。

另一方面，枢纽价格的出现并不保证价格会下降。在任何特定时间，枢纽价格可能高于或低于石油指数合同价格。但是，仿佛有一种趋势是枢纽价格更低。比如，在

2000～2014年期间，NBP价格比欧洲石油指数价格低77%。价格的增长可能会对国家的发展目标造成负面影响，尤其是在贫困地区，比如给民用供暖造成价格上升压力。然而，当石油指数合同价格无法出清市场时，枢纽价格会得到发展，比如当供应量超出合同量，而多余部分的需求以低于石油指数合同价格的形式存在。这样，针对非合同量的枢纽价格将低于石油指数合同价格，两种价格之间的差额带来的潜在节省将鼓励买方从石油指数合同价格转向枢纽价格。

此外，枢纽价格比石油指数合同价格更不稳定。由于取平均值并且存在时间滞后，石油指数合同价格相较枢纽价格更为稳定。天然气买方认为枢纽价格的不稳定可能会使代价更高昂。不过，经验表明这种价格风险是可控的，尤其是在发展良好拥有众多天然气合同的枢纽市场。

中国的天然气交易枢纽将会带来长期的效益，而其缺点只是暂时的。中国复杂的大规模天然气市场可受益于基于价值的定价、市场协调和更低的交易成本。中国的市场规模意味着网络效应会更强大。天然气交易枢纽可进一步促进当地的天然气生产，包括页岩气，并改善能源进口多样性和响应性。在确定枢纽定价之后，天然气消费价格可能会下跌，尽管之后可能再次上涨。

（二）国际经验对天然气交易枢纽开发的重要启示

只有在具备明确的物理、市场和制度条件的情况下，天然气交易枢纽才能发展和取得成功（参见表4.4.6）。这些条件与天然气交易枢纽履行的职能相关，并可从拥有天然气交易枢纽的国家的经验中进行借鉴。这些先决条件系根据天然气枢纽所具备的功能、已发展枢纽至今的其他国家的经验汇编而成。

表4.4.6　　成功发展天然气交易枢纽所需的三方面条件

领域	前提条件	说明
物理	发展良好的天然气输气网络	国内外天然气供需的连接 供应商开放管网准入
市场	大量市场参与者	足够多的市场参与者，有买方和卖方
	市场集中度不高	没有占据统治地位的供应商或消费者天然气进口可能性
	交易活动	套利定价业务活动，要求第三方准入，部分非合同供应，部分竞争性需求；价格报告机构
制度	定价自由化	天然气批发乃至整个供应链的自由化定价
	稳定的监管框架	竞争政策和市场管制确保公平竞争

20世纪90年代之后，全球在创建和发展天然气交易枢纽方面积累了丰富的经验。这些经验主要集中在美国和欧洲市场。美国天然气市场在20世纪八九十年代进行了重组，其亨利枢纽（Henry Hub）价格已经成为全球领先的天然气价格指标。20世纪90年代，英国开始了类似的自由化进程，这导致了欧洲领先的天然气交易枢纽NBP的诞生。在欧洲大陆，市场自由化开始得稍晚，并作为欧盟委员会内部能源市场计划的一部分进展缓慢。

中国可从美国、欧洲大陆以及英国的经验中获益。的确，中国天然气市场的某些结构特征与美国的相同，具体而言就是两国都是地理范围覆盖甚广，生产基地远离需求中心。这些特点表明，正如美国的亨利枢纽，中国也需要一个实体枢纽，来容纳至不同地点的输气成本的巨大差异。基本上，实体枢纽是在网络上的一个物理点确定天然气价格，然后在此基础上添加输气成本。这与NBP这样的虚拟枢纽形成对比，虚拟枢纽是设定一个区域的天然气价格，并针对在该区域交付的天然气添加固定的输气成本。虚拟枢纽适合交付区域相对较小并且输气成本固定的市场。中国的情况最好采用多个枢纽并遵循主枢纽定价，这与美国的结构类似。

欧洲创建天然气交易枢纽的过程对中国而言也有一定的相关性。欧洲大陆和英国的天然气交易枢纽开发是在国内天然气生产和进口天然气的背景下进行的，天然气要通过管道运输，同时也以LNG的形式进行运输。与之不同的是，在美国的天然气交易枢纽开发过程中，LNG没有扮演重要角色。欧洲大陆天然气市场正在从20世纪90年代的高度管制、国家主宰的系统向完全自由化的系统逐步转变。最终，可能与亚洲市场类似，欧洲将拥有数个区域性枢纽，共存于欧洲天然气市场。

总之，稳健、可信的自由化进程以及有利的市场条件，对于天然气交易枢纽的开发起到至关重要的作用。美国的经验表明，输气管道的开放准入是市场定价的关键，而自由化可帮助批发市场在5到10年内从长期合同转向基于市场的定价。欧洲大陆的经验是，通过制度改革带来有利的市场条件，从而促成创建天然气交易枢纽：市场力量创造了天然气买方市场，结合天然气市场自由化，加快了枢纽开发进度。英国的经验是，市场和管制变革携手促进了批发市场的竞争，从而导致NBP的创建。标准化合同对于英国的天然气交易枢纽成功起到了关键作用。

（三）案例分析1——美国：价格的区域间平衡与定价短期化

美国天然气市场自20世纪80年代开始进行根本性改革，当时市场上有丰富的天然气供应，同时进行监管改革以实现市场自由化。在80年代和90年代初期，美国的监管机构FERC（联办能源管理委员会）实施改革，将天然气生产和交易与管输分离。其经济论据是天然气的生产和消费会涉及许多不同的买方和卖方，并且有潜力实现竞争。与此同时，管输服务由于其天然垄断特点，经常处于高度集中状态，需要进行管制。作为可选措施，在非歧视基础上保证所有市场参与者的开放准入，会促进天然气生产者和运输者之间的竞争，并进行更好地经济资源分配。

实际证据表明，美国的天然气改革很快就产生了重大影响。在90年代初期，不同地区的天然气价格变动相关性很弱，价格差异很大。到了90年代后期，得益于均一价格法的实施，批发价格的相关性已经提升到非常高的水平。均一价格法旨在不同地区实行统一的价格，运输成本当然不包括在内。有证据表明确保输气管道非歧视性开放准入的规定，在促进美国天然气市场竞争的过程中发挥了关键作用。

与此同时，天然气行业的合同结构也从长期合同转向短期定价。现有的长期合同要么根据改变了的市场环境进行重新谈判，要么被终止。美国天然气市场出现了亨利枢纽现货价格和期货价格。市场集中度也有所下降：2014年，20家最大的能源公司在天然气实际交易量和金融交易量中所占的份额为44%。最近，在美国出口商和外国买家之间签订的LNG合同中也采用了亨利枢纽价格加上运输成本的做法。

（四）案例分析2——欧洲大陆：天然气交易枢纽发展的市场条件

欧洲天然气交易枢纽从2008年才开始发展，这表明了欧洲天然气市场自由化进程的缓慢。在天然气交易和枢纽开发方面，北欧走在了南欧的前面。传统的双方协商石油指数天然气合同体系仍然在南欧盛行。

2008年之后，多重因素推动了西欧的天然气交易和枢纽开发。2008年的全球金融危机抑制了欧洲天然气需求，这与预期的旺盛需求背道而驰。美国增加页岩气的生产意味着该国不再进口LNG，并有剩余天然气供应给欧洲。这两大因素促成了天然气买方市场，而主要欧洲市场（特别是德国和法国）的交易商和经纪人开始能够获得非合同管输天然气。天然气需求降低，LNG供应量增加，加上居高不下的油价，意味着与石油挂钩的合同价格超过了基于市场的天然气价格，这使买方极其渴望与上游天然气供应商重新商谈长期合同，比如在挪威和俄罗斯。在数年之内，长期合同要么被终止，要么进行了重新谈判，以反映基于市场的枢纽价格，而不是石油价格。

荷兰TTF（转让设施）被公认为欧洲大陆最成功的天然气交易枢纽。该设施被设计为一个虚拟枢纽，这是基于其输气管道和LNG网点、地理位置以及格罗宁根气田丰富的天然气供应等条件确定的。在21世纪头十年的晚段，TTF的发展得以加速，超过NBP

成为欧洲最富流动性的枢纽。与之形成对比的是，比利时Zeebrugge枢纽则没有那么成功。Zeebrugge凭借其地理位置以及相对较早的开发一度被认为将成为欧洲领先的天然气交易枢纽，但是本地交易规定限制了市场参与者的数量，减缓了该交易平台的发展速度。

总之，积极推动天然气交易的行动增强了欧洲各国天然气价格的关联性，这与上世纪90年代的美国情况类似。目前，欧盟有大约一半的天然气交易采用现货价格。

（五）案例分析3——英国：两部天然气市场改革法案

英国的天然气市场自由化开始于20世纪90年代，此前十年英国出现了一波私有化浪潮。英国是欧洲首个开始天然气市场改革的国家，其先发优势在许多方面依然存在。

英国出台的两个法案对于其天然气市场改革非常重要。1986年《天然气法案》打破了英国天然气公司对于大型客户的实际垄断，同时要求其输气管道开放给竞争对手。1995年《天然气法案》规定了英国天然气市场实现全面竞争的时间表，包括民用天然气领域。其结果是，英国天然气公司持有的市场份额急剧下降，从1990年的接近100%下滑到1996年的29%。这些制度性和法规性变革，导致了20世纪90年代中期市场参与者数量以及交易业务活动量的激增。商业银行、电力公司以及国内外贸易公司纷纷进入天然气市场。批发市场的参与者数量从1995年的不到15家发展到超过50家仅用了大约两年时间。

1995年《天然气法案》还规定了“天然气管网准则”，这是天然气交易发展的关键所在。该准则是一套针对英国天然气管网第三方准入的规则和程序。该准则还助力实现了每日平衡体系，这就要求进行短期天然气交易。

这些监管性变革举措同时伴随着英国天然气供需状况的不断变动。在需求侧，英国电力行业“急冲冲奔向天然气”，其利用联合循环燃气轮机的发电量不断增长。在供应侧，北海气田向国内供应天然气。1986年法案和1995年法案带来的管制变革，意味着新的市场参与者能够全面进入天然气领域。

监管因素加上市场因素给与其他商品（如瓦斯油或燃料油）挂钩的传统合同体系带来了压力。NBP作为一个虚拟枢纽，旨在促进天然气系统的平衡。从20世纪90年代末期开始，NBP作为一个交易点实现迅速发展，并作为标准化NBP97合同的基础，该合同成为英国现货交易合同的基础。NBP还成为天然气期货合同洲际交易的交付点。

随着90年代末期之后英国天然气交易的不断深入，NBP逐步发展成为欧洲领先的天然气交易枢纽。其助推因素有许多，其中包括国内丰富的天然气储量、天然气高需求期以及稳定的监管框架。稳定的监管框架通过开放准入制度实现了天然气市场的全面参与，并提供了一套清晰的准则和标准化合同。

（六）在中国建立天然气交易枢纽

天然气枢纽是市场机构，因此要在中国建立一个成功的枢纽，需要改变天然气行业的市场结构。这既会产生效益也会产生成本，也会产生赢家也会产生输家。然而，建立中国枢纽将创造长期的利益，对于我国提升国内天然气生产、提高能源多元化及响应能力具有重要意义。因而，在中国建立天然气枢纽对于天然气的开发至关重要。本节将依次讨论我国天然气枢纽建设的总体前景、枢纽开发需考虑的因素及潜在步骤分析。

1.中国建立天然气枢纽的总体前景

借鉴国际上建立天然气交易枢纽的经验，并结合中国的实际情况评估，我们可针对我国天然气枢纽建设的总体前景得到以下五个关键结论。

——对于发展基于枢纽定价的天然气市场交易，中国处于有利的位置。主要积极因素包括国内天然气生产、天然气进口既有管道输气又有LNG形式以及中国的市场规模。

——中国复杂的大规模天然气市场将受益于基于价值的定价、市场协调和更低的交易成本。因枢纽定价带来的这些效率增益有可能会带来更大的持续性效益，而任何负面效应，尤其是破坏现有市场安排，将只会是短期的。

——成功的枢纽需要中国天然气领域进一步实现自由化，这将削减国有老牌能源公司的影响力，提升市场透明度，并通过第三方准入为市场新进入者创造公平的环境。

——中国可通过政策支持，逐步走向枢纽定价。可从在特定地区试点天然气交易开始，逐步满足枢纽成功的前提条件，并促进老牌能源公司的转变。

——中国枢纽有可能发展成为亚洲领先的天然气交易枢纽。尽管国际经验表明在天然气交易枢纽发展方面存在先发优势，但是中国天然气交易枢纽仍有可能成为亚洲市场领导者，即使其出现得比亚洲其他国家的枢纽更晚。

2.枢纽开发考虑因素

根据国际经验，天然气交易枢纽要想成功的首要条件是：发展良好的天然气输气管网，市场参与者可以非歧视性地开放进入；大量独立的买方和卖方，积极从事套利交易但是没有很大的市场势力；以及政府致力于实现天然气批发市场的自由化和建立稳定、透明和可信的监管框架。

亚洲国家目前还不能满足其中许多前提条件，包括中国在内。譬如，在中国，输气基础设施依然在发展中，市场非常集中，价格全面管制，支持市场平顺运作的规定尚未出台（比如第三方准入）。

开发中国天然气交易枢纽的计划可以始于借助中国天然气领域的自由化来满足这些前提条件。天然气交易枢纽是一个市场机构，需要自由化的市场才能运作良好。自由化意味着竞争性定价，削减国有老牌能源公司的影响力，提升市场透明度，通过第三方准入等规定为市场新进入者创造公平竞争的环境，这些将促进天然气交易枢纽的发展。

对于天然气价值链而言，枢纽定价既可创造赢方，也能带来输方。受原有监管体制保护的某些市场参与者将会遭遇收入损失。不断改善的市场信号将会给纵向一体化公司及其供应链联合行动带来不利影响。而另外一些市场参与者将会从更紧密的市场联系以及资产组合优化中获益。

谁赢谁输，输赢多少，这些也将受到油价的影响。历史上，天然气价格与石油指数密切相关。油价攀升意味着天然气合同价格也将攀升，而转向枢纽定价将给天然气价格带来很大的下行压力。受困于长期石油指数合同的中游天然气公司，由于无法将高成本转移给消费者，将成为输方。然而，2014年年末至今的油价低位运行，使与石油挂钩的传统天然气合同价格低于天然气市场价格，这使得原有市场状况得以保持，并且延缓了枢纽定价的采用。

国际经验表明，天然气交易枢纽是为了应对源自国内天然气资源或国际市场形势的市场压力而形成的。历史上，天然气交易枢纽的开发通常是由巨大的天然气供应余量推动的。这些天然气要么来自国内生产（比如英国在20世纪90年代的NBP枢纽的开发），要么来自全球LNG市场（比如21世纪头10年末段欧洲大陆天然气交易枢纽的开发）。

至少有三个供应侧的因素正在施加市场压力以形成中国的天然气交易枢纽：不断扩大的国内天然气生产，包括来自非传统资源；来自全球LNG市场的供应没有限定于某个出口市场；以及通过现有和规划管道增加来自俄罗斯的天然气进口量。

亚洲其他地方的天然气交易枢纽的开发也会给中国的天然气定价机制带来挑战，并为中国天然气交易枢纽的建立造势。譬如，新加坡将打造一个LNG枢纽，在2014年之后进行了有限的交易。日本开始发布LNG现货价格，并打算开设期货市场。尽管欧洲的经验表明，在枢纽建设方面有先发优势，但是中国的天然气交易枢纽仍有可能成为亚洲首要天然气交易枢纽，即便其并非亚洲第一个交易枢纽。中国的经济规模要大得多，并拥有消费天然气的大型工业客户。中国还有很大的天然气产量，并开始建设全国性的输气管网。中国的天然气进口既有管道运输，又有LNG形式，这与亚洲其他国家不同，它们主要依赖LNG。这些因素表明，在合适的监管环境的支持下，中国天然气交易枢纽有可能发展成为亚洲领先枢纽。

3.发展枢纽的潜在步骤

国际经验表明，天然气交易枢纽的成功发展需要时间，至少5到10年，即使是在能源领域比中国自由化程度高得多的国家。

采用渐进的分阶段方式，将使中国能通过全面的市场自由化进程，满足完全枢纽定价的前期条件。通过政府指令，在自由化早期阶段匆忙地建立天然气交易枢纽，有可能会遭致失败，这是因为缺乏市场参与者和机构。而分阶段做法将使市场参与者在市场自由化的同时，学习并创建市场机构。分阶段做法可支持在市场参与者中逐步创建支持网络，让不同的市场参与者有时间去适应全新的自由化市场，同时市场定价机制的益处也会日趋明显。

中国天然气领域向枢纽定价的演进可在5到10年间分阶段进行，并涵盖六个方面（参见图4.4.21）。

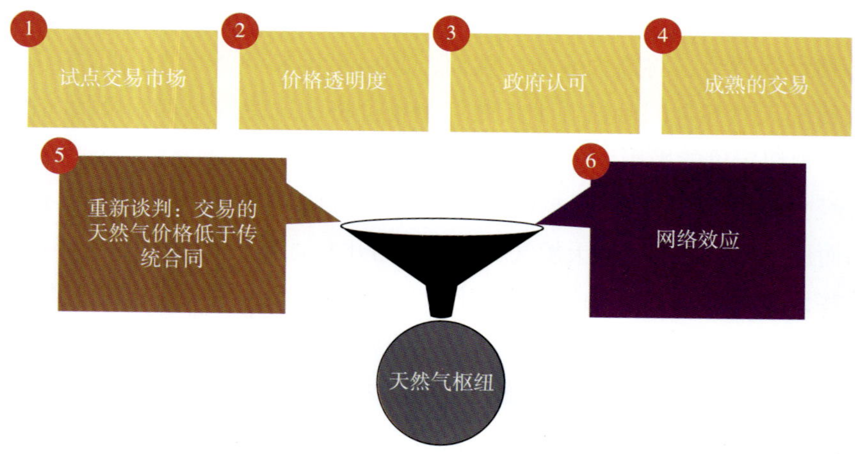

图4.4.21：枢纽发展得到监管举措及其市场效应的支持

——试点交易市场：在一个独立区域，比如上海，政府可创建一个有竞争性天然气需求和部分非合同天然气供应的试点交易市场。该市场将通过第三方准入的天然气网络进行连接。将鼓励企业交易非合同天然气，以满足可自由选择供应商的客户的需求。

——价格透明：政府可要求公布不同类型合同下出售的天然气价格。这种政府指令有助于发现从企业买主和卖主处获利的机会，这是实现成功的市场定价的重要因素。

——政府认可：一旦试点区域的交易活跃，譬如转向标准化现货交易，政府可通过设立监管机构，明确认可该市场。该监管机构将对合同进行进一步标准化，并努力降低交易成本。

——不断成熟的交易：随着期货交易的发展，政府会扩大试点区域的范围，以覆盖更大的地理范围或更多类型的买主和卖主。在本阶段，市场监管可能会变得更加严格，以体现天然气交易日趋重要的作用。

在这些步骤之后，天然气交易枢纽将能自我维持运行，并带来两大变化。首先是谈判的重新开启，如果交易的天然气价格低于传统的石油指数天然气合同价格，支付传统价格的公司将处于不利地位。随着进入天然气交易枢纽的自由化交易，这些公司将有很大的动力来重新进行原有合同的谈判，重新修订价格或供应量，以及购买市场交易的天然气进行替代。此外就是网络效应。随着越来越多不同的机构进入枢纽交易，天然气交易枢纽的益处将会因网络效应而放大。枢纽定价的使用和范围将会一直增加，直到抵达不完全自由化的极限或地理范围的极限。

参考文献

[1] BP，BP2014年世界能源统计年鉴（BP Statistical Review of world energy 2014）[R]，2014

[2] IEA，国际能源署政策能源展望（IEA Current Policies outlook）[R]“IEA Current Policies outlook”

[3] 国际液化天然气联盟，2014 年全球液化天然气报告[EB/OL]，http：//www.igu.org/sites/default/files/node-page-field_file/IGU%20-%20World%20LNG%20Report%20-%202014%20Edition.pdf，2015-5-31

[4] 亚太能源研究中心，亚太经合组织地区的天然气存储[EB/OL]，http：//aperc.ieej.or.jp/file/2010/9/26/Gas_Storage_in_the_APEC_Region_2002.pdf，2015-5-31

[5] 彭博资讯..新加坡凭借第二个接收站在液化天然气枢纽中抢占一席之地（Singapore Bids for Role as LNG Hub with Second Terminal）[EB/OL]，http：//www.bloomberg.com/news/articles/2014-02-25/singapore-plans-to-build-second-lng-terminal-in-country-s-east，2015-5-31

[6] 英国石油公司..2011年英国石油公司世界能源统计年鉴[R].2011

[7] 英国石油公司..2013年英国石油公司世界能源统计年鉴[R].2013

[8] 英国石油公司..2014年英国石油公司世界能源统计年鉴.[R]. 2014Carlisle，L. E.、Hagan，D. A.和Rueger，J. E..美国管道基础设施投资：拟议《业主有限合伙平等法案》能刺激新一轮投资吗？[J]哈佛法律评论，2013，4，32–37.

[9] 欧盟委员会，天然气国际市场指令2003/55/EC——概要[EB/OL]http：//eur-lex.europa.eu/legal-content/EN/TXT/？ uri=uriserv：l270772015-5-31

[10] Cuddington、John T.和Zhongmin Wang.美国天然气现货市场整合程度评估：源自每日价格数据的证据[J].管制经济学杂志，2006，29，195–210.

[11] Disavino，S.和Krishnan，B..美国天然气贸易之王——亨利枢纽，易位马塞勒斯[EB/OL] http：//www.reuters.com/article/2014/09/25/us-natnatural gas-henryhub-marcellus-analysis-idUSKCN0HK17E20140925，2014-9-25

[12] 挪威船级社-科马公司和科威公司. LT-ST市场天然气研究（欧盟委员会能源总司技术援助框架服务合同下的项目TREN/R1/350-2008）[R]，2013

[13] Doane、Michael J和Daniel F. Spulber，美国天然气现货市场的市场准入和发展[J].法和经济学杂志，1994，37，477–517.

[14] Eikeland，P. O.内部能源市场漫长而曲折的道路——欧盟政策的一致性和矛盾性. FNI报告[R]，2004

[15] 欧盟媒体（EurActiv）.欧盟国家反对解散能源公司[EB/OL]，http：//www.euractiv.com/energy/eu-states-reject-breaking-energy-firms/article-164398，2015-5-31

[16] 欧洲天然气，2013年统计报告[R]，2014

[17] 欧盟委员会. 关于内部电力和天然气市场实施的第二次比对报告[R]，2003，32，54–55，.欧盟委员会.根据（欧盟委员会）第1/2003号规则第17条针对欧洲天然气和电力行业的调查[Z]，2007，1–15.

[18] 欧盟委员会.（2011年3月起）天然气内部市场指令2009/73/EC[EB/OL]. http：//eur-lex.europa.eu/legal-content/EN/TXT/? qid=1413403818553&uri=URISERV：en0017，2015-5-31.

[19] 欧盟委员会..内部能源市场完善进程：ITO模型报告[R]，2014

[20] 欧洲环境署.2013年EMEP/EEA空气污染物排放清单指南[EB/OL]http：//www.eea.europa.eu/publications/emep-eea-guidebook-2013，2015-5-31

[21] 欧洲环境署..2008年至2012年欧洲工业设施空气污染成本[R]，2014

[22] 美国联邦能源监管委员会.美国天然气交易特点：美国联邦能源监管委员会2014年5月16日Form 552意见书观点[Z]，2014金融邮报..分析家称韩国企业将加大在加拿大液化天然气资源方面的投资[EB/OL]http：//business.financialpost.com/2013/03/27/korean-companies-to-invest-more-in-canadian-lng-resources-analyst/? __lsa=880e-847b，2013-3-27

[23] Gao，A. M.-Z..天然气市场化监管：美国、欧洲、日本、韩国和台湾地区的拆解和市场准入体制比较研究[Z]，2010

[24] 国际液化天然气进口商组织（GIIGNL）商业研究小组..液化天然气接收站的第三方接入[EB/OL]. http：//www.giignl.org/system/files/publication/130516_giignl_2010_tpa_lng_giignl.pdf，2015-5-31

[25] Gilbert，S..俄罗斯的欧盟的天然气政治[J].政治学与国际事务杂志，2009 5，126–138.

[26] 全球经济与气候委员会..更快增长，安全气候：新气候经济报告[EB/OL].http：//static.newclimateeconomy.report/wp-content/uploads/2014/08/NCE_GlobalReport.pdf，2015-5-31

[27] Heather，Patrick.欧洲大陆上的天然气枢纽真的适用吗？[Z]，2012

[28] Heather，Patrick）.英国天然气交易市场的发展和作用[Z].牛津能源研究所，2010Helm，D.（2004年）.能源、国家与市场：1979年以来的英国能源政策（修订版）[M]. 牛津：牛津大学出版社. 2004

[29] Helm，D..能源、国家与市场：1979年以来的英国能源政策[M]. 牛津：牛津大学出版社. 2004

[30] 国际能源署（IEA），当前政策展望[R]

[31] 国际能源署..IEA国家能源政策：韩国[R]，2012.

[32] 国际能源署..天然气定价与监管：中国面临的挑战与国际经验借鉴.国际能源署合作伙伴国系列[R]，2012.

[33] 国际能源署..发展亚洲天然气贸易枢纽：机遇与挑战[R]. 2013

[34] 健康指标与评估研究所..2014年全球疾病负担[EB/OL].http：//www.healthdata.org/gbd，2015-5-31

[35] 国际能源署..世界能源展望2002——天然气[EB/OL].http：//www.eia.gov/oiaf/archive/ieo02/nat_natural gas.html，2015-5-31

[36] 国际能源署.. 2007年IEA国家能源政策：德国.法国巴黎：OECD/IEA[R].2007

[37] 国际能源署.. 2009年IEA国家能源政策：法国.法国巴黎：OECD/IEA[R]，2009

[38] 国际能源署..石油和天然气安全：IEA国家的应急响应——韩国[R]. 2011

[39] 国际能源署..石油和天然气安全：日本. [EB/OL]http：//www.iea.org/publications/freepublications/

publication/2013_OSS_Japan.pdf，2015-5-31

[40] 国际能源署..能源供应安全2014[EB/OL].https：//www.iea.org/media/freepublications/security/EnergySupplySecurity2014_US.pdf，2015-5-31

[41] 国际天然气联盟..国际天然气联盟天然气批发价格调查（2014版）.2005-2013年全球价格形成机制调查[Z].2014

[42] 日本瓦斯协会（Japan Gas Association）.2013年日本天然气情况[EB/OL]：http：//www.natural gas.or.jp/natural gasfacts_e/#page_num=0，2015-5-31

[43] 日本自然资源与能源厅..日本电力市场改革[EB/OL].http：//www.meti.go.jp/english/policy/energy_environment/electricity_system_reform/pdf/201311EMR_in_Japan.pdf，2015-5-31

[44] Kern，F..英国电力行业中联合循环燃气轮机的开发和“向天然气冲刺”政策（1987-2000年）.英国能源研究中心项目工作包2的最终案例研究报告：“CCS技术能否发挥潜能？”[Z]，2012

[45] Kumins，L.和Bamberger R..国会研究服务部.飓风卡特里娜和丽塔造成的石油和天然气破坏[EB/OL]..获取网址：http：//fpc.state.gov/documents/organization/55824.pdf. 2005-10-21

[46] MacAvoy，P. W..天然气市场：六年的严格监管与放松监管（第一版）[M].新港和伦敦：耶鲁大学出版社.2000.

[47] Makholm，Jeff D..《管道的政治经济学：百年比较制度发展》[M].芝加哥：芝加哥大学出版社.2012

[48] Matus，K.、Nam，K.-M.、Selin，N. E.、Lamsal，L. N.、Reilly，J. M.和Paltsev，S..在中国空气污染对健康的危害[J].全球环境变化，2011，22（2012），55–66.

[49] 兼并与垄断委员会.. BG公司：1986年《天然气法案》下关于天然气运输和储存服务价格限制的报告[R].1997

[50] 环境保护部..采取强硬措施打击环境侵权行为：新版环境保护法四项补充措施的全面解读[EB/OL] http：//english.mep.gov.cn/News_service/infocus/201502/t20150209_295637.htm，2015-5-31

[51] 日本外务省..美、日关于促进解除管制与竞争政策推动方案的第三次联合状态报告[EB/OL]：http：//www.mofa.go.jp/region/n-america/us/report0007.html，2015-5-15

[52] 英国国家电力供应公司..天然气和电网路径[EB/OL].http：//www2.nationalgrid.com/uk/services/land-and-development/planning-authority/natural gas-and-electricity-network-routes/，2014-10-6

[53] 天然气日报.产量激增后TTF现已成为“欧洲标杆”[Z].2014-

[54] Nielson，C. P.和Ho，M. S.更晴朗的中国天空[M].麻省理工学院出版社.

[55] 经合组织..更清洁、更健康的环境的改革，OECD经济调查：中国[Z]，2013.

[56] 英国石油天然气协会..英国大陆架上游石油和天然气基础设施接入规程[EB/OL]http：//www.ogel.org/article.asp？key=1671，2015-5-31

[57] 大阪瓦斯株式会社.大阪瓦斯株式会社2012年报[EB/OL].http：//www.osakanatural gas.co.jp/en/ir/library/ar/pdf/2012/12_04.pdf，2015-5-31

[58] 大阪瓦斯株式会社.大阪瓦斯株式会社2013年报[EB/OL].http：//www.osakanatural gas.co.jp/en/ir/library/ar/pdf/2013/ar2013e.pdf，2015-5-31

[59] Rogers、Howard V. 和Jonathan P. Stern.欧洲天然气市场化市场动态：枢纽价格的主要决定性因素及主要参与者的角色和风险[Z].牛津能源研究所，2014

[60] Smith，C. E..成品油管道的完工降低计划施工量（Product pipeline completions lead planned construction lower）[EB/OL].http：//www.ogj.com/articles/print/volume-112/issue-2/special-report/

worldwide-pipeline-construction/product-pipeline-completions-lead-planned-construction-lower.html，2014-10-17

[61] Stern，J.、Bradshaw，M.、Flower，A.、Fridley，D.、Jung，N.、Joshi，S.……Paik，K.-W.亚洲天然气：中国、印度、日本和韩国的增长挑战[Z]. 2008

[62] Stern，Jonathan P.（编辑）.《国际交易天然气的定价》[M].牛津：牛津大学出版社. 2012。

[63] Tobin，J..天然气市场中心和枢纽：2003年更新版.美国能源信息署特别报告[R].2003

[64] 东京电力公司..东京电力公司将联手中部电力公司展开全面合作[EB/OL]：http：//www.tepco.co.jp/en/press/corp-com/release/2014/1242656_5892.html，2015-5-31

[65] 东京瓦斯株式会社..创造共同价值，实现增长[EB/OL].http：//www.tokyo-natural gas.co.jp/IR/english/library/pdf/anual/11e06.pdf，2015-5-31

[66] 英国能源与气候变化部..上游石油天然气基础设施第三方接入争端解决指南[Z]. 2012

[67] 联合国欧洲经济委员会（UNECE）..欧洲经济区液化天然气现状和展望研究[Z]. 2012

[68] 联合国环境规划署（UNEP）..亚太地区的发展——清洁燃料和汽车合作伙伴[Z]. 2014

[69] 美国能源信息署.天然气主要立法和监管措施（1935-2008年）[EB/OL]-http：//www.eia.gov/oil_natural gas/natural_natural gas/analysis_publications/ngmajorleg/ngmajorleg.html，2014-10-1

[70] 美国能源信息署..截至2009年12月的天然气居民选择项目情况[EB/OL].http：//www.eia.gov/oil_natural gas/natural_natural gas/restructure/restructure.html，2014-10-10

[71] 美国能源信息署.日本[EB/OL].获取网址：http：//www.eia.gov/countries/cab.cfm？fips=ja，2015-5-31

[72] 美国能源信息署.美国天然气管道[EB/OL].http：//www.eia.gov/pub/oil_natural gas/natural_natural gas/analysis_publications/ngpipeline/index.html，2014-10-9

[73] 美国能源信息署.国情简介——日本[EB/OL].http：//www.eia.gov/countries/cab.cfm？fips=ja，2015-5-31

[74] 美国环境保护局..清洁能源计划拟议规则[Z]. 2014

[75] 美国天然气供应协会..监管下的市场[EB/OL].http：//naturalnatural gas.org/regulation/market/，2015-5-31

[76] 美国证券交易委员会..壳牌中游合伙公司招股书[EB/OL].http：//www.sec.gov/Archives/edgar/data/1610466/000119312514387075/d738367d424b4.htm#toc，2015-5-31

[77] 美国最高法院.菲利普斯石油公司诉威斯康星州案（347 U.S. 672（1954））[EB/OL]：https：//supreme.justia.com/cases/federal/us/347/672/case.html，2015-5-31

[78] Vivoda，V..亚洲天然气：贸易、市场和区域性机构[Z]. 2014

[79] 王忠民和Krupnick，A..美国页岩气开发回顾性调查：是什么促成了页岩气的繁荣？未来资源研究中心讨论稿[Z]，2013. 世界银行和国务院发展研究中心..2030年的中国：建设现代、和谐、有创造力的高收入社会：主报告[R].2012

[80] 80.韩俊、刘守英，农村有机废弃物制天然气效果与政策，国务院发展研究中心调查研究报告择要，2014.12.9